中華民國史檔案資料滙編

第五輯 第三編

財政經濟（七）

中國第二歷史檔案館編

鳳凰出版傳媒集團 鳳凰出版社

目　　录

〔七〕交　　通

（一）战后交通概况

(二) 铁　路

(三)公　路

(四)水　运

一、水运概况

二、招商局概况

〔七〕交　　通

（一）战后交通概况

一、交通复员与接收

1. 蒋介石关于筹备东北交通复员计划等与俞飞鹏往来代电呈

（1945 年 8 月）

（1）蒋介石代电（8 月 10 日）

国民政府军事委员会代电　　侍秘字第 28939 号

交通部俞部长：关于东北方面金融与交通复员计划，及负责主持人选，及其组织，务于本月二十日以前筹备完毕。除分令蒋秘书长外，即希会商洽办，依限呈报为要。中正手启。未卦。侍秘。

中华民国卅四年八月十日

（2）俞飞鹏复呈（8 月 17 日）

呈委员长

案奉钧长本年八月十日机秘（甲）八八六〇号手令："关于东北方面交通复员计划，及负责主持人选，及其组织，务于本月二十日以前筹备完毕，呈报为要。"等因。自应遵办。查东北四省为敌伪侵据历十四年，在此期间，敌伪对于交通，除以南满为主干，并竭力扩充各路外，复向苏联购买中东铁路，集中管理，广营附属事业，如林矿、工厂、港埠等，甚至公路运输、内河航务，均归铁路经营。一切组织章则，运用习惯，与技术措施，均属特殊，与国内一般极不一致，而国际间情势亦极复杂。现在全面接收，主要在使交通业务能照常运用，不令停顿，以利复员。为执简驭繁，拟以其原有机构及所属事业为接收之对象，由本部委派交通特派员一人及接收委员若干人，第一步接管原有伪满之交通部，与所属机构敌伪之南满铁路及铁道总局，与一切公营民营交通事业，及其附属事业所有原主管人员。除属敌籍及附逆情节重大者，予以撤换外，其余中低级人员，类多训练有年，苟能服从命令，忠于职务，拟概留用，俾定人心，而维业务。其原有交通章则，除违反国策者外，亦拟酌采其优点，暂为施行。至接收以后，如何依据实际情形，将业务重行支配，机构重行改组，人事重新调整，拟俟第二步再为办理。

在业务方面，南满、中东等路，原日所经营之煤、铁矿、工厂、农林等事，范围甚为广泛，本部拟于接收各路时，将附属事业一并接收，俟接收完毕，再依其类别，应转移于他部者，再由本部转移，庶一切得有条理。但若其他部会认为有关业务须分别同时接收者，亦可与本部取得联络，分别办理。

又我国港务行政及引水管理等事，向系由海关管理，归财政部节制。日前最高国防会议虽有统移归本部办理之决定，尚在本部与财部商洽办法之中，未定实行日期。今全面复员，事务纷繁，斯时改隶，恐致影响工作，所有东北之港务行政及引水管理，事关重要，拟请仍交财政部委派委员，先行接收，再定期移交本部接办。

关于交通各政接收人选，关系异常重大，良以东北交通事业规模甚大，力量亦厚。即就南满一路而言，敌人昔日所派总裁，多系国务大臣之选，权责既重，地位尤隆。而南满路昔日办理，向称良好，国际间著有虚声。今我以战胜国接管其事，必须慎重人选，务期于接办之始，迅速恢复，接收之后，成绩更著。此事有关国际信誉，至为重大。查有前充铁道部司长，津浦、平汉、粤汉等路局长，现充西南公路管理局长陈延炯一员，主持交通要政多年，在抗战期间勋劳卓著，为钧长所素知。且该员于东北交通，向来着眼研究，于该处交通情形，素所熟悉。拟派为东北交通特派员，主持办理接收一切交通业务。至于其他接收委员人选，拟一方面就业务之需要，指定其接收某项事业，一方面亦就东北有资望之专家，加以罗致，使之参加工作，以致整理。谨另拟具委员名单，呈请鉴核。以后如有事实上之需要，再分别添派呈报。

以上所陈接管办理及附呈人选名单，是否有当，敬候核示。谨呈

委员长蒋

附呈接收委员名单及东北四省交通图各一件〔图缺〕

交通部部长俞○○

东北区接收交通人员计开

特派员：

陈延炯

接收委员：

彭济群　华北水利委员会委员长

高惜冰　前辽宁及新疆教育厅长

马　毅　前陇海特别党部主任委员，现任参政员

张振鹭　前辽宁财政厅长，现任参政员

万国宾　现川滇铁路协理、副局长，曾任洮昂路局长

徐承燠　美国大学毕业，攻运输科，历任铁路会计处长、北宁路副局长、交通部司长

王若僖　前天津电政局长，现充电政第二区管理局长

张子奇　本部专门委员

裘维莹　美国留学，前中东铁路机务副处长

王仰曾　美国大学毕业，攻土木工程，曾任吉敦铁路工务处长，现任农林部水利工程处长

董尚德　东北铁路特别党部书记长

叶祥颐　现任邮政总局视察，接收辽宁邮政管理局

肖静轩　现任邮政总局视察，接收吉林邮政管理局

李济生　现任云南邮政管理局邮务帮办，接收热河邮政管理局

沈松舟　现任邮政总局视察，接收黑龙江邮政管理局

郑钟星[?]　现任军邮第九段总视察，驻渝接收牡丹江邮政管理局

金恩心　系沈阳东北航空学校毕业，现任航空委员会参事，已商得周主任同意调用

〔国民政府交通部档案〕

2. 蒋梦麟俞飞鹏关于重拟东北接收计划及派王征为长春铁路公司助理理事长签呈

(1945年8月25日)

签呈　卅四年八月廿五日发

交通部前呈拟东北区交通复员计划及主持人选一案，奉批"交行政院核办"等因。自应遵办。惟查交通部拟订上项计划时，中苏协定尚未正式成立，一切计划内容自不能配合现阶段之外交关系。现中苏协定业经国防会通过，不日即将公布。关于东北区交通复员计划，自应根据中苏协定内容重新拟订。经由交通部依照最近发展之实际情况，详慎规划，另拟接收方案，一俟送院即行呈请核定。又顷奉宋院长来电，以中东、南满两路依照协定将来应合组中国长春铁路公司，并设理事长、助理理事长各一人。除理事长一人已奉委座核准以王景春充任外，至助理理事长一职，嘱签请钧座于王征、陈延炯两员中遴派一人充任等因。惟查陈延炯一员，交通部因其熟悉东北交通状况，拟派其担任中国长春铁路以外之各干支线路接收事宜。所有长春铁路公司助理理事长一职，拟请即以王征充任。可否，均乞核示。谨呈

委员长蒋

行政院秘书长　蒋○○

交通部部长　俞○○

〔国民政府交通部档案〕

3. 交通部拟送各收复区特派员办公处组织规程等呈

（1945年8月31日）

呈　人一渝字第　号

查本部为接管各收复区交通各部门、机关及事业，曾分区派定特派员及接收委员，并先后呈报在案。兹拟订本部各收复区特派员办公处组织规程及设置收复区特派员暨接收委员办法各一种，除分别颁行并分咨中央及地方各有关机关查照外，理合检同上项规程及办法各一份，备文呈请钧院鉴核备案，至为公便。谨呈

行政院

附呈交通部各收复区特派员办公处组织规程一份。

交通部设置收复区特派员暨接收委员办法一份。

交通部各收复区特派员办公处组织规程

第一条　交通部各收复区特派员办公处，直隶于交通部，掌理各该收复区内敌伪所置交通机关及交通事业之接管事宜。

第二条　特派员办公处设特派员一人，承部长之命，督率所属，综理区内一切接管事宜。

第三条　特派员办公处设接收委员若干人，分别办理接管交通各部门机关及事业。

第四条　收复区事务较繁之特派员办公处，设左列各组：

一、总务组，掌文书、出纳、庶务及不属于其他各组事务。

二、路政组，掌铁路、公路机关事业之接管事务。

三、航政组，掌水运、空运机关事业之接管事务。

四、邮电组，掌邮电机关事业之接管事务。

收复区事务较简之特派员办公处，设总务、业务两组，业务组之下得设路政、航政、邮电三课，分掌各该项接管事务。

第五条　特派员办公处设专员及技术人员、事务人员，承长官之命，分别处理各组接管事务。其名额视收复区情形，由部分别核定之。

第六条　各组设组长一人，由专员或技术人员分别充任之。

第七条　特派员办公处必要时得聘任顾问。

第八条　特派员办公处办事细则，由处拟订呈部核定。

第九条　特派员办公处于接管完成后，由部指定时期撤销之。

第十条　东北区特派员办公处组织规程，另定之。

第十一条　本规程自公布日施行。

交通部设置收复区特派员暨接收委员办法

一、本部为接收敌伪所营交通事业，分区设置特派员一人，综持接管事宜，接收委员若干人，执行接管事宜。

二、接管区域范围，由本部指定之。

三、接收委员接管任务，由特派员分配之。

四、接管对象，以当前敌伪经营之交通事业为限，对于抗战前原有该机构之接收，由本部另案办理，不在接管范围之内。

五、接管工作依下列之原则办理，但特派员得以事实之需要，权宜变通。

甲、所有敌伪在收复区之交通机构、路线、工具、器材以及其他资产权益，不论属于国营、公营或民营，均先行接管，再候处置。

关于上项公营民营之交通事业，在接管时得通知战前原经营之公司或机构，派员参加协助。

乙、所有敌伪经营之交通事业中，包括他种事业者，如得主管机关之同意，暂先一并接管，随后由本部与主管机关商洽处置。

丙、所有同盟国或中立国已被敌伪没收或参加经营之交通事业，商同外交部派员先行接管，再候商订处置办法。必要时得通知有关国家派员参加协助接收事宜。

丁、所有收复区之交通事业，暂按原有划分之管理区域及机构分别接管，必要时得在不妨碍将来调整之原则下，电部核准，暂行归并，以期管理之便利。

戊、所有在收复区现任之敌伪交通员工，除主管及平日声名恶劣者外，其余均一概留用，照常服务。

己、所有收复区之交通事业，除与敌国本土之联络应立即暂断外，余均应于接管后照常维持，以待改组。

六、接管时遇有重要紧急涉外事件，得商承该区内最高军事长官指示办理。

七、特派员得在当地酌用临时佐理人员。

八、接管完成后，由本部指定时期结束。

九、本办法自核定日施行。

〔国民政府交通部档案〕

4. 交通部抄发接管敌伪船只办法指令

（1945年9月12日）

交通部指令 部航字第13315号 中华民国卅四年九月十二日

令国营招商局

卅四年八月廿五日呈一件，为拟具接管敌伪船只办法呈请核示由。

呈件均悉。该局原拟办法，经本部酌予修改，除呈报行政院及电请中国陆军总司令部备案，并分令本部各区特派员知照外，合行令仰妥慎办理，并随时具报为要。此令。

附抄发接管敌伪船只办法一份。

部长俞飞鹏

接管敌伪船只办法

（一）所有敌伪现在我国内河及沿海之商船，一律由交通部派员，商请各地区接收军事长官派员协助，接收管理。

（二）凡经敌伪军事征用尚未发还之商船，其接收事宜，应洽商各地区军事接收机关办理。

（三）交通部接收之敌伪船只，暂交国营招商局负责营运。

（四）长江敌船集中沙市、宜昌，吃水较深不能上驶者，集中上海。沿海敌船在海口以北，福州及福州以南者，集中广州；在福州以北，连云港及连云港以南者，集中上海；在连云港以北，营口及营口以南者，集中烟台或威海卫，听候接收。

（五）敌方应负责船上主副各机勿使损坏，船中一切应用工具及原存燃料油料，应一并交出。

（六）每轮接管人员视吨位大小而定：

（1）长江船只不满一千吨者，每船派船长一人，电报员一人，宪兵二人。

（2）长江船只一千吨以上者，每船派船长一人，轮机长一人，业务主任一人，电报员一人，宪兵四人。

（3）沿海船只每船派船长一人，轮机长一人，业务主任一人，电报员一人，宪兵六人至十人。

（七）各船原有船员全部留船，在新任船长指挥监督之下，继续工作。如有不服从命令者，按情节轻重，从严惩处。原有船长及轮机长并应负船员哗变或破坏船身或机械之责。

（八）船只开航或停泊，悉由新任船长决定之，原有船员不得擅自开航，否则作抗命论。

（九）接管时本船或各船员如藏有军械及危险品，概由原船长如数交出，并施以严密搜查。如有隐藏不交者，从严处罚。

（十）原有本国船员经考察相当时期，无有嫌疑者，得佩带本船标志，在规定时间内轮流登陆。敌国船员一律不得在沿江或沿海各埠登陆，敌国船员之收发信件，概须由新任船长检查，发出之信件，更须送交当地检查机关检查后方得付邮。

（十一）接管之新任船长及其他本国船员，对敌国船员如非发现其有不服从命令或其他不法情事之时，应予以平等看待，不得侮辱或虐待。

（十二）国营招商局应视实际需要，在沿江沿海适中地点，设置供应站，大量储备燃料、油料及其他航用物品，以及食米、菜蔬、油、盐等膳食材料，以备各轮就近领用。

〔招商局轮船股份有限公司档案〕

5．俞飞鹏关于接收东北区交通业务及工作意见等签呈

（1945年9月19日）

签呈　卅四年九月十九日发

查东北区交通复员计划，前奉钧长手令，饬迅筹备呈报，经于八月十七日拟具办法呈请鉴核在案。嗣中苏盟好条约公布，将中东、南满两铁路改称长春铁路，归中苏两国共营，情势显有不同。查东北区铁路约一万三千公里，敌伪原分六区，设局管理，并将公路、航运、林矿附属各该区局经营。默察该六区路线于军事上、经济上各具相当之价值，今则最重要之军事经济干线约三千公里，划为两国共营，其余路线虽尚有一万公里，然大半为长春路之辅助线，或为纯军事线，经济上价值大为降低。兹谨拟陈意见如次：

（一）暂按原有六区分别接收，再详察各路线修理行车之设备，军事上之价值，营业之状况，重新划区，务期调整均衡，运用自如。

（二）原有各铁路区附属之工矿森林事业，除为铁路自用者外，当按其性质与各有关主管部会商洽接收。

（三）东北各铁路车辆机车，在苏联撤兵时期，或不免过线集中于长春铁路，拟专案商洽，重行分配。

（四）公路卡车各区流通，先就现存各区者分别接收，然后再分区酌量配置使用。

（五）航行船只分河道接收，并注意其冰冻时期之保护。

（六）东北交通事业所需专门技术人才至多，除尽量设法罗致，并向各机关调用外，在接收初期，拟饬原有从业人员照常服务。高级之敌伪人员，以及附逆份子劣迹昭著者，则概予撤换。

（七）敌人经营东北交通以前，颇著虚声，其原定组织章则、技术设施，凡不违背我国之政策与利益者，拟暂予维持，随后逐步修改，以完成我人之完善管理制度。

（八）东北区交通事业较其他各区为繁，故接收机构视其他各区稍须扩大，以资因应。

（九）接收人选，前经拟定以现任西南公路管理局局长陈延炯为东北交通特派员，兹请仍派该员主持长春铁路以外铁路之接收事宜。至其余接收委员，容再审慎选择另呈。

右呈各节，是否有当，敬祈钧核示遵。谨呈

委员长蒋

职俞〇〇

〔国民政府交通部档案〕

6. 交通部关于京沪区交通业务接收大概情形密呈

（1945年10月1日）

交通部呈 秘字第九二七号
中华民国三十四年十月一日发

窃飞鹏此次奉命来京，于本月①十七日抵京后，对于京方应行接收之各种交通业务，召集本部已经派来人员，予以指示部署。复于二十一日遄赴上海，二十五日返京。兹谨将京沪区交通业务接收之大概情形及各线铁路已得报告之概况，分项陈明如次：

甲、邮电部分

一、京沪区邮电两种业务，在南京、上海接收，均颇顺利。

二、南京方面电报电话本不敷用，本部现已向成都将四启罗瓦特无线电报话双用机拆运到渝，俟转运到京后，两星期内可装就应用。

三、南京电话合计有四千五百号，实际能用者不足三千五百号。为谋应付党政军各机关之需要，拟拆除商用及敌伪机关、住户所用电话，重行支配。复决定令饬上海电局将闸北及横滨桥一带敌伪所用电话拆除二千六百号，移京装设，将来全部配齐，可达六千号。

四、长途电话被“匪军”破坏者甚多，如京沪线龙潭渣泽间，即被砍去电杆二百七十根，现系用竹杆临时抢通，正在调集木杆线料，重行修复。津浦沿线蚌埠以北宿州一带，被“匪军”砍去报话木杆之事，时有所闻，刻正计划修复中。已请何总司令令饬沿途驻军及地方政府，切实保护线路，以利通信。

乙、航政部分

一、接收京沪区敌伪航业已告一段落，各轮船公司中，以东亚海运株式会社、中华轮船公司、中支航运会社、上海内河轮船公司为最大。经决定，将东亚、中支两公司结束，所有船只一齐拨归国营招商局管理营运。中华及上海内河轮船公司，因多系小轮，其航线遍于江浙区域，物资运输，行旅往来，均赖该公司等船舶供应。为使交通不致中断起见，决定暂予保留相当时间。又各该公司及其他小

---

① 系指九月。

公司轮船，有为敌伪自置者，有为敌伪向我人民征用或强取豪夺者，情形至为复杂。此后关于人民私有船舶之清查、发还，现行航线之调整、分配，码头仓库之清理整顿，仓库所存物资之清理保存，各该公司将来之合并处理等事项，处置稍涉偏颇，即足引起纠纷，妨碍复员工作。并经决定设立交通部京沪区航业整理委员会，主办整理事宜，设委员九人，以一人为主任委员。整理期间定为三个月，一俟将整理事宜办竣，即行撤销(附组织章程及组织纲要)〔缺〕。

二、此次奉命以轮船接运部队至京沪各地，已饬战时运输管理局南京办事处处长张炎元拟订计划，呈候何总司令鉴核。惟京汉双方煤荒均甚严重，飞鹏得汉口报告后，已电商经济部翁部长设法筹济。

丙、航空部分

一、现已开办者为渝京线，每日班机二架，内以一架飞沪。即日可以开办者，为沪京平线，两日班机一架，渝柳广线两日班机一架。至沪广一线，亦在计划拟办两日班机一架。

二、日方在沪有大号民用飞机三架，小号民用飞机五架，已由航空委员会接收。前呈委座请予拨由本部转发航空公司领用，业奉批准，现正洽商移交中。如能交到此项大小号飞机，拟拨交中央航空公司领用。

丁、铁路部分

一、京沪区特派员陈伯庄对于华中铁道公司本月二十日原已开始接收，惟路方之事仍系由日人办理，该特派员尚只处于监视地位。飞鹏日前到沪已予详细规划，决定暂时组设京沪区铁路管理委员会，以陈伯庄为主任委员，其所新任各处处长中之重要处长，及徐浦段铁路总管理处陈序，杭暨段铁路总管金庆章等为委员，管理京沪段及徐浦段与浙境之杭暨段铁路事宜。并饬自十月一日起，该特派员及各职员均须入驻京沪路局主持办理。

二、两路护路事宜，已由汤司令官指派交通巡察处副处长，原在中美合作所办事之李崇诗担任，据报十月五日以前可以部署就绪。至于车站车上秩序，飞鹏亲往视察，甚形紊乱，已商请汤司令官指拨宪兵一营，少则两连，俾负责维持车站车上之秩序。津浦路之徐浦一段，已请何总司令指派部队护路，以期火车畅通，并另行指拨宪兵一连维持各车站车上秩序。杭州至诸暨一段，已请何总司令电知顾长官派兵护路，并指拨宪兵一连维持车站车上秩序。

三、关于长江以北各铁路，已请何总司令核定者数事：

（1）津浦铁路本日据山东省政府代理主席何思源君云，临城以南尚无甚破坏，自临城至两下店一段，南村经泰安至党家庄一段，黄河北岸鹊山至平原一段，又临城至枣庄一段，总计被“匪军”破坏者一百余公里。胶济铁路自黄台至周村一段，胡田至昌乐一段，胶县至城阳一段，总计被“匪军”破坏者数十公里。何君意见，以上各段铁路材料可以搜集收回者，约有百分之六十，其余百分之四十，可就津浦各支线中拆卸补充。至修筑工作，可以责成日方铁道支队担任，限期修复。修筑费用约需伪币二十亿元（细数见附单）〔略〕，以此折合法币，为数虽属不巨，但此项伪币如何由华北伪行取付，须由财政部决定。此事是否可行，已请何总司令核定，如以为可，即乞转知财政部从速照办，并指派护路部队，再饬知日方负责赶修，限期报竣。

（2）平汉铁路彰德至石门一段，日方原有三个月修复计划，现本部拟用其原定计划及材料，仍责成日方铁道支队赶修，我方派技术人员遄往监工，应需经费由我方担任。至郑州或许昌到遂平一段铁路，须俟将破坏程度及所需钢轨数量查明后，方能计划修筑。

（3）陇海铁路潼关至洛阳一段，据报缺轨二百八十公里，内有四十公里之轨可以搜集，实缺二百四十公里。此段铁路所需补充钢轨，只有将另一不关重要之路，予以拆除，以其钢轨移来补充。查道清铁路与德石铁路，均与陇海铁路平行，为移缓就急计，似可拆除一路钢轨及枕木等件，移修潼洛一段，俾陇海得以及早沟通，斯东西交通可复，政治经济军事均有裨益。此项原则是否可行，并以拆除何路为妥，已请何总司令核定，并转请委座及钧院复准，以便遵办。

(4) 北宁铁路方面，近日白利上校已偕美方高级军官等飞赴天津，闻白利上校表示自天津塘沽以至山海关铁路，如华方能予修筑，希望速即修复掌握之，否则美方可以代修掌握，将来交还。此事究竟如何，须俟白利等南返，方能明了路方实况及美方真实意态。

(5) 查日方所组之铁道支队，在长江南北各路均有之，飞鹏意此项铁道支队(或联队)，我方甚属需要，已请何总司令饬知冈村宁次分饬各路队长等，统归我方路局接管，照常工作。并请通电我方各部队，对于此项铁道支队(或联队)勿予调去，以期各铁路可以及早修通。其各队材料、工具，亦须移交。

此外，粤汉、湘桂、浙赣等铁路情形，须俟查明以后；武汉区交通业务接收情形，须俟飞鹏莅视以后，再行详报。

以上各节，除报告何总司令，并呈报委座外，理合检同本部京沪区航业整理委员会组织章程及组织纲要，暨胶济及津浦铁路路线通阻图，津浦胶济铁路修复费用清单，津浦胶济铁路修复所需材料清单，备文呈报，仰祈鉴核。谨呈

行政院院长宋

附呈本部京沪区航业整理委员会组织章程一份，本部京沪区航业整理委员会组织纲要一份，胶济及津浦铁路路线通阻图一纸〔缺〕，津浦胶济铁路修复费用清单一份，津浦胶济铁路修复所需材料清单一份

交通部部长　俞飞鹏

交通部京沪区航业整理委员会组织章程

第一条　交通部为整理京沪区接收敌伪之航业起见，设置本委员会。

第二条　本委员会职掌如左：

（一）船舶之清查修理分配事项；

（二）栈房码头之整理分配事项；

（三）房地产之清理处分事项；

（四）航线之调整分配事项。

第三条　本委员会设左列各组，分掌前条所列事项：

（一）船舶组；

（二）栈埠组；

（三）房产组；

（四）航线组。

第四条　本委员会设委员九人，由交通部指定一人为主任委员。

第五条　本委员会各组各设组长一人，由委员兼任，主管各该组事项；秘书一人至二人，办理文书及总务事项；干事若干人，分任各该组内部事务。

第六条　本委员会每星期开会一次，如遇有紧急事务，得开临时会，均由主任委员召集之。开会时以主任委员为主席，如因事缺席，得由代理主任委员执行其职务。

第七条　本章程自呈部核准之日施行。

交通部京沪区航业整理委员会组织纲要

一、缘起　查京沪区敌伪各航业公司所有船舶、栈埠、房地产等，或为敌伪自置，或为敌伪侵占征租而来，情形至为复杂。现接收已告一段落，将东亚、中支并入国营招商局上海内河公司，及中华公司则暂时保留，以维交通。惟有以上情形亟需着手整理，特将接收委员会结束，另组整理委员会，从事整理。

二、任务　本会任务为敌伪侵占公私航产之调查发还，现存船舶之修理分配，码头仓库之统筹分配，仓库存货之清理保存，房地产之调查处分，航线之分配调整，中华及内河公司之指挥监督，与其整理后之合并改组计划拟定等事项。

三、组织　本会设委员九人，以一人为主任委员，由交通部聘任之。并为便利本会工作起见，其下设船舶、栈埠、房产、航线四组，办理各种事务。

四、期限　本会整理期间定为三个月，如届时尚未整理完毕，经交通部之核准得延长之。

津浦胶济铁路修复费用清单

根据日方所报

一、轨道　计一二四三三九〇〇〇〇

一、桥梁　计三六〇〇〇〇〇〇

一、给水　计六〇〇〇〇〇〇

一、建筑　计五〇〇〇〇〇〇〇〇

一、其他　计二五〇〇〇〇〇〇〇

合计二〇三五三九〇〇〇〇

津浦胶济铁路修复所需材料清单

根据日方所报

一、轨条　计二〇〇〇〇根

一、继日钣　计二八〇〇〇根

一、ボフルト(道钉)　计六〇〇〇〇根

一、犬钉　计五三〇〇〇〇根

一、枕木　计一五〇〇〇〇根

〔国民政府交通部档案〕

7. 交通部平津区特派员办公处关于接收要义布告

（1945年10月11日）

交通部平津区特派员办公处布告　第一号

为布告事：案奉交通部部人字一二三三一号令开：兹派该员为本部平津区交通特派员，主办该区交通事业接管事项。此令。复奉中国陆军总司令部接字第九号训令略开：兹派交通特派员石志仁率同接收人员，办理接收华北铁路、电信、邮政、公路、航政各交通事业及机构事宜。接收后并应继续维持业务，不得停顿，统仰遵照。各等因。奉此。兹于中华民国三十四年十月十一日，实行接收伪华北交通公司、伪华北电信电话公司及伪邮政总局，自接收之日起，以上各伪组织着即取消，其业务由本办公处监督执行，电信电话事业另设交通部平津区电信交通接收委员办事处办理，邮政另设交通部邮政总局北平办事处办理。至于其内部组织如何变更，章制如何厘订，人事如何调整，业务如何改良，弊端如何剔除，自应遵照交通部指示方针，体察实际情况，详定办法，逐步实施，以期涤除旧染，发布新猷，而应我国复兴之需要。在是项办法未公布以前，一切暂照原办法维持，俾免停顿。值此接收伊始，特以数义昭告本区各项交通机构员工。

（一）交通机构为国家之神经动脉，不容稍有停顿，复员期间尤关重要，务望所有员工，无论路电邮航、内勤外勤，一体振作精神，各就岗位，奋勉自新，不可忘怀疑虑，怠忽职守。本特派员当考核工作之成绩，以为去取之标准，其有劳绩特著或特殊贡献者，当予照章奖励。如有执迷不悟或玩忽职务者，定予严加惩处。

（二）交通资材关系重要，现值战争初止，物力维艰，尤应加意爱护，一切财产、公文、物品、钱款等，应由主管人加意保管，不得糜费损失。其有窃盗自肥或故意损坏情事，一经查实，定加严惩。

（三）迭据各方报告，沦陷区域之交通机构，积弊丛生，皆不肖员工置礼义廉耻于不顾，而惟利是图，本应尽法严究，以正纲纪。惟念光复之初，与民更始，苟能洗心革面，痛改前非，值此需人之秋，必予自新之路。其有罔识大意，怙恶不悛，定当严查法办，决不宽贷。

（四）我国抗战八年，终获胜利，从此奠定世界和平之基，迈入人类幸福之路。所有我国员工应恪遵蒋主席之训示，对于日籍员工之未离职者，和平相待。而日籍员工既未奉命离职，尤应念我最高领袖仁恕之怀，正其思想，忠其职责，不可妄怀惰息，致干咎戾。

总之，国土重光，复兴大业任重道远，而时机不留，一踪即逝。各员工均应懔于大义之所在，为国努力革除不正之思想，杜绝不良之行为。以上诸端，务须切实奉行，勿违为要。此布。

中华民国三十四年十月十一日

特派员 石志仁

〔国民政府交通部档案〕

8. 蒋介石关于派员接收东北铁路代电

（1945年10月20日）

国民政府军事委员会快邮代电　元签字第四五四号

中华民国三十四年十月二十日

交通部俞部长：密。希即日准备人员派往东北接收长春铁路以外之各铁道，并将遵办情形具报。中正。酉哿。令一元。

〔国民政府交通部档案〕

9. 交通部编接收主要商船概要表

（1945年10月）

接收主要商船概要表　一千吨以上

船　名	总吨数	速力(浬)	吃水(呎)	载　客	货　量	可行航线	隶　属	损　伤	备　考
亚光丸	三，三六五	一二	一三．五	二四〇二	一，三一三	长江	东亚海运会社	、	在上海修竣即起运日侨回国

续上表

船名	总吨数	速力(浬)	吃水(呎)	载客	货量	可行航线	隶属	损伤	备考
兴平丸	三,三七八	一二	一三．五	一,七二八	一,三一三	长江	东亚海运会社		在上海修竣即起运日侨回国
兴国丸	三,四八七	一二	一三．五	一,七九〇	一,三一三	长江	东亚海运会社		赴沪准备运日侨回国
兴泰丸	三,三六六	一二	一三．五	一,七六八	一,三一三	长江	东亚海运会社		现任长江军运
兴隆丸	三,三一七	一二	一四．五	一,七四五	一,二五〇	长江	东亚海运会社		在青岛
宁波丸	三,七六三	一一	一二．五	一,八〇九	一,三九〇	长江	东亚海运会社		现任长江军运
阳海丸	二,八〇〇					长江	东亚海运会社	修理中	
连山丸	二,六五五	八	一三．五	一,七九〇	八五〇	长江	东亚海运会社		现任长江军运
鲤城丸	一,三三〇	六．五	七．九	五〇〇	四〇〇	长江	东亚海运会社		现任长江军运
松岛丸	一,〇〇〇	一四		五〇〇	六二〇	长江	东亚海运会社	修理中	
武陵丸	一,二九九			七五〇		长江	东亚海运会社	修理中	
华清丸	一,一三四	八	一〇．七	一,二八四	三五〇	长江	中华公司		现任长江军运
华盈丸	一,〇七一	八	五	一,一〇一	一四〇	长江	中华公司		现任长江军运
华瑞丸	九二〇	七．五	五．六	四五六	一三〇	长江	中华公司		现任长江军运
达兴丸	九五〇		一一．四			长江	东亚海运会社		现任长江军运

附记：

一、以上所列各船，系指已接收者，共十五艘，此外尚在各地清查中。

二、一千吨以下之船，尚在清查中，待报齐再送。

三、所有船只，均系江船构造，虽有少数勉强能作海航，但仅限于无风浪之气候。

〔国民政府交通部档案〕

10. 行政院抄发收复区日方通讯管制暂行办法指令

(1945年11月1日)

行政院指令　平四字第24138号
　　　　　　中华民国卅四年十一月一日发

令交通部

卅四年九月十七日，部邮字第一三六六二号代电，为呈拟收复区、光复区电信管制办法，请鉴核示遵由；暨卅四年十月六日，部邮字第一四六四八号代电，为收复区光复区电信统制办法已奉军委会修正，抄呈修正办法请鉴核由。

两代电暨附件均悉。兹分别修正如次：

（一）原办法内所有"光复区"三字一律删去，并将办法名称改为"收复区日方通讯管制办法"。

（二）原办法内"特检处"及"军统局"，均改为"指定之主管机关"。

（三）军委会在原办法内电信部分核增"第三"一条，仍照列。原办法第三、四两条，改为第四、五两条。

除抄送是项修正办法，函请军委会查照，并请其指定特检处为检查机关，军统局为侦察取缔机关，暨分令军政部知照外，仰即知照。此令。

附抄发收复区日方通讯管制办法一份。

院长　宋子文

收复区日方通讯管制暂行办法

甲、电信

一、与日本本土通信者：所有收复区原与日本本土通信之各种设备，一经接收后，应即停止其与本土通信。如因双方接洽军政事务，必须通信时，则日本本土一端之设备，应商请盟方占领军管理运用，在国境一端，应由我方管理，暂以集中上海、长春、台湾三处，并以政务及新闻电报为限，一律限用中英文明码。至长途电话，不论其为有线电、无线电，一律禁止日人使用。

二、在国境以内通信者

甲、所有国境以内电信设备，属于一般者，由交通部接收管理，属于军用者，由军政部接收。如日方在华部队需要收发电报，应以交由当地我方军用通信部队代为收发为原则。倘以路由关系，必须经由交通部电路接转者，收发两端均须交由当地我方军事长官核准，转交交通部电信局收发。

乙、商民电信如在台湾区域以内往来者，短期内暂准维持现状，使用日文明码。至我国境内其他各处，一律限用中文明码，经由指定之主管机关所派检查人员严格检查后，始得收发。

丙、日本军民在我国国境以内，一律禁止使用长途电话及无线电话。

三、凡中国境内，日人绝对不准设立电台，并不得保有收发报机。

四、日人私设电台应特别注意，严格侦察取缔，由指定之主管机关执行。

五、关于收音机事项，拟有办法二种：(一)日本军民一律不准装用，(二)准予装用，惟限于以中波及所用器材，以收当地节目为限。究采何种办法，探询盟军占领德日后之办法，仿照办理。

乙、邮政

一、日人寄递信件，不论由我国境内与日本往来，或在我国境内互相往来，均应暂以信函明信片为限。收发两端，均应由指定之主管机关所派检查人员严格检查。

二、日人外交邮袋应予取消。

〔国民政府交通部档案〕

11. 夏光宇关于武汉区铁路接收复员情形致俞飞鹏呈

（1945年11月1日）

武汉区铁路部分报告与请示事项

（一）接管平汉新郑段及新信段　此次北上接管信阳至新郑、薛店至黄河南岸两段铁路，人事方面发生不少波折，经妥慎合理处置，均已一一解决。

（二）恢复平汉南段各项紧急措施　平汉南段破坏极重，尤以信阳以北为甚，现经拟定恢复整理各项紧急措施，或已分别积极办理，或正督促赶办中。附呈紧急措施纲要一份〔缺〕，敬祈鉴核。

（三）开驶平汉郑县汉口间直达通车　平汉南段通车事宜，业经准备就绪，定自十一月一日起，于汉郑间每日对开直达客货混合列车一列，三日半到达，并每日对开轻便直达特别快车一列，二日半到达。行车时间本尚可缩短，惟因目前沿线不靖，桥梁轨道未尽修整，为行车安全起见，夜间暂不行车。

（四）筹开粤汉武昌长沙间或武衡间直达通车　职在汉稍事摒挡，拟于旬日内出发视察粤汉北段铁路，筹划于最短期内，开驶武长间或武衡间直达通车。

（五）请速拨酒精二万介仑，务于十一月十五日前运到　平汉、粤汉两路燃料异常缺乏，车皮亦少，故目前开行轻便快车，以资辅助。轻便快车所需燃料为汽油或酒精，前经电请钧座拨发二万介仑，现路存汽油仅敷半个月之用，务恳迅赐拨发，于本月十五日以前运到汉口济用。

（六）请速拨工程周转金十亿元，以便争取时间　平汉南段与粤汉北段重要桥梁之桥墩钢梁毁损者，计有十座以上，必须于枯水时期赶工重建，否则明春水涨，桥基松动，危险程度不堪设想。现最急需者为水泥，约略估计共需十万桶左右，武汉水泥丝毫无存，曾向辰溪华中水泥厂订购数万桶，约定价格由生产局议定价款，由渝汇拨。同时复托经济部李特派员景潞代向上海方面搜购。此外为恢复行车，已毁之各段站车厂车房一切设备，必须重加修建。全路轨道之修复，因道木一项无法搜购，拟大量铺以石碴。轨道配件亦极缺乏，拟利用废铁自行改制。又机车车辆亟待赶修，机厂车厂之修车能力，亦应尽量充实，全线机车房应立即恢复，并须添置设备，在在皆需巨款，而又迫不容缓。前经呈请钧座先行核拨恢复工程周转金十亿元，未蒙批复。此项周转金系属最低限度之数，务恳迅赐拨发汇汉，否则一切工作，均将无法推进。

（七）铁路经常开支先力谋自给自足　关于铁路经常开支，前经呈部约略估计每月支出四亿三千万元，收入不过六千万元。经职此次视察路线确定整理计划之后，估计平汉南段每月收入可达三亿至四亿元，粤汉北段整理通车之后，每月可收一亿至二亿元，合计每月收入约可达五亿元。本此目标，悉力以赴，总期全路经常开支，在一、二月后可以自给自足。

（八）拟赶速用釜底抽薪办法解决一切纠纷　由信阳至衡阳全归日本铁道司令部统一军事管理，共有官兵一万八千人，其组织与我国铁路业务组织完全不同。此一万八千人中，大部分为军人，另一小部分则为真正铁道方面员工，缴械之后，十之六、七于铁路无用，所可留用者，不过十之二、三而已，其中尚有不愿居留我国服务者，故实际可用人才甚少。而此极少数日人，又因言语不通，必须全部改编，分别集合为数单位，方能灵活使用。拟将留用日人分为二类，一类为工程队，使之担任协助修复桥梁路轨工作，一类为机械队，使之担任机车车辆之修理工作，但日籍人员提出有关待遇方面问题甚多，正拟筹谋处理方法呈部核示。忽奉第六战区长官部转来军政部长一电，另派铁道兵团屠志藩上校来处洽商，接管全线。日本铁道部队据称，凡属铁道联队本身所有之车辆器材，及非普通铁道所应用者，一律归由军政部接收；在此范围以外，而属于普通铁路一般应用者，由交通部接收。嗣由该员提出折衷办法二点：①

目前车辆器材系属铁道联队本身所有者，由铁路留用。②目前由两方凭日方所送清册，分别点查车辆器材性质，以资划分。同时又奉何总司令电示，所有各地日本铁道部队，概由中国陆军总部工兵指挥部统一管理，使职无所适从。而第六战区长官部对于此事，催逼甚紧，责职迟迟不交。处此情况之下，惟有采取非常措置，即将日本铁道部队使之完全脱离铁路，立由本区派人接替，拟请钧座转商行政院徐处长，于一星期内拨派专轮或专机，运送渝方已登记之铁路人员最少三、四百人来汉，由职亲自率领出发，将平汉、汉信段及粤汉、武长段所有日人撤换，然后一切困难问题，均可迎刃而解。

（九）护路问题　本区铁路原有路警，早于抗战后解散。目前沿线各站因月台栅栏等设备全毁，对于稽查私运客货及维持行车秩序，执行备感困难。而路警组织问题，各方意见分歧，迄无合理解决办法。又江岸徐家棚等处材料厂及机器厂，无兵守护，各项材料难免偷窃散失。前在日人管理时期，因防空关系，各项材料均系分散堆存厂外地区，本区接收之后，虽已派员分别点查清理，而目前人手有限，不能立时清查完竣，亟应派兵守护，以免走漏。在铁路警备问题未整个解决以前，拟先组织护厂队，担任各厂警卫任务，并拟商请第六战区长官部发给枪支，以资防卫。是否可行，敬候核示。

（十）调用员工待遇办法　查本区向各机关调用人员，当时有12508号部令规定，在原机关保留原薪资三个月。嗣又奉13616号部令，改订办法，各机关遂依令停止薪资，并请扣溢支薪费。各该调用人员以远赴收复区，而其眷属均在原服务地点，两地开销对于生活上发生困难，不免影响工作，拟请准在13616号部令以前约定人员，仍照12508号部令办理，由原服务机关支给薪费三个月。万一各机关以员额所限，则由本区照原服务机关待遇标准照支薪差，及附支各费。至差旅费亦请一律依照14129号令，加两倍支给。又汉口物价高涨，生活程度不亚于重庆，前请拨照重庆待遇办法办理，并乞一并批准，以副中央鼓励调赴收复区域人员安心工作之至意。

（十一）拟向汉口中交农三行透支五亿元　本区铁路修复工程，亟待开始，为工料各款周转便利起见，拟向汉口中国、交通、农民三银行商订透支借款五亿元，以本路营业收入及江岸材料厂所存备用材料为担保，业与汉口交通银行初步洽商。惟此案须由四联总处核准，拟请转商该处核定饬办，以便签订正式合约。谨呈
部长俞

武汉区特派员　夏光宇　十一月一日

〔国民政府交通部档案〕

12. 王若僖抄送东北电信接收报告致陶凤山函

（1946年1月30日）

鸣岐吾兄司长勋鉴：日前返渝，快聆教益。别后于本月十七日飞平，因交通困难，正在设法拟于最近候机飞长春，如铁路通畅，则或乘车经锦州、沈阳前往，沿途稍作视察，以便调度。东北接收，表面似已逐渐开展，惟仍难乐观，机料、经费、人手亦至感困难。最近，陈特派员嘱拟接收预算。凌次长昨日莅平。并作成现在东北电政接收报告一份，兹并各抄一份附呈察核，诸祈惠爱，随时示教，以匡不逮，何胜企感。专此奉侯，祗请勋安。

弟　王若僖拜启　三十五年一月三十日

东北电信接收报告

谨将东北电信接收情形及管理困难陈报如次，敬乞鉴核。

接收情形

（一）长春：(1)于去年十一月十四日，奉经委会张主委命，与苏方通讯上校雅科文科签订备忘录，对伪满电电公司举行接收仪式，因国军未到，一切通信仍在苏方控制之下。奉张主委谕，仍派伪满电电公司各部分原来负责人照旧维持，暂由接收委员办事处控

制之。

(2) 十六日奉令撤退,除留四人维持行营电台通信外,其余各员均陆续于十一月二十三日撤离长春,飞返北平待命。

(3) 嗣因东北情形好转,于十二月二十三日,即派报务员萧抑强、高建林二员飞返长春,协助通信。并于本年一月九日,由前二区业务处长张巍率领技报员二十四人,专机飞长春,进行接收工作。

(4) 长春现有500瓦及2000瓦特收发报机各一部,一通北平,一通重庆,并与军政部十六电台及其他军台联络,长渝系属二十四小时工作。

(二) 锦州:(1)因杜长官军队推进,于十一月即派秦皇岛联络员凌景春携带员工电台前往锦州,恢复通信。并于同月二十六日,派沈光厚前往负责接收,于十二月四日到达,随后陆续派去职员十七人。

(2) 锦州局已经接收,与平津两地成立无线直达,先后抢修报话线路与绥中、兴城、锦西、盘山、沟帮子、葫芦岛各局联络通话,现在已以载波线路与沈阳通话。秦皇岛滦州间线路破坏最甚,已修好线路一对,因军队搭线尚未畅通,昨日已与北平试话,并正设法装置电报快机。

(3) 锦州原有市内自动电话2500门,因被破坏,现只开通200门,将来可恢复1000门。

(4) 锦州原有手动电话100门,交换机四部,在自动电话破坏后,临时装用二部,现开通八十户,俟自动电话装竣即撤销。

(5) 锦州房屋及设备装置已多破坏,正在设法择要复修。

(6) 锦州原指挥十九局,已光复者十七局。

(三) 其他各处:(1)沈阳派电信总局视察祝纪篪接收,大连派电信总局业务处长王世新接收,已于今日率技报员十四人及机件由平飞长,并已先派吴兴吾、房巨桢、安郁文三员到沈,业于一月十四日与苏方交涉签订证书,施行初步接收市内报话局。

（2）四平街局派江绍亨、王禧昌前往，业已接收，正在整理。

（3）哈尔滨派方砚农负责接收，现在渝候机飞平，并已先行派员前往，业已到达。

（4）吉林、齐齐哈尔，并已由长春派员前往接收。

（5）热河派凌景春前往接收，营口派郭焕文前往接收。

（四）营业：除锦州报话一部分开放商用外，长春亦于一月二十五日整理市话，及有限制收发长平、长渝商话，但线路多在苏军控制之下，正在交涉收回，以备开通其他各处有线电报电话。

管理困难

（一）人事：(1)伪满电信现有员工二万余人，将来从事裁汰，至少尚有一万余人遣散，维持均非易易。

（2）留用人员日人除技术人员留用外，华人应于留用，但关外训练技术全为日本式，与关内不同，将来必须重新训练，且思想复杂，诱惑甚多，矫正思想，亦为严重之问题。

（3）重庆内地调用人员，因干员多被留用，来者甚少，职原任东南电信管理局，本拟由东南调人，但各处分散留用，东北情势不定，来者亦不踊跃。平津方面亦因人少，可调用者甚少。

（4）东北地方辽阔，技术又与关内不同，各处接收均须派人指导，但现抽调者甚少。无人控制，则怠工要挟等事，均可发生，不能不加顾虑，故以少数人员接收东北全区，极感困难，务祈大部充分补充人员。

（二）报话费：(1)报话价目，锦州方面因接收较早，临时由辽宁徐主席面谕，准暂行电话每户收押机费东北币500元，电报费普通每字一元，加急二元，官军电减半。

（2）全区报话价经张主委核准，电报官军及新闻每字五角，洋文加倍，商报华文一元，英、日文各二元，长话费按距离每次10公里二元，40公里四元，80公里六元，120公里八元，200公里十二元，250公里十四元，300公里十六元，400公里二十元，500公里二十五元，600公里三十元，800公里四十元，1000公里五十元。电话月租费，一级局30元，二级局25元，(每次通话费均六角)，三级局20元，通话费四角。又定额月租费(即不计通话次数)三级局140元，四级局130元，五级局120元。

以上系一月三日核定。一月十九日长春来电，张主委复批示长话费改为折半，新闻电改照商电四分之一。

(3) 总局意东北报话费，应俟东北币比率定后，比照内地核定。此次张主委核定报话费，约当原来伪满报话费六至十倍，如以法币与东北币十三比一核计，则价过低。

(三) 设备：(1)东北电信设备向称完善，但经此次战乱，多有破坏，地缆破坏尚少，架空线破坏即多，机件等类多被苏方搬去。其现保存者多为苏军维持军用之用，即如交通工具一项，所有汽车已被搬运一空。

(2) 将来如何，须视苏军撤后情形而定，因苏军撤退地方如锦州、热河境内等处，即遭破坏甚巨也。

(3) 观察苏方企图对长春沿线设备似有不肯放松之势，将来对一部分或须搬移与控制。

(4) 现在苏军未撤，损失调查无从着手，一时难作整个恢复计划，希望大部善为准备，将来予以充分补充。

(四) 广播：东北广播原由伪满电电办理，其机件、资产、房屋均混而不分。民营广播本由大部管理，关于东北广播，行政院是否已核准由大部统一接收，前曾与张主委研究，归我接收，将来业务管理归我统筹，但中宣部可以使用施行广播，并留出一部分时间作地方宣传之用。现闻中央宣传部已派员赴东北接收广播，应如何应付，乞予指示。

(五) 财务：(1)接收后首须维持员工生活，现有员工两万余，以半数一万计，每人每月平均至低东北币二千元，即须两千万，按法币与东北币十三比一，则须法币两万万六千万。

(2) 东北破坏之后，商业一时难以恢复，报话营业不易开展。现订报话费又低，将来收入少，开支多，亏损自在意中。加以接收费及临时工程费数额庞大，需款至巨。

(3) 现在东北张主委处领款困难，以法币押借比率相差悬殊，手续又繁，东北电信用款似须大部自行维持。电信总局虽尽量供给，恐仍不敷，尚恳大部多多设法，充分接济。

(六) 职权：东北现改为第九区电政管理局，以东北地域之广，电信单位之多，设备之繁，而又处于特殊情形之下，如按普通区管理局组织，实感应付困难。今后除望吸收人才，补充材料机件设备，以期逐渐恢复外，并望大部准将九区管局酌予扩充组织，宽其经费，予以相当便宜之权，以期适应环境，而图事功，东北电信，实深利赖焉。

〔国民政府交通部档案〕

13. 交通部平津区特派员办公处编平津区交通事业接收报告

(1946年1月)

平津区交通事业接收报告　三十五年一月于北平

胜利来临，国土重光，抗敌御侮，虽已告一结束，而复兴建国，正待开始。上年九月间奉命接收华北各交通事业，于九月八日偕同少数人员，由渝飞京。十三日，由京飞平。斯时北平尚未举行受降仪式，而环睹霾氛弥满，谣诼繁兴，接收工作无由开展。惟有暗中调查计划，并监视敌伪各交通部门，庶期国家元气少受损失。迨第十一战区司令长官部于十月十日在北平受降，本处即于十月十一日开始接收，迄目前止，路电邮航各部门皆已次第接收完竣，且已进入整理阶段。惟幅员辽阔，范围广大，接收各部门资材尚有未经清查完竣者，谨先具一简略报告，藉明梗概，一俟全部整理就绪，自当另编详细报告。

甲、一般接收情形

复员固非复原，接收更非停顿，于交通为尤然。本区接收对象为伪华北交通公司、伪华北电信电话公司及伪邮政总局。三十四年十月十一日，举行接收典礼，上开各伪机关名称当即同时予以取消，伪华北交通公司业务即由本办公处直接管理，下另设交通部平津区电信接收委员办事处及邮政总局北平办事处，分别处理电政、邮政业务。航政事业则于同年十月三日开始接收。分区各铁路局接收日期，则因环境特殊，先后参差不一，开封局为三十四年九月二十日，徐州局十月八日，石家庄局十月二十六日，济南局十月二十九日，而天津、北平则于十一月五日两地同时接收，正太路于三十五年一月一日接收。一般经过情形皆能于顺利气氛中进行。全区从业人员计铁路员工一八五三四五人，内有日人三二八五四人；电信员工一〇六〇四人，内有日人四三二四名；邮政员工六六一二人，内日人八六名。所有日籍员司，除酌留各部分技术人员外，余尽分期裁免，国籍员司则遵照部章，一律作为试用。接收后各部门业务照旧进行，无有一刻之停顿，奈遍地秩序欠佳，路电被破坏程度之烈，几难想象。本处昼夜督责，虽随毁随修，深荷军方协助，尤赖上下用命，差能于极端艰难困苦情况下，博取交通不断于时间空间，但求戾气早消，协议早成，则华北各项交通之恢复与发展，固可拭目以待。用将所辖路电邮航各方接收情形，分别略述如下。

一、铁路

查伪华北交通公司，内部组织极为庞大，计有八局二所一院一队，及若干其他零星机构，员工为八千八百五十一人，按其业务性质，由本处秘书、总务、路政、材料、会计、警务及港务等室组，分别前往接收。

(一) 秘书部分

秘书部分所接收伪公司单位为：(1)链成总队暨所属女子铁路

学院社员会事务局及双叶园(即幼稚园)七所;(2)弘报部,此系与第十一战区长官部会同接收;(3)监察室;(4)人事主干;(5)民生主干;(6)调查役(包括统计系及资料系);(7)电台,计收发报台各一处,收报台在北平,发报台在距北平数十公里之双桥,现有机器计250kW 六部,50kW 二部;(8)有线电报房,计北平局内有机器二十八座,另分室二处,共有机器七座。

(二) 总务部分

总务部分所接收伪公司单位计:(1)文书科接收伪总务局文书主干。(2)事务科接收伪总务局庶务,系计自行车十三辆,小汽车四十辆,内完好者十四辆,损坏不堪者十九辆,在未接收前经日方借出而未收回者六辆,原主英人领回者一辆。大客车二辆均损坏,载重车五辆,内完好者二,损坏者三;三轮车四十二辆,内完好者二七,损坏一五;人力车十一辆,内经日方未收回者二辆;家具三千九百余件;电扇六十九个;打字机十九架;扩音机三份;收音机八个。(3)福利科接收伪给与生计主干、厚生主干、厚生事务所、生计厂等部分,计家具四千三百〇六件;乳牛三十头;乳羊十八只及粮谷薪炭配给所十处;仓库暨分库各一处,物资正清查中。(4)产业科接收伪华北交通公司、伪港湾总局、伪第二运输局、旧正太路局、旧平绥路局、伪华中铁道公司、进和钢铁株式会社等机关房产一百八十六所;丰台混凝土制品工厂、通州陶器工厂、中央铁路农场、西便门用品仓库、警犬养成所、传信鸽育成所、保健科学研究所外四区自动车用地九宗,共约二千二百七十九亩。(5)卫生科接收伪总医监保健主干,又伪保健科学研究所,因卫生署特派员洽请由该署接收,故该所各项物品仍在封存待商中。(6)印刷所接收伪华交北京印刷所四处,第一工厂已继续开工。

(三) 路政部分

(1) 接收部门

路政部分由机务、工务、运输、营业、电务、公路、监理七科接收。(甲)机务科接收机车、客货车、工厂、机厂、机械第一运输需品等主干及机工养成所;(乙)工务科接收保线计划、工事建筑、水道设施局需品等主干,营缮事务所,工事事务所及丰台洋灰制品工厂;(丙)运输科接收配车列车动力等主干;(丁)营业科接收旅客企划货物仓库劳务等主干;(戊)电务科接收通信主干及电气部所属;(己)公路科接收水运主干及自动车部;(庚)监理科接收各总务系及调查役。

(2) 路线

伪华北交通公司所管路线,共分为八个区管理局,干支各线共长五七二八.五五六公里,列表如左:

局别	天津	北平	张家口	济南	
所管路线	611.521 公里	632.261 公里	930.144 公里	798.640 公里	
局别	太原	开封	石门	徐州	共计
所管路线	1,016.940 公里	487.773 公里	643.181 公里	611.096 公里	5,728.556 公里

(3) 机车车辆

十月二十九日查明各路机车能用者九二八辆,待修者二五三辆;客车能用者一一〇八辆,待修者一六八辆;货车(营业车辆)能用者一二七〇〇辆,(非营业车辆)能用者九一六辆,待修者一二一四辆;窄轨机车能用者一三二辆,待修者一八辆;窄轨客车能用者四〇辆,待修者四六辆;窄轨货车能用者一一三四辆,待修者一五八辆。

接收之机务段四十处,中日员工共计二四四三七人,每年检修机车能力约为四七八五三辆。检车段二〇处,中日员工共计八八五五人,每年检修客车能力约为二〇二二八辆,货车一九一一五六辆。机厂十二处,每年修车能力(山海关机厂修造桥梁、道岔,张贵庄机厂修造号志零件,以上两厂除外)共计机车一三五三辆,客车一一七六辆，货车九八三二辆，员工共计约二万二千余人。给水所一八四处，员工共计一〇四六人，每日最大给水量共为一二二〇〇吨。

各厂段及给水所等处机器，共计五九一三架，轨道汽油车六三七辆，桥秤六〇台。

机车车辆表

种　别	能使用者		不能使用者	总计量数	附　注
机　车	宽轨	九二八	二五三	一一八一	
	窄轨	一三二	一八	一五〇	
客　车	宽轨	一一〇八	一六八	一二七六	
	窄轨	四〇	四六	八六	
货　车	宽轨	一二七〇〇		一二七〇〇	
	窄轨	一一三四	一五八	一二九二	
	（非营业处）	九一六	一二一四	二一三〇	

（4）电讯设备

（甲）通信　线路长约五二七三公里，各项设备如左：

电杆　九三一〇〇根

电线长　九七〇〇〇公里

电缆长　三〇四公里

电报机　四二〇具

电话机　二一五〇〇具

闭塞机　一一〇〇具

手动交换机　二七五台

自动交换机　五〇〇〇回线

载波电话电报机　一一〇具

无线电收发报机　九六组

（乙）号志

进站号志　一九五三组

出发号志　一〇五五组

通过号志　三〇八组

远距号志　六一〇组

第一种机械联动装置　五一处

第二种机械联动装置　五九七处

第一种电气联动装置　一处

第二种电气联动装置　六五处

第一种电气机械联动装置　五处

第一种电空继电器联动装置　一处

（丙）电力　发电所八十处，配电所十九处，原动机总马力7837H.P.，发电机总马力5260K.V.A。设备如左：

电杆　一八七三四根

电线　二九〇八公里

电缆　七六五〇〇公尺

屋外灯　一〇七五七个

投光器　七三九个

屋内灯　一一五三五四个

变压器　一二六二台

工事发电车　二辆

蒸气原动机　二六台

内燃原动机　八四台

电动机　一台

水力发电机　一台

直流发报机　二九台

交流发报机　八四台

（丁）机器

天津电气修理厂各项工作机器　四十一台

长辛店电气修理厂各项工作机器　四十二台

(戊) 信鸽

基本鸽　一二五〇只

后补基本鸽　四四〇只

新产雏鸽　二六〇只

(5) 员工人数

兹将所接收伪华北交通公司及各分区铁路局员工人数列表于左：

本国员司	日本员司	员司共计	职　工	员工合作
六三，一五三	三二，八五四	九六，〇〇七	八九，三三八	一八五，三四五

(四) 材料部分

(1) 伪华交公司材料组织，在经理局下设有资材三主干，分别掌理五金、木料及油脂、薪炭之购发事项，并在平津青等处各设用品事务所一处，以资保管。其北平、石门、天津等局，均设有用品库。伪电电公司方面，则在通信部下设有资材课专司保管稽核事务，保管部下设用度课专司采购事务。并在平津青等处，设有用品事务所。现伪华交公司之三主干及北平用品事务所之三十九仓库，均已接收。至电电方面则由接收电信委员前往接收。

(2) 材料部分接收后，原隶属于总务组设科管理，兹以事务增繁，改设材料组专责办理。平津青等用品事务所，除青岛所因交通阻滞，饬由济南分区接收委员办事处派员接收外，北平、天津两所均已接收，更名为材料厂，业已分别派员主管两厂接收之材料，现正详细清点赶造清册中。北平材料厂接收重要材料，估计为二五，五五六吨，总值为国币一，七九二，三一〇，〇〇〇元。天津材料厂接收重要材料，估计为一一，〇九九吨，总值为国币一，六一六，五九六，〇〇〇元。

(3) 伪华交公司旧有各种材料合同，在移交前多被焚毁。经刊登报章，令承办商号来处申明，并指定专员从事清理核对，以免损失。

(4) 关于工厂问题，经商准党政接收委员会，接管日商北平大二、永大、北京、静冈等四木厂，临时委托制造枕木，俟工竣后归由北平市工务局接收。现计制成枕木二万零十八根，预计可制枕木三万根。又接管天津日商大二、东洋、亲和、永大、和田、铃藤、森田、北支等八木厂，采取包工制，共制成枕木九万零六百零八根，大二、东洋、亲和三家拟继续管理，其他拟移交敌伪产业处理局管理。又接管天津日商进和、山本两铁厂，制造器材配件，计已制成道钉五十万根，鱼尾螺丝五百万枚，已商请经济部特派员及敌伪产业处理局准由本处继续管理。又接管日商大谷制钢所、酸素制造厂，已制成氧气四千罐，拟继续管理。又接收光明贸易公司，赶制计压器、氧气熔接器等共约五百件，将来拟并入各大厂管理。

(五) 会计部分

查伪华北交通公司一切措置，大都系作侵略之准备，运输计划及人才训练，受敌大使馆及军部之指挥，故从业人员超过业务上之需要，训练调查工作之积极，亦非一般铁路公司所可比拟，是故开支庞大，自业务眼光观之，殊不经济。

伪华北交通公司营业收支在三十四【三】年三月以前(敌昭和十九年度)尚勉可适合。三十三年四月至三十四年三月(敌昭和二十年度)，一年度平均每月收入伪币一亿八千二百七十余万元，支出伪币一亿七千八百七十余万元，计尚盈余三百九十余万元。自三十四年四月起，物价骤涨，支出突增，益以路线中断，虽经两度增加运率，亏累仍巨，计三十四年四月至六月平均每月收入十一亿五千五百余万元，支出二十四亿三千二百余万元，月亏十二亿七千六百万元之谱。七月一日至十月十日账目未结，估计数字大致类似，至紧急工程费及储备材料费，更非本身收入之现款所可担负。

伪交通公司每月短绌之款照例开具(资金申请书),呈请敌华北开发公司转呈敌大使馆商同敌军部核定后,饬敌正金、台湾及朝鲜三银行拨发,列敌华北开发公司账(其伪钞则取自伪华北联合准备银行)。兹据该伪公司抄送敌华北开发公司历年及本年四月至十月份拨款清单前来,计七个月共拨伪币一百九十二亿八千万元。

注:按敌伪会计年度系自四月一日起至下年三月底止。

本年八月敌人投降,铁路破坏情形愈形严重。该伪公司虽曾尽其全力以图修复,但修复愈力破坏愈烈,终无效果。故自八月至十月平均每月营业收入只达伪币六亿五千万元,而支出则以生活高涨,薪俸之增加多倍及修理费支出,而愈形庞大,每月达五十亿左右,计营业亏折每月平均达四十三亿元。

自八月十五日,敌伪投降以后,该公司以限于经济应付之款结欠甚多,截至九月底止,总计应付未付之经常费约伪币二十六亿六千余万元,十至十二月应付经常费,共估需伪币一百九十四亿余元。除估计收入伪币十九亿余万元外,尚不敷伪币一百六十五亿余元。修复各路工程费尚不在内。

查伪交通公司甫由本处接收调查,财务资料不全,以上所述均系以该公司之资料。据报敌开发公司核准,十月份补助伪交通公司伪币二十八亿元,并于十月初提到伪币十亿元,均经分汇各区在案。其余之十八亿元,以本处接收而停拨。为维持中央威信计,必须由本处筹发其分配数。

据该伪公司最近调查报告,各线路轨桥涵被彻底破坏者,达一千零三十七公里,必须赶行修复以利交通。其所需费用正在估计之中。

查该伪公司之亏折症结在开支庞大及治安之欠缺。除开支方面可以大加缩减外,只须路线修复,即不难求其收支适合也。至接收情形分述如下:

(1) 现金

结存现金计伪币一亿九千九百二十三万四千七百二十五元。

（2）账务情形

该伪公司账目仅结至本年六月份为止，财产帐结至上年十二月止。

（六）警务部分

警务部分所接收伪公司单位如下：

（1）伪警务局

该局职员计总人数五百八十一名，其中中国人三百零一名，日本人二百四十九人，韩人一名，俄人三十名。警务局所属有北平、天津、济南、张家口、太原、石门、开封、徐州八个铁路局之警务部，每一警务部之下设若干警务段，每段之下并设有分所。至警务局内部组织，分警备、第一警保、第二警保以及总务、调查等系，并直辖有中央铁路警务训练所（应易名为路警训练所），警备犬育成所（应易名为警犬训练所），本部警务段（应易名为直辖警务段），经接收后已就其原有机构加以改组。如总务系改为总务科，办理文书、人事、庶务、会计事项；警备第一系改为行政科，办理铁路警备、保安、卫生事项；警保系改为司法科，办理司法事项；警备第二系与调查系合并为督察室，并另设一兵器科，大体已告就绪。

（2）伪中央铁路警务训练所

该所仅高等科，中国学生二十六名，而教职员有一百五十五名之多。该所存有武器弹药不少，已令按册点收。关于训练所名称，已易名为交通部平津特派员办公处，警务组路警训练所庶几名符其实，该所设备甚佳，有指纹研究室，房屋宽敞可容四五百人。

（七）港务部分

港务部分所接伪公司单位为港湾总局，民国三十年十月，（华交）为便利水陆联运起见，将当时原有大沽各码头归并成立塘沽新港港湾局，继续兴工。至三十一年七月，新港一部分工程完工开始业务，同年六月间，连云港港湾局亦告成立。（华交）为统制两港港务并划一指导起见，于三十三年五月一日在北平增设港湾总局，作为(华交)之外局，总管港务以迄于今。

(1) 人事　总局方面人员接收时计有国人员工二十七名，日人六十名。查现时服务于港湾总局之本国人员阶级甚低，所司职务系属描图、抄写、看库、看房及差役司机等类。故办理接收颇少协助之处。

(2) 资材　该局重要资材均在塘沽、连云两港湾局当地存放，总局所存现仅少数面粉木材等类，其余零星材料为数甚微，分存东四、十条、十二条、秦老胡同及总局等处。

(3) 土地房屋　该局为便利同人住宿并存放资材起见，置有房屋六所。

(4) 财务　截至接收之当日止，该局共存伪币九千二百六十六万八千五百二十元零八角三分，已如数收存金城银行。

二、电信

(一) 伪华北电信电话公司概况

(1) 机构　公司运营机构取三级制如左：

(甲) 总公司设置总裁室、管理部、通信部、审查室、电气通信学院，共计二部二室一院。

(乙) 地方管理机关　设置通信局七(北平、天津、青岛、济南、徐州、郑州、太原)，分掌局一(芝罘)。

(丙) 现业局处三〇五(各地中央电报局四、中央电话局四、电报电话局七〇、电报局二五、电话局六二、电报分局一五、电话分局一七、电报电话分局二、电报分室二、电报收发处二二、委托办理处四九、长途局一七、新开电报局一二、海岸局四)。

(2) 设备

(甲) 线路

(子) 有线电报各种方式回线数一五三(印字自动双工1，现波自动双工1，自动双工23，自动单工1，音响双工15，音响单工81，结合双单报1,报话公用29,摄影电报1)。

(丑)无线电报各种方式回数线四四(自动双工11,手送双工10,手送单工22,电话1)。

(寅)长途电话各种回线数三〇二(实线163,载波106,电报电话线25,双报线7)。

(乙)机械

(子)电报	无线		七一台
	有线		二九一部
	自动交换机		四四,〇〇〇回线
(丑)电话	共电及磁石交换机		二八〇座
	长途交换机		一一〇座

(3)人员

公司现有人员数计共一一二三二,以国籍及职务区别之如左:

(甲)国籍别	华人	七七三三
	日人	三三八六
	其他	一一三

(乙)职务别　电话人员占全员数百分之二十,线路人员占百分之十九,管理人员百分之十五,报务人员百分之十三,机械人员百分之十一,其他百分之二十二。

电信学院毕业之报务机械人员	日人	九三七
	华人	一五四八

(4)资本金及财物状况

(甲)公司资本金在初成立时,定为三五,〇〇〇,〇〇〇元。嗣于民国三十二年增资为一〇〇,〇〇〇,〇〇〇元,已缴纳者为八三,七五〇,〇〇〇元。

(乙)固定资产状况　公司民国三十三年度决算书所载固定资产额为一三九,七四五,九九六元,此项额数系依创设时之原价计算。倘依三十四年七月最高腾贵物价计算，其评价额为四二，七六六，四九五，三四五元。

（丙）营业收支状况　公司成立后，历年营业收支相抵，均获有相当之盈余金。至民国三十三年度，以物价高腾，曾两次增加报话价目。计收支为二二八，一二一，〇三五元，支出为二二〇，五一一，三五六元，收支相抵，仍有七，七〇九，六七九元之盈余金。但至本年度因物价更高，收入渐减，益以线路时生障碍，修复需费繁多，虽于六月再行增价，而收支仍难均衡。故现在得有九亿元之亏损，已向开发公司借款，以资弥补。最近九月份收入为一一〇，一六二，〇〇〇元，支出概算为三七〇，〇〇〇，〇〇〇元，收支两抵，亏损约达二五九，八〇〇，〇〇〇元（公司本拟于九月再行加价，以日军投降未得实行）。

（二）接收机器线路清表

（1）电话机器设备

（甲）市内电话机器

种　　别	机线容量
人工式电话机器	三二七三〇
自动式电话机器	四四九〇〇

（乙）长途电话机器

种　　别	部　　数
五路载波终端机	二〇
五路载波帮端机	一〇
三路载波终端机	四二
三路载波帮带机	八
单路载波机	九

（丙）无线电话机

五千瓦特无线电话机　　一部

(2) 电报机器设备

(甲) 有线电报机

种　　别	部　　数
单工人工机	一三五
双工人工机	三四
双工自动机	五五

(乙) 无线电报机

种　　别	部　　数
一五〇〇〇瓦特机	一
三〇〇〇瓦特机	一
二〇〇〇瓦特机	二
一〇〇〇瓦特机	一二
五〇〇瓦特机	一七
二〇〇瓦特机	一七
一〇〇瓦特机	一八

(丙) 载波电报机

种　　别	部　　数
音声周波十二路载波终端机	四
音声周波六路载波终端机	八
超可听周波六路载波终端机	四
音声周波一路载波终端机	六
音声周波一路载波帮电机	三

(3) 线路设备

起迄地点	回线数			
	地下电线	铜线	铁线	
北平天津	一八	一二	四	
天津济南		七	六	
天津山海关		九	五	
济南青岛		四	七	
济南徐州		四	四	
徐州开封		四	二	
开封郑州		三	一	
北平张家口		一	五	
北平石家庄		六	四	
石家庄新乡		二	六	
新乡郑州		六		
新乡开封		二	五	
石家庄太原		三	三	
太原榆次		三	一二	
榆次灵石		二	三	
灵石运城		五	一	

三、邮政

十月十一日上午十一时三十分，接收伪华北邮政总局及所属资金局，一切进行颇为顺利。现已查点各处仓库及资金并各种契约，所有仓库共二十余处，储存前伪总局及备发平、冀、鲁、豫、晋各区应用之文具、单册、纸张、服装、布匹、自行车及一部分剩余之配给品等物资。兹因本处尚负有接收伪蒙疆邮电总局（现改为伪蒙古自治邦政府交通部直辖邮政科）及北平管理局任务，为谋早日完成任务起见，现在加紧接收工作。又伪蒙疆邮电机构原设在张家口，以八月间为八路军占据后，所有日籍主管人员仓卒撤至北平，转赴天津，曾于三十四年十月二日召集伪蒙古自治政府交通部参事官马场定等到办公处听取报告。据报所有邮票档案均已散失，无法再行查考，当即转知造具详情报告，业据造妥送来，现正翻译中。除先派员前往张家口一带探查真相外，一俟得有结果，当即洽商接收。

四、航政

兹将接收天津海港日伪航政航运机构及各码头仓库概况举述如下：

（一）日商天津艀船运输会社

该会社在天津旧法租界六号路门牌八号，所属驳船计三十九艘，共计载重一万九千八百十五吨；拖轮十三艘，共计载重一千八百五十八吨，均已接收完竣。上项船只均驶行天津塘沽间。自九月三十日起，交与战运局，供备装盟美军军需之用。

（二）日商大连汽船会社

该会社社址在天津特一区中街一〇一号，津港并无船只，所属房地产计楼房九所，业经交与盟美军应用；小楼十八所，码头二处及仓库十三所，亦已全部接收完竣，情形大致均属完整。各库货物均已封存，并派员妥为保管。又其中码头之一部，因盟美军需要，已移交应用。

（三）日商东亚海运会社

该会社在旧法租界四号路二号，津港并无船只，所属码头四处及仓库十四所，情形大致均完整。其中第四号码头及公事房，已由盟美军自行占用，各库及存货均在积极查封中。

（四）已接收津港日方房屋、仓库、码头及船只一览表

所属公司	类　别	处　数	备　注
大连汽船株式会社	房　屋	九所	坐落特一区中街一〇一号
大连汽船株式会社	房　屋	一五所	坐落特一区管理局街一九二号
大连汽船株式会社	码头事务所	二所	坐落特一区海河路一三号
大连汽船株式会社	仓库事务所	一所	坐落旧法租界六号路二二号
大连汽船株式会社	仓　库	五所	坐落特一区海河路一三号
大连汽船株式会社	仓　库	八所	坐落旧法租界六号路二二号
大连汽船株式会社	码　头	二处	坐落特一区海河路管理局街口
东亚海运	房　屋	一所	坐落旧法租界四号路七号
东亚海运	房　屋	二所	坐落旧法租界六号路
东亚海运	房　屋	一所	坐落旧法租界八号路河沿
东亚海运	房　屋	一所	坐落特一区河沿无锡路口
东亚海运	码　头	一所	坐落旧日租界山口街口
东亚海运	码　头	一处	坐落旧法租界四号路口
东亚海运	码　头	一处	坐落法租界十号路口
东亚海运	码　头	一处	坐落旧英租界十四号路口
东亚海运	码　头	一处	坐落特一区无锡胡同
东亚海运	院　地	四处	坐落旧英租界二十号路口
东亚海运	仓　库	三所	坐落旧日租界山口街河沿
东亚海运	仓　库	二所	坐落旧法租界四号路河沿

续上表

所属公司	类　别	处　数	备　注
东亚海运	仓　库	三所	坐落旧法租界十号路河沿
东亚海运	仓　库	五所	坐落特一区无锡路河沿
东亚海运	仓　库	三所	坐落旧英租界十四号路河沿
东亚海运代管招商局所有	房　屋	三所	坐落旧英租界十二号河沿
东亚海运代管招商局所有	仓　库	一二所	坐落旧英租界十二号河沿
东亚海运代管招商局所有	码　头	二处	坐落旧英租界十二号河沿
天津解船会社所有	拖　轮	一三艘	内有六艘待修共计总吨数一五五七吨
天津解船会社所有	驳　船	三九艘	内有二艘待修共计载重吨一九八一五吨

大连汽船株式会社以上共计　房屋　二七所
码头　二处
仓库　一三所

东亚海运及代管招商局以上共计　房屋　八所
码头　七处
院地　四处
仓库　二八所

天津解船会社以上共计　拖轮　一三艘
驳船　三九艘

乙、一般处理情形〔略〕

〔国民政府行政院档案〕

14. 交通部编交通复员工作报告

（1946年9月）

交通复员工作报告

复员工作首重交通，盖交通复员为一般复员之先导，是以交通复员之重要，实驾乎一般复员之上。本部在上年年初，即有交通复员准备委员会之设置。洎胜利莅临，除肩负复员运输外，对于收复区交通事业之接收整理，不遗余力。溯自接收工作伊始，即针对敌伪管理情形，将全国分为京沪、平津、武汉、广州、东北、台湾六区，每区设特派员一人，主持接收事宜，特派员之下更分派接收委员，分别接管路电邮航各业，一面维持原有业务，一面进行抢修整理，以期迅速恢复全国交通，而利整个复员工作之推进，且于进行复员之中，奠定今后交通事业基础。所有实施进程，一则因复员所需经费未奉全盘核定，再则因收复区交通所遭损害已深，在交通器材奇绌之下，实感捉襟见肘。加以胜利之后，若干地区复遭意外破坏，致令复员受阻，未能悉如预期完成，不无可憾。兹将办理经过情形撮要分述如后。

一、铁路

（一）修复破坏铁路　铁路复员工作，依其性质可别为两类，其一为胜利以前，已由我方或敌伪破坏者，此类路线几全不在共军占领区之内，抢修工作可顺利进行，且修复以后，亦不致再遭破坏。其二为胜利以前原有敌伪控制通车，而胜利以后因共军之侵占而遭破坏，其同一地段有修复达多次者。兹将修复成绩截至本年六月底止列表附后，所有表中所列修复里程数，均系指修复后未再遭破坏者，其历次修复之累计数，则列入备注栏，以资参考。

铁路复路工程进度表

路名	破坏里数（或不通里数）	修复里数	备注
甲、胜利前破坏或拆除者			
粤汉	二五二	二五二	
陇海路洛阳以西	二二三	二二三	
湘桂黔	八七二		柳来、柳怀、桂柳共长三六〇公里，已完成约一半。
滇越	一七八		在抢修桥梁中，俟钢轨运到即可铺设。
浙赣	七八九		诸金及株萍段共长三九〇公里，已完成一小部。
南浔	一三三		近始开工，成绩尚微。
合计	二四四七	四七五	未全部完工者未计入。
乙、胜利后由共军破坏或占据者			
陇海洛阳以东	四一	三八	连历次重复抢修，累计已修复九五公里。
平汉	一九八	四	累计已修复八公里。
津浦	四〇八	七八	累计已修复三五一公里。
胶济	一四〇	三三	累计已修复二七四公里。
平绥	五三	一二	曾遭轻微破坏，已迅即修复者未列入。
同蒲	一一二	〇	同上
平古	五四	〇	曾遭轻微破坏，已迅即修复者未列入。
德石	一八〇	〇	未修。
正太	〇	〇	曾累遭轻微破坏，已随即修复。
北宁	〇	〇	同上
合计	一一八六	一六五	连历次重复抢修，累计已修复七四〇公里。

（二）调配各路机车车辆并筹设总机厂

各路机车车辆除后方各路原有者外，收复区各线均各就接收所得，支配运用。此外，并就联总供给之机车车辆，先行分配京沪、津浦、平汉、粤汉等路应用。至三十五年六月底止，各区铁路共有机车一九五八辆，客车二八七四辆，货车二八四七五辆（机车车辆数均包括可用及修理两项在内）。

为加强修造机车车辆，经筹设株州及西安两机厂，专事修造机车机具;武昌车辆厂专事制造各种车辆。本年上半年内三厂均已成立筹备处积极进行,株州机厂正在运输机器设备,厂房亦在修造中。至武昌及西安两厂,一俟专款拨到,即可开工。

(三)实行干线区管理制度　收复区各路在接收之始,先按敌伪所划区域接管,嗣即根据需要,除东北铁路情况特殊,尚未完全接收,台湾铁路由行政长官公署设局管理外,经将全国铁路按干线区分别设局管理,计分十区如下:

1. 平津区——局设北平,包括平绥、北宁两路及其他支线,共计长一五三六公里。

2. 津浦区——局设济南,包括津浦、胶济、石德、淮南等路,及其他支线,共计长一九六二公里。

3. 京沪区——局设上海,包括京沪、沪杭甬、苏嘉、京赣等路,及其他支线,共计长一一〇七公里。

4. 浙赣区——局设杭州,包括浙赣、南浔及其他支线,共计长一一三一公里。

5. 粤汉区——局设衡阳,包括粤汉、广九、广三及其他支线,共计长一三四八公里。

6. 湘桂黔区——局设柳州,包括湘桂黔及其他支线,共计长一一〇三公里。

7. 平汉区——局设汉口,包括平汉、道清及其他支线,共计长一六三〇公里。

8. 陇海区——局设郑州,包括陇海、宝天及其他支线,共计长一六六一公里。

9. 晋冀区——局设太原,包括正太、同蒲及其他支线,共计长一五二三公里。

10. 昆明区——局设昆明,包括川滇、滇越及滇缅路,共计长六三四公里。

以上十区局,除浙赣、湘桂黔、昆明三区,因尚在工程时期,或情形较为特殊，区局尚未成立，其余各区局已自三月一日起先后成立。

二、公路

（一）紧急修复复员公路路线

胜利之后，前战时运输管理局为应付军政方面兵员及一般人民前往收复区办理复员工作之需要，遵令办理紧急复员第一、二两期复路工程，第一期计十一线，共长四二六三公里，已完成四〇一九公里，第二期计十七线，共长四三三一公里，已完成三九七九公里，约共完成百分之九十三。本年度为运送救济物资及办理战区善后，续办第三期复路工程计四十线，共长九四四七公里，已完成者二六六二公里，其余仍在进行中。兹将各期进展状况附表于后。

第一期修复路线

路线起迄及经过	里程(公里)	工展情形		已拨工款	备注
		已通	未通		
芷江——宝庆衡阳湘潭长沙	七八八	七八八		一,八〇〇,〇〇〇,〇〇〇	
南宁——钦县	一六九	一六九		一三五,〇〇〇,〇〇〇	
柳州——荔浦——韶关	六五四	六五四		一,六五〇,〇〇〇,〇〇〇	
兼修连县——砰石	一〇四	一〇四			
韶关——广州——九龙	五三五	四一一	一二四	三〇〇,〇〇〇,〇〇〇	
衡阳——韶关	三六三	三六三		四〇〇,〇〇〇,〇〇〇	
五原——包头	二四〇	二四〇		一五五,〇〇〇,〇〇〇	
潼关——洛阳	二四七	二四七		二五〇,〇〇〇,〇〇〇	
石花街——老河口——樊城	一〇七	一〇七		一三〇,〇〇〇,〇〇〇	
耒阳——兴国	四六三	四六三		四七五,〇〇〇,〇〇〇	
江山——兰溪——永康	一八八	一八八		二三九,〇〇〇,〇〇〇	
兼修碧湖——龙游	一四三	一四三			
宣城——绩溪	一四二	一四二		七〇,〇〇〇,〇〇〇	
宜川——大宁	一二〇		一二〇	三八〇,〇〇〇,〇〇〇	
合计	四二六三	四〇一九	二四四	五,九八四,〇〇〇,〇〇〇	

第二期修复路线

荔浦——桂林——衡阳	四六五	四六五		一,〇〇〇,〇〇〇,〇〇〇	
郑家驿——长沙	二四五	二四五		一,六五〇,〇〇〇,〇〇〇	
长沙——南昌	三八二	三八二		二,三三〇,〇〇〇,〇〇〇	
南昌——绩溪	五一八	五一八		六一〇,〇〇〇,〇〇〇	
兼修臣湾——鹰潭	二五	二五			
吉安——南昌	二一八		二一八	三〇〇,〇〇〇,〇〇〇	
兼修泰和——吉安	四一	四一			
兼修圳头——永阳	二二	二二			
歙县——杭州	二一二	二一二		六〇,〇〇〇,〇〇〇	
建瓯——福州	二五二	二五二		五一八,〇〇〇,〇〇〇	
西坪——南阳	一六四	一六四		五〇,〇〇〇,〇〇〇	
碛口——五原	二七〇	二七〇		一〇〇,〇〇〇,〇〇〇	
汕头——梅县	二五〇	二五〇		一一九,〇〇〇,〇〇〇	
韶关——南雄——云都	二八七	二八七		一〇〇,〇〇〇,〇〇〇	
樊城——十里铺	一六九	一六九		二五〇,〇〇〇,〇〇〇	
南宁——龙州	二二〇	二二〇		一〇〇,〇〇〇,〇〇〇	
展修至镇南关	五四	五四			
灯塔——龙州	五四	五四		八一,〇〇〇,〇〇〇	
南昌——南城	一一七	一一七		一二九,〇〇〇,〇〇〇	
永康——嵊县	二三二	二三二		三四六,〇〇〇,〇〇〇	
淳安——杭州	一三四		一三四	三〇〇,〇〇〇,〇〇〇	
合　　计	四,三三一	三,九七九	三五二	六,六四三,〇〇〇,〇〇〇	

第三期

甲、核准修复各线

北平——天津——塘沽	一六〇	一六〇		八五〇,〇〇〇,〇〇〇	
汉口——宜昌	三五三	三五三		四〇〇,〇〇〇,〇〇〇	
武昌——长沙	五五〇	五五〇		七四七,〇〇〇,〇〇〇	
南昌——九江	一九五	一九五		二七九,〇〇〇,〇〇〇	

续上表

甲、核准修复各线					
南京——杭州	三二四	三二四		}	
句容——上海	三二九	三二九		一,八七〇,〇〇〇,〇〇〇	
上海——杭州	二一〇	二一〇		}	
嵊县——杭州	一三四	一三四			拨发工款包括在永康至嵊县段内。
通县——山海关	二八六		二八六	}	
北平——承德	二五〇		二五〇	}	
天津——德州——大名——开封	六一五		六一五	四〇,〇〇〇,〇〇〇	测勘费
德州——济南	一二〇		一二〇	}	
济南——青岛	四〇〇		四〇〇	五〇,〇〇〇,〇〇〇	
开封——潢川——汉口	五一六		五一六		
老河口——南阳——尉氏	三七四		三七四		
南阳——潢川——六安	四八四		四八四		
樊城——花园	二五九		二五九	三〇〇,〇〇〇,〇〇〇	
六安——阜阳——太和	二五六		二五六		
太和——周家口	一三四		一三四		
正阳关——蚌埠	一三〇		一三〇	一〇〇,〇〇〇,〇〇〇	
临淮关——徐州	二六七		二六七		
洛阳——开封	二三一		二三一		
泰和——遂川——赣县	一六六		一六六		
龙岩——厦门	一八八		一八八	二〇〇,〇〇〇,〇〇〇	
广州——博罗	一四二		一四二	二〇〇,〇〇〇,〇〇〇	
广州——廉江	六一〇		六一〇	三〇〇,〇〇〇,〇〇〇	
廉江——海安	二三二		二三二	三〇〇,〇〇〇,〇〇〇	
灯塔——博罗	一六〇		一六〇	三〇〇,〇〇〇,〇〇〇	连同其他粤省办理各路工款
丽水——永嘉	一二九		一二九		
兰溪——白沙	五七		五七	一四四,七四〇,〇〇〇	
合　计	八二六一	二二五五	六〇〇六		

乙、提前复修各线

福州——厦门	三〇七		三〇七	五〇〇,〇〇〇,〇〇〇	
无锡——宜兴	六三		六三		
无锡——苏州——南翔	一三一	一三一			
南京——芜湖——宣城	一七六	一七六		七〇四,〇〇〇,〇〇〇	芜屯路整修费
溧水——天王寺——金坛	五八		五八	三〇〇,〇〇〇,〇〇〇	
武进——漕桥	三四		三四		
镇江——武进	七九		七九		
丽水——永康	七二	七二		二〇〇,〇〇〇,〇〇〇	
新昌——鄞县	八六	二八	五八		
保定——沧州	一八〇		一八〇	一〇〇,〇〇〇,〇〇〇	
合　计	一一八六	四〇七	七七九		
第三期总计	九四四七	二六六二	六七八五		

上项工作因收复区人力物力均异常缺乏,而区域辽阔,工款时虞不继,第一、二期所修已通各线,因经费未能拨足,以致大部路面未铺,桥梁则以便桥为多,一届雨季,即有桥毁路滑之虞。第三期应修复路线较多,需款尤巨,而奉拨经费过少,不敷分配,致多数路线尚未兴修。

(二)办理公路复员运输

公路复员运输,以重庆为起点,计分南北二路。南路又分下列四线:

1. 重庆经贵阳、芷江、榆树湾、衡阳而至长沙;
2. 重庆经贵阳、柳州而至梧州;
3. 昆明经贵阳至柳州;
4. 重庆经綦江、黔江、沅陵、常德至长沙。

北路则自重庆经遂宁(或成都)、广元至宝鸡,衔接陇海铁路。

自三十四年十月份起,即分饬有关各路局每日加开复员专车,疏运旅客,并尽量承应各机关团体包车,如原有客车不敷应用,即以卡车改装,加入行驶,暨加租商车协运。

当时复以陇海铁路潼洛段破坏甚重，一时不易修复，为贯通该线复员运输起见，特增设陕豫公路联运处，以汽车接运潼洛间旅客。

嗣以渝京复员运输路线南北二路均极绵长，旅客分段购票辗转换车至感困苦，特举办联运。南线由川湘公路局以汽车自渝经黔江、沅陵、常德运至长沙，利用水道以轮船运至汉口，转接长江大轮。北线则由川陕公路局以汽车运送至广元，再由西北公路局接运至宝鸡，转陇海铁路至陕州，改乘陕豫联运处汽车至洛，再转陇海铁路至徐州，循津浦铁路至浦口。上项联运路线，旅客只须在渝一次购票，即可直达汉口及浦口，行旅称便。

至于旅客沿途食宿，亦经妥为布置，除南路各线大站早经设有食宿站及招待所外，北路沿线食宿设备大抵由当地餐旅馆承办，旅客骤增，供不应求，乃由本部公路总局于本年二月及四月间两度指派专员，沿途视察，指示改进，或新设招待所，或设立特约餐旅馆。先后经改良扩充之食宿站，计有遂宁、广元、褒城、梓潼、剑阁等处。

关于复员旅客安全保障一点，除严饬各路局注意行车安全外，复洽同中国人事保险公司举办旅客保险。

总计各线复员运输客车数达一千三百余辆，自三十四年十月份起，至三十五年六月份止，共计运复员旅客二十三万四千余人，约计一亿七千六百四十五万延人公里。

他如由渝运出军品三百三十五吨有奇，合五十三万九千延吨公里；部队一万四千三百六十人，合二千三百四十余万延人公里，复员青年军一万四千七百五十二人，要亦复员运输工作之一部。

为适应复员运输需要，机务方面，经将原有成都修理厂迁设褒城，昆明修理厂迁设潼关，贵阳修理厂迁设衡阳，以加强西北及东南之修车能力。又以机务人员之培养，亦属刻不容缓，爰于重庆设立运输人员训练所，内设高级机务班、中级机务班及中级料务班各一班。本年三月间，毕业学员一百二十名均经分发各局工作，以增进各地运输效能。料务方面，先后在北平、天津、上海、南京、汉口、长沙等地设立器材库，随时供应各军公商车辆所需之油料、配件，并在京赣沿线设立加油站，以备各机关由渝驶京之小轿车及客车沿途加油之需。现以京赣沿线行驶车辆已日渐减少，各加油站经费无法维持，已电饬即行结束。

（三）实行国道分区管理制度　本年一月，公路移归本部主管，经将全国公路分干线、支线两种。干线照甲等及乙等标准建筑，由中央直接主办，称为国道。支线照丙等标准建筑，及不足丙等标准者，均称为省道，由省方主办。现今第一期国道网业经规划就绪，甲等路线长九九二九公里，乙等路线长四九三四三公里，共长五九二七二公里，分布全国，爰分九区管理，每区设立公路管理局以主其事。兹分列如下：

第一区——局设南京，管辖公路六一〇二公里；

第二区——局设汉口，管辖公路六一六三公里；

第三区——局设曲江，管辖公路九二八二公里；

第四区——局设昆明，管辖公路七三三五公里；

第五区——局设重庆，管辖公路七二四二公里；

第六区——局设迪化，管辖公路三八九〇公里；

第七区——局设兰州，管辖公路一〇六七九公里；

第八区——局设北平，管辖公路六九八八公里；

第九区——局设长春，管辖公路一五七四公里。

上列第九区里程，系八、九两区间之联络线。

附公路部分承办复员工作人员奖惩表

服务单位	职称	姓名	奖	惩	事　实	备考
公路总局运务处	专员	吴保容	奖		派青年军复员管理处办理青年军复员工作，劳绩卓著，颁发交通部奖状。	
第四区公路工程管理局	专门委员	王建存	奖		派中国陆军总司令部接收海防物资，昼夜赶运，不辞劳瘁，记功一次。	
第四区公路工程管理局	副工程司	孔令珄	奖		派中国陆军总司令部接收海防物资，昼夜赶运，不辞劳瘁，记功一次。	

三、水运

（一）恢复航政机构　航政机构战前已有普遍设置，在敌人占领期间，经就实际情形，予以迁移裁并，及胜利之后，即将天津、上海两航政局及各办事处分别恢复。原由广州航政局更名之珠江区航政局，由梧州迁回广州，仍改用原名，并酌增办事处。长江区航政局由重庆迁还汉口，仍辖长江六省，而将川江流域之办事处，酌予裁撤。

（二）办理水运复员运输　长江水运为复员运输唯一之水道，自敌寇投降，本部立即督饬川江公私船舶从事复员运输，并为统筹调配加强运能起见，经于上年十一月间成立全国船舶调配委员会，设总会于上海，设分会及办事处于京、汉、宜、渝等地，主持船舶调度事宜，嗣于本年六月底撤销。计自三十四年九月至卅五年五月，军公民运共计由渝运出一一八六四五人，由宜运出一二四六三三人，由汉运出三四四四六五人；物资由渝运出一二六七一吨，由宜运出四九三五吨，由汉运出一六七〇〇吨。

又本年四月间，本部奉令遣运长江上游区日俘侨，经调配船只担任运输，已据报者由汉及其他沿江各埠运出日俘一六八九五九人，日侨一三五八六人，韩侨四五〇三人，总计一八七〇四八人。

此外，本年五月间，因湘鄂等地粮荒严重，亟需川粮下运济急，本部奉令担任运输，并奉主席令五六两月川江船只概运粮食。经与粮食部召集各轮船公司开会议决接运办法，计截至八月卅一日止，由渝到宜川粮计一二五八九吨，已由宜运出者川粮计一〇八一〇吨。

（三）接收整理船舶栈埠　自敌人投降后，本部即分区派员接收敌伪交通产业。水运方面，京沪、武汉、平津、广东等区共接收船只二一三一艘，合三三四一五五吨，内中轮船仅五一六艘，合七七〇二八吨，而在一百吨以上之轮船，只九〇艘。

长江区航政局奉令接管汉口太古第二码头、怡和第二码头及太古第四码头，经修整后，辟作公用，第一、二、三码头停泊江轮，旅客称便。

国营招商局方面经将原有之码头仓库一一接收，且将下列各处从事修复，以配合航运之需要：

1. 上海第一、二、三、四、五、七、九号码头仓库；

2. 汉口第五号仓库；

3. 汉口第三号堆栈；

4. 汕头海坍路十五号栈房；

5. 镇海码头；

6. 南京下关码头。

（四）恢复沿江沿海水运业务　本部招商局于日寇投降后，即迁沪办公，先后恢复沿江沿海业务。机构截至本年六月为止，计在重庆、宜昌、汉口、九江、南京、宁波、厦门、汕头、广州、香港、海口、台北、海州、青岛、天津等处，设立分局，并于万县、沙市、长沙、安庆、芜湖、镇江、温州、福州、基隆、高雄、塘沽、秦皇岛、葫芦岛等处设办事处。航行船只，派驶长江线者，有江安、江华、江利、江庆、江和、江静、江汉、江平等轮三十二艘，拖驳十三艘；派驶南北洋线者，有海皖、海赣、海川、海天、海地、海宇、海宙等轮四十艘；派驶沿海线者，有海黄、海列、海桂等轮八艘，又宁温闽线有江亚、邓铿两轮行驶。本年六月份，长江及南北洋各线共计承运商货六一二九八吨，旅客四六九二八人，军公物资二二五七八吨，军队三二五三四人。

四、空运

（一）恢复及增辟国内国际航空线　日寇投降后，以国内及南洋水陆交通一时不易恢复，经饬中国、中央两航空公司，除原有各线照常飞行外，对于后方与收复区须即广设航线，以应当前之急需。该两公司先后设置完成航运线路，计有重庆经汉口、南京至上海，重庆经广州至香港，重庆经西安至北平，上海经广州至香港，上海经南京、青岛、天津至北平，上海经南京、济南至北平，上海经福州至台北，昆明至河内，昆明至广州，广州至汉口等线。惟该两公司以新设线路过多，原有飞机不敷应用，除调用一部分原在中印间担任空运物资之飞机外，并大批购用美军在华剩余运输飞机，同时接收伪中华公司之飞机，分配各线应用。

（二）办理空运复员运输　自卅四年九月起，至卅五年六月底止，中国、中央两公司复员空运曾运复员人员一二〇三三六人，行李一八五七吨，复员物资九六一二吨，邮件七八二吨。

（三）接收伪中华航空公司　本部中央航空运输公司接收伪中华航空公司DC－3型机四架，MC－2型机三架，DC－3型机所用之新发动机两具，500W发报机六部，DC收报机四部，及飞机零件五车。

五、电信

自上年九月日寇投降，抗战胜利以后，本部电信总局即分头派员接收各收复区电信，并积极办理复员，迄今已大致就绪。所有各种复员工作，如（一）恢复报话线路；（二）装设报话机件；（三）恢复重要有无线电报话电路；（四）迁回加强国际无线电台，及（五）调度人事等项，分别列表，撮述于后。至此次复员工作之进行，在人力物力各方面所遭困难甚多，幸员工努力办理，妥谋应付，故对各处报话通信，均能及时恢复，适应需要，尚无贻误。

（一）恢复报话线路

甲、架设线路

起迄及经过地点	公里数	线路种类	完成日期	备　注
芷江至榆树湾	23	加话线一对	卅四年十月八日	
酒泉至安西	335	设3.2铜线一条	十一月十四日	
天水至陇西	135	设4.0铁线一条	十一月九日	
新乡至新德	110	添挂铜话线一对	十二月十七日	
高陂至饶平	40	设铁报线一条	十二月三日	
宣城至芜湖	65	设铜话线一对	卅五年一月四日	

续上表

起迄及经过地点	公里数	线路种类	完成日期	备注
武昌至阳新	190	加铜话线一对 加铁报线一条	一月十三日	
桂林至柳州	235	设铜话线一对	一月九日	
余姚至鄞县	80	加铜话线一对	一月廿八日	
衡阳至耒阳	70	加铜话线一对	一月廿五日	
余姚至绍兴	80	加铜话线一对	一月卅一日	
耒阳至郴县	89	加铜话线一对	一月卅一日	
南阳至镇平	31	设铁话线一对	一月廿九日	
鹰潭至南昌	140	设铜话线一对	二月一日	
九江至阳新	90	设铜话线一对	二月廿七日	
九江至阳新	90	加铁报线一条	二月廿七日	
柳州至宜山	120	正式恢复铜话线一对	二月十五日	
柳州至宜山	120	正式恢复铁报线一条	二月十五日	
郴县至乐昌	150	加铜话线一对	三月十八日	
鄞县至奉化	40	加铜话线一对	三月廿七日	
新乡至修武	40	设 2.9 铜话线一对	四月十六日	
宜山至金城江	78	设 3.2 铜话线一对	四月二日	
宜山至金城江	78	设 2.0 铜报线一条	四月二日	
宜昌至当阳	80	加铁报线一条	二月四日	
灵宝至洛阳	183	加 2.6 铜线一对	四月十六日	
独山至六寨	73	加 3.2 铜线一对	五月四日	
独山至六寨	73	加 2.6 铜线一对	五月四日	
长兴至吴兴	25	架铁话线一对	五月廿一日	
九江至牯岭	21	架铜话线一对	五月卅一日	
许昌至禹城	38	架铁报线一条	五月廿三日	
九江至牯岭	42	设铜话线二对	六月十日	
九江至牯岭	21	设铁报线二条	六月十日	
长兴至吴兴	30	设铁话线一对	五月廿一日	
四平街至梨树	30	设铁报线一条	六月六日	
砀山至杨楼	45	设铜话线一对	五月廿八日	

续上表

起迄及经过地点	公里数	线路种类	完成日期	备　注
石堡至五交树	19	设铜话线一对	六月六日	
牯岭至海会寺	13	设铜话线一对	六月十日	
灵宝至阌乡	31	设铜话线一对	五月八日	
驻马店至汝南	41	设报线一条	六月廿六日	
杭州至长兴	45	设铁话线一对	六月廿四日	
江阴至靖江		设第一条水线	七月二日	
江阴至靖江		设第二条水线	七月十日	
江阴至靖江		设第三条水线	七月廿日	
惠阳至观音阁	43	设铁话线一对	七月十日	
无锡至江阴	37	加 2.6 铜线一对	七月廿七日	
张店至博山	40	设话线一对	七月十六日	
至德至经公桥	57	设 2.6 铜线一对	八月六日	
九江至星子	42	加 3.2 铜线一对	八月十日	
周村至张店	20	设话线一对	八月廿五日	
以上共计五三二五公里				

乙、修整线路

起迄及经过地点	公里数	线路种类	完成日期	备　注
金城江至柳州	160	修复双话线	卅四年八月廿一日	
邕宁至永淳	70	修复报线	八月廿五日	
淳安至分水	70	修通报话线一条	八月廿七日	
分水至於潜	35	抢通话线一条	八月十九日	
桂东至汝城	85	修复报线	八月廿一日	
大庾至南雄	44	修通单话线	八月廿日	
临川至樟树	92	修通单话线	八月十七日	
龙潭铺至衡阳	250	抢通话线	九月十二日	
常德至长沙	220	抢通话线	九月二十六日	
南沱至宜昌	30	抢通话线	九月二日	

续上表

起讫及经过地点	公里数	线路种类	完成日期	备注
邵阳至新化	75	抢通话线	九月十三日	
新化至湘乡	154	抢通话线	九月十二日	
龙州至靖西	195	抢通报线	七月廿一日〔?〕	
诸暨至义乌	40	恢复话线一对	十月五日	
福州至福清	85	恢复报线一对	九月一日	
金华至兰溪	30	恢复铜线一对 恢复铁线二条	十月十八日	
宁国至宣城	66	恢复铁线一条	十月廿六日	
茶陵至攸县	49	恢复铜线一对	十月廿二日	
宜昌至沙洋	178	恢复铜线一对	十月十九日	
潼关至开封	400	恢复铜线一对	十月十六日	
潼关至运城	100	恢复铜线一对	十月廿日	
亳县至太和	102	恢复报线一对	十月	
龙泉至云和	75	整理话线	十月廿六日	
宣威至霑益	77	整理话线	十月卅一日	
常德至太子庙	48	整理话线	十月廿二日	
内江至自流井	69	整理话、报线	十月廿六日	
独山至六寨	71	整理话线	十月三十一日	
长沙至岳阳	150	修通铜话线	十月廿五日	
长沙至湘潭	55	修通铜、铁话线	十月廿三日	
临海至宁海	80	修通铁话线	十月廿五日	
岳阳至武昌	220	修通铜话线	十一月十四日	
衡阳至耒阳	70	修通铜话线	十一月十六日	
广州至曲江	250	修通铜话线	十一月十三日	
北平至保定	150	修通铜话线	十一月二日	
保定至石家庄	150	修通铜话线	十一月十九日	
郑州至信阳	300	修通铜话线	十一月七日	
芜湖至安庆	180	修通铜话线	十一月十三日	

续上表

起迄及经过地点	公里数	线路种类	完成日期	备　注
安庆至九江	160	修通铜话线	十一月十四日	
南京至铜山	350	修通铜话线	十一月廿三日	
邵阳至衡阳	140	换架铜话线	十一月五日	
茶陵至衡阳	140	修通铜话线	十一月十四日	
樟树至南昌	110	换架铜话线	十一月十九日	
衡阳至零陵	160	修通铜话线	十一月七日	
零陵至全县	77	修通铜话线	十一月八日	
郴县至资兴	60	修通铜话线	十一月七日	
南昌至高安	75	修通铜话线	十一月二日	
十里铺至沙市	40	修通铜话线	十一月四日	
秦皇岛至绥中	80	修通铜话线	十一月廿日	
鄞县至奉化	43	修通报线	十一月十四日	
奉化至宁海	64	修通报线	十一月十八日	
义乌至金华	56	修通铜话线	十一月廿六日	
邕宁至钦县	140	修通铜话线	九月一日	
潼关至陕州	120	抢通话线	九月六日	
老河口至邓县	52	抢通报线	八月卅一日	
老河口至南阳	120	抢通话线	九月四日	
老河口至樊城	67	抢通话线	九月七日	
南雄至始兴	32	修复铜话、铁报线	九月四日	
信丰至南康	44	抢通报线	八月廿日	
樟树至新淦	98	抢通话线	八月廿六日	
南雄至龙南	100	抢通话线一条	八月廿一日	
赣县至云都	63	修复话线	八月十七日	
临川至樟树	92	修复话、报线	九月二日	
於潜至临安	33	抢通话线	八月卅日	
天台至新昌	60	修通话线	八月廿八日	
桐庐至杭州	70	抢通话线	九月廿四日	

续上表

起迄及经过地点	公里数	线路种类	完成日期	备　　注
樟树至南昌	110	抢通话线	九月十六日	
祥云至永平	233	整修报话线	九月十九日	
陆良至师宗	55	整修话线	九月二日	
广元至巴中	186	整修报话线	九月四日	
兰州至临夏	111	整修报线	九月二日	
黔阳至榆树湾	53	整修话线	九月十一日	
黔阳至辰溪	107	整修报线	九月十一日	
都匀至三都	92	整修话线	九月廿一日	
贺兰至陕坝	442	整修报线	九月八日	
泸县至永川	132	整修报线	十月十日	
洪雅至夹江	38	整修报线	九月廿六日	
贵县至平南	124	恢复报线一条	九月十九日	
平南至藤县	100	恢复报线一条	十月廿二日	
长沙至湘阴	54	恢复报线二条	十月十五日	
常德至长沙	220	换架铜线一对	十月廿七日	
湘潭至湘乡	54	恢复 2.0 铜线一对	十月廿四日	
衡山至南岳	17	恢复 4.0 铜线一对	十月廿日	
老隆至龙川	7	恢复话线一对	九月十四日	
郴县至汝城	134	恢复话线一对	十月一日	
遂川至泰和	76	恢复话/报线一对/条	九月廿五日	
始兴至曲江	61	恢复话/报线一对/条	九月十八日	
永嘉至缙云	174	恢复报线一条	九月十八日	
杭州至绍兴	80	恢复铁话线一对	九月廿六日	
绍兴至百官	52	恢复铁报线一条	十月七日	
荆紫关至淅川	74	修通铁话线	十一月廿日	
老河口至樊城	67	恢复话报线	十月五日	
郑州至安阳	180	恢复话报线	十一月卅日	
宣威至威宁	174	整理话线	十二月卅一日	
铜梁至简阳	239	整理话线	十一月六日	

续上表

起迄及经过地点	公里数	线路种类	完成日期	备注
威宁至毕节	173	整理话线	十二月三日	
殷家汇至高垣	30	修通报线	十一月廿八日	
天津至唐山	140	修通话线四对	十一月卅日	
九江至阳新	90	修通话线一对	十二月二日	
兰溪至江山	110	修通报话线	十二月一日	
吴县至嘉兴	80	修通铁话线一对	十一月卅日	
汉口至应城	100	修通话线	十二月一日	
阳新至汉口	190	修通话线一对	十二月廿一日	
广水至信阳	70	修通话线一对	十二月十一日	
秦皇岛至锦州	190	修通话线	十二月九日	
乐昌至汝城	90	修通话线	十二月三日	
当阳至沙市	120	修通报线	十一月廿七日	
许昌至南阳	223	修通及补挂话线	十二月十六日	
秦皇岛至昌黎	45	修通话线	十二月二日	
应城至沙阳	120	修通话线	十二月廿三日	
锦州至沟邦子	60	修通话线	十二月廿一日	
梧州至德庆	115	修通话线	十一月廿九日	
新乡至开封	70	修通话线二对	十二月五日	
锦州至义县	50	修通话线	十二月廿九日	
西苑至清河	35	修通话线	十一月十五日	
北平至青龙桥	73	修通话线	十二月廿日	
杭州至绍兴	62	修通铜话线	十二月廿九日	
百官至余姚	40	修通话线一对 修通报线一条	十二月二十三日	
百官至绍兴	40	修通铁话线二对 修通铁报线一条	十二月廿七日	
鄞县至奉化	40	修通铁话线一对	十二月廿三日	
奉化至溪口	20	修通铁话线一对	十二月廿七日	
宁国至宣城	40	修通铜话线一对	十二月十八日	
扬州至镇江	30	修通话线五对	十二月七日	
耒阳至郴县	80	修通话线一对	十二月廿三日	

续上表

起迄及经过地点	公里数	线路种类	完成日期	备　注
乐昌至曲江	70	修通铜话线一对	十二月廿五日	
无锡至江阴	50	修通铁话线	十二月卅一日	
平望至吴江	65	修通铁话线	十二月卅一日	
铜山至韩庄	43	修通军话线	卅五年一月二日	
殷家汇至高恒	30	修通报线	一月一日	
西南至高安	130	修通报线二条	一月九日	
邵阳至武冈	118	修通铁报线	一月十六日	
天津至锦州	470	修通话报干线	一月廿六日	
惠阳至樟木头	75	修通铁话线	一月十四日	
通县至密云	65	修通报话线	一月廿三日	
锦州至新民	180	修通报话九对	一月十九日	
扬州至泰县	50	修通铁话线	一月十四日	
北平至天津	140	修通架空线路	一月十九日	
隮隍至潮安	55	修通铁报线	一月卅一日	
修水至武宁	90	修通铁报线	一月卅一日	
归绥至包头	180	修通报线四条	二月一日	
广州至苍梧	350	修通直达报线	二月一日	
锦州至朝阳	160	修通报话线	二月十二日	
蚌埠至怀远	30	修通铁话线	二月一日	
湖口长江水线		三心电缆报线三条 十四对话线一条	二月八日	
青岛至高密	100	修通铜/铁话线一对	三月十一日	
上海至嘉定/太仓昆山	8	修通铁话线二对	二月十二日	
张店至周村	18	修通单铜线一条	三月廿日	
包头至五原	240	修通报线二条		
周口至项城	55	修通铁话线	二月十八日	
广州至樟木头	100	修通铁话线	二月廿二日	
高要至新桥	25	修通铁话线	三月八日	
上海至青浦	40	整修铁话线二对	四月十五日	
安江至邵阳	205	整修话线	四月十日	

续上表

起迄及经过地点	公里数	线路种类	完成日期	备　注
永丰至湘乡	54	整修报线	三月廿五日	
武昌至汉阳		增修水线一条	日期待查	
衡阳至东江岸		修复五对线隔水线二条	四月廿一日	
沈阳至本溪湖	70	抢修话线	五月七日	
沈阳至抚顺	56	抢修话线八对	五月六日	
四平街至长春	115	抢修话线三对	五月廿八日	
朝阳至叶柏寿	75	抢修话线一对	五月廿九日	
绥中至临榆	70	抢修话线一对	五月廿八日	
长村至四平街	115	修通电缆八对，架空线二对	五月卅一日	
临榆至绥中	75	抢修话线一对	五月廿八日	
朝阳至叶柏寿	100	抢修话线一对	五月廿九日	
樟木头至惠阳	46	整修话线	五月十一日	
金华至诸暨	115	整修报话线	五月九日	
长春至卡伦	30	抢通话线一对	六月四日	
长春至永吉	130	抢通话线二对	六月五日	
长春至伊通	105	抢通话线一对	六月二日	
四平街至公主岭	70	抢通话线七对	六月六日	
叶柏寿至陵源	50	抢通话线一对	六月六日	
朝阳至叶柏寿	100	修复报话线	六月四日	
沈阳至鞍山	100	抢通话线六对	六月五日	
四平街至沈阳	188	修通地缆二对	六月七日	
长春至德惠	120	修复话线二对	六月七日	
长春至水泉	60	修复话线一对	六月七日	
唐山至古冶	25	整修报话线	六月二日	
营口至大石桥	23	修通报话线	六月十日	
凌源至平泉	90	抢修话线一对	六月十二日	
包头至五原	240	修复话线一对	六月十九日	
包头至五原	240	修复报线一条	六月十九日	

续上表

起迄及经过地点	公里数	线路种类	完成日期	备 注
太原至榆次		修复铜线一对	七月三日	
抚顺至营盘	40	修复铁线一对	七月五日	
四平至辽源	100	修复铁话线二对	七月廿三日	
潍县至昌乐	25	修复铁话线二对	七月三日	
吴县至浒墅关	13	修复铁话线二对	七月廿三日	
大庙至八义集	28	修复铜 铁线各一对	七月廿一日	
四平至西安	100	修复铜线二对	七月卅日	
阳城至胶县	43	再修复话线一对	七月廿五日	
朝阳至北票	40	再修复话线一对	八月九日	
江都至泰县	66	再修复话线一对	八月十四、十五日	
南昌至九江	140	整修第二话线	七月卅一日	
英山至罗田	35	修复报线一条	七月十七日	
汝南至息县	35	修复报线一条	七月廿一日	
铜山至砀山	85	再修复话线一对	八月廿四日	
以上共计	一八一七七公里			

(二)装设报话机件

甲、有线电报

1. 韦氏快机

北平——石家庄	福州——晋江	长沙——汉口	南京——铜山
广州——梧州	汉口——郑县	汉口——宜昌	广州——韶关
重庆——长沙	广州——衡阳	宜昌——老河口	南京——南平
上海——南京	汉口——南昌	福州——上海	西安——老河口
郑县——西安	屯溪——杭州	南昌——吉安	韶关——赣州
长沙——衡阳	长沙——沅陵	衡阳——沅陵	衡阳——吉安
贵阳——衡阳	韶关——宁都	永嘉——南平	杭州——南平

续上表

长沙——常德	兴宁——南平	汉口——九江	九江——南昌
天津——沈阳	南京——九江	广州——南平	南京——杭州

2. 莫氏机

武昌——九江	武昌——岳阳	韶关——老隆	郑县——洛阳
韶关——南雄	上海——鄞县		

3. 六路音频载波电报机

南京——上海	南京——汉口	汉口——重庆	

乙、无线电机

1. 十五瓦电台 59 座

洛阳、安庆、岳阳、江都、江门、益阳、商丘、邵阳、南通、鄞县、南昌、开封、揭扬、保定、兰溪、汕头、绍兴、惠阳、长兴、金华、郑州、浏阳、高要、梧州、衡阳、龙南、蚌埠、德庆、包头、厦门、永嘉、无锡、太原、耒阳、南阳、沙市、白牙市、吴兴、周家口、桂林、宜昌、杭州、长沙、柳州、福州、临汾、前山、北黎、醴陵、合肥、潍县、淮阳、南县、沅江、吉安、安阳、张店、常州、老河口。

2. 恢复五十瓦电台 8 座

南昌、锦州、福州、包头、保定、海州、沈阳、葫芦岛。

3. 恢复一百瓦电台 25 座

九江、福州、桂林、杭州、秦皇岛、绥中、郾城、南宁、梧州、郑州、宁波、新乡、南通、太原、宜昌、牯岭、南昌各一部。

汉口、柳州、长沙、广州各二部。

4. 恢复二百瓦电台 6 座

开封、太原各一部。

南京四部。

5. 恢复二百五十瓦电台1座

香港。

6. 恢复四百瓦电台2座

南京。

7. 恢复五百瓦电台5座

长春、广州、福州、南京、牯岭。

8. 恢复六百瓦电台3座

长沙、牯岭、汉口。

9. 恢复八百瓦电台3座

铜山一部,南京二部。

10. 恢复一千瓦电台2座

福州、南京。

11. 恢复二千瓦电台2座

长春、广州。

12. 恢复四千瓦电台2座

南京。

13. 恢复七千五百瓦电台3座

上海。

注:以上所列,系由本部电信总局购拨或由后方拆装之机件,其就地利用日本原有设备经整理后恢复通讯者未列。

丙、长途电话机件

1. 单路载波电话(19)套　计奉节宜昌、贵阳柳州、芷江衡阳、长沙沅陵、长安洛阳、洛阳郑州、杭州金华、金华铅山、广州曲江、衡阳吉安、南昌吉安、郑州信阳、曲江郴州、郑州新乡、杭州宁波、上海镇江、九江牯岭、南昌铅山、吉安赣州19套。

2. 三路载波电话(27)套　计长沙衡阳、长沙岳阳、岳阳武昌、南京铜山、铜山郑州、上海杭州、南京上海(两套)、北平保定、南京安庆、铜山南京、汉口重庆、汉口郑州、衡阳柳州、汉口九江、曲江衡阳、曲江广州、郑州新乡、沈阳山海关、沈阳天津、天津山海关、南京上海、上海杭州、九江南昌、上海无锡、南京上海、九江汉口等27套。

3. 六路载波电话(1)套　计上海至南京一套。

4. 五路载波电话(6)套　计北平至天津六套。

丁、市内电话机

1. 增装南京自动电话1700号。

2. 增装青岛沧口分局自动电话250号。

3. 装设武汉共电式电话630号。

4. 装行政院自动电话100号。

5. 增装上海南市自动电话1200号。

6. 恢复上海真如磁石式50号。

(三) 恢复有无线报话电路

甲、重要有线电路

通达地点	通信方式	备　注
巴东——宜昌	韦机单工	
巴东——老河口	韦机单工	
杭州——屯溪	韦机单工	
宁都——南平	韦机单工	
百色——邕宁	韦机单工	
西安——宝鸡	韦机单工	
西安——郑县	韦机双工	
宜昌——沙市	韦机单工	
南平——江山	韦机单工	
南平——永安	韦机单工	

续上表

通达地点	通信方式	备　　注
衡阳——吉安	韦机单工	
广州——韶关	韦机单工	
北平——石家庄	韦机双工	
南京——铜山	韦机双工	
汉口——郑县	韦机双工	
广州——苍梧	韦机单工	
杭州——江山	韦机单工	
广州——衡阳	韦机单工	
汉口——宜昌	韦机单工	
吉安——南平	韦机单工	
南平——南京	韦机单工	
南京——上海	韦机双工	第三路
汉口——长沙	韦机双工	
汉口——九江	韦机单工	
汉口——南昌	韦机单工	
兰州——哈密	韦机单工	
广州——兴宁	韦机单工	
重庆——宜昌	韦机双工	
郑县——南阳——老河口	韦机单工	
贵阳——柳州	韦机单工	
长沙——衡阳	韦机双工	
南京——汉口	韦机双工	

续上表

通达地点	通信方式	备　注
沈阳——长春	韦机双工	
沈阳——天津	韦机双工	
贵阳——衡阳	韦机单工	
南京——牯岭	韦机单工	
上海——福州	韦机单工	
南京——芜湖	韦机单工	
永嘉——福州	韦机单工	
长沙——沅陵	韦机单工	
南京——杭州	韦机单工	

乙、重要无线电路

通达地点	通信方式	备　注	通达地点	通信方式	备　注
贵阳——桂林	人工机		重庆——北平	快机	
贵阳——柳州	人工机		北平——石家庄	人工机	
邕宁——柳州	人工机		北平——太原	人工机	
重庆——南京	快机	现有两路同时工作	天津——上海	快机	
重庆——上海	快机		天津——青岛	人工机	
榆林——包头	人工机		汉口——宜昌	人工机	
北平——西安	快机		上海——广州	快机	
重庆——汉口	人工机		南京——汉口	人工机	
广州——南京	人工机		天津——秦皇岛	人工机	
湛江——茂名	人工机		常德——沙市	人工机	
西安——太原	人工机		北平——长春	人工机	
重庆——福州	人工机		北平——南京	快机	
上海——台北	快机		重庆——哈密	人工机	

续上表

通达地点	通信方式	备注	通达地点	通信方式	备注
上海——永嘉	人工机		上海——福州	人工机	
汉口——长沙	人工机		福州——台北	人工机	
杭州——贵阳	人工机		厦门——台北	人工机	
重庆——南昌	人工机		广州——江门	人工机	
上海——鄞县	人工机		石家庄——保定	人工机	
广州——海口	人工机		永嘉——台北	人工机	
汉口——北平	人工机		汕头——台北	人工机	
汉口——南昌	人工机		太原——临汾	人工机	
重庆——广州	人工机		宁都——重庆	人工机	
广州——台北	快机		新乡——郑县	人工机	
上海——定海	人工机		贵阳——南昌	人工机	
南京——南昌	人工机		重庆——沈阳	人工机	
北平——沈阳	人工机		天津——济南	人工机	
北平——郑县	人工机		江门——湛江	人工机	
上海——南昌	人工机		广州——福州	人工机	
包头——天津	人工机		广州——茂名	人工机	
安庆——阜阳	人工机		南京——迪化	人工机	
安庆——蚌埠	人工机		福州——杭州	人工机	
重庆——锦县	人工机		青岛——潍县	人工机	
上海——厦门	人工机		沅江——长沙	人工机	
天津——兰州	人工机		青岛——铜山	人工机	
汉口——贵阳	人工机		长春——沈阳	人工机	
北平——归绥	人工机		上海——昆明	人工机	
上海——锦县	人工机		南京——兰州	人工机	
南京——沈阳	人工机		韶关——衡阳	人工机	
韶关——宁都	人工机		武进——南通	人工机	
邵阳——长沙	人工机		贵阳——邵阳	人工机	
西安——重庆	人工机		南京——西安	快机	
牯岭——南京	人工机		汉口——老河口	人工机	

续上表

通达地点	通信方式	备注	通达地点	通信方式	备注
牯岭——汉口	人工机		天津——沈阳	人工机	
牯岭——上海	人工机		崇明——镇江	人工机	
香港——台北	人工机		天津——沧县	人工机	
南京——合肥	人工机		天津——山海关	人工机	
济南——张店	人工机		汉口——安庆	人工机	
重庆——兰州	人工机		汉口——常德	人工机	
南昌——杭州	人工机		迪化——伊宁	人工机	

丙、长途电话

1. 载波电路(非收复区电路不计算在内)

通达地点	电路数	通达地点	电路数
南京——上海	13	南京——铜山	1
南京——杭州	1	上海——铜山	1
南京——怀宁	3	上海——无锡	3
南京——九江	1	上海——镇江	1
南京——牯岭	1	上海——芜湖	1
南京——郑县	1	上海——杭州	5
杭州——鄞县	1	九江——郑县	1
杭州——金华	1	郑县——新乡	3
金华——铅山	1	郑县——西安	3
汉口——郑县	2	郑县——铜山	2
汉口——重庆	2	南昌——铅山	1
汉口——长沙	2	南昌——吉安	1
汉口——衡阳	1	吉安——衡阳	1

续上表

通达地点	电路数	通达地点	电路数
汉口——牯岭	1	吉安——赣县	1
汉口——九江	3	衡阳——长沙	2
九江——南昌	3	衡阳——曲江	2
衡阳——广州	1	北平——沈阳	1
衡阳——贵阳	1	天津——临榆	2
曲江——广州	1	临榆——沈阳	2
长沙——沅陵	1	北平——锦州	1
贵阳——柳州	1	沈阳——四平	3
柳州——桂林	1	沈阳——长春	3
北平——天津	34	四平——长春	3
北平——石家庄	3	共　计	124

注：表内电路系截至卅五年八月底之所有数量。

2. 无线电路(非收复区无线局处不计算在内)

局　名	通　达　地　点	备　注
南　京	重庆、昆明、北平、台北、铜山、归绥、济南、迪化、兰州	本表系截至卅五年八月底止之情形
上　海	重庆、广州、汉口、台北、北平	
北　平	重庆、汉口、南京、上海、归绥、济南	
汉　口	重庆、北平、上海	
广　州	上海	
铜　山	重庆、南京、济南	
济　南	南京、北平、铜山	
台　北	南京、上海	

丁、市内电话(非收复区内用户数不计算在内)

区别或局别	用户数	备注
第二区	九〇三九户	本表数字系卅五年六月之统计
第三区	六九户	
第六区	二〇二户	
第七区	一六二八六户	
东北区	一九四六三户	
台湾区	二二六四户	
南京局	二五一九户	
上海局	二一二四户	
武汉局	三九三户	
北平局	二六六五〇户	
天津局	一四九三六户	
共计	九三九四五户	

(四)迁回加强上海国际电台

自上年九月抗战胜利之后,本部电信总局即尽力上海国际电台之复员,重行建立国际通信中心。同时,应后方业务稍简,将成都、昆明两支台先后裁撤,仅留重庆支台一处,维持后方国外通信。所有人员器材,均调拨上海,添加设备,力谋发展,致沪台业务突飞猛进。截至八月止,已开放国外直达电路十五路,每月来去电报已逾十二万次,四百二十余万字,较之战前水线、无线电合并计算,尚增加三倍。并为增进南京与国外往来电报速率起见,另行设立南京国际支台,业于七月十八日成立,先与沪台直接通报,一面赶装报机,期于短期内与国外直接通报。兹将现时我国与国外直达通报各地点开列如下:

甲、上海计十五路

旧金山交通公司、旧金山马凯公司、洛杉矶新闻公司、马尼拉交通公司、马尼拉新闻公司、日内瓦、巴黎、香港、澳门、伦敦、哥伦布、西贡、曼谷、莫斯科、伊尔库次克。

乙、重庆计五路

旧金山交通公司、伦敦、孟买、香港、雪尼。

此外尚有福州与马尼拉交通公司及广州与香港两路。

（五）调度人事

甲、上年八月，日寇投降，收复区各电信局急需派员接收，维持通信，当经由后方抽调技术人员前往工作，截至目前，共约有二千五百人。

乙、留用收复区伪方组织之华籍电信人员，除台湾及东北以及共军占据区域外，共计八千余人，现已规定甄别标准，通饬各局遵照，予以甄别。

丙、伪方组织之日籍电信员工，约有四千五百人，除已陆续遣送回国外，现尚留用一百余人。惟台湾及东北两地尚未接收完竣，日籍员工暂仍留用，拟渐次遣回。

丁、复员后原有电信人员不敷应用，经饬平津沪等处招训技术员、报务员、话务员等，训练结业，分配各局工作者，约六一〇人；正在训练者约四五〇人，尚在筹备招训中者一三三〇人。

六、邮政

（一）恢复邮政局所及邮路　收复区邮政于办理接收时期，即首将各省邮政管理局十一所尽先恢复，渐次及于其他局所，及各种邮路均已迅速完成。惟华北、苏北被共军占领区域内局所被迫停顿及消息不明者颇多。

（二）扩展邮政汽车运输　为购通收复区邮运，经增辟长江南北两邮政汽车路线，一为自重庆经贵阳、晃县、衡阳、吉安、宁都、上饶以达浙江之诸暨，一为自重庆经成都、宝鸡、潼关而达洛阳，与陇海东段相衔接。此外，更恢复由贵阳经柳州、宾阳至贵县一线，以与西江水道联运。以上各线已于本年一月完全畅通。

（三）恢复国际邮运　我国与国外海运逐渐恢复，已与英美两国轮船公司暂订带运邮件运费率，并正在商订正式合同，所有战时经由中苏、中印邮路之苏联、印度、美、英、坎拿大、澳大利亚、新西兰及瑞士等国邮运，均取道海运，且与香港、马来亚、澳门、菲律宾、锡兰、丹麦、芬兰、法国、西班牙、葡萄牙、瑞典、土耳其、坎拿大等地恢复邮运，并指定上海、广州两地互换国际包裹。

（四）发展储汇业务　收复区邮政储汇业务，战前已普遍举办，惟管理机构未臻健全。胜利之后，为更求普遍发展起见，经于邮政储金汇业局之下，增设分局及办事处，截至本年六月止，恢复及增设全国分局已达二十八处，办事处四十一处。

七、其他

以上所述各端，为交通业务复员之大较，此外尚有复员时期对于交通器材之供应，与交通员工之甄用，两事与交通业务之复员，密切相关，爰复更赘一言如左。

（一）交通器材之供应

交通复员在在均需器材，在抗战期间，由于财力物力之困难，对于复员材料之储备，为数极微。复员以来，除督饬铁路总机厂、钢铁配件厂、电信机料修造厂等加紧扩充及提高生产能力外，关于复员材料之供应，经予尽量罗致，以竟事功。凡国产交通材料由各部门就地筹购，以应急需，所有接收敌伪材料，以平津两地较多，计三万六千余吨，武汉区域亦有三万余吨，已分别整理，拨交各部门使用。越南区材料交昆明区铁路机关接收分配。而复员材料之最大来源，厥为善后救济物资案、美加两国借款案、日本易货案、美方剩余物资案等物资，一年以来，业已订购主要铁路器材枕木四七六五二〇〇根，钢轨一八五三一七吨，桥梁五五八〇〇吨，机车三二二辆，车辆三四五八辆，已内运进口者近十三万吨，并经分别调拨各路，以供抢修之用。至其他路电邮航各部门所需外洋材料，亦正接洽，大量购运。为便利进口物资之接转，并经在上海、九龙、青岛、天津、汉口等冲要地点，添设材料储转处。

（二）交通员工之甄用

自抗战以还，战地交通员工维持军运军信颇具辛劳，在军事转进之时，不受敌人利用，或则撤退后方，或则参加地下工作，忠贞亮节，此志可嘉，且多具有专门技术，洵属有用之材。八年以来，历经予以安插救济，原为储备复员建国之用，及敌寇投降复员开始，各交通部门需材正殷，爰经订定甄用收复区及光复区交通员工标准，复员员工登记办法，分饬办理。尤以铁路员工需要较多，乃更拟订登记铁路人员紧急处理办法，收复各铁路人员旧有人员任用办法及失业员工登记甄用办法。同时，组织各铁路撤退员工甄用委员会，办理登记分发事宜。其在渝、筑、衡、桂等处登记失业员工已分发工作者，达一万一千人。登记复员员工四千九百五十四人，亦经予以分发。惟因运输困难，尚未全部运送完毕。

〔国民政府行政院档案〕

15. 交通部编送还都工作报告书初稿公函

（1947年3月10日）

案准贵处三十五年十一月九日节京拾字第一八八八三号函，以准国防部代电，搜集还都工作资料，抄附还都工作报告书编造大纲一份，嘱将其中准备、实施经过、损失及附件四节，编送初稿，以凭转送等由。正办理间，复准贵处本年一月三十日从拾字第三〇二二号函，催速办过部。兹依照该编造大纲所列准备、实施经过、损失各节，编造还都工作报告书初稿一份，随函附送，即请察照汇办为荷。此致

行政院秘书处

附还都工作报告书初稿一份（内附表五件）〔表原缺三件〕

还都工作报告书初稿

一、准备

当抗战末期胜利在望之时，本部对于交通设施计划，即注意于一面配合反攻，一面为复员准备。鉴于铁路破坏之烈，可供复员运输者已属无几，且其时公路尚属军事委员会战时运输管理局管辖，而空运载量又属有限。乃加紧修复入川江轮，制造小型船舶及捞修沉船，并拟具水运还都方案，以为准备。迨日寇投降，即饬令国营招商局遣轮东下，并征集公私船舶专供还都复员之用。公路方面，由前战时运输管理局分别抢修还都路线，同时调度大量车辆，加强运力，以利复员运输。至三十五年一月一日该局撤销，公路仍隶本部，乃成立公路总局，赓续办理公路业务。空运方面，由中国、中央两航空公司开辟还都复员航线，并调用一部分原中印空运飞机及美军在华剩余运输飞机，参加还都运输。

二、实施经过

（一）公路运输

（1）还都路线：

子：自重庆至南京紧急抢修完成之直达还都路线

1. 甲线：由重庆经长沙至南京，计长二，六一五公里，沿线经过綦江、黔江、秀山、三角坪、郑家驿、长沙、万载、南昌、东乡、浮梁、祁门、歙县、宣城、芜湖等处。

2. 乙线：由重庆经衡阳、淳安至南京，计长二，九八三公里，沿线经过綦江、遵义、贵阳、马场坪、三穗、芷江、榆树湾、邵阳、衡阳、耒阳、茶陵、泰和、兴国、宁都、南城、鹰潭、上饶、常山、淳安、歙县、宣城、芜湖等处。

丑、公路与铁路联运及由公路转水道还都路线

1. 渝京北线：

甲、自重庆经遂宁、梓潼、广元、褒城、双石铺至宝鸡(全长一,〇七一公里),由宝鸡衔接陇海铁路转津浦铁路至南京。

乙、自重庆经内江、简阳、成都、绵阳、剑阁、广元至宝鸡(全长一,二四九公里),由宝鸡衔接陇海铁路转津浦铁路至南京。

又当时陇海铁路潼关路段因被敌破坏,一时不及修复,经公路总局饬豫省公路局将原有土路抢修通车,设立陕豫联运处,办理该段汽车接运事宜。

2. 渝京南线:

甲、渝长线:自重庆经綦江、南川、彭水、龙潭、沅陵、榆树湾、洞口、邵阳、湘潭至长沙,全长一,七三四公里,再由长沙循水道或粤汉铁路至武汉,换乘江轮至南京。

乙、渝衡线:自重庆经綦江、松坎、桐梓、贵阳、黄平、晃县、芷江、洞口、邵阳至衡阳,全长一,三七一公里,再由衡阳循水道或粤汉铁路至武汉,换乘江轮至南京。

(2) 运输工具:

自三十四年十月起迄三十五年十月止,调度还都运输车辆约八百五十余辆,其中包括客车、改装客车及代客车等类。

(3) 输送还都人数统计:

由公路运输还都之人员共二十三万八千一百三十一人。兹将三十四年十月至三十五年十月间每月运量,列表于后(附表一)。

(二) 水运

(1) 还都路线:

利用长江干线由重庆东下,经宜昌、汉口以至南京。

(2) 运输工具:

水运工具原以轮船为主,惟因船只无多,且川江冬季水位枯竭,运输受阻,爰自三十四年十二月起更大量使用木船,以加强运输能力。当复员之始,由前战时运输管理局设置水运复员委员会,主持船舶调配事宜,至三十四年十二月改设全国船舶调配委员会继掌其事,迄三十五年六月底该会撤销，复员运输先后改归中央党政军机关留渝联合办事处及重庆行辕指挥，迨十一月中旬，水运复员全部完成。兹将三十五年五月份船舶调配情形，附表于后(附表二)。

(3) 运送还都人数及公物数量之统计：

由水运复员者，自三十四年九月至三十五年十一月，计共由重庆运出人员二四七，六一二人，公物一一七，〇四八吨，每月运量，详附表(附表三、四)〔缺〕。

(三) 空运

(1) 还都路线：

由重庆至南京，经停汉口。

(2) 运输工具

自三十四年八月至三十五年十月，每月供应飞机平均约十五架，其分配机位事宜，在三十五年八月十四日以前，系由行政院主持，自三十五年八月十五日至同年十月底，则由中国、中央两航空公司合组办事处办理，并经本部派员驻渝督导。

(3) 输送还都人数及公物数量之统计：

由空运复员者，计经运人员一一〇，二八一人，公物四，一六九吨强，每月运量，详附表(附表五)〔缺〕。

(四) 铁路运输

铁路可供还都运输者，仅陇海路之宝鸡至潼关及洛阳至徐州，津浦路之徐州至浦口，粤汉路之衡阳至武昌等线，均与公路合作，办理联运。所有联运还都人员，一律优先乘车，各路对于还都运输，均能尽其最大之努力。至还都运量，已并入公路运量内，兹不重列。

(五) 邮电措施

本部为协助便利还都，对于有关还都工作之邮电措施，特予加强，以利通信。兹将办理情形，概述如左：

(1) 邮政：京、渝、沪、汉等地往来邮件，尽量交由空运，同时在复员公路沿线，加派邮政汽车行驶，以提高邮递效率，并于京市迅速恢复及添设邮政支局六处，邮政代办所六处及增添工作人员，以利公众通信。

（2）电信：京渝间运输上之联络配合还都工作，对于报话通信力谋加强，电报方面经开辟重庆至南京、重庆至上海、汉口至南京等无线电快机电路三路，及重庆至汉口、重庆至南昌、南京至南昌、南京至西安、万县至汉口、万县至沙市、贵阳至长沙、长沙至南京等无线电人工电路八路。电话方面除增加京渝无线电话通话时间外，并开辟以重庆、武汉为中心之长途电话，即西起重庆，东至汉口，北经西安、郑县以达汉口，及南经贵阳、衡阳以达汉口之载波电话电路，并加强京汉载波电话电路，以利通话，俾所有还都起迄地点及中经各处，均能互通消息，有裨还都工作匪浅。

三、损失

还都运输遭受损失较大者，厥为三十五年三月十九日中国航空公司(139)飞机在由渝飞汉途中失踪一事，飞航员三人及乘客大小三十余人均无下落，经多方搜寻，迄无结果。至公路及水运方面，当无重大损失，兹从略。

附表(1) 公路复员运输

民国三十四年十月至三十五年十月

时　　期	人　　数	延人公
总　　计	238,131	187,041,549
三十四年(十至十二月)合计	47,464	24,975,331
十月	16,363	7,639,673
十一月	16,486	9,095,666
十二月	14,615	8,239,992
三十五年(一至十月)合计	190,667	162,066,218
一月	13,565	8,053,571

续上表

时　期	人　数	延人公
二月	18,465	14,672,787
三月	26,502	21,162,237
四月	23,215	20,507,096
五月	22,228	19,991,589
六月	16,758	17,111,362
七月	17,324	15,618,371
八月	10,103	11,752,202
九月	22,436	19,174,870
十月	20,071	14,022,133

附表(2) 长江区各段船舶调配表

民国三十五年五月份

航　线	船　名	预计每月运量	
		客运人数	货运吨
渝　宜　线	民联	600	450
	民权	500	470
	民贵	1200	840
	民康	960	450
	民彝	600	1023
	民来	600	420
	民熙	600	450
	民宪	450	420

续上表

航　线	船　名	预计每月运量	
		客运人数	货运吨
	民勤	600	450
	民武	449	330
	民协	978	300
	江庆	750	390
	安华	450	270
	江渝	1362	900
	民安	345	210
	民运	750	330
	民享	600	150
	民福	450	240
	民意	750	300
	江康	1200	600
	生聚	400	600
	生众	400	600
	生动	400	600
	生平	400	600
	生存	400	600
	江通	1200	540
宜汉线	民光	390	/
	民有	390	/
	民新	390	/

续上表

航线	船名	预计每月运量	
		客运人数	货运吨
	民哲	600	90
	盛昌	600	90
	同元	600	240
	鸿元	300	1350
	鸿贞	300	
	渝丰	450	1350
	捷兴	954	180
	镇比	750	180
	江瑞	2400	
	江德	900	180
	江定	1800	1092
	江济	750	450
	江昌	1500	600
	蜀丰	450	180
	民族	1200	1650
	民万	1155	1350
	民裕	882	90
汉宜线	江安	4500	4800
	江新	3300	3900
	江利	2100	1500
	江盈	1200	2100

续上表

航线	船名	预计每月运量	
		客运人数	货运吨
	江苏	2100	900
	鸿享	300	1350
	鸿大	1500	1800
	鸿利	300	1350
	小轮 29 只 驳船 32 只	10,000	

注：木船数量不详。

〔国民政府交通部档案〕

16. 交通部统计处抄送铁路接收概况函

（1947 年 3 月 21 日）

铁路接收概况业经初步编制，拟请分种惠予核证。此致

路政司

统计处　三、二十一

铁路接收概况

各区局铁路接收计完整干线长五，〇一六.六二三公里，支线长七六四.八一八公里，此外尚有仅接收一部分路线者，未予合计。各区局接收机车二，〇九〇辆，客车二，二七八辆，货车二二，二六九辆，特车一，四四一辆。

铁路接收概况

一、路线

接收机关	接收铁路	起迄地点		里(公里)程		备注
				干线	支线	
平汉区铁路管理局	平汉	汉口	郑州	518.0		由汉口循礼门至郑县干线518公里,系由本路接收。郑州至安阳,则由开封区接收移交。又循礼门至玉带门一段,计长4,493公里,接收时路轨已被日人拆去无存,故未列入。
平津区铁路管理局	北宁	北平东站	山海关	422.5		密云古北口间54.4公里,接收前即遭破坏,砖河德县间100.5公里被占,北平西站——西便间里程加入。
	西沽支线	天津总站	西沽		3.8	
	塘沽支线	新河	塘沽		4.5	
	南苑支线	永定门	南苑		7.6	

续上表

接收机关	接收铁路	起迄地点	里(公里)程		备注
			干线	支线	
	环城支线	北平东站　西直门		15.3	
	平古	北平东站　古北口	143.3		
	通州支线	双桥　通州东站		9.8	
	平绥	丰台　青龙桥	69.1		
		包头　三道营	211.6		
	平门支线	西直门　门头沟		26.0	
	津浦	天津总站　德县	234.4		
	西郊支线	北平西站　西郊		6.8	
	西广连路线	西便门　广安门		2.9	
津浦区铁路管理局	津浦	240K　～　511K	271.0		济南
	南新泰支线	磁窑　南新泰		66.380	
	胶济	青岛　济南	392.833		济南

续上表

接收机关	接收铁路	起迄地点	里(公里)程		备注
			干线	支线	
	青岛埠头支线	青岛站北　四方站东		3.750	济南
	张博支线	张店　博山		39.220	济南
	八陡支线	博山　八陡		9.330	济南
	罗家庄支线	南定　罗家庄		6.560	济南
	洪山支线	淄川　洪山		6.980	济南
	津浦	0K(天津)～　240K	240.000		天津
	津浦	511K　～　674K	163.000		徐州
	临台支线	临城　台儿庄		76.300	
	柳泉炭矿支线	柳泉　贾汪		15.860	
	津浦	674K～　1009.160K	335.160		浦口
	蚌水支线	蚌埠　水家蚌		61.100	

续上表

接收机关	接收铁路	起迄地点		里(公里)程		备　注
				干线	支线	
东北区特派员办公处	沈榆	沈阳	山海关	419.150	147.438	干线即本线，支线包含侧线石山线、专用线、其他特种线
	大郑	大虎山	彰武	110.000	25.028	
	新义	新立屯	义县	131.530	52.062	
	高新	高台山	新立屯	60.560	3.400	
	河北	沟帮子	大洼	54.950	3.820	
	锦古	锦县	平泉	339.000	65.500	
	北票	金岭寿	北票	17.920	11.650	
	叶峰	叶柏寿	古山	93.000	18.680	
	葫芦岛线	锦西	葫芦岛	13.190	25.450	
京沪区铁路管理局	京沪线	南京	上海	311.040	24.620	淞沪线包括在支线项内
	沪杭段	上海	杭州	189.740	3.670	
	京春段	上海	芜湖	105.850	12.320	接收后已移交江南铁路公司接收

续上表

接收机关	接收铁路	起迄地点	里(公里)程		备　注
			干线	支线	
晋冀区铁路管理局	正太	太原　娘子关	170.000	13.000	
			5016.823	764.818	
陇海区铁路管理局	开封区局	连云至郑县	571.000	86.352	
	徐州区局	连云至郑县		2.823	
	陇海铁路	郑州至洛阳	120		
吉林铁路管理局	沈吉线	莲河海龙间241K起至吉林止	241K000—447K354M (206K354M)		
	长图线	长春0K起至老部岭小牯家子间196K止	0K000—196K000M (196K000M)		

续上表

接收机关	接收铁路	起迄地点	里(公里)程		备　注
			干线	支线	
	长洮线	长春 0K 起至柴冈哈拉海间 78K 止	0K00—78K000M (78K000M)		
	大丰满支线	龙潭山 0K 起至大丰满 22K779M 止		0K000—22K779M (22K779M)	
	金珠支线	江北 0K 起至金珠 19K242M 止		0K000—19K242M (19K242M)	
	龙口连络线	龙潭山 0K 起至江北 3K020M 止		0K000—3K020M (3K020M)	
	计	480+35445	K041M		

续上表

接收机关	接收铁路	起迄地点	里(公里)程		备注
			干线	支线	
平津区开封分区铁路局	开封铁路局	黄河北岸至宝莲寺	平汉 155 公里		
	开封铁路局	内黄至刘堤圈	陇海 125 公里		
		邵商集至兰封	陇海 78 公里		

铁路接收概况

二、车辆

接收机关	机车			客车			货车			特种车			备注
	合计	好	坏	合计	好	坏	合计	好	坏	合计	好	坏	
平汉区铁路管理局	85	23	62	4	2	2	740	513	227	7	7		车辆总数 751 辆，系本路直接接收，汉口至信阳间数目，信阳以北分由五战区江北工作队及开封区先后所

续上表

接收机关	机车			客车			货车			特种车			备注
	合计	好	坏	合计	好	坏	合计	好	坏	合计	好	坏	
													接收，事后虽归本路接管，但由日本移交之车辆数目情况概无表册可稽，无法查列。又机车 85 辆内有 37 辆系汉信间者，为本路直接接收，其余 48 辆系由原接收机关移交，因有车号可考，故一并列入。
平津区铁路管理局	466	323	143	474	337	137	5390	4460	930	1000			现存本路车辆数接收后移交各路机车 845 辆，流至关外机车 14 辆，关外借用机车 2 辆，晋冀区借用四辆；移交各路客车 844 辆，情况不明者 8 辆；移交各路货车 11，739 辆，情况不明者 1403 辆，迄至六月十四日止，存有客车 80 辆，货车 1594 辆在关外的包括在内，
	865			852			13，142						

续上表

接收机关	机车			客车			货车			特种车			备注
	合计	好	坏	合计	好	坏	合计	好	坏	合计	好	坏	
													将来约须拨给津浦路客车62辆，京沪路70辆。
津浦区铁路管理局	253	165	88	264	194	70	2678	2515	163	170	164	6	
东北区特派员办公处	161	63	98	190	44	146	805	714	91	14	2	12	
京沪区铁路管理局	161	145	16	310	214	96	2,283	1609	674	2	2	/	
晋冀区铁路管理局	87	45	42	77	39	38	498	379	119	/	/	/	查本区准轨车辆未与同蒲北段划分，混合运用，机客车辆均系奉经配属本区数字，货车辆数将行驶正太线及同蒲太原站停用合计数字。
	747	441	306	845	493	352	7004	5730	1274	193	175	18	
陇海区铁路管理局	121	56	65	59	37	22	$1623\frac{1}{2}$	$1269\frac{1}{2}$	354	7	6	1	本表所列里程、机车、客、货及特种车等，均为开封徐州两区局移交本局者，开封区局移交机车65辆，系35年

续上表

接收机关	机车			客车			货车			特种车			备注
	合计	好	坏	合计	好	坏	合计	好	坏	合计	好	坏	
													3月21日接收者。
													徐州区局35年4月1日移交之机车46辆，内临城机车9辆，现尚无法接收，议定俟通车后移交本局。
													表内所列客货及特种车辆有前津浦区结欠302 $\frac{1}{2}$辆，尚未拨到共军区内，将好坏客货及特种车73辆，未列表内。连云及海州关尚有好坏客货及特种车187辆，未列表内。
平津区开封分区铁路局	109	37	72	55	37	18	1248	903	345	48	48		
共计	2190	1298	892	2278	1397	881	22269 $\frac{1}{2}$	18092 $\frac{1}{2}$	4177	1441			

〔国民政府交通部档案〕

二、交通设施概况

1. 交通部编《目前交通措施方案》

（1945年9月）

目前交通措施方案

日本投降后，我原订配合反攻之交通计划，多不适用，迭经召集路电邮航主管，详加检讨，认为原订计划，应停止进行者立予停止，应继续进行者仍继续进行。并针对收复区及光复区之迫切需要，遵照钧座及行政院指示原则，分别拟定水陆空运输计划及沟通邮电办法，督率主管部门，切实执行，务期中央派往各区主要接收人员，均能随同国军空运到达；助理接收人员，亦能搭乘车船及早赶到。通邮通电，关系甚大，自应排除困难，实施所订办法。至于收复区域之交通机构接收事宜，经会同战时运输管理局研讨，暂分京沪、平津、武汉、广州、东北、台湾等六区，除东北、台湾两区外，其余四区接收人员，均已空运前往，现正秉承各该区军政长官妥慎办理中。惟交通事业，不可一日中断，凡被敌伪或其他原因破坏之铁路、公路、邮电及阻塞之水道，亦应力谋整修，限期恢复。其运输程序，先运军队品，次为接收人员，再次为普通人民。由重庆出发者，先经行政院审查，再送军事委员会作最后决定；由收复区域起运者，则须经陆军总司令部核定，俾免紊乱，而利进行。兹仅将目前各项措施分陈于后：

一、空运部门

内容摘要〔略〕

（一）接收收复区机构及设备

本部已派往收复接收敌伪民航机构及设备之人员，计京沪区高大经，北平区李景枞，广州区黄子超，均已先后出发到达指定地点，从事接收。并据报敌伪中华航空股份有限公司现有设备如下：

（甲）飞机　DC-3型运输机，共计四十三架，其中完好者三十架，待修者十架。

（乙）油料（汽油及滑油）　单位：加仑

类别／地点	汽油	滑油	备注
南京	六六，〇五〇	二，六四二	汽油分九一及八七两种，滑油系植物油。
上海	二六，四二〇	一，〇五七	滑油各地数量换算时四舍五入，故较总计约大。
北平	六六，〇五〇	二，六四二	
济南	二六，四二〇	一，〇五七	
青岛	二六，四二〇	一，〇五七	
汉口	二六，四二〇	一，〇五七	
广州	二六，四二〇	一，〇五七	
共计	二六四，二〇〇	一〇，五六八	

（丙）通讯及定向设备（无线电台）

类别／地点	1kW	500W	200W	100W以下	1kW信标站	定向台	共计
华北	一	三	五	八	一	四	二二
华中南	二	五	六	四	一	三	二一
共计	三	八	一一	一二	二	七	四三

本部接南京何总司令电，知上海伪中华航空公司已准航空委员会先行接收，将来再移交本部。

（二）业务概况

已由中国、中央两航空公司于本月初开始运送接收人员，兹将自九月三日起至九月十八日止运输概况列后：

（甲）飞机——计轮流使用C-46式机九架，A-29式机两架，C-53式机一架，及C-47式机五架，共十七架。

（乙）班次——飞行十五日，共飞三十三次，计每日平均约有二机飞行。

（丙）航线　芷江——南京、重庆——南京、南京——北平、重庆——广州，共计四线。

（丁）运输——已载运人员六八六名，公物一五，七三三公斤，尚有京平、平京、京平及平渝四次飞行所载数量，尚未据报。

（戊）场站——南京、上海两站业已设置，汉口、北平二站，亦在赶设。

（三）开辟航线

拟即续办重庆——桂林——广州——香港及重庆——西安——太原——北平两航线。

（四）供应油料

（甲）运输油料一一，〇九〇吨至各航站场所。

（乙）借油——关于收复区各线筹开航班，及广州迪化特班，经向航空委员会商准借拨汽油如下：

1. 重庆迪化特班四班，在兰州及嘉峪关两地，各借拨汽油二千八百加仑。

2. 渝粤特班，在广州借拨汽油一千六百加仑。

3. 渝京线，每日两班，自即日起，展至上海，准每次班机来回在南京共借汽油二百加仑。

4. 沪京平线每周二班，准每次机班来回在南京共借汽油二百加仑，在北平借拨二百五十加仑。

（五）修理场站

赶修宜昌、桂林、广州、西安、太原五处场站，并设立管理机构。

（六）设置修理厂

拟于上海、北平各设一修理厂。

二、水运部门

内容摘要〔略〕

（一）配备船舶及储备燃料

调查船舶实际状况，以期控制管理，计在川江能行驶者有四五艘，共三三，五一五总吨，预计每月可能运送人员三〇，〇〇〇名，公物一五，〇〇〇吨，需燃料煤炭三〇，〇〇〇吨，柴油三〇〇吨，已经行政院核准燃料费四，〇三一，〇〇〇，〇〇〇元，由生产局液体燃料管理委员会分别购储备用。

（二）恢复航政航业机构

（甲）已派员前往恢复上海、广州、天津三航政局及各办事处，拟将长江区航政局改为汉口航政局，移设汉口，并拟视事实需要，设立基隆、大连、哈尔滨各地航政局。

（乙）航业机构，已由招商局派员往广州、上海、香港、温州、天津、烟台、汉口、宜昌、沙市、长沙、芜湖、九江、安庆等地，恢复局处，分别接收航产，筹备航行。

（三）业务概况

民联轮由重庆（九月十四日）开往南京（廿三日到），计运人员四七八名，公物一四二吨，该轮尚未开回。

渝丰轮由重庆（九月二十三日）开往上海（尚未到达），计运人员四六名，公物五二吨。

江汉轮于九月廿五日，江顺轮于九月廿七日，由重庆开往南京，系归长江区船舶管理处调度作军差之用。

民本轮拟于九月廿八日由重庆开往宜昌，预计运人员五〇〇名，公物五五〇吨。

江安轮拟于本月廿九日由重庆开往南京，预计运人员一〇〇〇名，公物四〇〇吨。

江新轮拟于十月一日由重庆开往南京，系作军差运输。

（四）修理并购置船舶

（甲）川江现有待修船只，预定三个月内修复者，为强华公司、永昌公司、佛亨公司各一艘，民生公司、招商局各二艘，三北公司五艘，共十二艘，一五三三三总吨，均订于本年内完成。

（乙）珠江区域所有电船共一九二艘，计一一〇一六吨，其中须捞修者约有六〇艘，三三〇〇吨，已由地方政府积极修理中。其余湘江待修船只一一三艘，一六六八一五总吨，除川湘公路局所辖十五艘，其中十艘业已限令本年底修理完竣，并拨贷修理费一万四千万元外，其余尚在计划进行中。

（丙）向美国订购江轮八艘（每艘由二二〇〇吨至二五〇〇吨），海轮二二艘（每艘由三〇〇〇吨至五〇〇〇吨），共三〇艘，已由宋院长在美洽办。

（五）赶修沿海与内河码头仓库

限于本年内尽先整修上海、广州、青岛、天津各地码头仓库，其余权衡缓急，次第举办。

（六）接收收复区敌伪船舶及一切设备

（甲）船舶——据报沿海与京沪一带，敌伪船舶可接收者如左：

1. 东亚海运公司有轮船八艘（兴亚丸三三六五吨，兴中丸三二一四吨，宁波丸三七六三吨，兴泰丸三三一四吨，兴国丸三四八七吨，连山丸二六六五吨，鲤城丸一三二七吨，达兴丸九〇三吨），共计二一，九三八吨，均系客货船。尚有五艘，吨位不明，均航行上海、南京、九江间。

2. 中华轮船公司有轮船在一，〇〇〇吨左右者三二艘，共计约三二，〇〇〇吨，尚有数十吨至数百吨间之拖轮三三艘，现均航行上海汉口间。

3. 内河轮船公司有数十吨至数百吨间之拖轮一七八艘，现行上海汉口间。

4. 中支航运公司有数十吨至数百吨之拖轮五四艘，航行地点未明。

以上各项船舶当逐步接收，尚有未明之敌伪船舶，拟分电上海、南京、广州、天津各地区接收委员，详细查明，陆续接收。

（乙）码头仓库——据接收委员报告，南京下关及浦口码头仓库情形如下：

1. 自三汊河、中山码头、老招商码头、老江口煤炭港至和记洋行为止。

2. 宫里、日之出、太和、樱，完全军用，宫里系日本海军煤炭装卸专用码头，日之出、太和、樱，系军需物资及军队移防专用码头。

3. 中山码头系平沪通车联络码头，及浦口下关对江轮渡码头。

4. 一号码头系首都电厂煤炭（自浦口用小火轮拖带驳船）起卸专用码头。

5. 二号至七号亦系军用船及小型汽艇、机帆船停靠专用码头。

6. 八号系东亚海运码头。

7. 九号系中华轮船公司趸船码头（受炸被毁）。

8. 十号码头系日本海军专用。

9. 煤炭港有华中运输仓库及日本海军储炭厂。

注：码头栈桥长度大约自二〇公尺至六〇公尺，仓库长度平均五〇公尺，高度自一〇公尺至一五公尺，深度自五公尺至一五公尺。

浦口地区码头仓库，其码头可分三区：

1. 三井旧码头，专供煤炭装卸之用。

2. 军用码头十二个。

3. 新码头由三井主持，设有码头大小多个，巨型船亦能停靠，并附设平安船渠，修理船只。

注：浦口被炸甚烈，其仓库码头已有一部被毁。

以上各码头仓库亦拟逐步接收，整理利用。

三、公路部门

内容摘要〔略〕

（一）接收收复区域机构及将来推进业务之计划

由战时运输管理局派员会同交通特派员，分赴收复区域接收各公路机构，计有京沪、平津、武汉、广州四区。兹将各该区车辆之管制及业务之推进，分述于后：

（甲）车辆之管制，由战时运输管理局派出之接收人员成立车辆临时登记处，办理敌伪车辆登记事宜。

（乙）业务之推进，由战时运输管理局在各接收区域成立办事处，筹办空运接输事宜，同时视各地之需要，推进长途汽车运输业务。

（二）收复区域公路工程之赶修（分二期办理）

（甲）第一期，赶修路线，为应付军事机关及其部队接收收复区之紧急调动路线，计十一条，共长三九〇一公里，内须修复者二一八四公里，加强者四九七公里，已于九月十五日打通。

（乙）第一期及第二期赶修路线，系运送政府员工赴收复区域办理接收工作。第二期路线，共十三条，共长四三七六公里，内须修复者三九〇六公里，加强者二九三公里，限十一月底通车。

（丙）为争取时间起见，所有路线，尽量利用后方及收复区域原可通车之公路，并与江河水运系统配合，均经商得军令部同意。

（三）业务概况

（甲）人员运输——分长途运输及市郊运输。

1. 长途运输　以复员运输为主，专运普通人民还乡，照章售票，其运输办法，可分二期。

第一期:先就下列四线,加开班车,从事疏运。

重庆宝鸡线	每日开车三辆
重庆柳州线	每日开车五辆
重庆芷江线	每日开车五辆
重庆麦加河线	每日开车二辆

第二期:拟调集原有汽车六百辆,改装车身,一俟装毕,除用以增加上述四线班车外,并用以疏运重庆以外各地人员。

2. 市郊运输　今后市郊运输,拟以由省市政府办理为原则,已与重庆市府接洽,将重庆公共汽车管理处交市府接收办理,并协助京、沪、平、津等市,充实公共汽车设备,俾可逐渐减少人力车之行驶。

(乙) 货物运输——分空运接转及长途运输。

1. 空运接转　最近后方昆明、宜宾、泸州等处,空运接转,仍在继续办理。不久,此项业务必将逐渐减少,所有担任接转之车辆,拟调充复员运输之用。

2. 长途运输　目前仅以美资及公建机关物资之运输为主,仍照原订办法,按月配运,俟军公物资数量减少时,拟即开放商车。

(四) 车辆接收及管理

(甲) 存印尚未装配之车辆,拟转运上海、广州、天津,分别设厂装配。

(乙) 美军移交我方之卡车,酌拨各线,编队行驶。

(丙) 收复区域接收之旧车,由各区办事处分别整理,以供各区运输之需。

(五) 保养修理设施之配备

除接收美军移交我方之装配修理保养厂场等设备,并接收收复区各公路之修理保养设备外,拟将原有之修理保养设备,重新分配,以利复员运输。其办法如次:

(甲) 在衡阳、柳州、广元、开封四地设保养场;

(乙) 在芷江、独山、潼关三地设检修站。

（六）汽车器材之储运及司机技工之招训

接收各中美联合库及中印油管油料，同时在衡阳、芷江、柳州、潼关四地设器材库，并视事实需要，酌设供应站。又分川陕、西南、湘桂、平津、京沪、武汉各区招考司机技工五千名，予以短期训练，以应急需。

四、铁路部门

内容摘要〔略〕

（一）接收收复区域各铁路

按照敌伪划分铁路区域，分为平津区、京沪区、武汉区、广州区，每区各设置交通特派员，接收各该收复区内敌伪所置交通机关。

（甲）北部铁路　伪华北交通公司原分天津局、北平局、张家口局、济南局、太原局、开封局、石家庄局、徐州局，均由本部平津区交通特派员接收。

（乙）东部铁路　伪华东交通振兴公司原上海局、南京局，均由本部京沪区交通特派员接收。

（丙）中部铁路　敌野战军司令部统制之铁路，平汉南段，粤汉北段，均由本部武汉区交通特派员接收。

（丁）南部铁路　广九铁路，粤汉南段，均由本部广州区交通特派员接收。惟广九铁路英段，应俟行政院与英方洽商决定后再办。

（二）规划接收东北及台湾铁路

（甲）东北铁路

按照中苏协定，中东铁路、南满铁路归中苏两国合组长春铁路公司共同经营，现正会同有关方面研讨具体办法，其余东北铁路干枝各线，另由本部派委东北交通特派员，率领接收委员多名，在渝规划前往接收事宜。

（乙）台湾铁路

由本部派员参加台湾行政长官公署统一接收，将来再按照中央规定由部接管。

（三）完成宝天、綦江铁路

宝天铁路及綦江铁路，均可于年内通车，宝天铁路完成后即拟继续兴筑天兰铁路，綦江铁路猫五段完工后，拟交由军政部兵工署接管。

（四）合并黔桂、湘桂铁路

黔桂铁路与湘桂铁路两局拟予合并，另组湘桂黔铁路工程局，负修复之责。

（五）筹复已破坏铁路

已分别电饬湘桂黔与粤汉、浙赣、陇海、滇越各局，派员实地查勘，迅拟修复计划，并派遣铁路总队协助之。

（六）铁路现状之调查（卅四年九月廿四日止）

路名	能通地段	不能通地段	时通时不通地段	备注
津浦路	天津——德州 徐州——浦口		泰安——德州 泰安——衮州 衮州——徐州	不通地段，已电石特派员派员抢修。徐州德州间时有奸伪滋扰，已电何总长请派护路部队维护。
平汉路	北平——保定 石家庄——顺德 新乡——汉口	保定——石家庄 顺德——新乡		保定石家庄段，据日人称，九月中可修通。顺德新乡段，日人原备有材料，约三个月可修复。
汴新支线				已电石特派员查修。
陇海路	连云港——开封 开封——郑州 郑州——洛阳 阌底镇——宝鸡	洛阳——阌底镇		开封郑州段除泛滥黄河须驳运外，亦已通车。洛阳郑州段除洛河桥不通外，余可通车。
黔桂路	都匀——南丹	南丹——柳州		拟由湘桂黔工程局抢修。
粤汉路	武昌——岳阳 岳阳——衡阳 衡阳——耒阳 源潭——广州	耒阳——源潭		岳阳衡阳间中洲河、老刀河因桥不通，分段通车。耒阳源潭间拟由粤汉路局筹修。
浙赣路	杭州——诸暨 江山——上饶	诸暨——江山 上饶——南昌 向塘——株州		拟由浙赣路局筹修。
湘桂路	衡阳——黎家坪	黎家坪——来宾		拟由湘桂黔工程局筹修。
滇越路	昆明——碧色寨	碧色寨——河口		钢轨钢梁等外洋材料到后六个月，由滇越路华段管理局负责修通。

续上表

路　名	能通地段	不能通地段	时通时不通地段	备　注
京沪路	全线通			
同蒲路	太原——临汾	临汾——凤陵渡 大同——宁武	宁武——太原	由太原区接收委员派员抢修。
南浔路		全线不通		车轨敌均运走，站屋设备全毁，路基埠头尚完整，拟由浙赣路局筹修。
胶济路		历城(即济南)——坊子	坊子——青岛	因沿途奸伪滋扰，情况不明，已电何总长请派护路部队维护。不通地段，拟由济南区接收委员派员抢修。
沪杭甬路	上海——杭州	杭州——宁波		拟由沪杭甬路局筹修。
平绥路	北平——青龙桥	青龙桥——大同		大同至包头，现由傅作义军队实行护路，拟由张家口区接收委员派员抢修。
北宁路	北平——唐山	唐山——山海关		
正太路			全线可能通车	根据日方资料。
广九路				平湖至九龙情况不明。
广三路	石围塘——佛山	佛山——三水		佛山三水间全拆。

五、电信部门

内容摘要〔略〕

（一）接收收复区电信机构

由本部遴派电信委员，前往收复区接收伪满电讯株式会社、华北电讯株式会社、华中电讯株式会社等机构，暂改为本部电信总局驻各该地之办事处。台湾原系邮电合设，拟于接收后，由本部商同长官公署暂照原统一管理。

（二）维持收复区各局业务及恢复通讯

收复区各电信局原有房屋机线等一切设备，设法保持完整，暂时维持现状，不使业务停顿。

开初恢复通讯以无线电为主，各重要城市，均尽先设置，计分两个步骤办理，第一步移装电台三十座，加装电台七十九座；第二步移装电台十八座，加装电台九十一座。

（三）尽先恢复黄河以南有线电

有线电信之恢复，因工程较无线电为巨，所需人工与材料吨位亦较多，故在收复初期，以尽先恢复黄河以南各主要干线为主，计共长二，七四五公里，同时并恢复局所一八〇处。

（四）依中央货币核定收复区报话费

收复区域报话费之核算，依照中央核定货币办理。

六、邮政部门

内容摘要〔略〕

（一）接收敌伪机构

派员分赴各收复区接管敌伪经营之邮政机构及设备，并照常执行业务。

（二）尽先恢复航空邮运

尽先恢复收复区重要城市与后方各地之航空邮运，现在飞往京沪、平津之飞机，均已洽带航信。

（三）核定收复区邮资

收复区邮资，依照中央核定行使之货币，予以调整。

（四）洽商各交通机构带运邮件

洽商行驶收复区与后方火车、汽车、轮船，充分带运邮件，并拟于公路方面试办左列四条邮路：

贵阳——柳州　　贵阳——长沙

长安——开封　　韶关——金华

（五）裁并军邮

军邮已奉命随军前进，以应军事通信需要，并于复员时即行裁撤。后方军邮，由邮政总局先行酌量裁并。

（六）洽办国际邮运

关于国际邮运路线，已分函通知英、美、苏各国，俟沪埠及西伯利亚铁路可以通运时，所由我国往来邮件，概由各该站运递。

七、材料部门

内容摘要〔略〕

（一）继续洽取外洋物资

（甲）由本部有关各部门会商拟具复员所需外洋材料清单，俟中美长期贷款合同签订，尽先提出。

（乙）继续就英信贷款申请购办复员材料。

（丙）会同有关机关调查接收中国战区（包括印缅）剩余交通器材。

（二）接收交通器材

（甲）凡现在敌伪路电邮航机关之材料及仓库，由本部各接收区有关机关接收。

（乙）凡独立之交通器材仓库，由各区特派员交本部材料司派员接收之。

（丙）凡由外洋进口之交通器材（包括善后救济案内之交通器材），统由本部材料司接收储转分拨。

（丁）在海口及国内各交通冲要地点，设材料储转处，并在必要地点，分设材料厂库，管理材料之接收储转分拨事宜。

（三）器材之管理及制造

（甲）现有各交通器材制造工厂，设法扩充改善，以达增加产量，改良出品，减低成本之目的。

（乙）收复区内与交通器材有关之公营修造工厂，由本部会同有关机关接收经营。

（丙）交通器材制造之计划，应注意下列原则：

1. 各厂建设以国防为中心。

2. 各厂出品以自给自足为目标。

3. 出品标准化。

4. 尽量利用外国机器及技术人才。

八、财务部门

内容摘要〔略〕

(一) 预算总数:

(甲) 航政部门国币五二五五六八七五〇〇元,美金一〇七七四七四四元(包括空运、水运);

(乙) 公路部门国币二三一七九五〇〇〇〇〇元;

(丙) 铁路部门国币一六九三三〇〇〇〇〇〇〇元;

(丁) 电信部门国币七九八六六五〇〇〇〇元;

(戊) 邮政部门国币四四七三三一六〇〇〇元;

(己) 器材部门国币二〇六八〇〇〇〇〇〇〇元;

(庚) 复员临时费五〇〇〇〇〇〇〇〇〇〇元;

总计国币六四八九三〇五三五〇〇元,

美金一〇七七四七四四元。

(二) 分期请拨数目

(甲) 卅四年八月份国币一〇二〇〇〇〇〇〇〇〇元。

(乙) 卅四年九月份国币二五一七八四〇〇〇〇〇元。

(丙) 卅四年十月份国币一四七五六七七六七五〇元。

(丁) 卅四年十一月份国币一四七五六八七六七五〇元。

总计国币六四八九三〇五三五〇〇元。

(三) 已领经费数目

(甲) 已拨到复员准备金国币五〇〇〇〇〇〇〇〇〇〇元;

(乙) 已由财政部径汇各省之复路费国币一〇一〇〇〇〇〇〇〇元;

(丙) 已由生产局拨到燃料费国币一五八〇〇〇〇〇〇〇元;

总计国币七五九〇〇〇〇〇〇〇〇元。

约已领到预算数九分之一。

〔国民政府交通部档案〕

2. 蒋介石关于交通部最近工作重点手令

(1945年10月14日)

委座交俞部长、龚次长机秘(甲)八九七五号手令

交通部最近工作重点,应照下列程序集中实施:

第一、铁路修复之程序

1. 津浦路限本月二十日前恢复全线定期列车。

2. 平汉路至迟限本月三十日前恢复全线定期列车。

3. 粤汉路至迟十一月三十日前恢复全线定期列车。

全国铁路工作应集中于此三路,并照此先后次序紧急措施,其他铁路工作,待此三路修复后,再修可也。

第二、长途电话线修复程序

1. 重庆至汉口;

2. 汉口至南京;

3. 西安至郑州——徐州;

4. 郑州至北平——汉口;

5. 南京至徐州——北平;

6. 汉口至广州。

以上各线最迟不能超过十一月十五日以前全线通话,勿误。

中正　十月十四日

〔国民政府交通部档案〕

3. 交通部编《六届二中全会交通工作报告》

(1946年3月)①

六届二中全会交通工作报告

一、铁路

(1) 收复区各铁路接收经过

吾国铁路，截至三十四年五月止，计沦陷区及后方共有二万五千八百余公里。属于关外者计一万一千三百余公里，属于关内者计一万三千八百余公里。其中除川滇、滇越华段，陇海阌底镇以西及浙赣之江山上饶段外，均沦入敌手，或经我自动拆除。停战后第一步首先从事接收，第二步则筹划、整理、恢复。兹先述其接收经过情形如后：

甲、接收办法

接收沦陷区各铁路，全国分为六区，由所设之交通特派员主持全区接收事宜，其下分派接收委员，接管区内各铁路局，计关内四区，关外及台湾各一区，分述于次：

(一) 关内铁路

沦陷区各铁路，敌管时期，其属于关内者，略分四区：(一)华北区，由华北交通总公司经营；(二)华中区，由华中交通总公司经营；(三)武汉区；(四)广州区，均由敌野战铁道联队管理，仅供军事运输，并不办理铁路通常业务。本部筹备接收时，为求办事便利，暂先按照敌划区域分设平津、京沪、武汉、广州四区特派员，负责接收，俟任务完毕，再行调整。

(二) 东北铁路

关外铁路，敌管时期，向以南满、中东两线为其主干。自中苏协约成立，此两线划为共管之路。本部所应接收者，仅为伪满委托南

---

① 原文无时间。

满株式会社代为经管之锦州、沈阳、吉林、滨江、龙江及牡丹江六铁路，所辖各线，计共长八，七三四公里。由本部派设东北区交通特派员，主持接收事务。

(三) 台湾铁路

台湾所有铁路，总长四千五百五十九公里。其中公营者一千六百二十六公里，民营者二千九百三十三公里。中央将台湾定为特别行政区域后，该区铁路事务，即暂由行政长官接收设局管理，本部之台湾区接收交通特派员，亦即委由行政长官公署之交通处长兼任之。

乙、接收情况

日本投降之后，本部立即准备收复铁路，分别派定接收人员。关内各区，自九月初旬起先后出发，但因各地受降日期迟早不一，接收铁路，亦不能同时进行，计其接收最早者为武汉区，其次则广州区、京沪区，而以平津区为最迟。接收情况，大致顺利，惟各路在停战以后所受强力破坏，转较敌管时期为多。飞鹏曾一再亲历津浦、平汉等路视察，并严督修复，终以保卫力量单薄，随修随毁。其接收后本可畅通者，仅京沪、沪杭、武衡、汉郑四线，继告畅通者北宁、正太、津浦线之浦徐段及陇海线之徐郑段等。

丙、接收后之破坏情况及最近抢修之设施

收复区各铁路之随修随毁，既如上述，计截至本年一月底止，其通阻情况，大致如下：

(一) 津浦线

通车地段共六六九公里，计(子)天津至冯家口一四一公里；(丑)晏城至洪沟一一二公里；(寅)云亭至南村二〇公里；(卯)柳庄至兖州二一公里；(辰)利国驿至浦口三七五公里。不通地段共三四〇公里，计(子)冯家口至晏城一七八公里；(丑)洪沟至云亭一三公里；(寅)南村至柳庄二三公里；(卯)兖州至利国一二六公里。

(二) 平汉线

通车地段共一,〇一四公里,计(子)北平至元氏三〇九公里;(丑)彰德至汉口七〇五公里。不通地段一九九公里,计(子)元氏至彰德一九九公里。

(三) 胶济线

通车地段共二八七公里,计(子)青岛至蔡家庄一一五公里;(丑)虾蟆屯至谭家坊六二公里;(寅)张店至济南一一〇公里。不通地段共一〇七公里,计(子)蔡家庄至虾蟆屯四六公里;(丑)谭家坊至张店六一公里。

(四) 平绥线

通车地段共四七四公里,计(子)北平至青龙桥七三公里;(丑)怀来至天镇二〇一公里;(寅)旗下营至包头二〇〇公里。不通地段共三三三公里,计(子)青龙桥至怀来二三公里;(丑)天镇至旗下营三一〇公里。

(五) 陇海线

陇海在接收以前,本仅阌底镇至洛阳间被坏不通,本年二月该局已将阌底镇至陕州间修复,未通部分仅洛阳陕州间一四〇公里。惟一月十四日以后,其东段连云港附近白塔埠至大庙一四九公里间,被强力占据,又告阻绝矣。

当国共商谈开始之际,本部即积极预筹恢复交通,但上列各路破坏区域,积计约达一千三百公里。钢轨除可能收回者,计缺五百余公里。枕木缺达一百万根之多。向国际救济总署请拨之料,又尚无运到确期,不得已只有拆除京沪、平汉、津浦、北宁及关外榆锦段之次要岔道及其他残毁之支线移用。罗掘之余,犹感不足,则暂拆商办江南公司之京芜段一百公里之路轨,为铺修徐兖间之用,权衡缓急,实不得不为此挖肉补疮之举。

枕木以国产木材缺乏,搜购尤为不易,但经责成各路局尽力分购凑齐,复承各地方政府之多方协助,已可望足用。至于各段抢修队亦早已分别组织就绪,集中待命,惟因共军方面尚有异议,迁延月余，未得施工。若情势许可，一经动工，平汉三个月，津浦两个月，平绥、胶济各一个月均可全线通车，至陇海东段一个月可以修复，陇海西洛陕工程四月底以前可以修通。

丁、今后之整理计划

目前对于收复区各路，自以尽速修复通车为第一要着。但八年沦陷，疮痍未复，且一切规章制度之应兴应革者至多。兹就本部所筹计设施者，分述于下。

（一）工程方面

（子）修复破毁路线

如沪杭甬路之杭甬段，浙赣路之诸暨江山段与上饶至株州段，粤汉铁路之耒阳白石渡段，与乐昌源潭段，湘桂铁路全线，黔桂铁路之柳州南丹段，滇越铁路之河口碧色寨段，南浔铁路全线，京赣铁路之孙家埠歙县段等属之。

（丑）正常恢复通车各路之路基桥梁

修复各路路基桥梁所需材料，其必需自国外运入者，皆经申请国际善后救济总署拨用，所需国内材料及工费，或正勘估筹划，或已呈院请款，大致修复部分只须善后救济物资均能依期运到，则完工期限速者本年八月即可通走，迟者亦不出三十六年夏季。惟太平洋战事终止已及六月，善后救济物资首批轨道材料，应于三月以前到达者，尚无确期，正在催询之中。

（二）管理部分

（子）改定分区管理制度

以前敌管时期国内铁路系采分线设局制。兹自本年三月一日起改用干线区制，系以原有干线为基本，而将毗连路线可以合并者，悉行并合，划为一区，计关内铁路共分十干线区局，其关外各段则俟接收完成，再为办理。

（丑）改定各区局内外组织

以前各路管理局组织，沿用已久，应行革新之处甚多，兹参照现行法制最新学理及过去经验，改定各区管理局组织，与新区制同时施行。

（寅）核定各局员工名额

暂时以战前各路所有名额为准，平均每公里员工人数，不得超过十五人，各局均须尽本年六月以前积极汰除冗滥，务达规定限度，以节縻费。

（2）新路建筑之完成及其处理经过

甲、綦江铁路

该路自貎儿沱至五岔四十公里，于三十四年十一月完成通车，此线本为便利兵工器材及原料之运送而筑，一切钢轨车辆，均须特制，或运自远方，故历时三年始成，旋经呈奉行政院将该线行车事务，拨归军政部兵工署管理，该路工程处遂于同年十二月底结束。

乙、宝天铁路

该路虽长仅一百六十公里，然隧道之多，施工之难，在国内各铁路实为首屈一指，加以抗战时期材料搜罗不易，经费复时感不继，进行益为困难，幸终于三十四年年底完成工作，于本年一月一日正式通车。此段本为陇海全线之一部分，经饬将行车部分于二月一日由陇海路局接收管理，原有宝天铁路工程局，限期整理余工于二月底即行结束，移其所有人力工具，筹备天水至兰州及天水至成都两线修筑工程。自三月一日起改组为天水工程局筹备处，一俟中央核定拨款兴工，即可立时着手工作。

（3）新路之筹筑概况

查本部所拟战后五年筑路计划，业于去年六全大会中提出报告。按照预拟实施期限，本年度以全力恢复旧有各路，自三十六年度起开始实行五年计划。但本部为仰体中央注重发展西北交通意旨，特将（1）自天水经成都、重庆、贵阳以迄于桂林，（2）自天水经兰州以迄安西，（3）自叙府至昆明等三线，提前于本年即行着手兴筑，期以五年内次第完成。同时并经洽商军事方面，拟定兵工筑路计划，俾于中央整军政策之推行，亦有所裨补焉。

二、公路

(1) 公路工程之进行

甲、新路工程之筹筑与完成

新筑公路计有十一线，共长二，六八五公里，业已完成通车者为南疆路、酒架路、兰宁路、宁平路、鸡建路等五线，共长一，七四二公里。赶修中者为桥公路、马明路、南邵路、绿资路、【汶吉路】雅富路荥经段等六线，共长九四三公里，筹划修筑者为都兰至婼羌一线，长约一，四六五公里。

乙、战时赶修工程

前为配合军事反攻，经抢修金城江至柳州、三穗至桂林、官庄至麦家河、南宁至百色、南宁至柳州、宾阳至廉江、郁林至戎墟及汤口至太平等八线，共长一，八二七公里，各线皆系及时抢通。

丙、停战后复路工程

战时全国破坏及沦陷公路，除东北、台湾外，计六八，一七八公里，反攻时期，修复通车者二，六五〇公里（包括修复之滇湎公路南段五八〇公里及西祥公路南段二四三公里在内）。停战后为应付接收及复员工作，经遵奉委座电令，拟具紧急复员第一、二两期公路修复计划，计第一期十一线，共长四，〇一六公里，第二期十七线，共长四，一八九公里，各省同时修筑之路，经前战时运输管理局核准者三八九公里，均分别由公路局及各省公路机构负责办理。综计已抢修通车者，第一期三，九五〇公里，第二期二，七八六公里，约占原计划百分之七十八，其余尚在赶工中，短期内当可抢修通车。惟原定修复工程标准，为路基路面修至原有状况，临时式桥涵载重十公吨，永久式桥涵载重十五公吨，旋因经费概算经行政院一再核减，计短少三分之一，故不得不将原定标准酌予减低。为防雨水起见，改善工程尚待有的款方能继续办理。又为办理善后及运送救济物资，经拟定第三期复路工程计划，计四十四线，一一，三二七公

里，早已拟具计划概算，呈请拨款，其因各方需要迫切，由前战时运输管理局抽垫款项，先行筹修者，有北平至塘沽、汉口至宜昌、武昌至长沙、南昌至九江、南京至杭州、句容至上海等六线，就中已修通者，计平塘、汉宜、武长、沪句等四线，共长一，三九二公里．正在进行中者，计南浔、京杭二线，共长五一九公里，短期内均可通车。

一、新筑公路已通车者

路　名	起迄地点	里程（公里）
南疆路	敦煌—婼羌	七三九
酒架路	酒泉—架棖	三三〇
兰宁路	兰州—宁夏	五四四
宁平路	香水河—中宁	六九
鸡建路	鸡街—建水	六〇
合	计	一七四二

二、赶修路线

路　名	起迄地点	里程（公里）
桥公路	桥湾—公婆泉	一五四
马明路	马莲井—明水	一二〇
南邵路	南丰—邵武	二一二
汶吉路	汶定—吉潭	一八二
绿资路	绿葱波—资圻	一六一
雅富路荥经段	荥经—富林	一一四
合	计	九四三

（2）公路运输之概况

甲、战时协助反攻之运输工作

为协助军事反攻，前战时运输管理局，曾尽最大努力，除接收进口新车，已分别妥为分配外，并加强调度及管制工作，以提高运量，故五、六、七三个月货运运量最高，迨战事结束，军运物资大减，货运运量复形减低。综计三十四年一年中,货运为六四四,一五五吨,一七二,八二二,四五二延吨公里,客运为一,四二八,一八五人,三一一,七二六,五二四延人公里。

乙、协助美军登陆之运输工作

日本投降后,美国海军陆战队即分在塘沽、青岛等地登陆,塘沽登陆官兵一一,〇〇〇人,物资一三,〇〇〇吨,青岛登陆官兵一三,一〇七人,物资二五,〇六三吨。美军登陆之接转任务分由前战时运输管理局天津、青岛两物资运输处办理。此外在天津、北平、上海、南京、汉口各地之美军物资运输及空运接转,亦均由该局承办。

丙、停战后之复员运输

停战后迁徙后方人民,急求还乡。前战时运输管理局除会同经济、社会两部疏运重庆区各民营工厂被裁工人,并会同善后救济总署办理难民还乡运输,订售优待票价外,复经加强各地之直达及短途客运,加装客车车身,增加每日班次,并改善沿途食宿之供应,以便行旅。自三十四年九月至三十五年一月三十一日止,计重庆至芷江、柳州共运一九,三七六人,重庆至麦加河、长沙、汉口线共运七,四一六人,重庆至成都、广元转宝鸡共运三七,八六四人,以上共运六四,六五六人。

丁、协助善后救济物资运输

善后救济总署物资在内地转运,多系托由公路总局代运。例如该署于昆、筑、芷三地托运药品器材共二千余吨,须分运筑、柳、长等地,经分饬西南公路局及云南分局分别担任。

戊、办理公路与铁路水路联运

公路与铁路、水路之联运,已次第举办,由重庆出发,经宝鸡、潼关、洛阳至徐州,再分往浦口及海州,此为公路与铁路之联运线。再由海州转往沿海各地,则为水运部分。此线公路担任由重庆至宝鸡及陕州至洛阳两段,分由川陕、四川两公路局及陕豫联运处办理。旅客先领联运购票证,凭证到处优先购票,乘坐预定车位。此项联运，业于二月一日开始实行。又由渝循公路行至长沙，再循水道至汉口，业已办理水陆联运，将来与长江航业洽妥，并可由汉口联运至京沪各地。

(3) 公路机构之调整

甲、改组公路总局

战事结束，战时运输管理局奉会于三十四年十二月底结束。改设公路总局，隶属本部，业经遵照奉颁之公路总局组织法，于三十五年一月一日成立，接管战时运输管理局业务。

乙、分区设区管理局

公路总局为增强战后全国公路之管理，经决定全国分为九区，每区设立管理局，计第一区设南京，第二区设汉口，第三区设曲江，第四区设昆明，第五区设重庆，第六区设迪化，第七区设兰州，第八区设北平，第九区设长春，其中除长春、迪化两区局暂缓设立外，其余七区局即将成立，均举办工程与运输业务，至于原有直辖各路局，同时亦即裁并撤销。

三、水运

(1) 船舶之修造订购与接收

甲、修理船舶

(一) 国营招商局之六大江轮，在三十四年五六月间，原已着手修理，以备复员运输之用，至九月底已修复江顺、江新、江安、江汉四轮，其余江建、江华两艘，经驶回上海，继续修理完成。

(二) 川湘公路局管辖湘省小轮，选择机件堪以修复者十艘，尽先修理，由本部垫款一亿元，并派工程司督导修理，已于十二月底完成。

(三) 民营公司船舶，如民生公司修理川江轮船八艘，由行政院核准补助一亿八千万元，于三十四年底先后完成。其他民营航业公司船舶之修理，计三北公司十一艘，大达公司两艘，湖北交通事业管理处(代管民营)二十六艘，大通仁记公司一艘，共四十艘，均由本部核准，向四联总处担保贷与款项，共计四亿九千八百万元。自上年六月起施工以来，陆续完成三十二艘，并已参加复员运输，其余八艘因工料高涨，修理费超出原定预算，故现由船舶所有人自筹修理。此外修理渝坪段木船，发过修理费一亿元，截至本年一月已修复一二九艘，尚有十二艘在二月间验收，共计修理二四一艘。

乙、订购轮船

战时海口封锁，造船厂施工困难。战时结束后，需要轮船非常迫切，从新建造为时间与事实所不许，只有向外国购买旧船，以应急需。

（一）在美购航行菲澳间海轮十六艘，每艘吨位在三千吨左右。本年一月起，开始开驶上海，截至二月中旬，经招商局接收者，有海苏、海浙、海皖、海赣、海鄂、海湘等轮，其余亦陆续可到。

（二）在美订购N3式海轮十艘，每艘载货二八〇〇吨，本年二月由美开驶来华，因均系载货之船，速率较低，须五月下旬方能陆续到达。

丙、接收船舶

（一）汉口区：接收五百九十艘　　计三七，一九〇吨。

（二）南京区：接收六百二十八艘　计七八，六〇七吨。

（三）上海区：接收六百零六艘　　计五二，八二三吨。

（四）青岛区：接收二百二十五艘　计一六，八一一吨。

（五）天津区：接收一百九十一艘　计二七，一六一吨。

（六）广州区：接收五百一十一艘　计三八，六九六吨。

以上各处共计接收二，七五一艘，计二五一，二八八吨。但其中一〇〇〇吨以上者仅二十二艘，五〇一至一〇〇〇吨者仅二十三艘，一〇一至五〇〇吨者仅八六艘，其余多系小汽船，尤以无机器之驳船为多，且大多数损坏待修，事实上可供各航线调配，在一四〇吨以上之轮船只有四十三艘，计三九，五一七吨。

(2) 船舶之调配与业务之整理

甲、船舶调配:抗战胜利以后水运工作骤增,原有船舶,不敷分配,事权亦至不统一,以致船舶不能尽其效用,而事实上工具不能及时购得,不能不以有限之运输工具,维持广泛之水运交通。行政院爰饬本部成立全国船舶调配委员会,实行长江分段运输,使大小轮船充分发挥其运输效能,使军公民运均能获得合理之分配,成立以来,已逐渐发挥其功用。

乙、复员运输:复员运输为停战后航运主要任务,在工具缺乏之中,仍力求运量之增加。但自十月以来,江水日枯,吨位较大之轮船,均须退出川江,近月江水尤涸,加以河道变迁,宜昌以下引水人以八年抗战,未能执行业务,致技术生疏,搁浅之事时有所闻。基此原因,运量无法增加,计十二月份由渝下运八八九六人,合61%。一月下运一一三八九人,合62%。综计自三十四年九月十六日起,至三十五年一月底止,水运方面,由渝运出之人为七〇三六四人,各公司职员眷属及旅客五,一〇〇人,共运七五,四六四人,公物商品一九,二三六.五八吨。

四、空运

(1) 飞机之订购与接收

甲、订购飞机

(一) 中国航空公司:在三十四年九月以前,自置飞机只有五架,九月以后截至十二月止,增购九架,计有DC-3二架,C-53三架,C-47六架,C-47A三架。又租借法案拨交该公司之飞机有C-47十八架,C-46二十二架,共四十架。故该公司共有飞机五十四架,但以零件缺乏,不易随坏随修,实际能应目前飞行者,只C-46四架,C-47十七架。

(二) 中央航空公司:中央航空公司向来飞机不多,故业务未能展开。最近该公司向银行贷款四十万美金,在印度购买美军飞机十一架,已有七架正式加入航班。

乙、接收飞机:敌伪民用航空机构,在关内者,有中华航空公司,东北有满洲航空株式会社,除满洲航空株式会社尚未正式接收外,中华航空公司器材已由航空委员会接收后移交中央航空公司应用。惜接收之机多残破不堪,经修理后勉强可用者仅DC-3型飞机三架,MC-2型飞机三架,AT二架及DC-3发动机两具。此种飞机只能供作训练之用,以之营业,殊不经济,且每次飞行必须修理,不能维持准确班期。

(2) 业务之调配与运量

甲、飞机调配及航线调整:抗战期间,大部分飞机用于担任中印货运。仅中国航空公司客机四架,中央航空公司客机两架(原为六架,但其中四架经多年使用破旧不堪),来往西南西北各大都市及印度间供营业之用,航线甚短且偏于内陆一隅。抗战胜利后,接收工作亟待展开,经将所有各公司飞机重加调配,除仍留一部分,继续担任中印空运及特种任务外,另抽调一部分飞机担任紧急复员工作。

乙、复员运输之运量

自三十四年九月十日起至三十五年一月底止中国、中央两公司之复员运输量如次:

(甲) 中国航空公司　计乘客二〇,二四三人。行李三四一,八二七吨,公物六五一,五九一吨,邮件一五八,七五七吨。

(乙) 中央航空公司　计乘客二,六七六人,行李三九,八一八吨,公物一四八,六八二吨,邮件二四,七八六吨。

(3) 今后加强空运之计划

为便利南洋侨胞返回祖国,及发展国际交通起见,今后两年内各航空公司除维持原有各航线之航班外,并拟加辟沿海及南洋一带短程国际航线之用。欲增辟航线,势非添置新机不可,兹将以后两年内所拟增辟之航线及所需补充之飞机,列表如后:

拟辟航线	经停地点	里(公里)程	班次
渝仰线	重庆昆明仰光	二一四五	每周一次
沪菲线	上海福州台北马尼剌	一八〇〇	每周二次
广巴线	广州琼州西贡新加坡巴达维亚	三六〇〇	每周二次
沪东线	上海福冈东京	一八〇〇	每周一次
沪滨线	上海青岛大连沈阳滨江	一八六〇	每周一次
平港线	北平郑州汉口长沙广州香港	一九三〇	每周一次
沪汉线	上海沈阳汉城	一五〇〇	每周一次
广菲线	广州香港马尼剌	一二三〇	每周二次
广曼线	广州南宁河内曼谷	一九〇〇	每周一次

飞行上列各线应添置C-47机三十架,C-54机十八架。

五、电信

(1)收复区电信之接收整理

查本部对于收复区电信之接收,系针对敌伪原有组织,并顾及接收便利,分为(甲)平津区、(乙)京沪区、(丙)武汉区、(丁)广州区、(戊)东北区等五区,分别派员办理。平津区之接收,以伪华北电气通信公司所辖事业为对象,京沪区以伪华中电气通信公司所辖事业为对象,接收后均努力维持业务,勿令通信中断,如初期主要之目的。武汉区及广东区电信设备原归日本军部统制管理,于本部接收时,其线路设备多已破坏。故由本部派员携带无线电机,先行恢复通信。东九省区电信,亦已由本部派员前往接收,并携带无线电报机随同东北行营前往装机通报,惟接收工作,目下尚在进行中。截至现时为止,各区接收及恢复业务之电信局,已有二百余处。线路方面,在名义上由本部接收之各路主要电线,共约六九五〇公里,但事实上各该线路,于日本投降后开始被共军作有计划之破坏,几于完全无法利用,其抢修情形,另详后段。设备方面已接收之载波机件，计七十四副，载波帮电机十一副，亦因电话线路节节毁断，不能顺利应用。又无线电机共一五五部，市内电话设备，计上海、南京、武汉、北平、杭州、郑州、九江等处，共计四〇，六五〇号。但或则机式欠新，或则零件缺乏，虽经竭力修补，罗掘腾挪，勉强应用，终感效率低弱，障碍时生，未克满足各方需要，以致责难时起。本部职责所在，对于如何补救改进之处，凡属知能所及之处，无不苦思焦虑，尽力以赴。无如全国电信，承八年艰苦战事之积困，器材及人才之缺乏，达于极点。胜利迄今，租借法案业已停办，而善后救济物资未到，电信材料之来源，至此青黄不接之际，竟较战时尤感枯竭。人员方面，收复区征用之日籍技术员工，及留用之低级人员，既未便付以重任，而后方各局业务未减，人员又不能大量抽调，致使本部补苴调度，深感困难。此种情形，殆为目前大转变时期无法避免之过程。

(2) 电信线路之抢修

当日本投降之前夕，收复区内原有各路主要电线共约六，九五〇公里，但不久即被共军开始破坏，节节切断，并将拆下之杆线焚毁搬走。嗣经本部指派复线工程专员十四人，组织工程队约五十队，分头抢修，惟以北方及东南一带，木杆购办，向极不易，不得不从权先用竹杆或细小杉杆临时架通，然后再正式整修。兹将六大干线之抢修情形，略述如左：

(甲)重庆至汉口线　该线除重庆南沱段原属良好外，南沱至汉口四二〇公里，其中南沱沙洋间干线残缺不全。沙洋汉口间毁坏惨重，缺少木杆二千八百根，残存杆线不及十之二三，于十二月二十三日修通，修通后又遭受砍断杆线，枪击修线员工之变故十四次。

(乙) 长安至铜山线　除长铜原属后方线路，洛阳至开封二〇〇公里尚无破坏外，共修线四八〇公里，其中以铜山砀山段毁损最重，于十一月十六日修通，共受破坏九次。

(丙)南京至汉口线　计芜湖大通间损失杆线一，四四〇根，阳新汉口间，毁坏亦大，修理里程七二〇公里，十二月二十一日修通。

(丁)汉口至广州线　长一，一九〇公里，其中汉岳、长衡两段四〇〇公里，尚属完好。惟衡阳乐昌间杆线毁损重大，于十二月二十三日修通双线，汉长间共受破坏九次。

(戊)北平至汉口线　计一，二七〇公里，其中以保定石家庄段，安阳郑县段及广水信阳段等毁损为重，经于南北两段分头补修后，至今石家庄安阳段二六〇公里，仍因共军阻止无法进行。修理后，各段连遭破坏一百数十次，屡修屡毁，员工疲于奔命，材料损耗甚大。

(己)北平至南京线　计一，一七〇公里。除平津段一四〇公里利用地缆外(现架空线亦已修复)，其余均经破坏。又如济南德州间，原可通信，嗣又破坏延至洛口济南泰安段，随修随坏，计泊头洛口间，济南韩庄间不能进修者尚有四百余公里。修理期间，北平附近地缆被破坏之重大，难以统计。

综计上述六线，应修理为四，七一〇公里，经本部动员各区电信工程人员，分头赶修之结果，共已修复四，〇八三公里，尚余六百公里。因共军阻扰，未能进修。

除上开修理之六大干线外，本部对于国内其他重要电信线路如北平至热河，北平至察绥，济南至青岛，铜山至连云港，天津至锦州等线，亦同时积极进行抢进〔修〕。综计本部自上年七月份起，抢修前后方电信联络干线及收复区报话线路里程，共计一一，二八九公里。

六、邮政

(1)邮政复员之实施经过

抗战之初为争取沦陷区民众，及便利与后方通讯联络，曾奉委座密令指示邮政人员，继续留守陷区，故胜利以后办理接收以及实施复员，均较为简单，亦甚顺利。兹依各区报告汇述如次：

（甲）邮政总局原在上海设有办事处，当沦陷区与后方隔绝时，即由该办事处就近指挥各邮区。此次复员经派员接收该办事处，仍予恢复职权，照常办公，指挥收复区邮政各项紧急措施。现在各地收复工作逐渐完成，指挥事权已渐归邮政总局主持。该办事处不久当可撤销。其南京伪邮政总局则依紧急措施办法之规定，予以撤销。另改为总局驻京之办事处，仅保管原有档案。所有上海邮区、江苏邮区、浙江邮区、安徽邮区均分别于九月内接收完竣。其撤退在龙泉及霍山两地之浙江、安徽两办事处，亦分别于九十月间撤销。

（乙）北平方面伪组织原设有华北邮政总局，现已撤销，改为邮政总局驻平办事处，亦仅保管原有档案，所有在北平、河北、山东等邮区，亦均先后于十月间接收就绪。仅山西管理局，以地方交通梗阻，直至十二月间方始接收。又察、绥两省邮政，系由北平区就近接收，亦于九月间恢复业务。

（丙）武汉区内湖北、河南两邮政管理局，分别于九月间向汉口、开封推进，接收竣事。其原设恩施及商城之鄂、豫两办事处，均已分别撤销。又江西邮政管理局原撤南丰，湖南邮政管理局原撤晃县，亦均已九月间分别向南昌、长沙推进，并恢复办公。

（丁）广东区内广东邮政管理局办事处，撤至梅县附近，停战后向广州推进，于十月间接收竣事。

（戊）伪组织在东北原设有邮政总局，现已撤销。另设邮政总局驻长春办事处，就近指挥东北各邮区，其吉林、哈尔滨、辽宁、热河等邮区，以及台湾方面接收事宜，亦已分别派员前往。其中东北四管理局，并均已于本月份内先后接收完竣。

（2）储汇复员之实施经过

查收复区之邮政储汇业务，大部分均于接收各区邮政管理局时一并接收。惟战前上海、南京、汉口三地，原设有邮政储金汇业分局。战事结束后，经本部派员前往该三地复业。此外邮政储金汇业局，遵四联总处指示，为协助收复区之金融复员，经呈准在天津、北平、杭州、广州、青岛、开封、南昌、汕头等处，设置分处各一所。惟迄今仅北平、天津、杭州三处分局已告成立，其余各处尚在等待中。至东北及台湾储汇业务，向由邮局合并办理。故应与邮政同时接收，本部曾令饬储汇局对于各该省原有制度暂勿轻易变更，免滋窒碍。

（3）本年度邮政及储汇重要工作

（甲）加强邮件投递效率　抗战期间沦陷各邮区，因管制松弛，待遇菲薄，致内部纪律不能严密。工作人员往往不能依时办事，结果影响邮件运递之速率。本年度拟先整理内部纪律，俾各项办事程序，按照既定之规章进行，再从事加强邮件之投递速率。惟当前困难，尚有两点。一为运输方面，目前火车轮船，迄未恢复正常状态，而汽政汽车，多数均已逾龄，在善后救济物资未运到以前，因运输工具之缺乏，对于加速邮运，颇感力不从心之苦。其次则人员方面，因收复区历年纪律不严，工作效率一时或未能即上轨道。对于训练整顿，刻未容缓，现正加紧进行，务期于本年以内，恢复原有规模，加增处理邮件速率，使本埠信件在上午交寄者，下午可以送到，下午交寄者，翌晨可以送到。

（乙）整顿邮运　现在军事行动业已停止，国内外邮路可同时恢复。至于国外邮务，本年内拟分别与中外轮船公司订约运邮。东北复邮以后，即可利用国际主要交通路线之西北利亚铁路带运邮件，同时仍利用国外航空邮路以增进运量。至国内邮运除加强东北及东南邮运外，对于抗战期间组织之西南汽车邮路，如渝成线、渝筑线、昆筑线、筑桂线等邮路，仍继续维持。至西北方面，为加强边疆与中枢之通信，本年内拟全力发展西北邮运，组织汽车班，将来如情势便利，车辆增多，再逐渐西展，进入新疆境内。

（4）促进邮政储汇

邮政储汇部分，拟以恢复或加强各地邮局办理储汇业务之功能，俾克充分便利公众，并逐渐推入内地。同时拟将本部核准添设之各地储汇分局，组设成立，以期发展业务。

〔国民政府交通部档案〕

4. 交通部关于参政会加强运输机构案办理情形复行政院秘书处公函

（1946年9月23日）

交通部公函　　航务京字第　　号

准贵处本年七月六日礼京四字第一一八三一号交办案件通知，以关于国民参政会建议加强运输机构案，奉谕：交交通部、善后救济总署，各就主管部分办理具复。等因。相应通知，等由。准此。兹将本部主管部分办理情形奉复如次：

一、查本部所属水陆空运输机构，素称协调，颇少磨擦情事，不但铁路、公路、水运、空运，在各自行驶之线段上谋客货运输之紧密连系，且对于陆空与水陆间之联运工作，无时不在积极改进中。如公路运输业务，除由各区管理局运输处办理外，并于各重要路线设立直辖运输处，用以增高效率。铁路方面，亦以采用分区管理制度组织健全关系，效能显著，最近京沪、津浦两铁路已实行联运，平津、平汉北段及晋冀客货联运暨京沪、津浦、陇海三路旅客联运，已于六月暨八月起分别开始办理。又由渝经沅陵、长沙至汉口之铁路公路复员联运，亦于二月起实行。汉口至南京之公路水路联运，亦经着手办理。综上所述，本部对于联运工作之推进，均系根据需要，随时筹划办理。

二、交通事业，国营民营并重，以及扶助民营发展，早为政府既定政策。并为求公路暨航空运输业之发展，已拟订有全国商营汽车运输管理规则草案，暨民用航空业登记暨管理规则，分别呈核中，一俟奉准实施，今后从事上项事业之商民，当可得合法之保障。

此外关于水运方面，对于战时船舶损失之赔偿与补助，战后船舶之补充增购，航线之核定等有关航商奖助事项，均在积极办理中。

三、查善后救济总署应拨交本部之物资，总值约一亿二千余万美金，但迄今在公路方面仅拨到卡车百余辆，及一部分筑路机具。铁路方面，交到器材尚不足以修复干线。至于电信器材与燃料，则迄未拨付，已到华之船舶、车辆等器材，均由行总自行留用，未准拨交，影响本部复员建设至大。除一面另谋向外价购办法外，仍请查照转陈，令饬善后救济总署迅即拨交，以利运输。

四、关于接收之运输工具使用情形，分别说明如次：

1. 航空方面所接收之运输工具，数量不多，且多陈旧，不堪使用。凡可以利用之飞机，以及零件仪器等，已由负接收责任之中央航空公司加以运用。此外，由美国方面所购得之剩余物资，如运输机及地上运输工具等，数量较接收者稍多，本部现正斟酌各处需要情形，配备运用，以宏效果。

2. 水运方面，接收之敌伪大小船舶为数虽多，然大多损毁，不堪使用。其有少数可供航行之船舶，除由招商局以一部分拨配各航线作复员运输之用外，并以一部分租给民营轮船公司营运。

3. 公路方面，由公路总局接收之汽车，已分别拨交各机关暨该局所属各区管理局应用，并经商由军政部就各战区收缴之敌伪车辆内拨出一部分，转交鄂赣浙等省府使用。又第四方面军转交之敌伪车六百余辆，大都破坏不堪，正设法整修，以便配拨后方各省接收应用。

4. 铁路方面接收之机车，亦均已尽速整修使用。

五、核定合理运价一节，查水陆空运价，过去均系按照成本切实核计，呈准施行，故运费低廉，商旅称便。今后民营运输业行将日益发展，本部拟订运价，自当按照物价情形，随时作合理调整，予运输商人以合法利润，以利发展民营交通事业之实效。

六、胜利以来，运输业务发展甚速，交通技术人员顿感缺乏，尤以航空及轮航驾驶人员之不敷情形为甚，故各运输机关均不惜提高待遇，征求上项人才，且在继续征求中。

七、关于普设旅行服务机构，以利行旅一项，查各铁路于各大站城市中心，均设有营业所，发售客票，收运行李、包裹等项，行旅称便。各公路开行班车，其规定食宿地点，大多有餐馆及旅社，如川陕沿线各食宿站并已设有招待所，渝长线亦已由公路总局所辖第二、第三运输处自行筹设，或与中国旅行社合办招待所。今后仍当视各线站行旅需要情形，随时增设服务招待所，以利商旅。

八、至于测量渝沙航道重建航标事，属财政部主管，已函请核办。

准知前由，相应复请查照转陈为荷。此致

行政院秘书处

部长俞〇〇

〔国民政府交通部档案〕

5. 张嘉璈关于送东北交通管理方案致凌鸿勋函

(1946年12月18日)

竹铭①次长吾兄勋鉴：日前在京会拟之东北交通管理方案，弟返沈后经与地球兄及中长理事会研讨，均已完全同意。至关于第五、六两条所列继续接收及修复路线两事，查中长路局亦有类似情形，遂拟援用条文，由其自办。兹随函附奉原方案一份，即请查照核定，分饬实行为荷。专此。顺颂

勋祺

弟　张嘉璈启　十二、十八

附东北交通管理方案一份

---

① 凌鸿勋，字竹铭，时任交通部常务次长。

东北交通管理办法

一、东北各铁路每一年度业务计划及年度预算，由东北运输总局遵照东北经济委员会决定政策，拟具方案及概算书，送会审核，转送交通部办理。

二、上项计划及预算一经核定，所有各铁路人事、营业以及车辆之修造，调度材料之采购配拨，工程之计划实施等项，由部按照关内铁路章则统一处理。

三、东北运输总局关于业务计划推进事项，应随时报告经济委员会，并听受考核督导。

四、东北铁路现在收支不能平衡，所有每月亏损数由会核定贴补，以资维持。今后运价之调整，由局察酌情形，随时商承经委会拟定，送部核定。如因关涉整个东北经济政策，而限制运费之调整，由会统筹拨补。

五、今后东北铁路之继续接收，由部责成特派员办理(如特派员撤销，则由运输总局办理)。接收步骤，由局秉承经委会办理，接收费用，由会统筹。

六、今后东北铁路破坏后之修复，由部秉承中央命令及商洽东北行辕及军事长官饬令运输总局办理，其工款由总局估计，由部呈准政院核发。为应付紧急工作起见，得请经委会先行筹发动工。

七、关于原有东北路线之改筑与拆除，由部秉承中央命令，及商洽东北行辕与经委会办理之。

八、以上各项，所有其他东北交通机关得适用之。

九、属于中长路之事务，由理事会商洽本部办理，须呈院者，由部核转。

十、今后中长路之接收与修复，由中长路局秉承理事会办理，所需费用，由理事会商洽本部呈准政院核发。为应紧急需要，得请经委会先行筹发。

一一、监事会事务，亦由监事会径洽本部办理或转呈。

一二、理事会监事会每届会议录，均送部备查。

一三、交通部关于路务之垂询及紧急之指示，得径行文与中长路局，该路之一切表报亦按时送部。

一四、在中长铁路资产未议定以前，所有设备之使用及处理，暂照外交、交通两部三十五年八月二十九日所商谭〔谈〕办法办理（办法已抄中长路及陈特派员）。

〔国民政府交通部档案〕

6. 行政院关于交通工作报告①

（1947年2月）

…………

柒、交通

一、铁路

（一）工程之进行

甲、关内各路

（1）抢修工程：此项工程，系在接收后，为共军所破坏之地段，工程最为艰巨。盖路线绵长，地域广泛，或遭彻底破坏，或被分段割裂，甚者百数断，或朝修夕断，其破坏次数之多，以及情状之烈，殊难想象。所有关内各路抢修地段以及长度，详见附表一。

（2）修复工程：此项工程，大部分在抗战期中，因战事而遭受之破坏，其工程最大者，为粤汉全路之修复，他如陇海之中牟河桥，因黄河堵口影响而受水冲，以及宝天路基，因秋季霪雨而致坍方等类。现中牟河便桥已于去年十二月修筑完成，宝天坍方，亦已清理

① 节录自《中国国民党第六届中央执监委员会第三次全体会议——行政院工作报告》（三十五年二月至三十六年一月）。

完毕。修通各路之通车里程，详见附表二。

(3) 整理工程：接收以来，各路虽有通车者，然以多年失修，如桥梁之薄弱，路基之松软，道渣之稀少，枕木之朽腐，纲〔钢〕轨以及配件种类之参差庞杂等，为谋行车安全，增强运转能力，均经积极改善。

(4) 新路工程：西北地处僻远，目前仅有陇海一路可通出海，殊不足以应需要。爰拟从广州湾起，北趋柳州，经贵阳、隆昌、成都、天水以迄兰州，筑一贯通西北西南之铁路大干线。此路一旦告成，则由柳州可以东连湘鄂，由贵阳西达昆明，当为一重要之动脉。其路线长度，以及最近筹办情形，详见附表三。

乙、东北、海南岛、台湾各路

(1) 东北：在日人占据期内，曾先后增筑铁路多条，截至卅四年秋为止，连同原有路线，总计约长一万一千三百余公里。惟以情势特殊，至今未能完全接收。胜利前夕，中苏条约成立，以中东、南满二线，改称中国长春铁路，已正式成立中国长春铁路理监事会，目前业务，仅由中国政府派定之副局长在沈阳负责办理。此外，另设锦州、沈阳、吉林及齐齐哈尔四个区局。截至去年年底，修通各路，共计三〇三二公里。本年一月间，又修通凤凰城至灌水间之八二公里，及中长路之一六三公里，总计三二七七公里。

(2) 海南岛：海南岛全岛铁路干支线长度，共约二百九十公里，干线二百公里，已由交通部接收，现归粤汉路管辖，设立管理处。惟各路去年遭风灾，损失甚巨，目前仅能维持保管，尚待改进。

(3) 台湾：台湾铁路，现时仍由台湾长官公署交通处主持经营，公营及私营铁路，共长约计四千公里，战时曾受盟军空袭。公营铁路，现余旭川岛、株林、大肚溪及曾文溪等四桥，仅抢修通车，因钢料无着，一时未易恢复外，余已大致修复。

丙、测勘新线

(1) 滇康铁路线：此线由昆明至西昌，计有三线可循，共踏勘正线四三五．七公里，比较线二九．七公里。

（2）闽赣铁路线：由福建之琯头，经马尾、福州、南平、顺昌、邵武、光泽而至鹰潭，与浙赣铁路相接，共踏勘正线五三〇公里，支线五公里，比较线四一公里。

（3）闽粤铁路线南梅段：由福建之南平起，经永定而至广东之梅县，与广梅铁路相接，踏勘正线五〇五．七公里，比较线三．九四公里。

（4）桂南铁路线贵西段：由广西之贵县经兴业、郁林、陆川、廉江而广州湾之西营，初测正线二七〇公里，计完成初测二七〇公里。

（二）机务概况

甲、修理机车车辆

卅五年三月至十二月，各铁路共大修机车四八六辆，中修机车八七八辆，小修机车三八九八辆；大修客车一〇五七辆，中修客车九七七辆，小修客车八二六五辆；大修货车四七四六辆，中修货车五六八五辆，小修货车四九七〇辆，修理成绩，每月均有递增。

乙、补充机务器材

自卅五年三月起迄今，陆续进口机车三二辆，货车三四三四辆，机器六五部，行车油料及修理材料一八〇〇吨。

（三）运输之改进

长江以南各路，以京沪区铁路之运输情况，比较进步，至卅五年十二月，京沪线每日开驶客货列车十八对（包括区间列车在内），沪杭线每日开驶客货列车九对。其客货运量，逐月均有增加，尤以旅客人数激增，较之战前约增百分之八十以上。行车速度，京沪间最高达每小时六一．二公里，沪杭间最高达每小时五八．五公里。其次为粤汉路，自卅五年七月全线修复通车至十二月，武昌广州间，及武昌长沙间，每日对开特快车一对，武长、长衡、衡柳、柳韶、韶广各区间，每日各对开混合车一对，其运输改善情况，进步至速。

川滇、滇越两路，全年运输状况无甚变动。浙赣现通杭州至诸暨及衢县至上饶两段。湘桂黔路现通桂林至柳州、柳州至来宾、南丹至都匀各段。以上两路，均在修复时期，通车里程又短，运输业务一时尚难发展。

长江以北各路，津浦路之浦徐段，运输情形，颇有改进。上年十二月份，浦徐间每日行驶客货列车十一对，徐州临城一段，亦已修竣通车。胶济线于上年十二月间，方全线修复通车。平津区之平榆线，早经畅通，现每日行驶客货列车二十七对（包括区间列车在内）。平绥线自北平至包头，于上年十二月中旬，方全线修复通车，现每日行驶客货列车十一对。平汉南段，自汉口北达安阳，一年来运输业务颇见改进，现每日行驶客货列车十对；平汉北段，设备较善，车辆较多，原来运输状况尚称良好，惜该段自上年十月起迄今，路线迭遭大规模破坏，幸北平保定间各次列车，尚能勉强维持开行。晋冀区正太路，曾于卅五年遭两度重大破坏，均经修复通车，现每日行驶客货列车六对。陇海路除徐州以东八义集至海州一段，尚未修复外，其余全线均经通车，惟郑洛间及洛陕间，系赶工修复，设备简陋，运力甚小；陕县至宝鸡一段，运输状况尚属正常。关外各路已通车者，有锦州、沈阳、吉林、齐齐哈尔四铁路线，均自卅五年七月起开始行车，其运输情形，均有进步。卅五年三月至十二月，全国国有各路运输客货数量，及经行里程统计，详见附表四。

三十五年度，抗战军事虽告结束，但大批国军自后方开入收复区，及收复区绥靖军事调动，与驻军调防，均以铁路为主要运输工具，故军运数量仍甚巨大，运送军士人数，军士延人公里，及军品吨数，与军品延吨公里，详见附表五。

善后救济总署，经由铁路运送各地之救济物资，系自卅四年十二月开始，交通部为便利运送，特于卅五年一月十八日，规定减价按旧运价七五折计算。卅五年十一月一日起，改按各路现行运价二五折计算。查自卅五年三月至十二月止各铁路，计已运送救济物资五十七万一千五百余吨，共收运费五十八亿五千六百余万元。各铁路运量及运费详见附表六。

（四）业务近况

各铁路复员后，均着手整理赶修，尤于津浦、平汉、陇海三路积极经营，果能顺利进行，使此三大干线畅通，则直、鲁、豫、秦四省农产物品，可以向外运销，煤矿亦得早日复业。无如各该路时遭共军破坏，且旋修旋毁，终难平宁贯通，致商货不易畅运。其他如北宁、胶济、平绥、正太等路，亦时有破坏。湘桂黔、浙赣两路，又经战时拆毁，尚未全部修复，所有各该路沿线产物，不能外流。铁路原以运输为业务，乃受环境束缚，未能充分发展。复以物价上涨，铁路之修养设备等材料，以及种种消耗之支出，员工待遇之调整，莫不日益庞大，除京沪路未遭破坏，勉可维持外，其他各路均系入不敷出，艰窘万状。为求各路生存整理，其不敷数，不得不将运价调整，或由国库贴补。

甲、调整运价

(1) 卅五年四月间，物价指数已达三千余倍，其时收复区各铁路运价，尚沿用敌管时期定率折合法币，委实过于低廉，不足以应浩繁之支出。始自卅五年五月一日起，将客货运价一律比照战前基数，增加八百倍，即客票三等，每人公里十二元，货物最低等整车每吨公里十六元，其时已有超过八百倍者，则仍旧不加。同时货物分等，由十等制改为五等制，关于客货运价之递远递减率，亦予调整。

(2) 各路自五月一日调整运价后，施行未久，复因物价腾涨，支出增加，八月份起，员工待遇复奉令增加，亏损益甚。又以需用燃煤价格锐增，同时各路运价较之一般物价相差悬殊，乃于卅五年十一月一日，斟酌各路情形重将运价调整。

乙、国库贴补

前述调整运价，虽能增加收入，然运价所增倍数，远低于物价上涨指数，如尽量提高运价，又恐刺激物价，因受此种束缚，终感亏损日深。揆厥所由，略如下述：(1)各路沿线物价仍继续上涨不已，铁路所需之燃煤油脂修养材料，概按市价购买，费用日大。(2)各路交通时遭破坏，支离梗阻，通车路程短促，影响收入。(3)复员后，军运频繁，各路于运输部队弹药给养之外，更有俘运侨运，至普通客货运输兼顾难周，收入短绌。(4)中央颁订调整公教人员待遇，各路均须遵办，薪费增支日巨。综上四点，虽经各路力求撙节，终以收支悬殊，财政日趋枯竭，不得不仰赖国库贴补，以资维持。吾国铁路业务，在战前数年，大都可以自给自足，上焉者尚有相当盈余。年来业务状况，除京沪外，均受环境限制，无不亏损。惟望路线安宁，修复早竣，使农矿生产可以畅流，自能恢复旧观，日趋发展。

关内各铁路抢修统计　三十五年一月至现在　(附表一)

路　线	抢　修　地　段	长　度 (公里数)	附　　注
津　浦	冯家口泊头间、晏城禹城间、利国临城开〔间〕及临枣支线	一三〇	冯泊间、晏禹间均修复重毁，未再修，利国沙沟间均修再坏，坏后又修。
胶　济	郭店南泉门及张博等支线	三二九	
平　汉	涿县保定间、新安定县间、丰乐安阳间及六河沟等支线	二五四	送清之新乡焦作间六三公里在内。
北　宁	廊坊山海关间及沿线其他零星破坏	六	
平　绥	青龙格至三道营间	一六六	
平　古	密云石匣间	三〇	
正　太	榆次头泉间及其他零星破坏	六〇	
陇　海	东海大庙间、大许家八义集间、开封徐县间	二一四	
同　蒲	忻县黄寨间、义棠灵石间及济风陵渡间	一一〇	
	共　计　抢　修	一二九九	公里

关内各铁路干支线现时通车里程 （附表二）

路别	通车地点	长度（公里数）	附注
京沪	全线及淞沪、京市两支线	三三八	
沪杭	上海至杭州	一九八	
北宁	北平山榆〔海〕关及南苑西沽塘沽等支线	四四〇	
平古	北平至石匣及通州支线	一二八	
平绥	北平至包头全线及门头沟环城口泉等支线	八七四	
津浦	天津至沧州、桑梓店至党家庄、临城至浦口及蚌水支线	六七一	
胶济	青岛至济南全线及济博淄黄八陡等支线	三四二	
粤汉	全线及湘江白杨等支线	一一二五	全线系于卅五年六月底修通
广九	广州至涤圳	一四三	
广三	广州至三水	四九	卅五年修复三十三公里
平汉	北平至保定东、长寿至元氏、丰乐至汉口，及六河沟焦作等支线。	一〇〇五	
陇海	连云至东海、八义集至天水	一四六〇	阕底洛阳间二百十八公里卅五年修复
浙赣	杭州至诸暨及衢县至上饶	一八四	衢县江山间三十五公里卅五年底修复

续上表

路　别	通　车　地　点	长　度（公里数）	附　　注
正　太	石家庄至太原及井陉凤山黄丹港等支线	二七五	
湘桂黔	桂林至柳州、柳州至来宾及大湾支线，又南丹至都匀及柳州至新圩	四七五	卅五年一月至本年一月中，共修复二百七十五公里。
滇　越	昆明至碧色寨	二八七	
川　滇	昆明至霑益	一七四	
滇　缅	昆明至石咀	一三	
同　蒲	圻县至灵石、临汾至史村、运城至风陵渡及白家庄西铭等支线	四〇五	
綦　江	猫儿沱至五岔	三九	
淮　南	田家庵至水家湖	二七	蚌水间列入津浦路
箇碧石	个旧至石屏	一七八	
共　　计		八九七七公里	

西北西南大干线经过路线　（附表三）

路　　线	长　度（公里数）	附　　　　注
天水至兰州	三七六	卅五年五月正式开工，至同年年底止已成路基四百五十余万方，隧道工程亦已开始。
天水至成都	七八〇	本年已列预算七〇亿，正在筹备中。
成都至隆昌	三一八	此为成渝线路之一部分，已于卅五年十一月初赓续复工。
隆昌至贵阳	五一二	本年已列预算三〇亿，正在筹备中。

续上表

路　　线	长　度 (公里数)	附　　　　　注
贵阳至都匀	一五一	原为黔桂线路之一部分，现在湘桂黔铁路工程局下设都筑段工程处主持，卅五年七月底勘测完毕，十月中正式开工。
来宾至湛江	三九○	已在湘桂黔铁路工程局下设来湛段桂粤两境工程处，本年一月下旬开始在贵县及湛江两地办公。
共　　计	二五二七	公里。

各铁路客货运数量表　卅五年三月至十二月　(附表四)

项目 路别	旅客人数	旅客延人公里	货物包裹吨数	货物包裹延吨公里
京　沪	二四五三九○○一	二八四○二二六六八○	一六七八六三九	三一八○七三四九五
平　津	一七三六六六二五	一五四四二四○六二八	四六九五六一一	六二二三六二七五○
平　汉	九二五四六三五	六九七八七六五九○	一一○五七六○	二一○二六四六七一
津　浦	一七六九八六九三	一一七六九八五八三六	一五五四一四五	三三二二三五七七九
晋　冀	一六○六二五二	一四五六五三二三七	五○七○一七	七一四四二一二二
粤　汉	五一九三六六七	四七○○九九四六九	二五二七九三	八六○○六二三八
陇　海	七五六八八六○	八四七九二三六六八	一三四六六三七	一四一六三二七六五
浙　赣	二二九九五○○	一三七七四四五五三	一二三一二三	八二二三六一三
川　滇	六○三七三二	四三○一○○七八	八○二○四	七八二五九二三
滇　越	一五五八四三三	五三七九八五六九	一○八七四五	九七五九九三八
湘桂黔	二四二二九九	一二三四三二五五	一一六一六	七二五七○九
锦　州	四一一八九一六	六○二七六三四六二	三七一四七○	九六六七○八五六
沈　阳	六三二八一八	二四四二七八三二	一三七五六七	六五五六八四二
吉　林	一五二七四八五	一○六七一四五五五	九八五二三	一○○○九六四七
齐齐哈尔	五七○二一○	三一八六六三三八	一二五八○三	一三四二六三一六
总　计	九四七八一一二六	八七三五六七四七五○	一二一九七六五三	一九三五二一六六六四

各铁路军运数量表　卅五年三月至十二月　（附表五）

路别＼项目	军士人数	军人延吨公里	军品吨数	军品延吨公里
京沪	一〇九一二八二	二二二三六九二三六	五二七四六四	一一四八三九九二二
平津	七三九四二六	八八〇七四四六七	一一九九八九二	一七二六七八五九九
平汉	一〇七二七六三	二四一二〇五四一三	一一〇二五七五	九九四四四〇七七
津浦	一〇一六四三二	一〇八〇八二八一六	一〇一九八五三	一七六三三六七七一
晋冀	六六〇一八	一一三〇七八二七	一三四二五九	一三七〇二七一一
粤汉	二一二六四九	七八〇七三九九五	九〇七九九	三〇四七六五七八
陇海	一三二三二四一	二四二二一〇二八六	五一七三六八	四九五三四七二
浙赣	四九五九九	三八八三二七三	五〇〇二六	二九八五八三八
川滇	四四五二八	九四四九〇一七	三四九八〇	五六〇三九九九
滇越	四四八四四	九〇四一四六八	一二八六七	一九四三四〇九
湘桂黔	二九五一	四四一一五〇	三五六七	四八〇七九六
锦州	四六一六〇四	一二二一六四〇〇三	四六六五四二	一一九一一六二一〇
沈阳	一〇六〇四八	五九二二五三三	八七一二五	五五八九五八七
吉林	二四〇四一一	四八八六八九五五	三二九九九二	八〇一三五八〇九
齐齐哈尔	一三四七九一	二三五八七八三二	一四四九四九	一八八三一八四一
总计	六七〇六五八七	一二一四六八二二七一	五七二二二五八	八四七一一九六一九

各铁路运送救济物数量及运费表　卅五年三月至十二月　（附表六）

路别	运量	运费	备注
平津	六四一一七吨	二八三五七五七五〇	一、以上除晋冀、浙赣两路外，其余十二月份均未报寄，其数字系至十一月份止。二、东北各铁路系以流通券为单位，上数系由流通券折合国币数字，每流通券按国币十一元五角计算。
平汉	三六七三〇	五一一六一五八九五	
晋冀	四〇八〇	八六二五八八五	
陇海	八五七六六	四〇〇五六一四一〇	
京沪	二〇四四一七	一九七〇九八八四一五	
浙赣	三二二五	二二二七五七六五	
粤汉	四一七三八	七九八八六二六五七	
津浦	九三一六二	一七八五七二二四六〇	
湘桂黔	四八三八	二二二〇二四七六	

续上表

路别	运量	运费	备注
平汉北段	三二七七	五三二四〇八〇	
平绥西段	八二	六九〇二〇〇	
东北各铁路	三〇一二一	四五六二〇〇一七	
川滇			
滇越			
共计	五七一五五三	五八五六〇六九〇一〇	

二、公路

（一）完成复员运输

复员运输，公路当为重要工具之一，自敌寇投降后，即开始疏运，迄三十五年春，南北各复员干线，均极绵长，中途换票，行旅至感不便。乃于五月间，举办联运，并筹设沿途食宿设备，更洽由中国人事保险公司，举办旅客保险，至十月底，复员运输粗告完成。计自三月至十月底止，共运复员人数一五八六三七人，合一三九三三九八六〇延人公里。其各月份运量详见附表一。

（二）重划各区局管辖路线

公路总局成立之初，将全国国道以自然形势暨国防经济文化为依归，划分九区，设局管理。但因与政治区域不相配合，嗣改以省为单位，重行划分如次：计第一区局辖苏浙皖三省，第二区局辖湘鄂赣三省，第三区局辖粤桂闽三省，第四区局辖滇黔两省，第五区局辖川康及西藏地方，第六区局辖新疆省，第七区局辖陕甘青宁绥五省，第八区局辖冀鲁豫晋热察六省，第九区局辖东北九省。除第九区局尚在筹备期间外，其余均已自三十六年元旦起实行。

（三）路线之抢修及修复

公路之抢修工程，系在绥靖区内，配合军事推进，以紧急抢通暂维行车为原则，其他各路之修复，亦系照预定工程标准就款支配，按事实需要，分别缓急办理。其中属于国道部分，已抢修通车者一三六五公里，进行中者一一八公里；已修复通车者四四七六公里，进行中者一七〇三公里。属于省道部分，已抢修通车者一六八五公里，进行中者七四五公里；已修复通车者一六七四公里，进行中者一一六三五公里。国道由各区公路工程管理局及各省公路局处分别办理，省道由各省公路局处主办，中央予以协助。关于修复及抢修详细路线进展状况，详见附表二至五。

（四）西北新路工程之进展

（甲）青新公路　该路自倒淌河至红柳沟口，全长一二三二公里，预定两年完成，截至三十五年十二月底止，已修通八五四公里，核拨工款七十九亿七千万元。

（乙）南疆公路　该路自敦煌至婼羌，全长七三九公里，于三十四年度初步修通，三十五年度继续完成路基五五一六四公方，路面一八四，二三〇公方，段房十六所，加固米兰大桥一座，完成涵洞三道，核拨工款十二亿二千万元，三十六年度仍须继续办理。

（丙）河西三支线　（1）酒建线，原为酒架线，自酒泉至架槓，长三三〇公里，三十四年已打通，三十五年继办未了工程。后因架槓地点过于荒僻，乃展筑至建国营，计增长三〇公里，合三六〇公里，工程仍在进行中。（2）桥工线，自桥湾至公婆泉，长一五四公里，三十四年完成路基四一公里，三十五年七月全部完成。（3）马明线，自马明井至明水，长一三〇公里，已于三十五年六月全部竣工。以上三线，共拨公款九亿六千零四十四万元。

（丁）新疆省公路　核定急待整修者十二线，共约五〇二七公里，其中已踏勘完成者一线，约八八二公里，已开工者七线，约二五八一公里，即可开工者二线，约八四五公里，全部经费概算，为三百九十七亿四千九百二十九万四千元（包括三十六年度总预算内已列之且末至于阗线九十亿元在内），已拨发一百亿元。

（五）恢复收复区公路交通

为恢复收复区公路交通，除由第三、八两区局附设运输处外，并由公路总局设立直辖第一、二、三三个运输处办理，计共恢复运输路线约八千三百公里。

（六）调整客货运价

三十五年一月份所订各线客货运价，经物价不断波动，运输成本不敷过巨，乃于十一月底调整，自十二月一日起实行，约计较一月份运价增加百分之一百三十有奇。

（七）筹偿征用车辆

查抗战期间，军事委员会征用各省市之军公商车二一一三辆内，计商车一二四二辆，公车八一四辆，军车五七辆，除已发还商车九九辆，公车一七九辆，军车五七辆，及超过年份三七辆，合计三七二辆外，其余一七四一辆，已由交通部与联勤总部合组赔偿办事处，筹拟赔偿办法，即可付诸实施。

（八）汽车制造及修理业务

公路总局平津区汽车修配总厂，除修理汽车试制配件，并从事于三轮汽车之试制，五月份完成一辆，至七月份已完成十辆。至汽车修理机构，各公路运输机关，共有修车厂二十五所，修理所五所，保养场四十九所，救济站十四所，三十五年度全年共大修客货车一三五六七次，三至十二月，共一二二五四次。

直辖公路运输机关复员运量　卅五年三月至十月　（附表一）

月　别	人　数	延人公里	公　物(吨)	行　李(吨)
三　月	二六五〇二	二一一六二二三七	六五八五七〇〇	一〇一六〇〇〇
四　月	二三二一五	二〇五〇七〇九六	四四三二五〇〇	一〇〇〇〇〇〇
五　月	二二二二八	一九九九一五八九	三〇七七五〇〇	七九七〇〇〇
六　月	一六七五八	一七一一一三六二	二五九一四〇〇〇	六四一〇〇〇
七　月	一七三二四	一五六一八三七一	四三八〇五〇〇	八二八〇〇〇
八　月	一〇一〇三	一一七五二二〇二	三五四〇〇〇〇	六二四五〇〇
九　月	二二四三六	一九一七四八七〇	二〇三一〇〇〇	三四八二一〇

续上表

月别	人数	延人公里	公物(吨)	行李(吨)
十月	二〇〇七一	一四〇二二一三三	一〇二九〇一四	四〇〇六二五
总计	一五八六三七	一三九三三九八六〇	五〇九九〇二一四	一六五五三三五

注：本年度十月底止即停止复员运输工作。

公路抢修工程(国道部份) 卅五年度 (附表二)

路线起迄及经过地点	里程(公里)	已修复通车		修复中		经办机关
		起迄地点	里程(公里)	起迄地点	里程(公里)	
合计	1,483		1,365		118	
铜山—睢宁—宿迁—淮阴	234	铜山—淮阴	234			江苏省公路局
铜山—萧县—豫界	71	铜山—豫界	71			江苏省公路局
邳县—台儿庄	25			邳县—台儿庄	25	一区局
通县—怀柔—密云—古北口—滦平—承德	250	通县—承德	250			八区局
北平—长辛店—高碑店—保定	145	北平—保定	145			八区局
北平—昌平—南口—怀来—花园—宣化—张家口—吴镇	282	北平—张家口	189		93	八区局
济南—张店—潍县—高密—胶州—城阳—青岛	400	济南—青岛	400			八区局
济南—齐河	30	济南—齐河	30			山东省公路局
济南—济阳	46	济南—济阳	46			山东省公路局

公路抢修工程(省道部份) 卅五年度 (附表三)

路线起迄及经过地点	里程(公里)	已修复通车		修复中		经办机关
		起迄地点	里程(公里)	起迄地点	里程(公里)	
合计	2,430	—	1,685		745	
扬州—仙女庙—高邮—宝应—淮安—淮阴	160	扬州—淮阴	160			江苏省公路局
扬州—仪征—六合	63	扬州—仪征	29	仪征—六合	34	江苏省公路局
扬州—六圩	17	扬州—六圩	17			江苏省公路局

续上表

路线起迄及经过地点	里程（公里）	已修复通车		修复中		经办机关
		起迄地点	里程（公里）	起迄地点	里程（公里）	
仙女庙—泰县—海安	104	仙女庙—海安	104			江苏省公路局
仙女庙—大桥—口岸—泰兴—靖江	93	仙女庙—泰兴	66	泰兴—靖江	27	江苏省公路局
靖江—新生港—平潮—南通	78	平潮—南通	16	靖江—平潮	62	江苏省公路局
南通—张芝山—海门—启东	95	南通—海门	26	海门—启东	69	江苏省公路局
扬州—天长	24	扬州—天长	24			江苏省公路局
平潮—如皋—海安—东台	99	平潮—东台	99			江苏省公路局
泰县—口岸	23	泰县—口岸	23			江苏省公路局
浦口—六合—天长	60	浦口—天长	60			江苏省公路局
铜山—邳县	74	铜山—邳县	74			江苏省公路局
萧县—砀山	60	萧县—砀山	60			江苏省公路局
铜山—黄口—砀山	93	铜山—砀山	93			江苏省公路局
铜山—半县—鱼台	115	铜山—鱼台	115			江苏省公路局
铜山—韩庄	5	铜山—韩庄	52			江苏省公路局
半县—黄口—萧县	70	半县—萧县	70			江苏省公路局
砀山—半县	41	砀山—半县	41			江苏省公路局
敬安集—沛县—单县—（半县豫界）	90	敬安集—单县	90			
天津—霸县—任邱—高阳—保定	190			天津—保定	190	河北省公路局
济南—长清	35	济南—长清	35			山东省公路局
通县—山海关	286	通县—邦均 玉田—半润	63 40	邦均—玉田 半润—山海关	183	第八区公路工程管理局
保定—沧州	180			保定—沧州	180	河北省公路局
明水—章丘	15	明水—章丘	15			山东省公路局
章丘—邹平	25	章丘—邹平	25			山东省公路局
邹平—周村	16	邹平—周村	16			山东省公路局
张店—淄州—博山	44	张店—博山	44			山东省公路局
邹平—长山	13	邹平—长山	13			山东省公路局

续上表

路线起迄及经过地点	里程(公里)	已修复通车		修复中		经办机关
		起迄地点	里程(公里)	起迄地点	里程(公里)	
长山—周村	10	长山—周村	10			山东省公路局
坊子—安邱	30	坊子—安邱	30			山东省公路局
周村—博山	35	周村—博山	35			山东省公路局
潍县—掖县	140	潍县—掖县	140			八区局及鲁省路局

公路修复工程(国道部份) 卅五年度 (附表四)

路线起迄及经过地点	里程(公里)	已修复通车		修复中		经办机关	备注
		起迄地点	里程(公里)	起迄地点	里程(公里)		
合计	6,446		4,476		1,703		
广州—九龙	193	广州—九龙	193			广东省工路处	续办第一期
长沙—南昌	382	万载—南昌	174			第二区公路工程管理局	去年完成208公里
南昌—张王庙	345	南昌—张王庙	345			江西省公路处	
张王庙—绩溪	173	张王庙—绩溪	173			第一区公路工程管理局	
南京—芜湖—宣城	176	南京—宣城	176			第一区公路工程管理局	宣城至绩溪已于去年完成
上海—无锡	135	上海—直塘	57	直塘—无锡	78	第一区公路工程管理局	
无锡—宜兴	63	无锡—漕桥	43	漕桥—宜兴	20	第一区公路工程管理局	
吉安—南昌	218	吉安—南昌	218			江西省公路处	
南昌—南城	117	南昌—临川	58			江西省公路处	去年完成59公里
		南京—杭州	324			第一区公路工程管理局	
上海—杭州	210	上海—杭州	210			第一区公路工程管理局	
建瓯—福州	252	建瓯—福州	252			福建省公路局	
淳安—杭州	134	桐庐—杭州	92	淳安—桐庐	42	浙江省交通管理处	

续上表

路线起迄及经过地点	里程(公里)	已修复通车		修复中		经办机关	备注
		起迄地点	里程(公里)	起迄地点	里程(公里)		
汉口—宜昌	353	汉口—宜昌	353			湖北省公路局	
武昌—长沙	550	武昌—长沙	550			第二区公路工程管理局	
开封—潢川—汉口	616	开封—杞县 宋埠—汉口	53 98	杞县—宋埠	465	河南 湖北省公路局	
洛阳—开封	231	洛阳—开封	231			河南省公路局	
北平—天津—塘沽	160	北平—塘沽	160			第八区公路工程管理局	
泰和—遂川—赣县	166			泰和—赣县	166	江西省公路处	
樊城—花园	259	樊城—花园	259			湖北省公路局	
龙岩—厦门	188			龙岩—厦门	188	福建省公路局	
广州—博罗	142	广州—增城	75	增城—博罗	67	广东省公路局	
广州—廉江	610	广州—九江	50	九江—廉江	560	广东省公路局	
廉江—海安	232	廉江—海安	232			广东省公路局	
灯塔—博罗	160	灯塔—河源	43	河源—博罗	117	广东省公路局	
阑溪—白沙	57	阑溪—白沙	57			浙江省交通管理处	

公路修复工程(省道部份)　三十五年度　(附表五)

路线起迄及经过地点	里程(公里)	已修复通车		修复中		经办机关
		起迄地点	里程(公里)	起迄地点	里程(公里)	
宜川——大宁	120	陕境	60	晋境	60	陕 山西省公路局
樊城——十里铺	169	樊城—十里铺	169			湖北省公路局
南昌——九江	195	南昌—九江	195			江西省公路处
嵊县—杭州	134	嵊县—杭州	134			浙江省交通管理处
老河口—南阳—尉氏—开封	425	老河口—开封	425			湖北 河南省公路局

续上表

路线起迄及经过地点	里程（公里）	已修复通车		修复中		经办机关
		起迄地点	里程（公里）	起迄地点	里程（公里）	
南阳—汉川—六安	484	信阳—汉川	102	南阳—信阳 汉川—六安	382	二区局及豫皖路局
六安—阜阳—太和	256			六安—太和	256	安徽省公路局
太和——周家口	134	界首—周家口	86	太和—界首	48	安徽 河南 省公路局
正阳关—蚌埠	130	九龙—蚌埠	55	正阳—九龙	75	安徽省公路局
临淮关—睢宁	149			临淮关—睢宁	149	江苏 安徽 省公路局
丽水——永嘉	129			丽水—永嘉	129	浙江省交通管理处
福州——厦门	307			福州—厦门	307	福建省公路局
无锡—苏州—南翔	131	无锡—南翔	131			江苏省公路局
溧水—天王寺—金坛—武进	97	金坛—武进	39	溧水—金坛	58	江苏省公路局
武进——漕桥	34			武进—漕桥	34	江苏省公路局
镇江——金坛	63	镇江—金坛	63			江苏省公路局
句容——镇江	43	句容—镇江	43			江苏省公路局
镇江——武进	79			镇江—武进	79	江苏省公路局
武进——无锡	72	武进—无锡	72			江苏省公路局
丽水——永康	72	丽水—永康	72			浙江省交通管理处
新昌——鄞县	86	溪口支线	28		58	浙江省交通管理处
合　　计	3,309		1,674		1,635	

三、水运

（一）完成复员运输

胜利后之水运复员运输，为配合陆空联运，曾于复员之初，由战时运输管理局及交通部先后组设水运复员委〔员〕会、全国船舶调配委员会及渝宜轮船联合办事处负责调配，自三十四年九月复员运输开始，至三十五年十一月底止，轮船民船两项，共运二四七六一二人。轮船复员运量及民船复员运量，统计详见附表一、表二。

（二）船舶吨位之增加

战前我国沿海与内河维持交通之轮船，属于我国者，计五十七万余吨，属于外籍者，计七十一万余吨，两共一百二十八万余吨。抗战军兴，外籍船舶相继退出，国籍轮船，则损失殆尽，敌军投降时，仅存国营轮船二三九四二吨，民营轮船五六七八三吨，两共八〇六八〇吨。胜□□□□□□□□□□□□□□□□□□航商继续向国外购买，截至三十五年四月止，全国吨位国营者已达二三九二三二吨，民营者已达七一二□□□□□□□□□□□□□□□□□□□□□月以后，政府及航商向国外添购之船舶，如菲澳海轮、N_3式海轮、自由轮、登陆艇等，共三五九〇三一吨，合计已达六六九四七四吨。□□□恢复战前国籍轮船之吨位，惟自航权收回后，所有外籍轮船之七十一万余吨，亟宜设法补充，以应需要。刻已拟订办法，着手准备并实施□□□□沉船。我国现有船舶统计及敌伪沉船调查详见附表(三)(四)

（三）商轮损毁之补偿与修理

（甲）补偿被征商轮　□□□□□□要塞地区，为阻敌舰侵入，曾由政府征用航商轮船一二四〇三三吨，充作军事阻塞工程之用。现经交通部呈准本院，照沉船时向国外购□□□□□□船舶之价值，以十二万吨计算，合美金三百六十万美元，作为补偿，正由该部令饬受损航商，呈缴征用证件，汇案办理。同时上海航商□□□□□组织战时民营船舶损失赔偿委员会，俟政府赔偿确定后，以所得资金或船只，组织上海复兴航业公司，联合经□□□。

（乙）修理内河船只　内河航行之船只，战时损坏甚多，惟航商大都缺乏资金，不易修复。交通部为协助起见，业经商准四联总处，制定复员期间航商捞修船舶贷款办法公告施行。

（四）航政工作之推进

（甲）恢复航政机构　航政局处，战时大都停顿，或迁入内地，战事结束，亟应予以恢复，俾得推行航政。(1)长江区航政局，于胜利后，即由渝迁回汉口，并恢复重庆长沙两办事处，增设宜昌及南京办事处，原有九江处，已移泰和，仍回原地。三十五年三月，复将原属上海局之镇江、芜湖两处，划归该局。(2)上海航政局恢复后，即将宁波、温州两处改隶该局，并恢复海州处。(3)广州航政局，将南宁处迁往桂平，改称桂平处，并以福州处改隶该局，继又恢复及成立厦门、汕头、江门、湛江、北海、海口、梧州等七办事处。(4)天津航政局，先后成立青岛、秦皇岛两办事处，原拟设立烟台、威海卫两办事处，三十五年四月，由交通部呈准暂就塘沽及杨柳青办公。(5)三十五年八月，营口、葫芦岛相继收复，需要设置航政机构，经东北行营派员在营口组设东北航政局，并设营口、葫芦岛两办事处。

（乙）开辟海洋航线　交通部曾饬国营民营航业恢复，及开辟北洋沿海，自上海至连云港、青岛、天津、秦皇岛、葫芦岛等处之航线；及南洋航线，自上海至宁波、温州、福州、厦门、汕头、香港、海防、广州、海口、基隆、高雄、加尔各答等处之航线；并拟增辟马尼剌、曼谷、旧金山、伦敦等处之远洋航线，以利国际运输。

（五）国营航业之扩展

（甲）补充船舶　战时国营招商局仅存大小轮船十七艘，二三九四二吨，胜利后接收敌伪船舶，及向美、英、加各国选购海轮，截至现在止，可使用之轮船计有三七二艘，二七四二二六吨（代管及待修与不堪使用者未计入），勉能维持各线运输。

（乙）扩展业务　国营招商局因扩展业务，已恢复及增设各分局及办事处，计北洋线有海州、天津、青岛、大连等四分局，秦皇岛、烟台、塘沽等三办事处；南洋线有宁波、温州、福州、厦门、汕头、广州、台北、香港等八分局，高雄、海口、海南岛等三办事处；长江线有镇江、南京、芜湖、九江、宜昌、重庆等六分局，安庆、长沙、沙市、万县等四办事处。三十五年全年营业收入为一一八四〇一一六五八六四·二二元，支出七八一一〇九〇六八七四·六三元，结余四〇二九〇二五八九八九·五九元，尚有应收未收款项，计九〇二二〇二八九〇六·四二元，及未由政府补偿之军差损失四百二十余亿元，未曾计入。

（六）船员之管训

（甲）训练船员　我国船员以流亡及死伤关系，较战前减少，截至三十五年三月，在船服务者，仅四千人左右，但添购船只，源源而来，船员人数，殊感供不应求。乃由交通部令颁雇用外籍船员办法，以应当前需要。并甄别招收伪政府海军及其他学校毕业生，加以训练，复登记曾经服务海外之失业船员，为之介绍，现已增加七六六名。

（乙）接办引水机构　全国引水管理委员会，原属财政部管辖，于三十五年二月改由交通部接管，同年五月，将业经公布之引水法，颁布施行。并于沿海内河划分引水区域，设立办事处及分处，对于引水人员加强管理，以策航行之安全。

（七）港务之整理

（甲）修理码头仓库　战争期间，港埠破坏特甚，胜利后，以港埠为航运之枢纽，除葫芦岛、上海及青岛港埠之整理，由交通部特设机关办理外，并由该部饬招商局，先行修理上海、汉口、宁波、广州、长沙、镇江、天津、海州等处之码头，及上海、汉口、宁波、汕头、香港、基隆、广州、宜昌、长沙、沙市、九江、镇江、芜湖、天津、福州、温州、海州、青岛等处之仓库，以应急需。经于三十五年先后开工，截至目前止，业已大部完成。

（乙）建筑塘沽新港　塘沽为华北数省之门户，昔因水位之限制，仅能容三千吨以下之轮船，于高潮时驶入，且以淤塞关系，时虞搁浅。据海关及河海工程局报告，该港因搁浅与小船遇险，每年损失在一百三十亿元以上。日人曾着手抢建，拟定第一期工程三年完成，可年达二百万吨吞吐量。是项工程于三十五年四月继续办理，已于年底将船闸完成，使三千吨以下之轮船，可经船闸直达天津，而不受大沽坝淤滩之阻碍。

轮船复员运量统计表　（附表一）

时期	人数			货物数			附注
	客运	军运	小计	客运	军运	小计	
三十四年九月	五三四七	未详	五三四七	一四一四吨	未详	一四一四	本表系指由渝开往中下游之大小轮船运量
三十四年十月	七七七三	未详	七七七三	二六六六	未详	二六六六	
三十四年十一月	一一二六五	未详	一一二六五	二四四九	未详	二四四九	
三十四年十二月	四九二四	五四九〇	一〇四一四	一八四六	二一八四	四〇三〇	
三十五年一月	七四一九	一三三一二	二〇七三一	二〇五三	二八〇〇	四八五三	
二月	三八二一	六二七〇	一〇〇九一	四九四	九〇二	一三九六	
三月	四四六二	二二三六	六六九八	二七〇	六六五	九三五	
四月	八五二九	三二五六	一一七八五	一四八九	一〇六六	二五五五	
五月	四五七八	一九八八	一六五七六	三六二七	八三八	四四六五	
六月	一〇〇〇四	一九八二	一一九八六	八〇五二	六一二	八六六四	
七月	六三四〇	一〇〇二五	一六三六五	三四二六	二一二六	五五五二	
八月	一四三一九	二四一一	一六七三〇	五〇一二	三七五	五三八七	
九月	一六九五〇	三二二三	二〇一七三	一三九四九	一七四四	一五六九三	
十月	一六九六二	三六二三	二〇五八五	一三〇一〇	一五四六	一四五五六	
十一月	八八〇二	七七〇三	一六五〇五	七六四四	二二三八	九八八二	
合计	一四一四九五	六一五二九	二〇三〇二四	六七四〇一	一七〇九六	八四四九七	

民船复员运量统计表 （附表二）

时　　期	运出人数	运出货物量	附　　注
三十四年九月	未详	未详	木船于三十四年十一月后始大量推行，故三十五〔四〕年九至十一月无统计。本表系指由渝开往中下游之木船参加复员运输之运量。
十月	未详	未详	
十一月	未详	未详	
十二月	三五一六	二五六〇	
三十五年一月	四六三〇	三二六〇	
二月	四二六〇	三〇四〇	
三月	四八九六	三七一六	
四月	六八六八	五一八四	
五月	二四三二	六八〇五	
六月	五〇五九	三六〇〇	
七月	二一〇〇	一四〇〇	
八月	九一五	六八五	
九月	六九〇	七七〇	
十月	一一二	八〇一	
十一月	一一〇	七六六	
合　计	四四五八八	三二五五一	

我国现有船舶统计表 （附表三）

船舶所有人	类　别	艘　数	吨　数	附　　注
国营招商局	海　轮	八二	二一二八八八	内有油轮二〇艘
国营招商局	江　轮	一八	四五七〇四	
国营招商局	拖　轮	一一七	一〇三三八	
国营招商局	小　轮	一五五	五二九六	
小　计		三七二	二七四二二六	接收敌伪船只之待处理者未列入。

续上表

船舶所有人	类别	艘数	吨数	附注
民营航业	上海区船舶	三四一	二〇七四一六	尚有未到者九三艘，一二七一六四吨。
民营航业	广州区船舶	一〇七二	七二四四二	
民营航业	天津区船舶	八四	一一〇七一	
民营航业	长江区船舶	二五六	三九一二七	
小计		一七五三	三三二〇五六	
台湾省交通处	轮船	一一七	二二八六九	
湖北省航业局	轮船	四四	五三二三	
行总	轮船	六五	三五〇〇〇	已签订合同逐次移交轮船业济运联运处。
小计		二二六	六三一九二	
总计		二三五一	六六九四七四	

海军总司令部及联勤总司令部所有运输船约五万余吨未列表内。

我国水道敌伪沉船调查统计表 （附表四）

级别 \ 艘数/吨数 \ 区别		扬子江	华中沿岸	厦门附近	香港附近	台湾附近	海南岛附近	北越地区	总计
五〇〇吨以内	艘数	三三	六	二	三	九	二七	一	一〇〇
	吨数	二，九七〇	一，一二六	二，二〇六	一，九九九	三，三二四	三，三八一	三三〇	一五，三三六
五〇一—一，〇〇〇	艘数	四	三	五	二	一三	三		三〇
	吨数	二，六七〇	二，〇七〇	三，九三四	一，三一〇	一〇，五八九	一，八〇〇		二二，三七三
一，〇〇一—二，〇〇〇	艘数	四	一〇	六	一	七	三		三一
	吨数	五，三四九	一五，五三八	九，六五〇	一，五〇〇	一一，五〇〇	三，八四一		四七，三七八

续上表

级别	艘数/吨数	扬子江	华中沿岸	厦门附近	香港附近	台湾附近	海南岛附近	北越地区	总计
二,〇〇一—三,〇〇〇	艘数	三	三	三		三	一		一三
	吨数	八,〇一五	八,〇一六	九,〇〇〇		八,五四八	二,八六三		三六,四四二
三,〇〇一—五,〇〇〇	艘数	三	七			二			
	吨数	九,六六八	二六,一七二			二八,六八一			四四,五二一
五,〇〇一—八,〇〇〇	艘数	一	一四	二	一	一五	一		三四
	吨数	五,三〇八	八三,五〇六	一四,〇〇〇	五,八六〇	九六,九五七	五,八一九		二一一,四五〇
八,〇〇一—一〇,〇〇〇	艘数		四			三			七
	吨数		三五,七一三			二九,一八一			六四,八九四
一〇,〇〇〇吨以上	艘数		二			一			三
	吨数		三四,四一三			一〇,五一六			四四,九二九
吨位不明艘数		一		三			三		七
总计	艘数	四九	四九	三〇	一六	五三	三八	二	二三七
	吨数	三三,九八〇	二〇六,五五四	三八,七九〇	一〇,六六九	一七九,二九六	一七,七〇四	三三〇	四八七,三一三

四、空运

(一) 完成复员运输

政府还都,航空运输,迅速便利,首当复员重任。卅五年初,全国各复员航线,民航机优先程序及机位之分配,由本院直接办理,至七月以大部分重要机关与复员人员经已运毕,乃仍交回交通部接管。同时在重庆成立中央党政军机关驻渝联合办事处,军委会复员运输委员会,办理各机关水陆空复员运输事宜。为时二月,撤销,另成立重庆行辕复员运输委员会,该会自九月一日起开始工作,至十月底结束,同时航空复员运输,亦告完成。卅五年一月至十月,空运复员人数,分月统计详见附表一。

(二) 国内航线之增辟

(甲) 中国航空公司　胜利后,收复区内场站及航空无线电台,均待修复,同时航空器材及飞行人员,亦感缺乏,故旧航线之恢复,与新航线之增设,虽积极进行,而以条件缺乏,一时未能完成。该公司机航总基地,在抗战期内,为便利中印国际空运,曾移至加尔各答。战事结束后,空运重心移回国内,交通部为加紧规复国内航空事业,于去年三月间,督饬该公司将飞行基地迁回上海。经四个月之整顿及努力,东南及沿海省份之航空线,渐告恢复,七月以后,国内及国际航线,续有增辟。迨至今年二月,该公司所经营之航线,已达二十四条,全长共二万三千四百六十五公里,比上年二月约增一倍。现共有飞机四十九架,航空站三十二处,职员三五三六人。该公司现有各航线,详见附表二。

(乙) 中央航空公司　该公司在抗战期间,因飞机及器材油料等补充困难,营业不振。胜利后,自行筹款添购飞机,业务渐有起色。六月间,公司机航总基地,自昆明移回上海,乃锐意开发国内各航线,其时交通部又督饬该公司向上海美军剩余物资清理局,购得各式运输机一百五十架,公司营业,乃益开展。惟以飞行员及技术设备缺乏,仅一部分飞机加入航班。截至三十六年二月止,已有航线十条，全长共一万四千五百九十九公里，较上年二月，增加一倍。现在参加飞行之飞机，共有十三架，航空站十三处，职员一五九〇人。该公司现有各航线详见附表三。

（丙）中苏航空公司　该公司以经营自苏境阿拉木图至新疆哈密间之航线为主，卅五年内因受新省战事影响，公司业务颇有亏损。最近交通部核准该公司自本年一月起，调整运价以补损失。现该公司有办事处及航空站六处，职员八十余人，该公司经营之航线有二，共长二千公里。

（三）国际航线之创办

战后各国鉴于民航运输，促进国际商务发展之重要，纷纷向我政府请求通航，自卅五年八月起，至本年二月止，中菲、中法、中美航空协定，相继成立，本平等互惠原则，共谋国际空运之发展，各该航空协定之内容概要，详见附表四。

（四）加强民用航空之管理

我国自有民用航空事业迄今，尚不足二十年，关于民航行政方面，向由交通部航政司主管。近年民航运输日见重要，航行安全有赖于设备及管理者至巨，为应事实需要，经本院核准，在交通部下增设民用航空局，使负督导民航业务，检验器材，人员管制，空中交通，改良地面及飞行设备等任务，已于本年一月二十日成立。

中国央两航空公司复员运输旅客人数分月统计表　（附表一）

月　份	空运复员人数	总　计
一　月	三五三八	
二　月	三一八一	
三　月	八八五〇	
四　月	一二六二七	

续上表

月　　份	空运复员人数	总　　计
五　　月	一一三八五	
六　　月	八二六一	
七　　月	一〇八九九	
八　　月	一一九六五	
九　　月	一一二八九	
十　　月	一三九〇一	
		一一〇二八一人

中国航空公司现有航线一览表　（附表二）

航　　线	经　停　地　点	班　　期	机　　型	里程(公里)
沪平线	沪、青、济、平	每日一班	DC4	一四七〇
	沪、京、青、济、平	三　六 / 五　日	C47	
	沪、京、徐、青、津、平	二 / 三	C47	
沪港线	沪、粤、港	一三四六 / 一三四六	DC4	一四七六
	沪、闽、厦、粤、港	二　五 / 二　五	C47	
沪桂港线	沪、京、汉、桂、粤、港	日 / 一	C47	二〇五三
沪渝线	沪、京、汉、渝	每日一班 / 每日一班	C47	一四八九
	沪、汉、渝	每日一班 / 每日一班	C47	
沪兰线	沪、汉、兰	三 / 四(五)	C46	一八三九
沪台线	沪、台北	每日一班 / 每日一班	C46	六七六

续上表

航　　线	经　停　地　点	班　　期	机　　型	里程(公里)
沪加线	沪、汉、昆、八莫、加	日　三 ⇄ 二　五	DC4	三五八四
沪菲线	沪、厦、港、菲	一　四 ⇄ 二　五	DC4	二四〇〇
渝港线	渝、粤、港	四　日 ⇄ 三　六	C47	一〇九四
渝平线	渝、平	三 ⇄ 四	C47	一三五〇
渝筑线	渝、筑	日 ⇄ 日	C47	三一二
渝蓉线	渝、蓉	一　五 ⇄ 一　五	C47	二七八
渝西线	渝、西昌	五 ⇄ 五	C47	四五九
渝昆河线	渝、昆、河内	二 ⇄ 二	C47	一一八八
平井线	平、太原	四 ⇄ 四	C47	三七二
平绥线	平、归绥	四 ⇄ 四	C47	四〇二
海港线	海口、粤、港	二 ⇄ 一	C47	五九五
渝昆线	渝、昆	每星期六一班	C47	六四二
沪榕线	沪、榕、厦、台北、榕	三 ⇄ 四	C47	六四七
兰哈线	兰、肃、哈	每周〔月〕末之星期四一班，当日飞返	C46	一一四六

中央航空公司现有航线一览表　（附表三）

航　　线	经　停　地　点	班　　期	机　　型	里程(公里)
沪昆线	沪、汉、昆	日三五六 ⇄ 日一二四	C46	二〇〇〇
沪港线	沪、粤、港	二　六 ⇄ 一　四	C47	一三九〇

续上表

航　　线	经停地点	班　　期	机　　型	里程(公里)
昆港线	昆、柳、粤、港	一 四 ⇌ 三	C47	一二八〇
沪平线	沪、京、青、济、平	二 六 ⇌ 一 四	C47	一三一一
沪渝线	沪、京、汉、渝	每日一班	C47	一四九〇
沪兰线	沪、汉、兰	一 五 ⇌ 二 六	C46	二二九〇
沪陕线	沪、京、汉、西安	三五日 ⇌ 四六一	C47	一六五三
渝平线	渝、汉、西安、郑、平	四 ⇌ 五	C47	一七二九
渝港线	渝、粤、港	日 三 ⇌ 日 三	C47	一一三八
平石线	平、石	一 ⇌ 一	C47	二五五

卅五年度我国与外国所订航空通航协定内容简表　（附表四）

协定名称	内容概要	成立日期	有效期间	附　注
(一)中菲临时通航办法	彼我两国商用飞机得每周在上海马尼剌间对开二次。	九月一日	半年	口头协定，九月一日起生效。
(二)中法关于中越航空线临时办法	法政府准许吾国两公司民航机自中国任何地点至西贡间经营商业航运，并以河内及土伦为技术降落站。依相互原则，吾政府准许法民航机自越南任何地点至上海间经营商业航运，并以广州及厦门为技术降落站。航班暂定每两周飞航一次。	十二月十四日	半年	卅六年一月一日起生效。
(三)中美航空协定	彼我民航机得在中美两国国境上空有过境及非营业性降落权，吾机得在檀岛、旧金山、纽约等站装卸客货邮件。依相互原则，美民航机得在上海、天津、广州等站装卸客货邮件。中美间航线规定三条，二条经太平洋，一条越大西洋经近东及印度、缅甸。	十二月廿日	四年	自签约之日起生效。

五、电信

（一）各项电信建设之实施

自三十五年三月份至现在止，实际完成各项工作数量计：(1)增设长途电话线八六二四公里；(2)电报线四〇〇六公里；(3)整修报话线四三〇一公里；(4)装置载波电话一〇二路；(5)韦氏机七一路；(6)莫氏机八路；(7)音响机一八四路；(8)载波电报六六路；(9)无线电快机一七路；(10)无线电人工机七一路；(11)打字电报机四路；(12)无线电报话电路二三路；(13)市内电话四一六〇号；(14)恢复水线一四处；(15)扩充修机设备八处。兹再将其中主要工作，摘要分述如下：

（甲）国内部分

(1) 线路　完成兰州至迪化长途话线，建立西北通信基础，加强南京至重庆、南京至西南、汉口至广州、南京至上海等电路，以利京、沪、汉、渝、铜、郑、陕、湘等地通信。抢修济南至青岛、北平至张家口及承德暨苏北重要地区电信线路。

(2) 长话机件　完成陇海线以南初步通信网，在南京至汉口、汉口至广州、南京至上海、上海至杭州、上海至镇江、广州至曲江、九江至南昌、南京至铜山等线，装设三路载波机件，及其他单路载波机件，配合军事通讯，完成天津至沈阳、沈阳至山海关、郑州至新乡等三路载波机，及其他单路载波机。

(3) 电报机件　普遍装用载波电报机，如南京至铜山、铜山至郑州、郑州至汉口、郑州至长安、汉口至广州等电路，均已装竣，开始装用打字电报机，如南京至上海，及南京、重庆等市区联络电话，均已装用。

(4) 无线电机件　在主要城市，如南京、汉口、广州、上海、北平、西安、重庆等处，装设快机；上海至南京、南京至无锡、广州至深圳间，装置微波四路电报机，充实无线电话设备，如济南、归绥、迪化、台北、广州、昆明等处，均已通话。

（乙）国际部分

上海国际电台加装 10kW 报机二部，7.5kW 报话双用机三部，并将前接收敌伪原有机件逐一整理。

（丙）整理京沪电信

南京为全国政治中心，上海为全国经济中心，故两市当地与相互间以及两市与国内外之电信，均极关重要，自上年七月起，即先后拟订整理京沪电信计划二期，其工作有属于新设者，有属于整修者，均已次第实施。

（二）绥靖区电信之抢修与维护

各绥靖区之电信线路，大都遭受彻底破坏，均须重行架设。惟为适应需要，必须将被毁各线，迅速临时抢修通讯。对于此项工作，交通部在各绥靖区，均指派工程队，计苏北区九队，华北区十二队，东北区七队，从事抢修。自上年三月起，截至目前止，已经修通之报话线路，计有苏北区六五四公里，华北区二五一七公里，东北区一八二三公里（详附表一），现仍继续进修中。在上项线路未抢通前，为便利军讯，大都先装置无线电机通信，已装者，苏北区十部，华北区五十一部。又绥靖区通信线路之维护工作，此〔比〕较困难，因随时可能再遭破坏，均须短时间内，予以修复。上年三月起，各已修通重要杆线，共被再破坏二〇五一公里，除已再抢修一六二七公里外，其余四二四公里，为保定至石家庄线，沧县至泊头等线，则因共军阻挠，迄未能修通。

（三）业务之扩充与改进

（甲）增辟电报及电话电路

（1）国内电路　增辟重要电报电路，计有线电卅路（详附表二），无线电路五十路（详附表三）。

（2）长途电话电路　增辟长途电话电路，计载波电话一〇四路（详附表四），无线电话廿一路（详附表五）。

（3）国际电路　增辟国际无线电报十二路（详附表六）。

（乙）添设南京国际支台

为便利首都与国外通讯，特添设南京国际支台，于卅五年七月十八日正式成立，与英、美两国直接通报。

（丙）增进电报电话速率

（1）规定国内各直达电路，往来各类电报，应需处理及投送之最大时限如次：最要官军电一小时；特快电报一小时半；加急官军电及加急新闻电二小时半；普通官军电、加急私务电及普通新闻电四小时；其他各种电报八小时。并规定该项时限，南京电局于卅五年十二月一日起实行，其直达局于十二月十六日起实行，第二直达局于卅六年一月一日起实行，其他各局一律于一月十六日起实行。

（2）电话方面，军政通话限时接通，最重要军政首长之电话，约五分钟内可以接通，重要者约十分钟内可以接通，次要者约四十分钟内可以接通，普通长途电话接线速度实行工作竞赛后已增加一倍。

（丁）增进服务效率

为使电报电话便利公众，服务周到，类如增办特快电报，开放真迹电报，开放国内交际电报，规定市内电话收发电报办法，电话通知收取去报办法，收报人电话号码替代住址办法，及设置长途电话查询台等，均经分别办理。

各绥靖区修通报话线路详表　（附表一）

区　　别	起迄地点	里程（公里）	备　　注
苏北区	江都至泰县	六六	
	泰县至泰兴	四五	
	江都至淮阴	一六五	
	靖江至南通		
	南通至东台	一四〇	
	泰县至海安	九四	

续上表

区　别	起迄地点	里程(公里)	备　注
苏北区	太庙至炮车	六四	
	共　计	六五四公里	
华北区(包括冀热察绥晋豫鲁等省)	青龙桥至万全	一二九	
	密云至古北口	七〇	
	古北口至承德	一二〇	
	承德至围场	一七〇	
	承德至平泉	九〇	
	平泉至凌源	九〇	
	凌源至叶柏寿	五〇	
	叶柏寿至朝阳	七五	
	朝阳至北票	四〇	
	天义至宁城	九〇	
	唐山至丰润	二四	
	石家庄至太原	一四〇	
	石家庄至定县	七六	该线原已修复，因再遭破坏重复修整。
	运城至安邑	七	
	安邑至临汾	一四〇	
	运城至陕县	六六	
	韩城至新绛	九五	
	青岛至济南	四〇五	
	韩城至临城	二四	

续上表

区　　别	起讫地点	里程(公里)	备　　注
华北区	铜山至商丘	一五五	该线原已修复，因再遭破坏重复修整。
	商丘至开封	一三五	该线原已修复，因再遭破坏重复修整。
	包头至五原	二四〇	
	修武至焦作	二一	
	周口至项城	五五	
	汲县至滑县	五〇	
	共　　计	二五一七公里	
东北区	抚顺至营盘	四〇	
	营盘至新宾	九四	
	新宾至通化	六九	
	沈阳至抚顺	五六	
	沈阳至本溪湖	七〇	
	沈阳至鞍山	一〇〇	
	沈阳至四平街	一八八	
	四平街至长春	一一五	
	长春至卡伦	三〇	
	长春至范家屯	三〇	
	长春至永吉	一三〇	
	长春至伊通	一〇五	
	长春至德惠	一二〇	

续上表

区　　别	起迄地点	里程(公里)	备　　注
东北区	长春至水泉	六〇	
	四平街至西安	一〇〇	
	四平街至辽源	九三	
	铁岭至法库	四〇	
	法库至康平	四〇	
	营口至大石桥	二三	
	海城至大孤山	一六〇	
	海城至安东	一六〇	
	共　　计	一八二三	
	总　　计	四九九四	

重要有线电路开放日期表　三十五年三月至三十六年二月　(附表二)

电路名称	通报方式	开放日期	备　　注
杭州——江山	快机单工	三月二十日	
广州——衡阳	快机单工	三月二十日	
宜昌—巴东—老河口	快机单工	四月六日	
南京——南平	快机单工	五月廿一日	
贵阳——柳州	快机单工	六月十七日	
沈阳——长春	快机双工	六月十三日	
南京——汉口	快机双工	六月廿五日	
重庆—宜昌—汉口	快机单工	六月廿五日	
上海—杭州二路	快机单工	六月廿九日	

续上表

电路名称	通报方式	开放日期	备　注
天津——沈阳	快机双工	七月三日	
上海——福州	快机双工	七月十五日	
广州——南平	快机单工	七月廿二日	
永嘉——福州	快机单工	七月三十日	
长沙——沅陵	快机单工	八月十五日	
南京——芜湖	快机单工	八月十六日	
南京——杭州	快机单工	八月廿四日	
南京——南昌	快机单工	九月廿二日	十月十二日改与九江局同线轮流工作
上海——汉口	快机双工	十月一日	
南昌—上饶—江山	快机单工	十月五日	
南京—九江—南昌	快机单工	十月十二日	
上海—鄞县—溪口	快机单工	十月十四日	
柳州——苍梧	快机单工	十一月廿五日	
桂林——柳州	快机单工	十二月一日	
汉口——九江	快机单工	十二月四日	原系汉口—九江—南昌局同线轮流工作
广州——汕头	快机单工	卅六年一月六日	
韶关——南平	快机单工	一月十三日	
福州—涵江—晋江	快机单工	一月十三日	
吉安——福州	快机单工	一月十四日	
济南——青岛	快机单工	一月廿一日	
北平——沈阳	快机单工	二月七日	

重要无线电路开放日期表　三十五年三月至三十六年二月(附表三)

电路名称	通报方式	开放日期	备　注
贵阳——南昌	人工机	三十五年三月十一日	
茂名——湛江	人工机	三月十二日	
汉口——长沙	人工机	三月廿四日	
沈阳——重庆	人工机	四月一日	
天津——济南	人工机	四月一日	
江门——湛江	人工机	四月三日	
包头——天津	人工机	四月十三日	
广州——茂名	人工机	四月十六日	
广州——福州	人工机	四月十六日	
北平——归绥	人工机	四月廿八日	
沈阳——南京	人工机	四月三十日	
天津——兰州	人工机	五月三日	
南京——迪化	人工机	五月十五日	
青岛——潍县	人工机	五月廿二日	
长沙——沅江	人工机	五月十日	
青岛——铜山	人工机	五月廿一日	
南京——兰州	人工机	六月十日	
广州——衡阳	人工机	六月十四日	
上海——昆明	人工机	六月十五日	
台北——香港	人工机	七月十七日	
天津——上海	快机	七月廿八日	第二路
重庆——兰州	人工机	七月廿八日	

续上表

电路名称	通报方式	开放日期	备注
南京——西安	快机	七月二十日	
天津——沈阳	人工机	八月十六日	
天津——沧县	人工机	八月廿三日	
南昌——杭州	人工机	八月廿日	
开封——新乡	人工机	九月六日	
南京——郑县	人工机	九月十九日	
济南——博山	人工机	九月四日	
济南——潍县	人工机	九月廿五日	
青岛——营口	人工机	十月廿三日	
北平—坏〔怀〕来	人工机	十月廿一日	
北平——张家口	人工机	十月廿二日	
上海——连云港	人工机	十月十七日	
南京——台北	人工机	十月十九日	
归绥——张家口	人工机	十月廿五日	
天津——台北	人工机	十一月二日	
上海——北平	快机	十一月八日	
沈阳——安东	人工机	十一月九日	
归绥——集宁	人工机	十一月四日	
广南——昆明	人工机	十一月九日	
上海——沈阳	人工机	十一月十七日	
包头——府谷	人工机	十一月七日	
南京——香港	人工机	十一月十一日	

续上表

电路名称	通报方式	开放日期	备注
南京——福州	人工机	十二月五日	
汉口——广州	人工机	十二月六日	
沈阳——承德	人工机	十二月十七日	
北平——承德	人工机	卅六年一月三日	
兰州——成都	人工机	一月十八日	
天津——南京	人工机	一月廿七日	

增辟载波电话电路　三十五年三月至三十六年二月　（附表四）

电路名称	电路数目	开始通话日期	备注
沈阳——山海关	二	卅五年三月廿五日	三路载波中一路开放平沈直达
沈阳——北平	一	三月廿五日	
贵阳——芷江	二	四月十七日	三路载波中一路开放筑衡直达
贵阳——衡阳	一	四月十七日	
广州——曲江	二	四月二十日	三路载波中一路开放衡广直达
广州——衡阳	一	四月二十日	
南京——上海	三	五月三日	
南京——铜山	三	五月十七日	
上海——杭州	三	五月十三日	
成都——西昌	一	五月廿八日	
昆明——下关	二	六月十五日	三路载波中一路开放昆保直达

续上表

电路名称	电路数目	开放通话日期	备　注
南昌——九江	三	六月廿七日	
北平——塘沽	一	六月	
昆明——保山	一	七月九日	
吉安——赣县	一	七月二日	
南京——怀宁	二	七月	
南京——上海	二	八月十六日	三路载波中一路开放沪铜直达
上海——铜山	一	八月十八日	
上海——芜湖	一	八月二十日	
汉口——九江	三	八月十四日	
芜湖——屯溪	一	八月廿八日	铅屯移装芜屯
上海——无锡	三	八月五日	原装一路换装三路机
上海——鄞县	一	九月二日	
重庆——巴中	一	九月廿八日	
南昌——铅山	一	九月十七日	
杭州——鄞县	二	九月二日	三路载波中一路开放沪鄞直达
兰州——酒泉	一	九月十六日	
北平——沈阳	二	九月廿一日	
北平——保定	二	九月廿九日	三路载波中一路开放津保直达
北平——山海关	一	九月廿一日	
天津——保定	一	九月廿九日	

续上表

电路名称	电路数目	开放通话日期	备注
沈阳——锦州	一	九月六日	
锦州——朝阳	一	九月三十日	
锦州——北平	一	九月	
沈阳——四平	三	九月	
沈阳——长春	五	九月	
长春——四平	三	九月	
上海——镇江	三	十月卅一日	
郑县——开封	三	十月五日	
鄞县——溪口	一	十月一日	
天津——沈阳	一	十月四日	
沈阳——永吉	一	十月	
南京——汉口	一	十月	京浔、浔汉恢复京汉直达
镇江——无锡	一	十一月七日	
西安——临汾	一	十一月十七日	
沈阳——本溪	二	十一月	
重庆——成都	二	十一月十六日	收回空军三路司令部租用一路成音周率电报恢复通话一路
杭州——兰溪	三	十二月五日	
北平——天津	五	十二月六日	收回铁路局借用五路
济南——青岛	三	十二月十四日	
北平——张家口	三	十二月廿五日	

续上表

电路名称	电路数目	开放通话日期	备　　注
南京——汉口	三	卅六年一月四日	
汉口——广州	三	一月五日	
衢县——兰溪	一	一月二十日	
衢县——铅山	一	一月二十日	

增辟短波/超短波无线电话电路　（附表五）

电路名称	电路数目	开始通话日期	备　　注
南京——台北	一	卅五年五月五日	
北平——归绥	一	五月十三日	
上海——台北	一	五月十三日	
南京——兰州	一	五月十八日	
重庆——归绥	一	五月二十日	
济南——铜山	一	六月十六日	
济南——南京	一	六月十六日	
南京——迪化	一	六月廿五日	
济南——北平	一	七月三日	
重庆——汉口	一	九月一日	
南京——广州	一	十月十六日	
西安——归绥	一	十月十八日	
台北——广州	一	十月廿二日	
南京——归绥	一	十一月廿九日	
无锡——南通	二	九月十三日	超短波
上海——南京	三	八月三十日	超短波

续上表

电路名称	电路数目	开始通话日期	备　注
广州——江门	一	卅六年二月一日	超短波
广州——深圳	一	一月十四日	超短波

增辟国际无线电报电路　三十五年三月至三十六年二月　（附表六）

电　话　名　称	开　放　日　期	
上海——西贡	卅五年三月十八日	
上海——曼谷	六月一日	
上海——莫斯科	六月九日	
上海——伊尔库次克	八月五日	
南京——旧金山新闻公司	十月三日	
南京——旧金山马凯公司	十月十二日	
南京——旧金山交通公司	十月十二日	
厦门——马尼拉交通公司	十月十六日	
上海——旧金山环球公司	十一月一日	
上海——雪尼	十二月十一日	
上海——孟买	十二月十一日	
南京——伦敦	卅六年一月十一日	

六、邮政

（一）邮政业务之改进

（甲）举办火车行动邮局　在京沪、沪杭二线火车上，开办行动邮局，利用火车途中行驶时间，分拣各类邮件，俾达到目的地后，即可取出交送，使信使早到六至八小时。

（乙）简化挂号快递邮件手续，改良投递邮件　近年快递挂号邮件数量异常增加，以致处理困难，难求迅速，经规定简化内部处理办法，对寄件人手续简捷，不需守候，而邮局人手，亦节省甚多。关于邮件投递，亦经规定投递时间标准，并尽量利用机器脚踏车取送，目前京沪邮件，可隔日收到。

（二）邮政设备之扩充

（甲）增辟邮路　目前邮运因交通阻滞颇受影响，惟各航空公司之航线，则陆续增辟甚多，全国各大都市泰半均有航机往来，各类航空邮件，已能无限制收寄。在规定航空吨位内即对于未纳航空资费之信函，其途程较远者，亦试交航空运递，以期通讯迅捷，邮局并加强自办汽车运输，其路线目前长达七三八三公里，总计各类邮路达六〇八二八二公里。

（乙）添设局所　为便利地方军民通讯，曾在各地添设大小邮政机构，达六千二百余处，目前全国计有各级邮局三一六二处，代办所一七二二〇处，村镇信柜等四八四二六处，总计六八八〇八处。

（丙）邮政机械设备之增加　添购自行车一百辆，向国外订购邮票盖销机十具，及邮资机八具，分发各重要邮局试用。目前邮政自备运邮工具，计有汽车五九〇辆，自行车二九四六辆，汽船一三只及汽艇四艘。

（三）继续办理邮政复员

上年度复员及接收工作，系以东北、台湾及华北为主要对象，东北方面，以情形特殊，接收工作未能顺利进行，现仅辽宁、锦州区情形略好，吉林区次之，哈尔滨区则全盘未能行使职务。台湾邮政，原系日人创立，其编制系邮电合并办理，光复后，先由台湾行政长官公署接收，三十五年四月间，移交交通部接管。经于五月五日成立台湾邮电管理局，管理全区邮电事务。至华北方面，因战事影响，复员工作，迄未完成。

〔国民政府档案〕

7. 交通部编《交通报告》

（1948年4月13日）

交通报告　三十七年四月十三日

一、铁路

甲、东北

原有铁路干线及支线共一一，三三六公里。接收时，仅山海关至大虎山间二百余公里通车。经努力陆续修复，最高通车里程曾达三，四三六公里。现时通车者仅六一七公里。

乙、华北及华中

原有铁路干线及支线共八五三三公里，计东西干线三，南北干线三。

第一东西干线——北宁及平绥，共长一三七八公里。接收时北宁全线通车，两年来被破坏七八〇次，随毁随修，现仍畅通。平绥接收时仅能分段通车，三十五年底方初步抢通，经六个月之整理，修竣钢桥三〇〇座，全线畅通。今又大遭破坏，北平仅通至柴沟堡，包头通至红沙坝。

第二东西干线——胶济，石德及正太，共长九五六公里。接收时除石德不能通车，经拆移轨料抢修他路外，胶济正太原全线通车。接收后，胶济线迭遭破坏，三十五年底曾一度全线修通。三十六年二月又遭破坏，改分三段通车。现则通车路线，仅余七十五公里。正太线于三十五年八月及三十六年二月先后遭受大规模破坏，现仅太原榆次间二十余公里通车。

第三东西干线——陇海全线共长一六三七公里。接收时除洛潼段外，余均通车。洛潼段亦于三十五年上半年修复。嗣该路全线迭遭大规模破坏，虽随毁随修，目前东段仅新安至郑州，西段潼关至天水，尚可通车。

第一南北干线——津浦全线共长一二五三公里。接收时，全线通车。旋被破坏，分三段通车。自三十六年下半年将徐州至济南修复后，浦口济南间始可畅通。自天津向南则仅通至陈官屯。

第二南北干线——平汉全线共长一五三一公里。接收时，除元氏至安阳二〇〇公里外，余均通车。旋被逐段破坏。现在汉口以北仅通至确山，北平以南，仅通至固城。平堡段三十六年七次修通，七次被毁。现正努力作第八次修复。

第三南北干线——同蒲全线共有一三〇三公里。接收时，全线通车。不久即遭破坏。现在通车路线，仅高村经太原至灵石，共二四九公里。综上华北华中区，累计共被破坏六千余次，总长五千余公里。随军抢修三千余公里，等于筑一新路由沈阳至广州。

丙、华南(柳州以东)

原有铁路四六六七公里，主要线路计有：

1. 粤汉——全长一一四四公里。复员后，经努力修复，于三十五年七月全线通车。以后仍不断改善，全线临时桥梁陆续改为正式钢桥，期于本年六月底大部分改善完毕。该路在抗战时，毁坏惨重，钢轨，枕木，车辆，均急待更换补充。

2. 京沪沪杭甬——共长八〇四公里。现通车者为京沪沪杭两段，共长五六八公里。接收时该路钢轨枕木损坏甚多，全线场站亦年久失修。经两年来陆续整理补充，该路对于行车安全，密度，速度，与一般服务，均有显著进步。

3. 浙赣(包括南浔)——共长一一二五公里。接收时仅杭州至诸暨，及江山至上饶两段，勉可通车。经积极修复，现由杭州至南昌已全线通车。南浔路亦已修复。自株州向东已修至萍乡。现正赶修南昌至萍乡一段，期于年底通车。

4. 湘桂黔路衡柳段——长五四九公里。抗战时毁坏惨重，经积极修复，于三十六年下半年全线修通。

5. 闽赣铁路线——系一在计划中之新线。该线起自闽省厦门，经福州、南平、顺昌、邵武、光泽、资溪，接浙赣线之贵溪或鹰潭，全长约八八〇公里。三十六年本部已派队施测。现以闽赣两省交界处分水岭通过困难，尚须详加研究，正派队复测中。

丁、台湾与海南岛

台湾现有铁路三九四二公里。全线通车。海南岛二八九公里，通车者一二二公里。

戊、西南西北计划干线 （共分六段）

1. 广州湾至柳州——除柳州至来宾段已通车外，余已勘测完毕，正在设计中。

2. 柳州至贵阳——柳州至都匀段，仅金城江附近六十余公里，尚未修复。都匀至贵阳一段，以沿线难工甚多，计有隧道三十五，共长六千余公尺，最近始将谷濛关隧道之导坑凿通。该隧道长约九六〇公尺，为西南最长之隧道。都匀贵阳段工程，现已完成百分之二十三。

3. 贵阳至隆昌——现正测量中。

4. 成渝路——该路土石方，及桥梁山洞工程，已完成百分之四十。

5. 天成路——在测量中。

6. 天兰路——该路土石方，及桥梁山洞工程，已完成百分之三十二。

上述西南西北干线共长约三三〇〇公里，难工甚多，决非短期内所能完成。现时仅能视国家财力，分段修建。

己、昆明区

原有铁路八五七公里。现通车者计六五八公里，南至碧色寨，北至霑益，西至石咀。将来昆明区铁路如何与西南西北干线连系，尚在测量计划中。

二、公路

公路工作与铁路相似，可分为(一)抢修(二)修复与整修(三)新建三类。两年来计华北华中区抢修七七〇〇公里。华南区修复一四〇九四公里，整修重要国道三五一九公里。西南西北区改善干线六六八七公里。新建青新公路一二四七公里（已通车）。南疆公路一六七九公里（除且末至民丰三六六公里外余已通车）。

三、水运

战前全国共有轮舶一百二十八万吨，计本国商船五十七万吨，外国商船七十一万吨。经战时损失共仅余八万余吨。战后航权收回，一面积极发展国营航业，一面扶助民营航业。全国船舶吨位，现已增至一百零三万吨，较战前我国原有轮舶已增加约一倍。其中仅四分之一强属国营招商局。现该局除维持南北洋及内河干线定期班轮外，并行驶沪菲、沪越、港菲等近海航线，及由上海至关岛、加尔各答、新加坡等远洋航线。业务日益扩展。该局战前所负债务约二千五百万元，内包括一部分外债，均已悉数偿清。民营航业经政府尽力扶植，现有船舶吨位，已将三倍于国营吨位。在抗战与复员期中，民营航业对于国家贡献甚多。

四、空运

胜利时中国、中央两航空公司共有飞机五十八架，飞行航线一万三千余公里，现已扩展至八万五千余公里，飞机增至八十三架，每日出动平均在四十架以上。除维持国内各重要航线及边区交通外，并开辟中美、中菲、中缅等国际航线。为策进民航安全，三十六年一月成立民用航空局，统一管理民航业务。陆续整修国内重要民航机场，充实导航设备，设置空中交通管制站，统一全国气象测报。实施以来，成效甚著。除本年一月在沈阳由于机场秩序之外在因素致有一架失事外，并无飞机失事之事。

五、电信

两年来在不断遭受破坏与万分困难中，随时抢修，维持通讯不使中断。计先后修复线路一万四千余公里。同时积极扩充设备，如长途话线，较战前约增一倍，载波电话机约增三十倍，各种电报快机约增三倍，无线电机约增五倍。业务方面，经积极改善，进步尤为显著。计卅六年度国内电报与国际电报较战前增加一倍有奇，长途电话则增加五倍。尤以国际电报现已通三十二路，跃居世界第四位，与英美均可直接通话。服务方面力求迅速准确，特快电报以前需八小时，现仅一小时半可达到。寻常电报以前并不限时，现至多八小时可达到。

六、邮政

经两年来积极改进，三十六年度全年邮件已增至十万万件。改进邮政以迅速与普遍为首要。在迅速方面，充分利用航空运递邮件。战前(二十六年度)全年航空邮件仅三十五吨。三十六年度全年空运邮件已达六千吨，即平均每月五百吨。本年三月已达到六百吨。南京至迪化信件，战前需三十七天至四十五天，现仅需四天至十一天。南京至重庆信件，战前需十六天至二十五天，现仅需二天至四天。此外又设置火车、汽车、轮船各种行动邮局，通宵邮局，例假邮局，邮亭，及赶班信筒等，暨使用机器自行车传递信件，力谋增加传递速度。在普遍方面，尽量利用公路汽车，及一切交通工具带运邮件，以期深入民间。同时改进乡村邮务，以无锡宁波两地为实验区。现该两地已有七千余乡村，由邮局直接投递邮件，不再留局待取。

交通事业旨在服务人民。除安全迅速外，并须服务周到。非广征人民意见，无以纠正过失。三十六年度邮电两总局会发出征询公众意见试信二十余万封，并派员访问及登报测验民意。以期博采旁征，力谋改进。本部并订本年为服务年，极力督饬各交通事业机关不断改善，以期达成服务人民之目的。惟交通范围极广，事业遍全国各地，督察极不易周。诸代表先生来自各地，洞悉当地实情。如有办理不善情形，务祈不吝指教，交通同人实深感幸。

〔国民政府交通部档案〕

8. 交通部关于新疆交通情形报告

（1948年4月17日）

新疆交通情形（三十七年四月十七日）

发展新疆交通，将来自须修建铁路。迪兰铁路为天兰之延伸线，需用工程材料为量至巨，须俟天兰修通方能输运。而天兰路所需材料，又赖陇海运输。现时陇海交通虽已中断，但天兰工程仍照常进行，土石方及桥梁山洞已完成百分之三十二。兹将关于新疆其他交通设施分述如左：

（一）公路

关于公路建设，在卅四、卅五两年，完成安西至婼羌之南疆公路，卅六年完成婼羌至且末、于阗至民丰之两段公路，并兴筑巴楚至莎车之公路。本年度计划继续完成且末至民丰段及巴莎路未完工程。其他已通车各路，如白杨河经库尔勒至疏勒、库尔勒至婼羌、于阗至疏勒，及伊吾经七角井、奇台至迪化，奇台至北塔山等线，亦已就财力所及，予以加强。

至新省与内地交通之联系线，除尽全力改善维护由兰州经河西走廊至迪化之公路外，并另建一代替线，此线由兰州经西宁、柴达木至婼羌。

卅六年度中央拨发西北边疆公路经费，占全国公路经费总额四分之一。

（二）航空

卅六年四月，中央航空公司增辟沪迪线，全长计三三三四公里，为全国最长且距上海基地最远之航线。按民航定期航线，必须经常维持沿途所需修理配备及充分油料。此项供应，以前全赖铁道公路联运，自陇海路被阻，须绕道川陕，运输极度困难。本部以西北航线重要，仍排除万难，特请准政府补贴该线油料运费，去年计共补贴二十五亿元，本年上半年共补贴六十八亿元。一俟铁路运输恢复,油料可源源运入时,即可增加班次。

（三）电信

迪化之无线电话台,抗战时即已装妥,与内地通话。兰迪铜话线已于卅五年十二月架通,并装有载波机与内地通话。南疆设有无线电台十处,与迪化等处通报。阿克苏、喀什二处与迪化、焉耆、哈密等地之无线电话,最近两个月内即可通话。迪化至绥来之报话线,已于本年元月整修工竣。迪化至奇台之报话线,两个月内可以开工。迪化市内电话容量有限,现正设法扩充,以供民众应用。伊塔阿三区之电信,现时尚未能恢复。

（四）邮政

新疆邮政,自复员以来,积极改进,力谋迅速普遍。增辟汽车邮路,自办汽车邮运,如由兰州至迪化邮件,以往需二十至二十五日,现则十一日可达。全省现有汽车邮路五八二五公里,较战前增加二三二四公里。并尽量利用航空运邮,由兰至迪航空邮件最速仅需一日。至各级邮政机构,战前仅七十八处,现已增为一百八十一处。收寄各类邮件,如二十六年二月份仅五万一千二百五十件,本年二月份已增至十九万一千六百件,普遍方面,亦收效甚著。

〔国民政府交通部档案〕

9. 交通部主管各事业历年政府投资清表

（1948年6月26日）

单位:国币元　　　　37－6－26编

机关＼年度	26	27	28	29	30
铁路	41000000.00	42815501.30	118400000.00	147770486.74	336906704.38
公路	20269073.72	11469850.00	114755848.00	223405524.56	399885272.00
电信		4798374.00	15631497.56	20089465.47	29947728.00
邮政					

续上表

机关＼年度	26	27	28	29	30
航政			2172286.00	4274131.00	11405314.33
器材制造					3525000.00
总计	61269073.72	59083725.30	250959631.56	395539607.77	781670018.71

机关＼年度	31	32	33	34	35
铁路	1274567070.30	917991540.00	6682442930.00	23458207154.26	281351405300.13
公路	403938797.25	1711649135.17	6751160075.22	62233556797.95	124675841251.69
电信	116200000.00	226121680.00	1126724560.00	10516918000.00	56763552095.10
邮政				1100000000.00	27620000.00
航政	13859904.80	40964529.88	158367993.40	7912094403.16	22903131285.13
器材制造	5000000.00	7600000.00	16167800.00	619067492.55	2351378649.19
总计	1813565772.35	2904326885.05	14734863358.62	105839843847.92	488072928581.24

机关＼年度	36	37 上半年	总　计
铁路	1316736255982.43	8622012756263.94	10253120518933.48
公路	717873394217.18	2994056000000.00	3908475325842.74
电信	187364656557.58	900283956648.00	1156468596605.71
邮政	28470000000.00	49918519735.00	79516139735.00
航政	399666456907.00	1712532000000.00	2143244726754.70
器材制造	88811209566.53	44400000000.00	136213948508.27
总计	2738921973230.72	14323203232646.94	17677039256379.90

附注：各年度营业亏损补贴费，调整员工待遇差额及年终奖金，因不属政府投资范围，本表未列入。

〔国民政府交通部档案〕

10. 交通部编交通工作报告资料

(1948 年)①

交通工作报告资料　(自卅四年九月起至卅七年三月止)

胜利以还,交通部从事交通复员与复兴工作,不遗余力,两年余来,依据事实需要,兼顾国库负担,就可能获致之人力物力与财力,作最经济有效之使用。按工作环境,划东北、华北及华中为抢修区,华南为整理区,西南西北为建设区,一面配合军事,一面服务人民,以期符合戡乱建国最高国策。兹将重要设施分述于后:

一、铁路

我国已成铁路,合关内外与台湾、海南岛共有三万零一百九十公里。在东北者占一万一千三百三十六公里,接收时均不能通车;在华北与华中者八千五百三十三公里,接收时通车路线,计华北四千六百廿三公里,华中二千一百一十四公里。经积极抢修,在屡修屡毁,随毁随修状态下,通车里程最高数,东北曾达三千四百卅六公里,华北曾达四千六百二十三公里,华中曾达二千三百五十六公里。现时仍能维持通车者,东北仅六百一十七公里,华北仅二千二百四十公里,华中仅一千八百二十八公里。盖自胜利迄今,仅就关内线路统计,轨道被破坏者,六千零九十五次,总长五千三百六十三公里;桥梁被破坏者二千零五十六次,总计三千六百一十五座;车站被破坏者四百七十次,总计五百零七处。其经随军抢修者,累计轨道三千一百零一公里,桥梁一千六百卅五座,车站一百卅三处,破坏之烈,抢修之繁,于此可见。尤以平汉线之平保段,先后被大破坏达七次,陇海线之徐汴段亦达四次之多,其中胶济线于全线修通未久,陇海线洛潼段正式工程将次完成时,复遭彻底破坏,最为惨重。

---

① 原文无成文时间,约在 1948 年 5 月。

华南区线路共长六千零九十公里，接收时通车者计一千九百三十六公里，经两年来积极修复，目前通车里程已达四千五百三十七公里。现除浙赣线之向塘萍乡段尚在赶修，湘桂线之拔贡南丹段须另筹轨料，方能进行修复外，所有过去已成主要干线，均已恢复通车。

新路建筑，有由兰州经天水、成都、隆昌、贵阳、柳州至湛江之西南西北大干线，该线除都匀至来宾一段，为湘桂黔线已成线路外，尚待完成部分共长二千六百九十八公里，分六段施工。现天兰段已完成百分之廿八，成渝段已完成百分之四十一点二，都筑段已完成百分之十五点八，其余天成、隆筑、来湛三段，尚在测勘或筹备之中。

二、公路

全国现有公路一十三万余公里，以联络首都与各省省会，经济中心，重要港口，边防重镇以及国际通路，构成公路交通骨干者，划为国道，由中央修筑养护管理。国道网路线，除东北与台湾外，业经核定公布，计基线四线，经线五线，纬线六线，经纬联络线廿二线，共长五万七千二百廿三公里，先由中央接管三万八千六百零八公里。

东北、华北及华中抢修区内公路，亦遭“共匪”不断破坏，其经随军抢修恢复通车者，截至最近止，累计为七千七百余公里。

战时毁坏公路，胜利后陆续修复通车者，共长一万四千零九十四公里，而华南区重要国道，如京沪杭三角线、杭徽线、南京经南昌至常德线、及南昌至福州线等三千五百一十九公里，并已陆续整修，逐渐提高标准。

西南西北区除择要改善通车之公路六千六百八十七公里外，新建公路四千零四十六公里，其中以青新南疆两公路，约共长三千公里，关系边防，最为重要，现已大致修通，仅南疆路之且末民丰段三百余公里，尚待接通。

三、水运

战前全国共有轮船一百廿八万余吨(其中七十一万吨为外商所有),经战时损失,仅约八万余吨。战后航权收回,一面积极发展国营航业,一面扶助民营航业,全国船舶吨位已扩增至一百万余吨。就国营招商局言,现有轮船廿七万余吨,与战前原有八万余吨相较,约已超过三倍,现除维持南北洋及内河干线客货运输行驶定期班轮外,并分别派轮开驶沪菲、沪越、港菲等近海航线,及上海至关岛、上海至加尔各答、上海至新加坡等远洋航线,对于承运川粮、赣粮、台湾粮米、开滦煤觔以及救济物资、赔偿物资等,皆能适应事机。

与水运有密切关系之港务,过去受不平等条约之束缚,事权割裂,胜利后已划归交通部统一管理。年来港埠工程,如塘沽新港、葫芦岛港、青岛港、广州港,及上海张华浜与虬江码头等,均已陆续拨款修建,以应航运之需要。

四、空运

胜利时,中国、中央两航空公司,共有飞机五十八架,飞行航线一万三千余公里。目前航线已扩展至八万五千余公里,飞机亦增至八十三架,且经常使用者,达六十余架,每日出动数恒在四十架以上,除维持国内航线,联系各大都市外,并已先后与英、美、法、荷、暹等国商订航空协定,开辟中美、中菲等国际航线。年来对于特种紧急运输,深著绩效,而于便利邮运,加速通信尤有重大进步。为策进民用航空安全,交通部于卅六年一月成立民用航空局,统一管理民用航空业务,并陆续整修国内重要民航机场,充实导航设备,设置空中交通管制站。实施以来成效甚著,已无民航机失事之事。并为统一全国气象测报,将原隶教育部之中央气象局与国防部所属之气象总台,拨归交通部接管,俾与民航业务密切配合。

五、电信

全国现有长途电话线九万七千四百六十三对公里,电报线一十万零二千一百七十六条公里，其中话线三万六千四百一十对公里，报线二万二千三百零六条公里，系战后所新设、加挂及整修。此外设而复毁未能再行恢复者，尚有报话线路四千余公里，其原因亦为“共匪”之不断破坏。盖两年余来，线路被破坏二千三百五十二次，累计杆程达一万六千七百廿公里，经抢修恢复者，仅一万二千二百九十六公里。

机件方面，现有载波机二百五十三部，打字电报机一百卅二部，韦氏快机三百一十九部，无线电机七百五十九部，多系战后所增设，故电路倍增，遇有线电无法迂回转接时，即用无线电替代，收效颇宏。

至改进电信业务，注重迅速、准确、普遍与服务，依此目标举办之新设施，如设置示范局，增设电亭，行动电局，公用电话，开放交保电报，旅行电报，夜信电报，夜间减价电话，特快电话等，以及限时投送，改进传递等手续，均著绩效。

此外国际电台迁回上海后，增设南京支台，陆续增辟电路，与世界各大国直接通报，中美中英间并可通话。

六、邮政

复员以来之邮政，以加速邮件寄递与运输为努力目标，同时顾及邮件之稳妥，及服务之周到，在寄递方面，曾简化收寄手续，举办分区投递制，设置赶班邮筒，并创办火车、汽车轮船行动邮局。在运输方面，经尽量利用航空运邮，平均每月交由空运邮件，卅五年为一百卅吨，卅六年已激增至五百吨。又邮政自办汽车运输，亦经整理加强，先后增辟兰州至迪化，兰州至西宁，及兰州经宁夏至包头等路线，现邮车路线长达七千七百余公里，各地邮件寄递均见加速。在稳妥方面，曾努力防止邮件之遗失，并减少不能投递之邮件。在改进服务方面，曾多发试信，派员访问，广征社会人士之意见，并创设示范局，通宵邮局，星期及例假邮局，增设新式邮亭，由京沪两地试办后，逐渐扩展至各大都市。此外对于乡村邮务，亦正努力改进，以期普遍，现在推行已达五十三处。

综上所述，各项交通设施，经不断改进，虽均著成效，究尚未能望符预期。困难所在，以器材大半仰给外洋，而外汇奇紧，汇率日益增高，一般物价不断上涨，员工待遇须随时遵照规定调整，致一切开支与日俱增。而收入方面则因受军事影响，与运价资费不能随物价调整，以致相差悬殊，亏损日巨。不但建设抢修修复经费，望赖政府拨发，即营业亏损，亦须国库补贴，且此项补贴数额逐月增高，为减轻国库负担，不得不采调整运价资费与补贴并行政策。故每至相当时期，酌予调整一次，但增加成数，远较当时物价为低，即就本年三月而论，水陆空客货运价与战前相较，约自四万倍至十万倍不等，邮资为四万倍，电信为三万倍，而物价总指数，则已逾四十万倍。为配合戡乱建国，交通事业，必须积极加强，举其重者，抢修方面急须准备充分器材经费，俾得随军推进；华南交通通信设备，急须彻底整理，使臻健全；西南西北交通通信之联系，边疆交通通信之维持与加强，急须依照既定计划赓续推行，以收一气呵成之效。至应如何宽筹经费，广辟料源，实为当前急务。

〔国民政府交通部档案〕

11. 主计部统计局编交通统计资料

（1948 年 6 月）

交　通

（1）铁路部分

	截至三十六年六月底止	截至三十六年十二月底止
国营铁路营业路线里程(公里)	11053	8700

续上表

	截至三十六年六月底止	截至三十六年十二月底止
干　　线	10374	8177
支　　线	679	523
国营铁路车辆(辆)		
机　　车	1954	2171
客　　车	2715	3338
货　　车	26164	25027
国营铁路客运	三十五年	三十六年
载运人数(千人)	123585	146517
延人公里(千人公里)	12419887	14743383
国营铁路货运		
载运吨数(千吨)	23232	31000
延吨公里(千吨公里)	3756083	5269928

(2) 公路部分

	截至三十六年六月底止	截至三十六年十二月底止
全国公路里程(公里)	130219	131466
已通车里程	74046	72043
未修复里程	56173	59423
国营公路营业里程(公里)	31435	29735
登记汽车辆数(辆)	66120	70190
自用客车	16158	20117
营业客车	4216	4966

续上表

	截至三十六年六月底止	截至三十六年十二月底止
货　　车	35650	39657
邮　　车	536	512
特　种　车	6499	919
机器脚踏车	3061	4019
国营公路现有车辆(辆)	5003	5330
货　　车	4190	4371
客　　车	813	959
国营公路客运	三十五年	三十六年
载运人数(千人)	4511	11512
延人公里(千人公里)	448932	368473
国营公路货运		
载运吨数(千吨)	349	295
延吨公里(千吨公里)	104937	72784

（3）水运部分

轮船艘数吨数

区　别	截至三十六年六月底止		截至三十六年十二月底止	
	艘　数	吨　数	艘　数	吨　数
总　计	3348	883483	4037	1042425
东北区	32	821	36	1189
天津区	174	21892	206	25225
上海区	1073	649547	1297	782817
长江区	637	68203	703	65890

续上表

区别	截至三十六年六月底止		截至三十六年十二月底止	
	艘数	吨数	艘数	吨数
广州区	1272	123478	1546	143879
台湾区	160	19542	249	23425

	截至三十六年六月底止	截至三十六年十二月底止
水运航线里程(公里)	33575	39480
水道客运	三十五年	三十六年
载运人数(千人)	12027	15228
延人公里(千人公里)	2692301	3485802
水道货运		
载运吨数(千吨)	6111	12057
延吨公里(千吨公里)	3076996	11541431

(4)航空部分

	截至三十六年六月底止	截至三十六年十二月底止
民用航空飞机架数	94	84
民用航空线路(千公里)	64	78
民用航空客运	三十五年	三十六年
载运人数(千人)	259	297
延人公里(千人公里)	225603	231123
民用航空货运及邮运		
载运公斤数(千公斤)	15227	36209
延吨公里(千吨公里)	15157	27921

（5）邮政部分

	截至三十六年六月底止	截至三十六年十二月底止
邮政局所数	60777	54722
邮政员工人数	40446	40367
邮路里程(千公里)	559	553
	三十五年	三十六年
国内交寄函件数(千件)	1010159	1027937
普通函件	876089	907892
特种函件	134070	120045
国内交寄包裹数(千件)	1047	2610

（6）电信部分

	截至三十六年六月底止	截至三十六年十二月底止
电信局所数	1625	1609
电信线路长度(千公里)		
电　报	49	
长途电话	56	
电报线条长度(千条公里)	115	102
电话线条长度(千对公里)		
长途电话	113	97
市内电话	803	
长途电话通话次数(千次)	三十五年	三十六年
首　次	6848	10860
加　次	4769	7240

国内电报去报次数字数

类别	三十五年		三十六年	
	次数(千次)	字数(千字)	次数(千次)	字数(千字)
总计	12969	441533	18178	483707
官军电	1823	148481	1550	124020
私务电	11146	293052	16628	359687

国际无线电报来去报次数字数

类别	三十五年		三十六年	
	次数(千次)	字数(千字)	次数(千次)	字数(千字)
去报	686	23021	718	19535
来报	749	27209	830	24642

(7)运价

运价指数(民国二十六年一至六月=100)	三十六年六月	三十六年十二月
一、客运		
铁路	174182	1024606
公路	527902	3061607
航空	303245	1917398
轮船	832887	3778516
二、货运		
铁路	266654	1805727
公路	420081	2945701
航空	321466	1914912

续上表

运价指数(民国二十六年一至六月=100)	三十六年六月	三十六年十二月
轮船	973201	2714920
平信每20公分邮资(国币元)	100	2000

〔国民政府档案〕

12. 行政院关于1947年度交通行政措施检讨报告①

(1948年)

交通

卅六年度交通部门的工作,约可分为抢修、修复及新建设三大类。在东北、华北方面,重在紧急抢修,配合军事需要;在华南方面,重在修复整理,以加强运输通讯力量;而在西南、西北方面,则重在新的建设,以适应国防交通急切需要,并便利国外物资进口内运。其中因为共匪对于交通的破坏最为剧烈,故抢修工作亦最为艰巨。兹将一年来重要工作情形,分述如左:

一、铁路

卅六年共匪对于东北、华北铁路的破坏,较卅五年为烈,其中尤以平汉之平保段,陇海之徐汴段,中长之四长段,锦热之锦义段为最甚,幸经铁路员工随军抢修,卒将津浦铁路徐州济南段完全修通,并使平津区之平绥线及北宁线迄未中断。计自卅四年九月至卅六年底,关内外铁路遭共匪破坏与割据不能通车者,共达一六,五一五公里,同期内经抢修者,共达六,三九八公里。又卅六年度关内铁路共被破坏轨道二〇五七公里,桥梁一〇八九座,车站二三六站,同年度经抢修者,计有轨道九三〇公里,桥梁六三〇座,车站六

① 选自行政院《1947年度重大行政措施检讨报告》。

〇站(卅六年度关内各铁路破坏抢修情形详见附表一)。此外如华南方面,湘桂铁路的修通,浙赣铁路南浔支线的通车,与杭南段的接轨,海南岛铁路的修复,粤汉铁路的整理改善,京沪铁路的趋于现代化,以及西南西北方面都筑、成渝、天兰各铁路的兴修,均能排除万难,逐步推进(华南铁路修复情形及新路兴修情形见附表二、三)〔略〕。历年来为抢修及修复铁路而由外国运进的器材及车辆,计有钢轨一,五〇三公里,枕木三,九六六,〇〇〇根,钢梁四七,一一五公吨,机车二八五辆,客车五〇辆,货车三,五六七辆。至于卅六年度全国国营各铁路运输业务,虽曾受军事影响,但仍较以往多所改进,总计全年客货运量达三四,七五〇.四六列车公里,约较卅五年度增加百分之四十五。其中客运为一三一,四一七,一一七人,以京沪区为最发达,货运为三三,三一三,二一九公吨,以平津区为最发达(各区铁路客货运量详见附表四)。

二、公路

全国公路分为国道与省道两部分,国道线经于卅六年七月初核准公布,计有东西线(纬)六线,南北线(经)五线,由东北至西南交叉线基线四线,共长五七,二五二公里(东北与台湾不包括在内),先由交通部公路总局接管三万八千余公里。共匪破坏公路交通,亦以东北华北为最甚,并以本年度为最烈,共计被破坏者,有洛阳潼关等廿二线,总长二,三六三公里(破坏公路里程详见附表五)。年来经由中央及地方政府合作抢修完成通车者,计有二十五线,二,三一八公里(抢修公路里程详见附表六)。华南各干线公路之修复与改善,本年度共计完成十一线,总长八七一公里(修复公路里程见附表七)。西北边疆新建之青新及南疆两路,亦均已完成过半。惟民营公路则以汽车运输所需器材均须仰赖外洋,在此外汇困难之时,人民多虞亏损,故虽经积极鼓励,仍少发展。至于国营公路运输业务,现系由公路总局于全国国道路线所设九个运输处分别办理,各运输处因现有车辆日渐损毁,新车补充非易,目前仅有完好货车一，七五六辆，客车五百七十三辆，以之担负全国重要干线的客货运输，实有任重力弱之感。然一年内客运仍达一三，一五三，七六一人，计三六八，四五七，〇九九延人公里，货运达三八二，一八五吨，计八五，六〇四，三三六延吨公里。其中客运人数约较卅五年度增加百分之一九一．五四，货运吨数约增加百分之九五．一，足见已尽相当努力（公路运输客货运量详见附表八）。

三、水运

战前全国共有轮船一百廿八万余吨，胜利时共只存八万余吨，不过战前总吨十六分之一。嗣经陆续接收及向外购置，截至卅六年年底，我国已有轮船一〇〇万余吨，几达胜利时十二倍之多。其中国营水运事业系由招商局办理，该局现有可供营运之江海船只共计八十八艘，二十四万三千五百八十二吨。虽船只尚感不足，但为适应客观需要，仍尽力开辟国际航线。现中日航线已于七月间试航成功，中印、中菲、中暹等线均在积极进行筹备。至于港埠工程如塘沽新港、葫芦岛港、广州港及上海张华滨与虬江码头等的修筑，亦经分别完成。

四、空运

国营中国、中央两航空公司，现共有飞机八十余架，以缺乏零件，一部分不能使用，实际担任飞行者，只有五六十架。卅六年度该两公司各新辟国内外航线十三条，共长四六，二四三公里（新辟航线里程见附表九）。并正根据中英、中荷及中暹空运协定，积极筹备开航中英南洋线，中荷南洋线，及中暹上海曼谷线。除了上列两公司以外，行总空运大队亦参加飞行。总计卅六年度旅客运量为卅一万四千五百九十四人，货物运量为四千一百七十四万九千一百一十六公斤，邮件运量为五百十八万零四百九十四公斤，较之卅五年度约计客运增加百分之二十一，货运增加百分之三一七．四，邮运增加百分之二四二．九（卅五、六年航空运量比较见附表十）。此项空运对于民航及军事经济各方面，均有相当贡献，为求民航的安全，并曾由民用航空局尽力加强安全设备。

五、电信

卅六年度关于电信之设施，为线路机件设备的加强，及报话工作效率的提高，因为共匪在华北各处广泛破坏，线路维持的困难竟与铁路相若，抢修工程的艰巨及器【材】耗费的重大，亦属惊人。即以铜线一项而论，该年度由交通部拨发者即达一四〇〇吨之多（电信线路破坏修复情形见附表十一）。除了抢修以外，并仍从事建设扩充，计在有线电方面，共增设长途电话线二五七九公里，加挂长途电话线七八二二公里，并利用上述线路，增辟各种电路，以传递电报电话。又在无线电方面增辟国内无线电快机电路八路，及电话电路四十四路，又国际电报路二路，及电话电路一路。至关于业务的改进，如传递迅速，工作准确业务普遍化等，亦均获有相当成效。

六、邮政

卅六年度邮政设施，首在利用最速工具传递邮件，现空邮航线已遍及国内各处，每月航运邮件共达三、四百吨，故邮递速度业已远过战前。至对于交通不便的西北边疆，亦经组辟邮政汽车路线，远达迪化、包头、西宁等地。又为革新邮政设备起见，并经创办都市汽车行动邮局、邮亭，及铁路行动邮局、轮船邮局等，惟因共匪骚扰华北各地，邮政大受影响，故卅六年度虽经增设邮政局所九五三五处，邮路五〇三二二公里，但全国局所及邮路总数仍较卅五年度为少。

卅六年度关内各铁路破坏抢修情形

附表一

路别	破坏						抢修		
	轨道		桥梁		车站		轨道	桥梁	车站
	次数	公里	次数	座数	次数	站数	公里	座	站
胶济	275	390	224	215	42	42	23	33	2
津浦	165	155	33	100	16	24	298	174	31

续上表

路别	破坏						抢修		
	轨道		桥梁		车站		轨道	桥梁	车站
	次数	公里	次数	座数	次数	站数	公里	座	站
平汉	577	715	182	268	47	61	128	64	8
正太	24	9	4	10	29	29	9	10	—
同蒲	36	75	5	4	22	16	75	4	—
陇海	125	521	90	411	33	48	221	265	11
北宁	424	123	21	31	10	10	107	30	6
平绥	39	8	24	25	3	3	8	25	—
平古	97	61	25	25	2	3	61	25	2
共计	1,762	2,057	608	1,089	204	236	930	630	60

附注：正太路于四月及十一月全线大遭破坏，自石家庄至东赵村（195公里）及各支线被共匪占据破坏，情形不明，未列入。

各区铁路客货运量表
三十六年度

（附表四）

路别	列车公里	客运		货运	
		人数	延人公里	吨数	延吨公里
总计	34,750,461	131,417,114	14,368,183,834	33,313,219	5,278,538,970
京沪	5,245,463	34,155,470	3,915,982,642	3,854,435	733,124,297
津浦	4,311,967	20,388,508	2,371,001,286	4,871,042	882,575,893
平津	7,251,664	21,372,170	2,429,392,543	8,429,730	1,588,233,134
平汉	2,299,007	9,508,519	1,010,330,460	2,319,751	377,988,952
粤汉	4,044,969	10,488,928	1,098,281,664	1,525,509	433,590,196
陇海	3,123,985	11,389,279	1,569,607,841	2,463,039	420,737,846
晋冀	246,664	1,105,881	51,544,582	356,615	26,038,499
浙赣	1,063,442	4,033,179	273,155,881	4,066,327	118,641,224

续上表

路别	列车公里	客运		货运	
		人数	延人公里	吨数	延吨公里
湘桂黔	570,160	1,654,406	103,406,097	346,414	28,327,242
川滇	641,582	848,948	64,712,590	187,732	17,547,700
滇越	754,041	1,993,330	79,920,901	205,904	19,238,100
锦州	3,396,619	8,060,982	987,281,234	2,643,350	454,286,923
沈阳	917,016	3,855,229	254,180,625	1,377,738	115,589,656
吉林	674,523	1,898,858	115,509,749	362,631	30,596,004
齐齐哈尔	209,359	663,427	43,875,739	303,002	32,023,304

共军破坏公路里程
卅六年度

附表(五)　　单位:公里

路线起迄	里程
总计	2,363
洛阳——潼关	247
老河口——樊城	75
西坪——内乡	97
樊城——十里铺	169
长江埠——宜昌	290
安陆——马坪	44
随县——唐县镇	42
枣阳——双沟镇	45

续上表

路线起迄	里程
尉　氏——老河口	374
罗　山——横　川	55
铜　山——赵　墩	40
萧　县——李石陵	40
张家湾——南蔡村	30
三　河——丰　润	113
潍　县——胶　县	113
济　南——济　阳	46
邹　平——长　山	13
周　村——博　山	35
潍　县——掖　县	140
淮　阴——沭　阳	74
东　台——大伊山	195
金　乡——商　丘	86

注：卅五年度数字不全，故未列入。

抢修公路里程
卅五年及卅六年

附表(六)　　　　单位:公里

年别	路线起迄	里程	备注
三十五年	合计	3,034	内国道 1,565 公里，省道 1,469 公里
三十六年	合计	2,318	
	六　合——仪　征	34	以下六路计 448 公里属国道

续上表

年别	路线起迄	里程	备注
	泰兴——靖江	31	
	新生港——平潮	22	
	南通——吕泗港	77	
	洛川——清涧	268	
	平潮——南通	16	
	丰润——山海关	187	以下十九路计 1,870 公里属省道
	淮阴——沭阳	74	
	东台——大伊山	195	
	四集——铜山	18	
	如皋——新生港	28	
	高邮——兴化	45	
	淮阴——涟水	30	
	临城——夏镇	15	
	济南——济宁	223	
	济宁——徐州	180	
	青岛——即墨	45	
	济南——徐州	360	
	临沂——新安镇	83	
	商丘——郓城	180	
	临沂——汤头	30	
	金乡——商丘	86	

续上表

年　别	路线起迄	里　程	备　注
	衮　州——泗　水	31	
	衮　州——济　宁	30	
	靖　江——新生港	30	

修复公路里程
卅五年及卅六年

附表(七)　　单位:公里

年　别	路线起迄	里　程	备　注
三十五年	合　计	6,050	内国道 5,150 公里,省道 900 公里
三十六年	合　计	871	
	漕　桥——宜　兴	20	以下五线计 459 公里属国道
	崇　阳——黄花市	238	
	无　锡——直　塘	78	
	常　德——澧　县	82	
	张公渡——箬　溪	41	
	淳　安——桐　庐	42	以下六线计 412 公里属省道
	柘　皋——西　葛	98	
	太　平——贵　池	114	
	溪　口——新　昌	51	
	象　山——西　泽	18	
	菜花坪——醴　陵	89	

37 年 3 月 1 日制

公路运输机关客货运运量
卅五年及卅六年

附表(八)

时期别	客运		货运	
	人数	延人公里	吨数	延吨公里
三十五年	4,511,754	448,932,049	348,990	104,936,756
三十六年	13,153,761	368,457,099	382,185	85,604,336
一月	1,889,982	24,718,413	24,814	6,406,552
二月	731,947	32,594,978	23,434	7,394,802
三月	618,921	34,169,453	26,539	7,337,217
四月	796,657	29,624,685	45,281	7,239,944
五月	738,734	31,993,520	34,813	7,366,971
六月	780,767	28,228,764	30,709	6,935,481
七月	989,853	28,024,086	36,662	7,541,906
八月	1,215,912	30,150,950	26,983	7,199,895
九月	1,361,515	31,961,760	30,700	6,967,865
十月	1,368,281	33,338,617	31,723	7,456,667
十一月	1,285,588	33,477,655	36,634	7,542,498
十二月	1,375,604	30,174,218	33,893	6,214,538

37年3月1日制

新辟航空线里程
三十六年

(附表九)

航线起迄	经停地点	里程(公里)
总计		
中央航空公司		

续上表

航线起迄		经停地点	里程(公里)
上海	北平		1,074
上海	香港		1,224
上海	北平	郑州 西安 太原	2,179
上海	北平	济南	1,097
上海	迪化	南京 汉口 西安 兰州 肃州 哈密	3,524
上海	西安	南京 郑州	1,270
香港	厦门	厦门 台南	739
厦门	厦门	福州 厦门 台南	481
北平	广州	郑州 汉口	2,024
西安	北平		904
福州	汉口	南昌	742
重庆	重庆	西安 北平 汉口	3,278
北平	沈阳		622
中国航空公司			
上海	旧金山	关岛 威克岛 中途岛 火奴鲁鲁	13,497
上海	马尼拉		2,391
厦门	香港	汕头	483
厦门	香港	台南 汕头	910
上海	台南	台北	954
厦门	台南		275
上海	兰州	南京 郑州 西安	1,766
上海	昆明	汉口	1,993
上海	重庆	南京 九江 汉口	1,583
重庆	贵阳		330
重庆	西昌		464
北平	沈阳		622

$\frac{35}{36}$年航空运量比较表

(附表十)

种类	三十五年			三十六年				36年与35年增减百分率
	中央	中国	合计	中央	中国	行总空运队	合计	
客运	48,933人	210,366人	259,299人	116,080 $\frac{1}{2}$人	173,317人	25,197人	314,594 $\frac{1}{2}$人	+21.0%
货运	2,921,226公斤	7,080,688公斤	10,001,914公斤	13,658,197公斤	14,146,162公斤	13,944,757公斤	41,749,116公斤	+317.4%
邮运	206,627公斤	1,304,047公斤	1,510,674公斤	1,492,228公斤	2,451,465公斤	1,236,801公斤	5,180,494公斤	+242.9%
行李	623,468公斤	3,090,954公斤	3,714,422公斤	1,664,208公斤	2,548,242公斤	152,471公斤	4,364,921公斤	+12.1%

电信线路破坏修复统计表

三十六年一至十二月份

(附表十一)

区别	破坏次数	破坏里程（杆程公里）	修复里程（杆程公里）	待修复里程（杆程公里）	备注
东北区	262	2,398	989	1,409	
华北区	636	4,597	2,192	2,405	
华南区	26	254	168	86	
合计	924	7,249	3,349	3,900	损失线料约共1,800吨

〔国民政府行政院档案〕

13. 交通部关于交通事业濒临绝境的报告

（1949年5月21日）

查目前交通事业困难万端，所有路电大多配合军用，收入早已短绌，工作复不能稍有停顿。兹特将目前实况胪陈于次：

甲、铁路

1. 浙赣西段缺煤缺款，所有军车停滞株州，无法过轨续运。

2. 粤汉铁路旬日以来，全力疏运南下军队，所有客货早经停顿，收入短少，以致员工包围局长，形同怠工，亟待救济。而南下到衡待运军品，约四万余吨。

3. 湘桂黔路缺煤情形，尤为严重，每隔一日，只能开行军车一次，五月上半月共开行军车七列，客货运输完全停顿。华中长官公署军车一列，因需用紧急，由长官署自行购煤数十吨，始克开行。严重情形，可以想见。

4. 陇海铁路自奉命西撤，以全力办理军运，致使收入毫无，员工生活无法维持，迭接胡主任电部拨款救济，急如星火。

查各路情形已临绝境，所奉拨补款项，以领到过迟，备受贬值影响，实际所得极微，不能挽救危急。本部为顾及军事需要，经拟就提案呈院请拨银元八十万元，结算积欠军事运费，并请按月先拨六十万银元，按期结算。经于本月廿日邀请财政、国防两部及主计处人员商讨集议甚久，以库存支绌，毫无结果。

乙、电信

1. 五月份电信贴补费迄目前止，尚未领齐，业已贬值甚多。各电局或因接近前方，汇兑不通，或因地方上已停用金圆券，无法汇往，接济中断，员工情绪日形恶劣，情况严重。

2. 重庆电信局四月份薪费及南昌、福州、桂林等电信局五月份薪费，均未发清，以致局长被员工包围。上海电信局国际支台五月份薪费未清，汤总部设法借款，尚未借到，应付困难。

3. 前方各局因军事关系，纷请疏散机料，惟因缺乏装箱费及运费，难以及时运出。且运出之机件一迁再迁，所费尤巨，加重经济负担。

4. 后方各局因军政通讯激增，必须增加机线，乃因添补材料及工程费用无着，未能及时装设完备。

5. 前方军事紧张后，商用报话日见减少，而军事报话反见增多，以致收入锐减。

6. 各处经常维持材料，亦因经费支绌，无法添购。现有材料已罗掘俱穷。

7. 内地各处电力设备甚少，或因电压太低，均须自用油机发电，所耗油料，亦无款购买。如西安、兰州、迪化等电局，通讯时间不得不尽量缩短。

综上各节，电信经济困难已达无法维持之境，难免影响军政通讯。所有五月份军电报话费五十二万五千银元，拟请如数拨发，以应一部分之需要。一面并将所请银元贴补案，早赐核定拨发，俾资应付，统祈垂察。

丙、公路

目前交通重心已移西南，而公路尤为急要，乃以财力短绌，车辆燃料之补充储存，公路之整修增辟，均以无款而致停顿。目前公路总局待运之器材、油料、车辆，均因装卸费用无着，未能即早运出。而归并机构，裁撤人员，亦因无款而不能着手。

综上所述，目前交通事业已濒绝境，前曾请求每月拨发银元四百四十万元(贴补费二百三十万元，事业费二百一十万银元)，并一次拨发整理费二百三十万元，俾便紧缩机构，裁汰人员，使不绝如缕之交通事业，勉为维持，以配合目前之军事需要。迄今兼旬，尚无结果，特为提出报告，俾明现在之实际情形，而盼予以有救之应急救济也。

〔国民政府交通部档案〕

14. 交通部编 1949 年交通业务概况

(1949 年 7 月)①

交通部业务概况

前言

交通事业要可分为两部分，一即工程时期，由国家投资建设，为国营事业之资本支出；二即使用时期，为国有营业，以自给自足为原则，政府原无贴补之义务。按贴补之由来，初以政府限制公营事业之收费，以减轻人民负担，将收费不足成本之数，改由政府贴补，但为数甚微，不敷甚远。继因军事转进，金圆券急速贬值，贴补与营收不及支出远甚，更因军电、军邮、军运之加繁，付款又折扣，未能兑现清结，领款缓不济急，于是仰赖贴补以维持之情更殷。

比因领款困难，维持不易，因是催款频繁，颇有指责交通员工过多、待遇太高者，虽亦不无理由，但员工之过多，形成非一朝一夕。杰就任之始，先鉴及此，业已陆续资遣一万七千一百四十五人(沦陷区不计)，现在计划再裁五万六千零五十六人。惟裁员亦须经费，无款则无从执行，此又与节省开支互为因果者。至待遇一层，现在从业员工所得或因有悠久历史关系，或因党部调处工潮，以米价折发，虽较一般公务员为高，但亦仅敷糊口。国营事业原有照公教人员加给三成之规定，无如公教待遇已低至不合个人最低生活之要求，强以不合理之数字责令依据，能否获致效果，其理甚明。故于待遇之调整，虽不断致力抑低，但非俟政府合理标准订定，恐难成就。

目前最重要问题，仍为经费，如果军运、军电、军邮一律付现，则可无须政府再为军运、军电、军邮之贴补，倘半数付现，仍需半数

---

① 系从文中推出，原文无时间。

贴补，否则瘫痪之期，必不在远。至民用方面，因交通之幅度缩小，收入减低，至不成比例。同时边远省份之分支机构，其业务及收入虽少，为维持政令，仍不能不予补助维持。此则由本部就按月拨发之事业及贴补费予以维持不替，仍一面极力撙节，以期逐渐减少国库开支。

今后设施要点：第一，配合军事。凡军事需要，已成者全力维持，未成须新建或加强者，当会同军方请领专款，如期完成。第二，维持民用交通，不使停滞。第三，扶助省营，凡省方有机构可以经营者，划归办理，如公路之过去设区管理，今后除西南后方国道为交通重要工具仍由本部管理外，其余拨归省办，仍由本部予以经济上之维持。

其他如成渝铁路、重庆大坪机场、台湾南门机场，为此后急需工程，必需请拨专款尽速完成。

此外，路、电、邮、航各项设施，分别简叙概况，条例措施纲要，并附图表胪陈如后，恭候钧察。

路政

铁路

（甲）概况　全国铁路总里程原为三〇一三六公里，现刻除台湾及海南岛外，在中央区域以内通车之干支线，仅剩三二五六公里。军事倥偬，运输拥挤，各线负荷之重，可以想见。近以局势关系，各路运输大多数均属军运，收入异常短绌，经济情况万分困难。重以军事转变莫测，金融紊乱，秩序不易维持，各路岌岌可危，殊堪忧虑。目前铁路概况分陈如左：

（一）粤汉铁路

通车里程：由广州至岳阳八七九公里，广九段由广州至深圳一四七公里，广三段由石围塘至三水四九公里，连同其他支线，共一一一一公里。

营业：沿线军运繁重，军运费半价记账，无现款收入，因此军运愈多，客货运量愈少，路收愈绌，每月收不敷出，仰赖国库贴补维持。据报六月份约损毁一百二十万银元之巨。该路五月份员工薪费不能及时清发，曾发生员工包围局长及各部分主管索款情事。前任局长夏光宇无法维持，呈请辞职。新任局长亦以该路经济困难，迟始接事。倘客货运营业长期受军运影响，不能恢复正常，则亏损益甚。国库贴补有限，势将无法维持运输负担军事运输任务。

运输：北上客货车，目前可由广州至长沙，军车可通至岳阳，全区每日运输可开行列车九对，原可兼顾军公运输，因数月来军车到达不卸，拥塞股道，妨碍运输。各次客车乘客多属军人，均无票乘车，不独路收短少，客车秩序无法维持，加以无款购煤，迫不得已于六月二日暂将一、二次特别快车停开。该路为华南大动脉，军运及客车秩序如长此无法改善，处境日益艰危，至为可虑。

工务：该路路线绵长，复员后限期修复，设备欠缺，虽连年迭加整理，尚远不逮战前标准，原拟利用美援彻底整理，惜未能实现。

目前该路应办之工程为：

(1) 补充道碴；

(2) 抽换腐枕；

(3) 加固桥梁；

(4) 增修车站股道及月台；

(5) 加强电讯设备。

该路为便利煤运，曾兴筑物牙洞支线，长三七公里，可望于月内完成通车。

(二) 湘桂黔

通车里程：全线通车里程共九三九公里。金城江至南丹间一〇三公里，现由公路接运，未正式通车。

营业：沿线地瘠民贫，客货运量不多，不易发展。现以战局影响人口及物资移运西南者颇众，军品待运尤巨，每日平均须由衡阳开行军车一列，客车时常停开，货物甚少。向不办理货运只收运包裹，故收入极为短绌。据报六月份收入估计约得十二万银元，而支出需六十四万九千二百元，亏损五十二万九千二百元之巨。

运输：沿线以行车设备简陋，运输能力薄弱，最高只能开行列车三对。以往不办货运客运亦甚清淡，尚勉可维持。近以军运增加，运输上骤增负荷，现煤款无着，时常发生缺煤停车情事，情形相当严重。如须配合事实需要，亟待拨发巨款加以整理及购储机煤，加强运输能力，方足以赴事机。

工务：该路系复员后归并湘桂黔桂两线而成，其中除金城江至南丹段正在限期修复外，其余路段均系胜利前后先后限期初步修复者，各项行车设备俱极欠缺，尤以目前战事南移，该路军民运输骤繁，亟待即行整修加强。

目前该路急需办理之工程，计有下列诸项：

(1) 湘江便桥：衡阳湘江上原筑有正式铁路及便桥各一座，于抗战末期先后炸毁，迨前年年终，衡桂段修通后，以正式铁桥之钢梁在国外订制，交货遥无确期，决定先修复便桥，全长约三百八十公尺。兴工以来，以工款所限，工进困难，估计尚需工料款二十四万五千银元，如工款有着，本年雨季后六个月可以赶完。

(2) 柳江大桥：桥长约六百公尺，桥墩修筑及钢梁装配已完成一部分，估计尚需工料款三十万银元，如承拨发，则本年雨季后八个月可以修通。

(3) 车辆渡江设备：在湘江便桥及柳江大桥未修通前，该两处车辆渡江设备亟应加强，以利运输。

(4) 抽换枕木：该路全长千余公里，自修复以来，以限于工款，沿线枕木多不能依照标准抽换。目前运输日繁，亟需抽换枕木约二十六万根，以策行车安全，需款二十六万银元。

(5) 储备便桥抢险材料：时值雨季，该路现有便桥时有被水冲毁可能，亟需储备抢险材料，以应急用。估需六二九〇〇银元。

(6) 增筑车站股道：该路衡柳段军运特繁，原有车站股道不敷应用，亟应增添二十处，需工料款四万银元。

（三）浙赣铁路

通车里程：由株洲至清江二五八公里。

营业：该路西段通车未久，客货运营业不振，自清江以东失陷后，客货运收入几等于零，每月开支约十一万银元，全赖国库补贴。此外该路东段以前积欠未付煤款十七万五千银元，亦待款结算。现战事重心在赣县一带，该路迫近前线，客货营业难有起色。

运输：现有路线系去冬修通，路基未固，行车设备缺乏，运输能力异常薄弱。益以路收短绌，机煤无款购储应用，及军运强迫先开，行车秩序紊乱，运输时有阻滞，运量因此益见减少。最近以全力办理军运，货运完全停止，客运亦时有时无，不能维持正常。

工务：通车路段须修补坍方，抽换枕木。

（四）陇海铁路

通车里程：由宝鸡至天水一五四公里。

营业：该路最近以战事关系，自西安西撤，路线大为缩短，客货业务远不如前。现以情势所迫，及事实上需要，就宝天段勉强行车，办理客货业务，收入甚为短少，撤退员工一时无款遣散。六月份收不敷支，亏损三十七万银元，仰赖政府拨给补贴费，以资弥补。

运输：现有通车路段，原未正式开办客货运输，因修通后常年不断发生塌坡情事，现在勉强维持交通，运输能力极为薄弱，且随时仍有塌坡阻碍。机煤亦甚缺乏，该路拟自天水附近开办煤矿，以经济困难，一时尚无法供应路用。

工务：通车路段沿线坍方颇多，正加紧清理。

（五）昆明铁路

通车里程：川滇线由昆明至霑益，滇越线由昆明至碧石寨，共长四八〇公里。

营业：沿线位于高坡地段，且属窄轨，客货业务未见旺盛，收入略当开支半数。客货运费以当地现行使用之“半开”计算，每一银元约合半开三元五角，上下半开币值时有上落，客货运价亦受滇省政府限制，不能随时调整。本部已电滇省府卢主席予以维持，就该路收支情形准予调整运价，俾收支渐趋平衡。

运输：高坡窄轨铁路，运输能力有限。客车每列可载运二百人，货物列车最高载重为一百七十吨上下，运量不易增加。目前沿线客货运量无多，该路运输能力亦足以应付全线客货，旺盛时期平均每日开行客车三对，客货混合车二对，货车二对，沿线匪氛甚炽，运输时受阻滞，并影响煤源之供应。

（六）平津绥包段

通车里程：由归绥至包头一四八公里。

营业：该段地处边陲，自路线中断后，客货稀少，十九皆为半价记帐之军运，路收甚微，非国库补贴无以维持。惟该路远处西北，汇兑不通，接济困难，国库拨有补贴亦不易随时领到。员工艰苦支持，生活减缩节约难获一饱，大多枵腹从公，情况最为艰危。

运输：目前运输每日只由归绥包头间对开混合列车一对，无款购用机煤，幸承绥省政府维持拨借，行车免陷停顿。

（七）成渝铁路

该路线自成都至重庆，全长五三〇公里，于抗战前开工，旋以款料缺乏停工，至卅六年方始复工。重庆至内江段，路基桥涵等工程已大部完成，仍在继续进行。内江至成都段工程已暂停顿。总计全线工程已完成百分之四十六。

年来四川人士迭次呼吁，完成成渝全线，以所需工款甚巨，而外洋轨料购办不易，本部计划拟利用川省钢铁厂，自造轻轨，于本年内先行修通重庆至永川段（一六五公里）。

（八）西北西南铁路大干线

西北西南铁路大干线，北起兰州，经天水、成都、隆昌、贵阳、都匀、柳州、来宾、贵县，以迄于广州湾之湛江市，全长约三千零四十公里。经以分别测量施工。兹分述于后：

(1) 兰州至天水段，长三七六公里，定测已竣，曾经局部开工。本年初因经费无着，已告停工。该段已并入陇海路。

(2) 天水至成都段，长七五五公里，定测已竣，现暂停搁。

(3) 成都至隆昌段，三一八公里，为成渝铁路之一段，工程已完成一部，现拟先将重庆至内江段修通。

(4) 隆昌至贵阳段五一二公里，正筹备定测。

(5) 贵阳至都匀段一五二公里，工程已完成四分之一，现长隧道及坚巨石方等工程，仍在继续施工中。

(6) 都匀经柳州至来宾段，长五四二公里，除金城江至南丹段正限期修复外，均已通车。

(7) 来宾至贵县段，长一一六公里，抗战前工程已完成大半，胜利后继续施工，除桥工外，大部分工程已完成。本部计划一年内将该段完成至可铺轨状态，以期提前接通湘桂内地经西江联接海运之交通线。

(8) 贵县至湛江市段，长二七四公里，定测已竣。

（乙）今后设施纲领

（一）就各路现有设备，加强其运用效率，以配合军事需要，适应作战计划，迫近战区路段，并充实抢修准备。

（二）妥筹机煤及行车材料，以免运输中断。机煤中七成为军煤，三成为路煤，粤汉、湘桂黔、浙赣三路月需军煤二万三千吨，合款二十一万银元，由军运费拨付路煤一万吨，合款十一万银元，由路局筹付。倘军运付现，则概由路筹。

（三）维持各路可能限度之客货运输，以便利行旅，沟通生产运销，稳定地方经济。

（四）调整路局组织人事，节省开支，增进效率，以期减少国库补贴，提高配合作战精神。

（五）西南西北大干线内湘桂黔路之都筑段、来湛段及成渝铁路之渝内段，尽力促其进展，以为长期作战之准备。湘江、柳江两大桥为西南交通线之重要联接点，亦尽可能完成之。

新工各铁路概况

路别	主管人	员工人数	起迄地点		全长公里	工程概况
			起点	终点		
成渝	邓益光	1,517	重庆	成都	530	全部工程已完成46%，本年内拟利用川省炼钢厂自造35磅钢轨，先修通重庆永川段165公里。
来湛	沈锡琳	1,329	来宾	湛江	397	来宾贵县段120公里路基工程，除大桥外，已大部完成，贵县以南地段尚未施工。
都筑	刘建熙	1,396	都匀	贵阳	152	全部工程已完成25%，今年着重于桥梁隧道及石方之修筑。
隆筑	吴启佑	92	隆昌	贵阳	512	筹备定测。

其他事业机构概况

名称	主管人	员工人数	一般情形	处理办法
铁路总机厂	周迈	950	株州厂部分开工，广州厂在装置中。	株州厂保留必须人员工作，其余遣散。广州厂除酌留保管人员外，其余遣散。
华南铁路调度处	刘光尧	180	业务停顿	已饬结束，全部遣散。
铁路联运处	谭耀宗	84	业务减少	保留机构，人员分拨各路工作兼办该处业务，多余人员资遣。

军运记账运费积欠概况

（卅八年一月至四月）

月份	记帐数	已拨数	欠拨数	折合银元
一月	73,735,798	10,000,000	63,735,798	318,679
二月	635,155,711	15,000,000	620,155,211	775,194
三月	3,106,057,249	95,000,000	3,011,057,249	940,955
四月	158,811,149,844 半开 3,814	1,875,000,000	156,936,149,844 半开 3,814	2,243,216
共计	162,626,098,602 半开 3,814	1,995,000,000	160,631,098,602 半开 3,814	4,278,044

公路

（甲）概况　现行公路管理，因路线之重要性，分为国道、省道及县道（包括乡村道路），国道之管理归中央（由本部公路总局分区管理之），余属地方权责。省道由省公路局管理，间接接受本部之指导监督。

公路经费，于国道方面，由中央负担；省道原则上归省自筹用款，但就其重要性，得由中央酌予技术性工程（如桥涵、渡口）以补助工款。

全国国道里程原有五三〇〇〇公里，省道七八〇〇〇公里（县以下交通道路以标准甚低，尚不计列），合共约一三一〇〇〇公里，其由本部公路总局管辖之国道及代管之省道，共约二五〇〇〇公里。近因战事转近关系，目前在管可能通车国道约一五〇〇〇公里，省道约一〇〇〇〇公里，共约二五〇〇〇公里。

管理机构，全国以公路总局为中心，系工程与运输两项工作，分别划区设局处管理。工程区为“面”性，运输区为“线”状，计原有八个区公路工程管理局，十个运输处（现已部分沦陷），暨直属业务单位近十处，统详附表一（公路行政现况表）。

（乙）工程　公路建设历经抗战时期之破坏及养护失调，日形圬败。战后复修，又以限于经费，工程设施未能按预订标准修建，简陋不堪。近以繁重军公商运输增多，加以水毁匪毁频仍，已至应付为难景况。

本部卅八年度公路事业费，原案预定办理之工程计养护路线二九四〇〇公里，复修路线二〇〇〇公里，改善整修路线一六五〇〇〇公里，新筑路线约一二三〇公里。至于纯军事公路及临时抢修工程，均不计列在内（路线见附图）〔略〕。

惟本项年度事业费预算案，迄仍未奉核定拨款，所有公路事业性工作，概系无法展办。近月尽以应付军事需要，担任抢修之紧急工程，而即使全部工程任务，在于配合军事，办理抢修。但因工款困窘，请款耽延，办理至感困难。现六月份拟办抢修工作及概算，勉就最低需要，列如附表三（六月份公路事业经费表）。

（丙）运输　国营公路运输，原系示范事业，凡地方或商营无力主办，或以无利可图不愿行驶者，概归本部公路总局所属运输处办理。由于油料价昂，路线窳劣，以及治安不良，致行车成本甚高。加以军公运输繁多，无票霸坐情形严重，各运输处均已至亏损难以维持地步。

目前尚余之七个运输处，共有客货车辆三九〇〇辆，其中完好者约百分之三十五，计一三八二辆，现有运力每月可五百万吨公里，消耗汽油量月约二〇〇〇〇〇加仑（合约四千大桶）（各运输处现有车辆统计如表四）。

现行运价（六月份）每吨公里收入以〇·一七五元计算，但每吨公里之支出现约平均为〇·二〇元，不敷之差数尚赖政院贴补费维持（表五）。考查收入短少原因约为：

（1）邻近战区各地征用车辆未尝付费；

（2）疏运时期回空特多；

（3）客货运量减少，且负担能力薄弱；

(4) 军人无票乘车特多。

（丁）今后设施纲领

(1) 简化组织，加强效率(简化办法见附表二)。

(2) 加强地方责权，以一部分国道划归省办。

(3) 配合军事需要，主办国道及协导地方性道路之抢修或加强。

(4) 集中力量，办理重要干线之运输工作，整顿业务，以谋自给自足。其余路段尽量拨归省营，及鼓励民营。

(5) 迅谋西南西北暨川康区等公路车站，储备行车用料，并于主要站点配置小型汽车修配厂。

（表一） 公路行政现况简表

<table>
<tr><th colspan="2">机构名称</th><th>现驻地</th><th>任务事项</th><th>工作区域(省)</th><th>主管人员姓名</th><th>现有员工人数</th><th>备注</th></tr>
<tr><td colspan="2">公路总局</td><td>贵阳</td><td>主管全国公路</td><td>全国(未包括台湾)</td><td>沈圻</td><td>290</td><td>负责人员仍随部所在工作</td></tr>
<tr><td rowspan="6">区公路工程管理局</td><td>第二</td><td>衡阳</td><td rowspan="6">主办国道管理、养护、整修及部分监理工作。</td><td>湘、鄂、赣</td><td>颜泽滋</td><td>5218</td><td rowspan="6">第一区局（南京）及第八区局（北平）已撤销。</td></tr>
<tr><td>第三</td><td>广州</td><td>粤、桂、闽</td><td>陈锦松</td><td>2780</td></tr>
<tr><td>第四</td><td>昆明</td><td>滇、黔</td><td>罗英</td><td>5565</td></tr>
<tr><td>第五</td><td>重庆</td><td>川、康</td><td>熊哲帆</td><td>4706</td></tr>
<tr><td>第六</td><td>迪化</td><td>新</td><td>刘良湛</td><td>2046</td></tr>
<tr><td>第七</td><td>兰州</td><td>陕、甘、宁、青、绥</td><td>吴华甫</td><td>5983</td></tr>
<tr><td rowspan="7">运输处</td><td>第二</td><td>衡阳</td><td rowspan="7">办理国道干线运输工作</td><td>湘、鄂、赣</td><td>刘哲民</td><td>1723</td><td rowspan="7">第一、八、九运输处均因地区易手裁撤。</td></tr>
<tr><td>第三</td><td>广州</td><td>粤、桂、赣〔闽〕</td><td>冯君锐</td><td>649</td></tr>
<tr><td>第四</td><td>昆明</td><td>滇、黔</td><td>陈安澜</td><td>2429</td></tr>
<tr><td>第五</td><td>重庆</td><td>川、康、陕</td><td>王润生</td><td>957</td></tr>
<tr><td>第六</td><td>迪化</td><td>新、甘</td><td>刘良陆</td><td>445</td></tr>
<tr><td>第七</td><td>兰州</td><td>甘、宁、青、绥</td><td>高崇善</td><td>2895</td></tr>
<tr><td>第十</td><td>贵阳</td><td>黔、湘、桂</td><td>金熿</td><td>2366</td></tr>
<tr><td colspan="2">筑路机械管训处</td><td>广州</td><td>办理机训及□□</td><td>现暂三个总队如下</td><td>黄祝民</td><td>300</td><td>原设上海真如</td></tr>
</table>

续上表

机构名称	现驻地	任务事项	工作区域(省)	主管人员姓名	现有员工人数	备注
第一、第二、第三机械筑路工程总队	狗牙洞支线	实施机械筑路工作	京沪区，现办狗牙洞支线	李温平	800	大部分机械已沦陷或毁损
	广州		粤桂区	黎杰才		
	福州		闽浙区	蔡世琛		
汽车器材总处	上海	汽车储料及修配	全国	张乃修	650	已沦陷裁撤结束
长沙汽车修配厂	长沙		湘中地区	柳克聪	200	

(附图)〔略〕

(表二) 公路行政简化调整计划简表

机构名称	驻地	工作区域	计划编制员工人数	备注
公路总局	贵阳	全国	100	本表人数不包括事业费开支之人员数额。
华南区公路管理局	广州(设桂林办事处)	粤、桂、闽、湘、赣五省区及浙省南部(以广州为中心)	100	※合并第二、三区工程局及第二、三运输处。
西南区公路管理局	昆明	滇黔二省区及川省长江南部(以昆明为中心)	100	※合并第四区工程局及第四运输处。
川康区公路管理局	重庆	川康二省及陕省一部分(以重庆为中心)	100	※合并第五区工程局及第五运输处。
西北区公路管理局	兰州(设迪化办事处)	甘、青、宁、绥、新五省区(以兰州为中心)	100	※合并第六、七区工程局及第六、七运输处。

① 各区公路管理局统办工程及运输任务。

② 筑路机械管训处及第一、二、三机械筑路工程队整编合并为一个机械筑路工程总队，隶华南区局管理。

③ 汽车器材总处及长沙汽车修配厂合并改为"器材总库"，迁筑设置。

（表三） 三十八年度六月份急需公路事业经费表

38年6月17日

经办单位	路 线	说 明	概算数	备 注
第二区局	长沙、衡阳、下口司、东屯渡、常德、辰溪等渡口	加强设备增置渡船	15,000.00银元	
	长 沙——小 塘	重建衡阳青草坪桥及加强抽换如木桥桥面	10,000.00	
	常 德——鲇鱼浦	整修路面加强桥梁	10,000.00	
第三区局	福 州——厦 门	整修路基桥面择补路面	30,000.00	
	黄沙河——荔 浦	整修路面加强桥梁	20,000.00	
第四区局	都 匀——崇溪河	整修路面加强桥梁	20,000.00	
	鲇鱼浦——昆 明	整修路面加强桥梁	20,000.00	
第五区局	崇溪河——重 庆	整修路面加强桥梁	10,000.00	
	成 都——七盘关	整修路面加强桥梁	15,000.00	
	雷神店——茶 洞	整修路面加强桥梁	20,000.00	
第六区局	且 末——民 丰	续修完成	10,000.00	
第七区局	七盘关——宝 鸡	整修路面加强桥梁	10,000.00	
	双石铺——兰 州	整修路面加强桥梁	10,000.00	
湖南省	衡 阳——榆树湾	修复匪毁工程整修路面加强桥梁	15,000.00	
	衡 阳——黄沙河	整修路面，加强桥梁	5,000.00	
	耒 阳——界化垅	整修路面，加强桥梁	5,000.00	
	湘 潭——宝 庆	整修路面，加强桥梁	5,000.00	
江西省	界化垅——泰 和	整修路面桥涵	5,000.00	
	泰 和——小梅关	整修路面加强桥涵	10,000.00	
四川省	绵 阳——璧 山	整修路面桥涵	15,000.00	
	乐 山——富 林	整修路面桥涵	15,000.00	
广西省	郁 林——梧 州	整修路面桥涵	10,000.00	
	大 塘——石 角	整修路面桥涵	10,000.00	
	荔 浦——濛 江	整修路面桥涵	5,000.00	

续上表

经办单位	路　　线	说　　明	概算数	备　　注
	各区公路局及各省重要公路养路补贴		50,000.00	
共　　计			350,000.00	

附注：以上各路均系戡乱时期后方各主要公路，迭据各方请求，以路况愈劣亟待整修，尤以桥面朽毁，渡口设备不够，急待加强，拟于本月份酌列如上各数，先择要办理，以利军运。

（表四）　交通部公路总局运输能力现况表

运输机构：　现存仅七处。

现况运力：　每月约　5,000,000 吨公里

用 油 量：　每月约　200,000 加仑

（合 4,000 大桶）

车辆统计：　货车 3328，客车 572　（五月份）

机　构	货　车		客　车	
	完　好	待　修	完　好	待　修
第二运输处	288	278	152	27
第三运输处	139	216	54	95
第四运输处	127	649	11	40
第五运输处	123	143	6	4
第六运输处	60	140	5	5
第七运输处	204	487	43	84
第十运输处	134	340	36	10

（表五）　三十八年六月份公路运输贴补费分配表　　单位：银元

单位名称	分配数额	备　　注
第二运输处	12,000	

续上表

单位名称	分配数额	备　　注
第三运输处	8,000	
第四运输处	14,000	
第五运输处	14,000	
第六运输处	10,000	
第七运输处	20,000	
第十运输处	15,000	
汽车器材总处	3,000	
长沙修车厂	4,000	
总　　计	100,000	

电信

(甲) 概况　交通为百业之命脉,电信又为交通之交通。举凡重要军情之传递,政令商情之宣扬,均有赖于迅速正确之电信为之沟通。我国电信事业在抗战时期已发挥其最大之效能,战后以限于财力物力,其设备之加强,不得不偏重于重要城市及滨海地区,西南各省几无余力可以顾及。连年兵燹,朝夕破坏,机线损失,为数不赀。近自华北华东重要城市相继陷匪,致使整个电信事业之前途,益濒于艰险困难之境地。为适应军事维持业务起见,迭经尽力设法局部拆移,使重心改至华南。惟处此经济物质条件极端困难情形之下,终嫌无补事功,难期完善。兹为力求加强设备,配合军事,便利民众,兼及开源节流,勉维事业于不替,谨将电信现况分别举陈于后。

(一) 机线设备:查三十七年初,长途电话线路曾达十万余公里,几至胜利时之一倍。其他机构设备有增至数倍至数十倍者。一年余来,重要城市相继沦陷,各项设备数字日减,新式机件损失尤多，致现有设备几难应付业务需要（附现有电信设备表，全国长途电话，载波电路图，全国无线电话设备及电路图，“附件一、二、三”〔均略〕）。前经根据国防部意见，拟具适应军事各项计划及经费概算，惟经费迄未领到，无法进行。此项计划为：

(1) 加强西南等区通信设备计划，需银元一百万元，美金一百万元，其银元一百万元已奉行政院准拨，惟迄今未曾领到。又美金一百万元，虽奉政院令饬财政部与美援运用委员会洽拨，惟迄今亦无结果。

(2) 第二期作战后勤计划通信部分，需银元一百一十五万三千一百元，经于六月四日、十五日先后呈请行政院拨发，惟尚未奉批示。

(3) 国防部嘱办各军事话线，需银元二百六十万零七千六百元，已呈院请拨一百八十五万零一百二十五元，其余会同国防部呈院请拨，惟均未奉拨。

（二）业务状况：近年来电信业务以配合军事，便利人民为方针，以迅速准确可靠及服务为目标，力事整顿，颇收成效，业务日见发展。嗣以战祸连绵，所受影响至巨。以本年各月业务数字比较，四月份较一月份减少达三分之二。自五月以后，上海、汉口、青岛、西安等处又告沦陷，同时因军事紧张，军用报话增繁，商用报话复锐减二分之一（各项业务数字另附卅八年一至四月份全国电信业务数字表）“附件四”。

（三）国际通讯：我国对外通信，胜利以后，仍以上海国际电台为枢纽。前为预防该台通信中断，业经分别于广州、台北另设国际支台，并在重庆增添设备，现已与世界各大都市直达通报。惟查国际电信业务，向以上海为重心，故前上海国际电台业务数字占全国百分之六十。自上海沦陷后，广州、台北两支台现在业务只及以前百分之五十，而上海国际电台自陷匪后经由广州支台守听，已与英、美、法、俄、日、印度、澳洲、香港及南洋各地恢复通信，自应交涉取缔,以维权益。

（四）材料:查全国电信材料于胜利时异常缺乏,虽将西南区战时设备极力东移,仍苦不敷,嗣得美军剩余料及联总救济料等陆续补充,始将全国通信网逐渐整理。惟日方移交材料配件缺乏,美式材料又多程式不合,不能立即装用,须经修改装配。又因改装所需,补充材料无款订购,工场设备亦不敷用,致积存尚未完全整理之料甚多。此项材料大多存储上海,本年春季曾就本局财力可能范围之内,将存沪可用材料,连同新购各料,尽量南移广州,刻正待款西运。惟因南运材料无多,现时西南各省设备缺乏,将来局势转移,必需酌量补充。

（五）财务:电信经济向极支绌,本年以来,营业收入受时局影响,日益衰落。同时金圆券剧急贬值,物价高涨,支出无法控制,亏损更甚。各电局以员工生活不继,纷电请款,但以电款支绌,无法拨应,故日在极度困难之中挣扎。虽经多方紧缩,收支不敷仍巨,而政府贴补亦未能按时领足,以致各电局积欠薪费累累,各项紧急费用,亦苦无法应支。因之,员工工作情绪日益低减,最近收支情形,按银元计算,每月收入约七十九万五千元,支出约一百五十五万余元,不敷月达七十五万五千元(附卅八年一至六月份电信收支概况及请领贴补表及电信收支不敷原因表)附件五、六。

（六）人事:查电信员工在抗战胜利后复员之初,全国共有四万七千九百余人,嗣经将收复各区人员分别加以甄审,汰弱留强,截至卅七年底,全国员工共有三万八千八百余人。自本年起,因军事关系,战区各局大都沦陷,员工人数逐月减少,本年五月底,电信员工共仅二万五千一百余人,较胜利时约减少百分之四十七强(附卅八年度电信员工一至五月份人数统计表)“附件七”。电信交通在军事期间,至关重要,所有在战区各局工作人员,迭经本局严饬坚守岗位,维持最后通讯,致一部分技术优良人员,每以军事情形剧变,不及撤退,随局沦陷,在电信方面,实为重大损失。

（乙）今后设施纲领

（一）配合军事：

（1）加强通信设备：查自军事重心移转，原有通讯设备亟应加强，且现有无线电话保密机件，因一部分陷敌，已失保密价值，必需另装新式单边带保密无线电话，以确保军事秘密。其急需办理之工程计有：

（A）国防部嘱办之加强西南等区电信设备计划。

（B）卅八年二期作战后勤设施通信计划。

（C）各军事话线等三条。

（附军方嘱办急要电信工程表，军方嘱办急要线路图，拟购LE单边带无线电话机廿三套分装计划及其电路图）“附件八、九、十”〔均略〕。

（2）抢运电信材料：查现存广州衡阳等地材料亟待西运，又香港现存外洋购到材料及不久即可运到之器材，尤须立即报关进口，早日内运。计广州待运材料共约四百吨，衡阳待运材料一百吨，香港待运材料一百六十吨（附西运电信材料简明料单，内运材料运费概算，共需运费及关税银元卅五万二千元）“附件十一、十二”。

（3）加强与军方联络并配置工程抢修队：在华中西南西北军政长官公署及长沙、福州、广州、桂林、南郑、云南、贵州各绥靖公署，设置电信连络专员，以期密切联系。

战区线路时遭匪方破坏，拟据作战需要，在各主要线路配置工程抢修队，以维持线路之畅通。

（二）便利民众：

（1）增设及整理国内国际电信设备：为增进电信传递容量，并配合国防部嘱办各项工程，使通讯灵活起见，亟应增设及整修必需之报话机线，共需银元四百八十万元（附卅八年下半年电信建设事业计划经费概算表及卅八年下半年电信建设事业经费各项单价表）“附件十三、十四”。

(2) 提高工作效率：

(A) 加强稽核各局电信传递之速率与正确，并作机动性之抽查。

(B) 就机线许可范围，参照业务情形，尽量增辟直达有线无线电路，以减少周转之迟延。

(C) 开放全国夜信电报半价收费，以利民众。

(D) 综核名实，严加考核，以收奖惩之效。

(三) 厉行紧缩裁减人员：

今后电信人事，仍当以配合军事为鹄的，惟近来各局业务普遍减少，营收日绌，员工薪费每致愆期发放。为补苴计，除退职、死亡及因案去职人员缺额概不添补外，在电信总局本身，由三百余人减至四十人，并就全国电信人员在不妨碍业务原则下，拟再陆续裁减四千五百人，以资紧缩。该项裁减人员共需遣散费用计银元卅四万六百八十元(附请领裁减电信员工遣散费及川旅费数目表)"附件十五"。

再台湾电信员工三五〇〇人，其中台湾本地人约占三千人，此次办理台湾籍邮电员工归班，因台湾省政府规定，台籍员工不予裁汰，悉数甄别留用，以致台湾区电信经费每月不敷约八万五千元。最近台省府遵照院令规定，对台湾邮电两局负责指挥监督，上项不敷经费，似应由台省府按月补助，以资维持。

(丙) 急需请拨各款

(一) 贴补费：

五月初，请领贴补费一百零三万九千元，已奉拨十六万一千三百六十二元，尚差八十七万七千六百三十七元。又六月份请领贴补费七十五万五千八百元，两共一百六十三万三千四百三十七元，拟请迅赐拨发，俾资维持。

(二) 工程费：

(1) 加强西南等区通讯设备，计划经费计需银元一百万元，美金一百万元，已奉钧院核准拨发银元一百万元，并饬财政部向美援运用委员会洽拨美金一百万元，但迄今均未领到。拟请令饬即拨，以便赶工。

(2) 第二期作战后勤计划通信部分经费，计需银元一百十五万三千一百元，业经六月四日及十五日两次呈请钧院拨发，尚未奉批。拟请迅赐核拨。

(3) 国防部嘱办各军用话线经费，计需银元二百六十万零七千六百元，业已呈请钧院请拨一百八十五万零一百二十五元，其余正会同国防部呈院请拨，拟请并赐饬拨。

(4) 卅八年下半年事业建设计划经费，计需银元四百八十万元，拟请分期拨发。

(三) 军电费：

五月份请领银元五十二万元，经奉准卅万元，已领到十五万元，其余十五万元拟请立饬央行拨发。又六月份请领五十二万元，并请早日拨发，或请改为付现。

查军事报话现几占全部电信业务之半数，故军电费关系电信营收甚巨，拟请自七月份起，恢复军电军话付现办法，由国防部拨足专款付现拍发，以免各部队因无须付现随意拍发冗长或私事电报，雍塞线路，俾电局得以增加商电营收，而减轻国库负担。如此项付现办法一时尚有困难，拟请按照立法院决议办法，于每月月初由财政部照六月份请领之五十二万元，一次预拨，俟月终再行结算，俾员工薪费得免牵延，而增工作效能。

(四) 抢运材料费：

共需银元卅五万二千元，拟请迅赐核拨，以便及时抢运，而免损失。

(五) 人员遣散费：

共需银元卅四万零六百八十元，拟请迅赐核拨，以便裁减，而资紧缩。

三十八年一至四月份全国电信业务数字表

类别 月份	国内电报		国际电报		长话次数	市话户数
	次数	字数	次数	字数		
一月份	1,645,393	37,344,476	55,466	1,588,124	1,553,829	57,676
二月份	1,365,360	27,208,304	48,807	1,207,239	1,897,763	58,553
三月份	1,120,275	24,362,200	50,413	1,006,157	913,565	42,883
四月份	590,218	11,433,127	44,765	1,192,947	555,317	33,424

注：业务总数字因陷区增多，四月份与一月份比较计减少三分之二。五月份起上海、汉口、青岛、杭州等又告沦陷，商报商话应再减二分之一。

三十八年一至六月份电信收支概况及请领贴补表

项目		一月份金圆	二月份金圆	三月份金圆	四月份金圆	五月份银元	六月份银元
支出	薪费	115,450,000	552,600,000	19,893,000,000	198,930,000,000	1,320,000	895,200
	维持费用	48,500,000	291,000,000	1,018,000,000	2,880,000,000	165,000	112,200
	业务费用	53,700,000	322,200,000	1,227,000,000	5,272,000,000	350,000	205,700
	材料及运费	××	××	××	8,144,000,000	475,000	280,500
	管理及其他	××	××	××	1,464,000,000	84,000	57,200
	支出合计	217,690,000	1,165,800,000	22,138,000,000	216,690,000,000	2,394,000	1,550,800
收入		47,350,000	427,880,000	2,385,000,000	40,780,000,000	1,355,000	795,000
请领贴补费		170,340,000	737,920,000	19,753,000,000	175,910,000,000	1,039,000	755,800
已领到数目		144,858,040	447,250,000	1,569,150,000	20,844,000,000	161,363	
尚不敷数		25,481,960	290,670,000	18,183,850,000	155,066,000,000	877,637	

注：(1) 三四月份中央公教人员待遇调整发表时，各该月份电信请款贴补表业经编呈，按照中央公教人员待遇调整办法，薪费一项三月份应增列为 198.93 亿金圆，四月份应增列为 1989.30 亿金圆。又四月份报话费价目调整，该月份收入数应增列为 407.80 亿金圆。

(2) 五月份已领到数目内计：

——甲．金圆券 1500 亿元，按市价折合银元 3,726 元

乙．金圆券 5262.50 亿元，按市价折合银元 7637 元

丙．美汇 150,000 元，以 1∶1 折合银元 150,000 元

合计银元 161,363 元。

(3) 本表一至五月份请领贴补费数目，除台湾及已领到部分外，尚不敷金圆 1735.66 亿元及银元 877,637 元，拟请连同六月份请领贴补费银元 755,800 元，赐予提前拨付，俾资维持。

(4) 军电费已列入本表各月份收入数内，为数颇巨(例如六月份军电费为 525,000 银元)，务恳按月如数拨足。

电信收支不敷原因表

1. 电信营业受时局影响，商电减少，营收短绌。最近京沪汉等处业务中心沦陷以后，各局报话业务，复再普遍低落，收入益为不振。

2. 军事时期，各地通信情形变迁不定，必须随时调度，适应需要。因此，机料人员之迁运频繁，各项临时费用，增加甚多，均不在经常预算之内。

3. 边远及前方电局，虽营业清淡，亏损甚巨，但因军事政治关系，仍有维持之必要，不能裁撤。

4. 为配合军事需要，各项加强通讯设施，需款甚巨。

5. 官军电报，系享受半价优待，不敷电局之成本。又军电费，现向国防部汇总结算，未能全数领足，官电费各机关颇多积欠未付。

三十八年度电信员工一至五月份人数统计表

月　份	人　数
三十四年底胜利时	47,964
三十七年十二月份	38,845
一月份	35,568
二月份	32,575

续上表

月　　份	人　　数
三月份	31,752
四月份	33,652
五月份	25,152

附注：四月份因台籍员工归班人数略增。

附件十一． 西运电信材料简明料单

（卅八年六月三日）

一、广州待运料四百吨		
各式钢线	200吨	
各式铁线	40吨	
钢绞线(3×3公厘)	10吨	
各式电话用机件及附件	30吨	
无线电器材	10吨	
电报收发机及电传打字机	10吨	
各式蓄电池及电力机件	30吨	
线路工程用铁件	30吨	
电话电缆及线料	20吨	
油料	10吨	
车辆及杂料	10吨	
共　　计		400吨
二、衡阳待运料一百吨		

续上表

各式铜线	50吨	
线路工程用隔电干铁器工具	25吨	
共电式电话机及电话机件	5吨	
无线电机及电力机件	10吨	
电报机及附属机件	5吨	
线料及杂件	5吨	
共　　计		100吨
三、香港待运料一百六十吨		
各式电话用电缆	50吨	
无线电机及零件	30吨	
电报纸条	15吨	
线路材料及工具	5吨	
电话机件及配件	25吨	
打字电报机件及配件	35吨	
共　　计		160吨

附件十二．　内运电信材料运费概算(单位银元)　卅八年六月十七日

1. 广州存料四百吨运柳	广州装船	1,200元	
	航运水脚	40,000元	
	柳州提卸	1,600元	
	柳州仓储设备	8,000元	
	小计		50,800元
2. 衡阳存料一百吨运柳	衡阳过江装车及火车运费	12,100元	
	柳州提卸	500元	
	小计		12,600元

续上表

3. 自港空运重庆材料七吨：（计有急用单边带无线电机一座及各项急用零件）	航空运费　港币 28,000 元折合	5,600 元	
	仓储及装卸费	2,000 元	
	关税	17,000 元	
	小计		24,600 元
4. 自港运穗转柳材料五十三吨	港穗水运及起卸费	200 元	
	关税	65,400 元	
	穗柳运费	6,400 元	
	小计		72,000 元
5. 自港运往台北材料一百吨	自港运往基隆水运及起卸费	3,000 元	
	关税	123,000 元	
	自基隆内运存储费	2,000 元	
	增修仓储设备	1,000 元	
	小计		129,000 元
6. 自柳接运材料四百吨赴贵阳	柳州装车及过江	2,400 元	
	柳筑段火车及汽车接运费	36,000 元	
	贵阳提卸	600 元	
	贵阳仓储	2,000 元	
	小计		41,000 元
7. 自贵阳接运材料二百吨赴重庆	筑渝段运费	20,000 元	
	仓储设备	2,000 元	
	小计		22,000 元
	总计		352,000 元

请领裁减电信员工遣散费及川旅费数目表

资　格	裁减人数	平均每人遣散费及川旅费数目	共　计
员	1500	83.6	125,400
佐差	2400	78	187,200
工役	600	46.8	28,080
共计	4500		340,680

附注：表列数字以银元计算。

电信概况表

三十八年六月份

项目			单位	数字	备注
局所			处	1,077	五月份数字
人员			人	25,152	五月份数字
线路	长途话线		封公里	65,131	
线路	电报线		条公里	78,418	
机机	载波电话机	单路	部	78	
机机	载波电话机	三路	部	83	
机机	载波电话机	四路	部	26	
机机	载波电话机	五路	部	0	
机机	载波电话机	六路	部	4	
机机	载波电报机	四路	部	3	
机机	载波电报机	六路	部	3	
机机	载波电报机	十二路	部	0	
机机	电报机	韦氏机	部	197	
机机	电报机	莫氏机	部	189	
机机	电报机	音响机	部	356	
机机	电报机	打字电报机	部	28	
机机	无线电机	5—100W	部	182	
机机	无线电机	100—1kW	部	175	
机机	无线电机	1kW—20kW	部	34	
机机	无线电机	超短波无线电机	部	17	
机机	市内电话机		门	31,313	
业务	官军电报		字	2,716,478	四月份数字
业务	私务电报		字	8,716,649	四月份数字
业务	国际电报		字	1,192,947	四月份数字
业务	长途电话		次	555,317	四月份数字
业务	市内电话		户	33,427	四月份数字

邮政

（甲）概况　近来以受战事影响，邮政管辖区域较前缩小。现在指挥者仅有广东、广西、贵州、云南、东川、西川、甘、宁、青、新疆、福建、湖南及台湾等十一邮区以通邮。区域减少，尤以沪汉、平津等重要都市弃守后，邮政业务大量衰退，以往全国平均每月收寄邮件均在八万千万件左右，现在仅有一千万件，减少达八分之七。如战区继续扩大，邮政业务势将更形衰退。

邮政资费以往曾经立法院规定，按成本指数，每半个月调整一次。嗣以金圆券贬值过速，各地拒用，邮局乃改按银元基数收取邮资，一律照战前八折为标准。此项收费办法实行后，各地邮政收入固较稳定，但以邮件中心地区，如上海、青岛、汉口、南昌等地先后易手，邮运阻断之后，邮件数目减少过多，裨益于邮政经济者殊微。现在整个邮政事业按月亏损在银元八十万元左右，须靠国库贴补，始能维持。附邮件数目及收入估计表，及本年一至六月份收支表各一份（附表一及二）。

再查台湾区现有邮政员工三二八〇人，其中台湾本地人约三〇〇〇人。此次办理台湾籍邮电员工归班，因台湾省政府规定，台籍员工不予裁汰，悉数甄别留用，以致台湾区邮政经费每月不敷七万银元。最近台省府遵照院令规定，对台湾邮政、电信两管理局负责指挥监督，上项不敷经费，似应由台省府按月补助，以资维持。

（乙）今后设施纲领　邮政事业以服务民众为目的，各项设施均以社会需要为依归。近数年来，集中力量注意邮件之迅速及安全，以及邮政机关之普遍及服务精神等四点，社会各界尚有好评。现在除积极注意此四大目标外，正推行下列各项重要工作。

（一）发展边疆汽车邮路：发展边疆邮务，系邮政事业配合国策之重要设施。现在内地与边疆通路，除航空路线外，凡航空未通各重要都市之邮递，多赖邮政汽车维持通信。由兰州经双石铺、酒泉直达迪化之汽车邮路，经常有班车行驶。兰州至西宁，兰州至包头，以及贵阳至曲靖，贵阳至重庆，重庆至成都，成都至宝鸡间，均有定期班车满载邮件，依时行驶。迄至目前止，全国共有汽车邮路六八一一公里。惟在目前情况下，汽油、零件、轮胎等之供应，甚为困难，正克服一切困难，继续维持行车（汽车路线详情见附表三）。

（二）办理军邮：自戡乱战事开始，邮政即办理军邮，随同部队工作。迄至目前止，共有军邮局所五十四所，办理军邮之员工共计二六〇人。凡师以上之作战部队，现均配设有军邮机构，藉利部队通讯。

又军人交寄家书，另订有免费航空寄递优待办法，藉以减轻军人负担（军邮设施见附表四）。

（三）大量裁减人手：近来以邮件业务减退，各地均有人多事少现象，多余人手虽无事可作，但按月仍须照发薪费，无法节省。兹为提高工作效率及减轻负担计，拟就现有人手中裁去四千人，具体计划业已拟就，不久即可逐步实施。

（四）加强航空邮运：年来各地动荡不定，地面交通时生梗阻。寄递邮件，以利用空运为主，故空运吨量有扶摇直上之势。近来以情形更为特殊，利用空运之需要更切。本局已依照各航线班期，拟妥邮件运输路线，以资互相衔接，并通知各地邮局，凡航空通运之地方，邮件一律交由飞机运递，以增邮件速率。

（五）扩充机械设备：加强机械化设备，原为近年来邮政重要施政方针之一，现时因经济艰难，其比较不急切需要者，均已停止进行。惟原计划添置自行车及邮资机等设备，目前需要迫切，且使用后可以节省人工开支，故现仍继续采购（详情见附表五）。

邮件数目及收入估计表

（卅八年六月份）　　　　单位:银元

邮件类别	件　数	每件资费	共计邮费
国内函件			
信函	7,165,000	$ 0.04	$ 286,600
明信片	55,000	0.02	1,100
新闻纸平常	323,000	0.004	1,292
新闻纸主券	351,000	0.002	702
新闻纸总包	1,000	0.001	1
印刷物	747,000	0.02	14,940
书籍	12,000	0.04	480
贸易契	8,000	0.02	160
商务传单	—	0.04	—
货样	1,000	0.08	80
诉讼文书	—	0.04	—
小包邮件	5,000	1.00	5,000
图书小包	3,000	0.20	600
平快（已列在上列各类邮件内）	83,000	0.04	3,320
挂号（已列在上列各类邮件内）	464,000	0.12	55,680
快递挂号（已列在上列各类邮件内）	130,000	0.16	20,800

续上表

邮件类别	件　　数	每件资费	共计邮费
国际函件	734,000	0.06	44,040
航空函件	887,000	0.06	53,220
函件共计			488,015
包裹			
国内包裹	14,000	1.20	16,800
国际包裹	600	5.00	3,000
航空包裹	600	8.00	4,800
包裹共计			24,600
收入共计			$　512,615

邮　政　收　支

（卅八年一至六月）

<table>
<tr><th>项　　目</th><th>一月
（亿金圆）</th><th>二月
（亿金圆）</th><th>三月
（亿金圆）</th><th>四月
（亿金圆）</th><th>五月
（万银元）</th><th>六月
（万银元）</th></tr>
<tr><td>支出：薪津</td><td>1.15</td><td>5.98</td><td>42.50</td><td>199</td><td>140</td><td>62</td></tr>
<tr><td>业务</td><td>0.50</td><td>2.63</td><td>4.28</td><td>57</td><td rowspan="2">40</td><td rowspan="2">18</td></tr>
<tr><td>运输</td><td>0.60</td><td>1.53</td><td>7.78</td><td>105</td></tr>
<tr><td>其他</td><td>0.58</td><td>0.87</td><td>2.51</td><td>30</td><td>75</td><td>52</td></tr>
<tr><td>共计</td><td>2.83</td><td>11.01</td><td>57.07</td><td>391</td><td>255</td><td>132</td></tr>
<tr><td>收入：函件</td><td>0.86</td><td>4.74</td><td>30.55</td><td>55</td><td>140</td><td>49</td></tr>
<tr><td>包裹</td><td>0.16</td><td>0.90</td><td>7.04</td><td>12</td><td rowspan="3">10</td><td rowspan="3">2</td></tr>
<tr><td>小包</td><td>0.04</td><td>0.20</td><td>1.94</td><td>4</td></tr>
<tr><td>其他</td><td>0.03</td><td>0.14</td><td>0.93</td><td>2</td></tr>
<tr><td>共计</td><td>1.09</td><td>5.98</td><td>40.46</td><td>73</td><td>150</td><td>51</td></tr>
</table>

续上表

项目	一月（亿金圆）	二月（亿金圆）	三月（亿金圆）	四月（亿金圆）	五月（万银元）	六月（万银元）
亏损数	1.74	5.03	16.61	318	105	81
实发贴补数	1.63	5.02	16.29	209	18.18	

附注：一至三月系实际数字，四至六月因各区报告未到，均系估计数字。

边疆汽车邮路费用估计

邮车路线	距离公里	规定班期	每月行车公里	估计每月行车费用（包括人工车辆及零件轮胎油料耗用等） 银元
贵阳——曲靖	502	二日	15,060	11,300
贵阳——金城江	256	逐日	15,360	11,500
贵阳——重庆	496	二日	14,790	11,100
晃县——马场坪	275	每周二次	4,950	3,700
成都——重庆	450	二日	13,500	10,100
成都——宝鸡	806	三日	16,120	12,100
兰州——双石铺	600	三日	12,000	9,000
兰州——酒泉	739	每周二次	13,302	10,000
迪化——酒泉	1,267	每周一次	11,403	8,600
兰州——西宁	238	每周一次	2,142	1,600
兰州——包头	1,185	每周一次	10,665	8,000
各线临时加班		不定期	80,000	60,000
共计	6,811		207,292	157,000

逐月军邮开支估计

项　目	银　元	附　注
1. 各级军邮机构办公用费	4,960	(1) 现共有军邮指挥单位八，军邮局所五十四，办理军邮员工二六〇人，均随军工作。(2) 每月收寄航空军人家书月约三百万件，现已与国防部商定限制办法，估计可减为二百万件。是项信件，均免纳航空资费。
2. 员工薪津	6,840	
3. 旅　费	3,420	
4. 运输邮件费用	66,900	
5. 邮用物品文具单册等	87,880	
6. 优待军人寄信免收航空资费损失	120,000	
共　计	290,000	

卅八年下半年度邮政建设事业经费调整概算表

项　目	原列概算（金圆券）	调整概算（银元）	原列计划	调整计划
1. 添置设备	3,607,250	1,200,000	添置自行车、邮资机等各项邮用机械。	是项邮用机械需要迫切，仍拟照购，惟数量已酌减。
2. 重建战时被毁局屋	700,000	/	重建管理局及一等局被毁房屋。	现因经济困难，此项局屋拟暂停造。
3. 重建堆栈及仓库	600,000	/		同上
4. 设立印邮票工厂	250,000	/		
5. 建造专用码头	2,460,000	/		
共　计	7,617,250	1,200,000		

航政

水运

（甲）概况　胜利以还，民营航业极其发达，国营船只亦得美国援助，增加甚多，总数已逾一百十余万吨，除客轮外，已可应付我国沿海及内河之需要。此次政府南移，各航业界深明大义，将凡能出海船只脱离匪区供给我方军用，使共匪物资无法交流，经济上遭受莫大障碍。然一部分江轮因军方征用，滞留长江中游。今后航业界困难尚多，急待政府予以救济。兹谨将现有船只及目前急待解决事项，并今后计划，分述如后。

（一）船舶吨数

区　别	抗战前	胜利后至卅八年五月份	目　前	附　注
国　营	八万吨	三八万吨	约二〇万吨	上列船只全系海轮，江轮仅有民生公司在长江上游余存约二万余吨，现均在停航中。上项数字今后续有增加、损失吨位多系内河拖驳及各种江轮。珠江、赣江、湘江、闽江等流域保留之小江轮尚未计入。
民　营	五七万吨	七八万吨	约二一万吨	
外　商	七〇万吨			
总　计	一三五万吨	一一六万吨	约四一万吨	

（二）有关航业急待解决事项

（1）维持华南航运，使能自给自足，但在业务未发展以前，应由政府贷拨资金，以度难关。

（2）军运欠费应速清偿，无论国营民营轮船，均已濒于绝境，无法维持。

军运欠费	所欠机关	说　明
招商局 57 万银元	联勤总部	截至五月二十四日止，联勤

续上表

军运欠费	所欠机关	说　　明
		总部结欠征用船只用费金圆五万五千亿，计如上数。
招商局七万余美元	中央银行	系代中央信托局以货易货运往国外物资之运费。
民营轮船公司尚难统计	联勤总部及华中剿总与各撤退部队	上项系分别载往舟山群岛及长沙等地军事机关所征用之船只运费。

查国营招商局维持现有船只，每月最低需款九十万银元，该局业务收入约三十余万银元，估计军运费收入约二十余万银元，不敷三十余万银元，暂时请由国库贴补，以利维持。至于民营方面，拟一次贷借银元五十万元，由各国船联会负责分配及偿还。

（3）严格禁止军队破坏船只设备。此次南来船只，仅及全国原有总数吨位三分之一，今后补充不易，或因其性能关系，不能航行海洋，应请军方于运输任务完成后，交由公司自行负责保管，以备日后需要，不得任意破坏，或藉故要挟，致使人民对于今后军运视为畏途。

（4）调度军差船只，力求经济。查以往军事机关或部队征用船只，任意扣留，装卸迟缓，极不经济，甚或扣留等候使用，长期停驶，运输力量无形因此减少。现时船舶吨位不多，自应更求使用经济，数量较少者，应采用交运方式，并随时与调度船舶主管机关洽办，以求合理。

（5）应如期偿还对美购船债务。国营招商局现有之优秀船舶，约四十只，均有美债关系，迄至现时为止，各项到期款项，如本息、保险费、兵险费等，几达百余万美元。招商局现时无力偿还，迭次呈请指拨专款，亦未蒙核准。美国方面已通知顾大使，拟将贷款合同取消，并收回全部船只，影响今后军民运输实巨。

（乙）今后设施纲领

（一）配合军事需要，指定每月运输十万吨之船舶，交由军运主管机关自行营运。

（二）加强华南各港口及台湾、海南两岛间航运。

（三）向美购船贷款之分期还本及保险费，应尽力设法履行合约，而维债信，并免外人藉口收回船只，削减我国航运力量。

（四）将优秀船只适合行驶远洋者，发展外洋业务及运回援华物资。

（五）今后航业无论国营民营，以采用联营方式，并力求自给。目前尚须国家银行贷款，以利周转。

（六）同时维护现有船只，促成各轮船公司与外商合作，或改悬外旗，以利开展外洋业务。惟严格禁止上项船只驶进匪区港口。

（七）将使用较不经济之船只，指定港口停泊，船只遣散，以省开支。

空运

（甲）概况： 空运年来发展甚速，尚能配合军民需要。在本部所辖之民用航空运输机构中，现共拥有性能优良之美式中型运输机（C47、C46、DC4、Connar 等型）约一百二十架（教练机除外）。在共匪渡江前，合计每月可飞行一万五千小时。自上海基地易手后，长江以北各线除西部外，均告停航。故目前该三机构每月飞行合计不足七千小时，收入减少，颇有难以维持之势，详见附表。

民航机架数及飞行概况表

区别	战前	胜利后	现在	
			可使用之架数	每日平均出动架数
飞机	二九	八四	一二〇	六〇
航线（公里）	八，五六九	四三，六〇〇	九〇，六〇八	

续上表

区　别	战　前	胜利后	现　在	
			可使用之架数	每日平均出动架数
飞行钟点	六〇〇	最高一五,〇〇〇 最低五,〇〇〇	七,〇〇〇	
飞行公里	二二一,五〇〇	一,三二八,〇〇〇	一,九八四,一七一	

此次国军由华中撤退,各航空机构因事前已有准备,故飞机及重要器材与人员等,均于年初安然撤出,现大部分集中于港穗等地。所有重要技术人员,亦已全部撤出,并已安置妥当。目前各民航机构利用香港作为临时基地,该处虽有油料及配件取给之便利,但因英国维持殖民地政策,是否允许供其久用,殊成问题,非至万不得已时,各机构决不放弃此一基地。同时,在国内适当地点,拟另行修建,以备不时之需。查各民航机构所存之配件,尚可勉供目前飞行机数两个月之用,如有紧急飞行,该项零件亟待补充。内地各站汽油一概缺乏,因现时运输困难,油料补充亟不容缓。此外,因国内大多数机场已陷匪区,在后方区域内之机场为数较少,同时设备亦欠周致,国内航线无法扩充,飞行班次因油料零件两缺,难望增加。关于油料之购运,机件之补充,以及机场之修筑,均有待政府外汇之筹拨及地方政府之协助。

至于各航空机构之营业情形,以往尚能自给。今后能否维持,尚需视每月飞行钟点可否达到预期七千小时之数目。目前三航空机构之收入,每月约合美金一百二十万元,中航占百分之六十,其余中央与民航空运队各半。中航公司虽然收入较丰,但因国际航线最多,支出较大,五月份已略有亏损,各航空机构前因币值不定时遭损失,加之一再迁移,支出浩繁,经济情形难望好转。

(乙)今后设施纲领

(一)配合目前需要,应维持每日出勤飞机六十架。各航空机构每日最低飞行钟点暂定为七千小时,以期自给航线之计划及所需油料与配件之补充，均以上列数字为计算标准。

（二）指定广州、重庆、台北为民航基地，今后航线之布置及航路之建设，均以此三基地为出发点。

（三）加紧开辟国外航线，联系华侨经济并争取外汇。

（四）力谋维持已签订之国际航空协定之效力，并重新指定我国国际机场，以交换向国外增加营业范围。

（五）继续加强航行安全设备。

港务

（甲）概况　港口之建设于政府南迁后，曾配合军运。先就广州、厦门、福州三港计划扩修，惟以工款不继，现已分别将三港工程局停办所有港用器材船具。除一部分已洽租高雄港务局使用外，余留修建海口港及增强湛江港设备之用。

财务

（甲）概况　本部财务部分分为两种，一为事业费，一为贴补费。

（一）事业费　凡工程建设之款，属之工程机构所需经费，亦在工程费内开支，惟本部事业经费，本年内仅零星领到少数工款，匪惟工程停顿，即各工程机构亦随之裁撤，如各港工程局之撤销是至本年上半年，截至六月十五日止，专案请拨事业费款，总计银元五百一十五万三千八百零七元五角，关元一十八万七千元，美金十万零五千六百六十九元四角八分，瑞士法郎十二万九千五百七十五元（详附表一）〔略〕。本年六月份事业费概算表，总计银元一百五十八万六千八百零一元（见附表二）。

（二）补贴费　各交通机关收费因受政府法令限制，不能照实际成本收费，其差额暨因军用之亏损由政府补贴者称曰补贴费。本年六月，各交通事业路（铁路及公路）邮电材料各部门收入估计二百九十二万七千银元，支出估计六百四十七万二千四百十七银元（见附表三）。就上列数字，本年六月份收支不敷数为三百五十七万五千四百十七银元。经本部再四核减，拟请补贴数为二百三十万银元(详附表四)。

此外本年度五月份奉准拨发补贴及事业各款，共计四百零六万银元，实领到一百零九十万银元，已转拨各交通事业机关，共一百八十八万六千一百八十一万三角二分银元，应请补拨二百一十六万银元(详附表五)。

交通部主管三十八年六月份事业费概算表 (二)

单位:银元

项目	金额	说明
交通部主管事业费	1,586,801	
铁路部分	435,000	
湘桂黔铁路	350,000	
抽换枕木及维持交通	250,000	
都筑段工款	50,000	
来湛段工款	50,000	
粤汉铁路	50,000	
陇海铁路西段	10,000	
川黔铁路	5,000	
铁路总机厂	15,000	
叙昆铁路	2,000	
滇缅铁路	3,000	
公路部分	550,000	
工程费	500,000	
养路补助费	50,000	

续上表

项　　目	金　额	说　明
电信部分	401,801	
增设及修整长途电话线路	357,901	
增设长途电话机件	24,000	
增设无线电机件	19,900	
邮政部分	100,000	
添置设备	100,000	
材料部分	100,000	
外洋材料进口关税	35,000	
外洋材料运卸费	57,500	
驻外人员经费	7,500	

交通部主管三十八年六月份交通事业请拨贴补费表　（三）

单位:银元

项　目	收　入	支　出	不　敷	拟请补贴数	备　注
总　计	2,927,000	6,472,417	3,575,417	2,300,000	
铁　路	862,000	2,521,617	1,659,617		
加个碧石铁路			5,000		
备付各路整理费			25,000		
小　计			1,689,617	1,100,000	
公　路	750,000	1,040,000	290,000	270,000	
电　信	795,000	1,550,800	755,800	450,000	
邮　政	510,000	1,320,000	810,000	450,000	
材　料	10,000	40,000	30,000	30,000	

交通部主管三十八年六月份

交通事业收支不敷明细表 （四） 单位:银元

项目	铁路	公路	邮政	电信	材料	总计
收入	862,000	750,000	510,000	795,000	10,000	2,927,000
支出	2,521,617	1,040,000	1,320,000	1,550,800	40,000	6,472,417
1. 薪费	1,340,900	220,000	620,000	895,200	5,560	3,081,660
2. 燃料	510,617	240,000			4,240	754,857
机油	510,617					510,617
汽油					4,240	4,240
3. 材料及维持	463,000	336,000		392,700		1,191,700
4. 业务费		164,000	700,000	205,700	7,800	1,077,500
5. 管理费及其他	207,100	80,000		57,200	22,400	366,700
不敷数	1,659,617	290,000	810,000	755,800	30,000	3,545,417
加个碧石铁路备拨各路整理费	5,000 25,000					30,000
实需补贴数	1,689,617	290,000	810,000	755,800	30,000	3,575,417
拟请补贴数	1,100,000	270,000	450,000	450,000	30,000	2,300,000

交通部主管三十八年五月份奉准实领、转拨

及应请补拨各款表 （五） 单位:银元

项目		奉准拨发数	实领数	转拨数	应请补拨数
铁路部分	补贴费统案款			355,999.97	
	事业费统案款	120,000	120,000	189,333.31	
	专案款	200,000	100,000	100,000.00	100,000
	国防部预算款	500,000	500,000	490,000.00	
	垫拨款			17,514.73	
	小计	820,000	720,000	1,152,848.01	100,000
公路部分	补贴费统案款			43,333.33	
	专案款	300,000			300,000
	小计	300,000		43,333.33	300,000

续上表

项目		奉准拨发数	实领数	转拨数	应请补拨数
电信部分	补贴费统案款			220,000.00	
	专案款	1,040,000			1,040,000
	国防部预算款	300,000	150,000	150,000.00	150,000
	小计	1,340,000	150,000	370,000.00	1,190,000
邮政部分	补贴费统案款			180,000.00	
	国防部预算款	100,000	50,000	50,000.00	50,000
	小计	100,000	50,000	230,000.00	50,000
航政部分	专案款				
	垫拨款			83,333.32	
	小计	——		83,333.32	
材料部分	补贴费统案款			6,666.66	
	小计	——		6,666.66	
汇列部分		1,000,000	480,000		520,000
		500,000	500,000		
总计		4,060,000	1,900,000	1,886,181.32	2,160,000

人事整理

（甲）概况　本部人事管理，其组织经立法程序者，概依规定员额紧缩派用，未曾超过规定数额。其附属事业机关，亦经本部核实，并依法成立人事机构，严格依照国营事业人事管理规程办理。近为紧缩开支，其裁减情形如次：

一、本部法定名额七百二十二人，现有人数五百卅人，除按编制留用三分之一，共二百四十一人外，资遣人数二百八十九人（详附表一）。

二、本部附属各行政机关（中央气象局、公路总局、民用航空局）编制人数，共计八百七十二人，现留用一百八十四人，余资遣（详附表二）。

三、本部各属机关，因所在地沦陷，办理撤退员工遣散者，共计一万六千零零三人(详附表三)。

四、本部附属机关,因经费困难,或因工程停顿而裁撤者,计共八单位,员工全数资遣共计九百五十八人(详附表四)。

五、本部各附属机关员工警人数,上年度统计四十余万人,自东北、华北、京、沪、汉各地相继沦陷,其员工多未撤出。近月来,除已资遣员工一万七千一百四十五人外,现再拟资遣五万六千零五十六人,正在办理中(详附表五)。

交通部留用及资遣职员人数统计表 (一)

法定名额	现有人数	留用人数	资遣人数
722	530	241	289

附注:按编制留用三分之一。

交通部各附属行政机关资遣及留用人数统计表 (二)

机关名称	编制人数	留用人数	资遣人数	备注
中央气象局	142	32	58	遵照中央府院部会及其直属机关资遣或自请辞职员工资遣办法办理。
公路总局	540	100	194	同上
民用航空局	190	52	68	同上
总计	872	184	320	

交通部各附属事业机关资遣撤退员工人数统计表 (三)

(截至38年6月15日止)

机关名称	原有人数		资遣员工警人数	请资遣时期	备注
	时期	员工警人数			
津浦区铁路管理局	37年12月	40887	12771	38年3月	该路在浦口南京员工大部分均于资遣,其余留用及在青岛、株州员工尚未资遣。
浙赣铁路局	37年12月	22324	1070	38年5月	该路沦陷地段撤退员工共1070人,现正办理资遣。

续上表

机关名称	原有人数		资遣员工警人数	请资遣时期	备注
	时期	员工警人数			
平津区铁路管理局	37年12月	39500	42	38年5月	该路撤退沪穗人员42人已资遣。
东北运输总局	37年12月	33838	473	38年5月	该局撤衡山员工共473人，现正办理资遣。
平津区铁路管理局	37年12月	15861	1550	38年6月	该路南段撤退员工警共1550人，分别疏遣。
山海关桥梁厂	37年12月	1001	10	38年6月	该厂撤衡阳人员10人全部资遣。
铁路联运处	37年12月	98	87	38年6月	该厂撤衡阳员工87人全部资遣。

附注：(1) 上列各附属事业机关原有人数共计153,519人。

(2) 上列各附属事业机关资遣人数共计16,003人。

交通部裁撤各附属机关及其员工人数统计表 （四）

机关名称	员工人数	备注
平津区铁路管理局包宁段筹备处	94	该处卅八年四月结束，归并该局绥包段管理处。
青岛港工程局	4	该局于三十八年五月结束，留用四人在沪保管公物器材未及撤出。
广州港工程局	341	该局于卅八年六月，因工款无着暂时结束，正办理遣散。
厦门港工程局	158	同上
福州港工程局	191	同上
铁路总机厂广州机厂筹备处	101	该处于卅八年六月交粤汉铁路接收。
华南铁路调度处	48	该处与国防部合设，于卅八年六月结束。除调用人员遣回原机关外，其余正办理资遣。

续上表

机关名称	员工人数	备　　注
交通技术标准委员会	21	该会于卅八年六月，于中央各机关紧缩案内裁撤，员工现正办理资遣。

交通部附属机关拟再裁减人数统计表　（五）

机　关　名　称	拟裁减人数	备　　注
陇海区铁路管理局	9000	
浙赣铁路局	1000	
铁路总机厂	319	
公路总局	36814	
电信总局	4500	
邮政总局	4050	
长江区航政局	170	
中央气象局	88	
民用航空局	3	
第一交通警察总局	112	
总　　计	56056	

〔国民政府交通部档案〕

15. 交通部编施政报告水运空运部分办理情形稿①

（1949年8月31日）

（1）施政报告水运部分办理情形

甲、整顿各事业机构以求达到自给自足之目的

一、军运付现

国营及民营轮船公司担任军运，以前因受币制贬值影响，颇有亏损。自政府公布以银元为本位后，应差轮船规定以付现为原则，原定差租及轮船托运运价，亦于七月间重行厘订，暂照联勤部与各机关及航业代表协议之第二案办法办理。惟此项办法，航商仍觉无法维持最低成本，现本部正与有关机关商议，以谋改善。

二、简化机构裁减员工

目前军事紧急，政府以支应战费为首要，港务工程建设因经费来源无着，全陷停顿，且战区范围日广，沿海港埠相继沦陷。本部为减轻国库负担，紧缩开支，曾于七月间将青岛、福州、厦门、广州四港务工程局，及长江区航政局所辖之京、镇、芜、浔四办事处裁撤，员工资遣，福州及广州两港务工程局资产，由部酌留人员组织保管处保管。

三、整顿水陆空交通运输秩序，维持治安，取缔重复关卡，以裕收入

交通运输秩序，向由地方治安机关会同交警维持，航空方面，机场秩序大致尚属良好，水道运输因地域宽阔，防范不易，对行旅安全一层，当未能合乎理想。本部已饬各地航政局注意，要求当地军警对于航行安全尽力维护。

乙、清理国有物资

一、清理招商局撤出船舶及水上产业，俾能自筹活动基金，以

① 该稿两部份本应合并，因未见统稿，仅以两份原稿排列。

减国库开支。

招商局撤出船舶，计有大小船只一三六艘，二六五八五二吨，占原有吨数百分之六十四，共值五六四一八一八九银元。此一三六艘船舶中，计有海轮八〇艘，江轮及拖轮小轮三二艘，机船及驳船二四艘，现分泊于港穗及闽台各港。岸上资产，码头长一八八六呎，值九九三四三二银元，仓库总容量二八一三一〇吨，值一六〇八九四三银元。该局拟以大湖型轮及登陆艇等二十三艘，共七万二千余吨留供军运，其余以三十八艘维持国内外航线，五十六艘暂行停航，藉省开支。惟国内航运受时局影响，商货锐减，加以同业竞争颇烈，实无盈利可言。但如战事无急遽变化，沿海区域仍可确保，则该局藉码头仓库及出租轮船之收入，当可勉强维持，惟修理船只及资遣员工仍须赖国库予以补助。

二、清理及标卖废旧器材

我国目前船只，已形成供过于求现象，本部前向美国航务委员会所购之运兵船四艘，因无力支付息金及保险费等，不得已乃决定将其中二艘招商标售，以轻负担。此事现正由本部驻美代表洽办中。其他各附属机关器材，亦正分别清理，妥行疏散。

丙、建设及开展

一、设法拓展南洋水空航运

招商局为开发南洋国外航线，拟以大部分之入级〔籍?〕船只加入行驶，惟国际航线因船泊性能较差，运输成本过高，难望与外籍航商竞争，据估计外洋线十条，配船十六艘，预计每月须亏美金十四万余元，但为保存交通运输工具，建立国外航运基础，似仍不能不暂时忍痛牺牲，以从事国际航运也。

(2) 施政报告空运部分办理情形　三十八年八月卅一日编

甲、一、管制航空运价，保持合法利润，发展国际航运争取外汇制定航空运价调整办法，其要点系按卅七年八月十九日改革币制前核定运价每客公里合0.1828金圆为标准，并按当时牌价一比四之比率，折合为每客公里0.0457美元，再按牌价折成银元运价，其公式为："每客公里银元票价＝0.0457×相当一美元之银元数，然后按各航线规定里程数计算票价。"但如空运成本与上述每客公里运价标准相差达百分之十，或银元与美元之比率超过百分之十时，得予调整。此项办法经与卅八年六月卅日颁饬施行。

二、简化机构裁减员工

民用航空局职员迭经资遣，已自法定员额百余人缩减至五十三人。

乙、一、整修机船促进修理厂修机及修船能力

中央、中国两航空公司修理厂自沪分别迁至穗港后，建设已有相当规模，现因时间及港政府征用厂址关系，须另迁建，正分别筹划中。

二、清理器材疏运至安全地点

中央、中国两航空公司各项航空器材，现拟疏运至台湾机场及港澳间之三灶岛机场。

丙、建设及开展

一、加强西南水空交通网储备配件油料

近半年来，对于衡阳、桂林、贵阳、海口、重庆、柳州、昆明、汕头、厦门各处航班，均已增加，并在长沙添设航站（长沙弃守后该站已撤退）。现并筹备开办航线，通航邕宁。

二、加强建设西南及东南（尤其台湾）航空基地，并增辟空运路线

查台北松山机场，业经本部商得空军总司令部同意，暂为民航永久基地，现拟将中央、中国两航空公司机航技术设备重心，置于该处。又港澳间之三灶岛机场，亦经空军同意民航使用，亦拟加以

扩修建设，使均成为空运基地。现俱在筹划进行中，一俟建设稍有头绪，将自该两处增辟空运路线，通达各地。

三、设法拓辟南洋水空航运

为促进对外交通，对于南洋空运，力谋扩展。至(一)由中国航空公司与菲律滨航空公司双方互以包机于厦门与马尼刺之间，往返空运。(二)由中国航空公司将其自香港至东京航线改经台北飞行。(三)由中国航空公司筹办自广州经香港、西贡至新加坡(或巴达维亚)航线，正进行中。(四)由中央航空公司筹划将其中暹航线自曼谷延长至新加坡，正进行中。

〔国民政府交通部档案〕

三、国共通邮通航

1. 交通部关于行政院准予试办国共通邮训令

(1949年2月17日)

交通部训令　发文邮穗字第七〇号
中华民国三十八年二月十七日

令邮政总局

查关于与共军占领地区通邮一案，业经呈奉行政院卅八年元月廿七日京五字第五十号指令，内开：呈悉。案经提出卅八年一月廿六日本院第四十一次会议决议：准予照办。仰即遵办具报。等因。奉此。合行令仰遵办具报。此令。

部长　俞大维

〔国民政府交通部邮政总局档案〕

2. 邮政总局关于派团赴北平商谈国共通邮与交通部往来呈令

(1949年3月)

(1) 邮政总局呈(3月15日)

穗字第元号

交通部邮政总局呈

中华民国卅八年三月十五日发

关于国共两区通邮一案,前经呈奉行政院三十八年元月廿七日京五字第五十号指令,准予试办在卷。经分饬相关各邮区试办去后,迭据先后呈报:上海区经托由轮船商业公会联合会赴平代表洽得共方同意,交本年二月廿八日自沪驶秦皇岛"大上海"轮带运邮件四〇六九袋。该轮三月十四日返沪,亦经带运平津邮件一六〇袋。嗣后往来南北航轮,当可继续运邮。其他苏、皖、鄂、陕等邮区,亦已分别令饬所属,就近向共方地区邮局洽商通邮,或已部分办妥,交换少量商民函件;或尚在进行中。以上各邮区试办通邮,虽稍有成就,但全面通邮以及技术等问题,诸待双方商讨,方能解决。二月间,本局因上海人民和平代表团赴平之便,托颜代表惠庆及邵代表力子向共方洽询。颜、邵两代表自平归来,曾告本局谓,共方愿意通邮,希望有代表赴平商谈解决技术问题等语。邵代表并允负责代为接洽。兹本局拟用邮政总局通邮代表团名义,派梅贻璠(本局邮务长)为团长,翁灏英(本局业务处副邮务长)、李雄(本局公众服务课长)、沈鑫(本局设计考核委员会副主任秘书)为团员,及王震百(上海邮局监理员)为随员,于最近赴平洽商。所有关于通邮技术事项,拟授权团长全权处理。是否有当,理合备文呈报,敬祈鉴核饬遵。谨呈

交通部

兼代邮政总局局长　霍锡祥(印)

（2）交通部指令（3 月 17 日）

交通部指令 邮穗字第九号
中华民国卅八年三月十七日发

令邮政总局

卅八年三月十五日穗字第元号呈悉。据拟指派通邮代表团赴平，接洽全面通邮技术事项，以该局邮务长梅贻璠为团长，副邮务长翁灏英、公众服务课课长李雄、设计考核会副主任秘书沈鑫为团员，上海局监理员王震百为随员，准如拟办理。除呈报行政院备案外，仍仰将洽办情形具报。此令

部长 俞大维

〔国民政府交通部邮政总局档案〕

3. 航业界代表魏文翰等关于赴平津洽商通航问题经过情形等报告
（1949 年 3 月 18 日）

报告 三十八年三月十八日于上海

事由：呈报奉派赴平津洽商通航问题经过情形暨商定办法附同各项文件资料呈祈鉴核示遵由。

（一）代表等奉全国轮船业联合会及高级船员团体联合会派赴平津洽商通航问题，经电洽对方后，当于二月十二日搭第一次开往华北之上海实业公司大上海轮由沪北驶。中途在青岛海面遇风，于十八日上午抵秦皇岛。十九日乘车至津，晤市长黄敬，下榻于市府招待处。二十日偕同中共华北政府对外贸易处处长郭今吾等乘车赴平，寓六国饭店。二十一日会见华北政府副主席薄一波、农业部部长宋劭文、北平市市长叶剑英、交通处处长胡瑞祺、人民银行天津分行经理何松亭会谈。住平共十日，于三月二日返津商谈。临行承天津工商界周叔弢、姒南笙、朱继圣、资耀华、范希郇、罗宗强

等三十余人，于三月三日下午四时，在开滦俱乐部举行招待会。六日乘大上海轮第二次航程回沪，十日中午到埠(金山代表于二月十三日先由沪搭机抵平，于十六日晚由平抵津，二月廿七日随邵力子先生等乘机南返。)。

(二) 对于航权之维护，物资交换之种类，秦皇岛以外港口之进出货物，旅客之检查，航行安全标帜之设置，引水人员之配合，船员登岸之手续，均经详细交换意见。并决定在天津成立“全国轮船业联合会天津船舶统一调配委员会”(附件一)。该会设委员五人，津航商推三人(津方推定张庆枏、周汉楚，另一人未定)，全国船联会推二人，并设总船长及总轮机长各一人，担任技术顾问，由中国商船五高级团体推定，负责华北各港口船舶进出口处理事宜。在津指定原招商局电台(维持费由华北政府负担，航商使用该电台，照章收费)，在沪暂指定上海民航电台，作为水陆通讯专用电台。对于轮船进港之标志，亦已充分商讨，中共当局并已颁布“战时船舶管理暂行办法”(附件二)。

(三) 代表等与船联会方面往来文电(附件三)、参考资料：1. 天津港口概况(附件四)，2. 进入中共区各港口船舶之旗帜与灯塔图样(附件五)，一并呈奉，统祈鉴核示遵为祷。谨呈

行政院

附件如文

航业界代表：魏文翰 周启新 姜克尼 俞惠方 谨呈

附件(一)

(一) 为设立船舶统一调配机构，以利通航请求核准由

为设立“船舶统一调配机构”，以利通航，请求核准事，将各项

办法陈述于后：

一、定名：全国轮船业联合会天津船舶统一调配委员会（简称津船调配会）。

二、组织：采委员制，设委员五人，组织委员会，并互选主任委员及副主任委员各一人。在委员会之下，设总船长及总轮机长各一人，办事员若干人。

三、业务：甲、办理华北各港口与上海及其他港口之船舶统一调配事宜；

乙、办理船舶出入口申请许可事宜；

丙、办理客货出入口手续事宜；

丁、办理航行技术上各项工作事宜；

戊、办理其他有关通航之联络事宜。

四、人选：委员人选天津三人，暂指定：1. 张庆�（津原招商局经理），2. 周汉楚（津天津航业公司经理），3. 张伯超（津直东轮船公司经理）；上海二人（由全国轮联会选派之）；总船长及总轮机长由全国轮联会就中国商船高级船员团体联合会所推人选调派之。

五、会址：暂设天津。

六、附注：在上海所调派之人员，未抵达天津前，为迅速推进业务起见，暂由在津业经指定之三委员先行共同负责办理。

敬上

华北人民政府

姜克尼
魏文翰
航业界代表： 谨具
周启新
俞惠方

一九四九年三月一日

（二）为请求设立航业专用电台以利通航事

为请求设立航业专用电台，以利通航事，将办法陈述于后：

一、电台设于天津、上海两地。

二、在津请指定原招商局电台，在沪暂指定上海民营航业电台，作为水陆通讯专用电台。

三、津电台由华北人民政府电信局指派专人管理。

四、所有津电台之一切经常及维持费用，概由全国轮船业联合会天津船舶统一调配委员会担负之。

敬上

华北人民政府

航业界代表：姜克尼 魏文翰 周启新 俞惠方 谨具

一九四九年三月一日

（三）为补请颁发大上海等十轮入口许可证事

为补请颁发大上海、唐山、南强、裕东、华胜、海地、永兴、天平、福祥、台安等十轮入口许可证，以符法令事：遵照华北人民政府战时船舶管理暂行办法之规定，在天津船舶统一调配机构未成立之前，理应先由翰等恳请准予补发各该轮船之入口许可证，以符法令。所有各该轮船之吨位及船长姓名等，俟查明后补报。

敬上

华北人民政府

姜克尼

魏文翰

航业界代表：周启新 俞惠方 谨具

一九四九年三月一日

（四）华北人民政府批　财经字第七号

为准设天津船舶统一调配委员会由。

批复航业界代表魏文翰、姜克尼、周启新、俞惠方。

三月一日呈悉。所请设立天津船舶统一调配委员会及其组织业务会址各节，均准如所请办理。至人选一节，希商请天津军管委员会及天津市人民政府办理之。

此批

中华民国三十八年三月二日

主　席　董必武

副主席　薄一波

蓝公武

杨秀华

此批及原件抄发天津军管委员会

（五）华北人民政府批　财经字第八号

为准设航业专用电台以利通航由。

批复航业界代表魏文翰、姜克尼、周启新、俞惠方。

三月一日呈悉。所请设立航业专用电台，并请指定原天津招商局电台与上海民营航业电台作为水陆通讯专用电台，天津电台由人民政府电信局指派专人管理，其一切经常及维持费，均由全国航业联合会天津船舶统一调配委员会负担。以上各节，均予照准。

中华民国三十八年三月二日

主　席　董必武

副主席　薄一波

（附注）天津船舶统一调配委员会组织简则，业经中共华北人民政府批准，见航业界代表报告书附件一之四。惟津方代表三人，除已推定之张庆枬（天津招商局经理）、周汉楚（天津航业公司经理）外，其余一人未定。

3. 上海与华北交换物资管理办法草案（附件三）〔略〕

（附注）以面粉交换滦煤，系由中央银行、中央信托局负责办理，故对于交换物资之管理机构，仍请以中央银行及中央信托局为主体。

4. 交换物资管理委员会组织规程草案（附件四）〔略〕

5. 维护航行安全实施办法（附件五）〔略〕

（附注）关于航行安全实施办法，经航业界代表洽得中共之同意。

6. 设置航业专用电台办法（附件六）〔略〕

（附注）关于设置航业专用电台，经航业界代表洽得中共同意：在天津以招商局电台，在上海以民航电台，作为水陆通讯专用电台。见航业界代表报告书附件一之二及五。

（七）关于南北通航及物资交流，为全国人民一致之愿望。孙子兵法有言："合于利而动，不合于利而止。"际兹民生凋敝之际，窒息南北经济之流转，似觉非计。再证以抗战时期，特设站交换敌国之物资，则今兹之通航通商，更为当务之急。如不以中国船舶，为物资交流之运输工具，而听凭外籍轮船以香港为转口口岸，以其所得之物资，换取我有限之外汇，国计民生，将益形困顿。为特胪陈缘委，并推派代表晋谒，敬祈赐予诲接，务恳对于本文所呈附件：

1. 恢复南北洋航运办法，呈由行政院公布施行。

2. 上海与华北交换物资管理办法及交换物资管理委员会组织规程，呈由行政院公布施行，并分行中央银行、中央信托局、全国商联会、全国工联会、上海市商会、上海市工业会、上海市轮船业公会遵照办理。

3. 全国轮船业联合会天津船舶统一调配委员会组织简则，请准予备案。

4. 维护航行安全实施办法，呈由行政院转行海关，各地海岸电台、各地气象台及海空军遵照。

5. 设置航业专用电台办法，呈由行政院备案，并分行京沪杭警备总司令部、淞沪警备司令部暨上海电讯局知照。

（八）本文分呈行政院、国防部、交通部、财政部、经济部，副本分送中央银行、中央信托局、全国商联会、全国工联会、上海市商会、上海市工业会，并请鉴察。

附件如文

中华民国轮船商业同业公会全国联合会理事长杜镛叩。寅梗。

附件一

恢复南北洋航运办法（草案）

第一条　为恢复南北洋航运、疏运物资起见，特订定本办法。

第二条　在南北洋航运未恢复正常状态之前，凡航行南北洋沿海口岸之船舶，悉依本办法之规定办理之。

第三条　凡航行南北洋沿海口岸之船舶（以下简称通航船舶），由全国轮船业联合会（以下简称船联会）组织船舶统一调配委员会调配之。

前项调配之船舶及通航之口岸，由船联会报请航政主管官署核准之。

第四条　凡经航政主管官署核准之通航船舶（以下简称通航船舶），全国陆海空军一律予以保护及便利。

第五条　通航船舶，须遵照下列之规定：

一、以疏运民生所必须之物资为原则，并以进出口地当局双方同意许可者为限，不得装载违禁品。

二、装载旅客，以进出口地当局双方同意许可者为限。

三、进出口船舶，须服从有权检查机关之检查。

四、进出口船舶，须悬挂或使用规定之旗帜、灯号或信号。

第六条　通航船舶，政府及军事机关免予征用。

第七条　通航船舶之通讯，特设专用产地电台，并指定人员随时检查。

第八条　通航船舶之船员，由各轮船公司列表粘附照片，呈送检查机关备查。

第九条　本办法自公布之日施行。

〔国民政府交通部档案〕

5. 梅贻璠等关于国共通邮与中共商谈情形致沈宇充函

(1949年4月7日)

宇充①副座钧鉴：职等于三月卅一日抵达北平，兹就数日来经过，琐陈如次：

(一) 通邮　到达后曾先作初步商谈，正式会议于四月四日开始，每日上午及下午均举行，共方参加者为华北邮电总局苏局长及成副局长(兼平局军管会代表)。会议进行，除联邮问题外，余均尚顺利。现对于通邮业务种类，已有初步决定，大抵均可恢复，仅新闻纸及保价邮件等暂缓办理。其余运费、补偿、查询等问题，亦均有详细讨论，俟制成整个方案，即由华北建议中共中央，通知各解放区实行。

(二) 联邮　华北并未正式恢复收寄国外邮件，如公众要求寄递，即令其纳普通国内资费寄出，故对国外通邮，过去似不甚感迫切需要。在通邮会议中讨论国外邮件问题时，我方说明国际函件受

① 名沈宇充，时任邮政总局副局长。

联邮公约之约束，所用邮票及资费等，只能照公约规定办理。共方则认为，通邮系双方相互之举动，倘外国不承认解放区之邮票，则解放区亦不承认外国之邮票，邮件到达亦将不予代投云云。共方对此问题颇表愤慨，虽经解释此系八十余国家之条约义务，亦不允考虑，兼〔坚〕持仍旧使用解放区邮票。对我方代加封套贴票转出之办法，亦不表感谢。此事除俟有机会当向邵力子先生等陈述外，究应如何处理，尚乞钧裁示知。

（三）通邮管理机构　共方于会议第二日，即提出通邮管理机构问题，现双方已就名称、职权等拟定草案，俟同意决定后，当先向政府代表团请示。

（四）通汇　共方表示，华北公众希望邮局恢复小额汇兑。我方说明对于通汇问题，无权作决定性之谈判。当已电上海请示原则，然后商谈具体办法。

（五）平局情形　五人曾赴平管局与平局各主管晤谈，一般情形尚佳。惟闻员工对李局长颇多意见，华北邮电当局亦表不满。夏郁华等不愿赴东北，已请华北当局准予南下。平局会计股张股长及会计股同人二人，又视察员三人，已调华北邮电总局。出纳股王之佐代理平分局经理。华北邮电总局所辖员工，达七千余人，各地原有邮政员工及办理乡邮军邮等人员，尚不在内。

（六）拜会　到后，北平市政府及军管会曾邀宴。华北人民政府董主席亦接见职等，曾将邮政组织人事及通邮等问题陈述梗概。华北交通部张部长及邮电总局局长等，亦设宴招待。张部长对于邮政制度，尚有好感。

（七）食住　五人均住储汇局二楼，招待周到，往来亦方便。

肃此。敬颂

钧安

职　梅贻璠

翁灏英

李　雄
沈　鑫
王震百　同谨上
四月七日

〔国民政府交通部邮政总局档案〕

6. 中央航空公司关于国共区通航问题与交通部往来电

（1949年4月）

（1）中央航空公司密代电（4月13日）

中央航空运输股份有限公司密代电　沪处字第一三〇八号
中华民国卅八年四月十三日发

密。交通部部次长钧鉴：迭据公司驻平专员雷仲仁本月六日及十二日先后报称，职于日前离京时，曾蒙李代总统召见，面谕力促设法解决南北空中通航问题，以为和平象征等因。自抵平后，经该地当局表示，亦甚愿促成斯举实现。并告知办法如次：（一）通航范围包括航邮包裹暨客货等；（二）事务技术人员，可由公司派充，但须先开列名单，经平军管会审核通过后，即可北上工作；（三）平方另派指导员及发报员参与合作；（四）财政收支统归公司自理，余款汇沪；（五）油料零件应由公司自备，准许经天津进口转平使用；（六）指定航线不得在各城市上空，而沿途迫降站，亦经指定，并望尅日答复决定。因平方一再督促，究应如何进行实施，至感迫切。谨电乞请迅示，以便转知平当局等情。查该项通航问题，前奉钧部指示，如有包机飞平，可准照办。兹据前情，际此全国朝野渴望和平之时，应否即予复航照办之处，理合电乞早赐核示祇遵为祷。中央航空运输公司总经理陈卓林。

元。叩。

（2）交通部复电（4月14日）

电

上海中央航空公司览：〇密。沪处字第1308号元代电悉。据呈南北空中通航办法六项，准予照办。除电知民航局仰即知照，并将进行情形具报。端木〇。京航空。

〔国民政府交通部档案〕

7. 华北邮电总局与上海邮政总局通邮协定

（1949年4月27日）

华北邮电总局
上海邮政总局　通邮协定

第一章　总则

第一条　为便利人民通邮，特签定本协定。

第二章　业务范围

第二条　通邮之业务范围规定如左：

甲、普通函件：信函、明信片、书籍、印刷物、贸易契、瞽者文件、商务传单、货样。

乙、特种函件：挂号（单、双）、快递挂号、平快、航空、报值（但货样不能报值）。

丙、小包及包裹：普通、报值、航空（办法另定）。

丁、邮政汇兑：普通汇兑、电汇、飞汇（办法另订之）。

戊、其他：邮件查询或补发回执、存局候领、撤回或更改地址。

第三章　通邮联络处

第三条　为便利进行通邮联络事务，双方共同派员在指定地点设立通邮联络处，其具体办法另订之。

第四章　运输

第四条　双方交换邮件，一律用邮袋，对装邮件之邮袋，相互调济使用。

第五条　邮件运输路线规定如左：

甲、海运：暂定为上海、秦皇岛（或天津）线。情形需要时，得变更之。

乙、空运：暂定为北平、上海线。情形需要时，得变更之。

丙、陆运：

1. 双方临近交界之邮局，应互相与对方邮局寄发并接受邮件。

2. 交界之省区。应以双方交通线上之邮局为邮件之重点交换局，以便转运邮件，交换局之名称，应经由通邮联络处通知对方。

第六条　固封邮袋在运输途中，不得检查或扣留。

第七条　邮工及押运邮件人员，由双方一体保护通行。但不得利用职务之方便，为非法行动。

第八条　双方交接邮件，应按照路单签收，并查明是否固封完好。如发现不符或邮袋破裂情事，应即按照规定手续，通知原寄局，否则认为接收无误。

第五章　邮票及邮资

第九条　双方互认对方之邮票为有效，但不得越区使用。

第十条　邮件应按所在地邮局资例，纳足邮资。

欠资邮件。双方各按所欠资费成数照自方邮资加倍补收。此项补收之欠资，互不结算。

第六章　邮件处理手续

第十一条　处理邮件手续所用单式。各依现行章则制度办理。如有变更时，经通邮联络处通知对方。

第十二条　互寄之邮件，应尽量向寄达地邮局直封。不足一袋之邮袋，包装成套，寄交换局转封成袋。

第七章　运费

第十三条　邮件发至对方交换局以前之运费，由原寄局一方担负之。

第八章　责任及补偿

第十四条　凡挂号函件及包裹损失时，如有左列情事之一者，不予补偿。

甲、因天灾事变或其他不可抗力致损失者。

乙、寄件系违禁物或违犯邮政规则致损失者。

丙、因寄件之性质或瑕疵致损失者。

第十五条　互寄邮件损失应加补偿时，凡能查明责任所在者，应先由原寄局向寄件人补偿，然后造单，经通邮联络处向负责之一方索还。

互寄邮件损失，如不能查明责任所在者。由双方平均负担，另行订期清算。

第九章　财务清理

第十六条　依本协定通邮通汇之往来款项，其结付办法另订之。

第十章　禁寄及应税物品

第十七条　禁寄及应税物品，依双方现行规定处理。

第十一章　附则

第十八条　本协定如有未尽事宜，由双方洽商修改之。

第十九条　本协定自双方签字之日起发生效力。双方公布或令行之日施行之。

上海邮政总局代表　梅贻璠（印）

翁灏英（印）

李　雄（梅贻璠代印）

沈　鑫（签字）

华北邮政总局代表　苏幼农（印）

成安玉(印)

中华民国卅八年四月廿七日　　在北平签订

通邮协定换文第一号

双方同意通邮协定适用范围如下：

一、华北区及其友临区。

二、上海邮政总局现辖各邮区。

华北邮电总局代表　苏幼农(印)

成安玉(印)

上海邮政总局代表　梅贻璠(印)

翁灏英(印)

李　雄

沈　鑫(签名)

中华民国三十八年四月二十七日(北平)

通邮协定换文第二号

通邮协定第三条规定之通邮联络处，双方同意左列三项：

一、通邮联络处暂设北平，情形需要时得变更之。

二、通邮联络处由华北邮电总局及上海邮政总局派员分任正副主任。

三、通邮联络处于双方呈奉上级核准后设立。

华北邮电总局代表　苏幼农(印)

成安玉(印)

上海邮政总局代表　梅贻璠(印)

翁灏英(印)

李　雄

沈　鑫(签名)

中华民国三十八年四月二十七日(北平)

通邮协定换文第三号

依通邮协定第十六条之规定。双方同意通邮往来款项，概以中国人民银行之人民券为本位币。并按照中国人民银行之牌价折算之。

华北邮电总局代表 苏幼农(印)

成安玉(印)

上海邮政总局代表 梅贻璠(印)

翁灏英(印)

李 雄

沈 鑫(签名)

中华民国三十八年四月二十七日(北平)

交换邮件陆运线路

经协议陆运邮件交换线路暂定如下：

省区	交通线	重点交换局
江苏	津浦线	乌衣、南京
	苏北龙游河	南通、浒浦口
	南运河	江都、镇江
安徽	淮南路	合肥、芜湖
湖北	平汉路	信阳
	汉水线	沙阳
	鄂西邮差线	当阳
河南	陇海线	陕县
陕西	洛河线	蒲城、铜川
宁夏	黄河线	宁夏、三边
绥远	平绥路	绥、白塔
山东	胶济路	青岛、平度

续上表

省区	交通线	重点交换局
附注	1. 以上重点局如在解放区,应由各该局与其临近中华邮政局洽商通邮;如在非解放区,即由各该局与其临近解放区邮局进行通邮。 2. 如因军事发展,情况变化,则顺线路随时调整之。	

〔国民政府交通部邮政总局档案〕

8. 霍锡祥关于国共通邮难以实行致沈宇充函

(1949年5月)

(1) 5月10日函

宇充兄大鉴:顷接墨士兄本月六日来函及呈稿一件,关于通邮事,拟再呈部。按通邮事,就邮政立场言,一方面可以便利人民,同时足以补助邮政经济,亟宜继续办理。弟本人一向主张,去冬在京时曾数次面呈部方,始取得初步谅解。惟近来局势突变,战局紧张,端木部长来穗后,以政院决议与共区一切通讯均须停止,迭次面饬邮政不能例外。在政府立场,通邮为和平商谈之一部分,和谈既已失败,通邮自应同时停止。弟几经缕陈利害得失,极力主张,甚至说明如虑共方藉此宣传,则目前中共广播人人收听,影响最巨。并以陶司长为例,渠眷属现在无锡,如数年不能通讯,实一非常痛苦之事,藉此说明通邮之重要性。总之,弟已尽能力所及,向部方争持。现部令迟迟未下,或与此有关。此时倘正式呈请,诚恐反而引起问题,明令批驳,更难处理。最近通邮代表在平签约,部方极表不满,已来令饬知无效。弟正苦于解释。以是再三考虑,认为暂缓呈请为宜。在目前环境下,以任其自然较妥。兹将原呈稿检退,俟以后再行核办。此复。即颂

公绥

弟锡祥拜启　五·十·

附稿一件〔缺〕

(2) 5月12日函

宇充兄大鉴:本月十日第四三号函计达。兹奉部令,饬知对中共通邮电汇兑一律停止,等因。特将原训令暨附件附上,希察核。部长对通邮一节,颇能采纳本局建议,在原提案内主张继续办理,借提案未能在院会通过,目前更无法进行矣。此颂

公绥

附一件

弟霍锡祥敬启

卅八·五·十二·

邮四〇〇号

交通部训令　附件如文

卅八年五月十日

饬知对中共通邮电汇兑一律停止由

令邮政总局

案准行政院秘书处卅八年五月七日卅八穗五字第三三一九号代电开:奉交下贵部提与中共通邮通电通汇意见一案,经提出本院卅八年四月廿七日五十六次会议决议:对中共通邮、电、汇兑,一律停止。等语。除分行外,特电请查照。等由。合亟令仰遵办具报。本部原提案一并抄发知照。此令。

附抄发原提案一件

部长　端木杰

提案　政务委员兼交通部部长端木杰

查国共区通邮通电,前经本部分别拟具原则,呈奉钧院提出

三十八年一月二十六日第四十一次院会决议，及卅八年三月十一日穗五字第一八九五号代电核示，准予试办，各在案。兹以和谈决裂，情势变迁，上项通邮通电政策似有重行检讨之必要。经本部审慎研究，认为国共区通电，关系军事甚巨，拟即停止。至国共区通邮，似与军事关系较少，为便利人民通信起见，拟仍予继续办理，惟须经当地军警机关加以检查。再国共区通汇，前经钧院十六日院会决议，由本部、财政部会商办理，现因局势改变，拟即作罢。

是否有当，敬请公决。

〔国民政府交通部邮政总局档案〕

9. 沈养义关于继续实行国共通邮签呈

(1949年5月14日)

案奉发下大部训令邮字四〇〇号，以经行政院五十六次会议决议，对中共通邮电汇兑，一律停止，令仰遵办具报等因。查通邮与通电通汇，性质不同。大部原提案中已经指示，未蒙院会采纳。经主管等详细研究，本案关系整个邮政，对于国内国际，均有事实需要。即在交战国俘虏通信，以及抗战时期，往来陷区，均系通邮无阻。刻下战区扩大，民众流离转徙，苦不堪言。为收拾人心及解民痛苦，通邮之需要，更为迫切。谨胪陈理由，敬祈转呈上峰，重加考虑。

（一）邮政为便利人民通信之事业，其服务对象，遍及全球之人类。纵在国际战争之时，交战国家得依国际法，经由中立国家，互通邮件。战俘及战时被拘留之平民，根据国际邮政公约之规定，且享免费交寄邮件之权利。九一八事变以后，关内外邮件未尝中断。七七抗战时期，陷区与后方邮件，亦经呈奉最高当局核准，继续沟通。良以邮政之使用，已为近世人民日常生活必不可少之一部分，不因战事之存在而中断。故为人道计，实有继续通邮之必要。

（二）邮政之本质，在于无远弗届。除人力不可克服之困难外，邮件之运送及转递，原不应加以任何人为之限制，设或加以区域性之限制，邮件数量，即随之缩减。邮件可通之范围愈狭，则邮件之数量将愈少。邮政业务，本以运递邮件为骨干。邮件衰落，邮政经济即行枯竭。胜利以还，邮政经济始终赖国库补贴为挹注，其原因虽非一端，但通邮范围之受限制，要为其主因之一。最近战区日益扩大，如停收对中共区之邮件，邮政赤字将更形增巨，国库负担将更形加重，不仅邮政之收支无法维持，影响全国之度支尤巨。为展开邮政业务，恢复其企业经营基础，及减少通货之发行起见，继续通邮，实为必要。

（三）按停止对中共区通邮，或因顾虑政治之宣传，或因防止军事机密之宣泄，然两者均可依戒严法而为必要之邮件检查与扣留，似未宜因噎而废食，全部断绝邮件之沟通。本局通邮代表团与中共方面协议之通邮范围，亦仅涉及平民互寄之普通、快递、挂号等平安家报函件，新闻纸及政治性宣传之印刷物，不在交换之列。且中共区内，外国籍人士仍有居留，其渴望通信，至殷且切。如一体停顿，不仅影响中共区人民对中央之向心力，且使友邦人士蒙受不便。

谨呈

局长

职沈养义谨签

五月十四日

〔国民政府交通部邮政总局档案〕

10. 交通部关于停止与中共区电台联络代电

（1949 年 5 月 20 日）

交通部代电 中华民国卅八年五月廿日发
邮穗发字第四五六号

京沪区铁路管理局览：案准行政院秘书处卅八年五月七日穗五字第 3319 号代电略开：本院三十八年四月二十七日第五十六次会议决议：对中共通邮电汇兑一律停止，请查照。等由。仰即转饬所属专用电台遵照，停止与中共区电台联络为要。交通部。辰号。邮。穗。

〔国民政府交通部档案〕

（二）铁　路

1. 陈延炯送东北铁路状况报告致俞飞鹏函

（1946 年 4 月 26 日）

樵公部长钧鉴：接平津区石树德兄通知，以奉钧座电话谕示，为马歇尔元帅急切需要东北铁路状况报告，饬即日就现有资料编报，尽速寄京备用。兹谨赶编报告一份寄呈，敬祈睿察为祷。肃请崇安

附报告一册

职　陈延炯谨肃

三十五年四月二十六日

筹字第一一八七号

交通部东北特派员陈延炯东北铁路状况报告

一、日本投降前东北铁路路线及运输能力

甲、路线　在伪满时期，包括“满铁”所谓“社线”六个区铁道局所辖之所谓“国线”，及大连埠头局所辖之线等，计共一万一千一百九十九公里点八(11,199.8)，原由满铁经营之北鲜铁路各线，因不属东北范围，故已除去不计。

附伪满铁路路线及距离里程示意图附件一〔略〕。

乙、运输能力　在上述一万一千余公里之路线中，据三十四年十月在长春调查同年四月时之状况，计有蒸汽及电气机车二千三百五十六辆(2,356)，客车四千四百五十辆(4,450)，货车三万六千七百辆(36,700)及其他特种车辆(如挥发油车、轻油车、重油车等)二百八十三辆(283)。

上项车辆编组列车之情形，平均每列辆数如下：

旅客列车　　八·八

货物列车　二七·八

混合列车　一二·二

特种列车　　一·五

列车行驶密度每日每公里平均行驶次数如下：

旅客列车　　五·六

货物列车　一〇·五

混合列车　　一·七

其他列车　　一·四

特种车辆　　〇·九

合　　计　二〇·三

伪满自民国二十年僭据以来，至民国三十四年，十四年间经营铁路不遗余力，就铁路本身业务而言，三十一年之一年间，其记录客运为一四，〇三四，六六八，〇〇〇延人公里，货运为二七，九五七，七五九，〇〇〇延吨公里，其每吨平均行程三三六公里，每公里每日运量为九.八九〇吨。兹仅取得二十七年至三十一年四年间之资料，附表于后，以见一斑。

附二十七年至三十【一年】四年客货运量表附件二。

所最引以为憾者，上述机车车辆自日本投降后，绝大多数已被苏军运走，或运至苏境，或运至北鲜，或集中北满中长铁路之范围内，情况不明。即幸而残存者，多已破坏不堪，不能使用。加之路轨及建筑设施迭被毁坏，是以目前虽有一部分路线勉强行车，而运输效率一落千丈，苟非充分补充，甚难恢复旧观。

二、日本投降后铁路现在概况

甲、已接收之各路线

(一)锦州铁路局所属路线　伪满时期设有锦州铁道局，管理旧辽宁省西部及热河省境内之各线。三十四年十二月，国军推进出关，铁路方面之接收，经亦随军逐步办理，并于三十五年三月正式成立锦州铁路局，接管伪局一切资产及业务。截止三十五年四月止，锦局现可管辖地段如下：

	路线公里	营业公里
山海关至沈阳	四二六．一	四一九．八
大虎山至彰武		一〇九．六
锦县至平泉		三三八．七
义县至西阜新		六八．五
全锁寺至北票	一七．九	
沟帮子至大窪	五四．三	五四．三
锦西至葫芦岛	一二．一	一二．一
合　　计		一〇〇三．〇公里

上列各线，虽经锦局接收，而沿线防卫尚未完全周密，故轨道桥梁时被拆炸，而中途各站站屋及设备，时被攻击，尚不能谓安全。

附锦州局通车路线及里程示意图　附件三〔略〕

（二）沈阳附近之中长铁路情形

根据中苏友好条约，在东北各线中划拨若干线而成之中国长春铁路，在苏军占领期中，原已行车，以供军运。迨苏军撤后，路线桥梁亦均迭遭破坏。兹经由沈分别由我方派员抢修结果，现可行车之路线如下：

沈阳至大石桥　一五八．一公里

沈阳至四平街　一八九．三公里

但上述路线中间仍有桥梁时遭破坏，故中长路客车由沈阳南仅勉强开至辽阳（六四．三公里），北仅勉强通至开原（一〇五．八公里）。

（三）沈阳铁路局所属路线　伪满时期奉天铁道局所辖各线，大部分已划入中长铁路范围，其所余各线现可接收行车者，仅系循旧沈海线，由沈阳经抚顺城过河，折至大官屯之一小段，计长五〇．六公里。因路线尚短，故未正式成立沈阳局，暂时指定由锦州局派员代管，指挥行车。

附中长铁路沈阳附近路线及沈阳局通车路线及里程示意图，附件四〔略〕。

乙、尚未接收各线及拆移情形

除上述已接收之各线及已划为中长路之各线外，因国军尚未推进，故实际情形如何，尚属不详。惟据密报，已被拆移各段大致如下：

（一）哈尔滨区　据本年三月间密报，北安至黑河间三〇三公里，已被某方将钢轨拆除，运往他处。

（二）齐齐哈尔区　据本年三月间密报，宁年嫩江间一八一公里，经苏军于本年一月八日起开始拆撤，所有设施已被破坏，嗣即完全拆去。

（三）另据密报，宁年霍龙门间二八三．九公里及霍龙门绿神间一七二．一公里，均已被拆，详情无从得悉。

另据各方消息，所有各线设施，如机车、车辆、厂房、机器、存料等大部分，均已被运走或拆毁，证之已接收各线之残毁情形，则未接收各线之不能完整，盖可置信。且其损坏情形有加无已，或竟出于想象之外。

三、现存机车车辆数目及交通情形

甲、现存机车车辆数目

（一）机车　锦局所辖各线陆续接收之残存机车，仅一百五十七辆，其中完整者，最初只有五辆，嗣经努力抢修，计修复五十八辆。另由平津区拨用二辆，故现在完整者计共六十五辆。

因军运关系，原属平津区之机车过轨续驶出关，现暂在东北行驶者，尚有二十辆，留在东北修理者，尚有七辆，计共二十七辆。

以上两共九十二辆。

（二）车辆　锦局陆续接收未被苏军提走之客车，计共一百四十七辆，其中完整者甚少，多数残破待修。因恢复客运，客车不敷使用，经商平津区调用八十八辆，两共二百三十五辆。

锦局陆续接收之货车，计共八〇五辆，因军运紧急，不敷远甚，由平津区拨济一七三八辆，两共二五四三辆。

以上车辆因在山海关过轨关系，故详数随时可有变动。

附客货车分配计划表及货车停置地点表，附件五、附件六。

上述车辆不论客车、货车，东北原有者既被运走或破坏，端赖平津区接济，现当军运日急，所赖平津区接济者虽已占大多数，而仍不敷用。反之平津区亦以运量需要日增，再四商洽拨还，两方均感不足，情形十分严重。

乙、已接收路线交通情形

（一）锦局　除军运列车由后勤总司令部第二区军运指挥部随时调配外，干线已开行特别快车、普通客车及混合列车，各支线已开客车。惟因凉水河桥被炸，客车遇险造成惨案后，入夜乃停止行车，以策安全。

（二）沈局　沈阳抚顺间已开行客车。

附各线行车次数表，附表七。

附件二　伪满经营时期东北铁路客货运量表

年　度	旅客延人公里	货车延吨公里
民国 27 年	5,448,798,000	16,259,548,000
民国 28 年	8,530,888,000	20,462,332,000
民国 29 年	10,536,602,000	20,593,617,000
民国 30 年	11,005,700,000	25,863,501,000
民国 31 年	14,034,668,000	27,957,759,000

附件五　锦州铁路局客货车分配概况表　　35 年 4 月 21 日

客车总数　235 辆

本局接收　147 辆
平 津 区　　88 辆
分配运用计划如下：

用　途	车　数	附　　注
营业用	102	沈锦间 1、2、21、22、71、72 次，锦榆间 73、74、75、76 次，锦平间 601、602 次。
军　用	70	进入中长 32。
预　备	21	
修　理	25	
破　损	17	内烧毁 6 辆。

货车总数　　　2,543 辆
本局接收车　　　805 辆
由平津进入车　1,738 辆(4 月 21 日止)
分配运用计划如下：

用　　途	车　数	附　　注
1. 军　　用	2,043	进入中长 907，进入沈海线 20，葫芦岛登陆 377 辆，沟帮子移防 68，绥中移防 65，军用列车前进中 210，由秦皇岛回空 35，由沈阳向葫芦岛回空 70 辆，总站皇姑屯锦县重车待发 82，叶柏寿平泉方面军用 209。
2. 煤炭运用		西阜新煤每日以 50 车计算，待装者 50，待配者 50，拉出者 50，待卸者 50，回空途中者 50。
3. 修路材料用	95	
4. 代用客车	64	
5. 修　　理	91	

附件六 锦州铁路局货车停置地点表

站名＼车辆	能用				修理					附记
	棚车	厂车	平车	守车	棚车	厂车	平车	守车	合计	
八道壕	1	9		4					14	
七里河						1			1	
义县	14	14	10	1					39	
新立屯		15		1					16	
新邱		22							22	
西阜新	34	71	1	9	1	13	12		141	
沙拉	2	2							4	
大巴	2	3							5	
苍土										
阜新	6	8		13		4			31	
南岑	6	11		1					18	
小东		15							15	
小梁山	6								6	
姚堡	1								1	
锦县	16	15		4					35	
马三家		8							8	
兴隆店		2				1			3	
兴隆店三台间	6		18	1			5	3	33	
巨流河		1		1					2	
新民	1	2							3	
高台山		4							4	
北票		4				2			6	
骆驼营	1	1							2	
太极煤矿		7				1			8	

续上表

站名＼车辆	能用				修理					附记
	棚车	广车	平车	守车	棚车	广车	平车	守车	合计	
金岭寺		5				1			6	
五　峰		11		1					12	
泡　子						5			5	
叶柏寿调度所管内	49	37	11	11		9			117	
沈阳附近	32	116	42	15	13	20			238	
总　　计	177	393	82	62	14	57	17	3	805	

附件七　东北已接收各路线行车次数表

路线区间	里　程	列车性质	行车次数	备　考
锦县山海关间	184	普通客车	每日对开一次	
锦县山海关间	184	混合列车	每日对开一次	
锦县沈阳间	242.1	特别快车	每日对开一次	
锦县沈阳间	242.1	普通客车	每日对开一次	
锦县沈阳间	242.1	混合列车	每日对开一次	
锦西葫芦岛间	12.1	区间客车	每日往返一次	
沟帮子大窪间	54.3	区间客车	每日往返一次	
大虎山彰武间	109.9	区间客车	每日往返一次	
锦县西阜新间	118.9	区间客车	每日往返一次	
锦县平泉间	338.7	区间客车	每日往返一次	
皇姑屯抚顺间	43.9	区间客车	每日往返一次	

〔国民政府交通部档案〕

2. 中国长春铁路概况①

（1946年）

中国长春铁路概况

（一）接收经过

依据中苏友好条约之规定，中国长春铁路系就九一八前中东、南满两铁路合并改组，其所辖营业路线为，西起与安东之肤滨——即满洲里——中经哈尔滨，东至松江省之绥芬河，再由哈尔滨向南伸展，经长春、沈阳而达辽宁省之旅顺大连，全长计二千四百十六公里，均属双线。

去年八一五日寇降服后，苏联军队进入东北受降，对东北作事实上之军事占领。同时通知我国政府，派茹拉诺夫为中国长春铁路局局长，在哈尔滨成立管理局。并将中长全线划分为大连、沈阳、长春、哈尔滨、海拉尔、昂昂溪、牡丹江等七个分局，一律指派苏藉〔籍〕人员充任分局局长。所有哈尔滨管理局各处处长、课长以及各分局课长、段长、站长，各级重要职员，概由苏方单独指派苏藉〔籍〕人员充任。去年十一月，我东北前进指挥所于几经交涉之后，到达长春，中长理事长张嘉璈先生亦率同我方所派中长理监事，一同到达。于是会同苏藉〔籍〕理监事在长春成立理事会。去年十二月杪，始选派王竹停为副局长，率领华藉〔籍〕职员十人赴哈尔滨，参加中长铁路管理局工作。但事实上中长业务苏方托词军事管理，一切独断独行，我方所派人员无法行使职权。

本年三月，苏军宣布自东北撤退。四月，国军进驻沈阳时，张理事长亦已抵沈，王副局长遂奉召率领华藉〔籍〕职员至沈，组设中长铁路副局长办公处，办理国军接收区域以内中长路运输事宜。本年四月间，中长路通车地段仅营口至沈阳，五月下旬，北展至四平街，

---

① 沿用原标题，原文作者、时间不详。

六月中旬再进至长春，七月上旬抵松花江。截至最近为止，中长路经我中央政府确实接收者，为营口至松花江之一段，计通车路线五百九十八公里，约为中长全线里程四分之一。但我方仍本中苏友好精神，与苏藉〔籍〕人员力求合作，沈阳分局仍由苏藉〔籍〕职员充任各级首长，惟为加强运输效能起见，选派华藉〔籍〕职员副之。现在沈阳分局共有苏藉〔籍〕员工二百五十一人，其中由苏联来者仅一百八十三人，其余系就地雇用之白俄，近有一部分已取得苏联藉〔籍〕。长春分局苏藉〔籍〕职员，于国军进驻长春时均已撤退，遂由我方另行派员主持，现任分局长为伍廷钧。

自松花江北岸陶赖昭至哈尔滨、胪滨至绥芬河以及盖平至旅顺大连间之中长路线，以在共军割据区域内，本路无法行使职权。据调查所得，苏方所派之理监事及管理局局长仍在哈尔滨行使职权，而大连、牡丹江、哈尔滨、海拉尔、昂昂溪诸分局，亦仍由苏藉〔籍〕职员主政。一言以蔽之，中长路现被切断成三段行车，即营口松花江为一段，现由中苏合办，由副局长驻沈办公处秉承理事会处理一切业务。盖平至旅顺大连为一段，胪滨至绥芬河及哈尔滨至陶赖昭为一段，统由苏藉〔籍〕人员主政，听命于哈尔滨管理局。

最近苏方向我国外交部要求撤退中长路苏藉〔籍〕职员，实仅限于沈阳分局在职人员，其理由为苏藉〔籍〕人员离国已久，又以水土不服患病者多，一再向东北行营熊主任请求准其撤退一部分，最近熊主任曾准其撤退一部分，惟以有病需要疗养及不重要职员为限。而外交部遂同意其撤退二百五十人，其实中长全部苏藉〔籍〕职员虽多，而在国军防地以内者，仅沈阳分局之真正苏藉〔籍〕人员一百八十三人而已，自外交部公事到达后，于是沈阳分局苏藉〔籍〕职员遂要求全体撤退矣。

（二）自副局长驻沈办公处成立以来业务概况：

自副局长驻沈办公处奉命设置以来，营口至松花江间业务概况，分述如左：

(1) 组织及员额:理事会之下设置副局长驻沈办公处,内分总务、运输、营业、工务、机务、电务、材料、会计八组,秘书、人事两室,现有华藉〔籍〕职员一百九十二人,留用日藉〔籍〕人员六人,职工四十六人,共计二百四十四人。

外辖长春、沈阳两分局,各设总务、人事、会计、车务、机务、工务、电务、材料、卫生等课,沿线分设机务、工务、电务、检车、电力、给水、列车诸段。沈阳分局局长及各课课长均苏藉〔籍〕,另派华籍人员副之,现共有华籍职员一千七百六十人,苏籍职员二百三十一人,留用日籍人员四百九十四人,华籍职工六千二百五十人,苏籍职工二十人,留用日籍技工二百三十三人,共计员工八千九百八十八人。长春分局局长及各课课长均华籍,现有华籍职员二千零一十人,留用日籍人员二百三十人,华籍职工五千一百零九人,留用日籍技工二百五十一人,共计员工七千六百人,总计本路现有员工为一万六千八百三十二人。

(2) 机车车辆概况:本路现有完好机车一百三十三辆,客车一百三十七辆,货车二千三百九十九辆,惟现辖线区以内,并无机车车辆修理设备。关于机车车辆之修理,悉委托国有铁路代修,又本路位居东北铁路中心,军运甚繁,车辆之流动性甚大,而军运调度实权操诸军运指挥部,致机车车辆之使用极不经济。且上述机车车辆主权谁属,尚未确定,因中长路资产迄未划分,在伪满时代,所有东九省铁路机车车辆概由满铁统筹调度,关于今后东九省铁路车辆调度使用问题,确有研讨之价值。

(3) 货等运价:客运分三等,现行运价为三等每延人公里流通券一元二角,二等二元四角,头等四元八角。行李每二十公斤每十公里一元八角,包裹每二十公斤每十公里八元。

货运则沿满铁旧制分为四等,现行运价头等每吨每公里为三元八角,二等二元八角,三等二元一角,四等一元三角,并采用递远递减办法,惟目前仅办整车货运暂不收零担,故运价亦仅有整车运价。

(4) 财务概况:四月份营业收入为流通券三百三十五万六千余元,五月份一千五百零四万一千余元,六月份二千七百一十九万一千余元,七月份八千三百三十万零九千余元,八月份一亿零九百九十九万余元,九月份约一亿六千万元。支出方面,四月份计一千九百二十万四千余元,五月份六千九百九十九万七千余元,六月份一亿零四十七万四千余元,七月份一亿七千零七十七万九千余元,八月份一亿八千三百四十四万七千余元,九月份预计约二亿五千余万元。以往收支不敷之数,除由东北交通特派员办公处陆续转拨大部核拨本路抢修工款约一亿九千七百万元外,其余则由东北行营核准,由本路局向中央银行透支,截至九月底止已先后向中央银行透支流通券二亿四千五百万元。

目前本路每月经常支出,计员工薪饷约一亿四千万元,机煤及行车材料约一亿二千万元,办公差旅等费约一千万元,故每月支出最少需二亿五千万元,现金收入每月最高不过一亿五千万至二亿元,故每月现金收支不敷约一亿元左右。

综上情形,本路现金收支月呈入不敷出现象,故对于员工待遇,无法提高,致人才极端缺乏。对于抢修工程,亦被迫采取拆路修路政策,中长虽系双线,而目前营口至松花江通车地段之桥梁,不得不改为单线行车,一切路基保养以及机车车辆修理材料,更属无从储备。

(三) 当前最迫切之问题:

查日寇控制伪满除关东军外,以满铁为最高权力机关,故九一八后之满铁株式会社,乃实际上伪满太上政府,不仅伪满交通委托满铁经营,即朝鲜铁道,亦由满铁统筹营运。故满铁组织及事业极其庞大,设有总裁室、经理部、用度部、产业部、铁道总局、抚顺炭矿、中央试研所及经济调查委员会、技术委员会等机构。所有伪满国有铁路,包括南满与中东两路在内,一并划分为奉天、锦州、吉林、牡丹江、哈尔滨、齐齐哈尔等六个铁道局，以南满及中东为主干，所有一切设备，均着重于此。其他铁路公路，实质上不过此主要干线之营养线而已。苏联军进入东北以后，探悉此种情形，一面狃于中东旧例，蓄意使中长继承满铁。中苏友好条约虽明白规定应于去年十二月底以前，由中苏两政府各派委员三人，在重庆开会划定中长资产，并由理监事会拟定各项组织规程及办事章则。及苏方一再拖延，一面在哈尔滨召开各种会议，意在造成既成事实，迫我承认。所幸苏方派来中长服务人员甚少，专家所拟组织章程，强将满铁及中东旧制混而为一，即现在中长服务之苏籍职员亦有行不通之感。倘我方能及时准备对策，尚可收回大部分主权，左列各端，确属目前当务之急：

（一）充实中长各级干部人才：由大部选调国有各路优秀人员充任中长各级干部，依奖励服务边区人员例，优叙薪级，并核给各种边区津贴。

（二）组织资产审查委员会：由六部指定高级职员一人，会同中长及东北特派员办公处职员若干人，另设资产审查委员会，搜集各种资料，拟定中长资产划分计划，并确定今后中长与国有铁路之关系，以为对苏交涉之根据。例如共同使用之车站，若长春、四平街等站，似可仿美国铁路例，使成为独立车站，由大部派员充任站长。至各该站支出，则依使用铁路营业收入比例分摊。

（三）设置调查委员会：由大部洽商外交部各指派高级职员一人，常川驻在中长路局所在地，随时搜集中长各项资料，以便利对苏联外交。

〔国民政府交通部档案〕

3. 成渝铁路工程局结束报告①

（1946 年）

成渝铁路工程局结束报告　自民国二十五年六月至民国三十五年七月

本局于民国二十五年六月成立后，即筹备开工事宜。原预算二年半通车，因地价发生问题，延至二十六年六月，方能动工，于开工后一月，抗战即开始。未久，长江航运阻断，工款时虞不继，不得已实行紧缩，但仍集中人力财力，将渝内段（重庆至内江）艰巨工程完成大半。自三十一年以后，外洋材料虽绕道海防、缅甸，输入亦不可能，建筑经费来源断绝，被迫停工。而已成之工程，不能不设法维持，所余之材料，不能不设法保管。经数度紧缩，艰苦支持，幸得度过难关，以迄今日。现正筹备复工，川黔铁路公司即将改组，所有以前经办事项，应告一段落。谨择要分陈于后：

（一）关于工程事项

沿线已成之工程，经极力设法保修，虽历无数次敌机轰炸及山洪暴发，均仍完整无缺，已成工程及现存材料机具等，按照现时价值估计，达国币二百七十余亿元（详见工程报告附表二）〔缺〕。

（二）关于财务事项

本路收支状况，详见财务报告内。现有资产照市价估计，约值国币二七五八五二六〇〇〇〇元，内除法银团垫付材料及建筑经费计法郎二一三〇五四九五〇九，美金四四〇九五四三一元，共折合国币一二五二〇八〇〇〇〇元外，余值国币二六三三三一八〇〇〇〇元。按照股款一六四二三八〇〇元分摊，计每股（战前国币一百元）应升值为国币一六〇三〇〇元（美金一元折合法郎一一九．一，折合法币二〇二〇元）。

---

① 沿用原标题。

（三）关于人事事项

查铁路建设，经纬万端，事繁任重，非群策群力不为功。而技术与事务，尤须相辅相成，方可共赴事机，完成伟业。故人事之得失，实为成败之关键。本路筹备之初，即深知用人之重要，当时除一部新委人员外，大部高级员司，多系从各路借调而来，因事择人，宁缺勿滥。迨后员司之取舍，率以勤敏廉能四字衡之，务求以最低限度之薪费，能收更弘大之功效。不意正当顺利进行之际，忽焉抗战军兴，建设事业首蒙不利，本路人事亦不得不在紧缩原则下，陆续裁减，以符公司撙节开支、推进业务、兼筹并顾之意旨焉。综计本路人事之动态，约略可分三期：

（1）创办时期　本路于二十五年三月间开始筹备，赓即组织踏勘队一队到川工作。同年四月间，八个测量队亦相继组成，先后出发。原有踏勘队人员一部调局办事，一部则分发各测量队，其时计用员司一六二人，职工三三八人。

（2）兴工时期　本路测量工作，于二十五年底已全部蒇事。二十六年始，即次第施工。按工程繁简，分设七个总段，局内外人事，亦分别加强。在组织范围内，遴派干员，分任各职，以利进行。其时计用职员五〇四人，职工五七四人，员工人数以此时为最多。

（3）紧缩时期　二十六年七七事变发生后，战事日渐扩大，工程进行被阻。本路为因时制宜计，乃将次要员工酌予裁减，一面积极赶办已做之工程，一面期待战事之结束。迨二十七年度开始后，纵观局势险象环生，抗战结束似非短期可望，本路只得作长期之准备，复于二十七年五月份起，大量紧缩，除有重要任务者外，其余员工一律疏散。截至彼时止，先后计疏散员司一二八人，职工约百人。自兹以后，已做工程遇有完竣者，即随时疏散，年有减少，直至目前止，全部在职员司仅六九人，工警一二四名。此实为维护沿线材料工程所必需之最低限度额数也。

以上所述，实为本路人事动态之概况。兹当筹备复工之际，现有人员相差固远，但即使恢复二十六年初之员额，恐仍不敷分配。为推行顺利而谋迅速起见，复工以后，似需大量添增人员，庶可加强工效，如限完成也。

（四）抗战期间本路对于国家之贡献

本路因抗战而停工，在此时期中曾应各方之需要，以人力及物力贡献国家，间接有助于抗战，实非浅鲜。兹举荦荦大者分述如下：

（1）抗战初期工厂陆续迁川者甚多，本路在重庆九龙坡地方置有四十吨起重机，曾代迁川各工厂起卸机具及笨重材料，并借地建厂，以应需要。

（2）当重庆屡遭敌机轰炸，各机关无不积极防空，本路已成之隧道，曾借与兵工署及川康电政局储藏军用物品及交通器材，以策安全。

（3）抗战期间后方需要燃料甚急，本路曾以小钢轨及土斗车供给煤矿，以便开采，而利供应。

（4）成都附近赶筑飞机场，亦曾借给小钢轨土斗车及测量仪器，并遵令调员协助进行。

（5）重庆九龙坡车站地基，供政府暂作飞机场之用。

（6）渝内段本路电话线，曾协助防空司令部作防空情报之用。

（7）民国三十二年间，交通部成立铁路技术标准设计委员会，本局遵令负责担任设计工程标准图及审订工程规范书事宜，迄民国三十四年三月完竣，以作战后全国铁路建筑之标准。

（五）复工之计划

本路现正筹备复工，所需外洋材料方法继续供给，所需国内工款，经洽商结果，交通部与四川省政府各分摊半数，业经会呈行政院鉴核在案。以后工料价额是否尚有波动，不能预言。前编制外洋材料概算共计美金一千六百余万元，系按战前美金价值加百分之二十五计算。近编国内用款概算共计国币五百二十亿元，系按本年五月份市价计算，倘如以后物价上涨，该项概算款额势须增加。

现四川省政府正筹划各项经济建设，本路负荷重任，当力求配合该计划以应需要也。

〔国民政府交通部档案〕

4. 交通部编1946年度交通概况（铁路部分）

（1947年5月）①

卅五年度交通概况

（二）铁路之抢修与修复

本年度内铁路工程，新工而外，几至全部精力耗于战事之修复，而尤以抢修共军之破坏为甚。员工固疲于奔命，材料更苦于筹措，往往移东补西，以为挖肉补疮之计，终至一修再修，修不胜修。所望于本年度修通者，虽一再努力，未能全如预期。

长江以北各线路，自卅四年八月日人投降以后，原拟先将南北、东西两大干线修通，然随修随毁，成一分段通车之局面。卅五年一月十三日停战令下以后，各路仍时遭共军破坏，乃由军调处执行部设立交通管理科，分派十二个小组，分驻晏城、泊头、济南、泰安、枣庄、徐州、高密、大同、太原、石家庄、归绥、张家口等地，协助进行，商谈修路问题。各组几经折冲工作，迄无大效。至五月间，广大之破坏犹先实现。迨至六月七日第二次停战令下，破坏程度变本加厉。自六月以至九月间，胶济、同蒲两全线，陇海路之开徐段、正太路之娘子关榆次间、平绥中段、平汉北段，皆先后遭受彻底之破坏。综计本年度迭遭共军摧残而抢修之路，陇海则开封徐州之间已经修复，津浦则南由徐州修至临城及临枣、柳贾两支线，平汉北段则涿县南展至保定及由新乐北展至定县。胶济已于十二月中再度修通；平绥之青龙桥三道营间，已于本年十二月十日接通；正太经于

① 原文无时间，仅依撰稿人签注时间。

九月中旬努力，将娘子关榆次之间抢通；同蒲亦只逐段之局部通车，而未能贯穿也。

据卅四年中日战事停止后之调查，因战事影响，遭受破坏须经修复之路线，约计四千二百七十公里。当经拟定卅五年度以内修复粤汉、平汉、陇海、浙赣、湘桂黔、沪杭甬之杭甬段、京赣之宣歙段、滇越之河碧段及南浔等路九线，估计工料费用共需国币八百七十六亿零四百万元。

现除粤汉全线已经于本年六月底初步修复，可以通车外，平汉南段初只由新乡北展至安阳，最近始更修至丰乐镇，并将六河沟支线修复。陇海则郑州迤西，已于六月间通车，现可自徐州直达天水，徐州以西〔?〕则大许家东海之间还为共军所据。浙赣原拟于卅四年提前赶修诸暨江山之间，而于卅五年修复上饶株洲之间，顾以外洋材料未能如期到达，本年诸暨金华之间及萍乡株洲之间，仅将路基修复，而待铺轨材料，余则仅作准备工作及搜集材料而已。湘桂黔线柳州至来宾段，已修复通车，柳州桂林段约可在年底赶通，柳州怀远段正在进行，约可在卅六年一月间通车。杭甬段及宣歙段，则以料款种种关系，未能举办。滇越之河碧段，已在整理路基桥梁及隧道等项工程，待与法方交涉接轨及材料有著，即可铺轨通车。南浔已归并浙赣区局，虽在进行，亦以轨料不给，本年未能铺设。

兹将各路概况分别另述如次：

陇海

陇海东自海州之连云港，西至宝鸡，连接去年完成之宝天线，以迄天水，全程共长一千三百八十二公里，为东西横亘之一大干线。

抗战以来，潼关以西始终保持通车。自潼关以迄郑州三百五十七公里之间，廿七年敌陷郑州之际，惧以路料资敌，经我将郑洛间一百十八公里之轨道桥梁，自行拆除西运（此段已由日人于卅三年将洛陕间轨道拆移铺设，惟杂有十六公斤轻轨约三十三公里）。洛阳灵宝间一百九十三公里之路轨桥梁，则于卅三年中原战事失利时，除遭敌骑拆毁外，我复于撤退时，将重要隧道及高架桥梁自动爆破。灵宝至阌底镇间五十八公里之轨道，亦于同时拆回西运。至沿线各站房屋及给水设备，亦均破坏殆尽。敌降以后，即于十月间着手修理洛潼段。本年一月间，先将阌灵段五十八公里修通。灵陕间二十五公里，则拆运会兴镇轨料西铺，于二月上旬到达陕州。陕州至八号桥间，计长四十三公里，则由西段沿线搜集材料东运，于五月中铺抵桥头。洛阳至观音堂计长九十二公里，则由本部拆移江南铁路及调拨平汉钢轨，三月间由洛阳开始西铺，同时并将轨料驿运至中途站，向东西两头接铺。六月六日，接通至观音堂，六月十五日西展至八号桥头，六月底潼郑之间全线开通。被毁桥梁总计二十六座，内有数座均系谷架高桥，尤以观音堂硖石间之八号桥最为严重。该桥为两孔八公尺及四孔三十公尺，上承钢梁，高逾四十四公尺，短期内修复为不可能，而填塞则土量须达三十五方〔?〕之多，附近更无土可取。再四研讨，决定修筑木架便桥，用大木料六千余根及铁件百余吨之多，于七月底完工，未完工前暂用盘渡。其余各桥，一部分用土填塞，另挖泄水洞外，一部暂由便桥行车。隧道大都集中于汜水至巩县、孝义及观音堂至潼关一带。卅三年退守时，将观音堂至高碑一带自动破坏，全路最长之第四号隧道长达一千七百公尺，亦经炸毁，幸情形不重，已经修复。其余第二号、十二号、十七号、灵宝附近十二号及新安附近十二号，或修筑便道，或修复衬砌，以维通车。车站房屋及车站属具，如给水设备、煤石灰坑、转车地磅等，亦几破坏殆尽，经分别办理临时设备，以应急需，而待逐渐改善。

自连云港西达洛阳之间，敌伪时代原属完好，胜利以后始遭共军破坏，自胜利以迄本年一月十三日，破坏二百廿四次，轨道六公里，桥梁三十八处。而自一月十四日停战令下以后，仍复迭遭共军破坏，计一月间大许家至白塔埠之一百二十三公里间，破坏路轨八十九公里，经该路工程人员会同执行小组于三月廿四日抢修完竣。但此段因共方对于管理问题有所争执，未曾行车。四月间，大许家至八义集间路轨，又被彻底破坏八公里。五月，白塔埠以东又被破坏三公里。六月，大庙大许家间续被破坏八公里。七月，则自东海至河湖间及赵墩邀西两处，各被破坏三十七公里。经路局于七月十八日自大庙起向东抢修十公里，铺轨至大许家以西而止，此后即以轨料不足，徐海间铺轨工作暂停进行。

徐州开封之间，自八月十日共军大举进攻，由杨楼至兴隆路线被占破坏者，达一百八十公里，其间车站房屋、号志、岔道、给水设备等，除商邱、黄口外，其余各站被毁殆尽，沿线钢轨被拆毁约百分之八十强，且多运走或埋藏，枕木及电杆被焚在百分之九十以上，其他配件电线等，悉被运走无遗，路基桥梁破坏均剧。经于八月十一日起，由徐州、商丘、开封三工务段人员组织三个抢修队，加雇工人，调集工料，随军进修，东西并进，得于九月廿三日在兰封内黄间会合接轨，徐汴交通因以恢复。其后虽不免零星破坏，但均随坏随修，不误行车。

开封、郑州之间，因廿六年黄河花园口决口，洪流南往，形成新河道，致将陇海线冲断。敌人为维持汴郑间运输，曾一面修筑汴新线，联络开封新乡，利用平汉线接通至郑州，一面在中牟黄河新道上架设便桥，以资连接东西两岸。惟此种便桥不能承受大汛，甚易为水流冲毁。敌寇投降时，便桥已不复存在。吾方为迅速恢复陇海东西交通，乃于本年一月六日开工，二月十九日完成四百七十二公尺便桥一座，藉以跨越黄河。原定计划系配合黄河堵口工作，当时预期堵口可于本年大汛前完成，故便桥设计只以承受普通水位为度。迨后堵口失期，大汛且至，原拟于六月五日拆卸桥料，以免冲失，惟格于各方要求，一再迁延，至六月廿七日而全桥为水所毁，桥料损失，约达百分之九十。于是一面在中牟黄河新道整修盘渡，以便利用船渡接运客货，一面仍用汴新便【桥】，沟通平汉，维持行车。

路线迂回，深感不便。嗣以汛期届满，黄河堵口复堤工程局决定在十一月十五日投石堵口，期使黄河复归故道，则汴新线即无法保全。为谋陇海不致一日中断计，乃于十月底筹备复修中牟黄河便桥。经于十一月六日开工，十二月十五日完成，试车情形良好，汴新间直达行车于以恢复。

又宝天段计长一百五十二公里，系于本年元旦正式通车，其后以雨季坍方，交通阻断，总计本年坍方总数约达四十余万。嗣经陆续清理，十二月中旬恢复行车。

胶济

胶济东自青岛，西迄济南，计程三百九十三公里。接收以后，始遭破坏，经努力抢修，曾于上年十一月五日一度通车。当时共军势正猖獗，未几即复重被破坏。本年一月十三日，政府颁布停止冲突命令之时，全线已被割裂分为济南至张店、杨家庄至坊子及青岛至康家庄三段，只二百七十三公里，其余路线悉被共军所占，而未被占据之线桥梁轨道，仍复时有破坏。虽经军调部交通小组屡次交涉，破坏渐见减少，而被阻地段，始终未能照预定方案进行修复。六月六日，共军又发动大规模破坏，至六月廿七日，全线除济南至郭店二十三公里，谭家坊至坊子五十二公里，青岛至女姑口二十五公里，共一百公里可以通行外，其余路段又复尽入共军掌握，遭受彻底之破坏。爆炸桥基桥梁，拆毁轨道，挖掘路基，焚毁车站，此种破坏工作，日益加甚，未尝或止。干支各线轨道、大小桥梁、车站、电讯，连同一切行车设备，破坏无遗，情形惨重，不可言喻。盖军事力量仅足维护济南、坊子及青岛三个据点而已。

抢修工程，则因军事之未能进展，以及和平谈判之有待协调，而随时受阻，以致停顿。三月八日，自张店向东进至辛店，四月廿日被阻中辍虾蟆屯。东自四月廿日起修，廿九即告停止。迨至六月下旬，因我军前进，方能因军队之掩护，而有所发展。当时组成济南、坊子、青岛三个抢修队，济南队于六月二十七日自郭店开始，于七月廿四日修通至张店，八月六日修复博山支线。同时坊子队亦在军队掩护之下，于七月廿九日自谭家坊西修，至九月十九日，两队在益都车站接轨，二十五日通车。

青岛至坊子一带地区，共军为阻止我军济青间之联络，及维持苏北与鲁北两个根据地之交通走廊起见，对此段铁路破坏最烈，抵抗亦最力。抢修工程于七月十六日自城阳开始，八月九日到达李哥庄站大沽河东岸后，即因军事情况，不能前进。迨至十月初，我军再度展开打通胶济线，抢修工作乃得继续进行，济南方面亦在万分困难之中，搜集路料，使坊子队于十月七日向东开工，遂于十二月十二日在丈岭太堡庄间接轨，至是全路重复通车。综计本年修复轨道二百六十一公里，大小桥梁一百五十五座，车站四十四座，电线二百五十五公里。

平绥

平绥东起丰台，西达包头，全程八百一十三公里。日人投降以后，始为共军分段占据，加以破坏，沿线中央军与共产军彼此错综其间。去年年底时，仅北平青龙桥间七十二公里，及包头三道营间二百一十一公里，为我政府维护通车。当为便于处理起见，设立东西两管理处，分负其责。而康庄周士庄间之二百八十三公里，及孤山卓资山间之一百八十公里两段，悉在共军势力范围之内，由其自行行车。

本年以来，在一月中，则旗下营陶卜齐间，破坏桥梁一处。三月间，周士庄大同间、福生庄卓资山间，破坏轨道十三公里，桥梁三处。三月至六月之四个月间，福生庄三道营以及八苏木绥远之间，轨道桥梁多处迭遭破坏。七月，则阳高周士庄间破坏轨道达三十二公里之多。八月，则福生庄车站被毁，口泉支线则奉军事当局拆除。九月，周士庄三道营间被破坏轨道十四公里，桥梁三十八处，车站两处。十月，丰台昌平间小有破坏，而陶卜齐大同间轨道被破坏六十五公里，桥梁三处，口泉支线之既拆而复修者，亦被破坏三公里。

抢修工作在九月以前，除在我通车地段以内，尚能随毁随修外，余则以共军势力所在，未能有所进行。直至军事推进，九月十日起，始得随军由三道营至丰镇抢修损毁轨道二十三公里。十月，续由丰镇至大同抢修四十五公里，于十月八日修达大同。同时东段青龙桥向西展修，于十一月十日修达张家口，张家口与大同之间，亦经努力抢修，于年内十二月十日修复。至是平绥全线乃告修通。

平绥铁路卅五年九月—十二月破坏修复里程

<table>
<tr><th></th><th>路线长度</th><th>破坏轨道</th><th>破坏桥梁</th></tr>
<tr><td>青龙桥——怀　来</td><td>20</td><td>20</td><td>11</td></tr>
<tr><td>怀　来——沙　城</td><td rowspan="2">100</td><td>9</td><td>9</td></tr>
<tr><td>沙　城——张家口</td><td>8</td><td>15</td></tr>
<tr><td>张家口——天　镇</td><td>100</td><td>51</td><td>75</td></tr>
<tr><td>天　镇——大　同</td><td>80</td><td>59</td><td>84</td></tr>
<tr><td>大　同——三道营</td><td>210</td><td>26</td><td>25</td></tr>
<tr><td></td><td>510</td><td>173 公里</td><td>219 座</td></tr>
</table>

北宁

北宁关内段自北平至山海关，计长四百二十三公里。自接收以迄本年一月十三日为止，遭受破坏一百八十八次，皆属零星毁伤，经随时修复，无碍行车。在华北有共党区内最为完整而未遭受大蹂躏者，只此一线而已。

平古

平古自北平至古北口，计程一百四十三公里，系日人于占领期内修筑，工程设备本极简陋。密云以北之五十四公里，接收时已为共军破坏，不能行车。此段经于本年九月十六日自密云开始向北展修十九公里，至十月三日，通至石匣。后以款料移拨平绥，未能续修。北平密云间之八十九公里，只去年十一月下旬，在新通州至张辛间及顺义怀柔间，各有小破坏一次，旋即修复。而自本年七月以后，始复重遭破坏多处，惟情形尚轻，均经随时修复，至年底止，通车地段自北平至石匣计一百一十八公里。

津浦

津浦北自天津，南达浦口，计程一〇〇九公里。胜利之际，全线畅通。乃自日本八月八日无条件投降以后，中共即于是月中旬开始破坏，截至卅四年年底为止，除已随时修复者外，其被毁受阻之地段，为自东光至禹城间一百二十公里，兖州利国驿间一百二十六公里，总计不能通行者凡二百四十六公里。

本年初以迄二、三月间，全线遭受破坏。北段天津向南，仅能通至冯家口；中段济南以北通至晏城，以南通至洪沟；南段则浦口向北通至利国。三月中旬，国共协商成功，分段分头进行抢修，原期一鼓作气，全线修复，北段自冯家口向南修达泊头，中段晏城向北修至禹城，洪沟向南修至望亭，南段自利国北修至沙沟时，协商破裂，迨至四月间，抢修工作全告停顿。自五月以至八月，全线再度被共军侵据破坏，北段天津仅能通至沧县，中段济南以北仅通至桑梓店，以南通至党家庄，南段浦口向北仅能通至利国。迨九月初，南段自利国向北随军抢修，于十月廿四日修至临城。并于十一月二十三日，将卅四年底一度修复通车重遭破坏之临枣支线修复。综计本年全线抢修轨道三百六十三公里，大小桥梁三十五座。

平汉

平汉北自北平，南至汉口，计程一千二百一十三公里。胜利之际，除石家庄至新乡间之三百三十七公里，已在日人占陷期内破坏外，余皆通行。接收后加以整理，北段已可由北平通至元氏，南段则由汉口通至安阳，只元氏安阳之间约一九八公里尚未贯通。本年二月十七日，由安阳北修两公里，即为共党阻遏。三月十八日，由元氏南修四公里，又为共党所阻。六月下旬，沿线战衅重起，自此以后，路轨桥梁重复迭遭零星破坏。在七月间，鄂州、安阳之间轨道被炸三次。八月间新乡、安阳间破坏二十二次。九月廿九日以后，平石间北起涿县，南迄新安，更遭大规模之破坏，各站被其占据，计毁轨道一百四十二公里，桥梁七十处，车站十五处，情形之剧烈，为全路前此所未有。现正拨款搜集材料，并力抢修。北段已可自北平通至保定，及定县元氏之间可通，南则汉口通至丰栾镇及六河沟支线(六河沟支线长18,370公里)，余则军事未能配合，迫不获已，惟有暂停进行耳。

正太

正太东自石家庄，南至太原，计程二百四十二公里。战前原属一公尺轨距，经日人改造为标准轨距。石家庄至阳泉一段，已按宽轨标准改善完竣，改用新线；阳泉至太原间之改善路线工程，大部分集中于马首至段廷间，所有改线路基、隧道、桥涵，有部分完成者，有尚未动工者，平均完成百分之六十，现仍迁就窄轨路线。接收太原娘子关一段时，路线已受破坏，勉可通车。三十四年大水冲毁部分，迄未修复。桥梁在沦陷时期，有遭共军焚毁者，因材料困难，均以便道便桥，暂先维持通车。胜利后，遭共军破坏。旋经修复通车，迨至本年六月，微水段廷之间又遭破坏二十五次，就中以微水桃河桥最重。而七月间，则段廷、测石、芹泉、黄丹沟间又被零星破坏廿二次，皆经次第修复。自八月四日起，全线更受大规模之破坏，各站被其攻占，于是娘子关以达榆次之间约一百四十公里，再遭阻断。九月中旬，经全部修复通车。此后仍复续有焚炸毁损情事，但皆出诸零星，已随时抢修，全线照常通车。目前路线两侧二、三十华里以内，共军云集待机扒路，经全线员工准备周密，尚无长期阻车事故。整修及改善工作，均因财力物力集中于抢修工程，未能兼顾。抢修工程计组织抢修队三队，分驻石家庄、阳泉、太原等三处，征用民工一万一千一百工，修筑便道土方十四万六千余立公方，木便桥六一公尺，隧道八公尺，桥涵二九三公尺，铺轨路线二〇七七七公尺，便线三〇〇公尺等。

同蒲

同蒲北起大同，南达风陵渡，全程八百六十四公里。自大同以至太原之间，已经敌伪由窄轨改成标准轨距，太原以南仍为窄轨，日人占据时代原属通车，胜利之后始遭破坏。

当去年十二月中旬时，大同太原间三百五十二公里，及太原富家滩间一百八十八公里，虽时经破坏，但随即修复，尚可通行车辆。富家滩以南，则不能通车，富家滩运城间，被彻底破坏者，约一百公里。迨四月下旬，则大同阳方口间及南关侯马间，亦皆不能通车。至八月初，则除高村、临汾之间及运城、永济之间而外，均不能通。九月份，则义棠至临汾及车沁支线，亦均不通矣。

现经并力分头抢修，并为谋工作进行上之便利起见，将临汾以南路线，暂由陇海抢修。最近北已自太原抢通至圻县，共七十五公里，播明以北则情况不明。南段太原、介休之间原已通车，介休、灵石已修复，年内通车。灵石至甘亭，因缺材料未修，甘亭经临汾至史村已修通。再南至半坡，因缺料停工，半坡经运城至永济已通车，永济至风陵渡间，经于年底前修复。

此路为晋省经营，近方倡议收归国有，尚未洽妥办法。将来北与平绥之大同相接，南与陇海之潼关相接，当为南北三大干线之一，其重要性固不亚于津浦、平汉也。风陵渡与潼关仅一河之隔，曾设桥工处，计划建设钢桥，以资联络，乃以七七事变突起而中辍。

粤汉

粤汉北起武昌，南达广州，干线长约一千一百公里，益以广九广三干支各线，共长一千三百七十公里。抗战军兴，路基除武昌至茶庵岭间、广州至新街间及广九段未及破坏外，余均掘有缺口甚多，路头路基亦均挖毁，尤以岳阳株洲间及新街曲江间，经过湘北、粤北多次大会战，早经化路为田。新街至源潭、茶庵岭至耒阳，虽经日军草草修复通行轻便轨行汽车，而路基高宽边坡不足，坡度弯道漫无标准。至于未毁部分，亦因年久失修，杂草丛生，水沟堵塞，沿途坍坡甚多，全线须补土石方约一百二十五万立公方，堤垣约二万立公方。轨道除武昌茶庵岭间、广州新街间及广九段一部分未及拆运外，惟经迭次轰炸，损毁甚多，其余各段大都拆除后运移供湘桂、黔桂两路，或设法埋藏，或堆积焚毁。其中茶庵岭至耒阳、新街至源潭及广九段一部分，虽经日军修复，然钢轨种类参差不一，配件缺少尤多，枕木尺寸不合，且多腐朽不堪，道渣散失，串线岔道，多被拆除。隧道二十三座爆炸过半，以金龙山、婆婆崖、棉子岭、圆螺角及高廉村五座最为严重，洞口堵塞，拱顶坍陷，土石崩落。婆婆崖及高廉村两座洞内，且有破坏机车车辆，满载铁件炸药，清理修复，倍感困难。较之新开山洞，尤有过之。桥梁则全线大桥一百十九座，先后破坏者一百零二座，以新墙河、破培口、汨罗、捞刀、浏阳、渌河、洣河、朱亭、石湾、来河、樟河、小溪、曲江、英德等十四座破坏最烈，修复困难。小桥六百零二座，大都破坏不堪。武昌至耒阳、源潭至广州及广九段所有破坏桥梁，虽经日军建有木便桥，构造简单，负荷力薄，仅能供轻便轨行汽车之用。厂房及车站设备，以及办公处所，员工宿舍，均经毁坏无遗。而长沙株洲之间及曲江新街之间尤剧，几至无迹可寻。号志与各种标志，亦几全部无存。

自本年一月上旬开工，为求迅速通车起见，先作初步修复，已于六月底完成。路基则填补缺口，清理坍坡，疏整沟渠，改善不合标准之坡度弯道。桥梁则以钢料奇缺，外料又非短期可能运到，修配不易，尽量利用破坏钢梁，以之修理，一面加固原有便桥及另建新便桥，以为补苴。同时修复桥座基础，以便钢梁到达，即可架设。隧道经先后清理修通，惟高廉村一座施工困难，经另开长六公里余之便线，以接通曲江。至于房屋以及车站设备号志以及各种标志，为数既多，限于人力物力，只能择其急要，先行修建应用，余则惟有俟诸通车以后，再行陆续补充。

诸路全线通车后，煤炭供给至关重要，湘江煤矿公司并已复业，为便利煤运起见，修筑湘江支线，自湘潭河口至杨嘉桥矿山，全长十五公里，为抗战胜利后首先新建之铁路，于九月三日胜利纪念日完成通车，自开工以至完成，只三阅月耳。

白石渡至杨梅山及株洲至湘潭两煤运支线，亦均分别完成通车，对于沿线用煤裨益良多。①

广九支线于七月一日修复通车，广三支线亦予修复，并于石围塘佛山间恢复双轨，计十七公里，以利货运，于九月一日通车。

浙赣

浙赣起自杭州江边，以达湖南株洲，计程九百三十六公里。抗战期中，经先后自动破坏，在日人投降时，可通行者只杭州诸暨间及江山上饶间两段，共计约一百四十九公里。其余诸暨金华间，连同兰溪支线一百三十一公里，及萍乡株洲间连同安源支线九十公里，破坏处土石方工程不大，现于本年先行动工，已饬拨钢轨一百公里。诸金段正线土方已全部完成，桥座桥墩因破坏不多，在钢梁未到前，先筑木便桥，已成百分之九十。株萍段土石方工程亦已全部完成，桥涵工程完成百分之九十，并已于十二月十六日开始铺轨。金华江山间、上饶向塘间及南萍间三段中，桥梁破坏最为惨重，达百分之八十以上。为把握时间起见，拟在三十五年冬季枯水期内，将桥墩基础修复。南浔线全长一百二十八公里，亦于战争期中国军撤退时，自动将钢轨桥梁拆除，现亦同时着手修复，已成土石方百分之六十，大桥百分之五十，小桥、一小部分车站已大部完成。

本年诸金、株萍两段及南浔修复工款，共计一百五十亿元。

又衢州至江山间三十五公里，已于十二月底修复通车。

湘桂黔

湘桂黔原为湘桂、黔桂两路，于胜利后经合并而改称今名者。

---

① 原注有："据冯枝正视察报告，株洲至湘潭之支线，实长二一公里，而湘潭（湘江以东）至矿山之支线为一四公里，由株洲以迄矿场（中有一江之隔）两共长三十五公里。"

湘桂北起衡阳，南达镇南关，衡阳桂林之间早经于廿七年筑成通车，并于廿八年展筑至来宾。黔桂东与湘桂之柳州相接，西迄贵阳，廿八年开始建筑，三十三年通至都匀。

以上两线均于卅四年敌骑侵入时破坏，除南丹都匀段之二〇八公里已于卅四年八月底修通外，本路三十五年度复轨工程，原计划先修复柳来（附大湾支线）长约八十九公里，柳怀长约一百零九公里，桂柳长约一百八十二公里等三段。完工之后，即继续修复衡桂长约三百七十二公里及丹怀长约一百五十一公里两段。顾衡桂段大部分钢轨拆修粤汉铁路，外洋材料来源困难，国内物资向极匮乏，复以物价飞腾无已，原拟柳来等三段工款不敷甚巨。经以修复衡桂等二段工款移充柳来等三段之用，经积极进行招工购料，惟当工程展开之际，适值桂省荒灾之时，工人食粮取给不易，益以桂省在抗战期中损失惨重，兵燹之余，疫疠流行，病工既多，影响工作效率。且四、五、六三个月淫雨连绵，水位高涨，桥工进展深受阻碍，故实际赶工已在七月。柳来一段于八月间修复，来宾之煤可运柳接济。在港粤搜购之料具，亦可水运大湾，再运工地。沿线桥梁初步工程，经四、五月之趱赶，于十一月底先后完成，其钢梁部分因无来源，乃尽量先建木便桥及拆修旧钢梁，权宜使用，先求通车，俟外洋钢梁运到再换。关于整理轨道需用大批枕木，产区多在柳江上游，长安镇以上。订购之后，适值雨季水涨，放筏困难，水退后又以数量过多，不能及时运达工地，一届枯水，上游水浅，运输又难。为应急计，分向桂柳沿线各县采购，陆运亦甚困难，致桂柳段延至来年一月初旬，方可修复，而柳怀更须延至二月初方可通车也。都匀贵阳之间，已在湘桂黔局下设都筑段工程处，继续建筑，其情形当另述之。

川滇

川滇现所管辖中已通车者，为叙昆铁路已成之昆明霑益段一百七十公里及滇缅铁路已成之昆明石咀段十三公里。

叙昆铁路于民国廿七年冬间开始建筑，路线由昆明经威宁而至叙府(即宜宾)。三十年三月，通车至曲靖，旋复展至霑益。除曲霑间尚有木便桥两座外，所有小木便桥均已改建正式钢梁。本年修补路基二万八千余立公方，抽换轨枕三万二千余根，并着手三支龙改线工程。宣威以南之路基，已全部完成，宣威威宁之间亦已局部开工，威宁以北已将路线勘定。此路构通川滇黔三省，极关重要，已将其列入战后铁路五年计划中第二、三、四年分期举办。

滇缅铁路路线东自昆明，西至苏达，计长八百八十公里，与叙昆同时兴筑，土石方、桥涵、隧道等工程，多半完成，并已由昆明铺轨通至安宁。卅一年缅甸不守，即于是年四月停工，而石咀至安宁间路轨，又复拆移叙昆。现设滇缅铁路保管处，于禄丰保管之。至于安宁至苏达一段，亦列入五年计划之内，但以工款材料等等限制，最近尚难举办。

滇越

滇越滇段起自河口，北至昆明，全程四百六十四公里，成于逊清光绪二年，为法国人所造。河口至碧色寨间之一百七十七公里，于民国二十九年敌人进占越南时，由我自动拆除，轨料移铺叙昆，只昆明碧色寨间之二百八十七公里可以通车。至卅二年吾国与法国维琪政府绝交，乃将昆碧段接收，设管理处主其事。胜利后，鉴于此路之重要，即着手进行修复。本年一月间，组织抢修总队。二月出发工地，开始积极修复。河口大树塘间五十七公里之一段，因越南局势混乱，越境铁路中断，来料不易。工人因气候相继死亡，进展甚微。旋又组织河碧段工程委员会，扩大前抢修总队为第一总段，并组织桥工队，加强医务组织。截至本年底止，完成路基土石方二六六四一立公方，修补前工兵所挖隧道炸药洞，桥梁、涵管自河口至老范寨以南约三十三公里之一段，已大致完告，将来轨到即可敷设。

东北

东北沦陷十四年，日人在此占领期中，先后增筑铁路多条，截至胜利时止，连同原有路线，约计当在一万一千三百余公里。惟因国共问题，未能完全接收。

胜利初夕，中苏条约成立，以中东、南满二线改称中国长春铁路，由中苏两国共同经营，以三十年为期，期满后无条件全归我国政府接管。中国长春铁路理监事会，已正式成立，惟因苏籍员工于十月、十一月间自动请求返苏，故目前业务方面，仅由政府派定之副局长在沈阳负责管理。中长路正线计长一〇六八．四三公里，连同专用线及蜷线，共长二二五五．〇九公里，分为海拉尔、昂昂溪、哈尔滨、牡丹江、长春、沈阳及大连等七区。东北各铁路除中长路外，原拟分为锦州、沈阳、吉林、滨江、龙江及牡丹江等六个区局，现经成立者为锦州、沈阳、吉林及齐齐哈尔四局而已。东北全区已修复可以通车之干支各线，至年底止，约为三千零三十二公里。其修复情形约略如次：

锦：一、北宁线　山海关至沈阳间四二〇公里。

二、中长线　松花江至营口间修复通车路线六〇九公里。

沈：三、沈安线　苏家屯至安东间，约长二六二公里，已于十二月二十日修通。

锦：四、锦古线　锦州至小寺沟间三五四公里，及北票支线一八公里。

齐：五、长洮线　长春至柴岗间七七公里已修通，正在续修中。

沈：六、平梅线　四平街至梅河口，全线一五六公里，已修通。

锦：七、大郑线　大虎山至彰武间一一〇公里，郑家屯至门达间三八公里已修通，余在续修中。

沈：八、沈吉线　沈阳至营盘间七三公里、梅河口至吉林间二一九公里已修复通车，营盘至梅河口间续修中。

沈：九、苏抚线　抚顺至李石寨间一六公里已修复通车。

齐:十、平龙线　四平街至草虎屯间一一五公里已修通,仍续修中。

沈:十一、公辽线　辽阳至公原间,全线六九公里已修复通车。

锦:十二、沟营线　沟帮子至大霈间五四公里,已修复通车。

长:十三、长图线　长春至拉法间二一三公里及龙潭山至大丰满支线二二公里,均已修复通车,仍续修中。

锦:十四、高新新义线　高台山至义县间一九二公里已全线修复通车。

沈:十五、公田线　公原至牛心田台间一七公里已修复,仍续向田师傅进修中。

锦:十六、叶赤线　叶柏寿至赤峰间一四七公里,路基已修复一部分。

目前东北各铁路随军进修急待修复者,计有锦古、沈吉、梅辑、大郑、叶赤等线,共约长一千余公里。所需轨料为数至夥,尤以枕木一项为最多。因东北产木区域,仍在共军盘踞中,而外洋轨枕等运到有限,须兼顾关内各路修复之用,不能大量配拨东北各路。故为应急计,尽量拆次要路线轨料移用,不足之数,则在竭力就地搜购中。

海南岛

本岛干线由榆林港至三亚,长约二十公里,由三亚至北黎,长约一百八十公里,总计干线长约二百公里。为日本海军设施部所建筑,为各矿厂运输产品往榆林港转运上海往日本,以作原料之需。支线计有由抱板至东方锯木厂支线,长二十公里;石碌至八所,长约五十二公里;岭头至田马司锯木厂,长约二公里;由安游至田独,长约十五公里,总计支线长约九十公里,均系运输厂矿产品专线,全属窄轨。设计未见周详,工程亦未全竣。三十三年以后,因八所开港,一部完成运输线矿不再经由此线。且以太平洋战事日船损失奇重，路料不易自岛外运来，故养护工作颇见荒废。胜利后，干线由本部接收，拨归粤汉铁路，设立管理处，每日开车一次，营业清淡，亦未能大加整理。本年九月七日及十二日，两次遭受飓风，损失甚巨，路基被冲，须重行填筑及修整者，约一三〇〇〇〇立公方。正式桥梁全部或大部损坏，须重建者十五座；一部分损坏须修理者十一座，木便桥须重建者三座，轨道须整理者一百八十余公里。目前尚无余力改进，仅能维持保管而已。

台湾

台湾之有铁路，肇自清季光绪十三年。在昔吾国管理时代，曾完成基隆至台北间约长三十二公里，及台北至新竹间约长一〇六公里。甲午割据以后，经日人继续经营，截至卅四年日人投降时止，全台公营铁路总共计九〇一．二公里，私营铁路总长度计三〇二四．二二公里，两共合计约四千公里。接收后由台湾长官公署管理。

全台铁路于战时曾受盟军空袭，其损失情形，除私营不详外，公营各路路基轨道先后被毁长度六千二百余公尺，大小桥梁被炸十六处，隧道被炸毁一处，房屋炸毁约一千四百余栋。上述各项，除旭川、鸟树林、大肚溪及曾文溪等四桥，仅抢修通车，因钢料无着，一时未易恢复原状，及被毁房屋择要修理外，其余已大致修复。

江南

江南铁路为商办江南铁路公司所筑，原由南京经芜湖至孙家埠为止，全长一百七十三公里。胜利时仅京芜段之一百公里通车。本年一月间，因抢修华北津浦、陇海等五路，急需轨道，商由该路将京芜段路轨拆移应用，由本部另行筹拨款料，使之恢复。轨道材料已经订购，在外洋启程途中。

淮南

淮南铁路为商办淮南矿路公司所建，全线由田家庵经水家湖而至裕溪口，计长二百一十四公里。水家湖至裕溪口间之一百八十七公里，已由日人拆除，而由水家湖筑一支线，以达蚌埠，长六十五公里，联络津浦、淮南两线，以运淮南煤产。接收后，遭受共军破坏，经饬前华中铁路管理委员会将田家庵经水家湖至蚌埠间路线修通，以利运煤。该支线自修复后，暂由津浦接管，租与淮南路局行车。水家湖至裕溪口间拆除之一百八十七公里，尚未修复。

其他铁路

一、綦江铁路　系由江口之猫儿沱至綦江之三溪，共长八十八公里，猫儿沱至五岔间长三十九公里，已经筑成通车，余尚在续筑中。现归国防部主持。

二、漳厦铁路　正线长四十五公里，已成卅八公里，已拆除。

三、个碧石铁路　由碧色寨至个旧及由个旧至石屏，长一百四十四公里，为商办，全系窄轨，刻仍通车。

四、新宁铁路　长一百一十公里，曾由日人拆除一部分，其余一部分由我拆除移筑黔桂。

五、潮汕铁路　长三十九公里，已于战时拆除。

（三）通车铁路工程之改善

本年度内已经通车各路，如(一)北宁线之关内段，(二)津浦路之津沧段、浦徐段，(三)陇海之宝天，(四)京沪沪杭，(五)平汉南段，(六)浙赣线之杭诸段及江上段，(七)粤汉全线及广九、广三，(八)湘桂黔之南都段，自沦陷以迄接收，其间历时多年，纵有未经直接遭受战事，或虽经兵燹，而已匆遽修复，然亦无一不修养缺欠，仅能勉强通车。若枕木之腐朽，钢轨之磨损，道碴之稀少，油漆之剥落，房屋残破，以及各种设备之不足，殆已成为普遍现象。至于桥梁载重力量之薄弱，轨条配件之参差，亦复随处可见。故有待于逐渐之整理或改善，以保持安全，改良行车设备，以增加运量。今就京沪沪杭、陇海、平汉、粤汉各路，分述如次：

京沪沪杭

京沪、沪杭甬两路，除杭甬间路线在抗战初期为我自动破坏，暂未修复外，余则自沦陷以迄今兹，始终保持通车，未尝间断，为目前国内最完整之铁路。然以历年失于修养,以及因业务上之发展,而需要改善或扩充之工程,正复不少。本年度内,两路之关于(一)工务改进者,则有抽换枕木十余万根,修整京沪各段之路基沟管,已成八十公里,重建全线道班房已成十七座,修补沪杭二号桥及京沪八号桥台,上北站前广场柏油路面工程。(二)行车安全者,则有添设两路各站内进站号志,完成者十一副,进行中者二十副;添设两路全线平交道栅门栅夫房及警标。(三)改良秩序者,则有添建车站栅栏,已成者一千二百余公尺,北站围墙两处。(四)改良客运设备者,则有添建嘉兴地道一座,常州、无锡、苏州、上海西站、杭州等站月台雨棚五处,油漆及修理京站月台雨棚。(五)改良货运设备者,则有扩充麦根路站□,展长张华浜码头,并修理浮筒,改建南京六、七两号货物月台。(六)改良机务设备者,则有改良闸口机车房全部工程,添建麦根路车站伞形水塔,扩充戚墅堰机械厂等等。此皆其荦荦大者。

陇海

本路接收以来,徐海之间因受共军数度大举破坏,大许家以东迄为所据,目前暂时已无力修复。开徐之间,亦复一再受共军摧残,从事抢修,已觉疲于奔命,整理改善,几已无暇及此。本年度内之改善工程,仅只限于开封迤西而已,举其大者,约有下述各项:(一)郑州车站为免穿越平汉,建筑飞线。(二)陆续更换洛郑间日人所敷轻轨约三十公里。(三)建筑黑石关洛河大桥正式桥墩,并修通便桥。(四)筹建观音堂硖石间八号桥桥墩。(五)更换枕木约六万余根。(六)改善宝天边坡。(七)完成咸同支线上隧道两座。(八)徐州车房及附属工程已告完成,陕州郑县两车房及附属工程正进行中。

平汉南段

本段路线南接粤汉,北与陇海相交,交通上之重要性,不仅为贯通南北之主干,抑且为目前沟通东西之唯一枢纽。接收以还,虽经维持通车，然一切未能恢复原状，轨道则轨条种类庞杂，大小轻重参差不一；桥梁则曾经损伤或简单修复，或改建便桥，载重能力薄弱，行车速度受制，改善工程亦殊迫不及待。可得而言者，则(一)添补道碴两万余公方。(二)采购枕木十七万根，已抽换五万余根。(三)广小、信阳、郾城三处，添铺涵道及三角岔道，小李庄岔道亦在赶铺中，总计添铺岔道及蜷线二千公尺。(四)更换小冀镇至詹店间轻轨及沿线钢轨五千余根。(五)三道河、界河等二十二座桥墩台之筹建及修补工程，均已完成，其余大小桥墩台混凝土工程完成六千余公方，拼配铆合及安装之钢梁约六千七百吨，加固小桥至能达行车速率二十五公里以上者，已有四百一十五座。汉郑之间问题之最为严重者，莫如桥梁，盖在对日战争期中，原有桥梁多为盟机炸毁，虽经日人架设便桥通车，而行车相当困难，无以恃久。现已从事加强，以谋一劳永逸，而策安全。但需外洋材料者，在未能运到之前，欲谋架设正桥，仍属无望。(六)新乡至孝感进站号志已修复，孝感至汉口者，在进行中。(七)站场设备如栅栏、雨棚、月台等，亦经分别整理及添筑。

郑州黄河大桥早已超过本身之保险期限，抗战前原已筹议重建，乃以战事而未果，危险情形，与日俱增。现经决定在上游原桥近处，另建新桥。八月间已与美国马立逊克努生公司签订合同，令其承办重建工程。至于设计工作，预定六个月内可以完成，一俟计划竣事，倘料款有着，当可开始修建新桥。

粤汉

本路自六月底初步修复通车以后，虽全线贯通，而一切工程措施以及行车设备，类皆出于急就。盖以此路绾毂南北政治经济，以及其他种种关系，地位日趋重要，整理改善工作，尤为当务之急。兹举其荦荦大者言之，则(一)路基工程有修补汨罗至株洲之间一三〇公里，高宽达于标准，及英德新街间为洪水冲毁之一一〇公里。(二)陆续更换轨条及配件。(三)加铺及更换枕木四十余万根。

（四）桥梁则武衡间日人所建木便桥，仅能通行小型机车，或仅牵引汽车者，如新墙河、汨罗河、捞刀河、浏阳河等桥，皆经改建。此外，更新建漳河、英德、琶江等便桥。联络广三之西南大桥及湘黔铁路之湘潭大桥，亦在计划进行修复，已订购钢梁。（五）房屋工程则有衡阳总局、沿线车站车房、员司宿舍、道班房及其他等，约五万平公方。（六）广三铁路支线加铺路轨十七公里。（六）补充各站给水设备等。

（四）西南西北新路之兴建与测量

一、铁路工程

西北地处偏僻，距离海岸窎远，出口不便，目前虽有陇海一路可资接通，殊不足以尽其能事，且为政治军事上各重要中心点之联系，以及开发资源，提高文化，垦殖边荒起见，实有另辟途径必要。爰拟从广州湾北趋柳州，经贵阳、隆昌、成都、天水，以达兰州，建筑一长约三千余公里之铁路，使之贯通西北西南，成一巨大干线。而柳州东北可以深入湘鄂，贵阳西连昆明，更可以通车安南与缅甸两地，性质之重要可知。

此线天水兰州间及贵阳都匀间，已于本年先后开工。天水成都间、隆昌贵阳间、来宾广州湾间，亦均拟于卅六年开工。成都隆昌间原为成渝路之一部，今成渝亦已复工。都匀南丹间及柳州来宾间，原为湘桂黔路线之一段，已经通车。柳州怀远间，卅六年年初亦可望通，南丹怀远正在修复，期于最近亦能通达。各段概况另为分述如次：

天兰

此线自天水东之北道埠起，向西北延伸至兰州之北关止，全程约长三百七十六公里，为战后铁路建设五年计划中之一线。①鉴于

① 原页还注有："另临洮支线自陇南至洮河东岸，长一百二十余公里，及兰州南兰河运煤支线约二十余公里。"

西北国防之重要，必须提前兴筑，以谋军事与政治上之便利。爰于本年三月，先设天水铁路工程局筹备处于天水，分设十个总段。五月间，工程局正式成立，同时开工，预定三年完工。本年度原列工程预算为国币一百二十亿元，已奉准拨到，但开工以后，因物价之上涨，青苗、购地、迁坟诸费随之激增，致原列之数有感不敷，且以有时间性之要工，必须提前开工，并筹划材料，又复续请追加八十亿，仅奉准三十亿，其余五十亿未奉核准。现在明年度预算中预支派用。本年甘省遭受旱灾，采用以工代赈，截至本年底止，已成土石四百五十余万立公方，约占土方总数量百分之二十，民工效率，平均约在二·七五，成效甚佳。该局次又商得本省郭主席之协助，拟于明春农暇之际，发动大量民工再完成土石四、五百万立公方。本年度内重要工程，已发包开工者：路基工程十四处，总值约十三亿；隧道工程十一座，共长约二千三百六十公尺，总值二十二亿七千余万；房屋工程二十一处，总值四亿七千余万元。其余已经选定包商准备发包之工程，路基约十四亿余元，隧道约十一亿八千余万元，房屋二千四百余万元。发包工程时已在十一月，所到工人，目前只有三千余人，为数不多，节近旧年，招致需时。各项工程已成数量，不能有足足之进展。全线所需地亩之地价，已全数发清，全线电话设备，亦已购妥。惟该路地僻人稀，食粮柴草，在在须内外方运入，且全凭人力牲口背驮。沿线饮料用水，亦苦涩不堪，均须预为设法储备雨水。现正计划试凿深井，使之穿过苦水层，以求甘泉。其他材料，亦无一不感缺乏，咸须尽力搜求。

天成

天成北起甘肃之天水，南达四川之成都，为贯通西北与西南大干线中之一节。路线由天水跨越秦岭山脉至略阳，再经阳平关、广元、会龙场、江油、绵阳、罗江、广汉而至成都，此线长约七百八十公里。三十三年五月前，已由天水路局测竣，惟天水至略阳间之一段路线须跨越秦岭，地形复杂，虽曾测过四条比较线，均有若干缺点。

又德阳罗江间及江油附近一段，亦未尽善，尚须详细测量研究，以期完善。

本线广元至成都间三百五十余公里，地形较为平坦，除江油附近一段工程较难外，余尚平易。广元至天水，地形复杂，跨越秦岭，工程艰巨，建筑经费占全部百分之七十五，广成占百分之二十五。

全线拟定卅六年开始兴筑，惟工程艰巨，尤集中于天广一段之中，预定五年完成，则第一、二两年先将重要难工开工，并集中力量完成广成。盖天广一段所需材料物资甚多，势难全赖陇海一路运输，如广成能早日完成，则天广可由双方进行，减少运输上不少困难，然后再以三年之集中力量，完成天广。

广成大部分与公路平行，材料运输可以利赖，而天广仅只一小部分与公路平行，可以利用，略阳至广元一段，系沿嘉陵江，地势峻险，交通困难，大量器材必须先筑运输便线。

成渝

此路北自成都，经内江、隆昌东折而至重庆，全线五百三十公里，沿线人口约一千七百余万，物产丰富，北可与天成线相接，南则在隆昌与筑隆线相接，以贯通西北西南，成一大干线。民国二十五年即已设局兴筑，中日战事突起，由于运输之困难，材料之未能供应，不得已而中辍。然在抗战期中，如九龙坡之起重机、山洞之存放军火，九龙坡站址之供作军用飞机场，凡此种种，裨益军事良多。将来此路一旦告成，使川中物资得藉该路之大量运输，而节省人力，当非浅鲜。本年十月复工，先后成立第一、二、三、四、五、六各总段测量队，分别出发施测，补订标桩，共计测竣路线一五一公里，占百分之二八．五。

全线路基土石方按新标准路基宽度计算，为二千六百余万立公方，以前已完成五百万立公方，未完数量约计二千一百余万立公方，择要开工。计第一、四两总段已完成一万四千七百一十五立公方。

隧道廿八座，总长三千三百余公尺，除已成十五座，计长一千六百五十公尺，未成者尚有十三座，总长一千六百余公尺。本限于款料及机具，仅能筹备。第四总段内梅家山隧道之开工事宜，两端土石方工程已完成一万二千立公方。

桥梁共有大小桥涵管渠一千五百余座，亦除已完成九百五十余座外，计未完者五百五十余座，亦以款料机具关系，本年仅能筹办大桥四座，小桥三十八座之开工事宜。

筑隆

筑隆南自贵阳，北趋遵义，折而西北经二郎坝、赤水、沪县，以达隆昌县属之石燕桥，而与成渝铁路相接。全程约长五百一十二公里，亦为贯通西南西北大干线中之一节。贵阳赤水间路线，原为贵阳至合江间铁路之一段，系于民国三十一年初测竣事。赤水至隆昌，系于卅二年初测，盖政府先拟建筑川黔铁路，经勘测筑合与筑渝两线，以为比较，互有利弊，筑合工程较易，然合江至重庆不能立达，须赖长江水运，以资联系，运输时间及手续上，均不经济。兹采用筑合线之贵阳赤水段，再由赤水经沪县达隆昌，以与成渝衔接。如是筑渝之间，虽取道成渝，较为迂缓，但蓉筑联络则称便捷。一旦成渝告成，更可北通兰州，以成西南西北之大动脉也。上年曾将此线列入西南国防区第一期五年交通建设计划之内，为提早完成起见，拟于卅六年开工兴筑。

都筑

都筑自都匀至贵阳，计程一百五十一公里，原为黔桂铁路之一段。三十三年敌骑西侵，迫而停辍，通车地段仅达都匀以西七公里之清秦坡而止。去秋日本投降，感于此段为黔桂间之脉络，亟有打通之必要。并为设施上之便利起见，爰将湘桂、黔桂两路合并，改组为湘桂黔铁路工程局，于局下设置都筑段工程处，专司都匀、贵阳间之新工。五月中旬，正式在筑成立，分设四个测量队从事测量。沿线地势崎岖，工程艰巨，贵定附近之云雾山尤甚。前此黔桂铁路管辖时，曾有集中难工，采用2.7%坡度，并辅以机车设备之意。此次特饬各测量队多测比较线，妥为选择，务使合乎工程经济原则，庶几将来行车不致发生困难。七月底定线测量完毕，正式开工，设四个总段及谷濛关隧道工务所。土方工程经与省方接洽，征募民工，给价承筑，已成土石方十六万六千余立公方。沟渠道路，亦与土方同时进行。闻江寺隧道亦已开工，谷濛关九六〇公尺长之大隧道，亦已于十二月五日开工。

来宾广州湾

此线北起自湘桂铁路之来宾，经黎塘东折过贵县，西〔东〕南趋至广州湾之湛江市，计长约三百九十公里。来宾至黎塘及黎塘至贵县间两共一百二十公里，原为湘桂铁路之一部分，贵县以南则为桂南铁路之贵西段。今则以湛江市为终点，全称来湛段。并为便于工程上之设施起见，于湘桂黔铁路工程局下置来湛段，分设桂境及粤境两工程处，刻正着手进行筹备工作，期于最近即可开工。

二、测量工作

本年度勘测工作，分踏勘及初测两项。踏勘部分计完成正线一四七六·四公里，比较线二二三·六公里，初测完成二七〇公里。

踏勘各线概况如下：

（甲）滇康铁路共测正线四三五·七公里，比较线一一九·七公里。(1)自昆明经富民、武定、元谋至金沙江边，沿江至安宁河，再沿安宁河而至西昌。(2)由滇缅铁路之广通几字湾车站，经盐兴、元谋、龙街、会理而至西昌。(3)自昆明经富民、武定、禄劝沿掌鸠河或善渡河至金沙江边，渡江后经会理至西昌。上述三线比较结果，滇境以采用第(2)线为宜，康境则以(1)线沿金沙江、安宁河之线，坡度较好，工程较易。就经济观点而论，此线穿过宁属矿产丰富之区，修建铁路最为适宜也。

（乙）闽赣铁路共测正线五三〇公里，支线五公里，比较线四一公里。本线系由福建之琯头，经马尾、福州、南平、顺昌、邵武、光泽而至鹰潭，以接浙赣铁路。起点港埠，以琯头较为相宜，福州至光泽间，此段沿江沿溪，坡度良好，惟以江岸陡削之处甚多，工程甚感困难。由光泽起，须翻越闽赣两省之分水界武彝山，有三途可循：(1)经铁牛关、资溪而至鹰潭，山势较高，最为困难；(2)经蛇岭至鹰潭，并无小路，惟坡势较平；(3)经山头关至鹰潭，即现测之线，惟下坡势甚陡峻，盘绕亦有困难。

(丙) 闽粤铁路南梅段，共测正线五〇五．七公里，比较线三．九四公里，比较结果以由永定经大院市、虎市至大浦，由大浦改沿梅江而至丙村，改循梅丙公路而至梅县，与广梅衔接为宜。

初测部分计完成二七〇公里，概况如下：

桂南铁路贵西段，由贵县至西营（即湛江市），共测正线二七〇公里，踏勘五九公里，中经兴业、玉林、陆川、廉江等县，地势平坦，间有丘陵，工程尚易。

筹备航测

本年初，本部曾由联总聘来外籍航测专家一人，惜以设备毫无，而该专家又仅擅长于空中摄影，致未能充分利用。此外，曾与空军总司令部合作，由空军十二中队先代航摄闽粤铁路梅县至永安一段，以作试验。因沿海气候多云，未能全部完成，制图仪器亦尚不敷，必须逐步增加设备，航测工作始能顺利推进。

(五) 材料之供应（钢轨枕木及桥梁部分）

吾国铁路主要材料，本多仰给于国外，对日战争期中，来源濒于绝境，存料更感缺乏，本年度所需各料，仍惟外洋是赖。如善后救济物资及美加借款等料是。其有抢修工作迫不及待者，则惟拆除不甚重要之路线或岔道，移缓就急，以为挖肉补疮之计。如拆除湘桂衡桂以修筑粤汉，拆除江南铁路及京沪岔道，以修复陇海之陕洛及津浦南段是。

轨道材料　本年度修复各路轨料，除在国内搜集者外，

(一) 在善后救济物资案内申请者，计列钢轨三千六百公里，

枕木六百万根，惟此数量迭经核减，所洽定之供应极为有限，只钢轨一千一百五十三公里，及枕【木】一百万根而已。目前仅收到钢轨五百八十四公里，分配陇海、津浦、胶济、粤汉、浙赣、京沪诸路；及枕木五十四万五千余根，分配津浦、胶济、粤汉、京沪、锦州、平古等路，均实际收到钢轨枕木数量，与当初估列之数，相去悬殊，不敷需要。而联总所能继续供应之钢轨枕木，为数不多，复因滞于停运，以致本年度内不克获到多量接济。

（二）由行政院对日物资交换而得之枕木，运到者十四万六千余根，尚有二万根年内可到。

（三）由行政院物资供应委员会及行政院物资供应局，在美国及加拿大等地订购之材料，已运到者，有美借款之钢轨一百一十五公里，及美加借款枕木约六十二万根。未到者，钢轨八五九公里，枕木二百一十万余根。因借款数目不大，美国、加拿大两国钢铁、木材产量有限，当前供应状况未能充分。欲望其能足敷我国需要，盖亦忧忧乎其难矣（详见附表）〔缺〕。

建筑器材　联总未能大量供给，美加借款项下又复限于款额，亦仅订购少量器材，已收到者种类极少，数量不足。本年度内此项情形无法改善。

桥梁材料　修复各路所需桥梁材料，据报告统计约为六万吨，但华北路线尚有一部分在共军势力范围之下，无法调查，故全部所需当在九万吨。现经本部向国外分别订制者，约计八万吨，尚缺一万吨。

（一）联合救济物资，由本部卅四年十一月至卅五年一月，共向申请钢梁一三八〇三五公吨，仅核准四二七〇〇英吨，全系在英制造之军用钢梁，并限定不得分配长江以北各路，只陇海路之洛河桥及平汉南段仍可照拨。其分配数量如下：

粤汉线	一二九〇〇英吨
湘桂黔线	八八〇〇英吨

滇越线	九〇〇英吨
浙赣线	五〇〇〇英吨
平汉南段	一一九〇〇英吨
陇海洛河桥	一八〇〇英吨
京沪区	一三〇〇英吨
京芜线	一〇〇英吨
共　计	四二七〇〇英吨

（二）美国第一批借款　本年四、五月开始办理，现已订定钢料五三〇〇美吨，钢梁二三八六〇美吨。钢料全部分配山海关桥梁厂，作东北及华北各铁路修复桥梁之用，预定本年年底开始抵华。

钢梁预定卅六年三、四月间抵华，分配情形如下：

陇海线	约四九八〇美吨
津浦线	约一二〇〇美吨
浙赣线	约六八六〇美吨
平汉线	约三八〇美吨
京沪线	约六七〇美吨
京芜线	约一六〇美吨
粤汉线	约二八五〇美吨
湘桂黔线	约三一二〇美吨
正太线	约六五〇美吨
同蒲线	约一二〇美吨
平绥线	约六五〇美吨
平古线	约八〇美吨
北宁线	约一四〇美吨
胶济线	约二〇〇〇美吨
共　计	约二三八六〇美吨

（三）加拿大借款订购者，共计一万七千公吨，正在开始办理，须至卅六年下半年方可到达。其分配情形如下：

陇海线	二〇公吨
浙赣线	四三八〇公吨
平汉线	三二〇公吨
京沪区	六二〇公吨
粤汉线	六七七〇公吨
湘桂黔线	四四七〇公吨
正太线	四二〇公吨
共　计	一七〇〇〇公吨

三十四、五年年底各铁路通车里程

路别	全线里程（公里数）		通车里程		附注
			卅四年年底	卅五年年底	
京沪	干 311 支 41(1)	352	干 311 支 27(2)	干 311 支 27	(1) 京市支线15公里在内。 (2) 淞沪支线12公里及京市支线15公里。
沪杭甬	干 351 支 16	367	干 198	干 198	杭甬间轨道已拆除。
苏嘉	干 74	74			已拆除。
京赣	干 154	154			已拆除。
北宁（关内段）	干 423 支 20	443	干 423 支 17(1)	干 423 支 17	(1) 南苑支线8公里，西沽支线4公里，及塘沽支线5公里。
平古	干 142 支 10	152	干 88(1)	干 118(2) 支 10	(1) 北平至密云。 (2) 北平至石匣及通州支线10公里。
平绥	干 813 支 126	939	干 283(1) 支 41	干 813 支 61(2)	(1) 北平至青龙桥及三道营至包头。 (2) 门头沟支线6公里，环城支线15公里及口泉支线20公里。
津浦	干 1009 支 303	1312	干 763(1) 支 16	干 559(2) 支 112	(1) 天津至东光，禹城至兖州，利国至浦口及柳泉支线16公里。 (2) 天津至沧县，桑梓店至党家庄，临城至浦口，及柳泉(16)、临枣(31)、蚌水(65)三支线。

续上表

路别	全线里程（公里数）		通车里程		附注
			卅四年年底	卅五年年底	
胶济	干 393 支 76	469	干 272(1) 支 39	干 393 支 49(2)	(1) 青岛至康家庄，塔平堡至南流，坊子至杨家庄、金岭镇至涯庄，明水至济南及博山支线 (2) 博山支线 39 公里，赀山支线　公里及八陵支线
石德	干 181	181			已拆除
粤汉	干 1,096 支 75	1,171	干 753(1)	干 1,096 支 19(2)	(1) 武昌至耒阳，白石渡至乐昌及源潭至广州 (2) 湘江支线　公里及白扬支线　公里
广九	干 143	143	干 143	干 143	广州至深圳为止
广三	干 49	49	干 16(1)	干 49	(1) 广州至佛山
平汉	干 1,213 支 241	1,454	干 1,000(1)	干 956(2) 支 33	(1) 北平至元氏，及安阳至汉口 (2) 北平至保定，定县至元氏丰乐至汉口及六河沟周口店支线
道清	干 176	176			新乡至焦作间正在抢修中
陇海	干 1,382 支 271	1,653	干 1,157(1)	干 1,233 支 227	(1) 天水至阕底及洛阳至连云 (2) 天水至大许家东海至连云及咸同汴新两支线
浙赣	干 936 支 62	998	干 149(1)	干 184(2)	(1) 杭州至诸暨及江山至上饶 (2) 杭州至诸暨及衢县至上饶
南浔	干 133	133			已拆除正在修复中
正太	干 242 支 62	304	干 242 支 33(1)	干 242 支 33	(1) 井陉支线　公里，凤山支线　公里及黄丹港支线　公里

续上表

路别	全线里程（公里数）		通车里程		附注
			卅四年年底	卅五年年底	
同蒲	干 864 支 345	1209	干 450(1) 支 117	干 377(2) 支 28	(1) 大同至太原、太原至富家滩及蒋村、东沁西支线 (2) 忻县至昊石、临汾至史村，运城至风陵渡及白家庄西铭两支线
湘桂黔 湘桂	干 672(1) 支 32	704		干 186(2) 支 20	(2) 桂林至矮岭，鹿寨至柳州，柳州至来宾，及大湾支线， (1)包括已拆之宁明至镇南关间 67 公里在内
湘桂黔 黔桂	干 466(1)	466	干 200	干 210	(1) 柳州至都匀为止 (2) 南丹至都匀 (3) 南丹至都匀及柳州至新坪
湘黔	干 175	175			
滇越	干 464	464	干 287(1)	干 287	(1) 昆明至碧石寨
川滇	干 174(1)	174	干 174		(1) 昆明至霑益
滇缅	干 36(1)	36	干 13(2)	干 13	(1) 昆明至安宁 (2) 昆明至石咀
綦江	干 39	39	干 39	干 39	猫儿沱至五岔
淮南	干 214(1)	214	干 27(2)	干 27	(1) 水家湖至蚌埠 65 公里，系向津浦租用，列入津浦 (2) 田家庵至水家湖
江南	干 175	175	干 100(1)		(1) 南京至芜湖之 100 公里拆移抢修陇海、津浦等路
个碧石	干 178	178	干 178	干 178	
新宁	干 140	140			已拆除
潮汕	干 39	39			已拆除

续上表

路别	全线里程（公里数）		通车里程		附注
			卅四年年底	卅五年年底	
漳厦	干 28	28			已拆除
门斋	干 64	64			
以上关内共计	干 12949 支 1680	14629	干 7266 支 290 共 7556	干 8209 支 646 共 8855	三十五年计增加 干 943 公里 支 356 公里 共 1299 公里
东北		11330	干 289	干 3032	三十五年计增加 743 公里
海南岛	公营 200 私营 89	289			
台湾	公营 901 私营 3024	3925			
以上计		15544			三十五年全国较卅四年多通 4042 公里。
全国铁路总长		30173 公里			

〔铁路资料档案〕

5. 路政司送五年铁路建设计划致交通部赔偿委员会函

（1947 年 6 月 17 日）

接准贵会京统字第八二六、七三一号代电，以吾国驻日代表团需要各项资料，如港区建设计划，复兴铁路计划等，请检送有关资料，以便汇转等由。查关于复兴铁路方面，本司前曾拟有战后五年铁路建设计划，上次签送贵会之五年钢铁向日索偿计划，即系根据上项计划就收复区部分所需编拟。兹准前由，相应检附五年铁路建设计划两份，送请察收汇转是荷。此致

本部赔偿委员会

附送五年铁路建设计划两份

路政司启　六月十七日

一、战后五年铁路建设政策

实业建设首重交通，而铁道则为交通之基干。我国地大物博，人口众多，非有强大之运输力量，不足以开发丰富之蕴藏，完成国防经济建设。国父于民国初年，即昭示我国须有十万英里铁路，其路线分配及建筑之步骤，均详著于建国方略实业计划。是以战后复兴铁路建设，亟须急起直追，积极修筑，俾得人尽其才，地尽其利，物畅其流，以期建立一富强康乐之国家，永为世界和平之中流砥柱。

战后五年铁路建设之目标，在建立主要干线网，配合工矿建设，尤以配合煤铁事业及动力网为主，藉便促进农工商业之发展，增进国际间之贸易。同时完成初步国防交通线，俾得开发边疆，促进社会建设，普及教育，提高文化水准，使国民皆得享受世界文明之幸福。

基于上述之目标，国父手订之铁路计划中必须于战后五年内完成者，约有一三九二三公里，所有路线，几全部均已踏勘。就工程技术言，多无重大困难问题，至于施工运料方面，亦经详加考虑，俾可如期修筑完成。筑路资金除尽量利用国内资本外，以战后财力短绌，恐非利用外国资本不可。筑路器材及机车车辆等，初期必须取给于外洋，同时利用国产原料，从事制造，以期渐能达到自给自足之目的。至于所需技术人员，除自行积极训练储备，并多方奖励培植外，亦欢迎外国技术专家。如是不特我国铁路得以积极兴筑，同时战后外国资金人才过剩之困难问题，亦因之而解决，对战后世界繁荣实有莫大贡献。

战事胜利之后，我国约可修复五千公里，接收一万九千公里铁路路线，连同现有路线，共约二万五千余公里。迨此新建一万四千公里线路完成时，当有三万九千公里，尔后复兴基础既经奠定，物力财力日渐充盈，继此兴修新路，预计进展之速，必将倍蓰于最初五年计划者，如此则十万英里铁路之完成，当可不难实现矣。

二、战后五年铁路建设之范围：

甲、路线之设计

1. 我国东三省经敌人经营多年，铁路已达饱和程度，不拟增建。

2. 完成叙昆路霑益至威宁段，东展以至贵阳。筑川黔、成渝、天成、天兰诸路，北延至哈密，构成南北第一干线。惟天水至哈密长达两千公里，单向筑路，材料运送困难，须先妥为筹划，使用最新式筑路机械，尽先施工，方克如期完成，以收控制新疆之效。复自威宁北筑至宜宾，与宜宾自流井内江线以接成渝，完成川滇之另一路线。

3. 完成湘桂路来宾镇南关段，并自黎塘南展至西营，以通广州湾，在军事上经济上意义皆极重大。

4. 拟筑清江至赣县铁路，南展至曲江，与平汉、粤汉所构成之南北第二干线相衔接。

5. 完成京赣路南段，自歙县经贵溪南展，经南平以达闽候，俾与津浦路构成南北第三干线。并拟自南平筑铁路经漳平、梅县以达石龙，与广九路衔接。复自漳平修通至漳州，以通国际经济吐纳港之厦门，庶东南沿海良港如厦门及汕头等，得以充分利用。

6. 为开发西北计，拟修建由包头经宁夏至兰州之铁路，则由天津经北平、万全、包头、兰州至哈密，与五年后修筑之哈密经迪化至乌苏路线相接，成为东西第一干线。政治军事上功用极大，而经济上将比较工业化之东北、华北接通比较经济落后之西北，其开发沿线一千六百余万亩灌溉区之粮产，供给西北建军及工业化所增加工业人口之粮食，厥效尤多。

7. 拟筑开封至济南之铁路，则为重要吞吐港之一之青岛，可经济南直达开封，与东西第二干线之陇海路相连系。

8. 完成湘黔路湘潭至都匀段，则自上海经杭州、贵溪、株州、贵阳以至昆明，成为东西第三干线，益以长江水运，为开发我国江南建设重工业区必要之举。

9. 为开发川康富原计，拟筑成都至乐山及内江经乐山、富林以达康定诸铁路。

10. 完成滇缅路，以沟通缅甸缅米输入，是以促进西南工业化。如与缅甸铁路订立特价联运办法，则西南出口货可经缅甸向南洋及欧洲输出。

11. 拟先筑兰州至西宁铁路，俾他日南展至玉树，为通西藏之先声。

12. 拟筑承德经赤峰至通辽之铁路，以加强东北与内地之联络线。

13. 修筑长治至清化之铁路，以开发沿线丰富之煤田。

14. 修筑花园至襄阳之铁路，为将来西安至汉口线之一部分，或经紫阳入川线之一部分。

15. 拟筑柳州至三水之铁路，沟通西南与广州间之交通，在军事上价值极大。

附：战后铁路建设五年计划图一张〔缺〕

战后铁路建设五年计划年次表一页〔缺〕

乙、制造厂之设置

我国铁路工程主要器材，如机车、车辆、钢轨、桥梁以及建筑工具等，向皆仰给于外洋，不特漏卮甚巨，吾国铁路之进展，亦且坐是而致迟滞。本计划为求自力更生计，对于战后新建铁路一切器材工具等，除若干急切需用，非向外洋订购不可者外，拟即设置各种制造厂，尽量搜集国产原料，分别自行制造，兼为供给将来续建铁路所需器材之用，以蕲渐能自给自足。此项制造厂拟共设十四所，计机车制造厂二所，车辆制造厂三所，钢铁用品制造厂二所，风韧制造厂一所，桥梁制造厂四所，号志与电讯设备制造厂二所。

附：制造厂建立程序表一页〔缺〕

三、战后五年铁路建设所需费用之估计

本计划所需资金，按战前物价估计，约共需国币一五四〇九二五〇〇〇元，美金五六七六〇〇〇〇〇元，内分铁路建筑及制造厂设备两部。而铁路建筑复分工价及器材等项。兹就各项所需资金数目，编拟概算表列后，此有须说明者三端。

1. 铁路所需器材有可取给于国内者，有不能不向国外购求者，其属于国内者，自可随时就地取材，其属于国外者，则不能不事前详为筹划。虽拟有各种制造厂之设置，但在制造初期，各厂出产量不能适应需要，故所有新建铁路所必需之器材，不能自制，或虽然自制而不能大量供给者，仍不得不与各制造厂所需器材，并向外国订购，以期妥速。

2. 新建铁路所需工料费，按战前各路平均数计，每公里约需国币一十万元。

3. 各制造厂所需国内工料费，姑假定一律约等于机器设备费之一半，并按战前兑换率折成国币。

附：战后铁路建设五年计划所需资金概算表一页〔缺〕

四、利用外资之拟议

外资之运用，首在购置外国器材，铁路建设所需之建筑材料、机车、车辆、修理厂及制造厂设备等，必须采购品质优良而适合我国国情者，且以达到工程技术标准划一为鹄的。

根据最高国防委员会通过之第一期经济建设原则，主要铁路应改由政府独营，但可利用借款之方式，由外人作间接之投资。其他铁路得由政府单独经营，或与民资外资合办，采用公司制度，发行股票及债券，以吸收外资。政府除依法行使行政监督权外，对于公司业务、财务及人事之管理，应以股东地位行使之。致〔至〕于何路应采取何种方式经营，须由最高当局决定。惟无论采取何种方式，我国政府必须保持运用借款之主权，各项债款皆以国家信誉为保证，而不以铁路本身为担保品，庶可避免以前借债修路，债权人控制路政，干涉运价政策，以致破坏铁路行政系统，侵犯国家财政主权，影响国民经济健全发展等弊病。

战后如欲筹集大量铁路建设借款，必须将已往之铁路债务，加以彻底之清理，藉以提高我国在国际间之信用。于战争结束初期，自无力足以归还全部旧债，然仍可就本身许可范围内，确定分期偿还之步骤，务使外人深信我国具有偿还旧债之决心，而乐于踊跃投资于我国。

战后举借外债，除于投资方面极力保障其稳妥与安全外，对于借款利息率，必要时可予以较其他国际金融市场略高之利率，使其享受较投资于本国或其他国市场更为优厚之待遇，藉以鼓励外国资金之输入。至于借款折扣、经理佣金、购料佣金及还债佣金等，应在合理范围内，极力磋商，减至最低限度，或予废止。

铁路建设五年计划，约需外资六万万美金，复利用国内资金，以为国内工料费，则计划中将近一万五千公里铁路，必可如期完成。于是交通干线网既经建立，而与铁路建设同时兴办之生产事业，藉此可粗具规模，以中国天然蕴藏之丰富，实业与铁路政策同时并进，铁路必可获利，足以分期偿本付息矣。

〔国民政府交通部档案〕

6. 同蒲铁路局关于该路困难请予设法维持与交通部来往呈令

（1948年4—6月）

（1）同蒲铁路局呈（4月26日）

同蒲铁路管理局呈　同京华字第二十一号
　　　　　　　　　中华民国三十七年四月二十六日

为呈报事：查本路自民国廿二年由山西全省人民出资兴修，于廿六年全线通车，四年之间完成干支各线，共计一千余公里。七七事变后，全线沦入敌手。卅四年胜利接收时，尚全线通车。当时对复员之运输，部队之调动，本路确已尽最大之努力。殆至共匪叛国，对本路大肆破坏，二年之间，屡修屡坏，直至现时，本路干支各线通车区间，共长为二三六公里，连同环城环机场及军用岔线，共长二七九公里一九五公尺，实为山西之唯一动脉。现时晋中之保有广大地区，实有赖于本路之灵活运输。二年来，本路员工始终站在最前线上，配合军事，与匪作无情之搏斗，牺牲之大，效用之宏，均有不可泯灭实绩。惟本路营业收入甚少，一切开支无法支付，以致员工日在饥饿线上徬徨挣扎，所有破坏线路机械，亦无力补充兴修。是本路在军事上势所必须，而继续维持又为力所不逮。兹将本路困难情形以及请求维持事项，分别缕呈如左：

甲、本路概况及困难情形

（一）收支　本路卅六年全年度收入共计五百五十一亿一千零二十万一千二百六十九元，共计支出为二千二百八十一亿四千四百九十三万二千三百三十九元，净亏损一千七百三十亿三千四百七十三万一千零七十元。此项亏损，多为修理机车、车辆及机煤费用，积欠西北实业公司者。本路如按此统收统支核算盈亏，收支相差太多，无法觅得解决途径。故只能就现款收支比照，作为暂时解决困难之依据。本路卅七年度一、二月份现金收入，共计一百三十八亿一千零七十一万九千元，本路现有员工四千四百零一人，故员工一、二月份薪金，只能按三万六千倍支给，三月份运价调整后现金收入为一百四十亿元，故员工薪金增至七万二千倍。四月份，本路运价又行调整，现金收入约可增至一百七十亿，员工薪金亦可增为十万倍左右。惟按照中央规定之太原区六十万倍，仍为六分之一，实不足以维持一人之最低生活。如本路员工薪金亦照六十万倍支给，月需八百余亿。至于零星购料一切维持等费，又必须二百余亿。总计现金支出约在一千余亿，是本路收支比例，收入尚不足支出六分之一。故本路如以自身营业收入继续维持，实为不可能之事实。

（二）工程　本路自民国廿二年开始修筑，于廿六年间即完成干支各线，共长一〇二一公里六七〇公尺。七七事变后，全线沦入敌手。接收时，通车区间为一〇一九公里〇七〇公尺。嗣经共匪大肆破坏，屡修屡坏，共计破坏八百余次之多，不通车地段有七八三公里之长。现时干支各线通车区间为二三六公里〇〇一公尺，连同新修之环城、环机场及各军用岔线，共长二七九公里一九五公尺。高村至忻县间前曾被匪破坏之四三公里二七一公尺，现时已在我方控制之区域内，在军事运用上甚为需要。惟以修复费用无法筹措，以致不能即时兴修。本路因年来经济拮据，所有通车地段枕木，均腐朽不堪，亦无法抽换。

（三）机务：A. 机车　现有准轨机车二三台，窄轨机车八四台。

B. 客货车　现有准轨客车五七辆（与晋冀共同使用），准轨货车三七三辆，窄轨客车五八辆，窄轨货车九三八辆。

C. 修理及材料　本路战前因经济拮据，未设立机车厂，就以西北实业公司之机器厂代为修理机客货车。及至日人经管时，即将该厂改为机车修理厂，胜利后该厂仍为西北实业公司接收，故本路现时机客货车仍由西北实业公司代为修理。所有修理及材料等费，均作欠账，年来西北实业公司因该厂只有开支而无收入，几有不支之势。二年来已将该厂旧存材料用尽，将来补充材料，势必由本路自行采购，实为一大问题。

（四）运输：本路以现有之运输能力，每月可达八百万延吨公里，六百万延人公里，按照卅六年度统计数字，平均每月为三百五十万延吨公里，三百万延人公里，是运输力尚超过运输量约计一倍。本路全长为二七九公里一九五公尺，其中之一四七公里现时完全供作军运，其余之一三二公里仍为七成军运，三成商运，故现时营业收入甚少，而军运费又积欠至五百余亿之多。嗣后每月军运费约计总在二百亿以上，如仍照以前情形拨款，则本路收入几等于无。本路电讯方面，时遭共匪破坏，计二年之间破坏次数达四二八次之多，现时最感困难者，为各种器材之补充。本路运价在四月份重新调整。

兹附上四月份调整运价基数表一份〔缺〕

乙、请求维持事项

（一）请大部指示管理民营铁路办法，俾本路遵照实行，并请派员赴本路作详密之考察。

（二）本路现时营业收入甚少，一切开支无着，拟请对本路积欠之军运运费五百余亿，速为一次拨清。又本路为民营铁路，现时在军运为主，商运为附，营业收入无多之情况下，拟请将军运费改为全价付现，单独拨款，不受国营路之比例分配限制。

（三）本路现时营业收入，就以四月份估计，最多不过一百七十余亿，而本路经常开支，每月必须在一千余亿。除军运费如能按全价付现时，预计为四百亿外，尚不足五百余亿。在此"戡乱剿匪"期间，拟请每月由大部补贴五百亿元，以资维持。

（四）本路现时之通车地区，完全在共匪圈内，路线桥梁时遭破坏，屡坏屡修，需款颇多。在此军运紧急之时，修复又不容稍缓，而本路又无款可垫。拟请先由大部拨给匪害工程修复周转金一千亿，以备经常破坏抢修时工料之用，事后补办手续，据实报销。

（五）本路高村至忻县间曾被匪破坏之四三公里二七一公尺路线，现时已在我方军事控制之区域内，军方早令修复，奈以无款，未能开工。拟请大部另拨专款兴修，并派员监督，以便恢复该段军运，而利剿匪。

（六）本路自接收后二年来，因限于经济拮据，现时通车路线之枕木，均未抽换，现时均腐朽不堪，行将雨期来临，行车堪虞。兹拟抽换五分之一枕木，计宽轨者四万根，窄轨者七万根，共计十一万根。按现时币价，宽轨每根八十万元，窄轨每根五十万元，共计需款六百七十亿元，拟请由大部拨款购置，以备抽换，而利运输。

（七）本路为作战编成铁甲车九列，作战列车十一列，完全为军事上使用，所有修理等费，拟请由大部按实在数目拨给。

（八）本路现时补充材料，均由津沪两地商行采购，不惟购价太大，且多有购不到者。拟请大部按照本路需料数量，酌拨外汇若干，以便直接向外商采购。

以上所呈各节，均为本路当前困难情形，并急待维持者。如蒙允准，则本路得以维持，而戡乱剿匪，亦得以顺利进展。是否有当，敬请鉴核示遵。谨呈

部长俞

同蒲铁路管理局局长王谦谨呈

四月二十六日

（2）交通部指令（6 月 2 日）

指令

令同蒲铁路局

本年四月廿六日同京华字第廿一号呈一件，为呈报本路困难情形，请予设法维持由。

呈悉。兹就请求维持事项，分别核示于下：

（一）关于该路补贴问题（原列乙项三款），据呈拟请由部每月补贴五百亿元一节。查四月廿一日行政院召集该路局长等讨论，虽议决每月补贴二百亿记录在卷，并经本部呈请依照原决议请予迅赐核定，一俟奉复，再行令知。

（二）关于该路军运费问题（原列乙项二款）。查该路积欠军运费一案，经本年四月廿一日行政院召集有关机关商会议定：（甲）积欠卅六年及本年一至三月运费，由该路代表与联勤总部核对，专案呈院核拨。（乙）嗣复逐月尽速按月结算，由联勤总部在所领运费内配拨。

（三）关于请拨抢修周转金一千亿问题（原列乙项四款）。查该路现时通车地段，匪害损失，据历期报告，当属轻微。此类零星破坏之抢修，按诸各路惯例，只可视作经常路线维持工作之一部，尚无拨发周转金之必要。

（四）关于修复高村至忻县路线问题（原列乙项五款）。查该段路线，事属军事，抢修必须配合军事策略进行，除已另电国防部征询意见外，应俟复准后再行办理。先行核实，编拟抢修计划及概算各三十份，呈部备核。

（五）关于拨款购置枕木问题（原列乙项六款）。查上半年曾拨发购枕木款二十亿元，所购枕木，尚未利用。该路现大部分为军事运输，路线标准似亦毋须太高，所请汇暂从缓议。

（六）关于请拨外汇问题（原列乙项八款）。查筹拨外汇，添配外洋器材，该路确有需要。惟目前国家外汇短绌，无从筹措，且该路与海口交通完全断绝，外洋材料输入，事实上亦有困难，自应暂从缓议。

（七）关于铁甲车及作战列车修理费问题（原列乙项七款）。查该路机务维持材料，因该路对外交通阻隔，无法接济。据称请拨铁甲车及作战列车修理费一节，已由本部会同国防部呈请行政院拨发，俟拨到后再行转发。

（八）关于请求指示管理民营办法问题（原列乙项一款）。查民国廿五年三月，前铁道部曾咨山西绥靖公署，以同蒲铁路业已通车，该路兴筑情形及书类图说尚未检送，希依照规定送部立案，以凭呈院备案在案。至民营铁道条例，并于廿四年十一月廿六日公布实施。兹将公营民营两条例各检一份，仰遵照酌量办理。

以上各点，统仰知照。此令。

附抄发公营民营铁道条例各一份〔缺〕。

〔国民政府交通部档案〕

（三）公　路

1. 交通部统计处编公路部分统计资料①

（1947年10月）

我国现代公路之兴建，始于民国二年之湖南省长沙至湘潭公路。嗣后各省建筑虽多，但皆各自为政，漫无系统，省际联运仍感缺乏。迨民国二十一年全国经济委员会组设公路处后，始积极推进，将各省路线统筹整理，并督造省际联络线，于是全国性之公路干道赖以建立。公路行政组织几经变更。国民政府成立之初，原由交通部主管，嗣后改隶铁道部。及全国经济委员会成立，将公路建设为五大要政之首，因复划隶该会。二十七年一月，交通及铁道两部合并，重归交通部，并设公路总管理处专司其事。二十九年以战时后方运输重心系于公路，又并入军事委员会运输统制局，以加强工作。三十一年十二月，运输统制局撤销，仍由交通部接管，成立公路总局。三十四年改组为战时运输管理局。三十五年该局结束，复归交通部，恢复公路总局。公路总局为发展战后公路交通，将全国国道分为九区，各区设公路工程管理局，办理(1)所辖国道之新筑、改善及养护工程，(2)所辖区域内之交通管理，(3)所辖国道重要之运输业务，(4)区内各省省道之督察与协助。是项区局及其所辖机构，即为中央管理国道之永久机构，其经常费均列入中央行政经费项下开支。至于办理重要之运输业务，则以自给自足为原则。此外，另设三个直辖运输处，专办重要国道干线之运输。三十六年六月，因运输业务增繁，乃将国营公路运输机构重新调整，设十个运输

① 选自交通部统计处编《中华民国统计年鉴交通部分资料》。

处,除第九运输处外,余均已改组成立。嗣后各区工程管理局即不再兼办运输业务。至于省道部分,则归省方设局管理。

一、里程　我国公路里程,在抗战前夕已有十万余公里。战时虽迭经破坏,但因需要迫切,后方公路仍大事修筑,其间国际路线如滇缅、中印两路之修通,尤为国际所称许。胜利以后,政府于积极修复旧路之余,更进而建立国道网以协助国防建设,建立省道网以协助开发农村。国道网由中央直接主办,领全国公路干线,大部分可利用已成公路依照甲等及乙等工程标准改造。甲等标准规定每日可能行驶自动车七百五十辆以上,平均速率每小时八十公里;乙等标准每日能行自动车三百至七百五十辆,平均速率每小时六十公里。省道网由省方主办,中央予以督导协助,领全国公路支线,多系依照丙等工程标准新筑,日行自动车五十至三百辆,平均时速四十公里。又不列等之乡村公路,则以能行胶轮兽力车为主。目前公路建设虽依此原则进行,因原有路线经抗战摧毁,支离破碎,战后又受共匪破坏阻挠,同时限于人力物力,其必须修复整理或改善之工程大受影响,故现在通车里程仅及总数百分之五十七(见表一)。其中国营营业里程约为31435公里(见表二)。

表一　全国公路里程

民国三十六年六月底

单位:公里

省　别	共　计	已通车	未修复
总　计	130,219	74,046	56,173
江　苏	3,797	2,941	856
浙　江	3,200	1,947	1,253
安　徽	5,412	943	4,469
江　西	6,906	4,731	2,175

续上表

省别	共计	已通车	未修复
湖北	4,534	2,300	2,234
湖南	3,440	3,286	154
四川	6,377	6,377	—
西康	1,624	1,624	—
河北	2,326	599	1,727
山东	6,252	1,774	4,478
山西	3,211	—	3,211
河南	6,858	1,731	5,127
陕西	4,390	4,390	—
甘肃	6,469	6,469	—
青海	3,085	3,085	—
福建	4,416	2,029	2,387
台湾	3,690	3,690	—
广东	14,516	5,530	8,986
广西	5,650	3,279	2,371
云南	4,418	4,418	—
贵州	2,893	2,893	—
东北九省	8,448	—	8,448
热河	2,330	125	2,205
察哈尔	2,479	123	2,356
绥远	4,151	415	3,736
宁夏	2,559	2,559	—

续上表

省　别	共　计	已通车	未修复
新　疆	5,738	5,738	—
西　藏	1,050	1,050	—

材料来源：根据公路总局之材料编制。

表二　国营公路营业里程

民国三十六年六月底

单位:公里

机　关　别[1]	里　程
总　计	31,435
第一运输处	2,151
第二运输处	4,118
第三运输处	6,845
第四运输处	2,381
第五运输处	2,702
第六运输处	1,676
第七运输处	5,067
第八运输处	3,186
第十运输处	3,309

材料来源：根据公路总局之材料编制。

说　明：(1) 第九运输处尚未成立。

二、车辆　截至民国二十六年底止，全国公商汽车登记辆数已达68917辆。抗战期中，沦陷及损坏者为数颇多，加以使用繁密，行驶后方山区损耗较速，补充困难，其可用车辆匪特供不应求，且性能亦渐低减。战后公路路线激增，需要量随之提高，汽车来源除原有者外，一为接收敌伪之数，一为善后救济分拨之数，一为国际海运恢复后新购入口之数，数量当有增加。但敌伪车辆颇多损坏，入口汽车渐受限制，截至三十六年六月底止，除军车外，仅有66120辆（见表三），仍较战前为少。就目前需要程度观之，不敷分配可以概见。其中国营运输机关拥有客车813辆及货车4190辆（见表四）。

表三　登记汽车辆数[1]
民国二十六年至三十六年六月底

单位：辆

时期别	总计	自用客车	营业客车	货车	邮车	特种车	机器脚踏车
二十六年底	68,917	36,143	10,837	17,655	—	—	4,282
二十七年底	36,784	18,040	2,489	15,423	—	—	832
二十八年底	22,778	7,951	1,984	12,776	—	—	67
二十九年底	16,429	2,421	1,593	11,829	338	232	16
三十年底	21,636	3,813	1,623	15,577	209	378	36
三十一年底	30,440	4,732	1,910	22,755	567	393	83
三十二年底	31,833	4,967	2,085	23,642	401	648	90
三十三年底	32,484	5,179	2,146	24,000	407	658	94
三十四年底	38,199	7,759	2,677	26,300	407	698	358
三十五年底	51,141	13,195	3,412	31,429	411	734	1,960
三十六年六月底	66,120	16,158	4,216	35,650	536	6,499	3,061

材料来源：根据公路总局之材料编制。

说　　明：(1) 未包括军车在内。

表四　国营公路现有车辆
民国三十六年六月

单位：辆

机关别[1]	总计			完好			待修		
	合计	货车	客车	合计	货车	客车	合计	货车	客车
总计	5,003	4,190	813	2,616	2,121	495	2,387	2,069	318

续上表

机关别(1)	总计			完好			待修		
	合计	货车	客车	合计	货车	客车	合计	货车	客车
第一运输处	299	104	195	216	64	152	83	40	43
第二运输处	740	525	215	450	315	135	290	210	80
第三运输处	421	346	75	192	120	72	229	226	3
第四运输处	1,079	1,030	49	501	494	7	578	536	42
第五运输处	222	196	26	156	150	6	66	46	20
第六运输处	141	133	8	73	69	4	68	64	4
第七运输处	923	821	102	364	332	32	559	489	70
第八运输处	658	561	97	202	161	41	456	400	56
第十运输处	520	474	46	462	416	46	58	58	—

材料来源：根据公路总局之材料编制。

说　　明：(1) 第九运输处尚未成立。

三、运量　国营公路客运，战时以路线缩短，车辆缺乏，运量逐年减退。胜利以后，营业里程增加，运输工具又有接收之敌伪车辆及善后救济新车之分配使用，业务渐趋发展。三十六年之运量业已超过战前。但因路线尚未完全修通，运程较短，延人公里反不及战前。

货运方面，因公路运输受体积及重量之限制，平时笨重及大量货物多利用铁路及水运输送，公路之货运业务仅居辅助地位。抗战时期铁路相继沦陷，后方水道险阻，物资流通多仰赖于公路，其运量自民国三十年起，顿形增高，超过战前约六倍至十二倍。抗战结束，铁路、水运渐次恢复，公路货运遂又趋低减。历年运输变动情形，详见表五。

表五 国营公路运输

民国二十六年至三十六年六月

时期别	客运		货运	
	人数（千人）	延人公里（千人公里）	吨数（千吨）	延吨公里（千吨公里）
二十六年[1]	6,246	1,080,524	55	31,464
二十七年[1]	1,432	247,771	50	28,572
二十八年[1]	1,142	197,497	40	22,718
二十九年	917	159,173	37	21,937
三十年	484	74,443	348	189,205
三十一年	372	71,022	325	189,167
三十二年[2]	3,876	179,724	324	153,636
三十三年[3]	4,358	196,937	408	146,692
三十四年	1,445	313,084	650	173,622
三十五年	4,511	448,932	349	104,937
三十六年一至六月	4,141	181,710	137	33,834
一月	445	24,718	18	4,772
二月	732	32,595	19	5,386
三月	619	34,169	21	5,704
四月	797	29,625	28	5,780
五月	739	31,994	26	5,766
六月	809	28,609	25	6,426

材料来源：根据公路总局之材料总制。

说　　明：(1) 系估计数。

(2) 三十二年重庆市公共汽车管理处郊外旅客人数计2,995

千人及43,547千延人公里包括在内。

（3）三十三年重庆公共汽车管理处之市区乘客人数计3,461,404人及54,870,394延人公里包括在内。

〔国民政府交通部档案〕

2. 台湾省政府交通处公路局编《台湾省公路交通概况》

（1947年12月）

台湾省公路交通概况

一、概述

本省公路在日人窃据时代，一切兴筑，多从军事着眼，公路干线几全与铁路平行，初非以便利民行为目标，故无主管公路之专任机构，仅于总督府交通局铁道部内，设立自动车课主管其事；而监理方面，则于监督课内设立自动车整理系。光复之初，亦仅于铁路委员会内附设汽车处，接办日管时代铁道部门内自动车课业务。当时海运停顿，车辆来源困难，公路交通之一切设备，破损尤甚，益以配件轮胎之不足，修复十分困难，以致车辆缺乏，公路交通几陷停顿。迨后本省前行政长官公署鉴于境内公路密度冠于全国，而民行货运有赖于公路者实属需要，为锐意整顿与发展公路运输业务起见，爰于卅五年八月一日成立公路局，其主要任务乃以统一本省公路行政与推进公路运输业务为鹄的。在业务方面，积极整顿旧车，添购新车，恢复停驶里程，加强运输能力，开辟新路线和畅通客货运输为中心工作。在行政方面，举凡公路交通安全之措施，民营汽车公司之督导辅助，种种设计与推行，凡属公路行政范围以内者，无不悉力以赴。

二、组织与员额

机构组织与员额，必须适应业务环境，密取配合，然后乃能运用灵活。查本省公路情况与其他各省，颇多迥异。举其大者，计有数端，本省公路干线及支线长达三千七百余公里，如连乡村道路并计，共达一万七千余公里，以与全省面积比较，平均每百平方公里约有公路四十七公里，其密度之高，当为我国各省之冠。是以业务繁重，亦甲于其他各省，此其一。全省汽车现有四千五百七十六辆，驾驶人共有九千五百三十人，故汽车公司林立，从业人员众多。截至现在止，除干线公路客运部分，由本局兼办者外，计有长途民营客运汽车公司十四家，货运汽车公司二十家，小汽车行四十家，市营公共汽车三家，一切交通稽查营运管理，均由本局策划实施，负督导之责。复查公路行政各省均另设机构，专责办理，而在本省则并由本局兼办，故与其他各省公路机构之偏重于运输者亦不相同，此其二。本省公路路面坚固，桥梁涵洞均合标准，基于优越条件，运输业务益应密取配合，此其三。本省公路行政与业务管理，既与他省公路机构不尽相同，则本局组织亦不得不适应实际需要，力求配合，如牌照执照之颁发，民营机构之督导，营业之筹划，车辆之修理，及机料之供应等，均须各设部门，分别管理。本局有鉴于此，乃于成立之初，高级干部均邀约资深学优，原在中央任重要职务者充任。一年以来，本省公路得有寸进，未始非由于组织之紧凑，与同人之努力也。基于事实需要，及发展台省公路起见，本局组织分设监理、业务、机料、总务、会计五处，统计、人事二室。至局内外职员及行车站务与技术员工，迄今均未达原编制最高名额。截至本年十二月底止，本局内外暨附属部分现有职员额，约共一千九百四十人，其中职员约一千零五人，另加技术工人约六百六十二人，其中司机约二百七十六人，普通工人二百七十三人。今后为配合业务要求，当就事实需要，尚须酌予充实，使工作得以顺利推进。兹将本局组织系统，现有员工，分别列表于后：

台湾省交通处公路局组织系统表

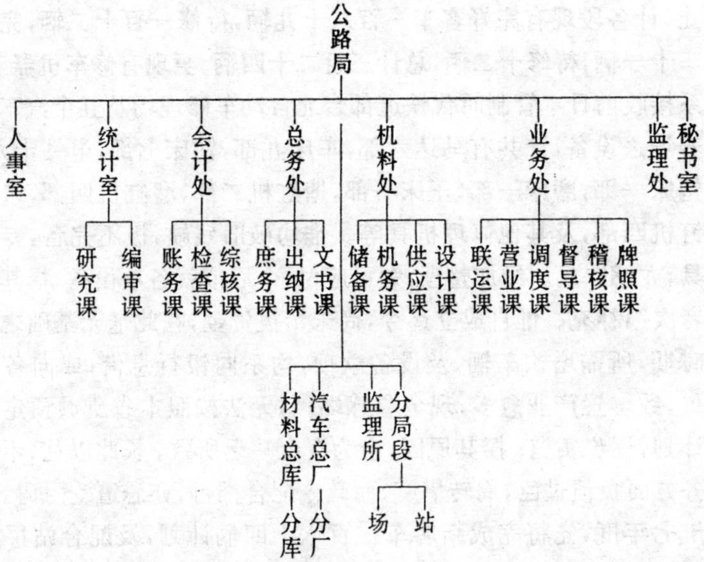

台湾省公路局暨所属机构现有员工人数

民国三十六年十二月底

项　　别	现有员额
总　　计	1,940
职　　员	1,005
技术工人	662
普通工人	273

三、设备

本局成立之初，设备方面，先后接管汽车处及所属各汽车区车辆及设备，接收时以旧有车辆及设备大多破旧不堪，可以勉强利用者仅逾龄而即待报废之破旧客货车三十二辆而已。时修行驶，加以设备简陋，当时公路运输几濒停顿状态。本局以任务重要，为发挥运输业务起见，一面整修旧车，同时订购新车，截至本年十二月底止，计各段现有完好客车一百八十九辆，待修一百十二辆，完好卡车十一辆，待修十二辆，总计三百二十四辆。至现有修车机器工具，系接收前日本管制时代铁道部台北自动车修理场及五个汽车区保养场之设备，计共有马达六部，车床九部，钻床七部，电钻十六部，铇床一部，磨床一部，压床一部，搪缸机二部，磨缸机四部，来令磨钉机四部，及其他修理机具等。惟均破旧残缺，极不完备，专用机具，尤感缺乏。经加整理，勉可应付，今后拟就各项设备，择其急要者次第补充。惟自成立迄今，尚未奉拨资金，在此毫无基础之困难时期，所需增购车辆，及设备款项，均系向银行息借，或向各方拖欠，致增置产业愈多，现金愈感竭蹶，无法按照本省所颁预定经建计划，逐步实施。揆其原因，全为资金缺乏所致。长此以往，不特财务方面负债过巨，周转堪虞，而政令配合推行，亦恐遭受阻碍。拟于卅七年度，先将完成新客车二百六十四辆计划，及配合站厂库设备，以应本省干线客运之迫切需要，以利民行。兹将本局现有车辆状况列表于后：

台湾省公路局现有车辆状况

三十六年十二月底

类别	车辆动态		
	共计	完好	待修
总计	324	200	124
卡车	23	11	12
客车	301	189	112

四、业务

本局主要业务，可就运输与行政两端，分别述叙之。

甲、运输业务

本局自卅五年八月成立后，分设台北、台中、高雄、枋寮、花苏五段，分别办理全省公路运输业务。所有干线行车业务，在日管时代之最高纪录，营业里程为七六九公里，平均每日行驶九二三九车公里。光复之初，公路营业里程锐减至三七四公里，平均每日行驶一八二〇车公里，几经积极策划推进，至卅五年底营业里程，已达八六七公里，平均每日行驶一〇三二一车公里，较之日管时代最高纪录，已无逊色。迄今年一月份全省环岛干线，除嘉义二水间尚待洽购路权，及台东花莲港间以桥梁涵洞损害甚多，未经修复，尚未通车外，余均畅通无阻。嗣后新车陆续到达加入各线行驶，于是路线里程途次逐有增加。

卅五年十二月及卅六年一月，先后奉令接管花莲及新港两自动车会社，以担当台东、花莲两县之公路客运。三月份奉令接办台北近郊公司，四月份接管台湾交通株式会社，及兰阳乘合株式会社，六月份接办基隆交通公司，营业益有进展。

卅六年“二·二八”事件发生，曾一度奉令接管台北、基隆、高雄三市区公共汽车。至同年五月十六日台湾省行政长官公署改组，又奉令将各县市区公共汽车，拨归各该市政府办理，即于同年六月分别移还。

卅六年一月至六月营业里程，突飞猛进，在此时期内，新车陆续充实，路线里程班次逐有增加，截至六月底止，营业总里程已增至一五三〇．二公里，平均每日行驶二三八九四．二车公里（台北、基隆、高雄三市区公共汽车里程已除外），已超过日管时代通车最高纪录二倍以上。直至本年十月止，营业总里程已增至一千六百十公里，每日行车班次约达一千二百五十次，每日班车行驶约二万六千二百七十八车公里，连同各客运加班车及包车并计，每月可达一百万车公里。综计卅六年度预定营业计划，几全部完成。十一月份营业里程略减，计一五四九．五公里，每日行车班次约一千二百二十二次，每日行驶里程约二万六千五百四十三公里。十二月份起，凡与铁路平行之路线约二百七十余公里奉令停驶，致营业里程减为一千二百六十九．九公里，每日行车班次为一千二百十七次，每日行驶里程为二万四千七百二十六公里。兹将本局行车成绩与日管时代比较表，现有路线行车状况表，及业务成绩比较表，分别列后：

行车成绩与日管时代比较表

截至三十六年十二月底　　（单位：公里）

时　期	营业里程	每日平均驶车公里
三十二年日管时代最高纪录	769.2	9239.0
三十四年十一月光复接收时纪录	374.3	1820.7
三十五年本局成立以后（十二月）	867.4	10321.2
三十六年一月份起	1111.1	12003.6
三十六年二月份起	1190.3	13743.4
三十六年三月份起	1281.0	18406.0
三十六年四月份起	1547.2	26163.0
三十六年五月份起	1573.3	26497.7
三十六年六月份起	1530.2	23894.2
三十六年七月份起	1529.4	24816.6
三十六年八月份起	1531.1	25767.4
三十六年九月份起	1574.7	26794.0
三十六年十月份起	1610.9	26278.4
三十六年十一月份起	1549.5	26543.9
三十六年十二月份起	1269.9	24726.5

说明：（一）本局三十五年八月成立以后，次第接收台北、台中、高雄、枋寮、花苏五段业务。迨三十六年三月又奉令接管台北、基隆、

高雄三市区公共汽车业务，此外又奉令归并台北近郊、台中及兰阳公共汽车公司业务。

（二）于同年六月一日奉令将前接管之台北、基隆、高雄三市区公共汽车业务交还各该市政府办理，故营业里程略减。较之日管时代最高纪录，已超过二倍以上。

（三）本年十月份因台风略阻，车公里略减。

（四）自三十六年十二月份起，凡与铁路平行之路线，奉令停驶。

台湾省公路局现有路线行车状况表

（十二月份）　　三十六年十二月卅一日

段别	线别	起迄地点	里程（公里）	每日行车次数	每日行驶里程	附注
台北段	基北线	基隆　台北	29.8	150	4470.0	
	北投线	台北　新北投	12.4	40	496.0	
	北庄线	台北　新庄	9.2	43	395.6	
	北塔线	台北　塔寮坑	14.3	2	28.6	
	北桃线	台北　桃园	25.7	30	771.0	
	北成线	台北　成子寮	10.5	14	147.0	
	北芦线	台北　芦洲	7.3	18	131.4	
	北更庄线	台北　更寮　新庄	19.1	12	229.2	
	北讯线	台北　讯塘埔	22.7	4	90.8	
	北士草线	台北　士林　草山	16.1	22	354.2	
	北店线	台北桥　新店	13.3	31	412.3	
	北深线	台北桥　深坑	19.6	4	78.4	
	北峡线	台北桥　三峡	25.3	12	303.6	
	北板线	台北桥　板桥	10.5	20	210.0	
	北栅线	台北桥　木栅	12.9	12	154.8	
	北乌线	台北桥　乌来	29.9	8	239.2	
	北碇线	台北桥　石碇	27.0	8	216.0	
	北中板线	台北桥-中和桥-板桥	13.7	8	109.6	

续上表

段别	线别	起迄地点		里程（公里）	每日行车次数	每日行驶里程	附注
台北段	北中线	台北桥	中和乡	8.5	4	34.0	
	店山线	新店	龟山	10.0	1	10.0	
	山北线	龟山	台北	23.3	1	23.3	
	金淡线	金山	淡水	39.1	4	156.4	
	基金线	基隆	金山	22.0	12	264.0	
	淡石线	淡水	石门	26.3	6	157.8	
	淡小线	淡水	小基隆	15.3	4	61.2	
	基瓜线	基隆	金瓜石	20.0	19	380.0	
	基瑞线	基隆	瑞芳	10.2	1	10.2	
	瑞瓜线	瑞芳	金瓜石	9.8	3	29.4	
	庄林线	新庄	林口	10.3	11	113.3	
	林北线	林口	台北	20.4	1	20.4	
		小计		534.5	505	10097.7	营业里程 276.7
台中段	中丰线	台中	丰原	14.9	40	596.0	
	中南线	台中	南三田	12.6	12	151.2	
	中潭线	台中	日月潭	78.7	4	314.8	
	中埔线	台中	埔里	60.4	12	724.8	
	员彰线	员林	彰化	15.3	22	336.6	
	员二线	员林	二水	19.9	16	318.4	
	梧楼线	台中 梧楼	清水	31.2	32	998.4	
	水埔线	水里坑	埔里	42.5	6	255.0	
	西屯线	台中	西屯	7.1	18	127.8	
	南屯线	台中	南屯	5.5	20	110.0	
		小计		288.1	182	3933.0	营业里程 248.6

续上表

段别	线别	起迄地点		里程（公里）	每日行车次数	每日行驶里程	附注
高雄段	南茄线	台南	下茄定	18.2	20	364.0	
	南高线	台南	高雄段	50.0	24	1200.0	
	新乌线	新营	乌山村	14.0	8	112.0	
	高凤线	高雄	凤山	9.9	56	554.4	
	高屏线	高雄段	屏东	25.7	40	1028.0	
	高庄线	高雄火车站	庄营	11.1	68	754.8	
	林乌线	林□营	乌山村	6.0	2	12.0	
	新大线	新营	大甲	11.9	4	47.6	
	台南市区	火车站 玉泉街	光复路	2.8	30	84.0	
	台南市区	火车站 运河边	中正路	2.5	30	75.0	
		小计		152.1	282	4231.8	营业里程 105.9
枋寮段	高东线	高雄火车站	台东	207.9	2	415.8	
	屏恒线	屏东	恒春	92.6	4	370.4	
	屏潮线	屏东	潮洲	19.0	8	152.0	
	屏内线	屏东	内埔	9.0	10	90.0	
	林东线	林边	台东	144.7	4	572.8	
	林港线	林边	东港	8.7	10	87.0	
	林枋线	林边	枋寮	12.8	16	204.8	
	林恒线	林边	恒春	59.4	10	594.0	
	恒鹅线	恒春	鹅銮鼻	18.5	6	111.0	
	恒满线	恒春	满洲	12.1	6	72.6	
	恒四线	恒春	四重溪	13.9	8	111.2	

续上表

段别	线别	起迄地点		里程(公里)	每日行车次数	每日行驶里程	附注
枋寮段	东新线	台东	新港	55.6	6	333.6	
	新樟线	新港	樟原	40.5	4	162.0	
	万峦线	潮洲 万峦	佳冬	7.6	10	76.0	
		小计		702.3	104	3359.2	营业里程 367.0
花苏段	北宜线	台北	宜兰	82.9	2	165.8	
	北坪线	台北	坪林	39.1	2	78.2	
	花苏线	花莲港	苏澳	119.9	2	239.8	
	花新线	花莲港	新城	21.0	8	168.0	
	花太线	花莲港	太鱼阁口	25.8	4	103.2	
	花初线	花莲港	初普	10.0	2	20.0	
	花铜线	花莲港	铜门	16.0	4	64.0	
	苏南线	苏澳	南澳	34.4	2	68.8	
	苏方线	苏澳	南方澳	2.8	2	5.6	
	宜上线	宜兰	上深沟	10.6	6	63.6	
	宜花线	宜兰	花莲港	144.1	6	864.6	
	宜礁线	宜兰	礁溪	8.0	16	128.0	
	罗宜线	罗东	宜兰	10.0	34	340.0	
	罗方线	罗东	南方澳	17.0	20	340.0	
	罗天线	罗东	天送牌	16.0	22	352.0	
	罗猴线	罗东	猴猴	10.4	6	62.4	
	罗利线	罗东	利泽简	6.8	6	40.8	
		小计		574.8	144	3104.8	营业里程 271.7
总计				2251.8	1217	24726.5	营业里程 1269.9

台湾省公路局成立以来业务成绩与日管时代比较表

月份	业务状况		
	行驶车公里	客运收入(台币元)	客运人数
日管最盛时期 卅二年每月平均	280,923.9	199,979.32	668,549
光复接收时期 卅四年十一月	54,621.8	68,000.11	42,365
卅五年九月(本局成立)	37,752.8	621,149.00	59,173
十月	132,033.2	2,412,852.50	132,661
十一月	212,545.6	3,684,035.00	186,317
十二月	305,952.9	7,446,201.00	384,115
卅六年一月	412,269.7	10,983,525.00	563,478
二月	408,889.2	11,897,564.00	622,469
三月	231,898.1	6,817,986.00	347,514
四月	534,426.2	20,185,901.00	1,020,441
五月	670,303.3	27,739,515.00	1,286,374
六月	641,226.7	28,776,034.00	1,228,909
七月	737,246.9	43,207,186.00	1,140,208
八月	763,180.1	53,629,941.00	1,167,429
九月	742,799.4	54,613,042.00	1,303,482
十月	772,927.3	62,209,570.00	1,478,749
十一月	734,675.7	64,147,295.00	1,482,159
十二月	698,781.4	95,215,486.00	1,142,499

乙、公路行政

公路行政实施方面，关于汽车及驾驶人之管理，自本局成立之后，遵照中央各种规定，树立本省公路管理制度，原〔厘〕订监理业务实施方案及规章，设置本局监理处派驻各段办公处及各站，对于执行汽车牌照管理业务，交通稽查及民营汽车运输业之督导等项工作，举办卅六年度全省汽车总检验，换发国字统一牌照。计自三十五年八月起，至卅六年十二月止，办理进口汽车之登记、检验，发给牌照及卅六年度总□汽车换发国字牌照四七七〇辆。

关于汽车驾驶人及技工之考验发给执照，计自卅六年四月起，至十二月止，经予考验合格职业驾驶人八一七三名，考验合格普通驾驶人四八八名，驾驶人补照一一一次，驾驶人受雇三九〇三次，驾驶人解雇一一四次，技工调查登记八六九一人，核验加考者二〇六人。

对于民营汽车客货运输之督导工作，亦甚重视。缘本省民营汽车业，向极发达，然其组织沿用日制。光复后之过渡时期，一切尤形紊乱，规划整顿，事繁责重，务使组织合于中央法规，不合理之营业纳入正轨，故对于改革各公司内部组织，重订公司章程，并参照国内成规，订立表格章则，以利管理。

关于私有营业汽车之取缔，经订定本省私有客货汽车营业管理办法，取缔随处揽载客货，防止紊乱公路交通。自本年三月下旬实施以后，截至六月底止，本省各县市之私有营业货车，已分别组成汽车货运公司者，计有十三家。

此外，对于调整汽车客货公司营业线区，规定干线客运归由公营，支线则视各公司能力分配民营，本局则尽量予以扶助，如果无力行驶者，予以调整，以利地方交通。

本省各汽车货运公司，在日管时代计设七家，以所属州厅为范围，每一区域仅有一公司营运。经本局核准各县市民营汽车货运公司十三家后，更订营业区域，充实运输力量，务使本省能达货畅其流之境地。

查本省现有营业小汽车二百余辆，光复以后，原无统一管理规定，嗣经拟订本省管理营业小汽车行办法。自奉准颁布后，计已申请组设汽车行营业者计四十家。

本省汽车肇事案件，自三十六年一月至三十六年十二月止，计共一百二十七次，受伤一百三十一人，因伤致死四十六人。兹将各项统计表分列于后：

台湾省汽车分类统计

卅六年十二月底

区域	登记检验车辆数量						
	共计	自用客车	营业客车	货车	机器脚踏车	特种车	邮车
总计	4770	1247	846	2117	417	128	15
台北市	1697	699	284	540	151	20	3
台北县	215	48	9	136	12	10	
基隆市	163	55	36	53	8	10	1
新竹县	160	30	22	95	9	4	
新竹市	264	28	53	174	4	4	1
台中市	397	45	29	205	56	10	2
台中县	317	64	46	167	28	12	
彰化市	74	5	17	47	3	2	
嘉义县	104	13	14	65	5	6	1
台南市	250	40	45	124	37	3	1
台南县	243	58	48	98	29	10	
高雄市	367	83	95	131	41	14	3
高雄县	174	36	29	84	17	8	
屏东市	148	18	13	97	13	6	1
澎湖县	25	4	16	2	2	1	
花莲县	108	16	29	53	2	6	2
台东县	64	5	11	46		2	

台湾省市营民营汽车业统计

三十六年十二月底

类别	家数	车辆数
总计	77	1707
客运公司	14	233
货运公司	20	1096
汽车行	40	263
市区公共汽车	3	115

台湾省汽车驾驶人及技工统计

卅六年四月至十二月底

性别	驾驶人				技工
	共计	职业	普通	学习	
总计	9530	8173	488		869
男	9511	8157	485		869
女	19	16	3		

说明：本表驾驶人系三十六年度登记考验合格人数。

台湾省汽车肇事统计

肇事原因	肇事次数	受伤人数	因伤致死人数
总计	127	131	46
公路工程不良	11	14	7
车辆机件故障	23	41	4
驾驶人过失	66	56	28
行人不慎	24	18	7

续上表

肇事原因	肇事次数	受伤人数	因伤致死人数
载重逾量	——	——	——
军车肇事	2	1	——
其他原因或障碍	1	1	——

五、财务

本局成立于三十五年八月，开办之初，省库既未拨给资金，且无财产接收，仅有逾龄客车三十二辆，时修时驶，勉强营业，赖此应付全省公路交通，诚属□然难事。赤手空拳，巧妇难为无米之炊，不得已，乃向台行借款，以作复旧创新之图。原冀以营业所入，除维持经常开支外，积其盈余，偿还债务。唯以本省地悬海上，一切零件轮胎，均须仰给外来，成本自较外省为高。但客运票价之厘订，向以便利行旅，维持交通及适应政府稳定物价政策为目的，收费低廉，因与实际所需成本，相差倍许，亏损情形，不言而喻。上年"二·二八"事变期间，营收锐减，创伤尤巨，复以物价波动甚烈，外汇涨率又高，员工待遇不时调整，经临支出，与日剧增，且月须负担借款利息四百余万元，洵难求其收支之平衡。故一年以来，本局经济綦感窘困，以致向台行借款二亿元，迄难偿还。但所借款项，善为运用，曾购备新车二百三十八辆，以现值估计，递增倍蓰，故就本局资产而言，实有增无减也。

自卅六年十二月一日起，票价奉准提高，计每人每公里台币五元四角，仍与目前实际成本十元零七分相差几近一倍。若与京沪区长途汽车现行票价相比，则底〔低〕廉两倍。以本局目前每月行车九十余万车公里计，每月营收八千余万元，而临经支出，所费不赀(附目前收支概况表)，仍难维持成本，以达自给自足。我政府厉行经济建设，当以交通为先，而公路运输，尤占交通重要之一环。本局虽感资力短绌，然仍努力不辍，殚精竭虑，淬励建设，使本省公路交通，物建基础。厥后一望省府拨补扶助，二望公路总局充裕配售材料，三望中央拨足购料外汇，庶本省交通前途，更有灿烂之发展也。兹将本局本年各月份营业成本与实售票价比较表、现有客货运价收支概况表，分别列后。

台湾省公路局三十六年营业成本与实售票价比较表

月　　份	每人公里 实需成本	每人公里 实售票价	每人公里 亏损金额	
四月份	2.02	1.50	0.52	
十月份	5.47	2.70	2.77	
十二月份	10.07	5.40	4.67	

台湾省公路现行客货运运价

三十六年十二月

<table>
<tr><th colspan="2" rowspan="2">类　　别</th><th colspan="2" rowspan="2">计　算　标　准</th><th colspan="2">费(台币元)率</th></tr>
<tr><th>局　营</th><th>商　营</th></tr>
<tr><td rowspan="11">客
运</td><td rowspan="3">长途公共汽车票价</td><td rowspan="3">每人每公里</td><td>平　地</td><td>5.40</td><td>6.48</td></tr>
<tr><td>平山地</td><td>6.40</td><td>7.46</td></tr>
<tr><td>山　地</td><td>9.40</td><td>8.86</td></tr>
<tr><td rowspan="4">包雇旅行车</td><td colspan="2">市区每二十分钟</td><td>1500.00</td><td></td></tr>
<tr><td rowspan="3">郊外每公里</td><td>平　地</td><td>180.00</td><td></td></tr>
<tr><td>平山地</td><td>216.00</td><td></td></tr>
<tr><td>山　地</td><td>275.00</td><td></td></tr>
<tr><td rowspan="4">包雇小包车</td><td rowspan="2">市　区</td><td>每二十分钟</td><td></td><td>900.00</td></tr>
<tr><td>每小时</td><td></td><td>2400.00</td></tr>
<tr><td rowspan="2">郊　外</td><td>平　地</td><td></td><td>120.00</td></tr>
<tr><td>山　地</td><td></td><td>160.00</td></tr>
</table>

续上表

类别		计算标准		费(台币元)率	
				局营	商营
货运	货车	整车每吨每公里	一级路面		54.00
			二级路面		66.00
			三级路面		76.00
			四级路面		108.00
			五级路面		216.00
	三轮车	三公里以内每车	平地		600.00
			山地		800.00
		五公里以上每车每公里	平地		110.00
			山地		150.00

说明：一、客运运价已包括10%通行税在内。

二、货运运价另收通行税10%。

三、局营运价系自十二月一日起实行，民营运价系自十一月一日起实行。

台湾省公路局收支概况表

三十六年十二月

收入		摘要	支出	
合计	小计		小计	合计
		收入之部		
84,400,000.00	83,850,000.00	1. 营业收入		
	550,000.00	2. 监理费收入		
		支出之部		
		1. 营业支出		127,385,000.00
		A. 员工薪津	23,385,000.00	
		B. 油料	29,400,000.00	

续上表

收入		摘要	支出	
合计	小计		小计	合计
		C. 材料	25,000,000.00	
		D. 轮胎	36,000,000.00	
		E. 总库业务费	6,500,000.00	
		F. 银行借款利息	5,100,000.00	
		G. 监理费	2,000,000.00	
42,985,000.00	42,985,000.00	差额		
127,385,000.00	127,385,000.00	合计	127,385,000.00	127,385,000.00

六、计划

过去工作，略如上述。今后方针举其要者，计有四项：一、充实各线交通，增加行车班次，以便利旅客。二、促进汽车与火车之联运。三、加强交通管理。四、扶助民营公司，发展业务。兹将卅七年度工作计划要点择要述叙于后：

甲、公路运输方面

1. 增强客运业务；

2. 发展水陆联运。

乙、公路管理方面

1. 加强监理业务；

2. 续办牌照管理；

3. 推进交通稽查工作；

4. 汽车运输督导；

5. 指导本省公商运输机关业务；

6. 代征各项捐税。

丙、公路设备方面

1. 添置客车；

2. 修建业务站屋及停车库；

3. 增添修车设备及整修旧车；

4. 加强材料管理。

〔国民政府交通部档案〕

3. 交通部公路总局编 1946 年度审计报告书
(1947 年)①

公路总局报告

一、组织与沿革：查公路机构始于民国二十二年十月一日全国经济委员会公路处。二十七年一月一日，移交交通部接收，组织公路管理处，专管公路工程。至三十年六月三十日结束。二十八年八月一日，交通部另组公路运输总局，专管公路运输，至三十年九月三十日结束。而在该两机构结束以前，民国二十九年四月一日，已由军事委员会另组运输统制局，直至三十二年一月一日，改组为交通部公路总局，三十四年一月一日，又改隶军事委员会，更名为战时运输管理局。三十五年一月一日，重隶交通部，即为现在之公路总局。其组织经呈准仍沿用国民政府三十二年七月三日修正之交通部公路总局组织法，内部设总务、工务、运务、机料、会计、监理六处，人事、统计、警稽、技术四室及设计考核委员会；外部设九个区工程管理局，三个直辖运输处，三个机械筑路总队，汽车器材总库，平津汽车修配总厂，长沙敌伪车辆整修厂，运输人员训练所，五个国道踏勘队，国道测量队，电讯总台，上海办事处等机构，并指挥各省公路局及青新公路工程处。其组织法、规程、系统表附后。

交通部公路总局组织法〔略〕

---

① 原文无时间，仅依内容推测。

交通部公路总局各区公路工程管理局组织规程　行政院三十五年三月二十三日
节四字第〇八九二四号

第一条　本规程依照交通部公路总局组织法第十七条之规定订定之。

第二条　各区公路工程管理局(以下简称区管理局)管辖范围,由交通部以命令定之,其名称视其地区,称第一、第二等公路工程管理局。

第三条　区管理局设左列各科室:

一、总工程司室;

二、工务科;

三、监理科;

四、材料科;

五、总务科;

六、人事室。

第四条　总工程司室掌理公路工程、机料、技术之设计、审核、督察、考成等事项。

第五条　工务科掌理公路工程之兴修、改善、保养及有关公路工程事项。

第六条　监理科掌理公路运输及司机之管理,牌照执照之核发登记,养路费、牌照费之征收及公路行车之规划,监察行车肇事之行政处理等事项。

第七条　材料科掌理修理工厂之配备,车辆之检修,保养技工之管理,及配件油料之申请核发等事项。

第八条　总务科掌理文书出纳事务、员工福利及不属于其他各科室事项。

第九条　人事室掌理人事管理事项。

第十条　区管理局置局长一人,承公路总局之命综理局务,副局长一人至三人，襄助局长处理局务。

第十一条　区管理局置秘书三人至五人，承长官之命办理机要文件及交办事项。

第十二条　区管理局置总工程司一人，副总工程司一人至二人，正工程司六人至十人，督察工程司五人至七人，副工程司及帮工程司各十人至十五人，工务员十二人至十八人，助理工务员八人至十人，承长官之命办理工程技术事宜。

第十三条　各科置科长一人，人事室置主任一人(总工程司室由总工程司主持)，承长官之命办理各该科室业务。

各科视业务需要得呈派副科长一人。

第十四条　区管理局置专员五人至七人，视察六人至八人，科员七十二人至九十人，办事员五十四人至七十二人，承长官之命办理有关事务。

第十五条　区管理局因业务需要，得用雇员四十人至六十人，练习员八人至十人。

第十六条　区管理局设会计室会计主任一人，依国民政府主计处设置各机关岁计会计人员条例之规定，掌理区管理局岁计、会计事务，受区管理局局长之指挥，并受该管上级主计机关之监督指挥。

第十七条　会计室设专员一人，帐务检查员二人至四人，材料点查员二人至四人，科员八人至十人，办事员六人至八人，雇员四人至六人。

第十八条　各级职员之任用，依照公路交通人员规定章则办理。其给委权责如左：

一、局长、副局长由公路总局呈请交通【部】派充，总工程司、副总工程司、秘书、科长、室主任、副科长等员，视察正工程司、督察工程司、副工程司等，由公路总局派充，报部备案，其余由区局派充，报局呈部备案。

交通部公路总局组织系统表

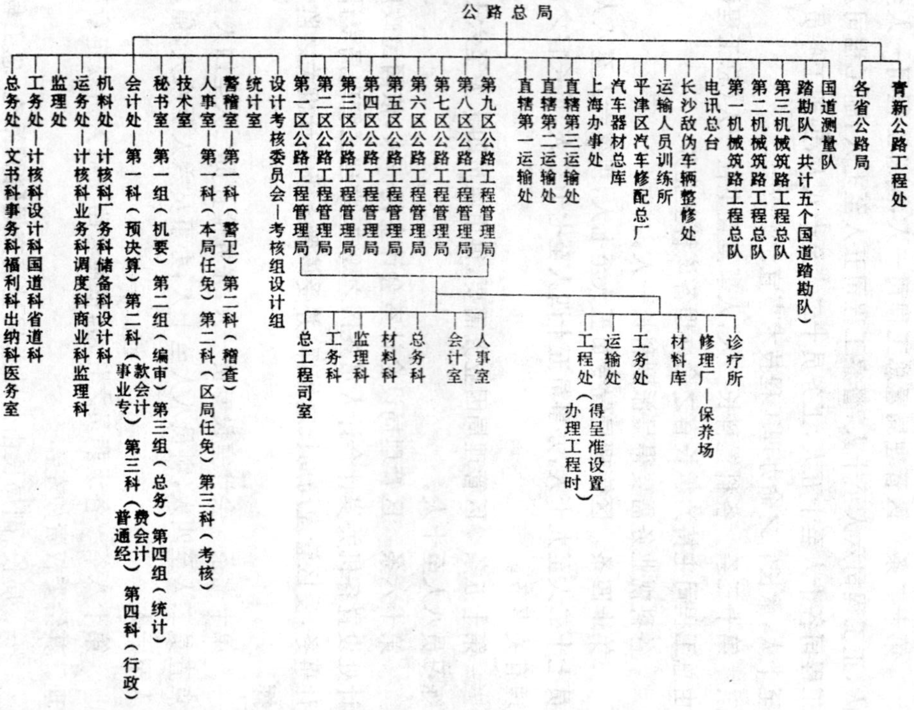

二、会计人员照会计人员任用章则办理。

三、技术人员照公路技术人员铨叙规则铨叙资信后核定职薪。

第十九条　区管理局为办理工程运输监理等业务便利起见，得设置工务渡口管理所、运输管理段站、材料库修理厂、保养场、诊疗所等，其编制另定之。

第二十条　区管理局为办理新工，得呈准设置工程处，其组织另定之。

第二十一条　区管理局办事细则另定之。

第二十二条　本规程自公布日施行。

二、业务概况：本局主管公路，其重要业务为工务、运务、机料、监理。兹将本局改组后之业务情形分述于后。

工务部分

公路之抢修与修复

公路之抢修工程系在绥靖区内配合军事推进，以紧急抢通暂维行车为原则，其他各路之修复，系照预定工程标准，就款支配，按事实需要，斟酌缓急办理之。其中属于国道部分已抢修通车者一，三六五公里，进行中者一一八公里，已修复通车者四，四七六公里，进行中者一，七〇三公里；属于省道部分已抢修通车者一，六八五公里，进行中者七四五公里，已修复通车者一，六七四公里，进行中者一，六三五公里。国道由各区公路工程管理局及各省公路机构分别办理，省道由省公路机构主办，中央予以协助。兹将该项详细路线及进展状况列如附表：

三十五年度公路之抢修及修复附表

甲、抢修工程

一、国道部分

路名	起迄地点	里程	已修复通车		修复中		经办机关	备注
			起迄地点	公里	起迄地点	公里		
铜淮路	铜山、睢宁、宿迁、淮阴	二三四	铜山淮阴	二三四			苏路局	
铜豫路	铜山、萧县、豫界	七一	铜山豫界	七一			苏路局	
邳台路	邳县、台儿庄	二五	—		邳县台儿庄	二五	一区局	
平承路	通县、怀柔、密云、古北口、滦平、承德	二五〇	通县承德	二五〇			八区局	
平保路	北平、长辛店、高碑店、保定	一四五	北平保定	一四五			八区局	
平天路	北平、昌平、南口、怀来、下花园、张家口、天镇	二八二	北平张家口	一八九	张家口天镇	九三	八区局	
济青路	济南、张店、潍县、高密、胶州、城阳、青岛	四〇〇	济南青岛	四〇〇			八区局	
济河路	济南、齐河	三〇	济南齐河	三〇			鲁路局	
济阳路	济南、济阳	四六	济南济阳	四六			鲁路局	
合计		一,四八三		一,三六五		一一八		

二、省道部分

扬清路	扬州、仙女庙、高邮、宝应、淮安、淮阴	一六〇	扬州淮阴	一六〇			苏路局	
扬六路	扬州、仪征、六合	六三	扬州仪征	二九	仪征六合	三四	苏路局	
扬镇路	扬州、六圩	一七	扬州六圩	一七			苏路局	
扬海路	仙女庙、泰县、海安	一〇四	仙女庙海安	一〇四			苏路局	
扬靖路	仙女庙、大桥、口岸、泰兴、靖江	九三	仙女庙泰兴	六六	泰兴靖江	二七	苏路局	
靖通路	靖江、新生港、平潮、南通	七八	平潮南通	一六	靖江平潮	六二	苏路局	

续上表

通启路	南通、张芝山、海门、启东	九五	南通海门	二六	海门启东	六九	苏路局	
扬天路	扬州、天长皖界	二四	扬州天长皖界	二四			苏路局	
通东路	平潮、如皋、海安、东台	九九	平潮东台	九九			苏路局	
泰口路	泰县、口岸	二三	泰县口岸	二三			苏路局	
浦天路	浦口、六合、天长(皖界)	六〇	浦口天长(皖界)	六〇			苏路局	
铜邳路	铜山、邳县	七四	铜山邳县	七四			苏路局	
萧砀路	萧县、砀山	六〇	萧县砀山	六〇			苏路局	
铜砀路	铜山、黄口、砀山	九三	铜山砀山	九三			苏路局	
铜鱼路	铜山、丰县、鱼台	一一五	铜山鱼台	一一五			苏路局	
铜韩路	铜山、韩庄	五二	铜山韩庄	五二			苏路局	
丰萧路	丰县、黄口、萧县	七〇	丰县萧县	七〇			苏路局	
砀丰路	砀山、丰县	四一	砀山丰县	四一			苏路局	
敬单路	敬安集、沛县、单县(丰县豫界)	九〇	敬安集单县	九〇			苏路局	
津保路	天津、霸县、任邱、高阳、保定	一九〇			天津保定	一九〇	冀路局	
济长路	济南、长清	三五	济南长清	三五				
通榆路	通县、山海关	二八六	通县邦均玉田丰润	一〇三	邦均玉田丰润山海关	一八三	八区局	
保沧路	保定、沧州	一八〇			保定沧州	一八〇	冀路局	
明章路	明水、章邱	一五	明水章邱	一五			鲁路局	
章邹路	章邱、邹平	二五	章邱邹平	二五			鲁路局	
邹周路	邹平、周村	一六	邹平周村	一六			鲁路局	
张博路	张店、淄川、博山	四四	张店博山	四四			鲁路局	

续上表

邹长路	邹平、长山	一三	邹平长山	一三			鲁路局	
长周路	长山、周村	一〇	长山周村	一〇			鲁路局	
坊安路	坊子、安邱	三〇	坊子安邱	三〇			鲁路局	
周博路	周村、博山	三五	周村博山	三五			鲁路局	
潍掖路	潍县、掖县	一四〇	潍县掖县	一四〇			八区局及鲁路局	
合计		二,四三〇		一,六八五		七四五		

乙、修复工程

一、国道部分

路名	起迄地点	里程	已修复通车		修复中		经办机关	备注
			起迄地点	公里	起迄地点	公里		
广州九龙		一九三	广州九龙	一九三			粤路局	
长沙南昌		三八二	万载南昌	一七四			二区局	去年完成二〇八公里
南昌张王庙		三四五	南昌张王庙	三四五			赣路处 一区局	
张王庙绩溪		一七三	张王庙绩溪	一七三			赣路局	
南京芜湖宣城		一七六	南京宣城	一七六			一区局	
上海无锡		一三五	上海直塘	五七	直塘无锡	七八	一区局	
无锡宜兴		六三	无锡漕杨	四三	漕桥宜兴	二〇	一区局	
吉安南昌		二一八	吉安南昌	二一八			赣路处	
南昌南城		一一七	南昌临川	五八			赣路处	三十四年完成五九公里
南京杭州		三二四	南京杭州	三二四			一区局	
上海杭州		二一〇	上海杭州	二一〇			一区局	
建瓯福州		二五二	建瓯福州	二五二			闽路局	
淳安杭州		一三四	桐庐杭州	九二	淳安桐庐	四二	浙交处	
汉口宜昌		三五三	汉口宜昌	三五三			鄂路局	
武昌长沙		五五〇	武昌长沙	五五〇			鄂路局	

续上表

路名	起迄地点	里程	已修复通车		修复中		经办机关	备注
			起迄地点	公里	起迄地点	公里		
开封潢川汉口		六一六	开封 杞县 宋埠 汉口	五三 九八	杞县宋埠	四六五	豫路局 鄂路局	
洛阳开封		二三一	洛阳开封	二三一			豫路局	
北平天津塘沽		一六〇	北平塘沽	一六〇			八区局	
泰和遂川赣县		一六六			泰和赣县	一六六	赣路局	
樊城花园		二五九	樊城花园	二五九			鄂路局	
龙岩厦门		一八八			龙岩厦门	一八八	闽路局	
广州博罗		一四二	广州增城	七五	增城博罗	六七	粤路处	
广州廉江		六一〇	广州九江	五〇	九江廉江	五六〇	粤路处	
廉江海安		二三二	廉江海安	二三二			粤路处	
灯塔博罗		一六〇	灯塔河源	四三	河源博罗	一一七	粤路处	
兰溪白沙		五七	兰溪白沙	五七			浙交处	
合计		六,四四六		四,四七六		一,七〇三		去年完成二六七公里

二、省道部分

宜川大宁		一二〇	陕境	六〇	晋境	六〇	晋路局 陕路局	
樊城十里铺		一六九	樊城十里铺	一六九			鄂路局	
南昌九江		一九五	南昌九江	一九五			赣路局	
嵊县杭州		一三四	嵊县杭州	一三四			浙交处	
老河口南阳尉氏开封		四二五	老河口 尉氏开封	四二五			鄂路局 豫路局	
南阳潢川六安		四八四	信阳潢川	一〇二	南阳信阳 潢川六安	三八二	二区局	
六安阜阳太和		二五六			六安太和	二五六	皖路局	

续上表

太和周家口		一三四	界首周家口	八六	太和界首	四八	皖路局 豫路局	
正阳关蚌埠		一三〇	九龙蚌埠	五五	正阳关九龙	七五	皖路局	
临淮关睢宁		一四九			临淮关睢宁	一四九	苏 皖路局	
丽水永嘉		一二九			丽水永嘉	一二九	浙路局	
福州厦门		三〇七			福州厦门	三〇七	闽路局	
无锡苏州南翔		一三一	无锡南翔	一三一			苏路局	
溧水天王寺金坛武进		九七	金坛武进	三九	溧水金坛	五八	苏路局	
武进漕桥		三四			武进漕桥	三四	苏路局	
镇江金坛		六三	镇江金坛	六三			苏路局	
句容镇江		四三	句容镇江	四三			苏路局	
镇江武进		七九			镇江武进	七九	苏路局	
武进无锡		七二	武进无锡	七二			苏路局	
丽水永康		七二	丽水永康	七二			浙交处	
新昌鄞县		八六	溪口支线	二八		五八	浙交处	
合　计		三,三〇九		一,六七四		一,六三五		

西北新路工程之推进

西北方面新路工程,本年度办理者计有四项:

一、青新公路:该路自倒淌河至红柳沟口全长一,二三二公里,自本年度起分两年兴筑,本年度青海境内路基已修通八五四公里,拨工款七十九亿七千万元。

二、南疆公路:该路自敦煌至婼羌全长七三九公里,于上年度初步修通,本年度继续办理完成路基五五,一六四公方,路面铺石一八四,二三〇公尺,段房一六所,加固木栏大桥一座,完成涵洞三道,核拨工款十二亿二千万元。本年度所列经费不敷,明年仍须继续办理。

三、河西三支线：(一)酒建线原为酒架线，自酒泉至架槓长三三〇公里，上年度已打通，本年度赓续办理未完工程，后因架槓地点过于荒僻，乃改筑至建国营，计增长三〇公里，合计三六〇公里，工程现仍进行中。(二)桥公线：自桥湾至公婆泉，长一五四公里，上年度已完成路基四一公里，本年度继续办理于七月完成。(三)马明线：自马莲井至明水长一三〇公里，上年度马莲井至红柳泉段四〇公里，已土路通车，本年续办未了工程，已于六月完竣。以上三线工款，计酒架线四亿八千四百九十五万元，桥公线三亿二千二百一十九万元，马明线一亿五千三百三十万元，共计九亿六千零四十四万元。

四、新疆省各公路核定急待整修者计十二线，共约五，〇二七公里，其中已踏勘完成者一线约八八二公里，已开工者七线约二，五八一公里，即可开工者二线约八四五公里，全部经费概算为三百九十七亿四千九百二十九万四千元(包括三十六年度总预算内已列之且末至于阗线九十亿元在内)，已拨到一百亿元。

公路建筑器材之供应

善后救济总署为办理战区善后，复修破坏公路，将各项公路器材拨由本局接收备用。上项器材分为筑路机械及筑路器材两种，其中筑路机械一项在上海接收者计一，一〇九部，在九龙接收者三七部。兹将各种机械数量及支配情形列表附后：

至筑路器材已在上海接收者计有十八吋圆绉纹铁管六七，一八七斤，二十四吋圆绉纹铁管四，五九八斤(附螺钉与钉帽二九九，四四〇个，螺钉钳一，五七六个)，均已配拨第一、二、三、八各区局及浙、苏、闽三省应用。又军用钢桥及附件一八架，配拨第一区局运往京、杭、锡、宜各路分别架设。兹将接收及配发筑路机械数量表列于后：

上海方面接收筑路机械数量表

项目		单位	数量	备考
英文	中文			
Electric Workshop truck mounted	电工车	部	4	
Bulldozer	推土机	部	193	
Roller	压路机	部	73	
Grader	平地机	部	79	
Scraper	铲运机	部	61	
Tractor with shovel	装土机	部	4	
Shovel Crane	挖土机及吊车	部	29	
Ditcher	挖沟机	部	16	
Concrete Mixer	洋灰拌合机	部	35	
Air Compressor	开山机	部	121	
Dump truck	装卸车	部	73	军械车包括在内
Pump	抽水机	部	23	
Rock Crusher	轧石机	部	44	
Shop truck	修理车	部	8	
Vulcanizer	补胎机	部	2	
Are Welder	电焊机	部	47	
Lubrication trailer	打油机	部	43	
Welding Workshop truck mounted	电焊车	部	4	
	其他	部	250	
合计			1,109	

九龙方面接收筑路机械数量表

项目		单位	数量	备考
英文	中文			
Crane Insley	起重机	具	2	
Dipper 81 Stick	挖土斗	具	4	
Shovel Boom dipper stick	挖土斗	具	5	
Grader A dams towed leaning wheel	平路机	具	2	
Grader Austin Western	平路机	具	2	
Tandem Roller	压路机	具	2	
Sheptoot Roller	羊蹄路滚	具	7	
Buckeye Ditchers	挖沟机	具	2	
Tractor Blade	小型推土机	具	2	
Tractor Caterpiller HD-J	大型推土机	具	5	
Portable Compressor	小型气压机	具	4	
合计			37	

配拨南京及杭州方面需用筑路机械数量表

项目		单位	数量		备考
英文	中文		运南京	运杭州	
Grader	平地机	部	2	3	
Dump truck	装卸车	部	4	5	
Cargo truck	卡车	部	1	2	

续上表

项目		单位	数量		备考
英文	中文		运南京	运杭州	
Weapon Carrier	军械车	部	1		
Shovel	挖土机	部	1		
Tractor With Shovel	装土机	部	1	1	
Bulldozer	推土机	部	1	4	
Water distvibutor	水　车	部	1	1	
Roller	压路机	部	1	1	
Oil Tank truck	油　车	部	1	1	
Lubrication trailer	打油机	部	1	1	
Water Tank Truck	水箱车	部	2	2	
Shop truck	修理车	部	1	1	
Rock Crusher	轧石机	部	1	4	
Trailer	大拖车	部	1	1	
Air Compressor	开山机	部	1	10	
Crane	吊　车	部	1	1	
共　计			17	38	

运务部分

本局承办运务之机构遍布全国，在战时物质缺乏，军事紧张之际，固已达成相当任务。自敌人投降以来一年之间，担负交通任务尤为艰巨，而完好之货车不过二千六百八十二辆，客车五百九十八辆，承运货物二十七万八千余吨，延吨公里八千七百六十九万四千余公里，承运客人三百二十七万四千余人，延人公里三亿八千一百六十二万二千余公里，专运复员人员二十三万八千余人，延人公里一亿八千七百零四万一千余公里。管辖运输里程二万四千一百余公里,除东北九省及蒙古外,几遍全国各地。而以物价不断上涨,票价不能逐时调整,致收支难期平衡,亏累甚大。今后当本自给自足原则,一面请求政府准予按照物价计算运输成本,随时调整运价,一面紧缩机构以资节流,先期收支平衡,再求达到盈余之目的。兹将现有客货车辆、客货运量、运价及营业里程列表附后:

各局处现有客货车辆统计表

局别	货车				客车		
	完好	停修	共计		完好	停修	共计
第二区局	113	220	333		27	1	28
第三区局	333	261	594		7	9	16
第四区局	485	370	855		15	5	20
第五区局	130	43	173		56	34	90
第七区局	491	320	811		52	63	115
第八区局	149	220	369		25	31	56
直辖第一运输处	40	107	147		106	27	133
直辖第二运输处	420	35	455		258	49	307
直辖第三运输处	521	494	1,015		52	32	84
总计	2,682	2,070	4,752		598	251	849

各局处三十五年一至十月份客货运量表

月份	货运			客运	
	吨数	延吨公里		人数	延人公里
35.1	52,937	18,234,514		170,560	38,515,522

续上表

月份	货运		客运	
	吨数	延吨公里	人数	延人公里
2	30,582	15,310,508	165,736	40,040,375
3	18,928	7,307,997	182,703	47,422,671
4	17,381	7,251,118	172,312	37,176,672
5	17,751	5,461,697	176,346	42,705,275
6	38,473	5,462,287	188,964	34,030,149
7	15,588	5,549,354	233,929	32,975,637
8	30,202	8,787,770	578,458	31,133,716
9	27,513	7,658,601	660,120	37,701,758
10	29,001	6,640,761	745,399	39,620,513
共计	278,356	87,664,607	3,274,527	381,322,288

三十四年十月份至三十五年十月份公路复员运量表

年月	运送人数	延人公里	备考
34.10	16,363	7,639,673	
11	16,486	9,095,666	
12	14,615	8,239,992	
35.1	13,564.5	8,053,570.5	
2	18,464.5	14,672,787	
3	26,501.5	21,162,236.5	
4	23,214.5	20,507,096	
5	22,228	19,991,588.5	

续上表

年　　月	运送人数	延人公里	备　　考
6	16,758	17,111,361.5	
7	17,324	15,618,371	
8	10,103	11,752,201.5	
9	22,436	19,174,870	
10	20,071	14,022,133	
共　　计	238,129	187,041,546.5	

交通部公路总局

直辖各局处客货运价暨杂费表

项　目			局（处）别 / 计算标准	直辖第一运输处	直辖第二运输处	直辖第三运输处	第三区局	第四区局	第五区局	第六区局	第七区局	第八区局
货运	整车	一等品	每公吨每公里	641.50	546.25	582.50	635.00	599.00	563.00	734.50	554.80	563.50
		二等品		573.25	475.62	503.75	567.50	514.50	486.50	649.75	477.40	504.25
		三等品		505	405	425	500	430	410	565	400	445
	不满整车	一等品	每十公斤每公里	7.01	6.07	6.51	6.94	6.72	6.29	8.08	6.22	6.16
		二等品		6.24	5.30	5.64	6.19	5.79	5.45	7.15	5.37	5.50
		三等品		5.51	4.41	4.63	5.45	4.68	4.46	6.22	4.35	4.85
	空驾费		每公吨每公里	405	316.25	331.25	402	335	320	495	312.50	363
客运	票　价		每客座每公里	55	75	80	55	90	80	80	80	50
	行　李		每五公斤每公里	3.50	3.60	4.00	3.50	4.30	3.90	4.00	3.90	3.10
	包　裹			4.20	4.30	4.80	4.00	5.10	4.60	4.90	4.70	3.70

续上表

杂费	装卸费（一装或一卸）	行李包裹每五公斤	20
		货物按公斤计算每十公斤	30
		货物按公吨计算每公吨	1,000
	保管费	行李包裹每五公斤每二十四小时或不满二十四小时	20
		货物按公斤计算者每十公斤每二十四小时或不满二十四小时	30
		货物按公吨计算者每公吨每二十四小时或不满二十四小时	1,000
	取保领件手续费	货物每票	50
	延期费	货物每公吨每小时或不满一小时（每天以十小时计算）	1,000
	变更费	每一记运单	600

附注：

1. 货运费率除直辖第一运输处，第三、六、八区局系运价外，其余均为车租，另由租车机关供给燃料。
2. 客货车养路费除第六区局外，其余各局处均已包括在运价内。
3. 本表自三十五年十二月一日起实行。

公路总局所辖各局处营业路线里程表

所辖局处	线别	起迄点	经过地点	里(公里)程
直辖第一运输处	京芜	南京　芜湖	江宁,当涂	105
直辖第一运输处	杭乍	杭州　乍浦	海宁,海盐	118
直辖第一运输处	京杭	南京　杭州	句容,吴兴,宜兴	334
直辖第一运输处	苏常	苏州　常熟	吴塔	40
直辖第一运输处	沪直	上海　直塘	南翔,太仓	65
直辖第一运输处	芜屯	芜湖　屯溪	宣城,宁国,歙县	273
直辖第一运输处	沪浏	上海　浏河	罗店	40
直辖第一运输处	京淳	南京　高淳	湖熟,溧水	120
直辖第一运输处	诸江	诸暨　江山	金华　兰溪　衢州	249
直辖第一运输处	乍嘉	乍浦　嘉兴	平湖	42
直辖第二运输处	渝长	海棠溪　长沙	綦江,黔江,沅陵,常德	1,397
直辖第二运输处	长闽	长沙　闽候	浏阳,南城,建瓯	1,068
直辖第二运输处	衡沅	衡阳　沅陵	邵阳,榆树湾,辰溪	533
直辖第二运输处	衡汀	衡阳　长汀	耒阳,泰和,银坑	717
直辖第二运输处	吉南	吉安　南昌	新淦,樟树	218
直辖第二运输处	南浔	牛行　九江	万家埠,德安	187
直辖第三运输处	筑柳	贵阳　柳州	马场坪,都匀,宜山	632
直辖第三运输处	筑梧	贵阳　苍梧	宜山,贵县,丽林	1,065
直辖第三运输处	筑粤	贵阳　广州湾	宜山,丽林,陆川	1,065
直辖第三运输处	渝筑	重庆　贵阳	綦江,遵义,桐梓	488
直辖第三运输处	筑长	贵阳　长沙	马场坪,榆树湾,邵阳,湘潭	970
直辖第三运输处	筑曲	贵阳　曲江	马场坪,榆树湾,衡阳,耒阳	1,246
直辖第三运输处	筑昆	贵阳　昆明	安顺,晴隆,盘县,霑益	662
第三区局	广坪	广州　坪石		491

续上表

所辖局处	线别	起迄点	经过地点	里(公里)程
第三区局	曲赣	曲江　赣州		227
第三区局	广增	广州　增城		75
第三区局	南上	南城　上饶		230
第三区局	赣长	赣州　长汀		200
第三区局	赣吉	赣州　吉安		209
第三区局	长坪	长沙　坪石		400
第三区局	耒泰	耒阳　泰和		339
第三区局	兴上	兴宁　上杭		206
第三区局	兴翁	兴宁　翁源		297
第三区局	柳宾	柳州　贵阳		169
第四区局	滇缅	昆明　畹町	楚雄,保山,龙陵	959
第四区局	川东	曲靖　泸州	宣威,毕节,叙水	760
第五区局	川陕	重庆　广元	遂宁,梓潼	625
第六区局	哈迪	哈密　迪化	七角牛	624
第七区局	汉白	汉中　白河	安康,平利	521
第七区局	广宝	广元　宝鸡	宁强　褒城	446
第七区局	平宝	平凉　宝鸡	陇县　汧阳	193
第七区局	兰西	兰州　西安	华家岭,平凉,咸阳	722
第七区局	兰猩	兰州　猩猩狭	武城,张掖,安西	1,177
第七区局	平宁绥	平凉　包头	固阳,宁夏,石嘴山,五原	1,191
第七区局	华双	华家岭　双石铺	天水,徽县,两当	411
第七区局	兰宁	兰州　宁夏	石洞寺,兴仁壁,中宁	491
第七区局	白老	白河　老河口	板桥铺	243
第七区局	甘青	兰州　西宁	河口,享堂,乐都	234

续上表

所辖局处	线别	起迄点	经过地点	里(公里)程
第七区局	岷夏	岷县　夏河	旧城	105
第七区局	甘川	兰州　武都	临洮,岷县,岩昌	448
第七区局	安敦	安西　敦煌		140
第八区局	平津	北平　天津	通县,东日庄,杨树	136
第八区局	平琉	北平　琉璃河	宛平,长辛店,良乡	56
第八区局	平禾	北平　禾育	南宛,青云店	45
第八区局	津独	天津　独流		43
第八区局	津塘	天津　塘沽	排地,南竹庄,新河	50
第八区局	津小	天津　小站	田唐口	38
合　　计				24,135

机料部分

修车机构

抗战期间修车机构多在西南西北一带,为加强收复区公路运输能力,修车机构□增设及调整,全国计有修造厂四所,修理厂(25)所,修理所五所,保养场(49)所,救济站(14)所。再本局与联总洽妥供应修车厂设备三十五套,已由美启运抵沪,预计添设大修车厂七所,保养场二十八所,现已完成准备工作。本年度修车厂房建筑费业奉核定四十亿元,决定在上海、南京、杭州、长沙、广州、汉口等六处,各建修车厂一所,已饬由直辖第一运输处、直辖第二运输处、第三区局运输处分别进行中。又拟在宜兴、歙县、芜湖、曲江、深圳等处先成立保养场,亦经分饬直辖第一运输处、三区局运输处迅即觅地筹备建筑厂屋。

扩展平津总厂业务

该厂于三十四年十一月间成立后,即积极推进华北区汽车修理业务,复于本年一月份起,开始设计制造三轮汽车,至七月底共完成十辆，在京沪等地公开试验，成绩良好。现拟定在三十六年度完成(1080)辆，所需经费约五十亿元，已呈院请投资基金中。

器材供应业务

本年度止，计购油料12,554,257公吨，车辆68,161公吨，翻胎材料69,987公吨，轮胎346,673公吨，配件6,880公吨，其他21,785公吨。本年内内运器材计汽油44,130桶，润滑油4,497桶，车辆89辆，翻胎材料2,701件，轮胎11,075套，配件5,479箱，其他33件。

装配新车车身

为充实各公路线运输工具，本年度原计划装配客货车车身各一千辆，复以接收新车有限，再以核定客货车装备费仅二十余亿元，故本年度内仅可装配客车车身约五百辆，已视需要情形，分饬各单位积极装配，以应运输需要。

兹将修车次数及整车数量列表于后：

直辖各整车厂整车数量

三十五年七月十一日　　单位：辆

月别	厂名	数量	附注
总计	长岳整车处岳阳修车厂	71	
七月	同上	12	系改正数字
八月	同上	8	系改正数字
九月	同上	9	
十月	同上	18	该厂另有小修车4辆
十一月	同上	24	

注：长岳整车处岳阳修车厂系本年七月份成立。

本局直辖各机关修车次数

三十五年九、十月　　　　单位:辆

机　关　别	九　月				十　月			
	整修	大修	小修	保养	整修	大修	小修	保养
总　　计	189	759	5,744	1,149	32	768	6,740	1,190
第一区公路工程管理局	/	18	62	44	/	/	/	/
第二区公路工程管理局	/	22	90	30	/	23	123	/
第五区公路工程管理局	2	50	707	2	2	45	896	/
第六区公路工程管理局	4	3	6	/	7	14	7	/
直辖第一运输处	/	44	239	240	/	33	367	404
直辖第三运输处	89	283	2,717	793	23	236	2,463	747
△天津区汽车修配总厂	94	/	45	40	/	34	44	39
*第三区公路工程管理局	/	14	30	/	/	29	45	
第四区公路工程管理局	/	55	1,113	/	/	24	1,417	
第七区公路工程管理局	/	181	468	/	/	207	888	
第八区公路工程管理局	/	49	114	/	/	72	288	
直辖第二运输处	/	40	153	/	/	51	202	

备注:(1) △平津区汽车修配总厂以上各单位数字,均系根据修车月报。

(2) *自第三区公路工程管理局以下各单位数字,均系根据修车旬报,待月报报齐后,当另更正。

监理部分

公路监理为管理公路交通工具及其从业人员,以维持行车秩序,促进交通安全,增进互通便利,发挥公路功能,及配合国防需要为目的。其业务为厘订统一交通管理法规,登记检验全国汽车,及制发牌照,登记考验驾驶人技工,及制发执照,推行交通安全运动,办理运量观测及行车密度调查,稽查取缔违章事件及处理行车事变,训练管理人才,协助运输管制,处理国际交通。二十八年交通部设立汽车牌照管理所,为其滥觞之始。三十年改隶于军委会运输统制局,扩充为汽车牌照管理处。三十二年归隶于交通部公路总局,改称监理处。三十四年公路业务隶于军委会战时运输管理局,改缩为科。三十五年一月,仍归制于交通部公路总局,同年九月,恢复监理处旧制。兹将汽车检验登记列表于后:

汽车总检验辆数

三十五年　　　　单位:辆

车别	合计	八月	九月	十月
总计	3,598	1,498	472	1,628
自用客车	878	175	317	386
营业客车	383	57	5	321
货车	2,216	1,170	148	898
邮车	83	82	1	/
特种车	27	14	1	12
机器脚踏车	11	/	/	11

备注:汽车总检验规定每年七月举行,上表所列,系指八至十月收到总检验报告之数字及合计数。

历年汽车登记累计数

三十二年至三十五年十月　　　　单位:辆

期别	总计	营业客车	自用客车	货车	邮车	特种车	机器脚踏车
三十二年	31,833	4,967	2,085	23,642	401	648	90
三十三年	32,484	5,179	2,146	24,000	407	658	94
三十四年	34,035	5,337	2,314	25,178	407	698	101
三十五年							
一月	34,035	5,337	2,314	25,178	407	698	101
二月	34,072	5,339	2,314	25,213	407	698	101
三月	34,092	5,339	2,314	25,233	407	698	101
四月	34,115	5,344	2,314	25,251	407	698	101
五月	34,217	5,344	2,334	25,331	407	700	101

续上表

期别	总计	营业客车	自用客车	货车	邮车	特种车	机器脚踏车
六月	34,217	5,344	2,334	25,331	407	700	101
七月	34,277	5,348	2,334	25,387	407	700	101
八月	34,325	5,348	2,334	25,435	407	700	101
九月	34,474	5,473	2,334	25,459	407	700	101
十月	34,674	5.501	2,350	25,603	411	703	106

历年汽车动态登记件数

三十二年至三十五年十月　　单位:件

期别	总计	过户登记	变更登记	注销登记	新车登记	补牌补照
三十二年	7,419	2,317	1,113	198	/	3,791
三十三年	6,959	1,546	1,874	431	667	2,441
三十四年	6,565	1,141	1,194	1,537	1,228	1,465
三十五年						
一月	478	271	125	/	/	82
二月	412	139	121	5	37	110
三月	472	289	95	/	20	68
四月	618	126	168	70	23	231
五月	894	548	95	54	102	95
六月	118	75	14	8	/	21
七月	380	167	35	18	60	100
八月	232	128	18	18	48	20
九月	459	216	15	57	149	22
十月	1,015	810	154	26		25

历年汽车驾驶人及技工动态登记件数

三十二年至三十五年十月　　　　单位:件

期别	总计	复验加考	受雇解雇	补照	吊扣吊销执照	审验执照
三十二年	14,366	47	13,496	601	222	/
三十三年	9,222	100	4,768	579	135	3,640
三十四年	7,075	139	6,494	229	169	44
三十五年						
一月	1,048	/	481	9	14	544
二月	1,385	/	827	49	15	494
三月	937	/	544	32	13	348
四月	3	/	/	/	3	/
五月	/	/	/	/	/	/
六月	1,031	/	1,031	/	/	/
七月	2,039	/	1,108	/	16	916
八月	32	/	/	/	32	/
九月	98	/	85	/	/	13
十月	1,754	/	1,722	/	32	

历年汽车肇事统计

三十二年至三十五年十月

期别	肇事原因(件)						伤亡人数		
	总计	驾驶疏忽	道路不良	他人错误	机件失灵	起火焚烧	总计	受伤	死亡
三十二年	185	95	9	31	50	/	611	446	165
三十三年	473	213	66	77	111	6	1,185	914	271
三十四年	852	287	143	241	173	8	1,240	980	260
三十五年									
一月	84	45	10	9	20	/	189	168	21
二月	32	13	6	7	5	1	75	51	24

续上表

期别	肇事原因（件）						伤亡人数		
	总计	驾驶疏忽	道路不良	他人错误	机件失灵	起火焚烧	总计	受伤	死亡
三月	92	53	12	20	7	/	140	23	117
四月	91	47	13	22	9	/	103	84	19
五月	277	180	17	51	29	/	346	291	55
六月	4	3	/	1	/	/	33	22	11
七月	/	/	/	/	/	/	/	/	/
八月	43	18	5	5	15	/	131	108	23
九月	241	143	16	52	30	/	358	298	60
十月	101	47	20	17	17	/	323	269	54

三、将来之展望　全国公路总计一二一，七七一公里（东北九省公路里程未计列）。在抗战时期，沦陷及破坏者颇多，胜利后经陆续修复，至三十四年底，尚有五八，七九二公里未通。三十五年度继续修通九，二〇〇公里，但仍有大部分公路未能修通。故目前通车公路较诸战前为少，约计仅及十分之六，且修通各路，亦多便道便桥，雨天行车常告阻断，亟待改善。

今后公路建设，应质量并重。量的方面，应先将战前公路一一修复，质的方面，务使晴雨畅通，所需经费固有赖于中央拨发，而地方当局亦应发动人力物力财力合作办理，始克完成此项艰巨任务也。

运输及机料方面，当力求新车之添购，旧车之积极修整，务使管理合理，成本减低，以达到自给自足之原则，配合国家建设大业，有裨国民生计之改善。

至于监理事务，以往因隶属迭更，变动频仍，业务推行虽未能尽如所期，而全国性监理制度（概括法规机构业务）之初基，业已奠立。今后秉承行政院指示“公路监理制度宜制定统一标准与实施办法，交各省执行，由公路总局严密监督”之原则，扩大并充实基础，以期遍及各省市。其应予推进之事项如左：

一、详密厘订公路监理法规及实施细则，以资划一遵守。

二、改进并制发全国统一之汽车牌照及机工执照，以期久远而利行车。

三、设立各省市及进出口监理机构，负责执行监理业务。

四、规定监理人员任用标准，并设班训练，以充实监理人才。

五、确定各项管理费及季捐（安全设备费）之收入，以为推进业务之基金。

六、加强全国汽车管理之联系，会同国防部主管机关共同执行。

七、加强交通安全之措施，会同国防部主管机关联合登记，组队巡察，定期检查，扩大宣传交通安全运动。

八、统一推行交通标志之设立及号志之使用。

九、设置督导人员，严密督导各省市公路监理业务之执行。

四、财务之配合　本局业务最重要者厥为工程，故财务之支配，悉以工程为主体。三十五年度建设事业经费经国防最高委员会核定，原预算共为一三，二六三，〇〇〇，〇〇〇元，分配于工程方面者为九，九〇〇，〇〇〇，〇〇〇元，约合全数百分之七五，运输方面仅分配二，六〇〇，〇〇〇，〇〇〇元，整车方面仅分配四〇〇，〇〇〇，〇〇〇元，其他训练各费三六三，〇〇〇，〇〇〇元，专案追加工款二二，二二〇，六二七，五〇〇元，核准在善后救济基金动支者七四，九八五，〇〇〇，〇〇〇元（呈请追加事业岁出核定在救济基金动支者一二〇亿元，另案核准动支善后救济基金者六三，九八五，〇〇〇，〇〇〇元，又临时费一，三八〇，〇〇〇，〇〇〇元）。至于本局及各区工程管理局、养路段、管理站及机械筑路总队、电讯总台等经常费，另由国库按照普通公务单位经费拨发原预算七三四，三一六元，追加一，七二八，二六〇，〇〇〇元，其分配数字详见第十项预算总表及各分表，兹暂从略。

五、接收敌伪产业及处理情况

一、工厂部分:本局截至三十五年度止,共接收敌伪修车厂及其他有关工厂共三十六单位,除无需要者,交由敌伪产业处理局处理外,其余各单位均经分别调整利用。如平津区之华北自动车工业株式会社等二十三单位,经合并成立平津区汽车修配总厂,从事制造三轮汽车及其他一切汽车配件,并整修华北区车辆。又华中华铁南京车场经利用接收敌伪工程车上拆卸之机具,成立南京修车厂,专事修理车辆。又广州丰田自动车厂,亦经改编为广州第一修造厂,由第三区局运输处接管运用。详情请参阅附表。

二、整修降车部分:本局截至三十五年度止,共接收敌伪汽车5,611辆,经检验后内有无法整修者1,308辆,其余大部经分别集中整修。长岳区因车辆最多,经成立长岳区车辆整修处,统筹办理长岳区车辆整修事务。华北区由平津区汽车修配总厂负责整理。至十二月份止,本局共整竣降车1,378辆,详附表。

交通部公路总局接收敌伪修车厂及其他有关工厂设备器材等利用情形一览表

接收地区	种类	项目	现在使用情形或处理情形	备注
天津	华北自动车工业株式会社	家具、车辆、机械、工具、原料、配件、五金、器材、汽车成品、制品设备、木炭、汽车成品	由本局平津区汽车修配总厂接管,成立天津制配厂	一切设备器材及其所属资产等,为维持业务必需应用。
天津	金刚公司修理厂	家具、汽车、配件、工具、杂件	改为平津总厂材料库	一切设备器材及其所属资产等,为维持业务必需应用。
天津	天津东方电机厂	家具、器材	由平津总厂接管,供修理电机用	该厂一切器材为维持业务必需应用。
天津	假屋修理厂	家具、汽车、配件、工具	由平津总厂接管,改为天津修理厂	一切设备器材及其所属资产,为维持业务必需应用。
天津	西长橡皮厂	器材	由平津总厂接管,制造电池壳	除保留一部分必要之设备外,其余可交由敌产局处理。

续上表

接收地区	种 类	项 目	现在使用情形或处理情形	备 注
天 津	三成洋行修理厂	家具、汽车、配件、工具	由平津总厂接用	一切设备器材及其所属资产，为维持业务必需应用。
天 津	兴业橡皮厂	家具、器材	改为平津总厂第二场	除保留一部分必要设备外，其余可交由敌产局处理。
天 津	怡丰橡皮厂	家具、器材	改为平津总厂制胎厂	一切器材为维持业务必需应用。
天 津	信益洋行修理厂	家具、车辆、器材	由平津总厂接管	一切器材为维持业务必需应用。
天 津	末广商会修理厂	工具、机械、设备、零件及材料	改为修配总厂第三工场	一切器材设备及其所属资产，为维持业务必需应用。
天 津	丸石公司修理厂	家具、车辆、器材	改为天津汽车修车厂	一切器材设备及其所属资产，为维持业务必需应用。
天 津	富大电池厂	机器、工具、五金、原料、油料、器材	改为修配总库第三工场	一切设备器材及其所属资产，为维持业务必需应用。
天 津	东洋工厂	家具、车辆、器材	并入总厂第三工场	一切器材为维持业务必需应用。
天 津	冈崎工业天津支店	器材	由平津修配总厂接管	该厂所有器材为维持业务必需应用。
天 津	青岛橡皮厂天津出张所	器材	由平津区汽车修配总厂接用	一切器材为维持业务必需应用。
天 津	丸荣工业所	器材	平津修配总厂接用	一切器材为维持业务必需应用。
天 津	信贯洋行	器材	平津修配总厂接用	为维持业务必需应用。
北 平	华北自动车工业株式会社	车辆、汽车、零件、普通配件、工具、汽车配件、机械、材料、消耗器材、工具、标本、瓦斯炉、用品、杂品、药品等。	由平津修配总厂接用，成立北平汽车修理厂	一切设备器材及其所属资产，为维持业务必需应用。
石 门	华自华交石门营业所 华自石门营业所	汽车配件、机械、工具、油料、器材 家具、器材	由平津区汽车修配总厂接用，成立石门修理场	一切设备器材及所属一切资产，为维持业务必需应用。

续上表

接收地区	种类	项目	现在使用情形或处理情形	备注
北平天津	华北交通公司	全部汽车、器材	由平津区第八区局全部接收运用	为业务所必需请全部拨交应用。
青岛	丸石公司青岛支店	材料、家具	由平津区汽车修配总厂接用	一切材料为维持业务必需应用。
青岛	华自青岛营业所	器材	由平津区汽车修配总厂接用，成立青岛汽车修理厂	一切器材为维持业务必需应用。
济南	华自济南营业所	器材、设备	由平津区汽车修配总厂接管，成立济南汽车修理厂	一切设备器材房屋及其所有资产为维持业务必需应用。
石家庄	华自石家庄营业所	器材	平津区修配总厂接用，成立石家庄汽车保养场	一切器材为维持业务必需应用。
南京	华中华铁南京国府路白下路两车场	车辆、设备、机械	本局前南京办事处接收，由敌伪工程车上拆卸机具，利用敌华中华铁两公司车场，成立南京修车厂。	一切设备器材及其所有设备，为维持业务必需应用。
沙洋	沙洋修理厂	机器、工具、土地、房屋	由本局第二区局向后勤部接收，刻由该局保管中	该厂房屋刻无需要，拟交敌伪产业处理局处理。
广州	石油联合河南油精所			已由敌产局处理交由经济部接管。
广州	泰记酒精厂	器材、设备	由第三区局接用，改为广州酒精厂	一切设备器材及所属资产，为维持业务必需应用。
广州	丰田自动车厂		该厂于接收时，厂内设备全无，经第三区局运输处移入历次所检举接收之敌伪机具器材，成立广州第一修造厂。	一切设备及所属资产暨附属机构，为维持业务必需应用。
海口	丰田自动车工业株式会社海南出张所	工具、机械、设备、自动车配件及材料	已由本局第三区局接收，成立海口汽车修理厂	一切设备器材等为维持业务必需应用。
榆林	丰田自动车工业株式会社海南出张所榆林工场	汽车、配件、材料、机械、器具及工具	已由本局第三区局接收，成立榆林汽车修理场	一切设备器材等为维持业务必需应用。

续上表

接收地区	种类	项目	现在使用情形或处理情形	备注
上海	华中运输公司上海工场	器材	由本局直辖第一运输处接收，成立上海保养工场	一切设备为维持业务必需应用。
武汉	武汉华中运输公司	材料、器具、废车	由本局武汉区办事处接收，现交第二区局接管。	一切器具为维持业务必需应用。
北平	华北交通公司	器材	由本局第八区局接收。	该项汽车器材为维持业务必需应用。
徐州	华交公司	家具、车辆、器材、废工具	由本局直辖第一运输处接管。	一切设备为维持业务必需应用。

接收工厂统计

接收地区	工厂数	请求办法	备注
天津	十七单位	请准予拨交	
北平	二单位	请准予拨交	
石门	二单位	请准予拨交	
青岛	二单位	请准予拨交	
济南	一单位	请准予拨交	
石家庄	一单位	请准予拨交	
南京	二单位	请准予拨交	两者合并为
沙洋	一单位	沙洋修车厂房屋交敌产局处理	
广州	四单位	一、由敌产局处理 二、请求准予拨交	
海口	一单位	请准予拨交	
榆林	一单位	请准予拨交	
上海	一单位	请准予拨交	
武汉	一单位	请准予拨交	
徐州	一单位	请准予拨交	

以上共计三十六单位

交通部公路总局接收敌伪车辆一览表

接收区别	数　　量	无法整修数	备　　注
沪杭区	三六三	一九四	由本局直辖第一运输处接用，为维持业务必需应用，其无法整修者，拟洽请敌伪产业处理局依法处理。
南京区	一七六	七〇	
武汉区	七四	二二	由直辖第二运输处运用。
广州区	一七五	一四	由第三区局运输处应用。
徐州区	一七三	一五〇	在整理中。无法整修者，交敌产局处理。
华北区	八九二	一二八	由第八区局运输处应用。
济南区	一三八		现由胶济路汽车联运处借用中。
郑州区	二一	一三	办理豫陕间运输，然后分拨豫陕两省。
青岛区	一七九	一一七	第八区局运输处运用。其无法整修者，洽请敌产局处理。
川湘区	三四三八	六〇〇	已拨交湘省公路局九七五辆，湘电政局一〇辆，湘省善后救济分署二三辆，粤汉铁路局三〇〇辆，湘邮政局四〇辆，空军地勤第五中队一〇辆，共一三五八辆。其余经估计无法整修数约六〇〇辆，拟交当地敌伪产业处理局依法处理。以上川湘区各车，均系日军降车。
合　　计	五六二九	一三〇八	
以上共计五六二九辆			

交通部公路总局接收长岳区汽车零件及汽艇一览表

接收地区	数　　量	备　　注
长沙方面汽车零件	63 吨	分配湖南省路局 30%,另借与 20%,共计 50%,其余由长岳敌伪车辆整修处拨发领车数目比例配给。
岳阳方面汽车零件	44 吨	
合　计	107 吨	
长沙方面接收油料	701 介仑	油料中大部分为船艇用油,除随船转拨第二区局柴油一八〇介仑外,余均交川湘局使用。
岳阳方面接收油料	18485 介仑 又 372 听	
各种船艇	79 艘	分拨第二、第三两区局,湖南省公路局及川湘局等应用。

交通部公路总局第八区公路工程管理局接收房屋利用情形一览表

地　区	坐　落	原有敌伪机关或人	产　权	来　源	现在使用情形或处理情形	请求办法
北　平	西长安街	伪工务总署	伪产	接收	第一层除本局留用三间及大礼堂共用外,其余暂借与北平市参议会应用,第二三两层为本局各科室办公室。	请准予拨交
北　平	石碑胡同	伪工务总署	伪产	接收	临街新旧各房悉拨借与中央通讯社应用,其西部上下八间,本局留作办公室。	请准予拨交
北　平	石牌胡同二十四号	伪工务总署	伪产	接收	原充本局医疗所,在腾空修理时,为中央通讯社借用。	请准予拨交
北　平	文昌阁四号	伪工务总署	伪产	接收	现为本局茶水房、印图室。	请准予拨交
北　平	文昌阁七号	伪工务总署	伪产	接收	现为本局警卫室。	请准予拨交
北　平	文昌阁八号至十二号	伪工务总署	伪产	接收	现今修缮,今充本局厨房工会测量队工程队及合作社办公房舍。	请准予拨交
北　平	安福胡同三至五号	伪工务总署	伪产	接收	三号后院房屋倒塌,其前院及四、五号现正修理,为宿舍。	请准予拨交

续上表

地区	坐落	原有敌伪机关或人	产权	来源	现在使用情形或处理情形	请求办法
北平	西郊官舍	伪工务总署	伪产	接收	现为第十一战区接受应用。	请准予拨交
北平	东茄子胡同十七号	伪工务总署	伪产	接收	现正修理，作为本局北平工务段。	请准予拨交
北平	南池子捷报处	伪工务总署	伪产	接收	现拟修理作为本局电台办公处。	请准予拨交
北平	同子监材料厂	伪工务总署	伪产	接收	已移交中央信托局，并仍由北平器材库租用。	请准予拨交
北平	永定门材料厂	伪工务总署	伪产	接收	现为本局材料库。	请准予拨交
天津	松岛街廿四号之一	名立屋贸易馆九日商	敌产	接收	本局平塘公路改善工程处接收，移交中央信托局，再由该处租用办公。	请准予作价转账或长期租用
天津	淡路街十三号之四	名立屋贸易馆九日商	敌产	接收	本局平塘公路改善工程处接收，移交中央信托局，再由该处作为宿舍。	
天津	淡路街十五号之四	名立屋贸易馆九日商	敌产	接收	本局平塘公路改善工程处接收，移交中央信托局，再由该处作为宿舍。	
天津	淡路街十五号之五	名立屋贸易馆九日商	敌产	接收	本局平塘公路改善工程处接收，移交中央信托局，再由该处作为宿舍。	
天津	塘沽镇	伪工务总署	伪产	接收	本局平塘公路改善工程处应用	请准予拨交
天津	鹹水沽	伪工务总署	伪产	接收	本局平塘公路改善工程处应用	请准予拨交
天津	大盧北口	伪工务总署	伪产	接收	本局平塘公路改善工程处应用	请准予拨交
天津	大红桥	伪工务总署	伪产	接收	本局应用	请准予拨交
天津	届家店	伪工务总署	伪产	接收	本局应用	请准予拨交
天津	欢坨对岸	伪工务总署	伪产	接收	本局应用	请准予拨交
天津	芦新河	伪工务总署	伪产	接收	本局应用	请准予拨交
天津	欢坨对岸	伪工务总署	伪产	接收	本局应用	请准予拨交
天津	良王庄	伪工务总署	伪产	接收	本局应用	请准予拨交
石家庄	中华大街一号	伪工务总署	伪产	接收	第一层本局使用，第二层分配水委会使用，现为十一纵队占用，尚未腾让。	请准予拨交

续上表

地区	坐落	原有敌伪机关或人	产权	来源	现在使用情形或处理情形	请求办法
石家庄	中华大街瓦屋二间	伪工务总署	伪产	接收	本局使用，现为十一纵队占用，尚未腾让	请准予拨交
石家庄	中华大街平灰顶房六间	伪工务总署	伪产	接收	本局使用，现为十一纵队占用，尚未腾让	请准予拨交
石家庄	中华大街瓦屋三间	伪工务总署	伪产	接收	本局使用，现为十一纵队占用，尚未腾让	请准予拨交
石家庄	中华大街平灰顶房五间	伪工务总署	伪产	接收	本局使用，现为十一纵队占用，尚未腾让	请准予拨交
石家庄	平安路十四号	伪工务总署	伪产	接收	本局使用，现为保安队使用，尚未腾空	请准予拨交
石家庄	平安路砖房一间	伪工务总署	伪产	接收	本局使用，现为保安队使用，尚未腾空	请准予拨交
石家庄	平安路又砖房一间	伪工务总署	伪产	接收	本局使用，现为保安队使用，尚未腾空	请准予拨交
石家庄	平安路十三号	伪工务总署	伪产	接收	本局使用	请准予拨交
石家庄	平安路又瓦房一所	伪工务总署	伪产	接收	本局使用	请准予拨交
石家庄	平安路十三号又瓦房七所	伪工务总署	伪产	接收	本局使用	请准予拨交
石家庄	平安路十三号又瓦房三所	伪工务总署	伪产	接收	本局使用	请准予拨交
石家庄	又游泳池一座	伪工务总署	伪产	接收	本局使用	请准予拨交
石家庄	聚乐街一号	伪工务总署	伪产	接收	本局使用，现为第三军占用，尚未腾让	请予拨交
石家庄	土贤庄	伪工务总署	伪产	接收	现在匪区内，情况不明	请予拨交
唐山	吉祥路	伪工务总署	伪产	接收	现为本局及水利委员会共用	请予拨交

续上表

地区	坐落	原有敌伪机关或人	产权	来源	现在使用情形或处理情形	请求办法
唐山	吉祥路	伪工务总署	伪产	接收	现为本局及水利委员会共用	请予拨交
唐山	刘家屯十所	伪工务总署	伪产	接收	现为本局及水利委员会共用	请准予拨交五所
唐山	向阳街四十间	伪工务总署	伪产	接收	现为本局及水利委员会共用	请准予拨交二十间
济南	六马路五十四号	伪工务总署	伪产	接收	现为本局使用	请准予拨交
青岛	长阳路三号	伪工务总署	伪产	接收	已由本局青岛运输分处使用	请准予拨交
青岛	威海路五十八号	伪工务总署	伪产	接收	已由本局青岛运输分处使用	请准予拨交
青岛	太平路二号临时车棚及小仓库	伪工务总署	伪产	接收	已由本局青岛运输分处使用	请准予拨交

交通部公路总局第八区运输处接收房屋利用情形一览表

地区	坐落	原有机关或人	产权	来源	现在使用情形或处理情形	请求办法
北平	灯市口八十一及八十二号	敌华北交通公司	伪产	由交通部特派员接收转拨	本处车站及车场	请准予拨交
北平	东沥沿十三号	敌华北交通公司	伪产	由交通部特派员接收转拨	本处业务所办公处	请准予拨交
北平	朝阳门内斜街十三号	敌华北交通公司	伪产	由交通部特派员接收转拨	九十二军占用,现正交涉拨受中	请准予拨交
北平	东华门大街二十三号	敌华北交通公司	伪产	由交通部特派员接收转拨	平津铁路汽车营业所暂用	请准予拨交
天津	官银号	敌华北交通公司	伪产	由交通部特派员接收转拨	本处营业所及东站	请准予拨交

续上表

地区	坐落	原有机关或人	产权	来源	现在使用情形或处理情形	请求办法
天津	吕练路	敌华北交通公司	伪产	由交通部特派员接收转拨	本处车场	请准予拨交
天津	迪化道七十四号	敌华北交通公司	伪产	由敌产局转托中信局租用	本处办公室及宿舍	请准予作价转账或长期租用
通州	西大街一号	敌华北交通公司	伪产	由交通部特派员接收转拨	本处车站	请准予拨交
滦县	站前	敌华北交通公司	伪产	由交通部特派员接收转拨	本处车场	请准予拨交

交通部公路总局平津区汽车修配总厂接收房屋利用情形一览表

地区	坐落	原有机关或人	产权	来源	现在使用情形或处理情形	请求办法
天津	南开马厂道	华自南开工厂	敌产北厂土地租用	接收	本厂天津汽车制配厂及修理厂	请准予拨交
天津	东局子	华自第一工厂	敌产	接收	尚未利用	请准予拨交
天津	法租界二马路五八号	华自第二修理厂	敌产地属法国	接收	服务站	请准予拨交
天津	法租界二马路五八号	华自河北修理厂	敌产	接收	配件总库存料场	请准予拨交
天津	六径路四三二号	凡石公司第一工厂	敌产	接收	服务站	请准予拨交
天津	六口河站马洛一七〇号	末广商会	敌产	接收	已交还业主一部分	
天津	河北五往路十四号	兴业橡皮厂	敌产	接收	制配第八厂	请准予拨交

续上表

地区	坐落	原有机关或人	产权	来源	现在使用情形或处理情形	请求办法
天津	淡路街廿四号之一至四	西长胶皮厂	敌产	接收	制配第六场八场	请准予拨交
天津	太和街卅五号	青岛胶皮厂天津支店	敌产	接收	天津营业所	请准予拨交
天津	岗练路十四号	假屋自动车修理工场	敌产	接收	服务站	请准予拨交
天津	淡路街六番地之三	华自辽宿舍	敌产	接收	宿舍	请准予拨交
天津	杨家花园东西大街四十一号	华自杨家花园宿舍	敌产	接收	宿舍	请准予拨交
天津	杨家花园南北大街二号	华自南社宅宿舍	敌产	接收	宿舍	请准予拨交
天津	西宫岛街二丁自三番地之二	华自宫岛辽宿舍	敌产	接收	宿舍	请准予拨交
天津	东经南路三〇二号	凡石公司宿舍	敌产	接收	公路招待所	请准予拨交
天津	昆纬路六十二号	凡石公司宿舍	敌产	接收		请准予拨交
天津	旭街五六番地	青岛胶皮厂天津支店宿舍	敌产	接收	宿舍	请准予拨交
天津	荣街 1/13	青岛胶皮厂天津支店宿舍	租用房东日人	接收	九十四军运输团占用	请准予拨交
天津	英界五十四号路文华里二十五号	青岛胶皮厂天津支店宿舍	敌产	接收	宿舍	请准予拨交
天津	淡路街六番地之二	处理局拨借	借用	借用	九十四军工兵营占用，尚未让出	请准予作价转账或长期租用

续上表

地　区	坐　落	原有机关或人	产　权	来　源	现在使用情形或处理情形	请求办法
天　津	淡路街十五番地之四	处理局拨借	借用	借用	九十四军工兵营占用，尚未让出	请准予作价转账或长期租用
天　津	淡路街六番地之一	处理局拨借	借用	借用	商人占用尚未腾房	请准予作价转账或长期租用
北　平	内四区西安门大街四号	华自本社	敌产	接收	北平汽车修理厂、北平营业所、服务站	请准予拨交
北　平	内四区北沟路二十三号	华自营业所及技术训练所	敌产	接收	第一工场及器材库	请准予拨交
北　平	外四区王子坟四号	华交凡荣工业所	伪产	接收	第二工厂	请准予拨交
北　平	西郊后二里沟十号	华自西郊农园	敌产	接收	北平汽车修理厂合作农场	请准予拨交
北　平	外四区王子坟	华自善果寺邻基地	伪产	接收	交部特派员八月廿八日始将契据送交本厂，正办理中。	请准予拨交
北　平	内五区水车胡同九号	华自智友阁社宅	敌产	接收	北平汽车修理厂宿舍	请准予拨交
北　平	内二区宏庙胡同八号	华自信友阁社宅	敌产	接收	北平汽车修理厂宿舍	请准予拨交
北　平	内二区小将之行胡同八号	华自小将之坊社宅	敌产	接收	北平汽车修理厂宿舍	请准予拨交
北　平	内四区礼路胡同一号	华自礼友阁社宅	敌产	接收	北平汽车修理厂宿舍	请准予拨交
北　平	内六区后达至二号	华自忠友阁社宅	敌产	接收	北平汽车修理厂宿舍	请准予拨交
石家庄	平安街	华自石门营业所	敌产	接收	修理工场	请准予拨交

续上表

地区	坐落	原有机关或人	产权	来源	现在使用情形或处理情形	请求办法
天津	淡路街廿四号之一一四	西长胶皮厂长治	敌产	接收	本厂接收，转移中信局，再拨借本厂使用，现住本厂职员。	请准予作价转账或长期租用
天津	河东路之十三号	怡丰橡胶厂	敌产	接收	现住本厂职员	请准予作价转账或长期租用
天津	淡路街六番地之三	华自负责人高月	敌产	接收	现住本厂职员	请准予作价转账或长期租用
天津	杨家花园东西大街四十一号	华自负责人高月	敌产	接收	本厂接收后，转移中信局，再拨借本厂使用。	请准予作价转账或长期租用
天津	杨家花园南北大街二号	华自负责人高月	敌产	接收	现住本厂职员	请准予作价转账或长期租用
天津	南开大街一八七——一九〇号	华自负责人高月	敌产	接收	现住本厂职员	请准予作价转账或长期租用
天津	南开大街庆余里一号	华自负责人高月	敌产	接收	现住本厂职员	请准予作价转账或长期租用
天津	西宫岛街二丁三番地之二	华自负责人高月	敌产	接收	现住本厂职员	请准予作价转账或长期租用
天津	东经南路三〇二号	凡石公司取缔役猪将博爱	敌产	接收	现住本厂职员	请准予作价转账或长期租用
天津	旭街五十六番地	青岛胶皮厂天津支店杏长小田	敌产	接收	本厂接收后转移中信局，再拨借本厂使用，现住本厂职员。	请准予作价转账或长期租用
天津	英界文华里二至五号	青岛胶皮厂天津支店杏长小田	敌产	接收	住本厂职员	请准予作价转账或长期租用
天津	荣街十三号番地之一	青岛胶皮厂天津支店杏长小田	敌产	接收	九十四军传送团驻用	请准予作价转账或长期租用

续上表

地区	坐落	原有机关或人	产权	来源	现在使用情形或处理情形	请求办法
天津	淡路街六番地之一	青岛胶皮厂天津支店杏长小田	敌产	接收	处理局核拨借本厂，惟米高梅商人占用，尚未接管。	请准予作价转账或长期租用
天津	淡路街六番地之二	青岛胶皮厂天津支店杏长小田	敌产	接收	九十四军部队驻用，尚未接管	请准予作价转账或长期租用
天津	淡路街十四番之五			接收	处理局核准拨借本厂平塘公路工程处宿舍。	请准予作价转账或长期租用
北平	内五区水车胡同九号	华自	敌产	接收	中信局接收，租与本厂使用，第八区公路特别党部借作办公地址。	请准予拨交
北平	内二区宏庙胡同八号	华自	敌产	接收	现住本厂职员	请准予拨交
北平	内二区小将之坊胡同四号	华自	敌产	接收	现住本厂职员	请准予拨交
北平	内四区礼路胡同一号	华自	敌产	接收	现住本厂职员	请准予拨交
北平	内六区后达里二号	华自	敌产	接收	现住本厂职员	请准予拨交
北平	内六区旗坛寺街廿三号	华自	敌产	接收	已函处理局另行处理，现陆军一四二师四二四团驻用。	

交通部公路总局汽车器材总库平津区供应处接收房屋利用情形一览表

地区	坐落	原有机关或人	产权	来源	现在使用情形或处理情形	请求办法
天津	曙街十六番地一号	上总务商店	敌产	向中央局租用	本局职员住宅	请准予作价转账或长期租用

续上表

地区	坐落	原有机关或人	产权	来源	现在使用情形或处理情形	请求办法
天津	曙街十六番地二号	中岛以卜二一店	敌产	向中央局租用	本局职员住宅	请准予作价转账或长期租用
天津	曙街十六番地三号	及田支店	敌产	向中央局租用	本局职员住宅	请准予作价转赈或长期租用
天津	曙街十六番地四号	泉洋行	敌产	向中央局租用	本局职员住宅	请准予作价转账或长期租用
天津	曙街十六番地五号	川胜分店	敌产	向中央局租用	本局职员住宅	请准予作价转账或长期租用
天津	曙街十六番地六号	义茂街	敌产	向中央局租用	本局职员住宅	请准予作价转账或长期租用
天津	曙街十六番地七号	九廿商会	敌产	向中央局租用	本局职员住宅	请准予作价转账或长期租用
天津	曙街十六番地八号	幸加木商行	敌产	向中央局租用	本局职员住宅	请准予作价转账或长期租用
天津	曙街十六番地九号	晓吃茶店	敌产	向中信局租用	本局职员住宅	请准予作价转账或长期租用
天津	曙街十六番地十号	熊取谷眼镜店	敌产	向中信局租用	本局职员住宅	请准予作价转账或长期租用
天津	东马路廿二号	中央兵器株式会社	敌产	接收	本处及天汽器材库办公室及库房	请准予拨交
北平	王府大街七十五号	协和洋行	敌产	向中信局租用		请准作价转账或长期租用

交通部公路总局前南京区办事处接收房屋利用情形一览表

地区	坐落	原有机关或人	敌产	来源	现在使用情形	请求办法
南京	国府路及白下路	华中华铁两车场	敌产	接收	本局南京修车厂	请准予拨交

交通部公路总局第三区局运输处接收房屋利用情形一览表

地　区	坐　落	原有机关或人	敌　产	来　源	现在使用情形	请求办法
广　州		丰田自动车场	敌产	接收	成立第三区局广州第一修造厂	请准予拨交
海　口		丰田海南出路所	敌产	接收	成立第三区局汽车修车厂	
榆　林		丰田榆林工场	敌产	接收	成立第三区局汽车修车场	

六至十一部分〔略〕。

〔国民政府公路总局等公路机构档案〕

4. 交通部长俞大维关于公路检讨之指示

(1948年2月18日)

部座对公路检讨之指示　卅七·二·十八·

(一) 关于统计数字者

1. 路线里程应将台湾与东北数字均予分列，又破坏里程应改称受阻里程较为确切，卅五年度受阻里程数，应再查明通阻情形，并应另备附图。

2. 车辆统计，应按所在区域，并按其种类，分别予以查明。

3. 运量与运输统计数字，应相互并列，以便与铁路水运空运等综合比较。

4. 员工增减情形及其分布状况，应再查明，并寻求其原因。

5. 经费方面，事业部分应将军事性质、边疆建设及转发各省之数目，予以划分。营业方面，应将各项收入与各项支出之分类百分比，详为分析。

（二）关于建设政策者

1. 东南沿海区重要城市与经济重点，包括上海、南京、杭州、福州、厦门、汕头、广州、四会、长沙、汉口、南昌等处，应切实加强公路之联系，省道亦应一并计划在内。

2. 西南西北区大干线，应切实维持其通畅，此大干线之联络补助线，应一并维持。西北以兰州为中心，西南以贵阳为中心之各线（如滇黔路、川滇东路），均包括在内。

3. 军事区公路，沿津浦铁路之浦口徐州间，沿陇海铁路之徐州西安间，沿平汉铁路之汉口郑州间，此一区域之公路联络线最关重要，标准不必高，而路线则务求其多，使无论任何一线一段之受阻，皆可立即改循另一线，以取联系，维持军运。

（三）关于运输政策者

1. 国营运输，应择其难办者，不易维持者，率先倡导，其盈利较丰而易办者，应由民营。此种国营任其难、民营任其易之精神，应充分表现，并设法宣传，俾众周知。

2. 每一事业，必须有盈利，可以投资于其本身，然后方易维持，进而有发展，故随时调整运价，乃为必然之合理措施。惟如何可使政府对此认为合理，社会不加责难，必从加强 Public Relations 入手，此为改进服务之中，所最应注意者。

（四）关于经费者

1. 事业费不敷，应呈院追加，至随军抢修准备金，应会同国际部专案呈请。

2. 养路费应拟具方案增收。

3. 营业亏损仍请政府补贴。

〔国民政府交通部档案〕

5. 交通部编战后两年来之公路概况

（1948 年）

战后两年来之公路概况

第一节 概论

胜利以后，本部为适应环境需要，公路事业仍沿平时建制，于卅五年一月，接并战时运输管理局，重行恢复公路总局之组织。划全国公路为八区（东北、台湾在外），区设工程管理局，办理整修养护工程，并在各冲要地区设运输处办理公商运输事宜。截至目前止，先后成立九个运输处。以我国幅员广阔，是项设置，当未尽如理想。复因戡乱，国步维艰，公路建设因国家财力所限，及物价波动影响，以致原有计划不克全部付诸实施。

幅员辽阔之我国，全国仅有公路 131,290 公里，其密度诚不为大（参阅附表 301）〔缺〕，而遭"匪军"破坏不能畅通或告阻断，又居多数。在抗战及复员时期，西南西北各省铁路稀少，水运缺乏，整个交通唯有公路担负。目前戡乱期间，抢修公路，以利军事需要，尤至频繁。即在平时，如发展农村交通，当亦首推公路。盖因公路富于深入性，非飞机轮船所能为力也。今后为配合战后五年建设计划，自应确立政策，俾作今后工作推动之准绳。全国国道网计划经于卅六年明令公布，该项计划计分基线四线，经线五线，纬线六线，及经纬联络线廿二线，共卅七线，总长 57,223 公里，构成一完整国道网（参阅附表 302 及附图 303）〔缺〕。

工程方面，本年新路工程最主要者，为开发边疆。新筑青新公路，经已顺利完成，内地与西北交通，得以贯通，关系国防、经济、文化至巨，并展筑南疆公路，使西北边防尤形巩固。至抢修工程，因军事需要，配合部队，随毁随修，视时势之推移，迅速作初步通车之恢复，再进而彻底加强，以达现代需要之标准。总之，弗论环境如何艰苦，吾人无时不在致全力于紧急抢修之工作。复路工程则审视环境及事实需要，以恢复战前状态，促进经济复员为鹄的。所有公路工程之抢修、修复与养护，除国道由公路总局所属各区局办理外，并经拨款补助各省办理，计卅五年度曾拨补各省抢修、修复、改善及设备等费152亿余元，补助各省养路费九亿四千余万元。卅六年度曾拨补各省抢修、修复、整修及改善等费1,153亿元，补助各省养路费22亿余万元。

复员运输，公路曾发挥最大效能。为便利机关复员及民众还乡起见，特举办复员专车。胜利初期，水运空运尚未能普及，运量有限，公路担负之任务最大，曾动员车辆1300余辆，专司复员运输工作，并举办联运，如与陇海津浦铁路之联运，及与长江航轮之联运，务使发挥其最大效能，以完成此一艰巨使命。

至于机件油料之供应储备，及车辆之保养整修，务期配合运输需要。两年来经积极扩充设备，设厂制造，并于冲要地区设立器材库、修理厂、保养场、救济站等，均能循序迈进。

监理工作，年来以建立统一管理制度，拟定监理网，并加强管理司机、技工，同时与治安机关密切联系，以减少肇事，促进公路安全第一为目的。在战时根据汽车动态静态纪录，立施全国统制，以配合军事争取胜利。今后监理工作，在于严密督导，期使监政基础益臻巩固。

第二节　公路之复员与接收

第一目　工务

胜利以还，前战时运输管理局为应付军政人员及人民前往收复区办理复员工作之需要，遵令办理紧急复路工程，第一期计有榆树湾至长沙，南宁至钦县，柳州经韶关，广州至九龙等处。第二期计有荔浦经桂林至衡阳，郑家驿至长沙，长沙至南昌，南昌至积溪等十七线。其后为运送救济物资与办理战前善后事宜，续办第三期复路工程，计有汉口至宜昌，武昌至长沙，南京至杭州等四十线。

关于接收机构者，前战时运输管理局曾在南京、北平、广州、武汉等地，成立办事处及物资运输处，主要工作为协助美军物资运输及会同军方办理接收工作。嗣于卅五年战时运输管理局改组为公路总局，将上项各机构分别改组为一、二、三、四、五、六、七、八区公路工程管理局，办理国道之接收、养护、修筑等工作。

第二目　运输

公路运输原分国营、省营、民营三种。复员以后公路次第修复，因战时之管制政策改为自由营运，鼓励人民投资，并协助之，两年来公路运输经一再排除万难，增补新车，加强运力，改进车站，充实运输设备，改装客运车辆，建立示范运输，发展联运业务，旨在配合军事，服务公众。

第三目　机料

战后机务设施，以收复区地域广阔，战时原有设备既不敷分配，复难适应全国之需要，接收敌人机务工厂仅卅六个单位，按其性质分别改组共十四单位。其中以接收伪华北自动车工业株式会社设备最多，经改组为平津区修配总厂，目前制造汽车配件及工具，并试造三轮汽车，经年来之改良，已有进步。

为增进运输效率，自应加强机务设施，配合运用，经扩充全国汽车修理保养网及器材供应网，利用接收及联总物资，予以充实，并设法购储必需之机料，以期因机料设备之改善，俾得完成公路运输巨大任务。

第四目　【监理】

复员以后，首先恢复监理制度，在公路总局设立监理处，拟定统一管理标准及规章，并与有关机关商洽联系办法，以期促进全国公路交通之安全。嗣奉令将监理业务移交各省市执行，业经先后移交完竣。今后监理工作，在于督导设计管理之地位，并设法改良，期使监政制度于统一中无虑窒滞。

第三节　复员运输任务之建成

抗战胜利后，在渝各机关及人民等复员工作逐渐展开，当时以重庆为中心，对外交通以水运、空运及公路运输为主，因前二者工具缺乏，公路所负复员运输任务实居首要。

由渝出发之复员运输公路路线，计分南北两路：

南路：

1. 由渝经贵阳、芷江、榆树湾、衡阳而至长沙；

2. 由渝经贵阳、柳州至梧州；

3. 由昆明经贵阳至柳州；

4. 由渝经綦江、黔江、沅陵、常德至长沙。

北路则自渝经遂宁（或成都）至广元，转宝鸡，衔接陇海铁路。

自卅四年十月份起，前战时运输管理局即分饬所属之西北、西南、川湘、川陕、四川、云南分局等各路局，每日加开复员专车，疏运旅客，对机关及团体包车，亦尽量承运。当时各路局担任复员运输之客车，连同租赁协运之商车，共有1,300余辆之多。

为便利旅客起见，举办南北二路渝京复员运输水陆联运，南线自渝经川湘线至长沙后利用水道赴汉转京，北路由渝循川陕或成渝路至广元，转宝鸡衔接陇【海】铁路及津浦铁路至南京。当时因陇海铁路潼洛段战时破坏甚重，一时不易修复，为贯通渝京运输路线起见，乃设陕豫公路联运处，以汽车接送潼洛段旅客。

至复员旅客沿途食宿，亦由各有关路局与其他餐旅馆特约合同办理，务以经济实惠，便利为主，对旅程安全，亦与人寿保险公司洽定举办旅客意外保险事宜，以资保障。

自卅四年十月起至卅五年十月止，复员运输全部完成，公路运送旅客计238,131人，合18,700余万延人公里，公物行李计640,305吨，2,490余万延吨公里（参阅附表319）〔缺〕。

第四节　公路之抢修、修复及改善

胜利以后，公路建设着重于恢复陷区公路以达战前状态为目标，对于后方原有公路，则以维护通车为主。二年以来，以限于国家财力并受共匪叛乱及物价波动诸因素之影响，一切设施多未能按照预定步骤进行，乃决定将全国分为三大区域：(1)华北区，大部属绥靖区地带，以配合军事需要，随时抢修为主。(2)华南区，尽先修复主要公路。(3)西北西南区，着重于养护原有通车公路。兹分述如次：

第一目　抢修工程

绥靖区公路，其抢修工程为配合剿匪军事上需要之一种临时措施，目的在于速修速通，以利军用。惟以请款手续綦繁，时感缓不济急，且前方军事动荡不定，奸匪复蓄意破坏交通，不遗余力，随修随毁，进行至为艰苦。幸赖工作人员之不避艰险，黾勉从事，与军事当局及地方政府之协助，两年来计已抢修通车国道 17 线，长 2173 公里(参阅附表 306)；省道 47 线，长 3339 公里(参阅附表 307)，共计 64 线，长 5512 公里。此外大别山区、伏牛山区、九华山区各公路，最近奉拨公款，正配合剿匪军事，积极办理中。

第二目　复路工程

公路修复工程在胜利之初，原定将陷区所有破坏及年久失修之各路，共计约长 65000 余公里，视需要之缓急，予以分期修复。惟以幅员辽阔，物力财力均有未逮，未克充分实行。而华北方面，尚属军事时期，更难筹进，仅能就拨到经费范围，并利用一部分救济物资，将华南方面有关复员工作主要公路次第予以修复。其中一部分路线以破坏情形较烈，工程艰巨，如福厦路、嵊温路等，进展较迟，犹待加工赶修。两年内经修复通车者，计国道 60 线，长 11841 公里(参阅附表 308)〔缺〕，省道 25 线，长 1838 公里(参阅附表 309)〔缺〕，共计修复通车 85 线，长 13679 公里。惟以经费不裕，大都未能达到预定标准，尚待加工整修。

第三目　改善工程

我国以往公路修筑标准极低，且多属赶工抢修性质，战后修复工程，亦以限于经费，未能按预定目标进行，工程不免草率，尚待逐步改善，妥为养护，以维行车。历年以来，需要改善路线甚多，而所拨经费有限，仅敷少量工程修换之用，对于重大工程，均难于举办，故不足以适应现代重车，及逐渐递增运输量之需要。爰于卅五年度起，将一部分重要国道先行提高标准，分年整修完善，至其余通车公路，则暂仍从事于小修，以维目前行车。兹分述如次：

一、整修重要国道：于卅五年十月份开始整修者，计有京沪、京杭、沪杭、京赣、浙赣等五线，卅六年加修鄂赣、闽赣、杭徽、徐淮等四路，以上九路共长 3519 公里。其中京杭路之京汤段为京畿附郭要道，车辆往来日在 500 辆以上，全段经改铺柏油路面，实为战后改建高级公路之肇始，已于卅六年十月全部完工，行车通畅，其余各路则是求畅通为主。整修工程，着重于路面之重铺及翻修，桥梁则利用部分救济物资，先择重要者分别改建为永久式及半永久式，载重为 20 公吨。鄂赣、闽赣两路以接管较迟，整修工程未能充分进行。京赣路之京张段，以奸匪破坏桥涵甚烈，随修随毁，行车尚难通畅。杭徽路因工款过少，未克照原定计划进行。其余京沪、京杭、沪杭及浙赣等四路，现均已初步整修完成，惟修筑期间，因受物价波动影响，未完工程仍甚多，尤待今后之继续努力（参阅附表310）〔缺〕。

二、其他改善工程：如甘青、青藏两路之享堂倒淌河段，为衔接西北重镇之兰州与青新两省之孔道，为确保西北国防起见，该路于卅五年起，由中央核拨巨款予以彻底改善，现已大体完成。又如川陕公路之渭河大桥，原为临时木桥，以年久失修，行车危殆，亦于卅六年初筹拨经费，予以改建永久式桥梁，现正加紧工作中。其他西北西南各通车路线，则就奉准工款范围，酌量将朽腐桥涵予以修换，并择过狭路基过劣路面，略事改善。此项经常改善工程，两年内共举办廿线，计 6687 公里（参阅附表 311）〔缺〕。

第五节　新路工程之推进

胜利以还，除加紧办理抢修、修复及改善各公路工程外，对于新路之修建，亦经筹拨巨款积极进行，尤以西北方面筹建青新、南疆两路，对于开发边区交通，及巩固国防意义甚大。二年以来，着手进行者，计国道四线，长3440公里（参阅附表312）〔缺〕，省道五线，长606公里（参阅附表313）〔缺〕，国省道合计9线，长4046公里。兹将各新建重要路线概况略述于次：

第一目　青新公路

该路自青海省倒淌河经茫崖至新省金鸿山口，长凡1247公里，于卅四年十一月奉令筹建，并由青海省政府马主席主持办理。至卅五年四月一日，以经费已奉核定，工程处乃告成立，并积极筹备开工，先组织查勘队将全线查勘完毕，即分段施工，测量与工程并进。是年计修通路基，自倒淌河至奴吐勒，长凡854公里，并完成办公处、停车场、驿站、驼场、储运站、招待所等房屋471间。卅六年度继续办理，于九月间完青段，计自倒淌河至茫崖共长1071公里，并经试车经过良好。其新段自茫崖至金鸿山口长176公里，亦已修通。沿线所经地高气寒，人烟荒芜，尤以盆地一带，气候恶劣，水草缺乏，每年可以工作之时间甚短，复有蚊蚋肆虐，伤害人畜，粮食工具，且须运自千里之外。参加之工人除一部分兵工外，其余所有筑路工人，皆系远道征雇，有须二个半月方达工地者，其困苦情形，可以想见。

第二目　南疆公路

该路自安西起西南行经敦煌、婼羌，除安西至敦煌长140公里勉可通车外，自敦煌至婼羌长739公里，古称阳关大道，由前第八战区主持，分设甘新两段工程处办理，征集民工，调配兵工，辅助进行，业于卅四年修通，卅五年继续办理未完工程。嗣又奉令展筑婼羌至于阗段长800公里，同年完成该段勘测工作，卅六年积极兴工，经将婼羌至且末段310公里完成初步通车，其且末至于阗段490公里路段内，同年底完成。于阗至民丰段，计长124公里，沿线地广人稀，人力物力两感缺乏，天寒地冻，哈匪出没无常，困苦情形，可以想见。

第三目　河西三支线

酒泉至建国营，马莲井至明水，桥湾至公婆镇三线，统称为河西三支线，为甘新、新绥两大干线之联络线。河西走廊地处荒凉，复多匪患，并经过沙漠地带，故亦为西北边防运输补给要线。该路系由河西警备司令部派兵工协修，自卅四年开始修筑，于卅五年底全部完成。

第六节　重要国道之勘测

公路勘测工作，系分别组织踏勘队及测量队专责办理，两年来因限于经费，仅先就急需者着手，所有人员均由所属各机关调用。兹略述如下：

第一目　踏勘

原拟进行踏勘之路线，计有京汉、京恩(连汉巴比较线)、渝恩、渝西、甘川、滇越、滇暹七线，共长3570公里。其中汉恩(连汉巴比较线)、渝恩、甘川、滇越四线，共长1978公里，已踏勘完毕，其他滇暹一线尚在筹备中，京汉、渝西二线，因沿途匪警频传，无法工作，京汉线已暂告停止，渝西线亦未能进行。

第二目　测量

测量工作与整修重要国道工作，于配合两年来已测量完毕者，计有京沪线长245公里，杭张线长335公里；仍在进行中者，计有京沪沿江线，长250公里；其他尚有仅测完一部分者，为武南线已测完张南段，京徽线已由南京测至宣城，至常南线及京汉线，正待举办。将来当视经费情形，逐步开展，筹测其他路线，俾与整修工程配合进行，而为设计之张本。

第七节　公路制度之确立

第一目　国道省道之划分

抗战胜利结束后，陷区陆续收复，为适应战后公路建设，配合水陆交通运输及国防之需要起见，亟待将全国公路之线统筹调整，划分为国道、省道二大类。国道由中央办理，其路线为联络首都、各省省会、经济中心与重要港口、边防重镇以及国际通路，构成公路交通之骨干。省道归省方办理，由中央督察及协助，其路线为联络省会与县治，以及重要城镇，辅助国道，发展公路全国交通。除省道网应视地方需要，另行规划，又东北及台湾国道另案办理外，国道网经本部拟定呈奉行政院卅六年七月核准公布，计基线四线，长18284公里，经线五线，长13927公里，纬线6线，长13766公里。其他经支线13线，长5995公里，纬支线九线，长5201公里，共长57223公里（均系除去重复里程后之实计里程，参阅附表302）〔缺〕。惟为国库财力所限，未能全部接管，除在战时已由中央接管之后方公路外，续将联络各省及军事上有价值之路线，先予接管，其余暂仍由地方代管。计已接管者27672公里，正洽各省接管中者10936公里，共38608公里（参阅附表304）〔缺〕。

第二目　分区管理制度

为执行统一管理国道政策，并谋将来实施公路建设五年计划起见，爰拟定分区计划，将全国划为九区，各设立公路工程管理局办理业务。其主要工作范围为：（一）办理所辖国道之新筑、改善及养护工程；（二）办理所辖区域内之公路交通管理；（三）区内各省所辖省道之督察与协助。区局及其所属各线管理机构，为中央管理国道之永久机构，其经常费均列入中央行政经费项下开支。计第一区，管辖苏浙皖三省，辖路线长2647公里；第二区所辖浙鄂赣3省，路线长5118公里；第三区所管辖闽粤桂三省，所辖路线长3293公里；第四区管辖滇黔二省，路线长3683公里；第五区管辖川康二省及西藏，路线长5038公里；第六区管辖新疆全省，所辖路线6377公里；第七区管辖甘青宁陕绥五省，路线长8160公里；第八区管辖晋鲁冀豫察热六省，路线长4299公里；第九区管理东北九省，因情形特殊，尚未成立（参阅附表304）〔缺〕。

第三目　统一监理制度

战后为谋公路监理制度之统一，曾有两项措施：(1)统一汽

车监理规章之重行订颁,(2)监理业务之改移省市办理。兹简述如下:

(1)汽车监理规章之重行厘订颁行

抗战前汽车统一标准与规章,虽迭有演进,仍嫌繁复难周,未足合乎复员后之实情,及日后发展之需要。爰就科学立场,重新研订汽车分类编号,以为实行汽车监理制度之准备,并于卅五年九月,恢复公路总局监理处,俾主其事,以简化中不失周密,统一中无虑窒滞为原则,而以固定久远为目标。经慎密研讨,于同年十一月,拟定多种号牌初型,邀请有关各界实地测验,以多数意见认为最优者选为定型,然后拟就"汽车号牌分类编号之沿革与新设计",说明其优劣得失,同时改订"汽车管理规则"及其附则,都约廿种,先后呈奉行政院核定,并通饬各有关公路机关,于卅六年七月起全国同时实施。又为增进全国公路交通安全起见,卅五年十二月,由本部邀请国防部、内政部等会订"全国汽车管理联系执行办法"及其附则,都凡六种,呈准行政院公布颁行。自是不仅公商汽车管理均有统一规章可资遵循,即军车管理亦有联系执行办法,以为准绳,监理统一典章逐渐大备。

(2)监理业务之改移省市办理

抗战期中,监理业务经本部数度折冲,收归中央办理,虽已肇划一之端,而实自胜利后,公路总局复制由各区公路管理局于冲要地区设监理所时,始奠全国统一初基。监理处恢复成立之始,即初步计划先设全国重要监理网站83处,以后视情形需要,再行扩张。嗣奉行政院指饬,监理业务移交各省市办理,遂遵拟"公路汽车监理实施办法"及其附则二种,经各有关方面商讨修订,于卅六年六月中旬奉准,于同年七月起,连同统一规章,分电各省市政府遵照施行。

尔后本部监理主要工作,将为全国公路交通监理之策进,及严密督导各省市监理业务之切实施行,期使统一基础,益臻巩固。

第八节　公路运输之改进

公路运输原分国营、省营、民营三种，由政府与人民分设运输机构，共同营运。嗣因抗战事起，政府采取管制政策，集中汽车力量办理军运，更以重要路线多已破坏，遂使公路运输，未能普遍发展。复员以后，重要公路虽已次第修复，自由开放，但一般汽车运输业争趋有利之途，演成繁荣路线车辆过多，而贫瘠区域运输仍难通畅。本部为谋全国公路普遍发展起见，业于全国国道路线分设九个运输处，办理经常客货运输，并兼顾下列重要任务：1.维持边区路线之交通，2.办理国际运输及国内临时重要运输，3.协办国内一切运力不足之路线，4.举办长途直达运输，5.举办示范运输路线，6.加强行车设备并出租车辆，一面责成各省公营公路运输机构注意上项任务。同时鼓励人民投资筑路，许以若干年限之营业专营权，及订定汽车运输业注册领照办法，将一般自由营运之汽车运输业加以审查整理，核给营业执照，以保正当车商之权益而维公路之运输秩序。

第一目　统一营运机构

胜利之初，后方公路运输系由前军事委员会战时运输管理局主管，下设西南、西北等各公路局。自卅五年起前战运局改为本部公路总局，收复区公路亦归该局管理，其下设第一、二、三、四、五、六、七、八、九各区公路工程管理局，附设运输处，办理运输业（第九区局原辖东北，因情形特殊，尚未成立）。至运输特别重要，及繁忙地区，由该局另设直辖运输处，专责办理。嗣为使工程运输划分清楚，以专责成，并统一组织起见，于卅六年三月间，将原设各直辖运输处及区局运输处全部改组独立，拟定统一组织规程，一律直属于公路总局，并严格划定各处营运路线，使毋超越（附表305）〔缺〕。

第二目　增补新车

抗战期间以车辆来源缺乏，各路局车辆逐渐损坏。胜利后辖线加多，对车辆需要更极殷切，爰【向】行政院善后救济总署商请拨给新车 3290 辆，以备以配所属各工程局、各运输处及各省路局，供公路工程及运输之用。几经交涉，行总始允先拨五百辆，惟实际仅接到 480 辆，均分配无余。最近行总结束，经商妥将全部剩车移交本部接收，再行分配各需要方面应用，正在办理交涉中。其移交总数约为 2500 辆，惟该项车辆因使用已久，完好者甚少，衡以前公路方面需要仍感不敷(参阅附表 318)〔缺〕。

第三目　改进车站

收复区各地公路车站，大率为战争损毁，必须重新建造或修葺，始可应付业务需要。自卅五年起，即正筹划办理，但以预算核减过多，又受物价波动影响，未能照预定计划办理。截至卅六年年底止，饬建者有南京、北平、广州、南昌、长沙、宜昌等站，并已于同年十月竣工。

第四目　改装客运车辆

本部公路总局为便利旅客起见，计划改装新型客车行驶各路，车身装置力求宽敞舒适，由该局规定车身式样及油漆颜色，饬属照办。计卅五年度装配完成 299 辆，卅六年度完成 115 辆。

第五目　发展联运业务

年来对于联运业务之推行亦极注意，曾饬属尽量办理公路与公路，公路与铁路，公路与水路及航空之联运。现已举办者，计有第一、第二、第四及第十各运输处之联运，公路与铁路方面，亦有第一运输处与浙赣铁路暨淮南铁路之联运，以及第十运输处与湘桂黔铁路之联运等，其余联运业务亦在推展中。

第九节　机务设施及器材供应

公路机务设施及器材供应，其主旨在配合运输。我国在抗战期间，西南西北地区，所有各公路修车厂、保养场、器材库，已渐次分别连络成网。抗战胜利以后，对于全国公路机务设施，按照原定设施计划逐步推进，惟以经济关系，尚难全部完成。至于器材供应，亦感困难万端，虽供应范围迭次扩张，而器材来源大有问题。然于初期配合复员运输工作，已尽其能力，即于现在及未来建设，亦正循序办理。故两年来对于是项业务之推进，大致尚能实事求是，按步进行。

第一目　机务设施

战后机务设施，因收复区地面辽阔，路线冗长，原有机具设备，既不敷迁移分配，而接收敌伪修车设备，为数又不甚多，故其扩充设施，确有困难。兹将其主要工作情形，大别分为两点叙述之：

甲、复员时期之公路机务：

公路机务于抗战胜利以后，曾担负两项重要工作，其一为接收敌伪车辆工厂，从而整理运用，其二为配合复员运输，抢修复员车辆。

一、接收整理敌伪车辆工厂：接收敌伪车辆共 5955 辆，有关修车之机械工厂 36 个单位，此项接收产业，自卅五年一月至卅六年七月止，均已整理运用，其中经修复而使用者共 2032 辆（附表317）〔缺〕。至接收工厂按其不同性质，并经改组为修车厂、保养场共十四单位，分别收复区各公路线开始工作。其中以接收敌华北自动车工业株式会社之机具设备为最多，然大部破坏，此项机构现已组为平津区汽车修配总厂，隶属于公路总局。目前主要业务为制造汽车配件及工具，并试造三轮汽车。一年以来在制造上已渐有改进，出品亦在增加之中。

二、配合公路复员运输：复员时期办理复员运输之公路线，一部分系在收复区内，因历遭兵灾，原有设备已所存无几，如将后方设备迁设，困难亦多，且复员工作，急不容缓，故惟有尽力就各主要路线设备加以调整充实。按当时复员运输比较重要者，其一为重庆经广元至宝鸡，其二为潼关至洛阳，惟重庆至宝鸡一段内原已设有修车厂场，及材料库，利用比较方便，至潼关至洛阳一段，即为陕豫联运线，虽距离较短，但设备全无。公路总局为配合上述两段之运输，曾将前战运局之重庆整车厂迁移遂宁，昆明整车厂迁设潼关，并将此厂一部分机具移出，成立洛阳保养厂，与河南省公路局之修车厂配合使用。至于从广州向浙桂赣各地推进之复员公路，系就西南公路原有设备中匀出一部分，沿线增设若干流动救济站。按公路总局办理复员运输，共有商车 1300 余辆，当时各公路所有机务机构，计修车厂 21 所，保养场 41 所，救济站 13 所，相互联系工作，促使复员运输顺利完成。

乙、扩充全国汽车修理保养网：

公路机务设施，系直接影响汽车运输之效率，战后宜如何调整其机构，加强其设施，扩充其能力，配合运用，实为未来公路事业重要工作。公路总局于还都以后，即从事于扩充全国汽车修理保养网，期能由点及线，由线及面，相互配合运用。兹将现有厂场分布状况及设备能力等，分述于后。

一、现有修车厂场之分布：截至卅六年底为止，公路总局利用敌伪物资建立修车厂场，计有 8 所(不属于修车之工厂除外)，利用善救物资建立之修车厂场，计有 16 所，连同抗战胜利前原设立之厂场站(经调整裁撤者除外)，目前共有修车厂 24 所，保养场 44 所，救济站廿一所(参阅附表 321 及附图 322)〔缺〕。按原设之修车机构，因系适应战时需要，故多集中于西北西南两区，战后新设各厂场，则为重建收复区之公路机务设施，故注重于华北、华中及东南各区。惟收复区地面辽阔，路线冗长，尚难即时全面重建，正在逐渐推进之中。

二、现有修车设备及修车能力：修车机构设备之良窳，为改进公路机务设施之重要因素。我国经八年抗战，原有设备或受损失或渐陈旧，当时国外补充十分困难，致不敷需用，故迄抗战胜利初年，所有各厂修车设备并不完备(附表 323)〔缺〕。复员二年以来，各新设厂场之设备，一部分系利用接收之敌伪物资，一部分则利用联总配拨之修车机具，故较以前情形，渐臻充实。至各厂修车能力，亦渐次增进，平均每厂每月可整修 7 次，大修 17 次，小修 70 次。每车经一次大修，可行驶 17,000 余吨公里(附表 324、325)〔缺〕。

扩充全国汽车修理保养网之工作，为公路总局两年来对于机务建设方面重要措施之一。此项工作，今后拟利用日本赔偿物资予以充实，俾在国家财力许可及运输情形需要之下，完成建立全国公路机务设施之使命。

第二目　汽车器材之供应

公路运输所需之器材(包括汽车、配件、轮胎及油料等项)，因国内制造及炼油工业基础脆弱，其生产量远不能适应国内需要，且有一部暂时不能自造，故是项器材之来源，大部分仰给于国外输入。为统筹供应起见，公路总局汽车器材总库办理其事，二年以来，业务渐次扩展。但为财力及外汇所限，供应对象仅以该局所属运输机构为主，其他机关以及商车之供应，仍感困难。兹将该总库业务机构以及器材购储供应状况，分述于后：

甲、汽车器材供应网之分布

汽车器材总库，战时设于重庆，并分设昆明、贵阳二供应处，及昆明、霑益、贵阳、柳州、重庆、泸县、成都、广元、褒城、宝鸡、兰州等器材库十一所，分布于各主要公路线。当时汽车内运，系利用滇缅路及空运，故以昆明为进口处所，再循川滇东路、川黔、黔滇及川陕等公路，分别内运，以重庆为中枢，构成西南、西北之供应体系。抗战胜利以后，总库迁设南京，因当时运输重心变动，除原设之霑益、柳州、褒城、广元、成都、泸县、宝鸡等器材库七所，分别撤销外，并增设上海、天津、重庆等三供应处，北平、天津、青岛、上海、南京、汉口、长沙、广州、西安等器材库九所。盖复员后，国外进口器材改以上海、天津、青岛、广州为进口处所，然后分循铁路、公路、水道等储转各库，故西北、西南、华西、华南、华北以及东南各区，尚能配合供应业务(附图 326)〔缺〕。惟目前因战事关系，运输困难，且器材来源不裕，自难供求于应。然在这艰难过程中，对于全国汽车器材供应网之扩充，仍在逐渐推进。

乙、汽车器材之购储

公路总局在复员期间，为配合复员运输及经常供应，曾计划购储大量器材以适应需要，但为财力所限，卅五年度仅购进汽油 280 余万加仑，机油 34 万余加仑，轮胎 11,000 余套，以及少量配件，及翻胎器材。因距离实际需要不敷尚多，经提倡采用国产酒精及配件，以补不足。

自卅六年开始，各收复区公路逐渐修复，运输业务亦渐次开展，车辆增加，运量递增，所需油料、轮胎、配件之数额，亦相随激增。但时在戡乱时期，国家财政支绌，结购外汇匪易，致无法按照实际需要情形，购储供应。截至是年十一月底止，计购进轮胎 15997 套，汽油 230 余万加仑，机油 30000 加仑，又配件值美金 80000 元，及国币 27 亿元之配件，尚有订购轮胎两批，共 10090 套，预计需三十七年春方可运到(参阅附表 327 及 328)〔缺〕。

丙、汽车器材之供应：

供应业务既为财力所限，仅配供局属之车辆所需尚嫌不足，更无余力顾及其他机关与民营运输事业。于是不得已，就接收敌伪物资及物资供应局所委托出售之器材，匀出一部分，酌量对外供应，以期普沾。至配供该局各运输处之重要器材，自卅五年一月至卅六年十月底止，共计新轮胎 39156 套，翻新胎 4156 支，汽油 460 余万加仑，机油 33 万余加仑，共计营业总额达 1030 亿元(参阅附表 329 及 330)〔缺〕。

丁、经营轮胎翻修业务：

抗战末期，总库因鉴于轮胎消耗数至巨，又为进口空运吨位所限，乃会同美国对外经济事务局在昆明、贵阳、重庆，先后设立车辆翻胎厂，不论公建商车轮胎，均可代为翻修，经翻新之轮胎，如使用得宜，仍能与新胎行驶里程相符。胜利后，昆明厂移交前后方勤务总司令部接办，贵阳、重庆两厂仍由该总库继续翻修工作，自卅五年一月至卅六年十月止，总计翻修轮胎 7156 只。卅六年秋，由筑、渝两地拆运一部分设兰，在上海设立车胎翻修厂一所，截至卅六年底尚未正式开工。

第十节 机械筑路之推行

机械筑路为我国公路工程上之新兴事业，在抗战反攻期内，中美合作赶修史迪威公路部分，利用筑路机械，为时仅二年，成绩昭著。卅三年，在西南一带抢修筑路工程队成立时，仍与美方合作，收效亦宏。盖筑路利用机械，既可节省经费，复可争取时间，若在边区，路线地面辽阔，人烟稀少，供应困难，仅需动少数工人，配合机械，即可达到艰巨任务，其收效果，决非全持人力者所能企及。今后公路建设计划实施时，必需应用大量筑路机械，始能适应需要，允宜积极提倡并予推行。复员以后，曾将原有工程队改组成为三个机械筑路工程总队，一面向联总方面配领大量机械，一面训练机械筑路人才，两年以来，积极整训，规模粗具。嗣以业务日繁，筑路工程之业务与机械之管理，必须划分清楚，俾各有专责，而收分工合作之效，爰于卅六年度起，另设一筑路机械管训处，专司筑路机械之接运、修配、储转与人才之训练。机械筑路工程总队，则专司工程业务。兹将办理情形分述于次：

第一目 接收筑路机械

筑路机械均由联总配给，机具种类繁多，且甚笨重，分由上海、广州二港口交付。截至目前止，已接收筑路机械卅七种，共1511件(附表331)〔缺〕。惟其中大部零件残缺不齐，须另行添置，并加修理装配后，方可使用。现已自行设厂办理是项业务，其已装配完整者，则分拨各处应用。惟以请拨外汇困难，尚有大部分机械未能配就使用。倘能获得大量零件之购置，则缺期间即可完全修复。

第二目 训练人才

使用机械筑路之员工，系属于专门技能，须经训练后方可胜任，爰在上海设立训练班，专司其事，受训员工除由各区局保送一部分外，并另行招考，此外尚有其他机关请派员参加训练。经于卅五年度招训二百名，卅六年度四百名，训练期满后，或回原机关服务，或分发筑路队工作，成绩均称良好。

第三目 机械筑路实施之工程

机械筑路工程队均经分派于各区参加筑路工作，如京沪路、沪杭路浙段、京汤路、福厦路、徐州区各公路，其中如京汤公路全部工程，均利用筑路机械完成路基土石方，及柏油路面工程，成绩卓著。福厦路修复工程艰巨异常，亦经抽拨大量筑路机械赶办路基桥涵工程。此外并应其他机关之请求，办理各项特殊工程，如上面〔海〕方面之龙华机场工程、市区路面整修工程、农场之平地工程，以及南京方面之机场工程等，均于短期内完成任务。

第十一节 国营公路运输营业收支概况

本部所属国营公路运输机关，两年来营业情形，因政府实施限价政策，运价不能随成本之高低予以调整（运价调整概况参阅附表332）〔缺〕，致多赔累。卅五年度以前，亏损尚较少，卅六年度运输成本愈高，而历次运价调整距离成本愈远，故各运输处无不蒙受巨款亏损，全年度亏损总额达2985亿元。国库虽按月拨补，但实际上仍不敷甚巨（参阅第九章交通财务）〔缺〕。

第十二节 今后计划

胜利前夕，为配合战后复兴计划，经拟具公路交通五年建设计划，预定于卅六年度开始实施。嗣以共匪叛乱，戡乱军兴，国步日艰，至建国大业，未克实现。惟交通建设为振兴工业，发展农业及其他一切经济建设之根本，尤以公路交通之富于深入性，不受地形之限制，可以普通修筑，并可辅助铁路之不足，更值得重视。且以戡乱军事观点而言，公路富于机动性，任何车辆与军用战车，均能直接行驶，在作战性能上，有胜于其他交通工具之处。故虽国力维艰，仍应逐步完成公路建设，以达建国之目的。爰根据以往设施情形，及审度现状，分述今后公路在工务、运务、机料、监理方面之工作计划如左：

第一目　工务

（一）抢修区——本区长江以北及汉口、西安、包头线以东地区为界，定为抢修区，区内奸匪滋扰。际此战乱时期，仍赓续办理公路抢修工程为主体，凡铁路线未能修复之地区，及与前后方联络之公路，均视军事上需要，随时配合抢修，俾利军运补给。以往已经抢通，而情势上许可兴工之路线，如北平南至保定，北至承德，东至山海关等线，及济青线，则予以提高标准，彻底整修，以确保平、津、保三角地带之主要交通，达到敉平叛乱为目标。

（二）复兴区——本区包括长江以南，苏、浙、皖、鄂、赣、闽、粤、桂等九省，区内无奸匪窜扰，政治经济二方面较为安定。为配合国计民生之复兴工作，一方面应将前此已经整修而未完成之重要国道，如京沪等九省继续改善分年完成，一方面将未修复之国道及重要省道，择要予以修复。此外京渝国道之宜昌重庆段，贯通西南西北干线之老河口西坪段，及川陕孔道之西安万源段，均为国道网路线内未完成之路段，外联接重要港口，内接腹脏之区，亟应予以新筑，早日完成。其他如湘、黔、粤等通达西南西北之通车公路，则注重于养护与修缮工作，以维经常行车。

（三）西南西北区——本区包括西南西北诸省，地区辽阔，人烟稀少，西北多荒漠，西南多崇岭，铁路建设目前难大举兴办，故区内交通，端赖公路。虽经抗战期内历年之经营，惟距需要甚远，尤以边疆国防建设势不容缓，亟应未雨绸缪，首将西南港口广州湾通兰州之路线，予以彻底整修，并将甘川路未完成路段（武〔成〕都至江油）打通，推富道，荣经段，系经川康滇干线之一段，前经叠次兴工，以款绌停筑，迄未完成，亦拟续办完成，俾西南西北赖以贯通无阻。西北方面，上年未完成之南疆路，且于段续办完成之。西南方面国境昆连缅、泰、越，除滇缅路已成外，滇越蒙自以下，迄未修通。昆打路，仅通至峨山，均待延筑，再应提前。将滇越路自开远迄西之平远街至清水河段，及昆打河公路新筑完成之。关于康藏间，迄未通路，一时势难顾及，除已通之川康、康青两路，需继续修缮，以维通车外，应先勘测玉树至拉萨，及康定经理化至昌都二段，以为将来打通康藏间交通之先声。

第二目　运务

（一）建筑各级车站——配合公路运输业务之发展与需要，筹划在各公路干线兴建各级车站，充实运输设备。卅七年度内拟添建大站十二所，中站卅所，小站四十所，以便行旅，促进工商业之繁荣为主旨。

（二）补助边疆运务——西南西北边疆，地区辽阔，人烟稀少，关系国防民生甚距，徒因轮胎、油料等之补给，运务至感困难。并受气候地形种种影响，客货运输业务不振。今后对于边疆运务，自应予以扶植，俾谋发展。

第三目　机料

目前中国公路机料建设，尚在萌芽时代，欲使发展长成，尚须相当时间，因民营既无充分财力办理，又不能配合国防需要，而政府现时亦感财力不足，因之过去对于机料工作，未能确立永久制度，但建立全国汽车修理保养网与器材供应网至为重要。对于未来机料制度与方针，决定要点如次：

（一）制度

机料机构体系一元化。机料机构为求高效率之组合，无论民营、公营、国营，当先谋其设备之充实，其属于民营者，由政府从技术上、业务上予以援助与合作，使之独立发展。其属于公营及国营者，必须从制度组织与人事各方面，使之一元化，俾成整个系统互相配合运用，发挥其最高效率。

器材供应普遍化。汽车修理业务之改进，又须有充分器材储备，以供应其需要，故对于各公路线各种运输器材需要情形，应随时调查，并保持一最低之存量。在平时调济盈虚，普遍供应公商车辆之使用，在战时则能配合动员，无虑匮乏。

机务料务企业化。建立全国汽车修理保养网与全国汽车器材供应网，必须让其独立发展之经济基础，成为企业化组合，由政府一次投资，使之自给自足，配合全国公路运输之需要，推进业务，逐步改良，使成现代化公路运输体系中之一环，而于国防上有所助力。

彻底推行产销合作制。我国汽车制造工业尚无基础可言，今后公路事业逐渐发展，对于公路交通工具，及汽配件之生产，为刻不容缓之图，但以此种事业，必须将原料人才以及产品之使用部分，先有密切之联系与配合，而彻底实行产销合作制度，乃为当务之急。盖先保障其生产，则生产品之逐步改良自可期望。目前似宜先从制造汽车配件部分着手，改进及自造汽车，如是制造事业，始能从艰中求进步。

（二）方针

确立制度，为事业发展之永久基础，但经营之方针，亦有缓急先后之分。中国公路机料业务，应以配合公路运输为目的，逐步扩充，务使服务对象，普及一切公路车辆。将来于需要时，各公路普遍设立服务站，期能达到以下二项目标：

一、配合公路国道网建设，扩充全国汽车修理保养网。

二、配合公路国道网建设，扩充全国汽车器材供应网。

第四目　监理

公路监理业务，端在如何管理行车秩序，及其从业人员。年来办理汽车换照、换牌及检验等事项，颇称顺利。今后除仍继续办理，俾获行车安全外，并计划举办公路安全运动宣传，及训练监理人员，分派各地服务，确立监政基层等事宜。

〔国民政府交通部档案〕

（四）水　运

一、水运概况

1. 交通部珠江区航政局关于复员后工作情形报告

（1945年12月8日）

报告　三十四年十二月八日
　　　于广州珠江区航政局

溯自粤桂各地相继收复，各机关纷纷复员，职承当地军事最高长官第二方面军张司令谕，饬随军东下，恢复航运交通。复奉钧部电饬，调查梧州以下船舶数量及运输状况。职以复员之际，水运殷繁，两粤交通，势不能延期整理，以损中央航政职权，故遵照张司令官指示，根据钧部答复张司令官，先设南宁航政办事处，俟梧州克复，再行复局之电令，权于九月廿五日在邕复局，招集遣散人员，随军东下，择定广州靖海路一号，开始办公。兹谨将复员后工作情形及感觉困难各点，胪陈如次：

甲、人事及经费情形

1. 本局人事　本局未缩编前，编制除会计人员外，包括技术人员在内，仅得三十二人，当时辖区缩窄，犹恐不敷调遣。现值国土重光，辖区扩展，复员伊始，水运尤殷，更需推及沿海。若仍照以前编制，确属无法推动。

2. 本局经费　本局经费预算，原系三十三年度核定，每月仅得二万余元，在年前已感不敷。现时物价飞涨，每月超支总在十倍，应请重行调整，以应事机，并迅赐核发经费，庶免积累。

3. 复员后增加人员及经费之借入　基前两项所述，倘欲实际推动工作，实不能刻舟求剑，墨守成规。爰本复员至上之旨，以建国工作为重，不敢避嫌，权宜处理，察看工作需要，一本过去抗战时期以一人作二人用，一钱作二钱用之精神，在极力紧缩中酌增额外人员十余人，借入经费三百余万元，以资因应。并督促所属刻苦蹈厉，加紧工作，共谋复兴。

4. 各地办事处之经费人事　本局辖区辽阔，自应设立分支机构，以资辅助各地办事处主管人员。经推行派员代理，克日组设，一面报部请委。惟各办事处编制经费与本局同一困难，经饬各该主管人员妥为调节，以赴事机，仍请迅赐从宽核定，俾符实际需要。

乙、本局工作情形

1. 敌伪船舶接收移拨经过　本局随军返穗之初，第二方面军司令部指定敌伪船舶由后勤部船管所接收，并着本局监接。追钧部杜特派员抵粤，敌伪船舶除一部良好者交后勤部船管所供应军运外，其余一部良好及全部待修者，由演明及招商局广州分局经理周希贤分任航政接收委员，会同接收。其后以招商局需要，经全部移拨招商局广州分局保管使用。

2. 各江之清理河道工作

A、扫雷工作　扫雷工作原应由江防布雷总队办理，自省港线海珠轮船在舢舨洲河面失事后，秉承第二方面军司令部之指示，分催各有关机关克日清扫，并分别电请二方面军粤越区海军办公处将雷区及清扫程度指示，尚未得确切答复。

B、计划打捞沉船　本区因抗战损失之船舶，除经钧部体念拨款捞修者外，现查珠江区内沉没船舶尚多，既足为航行之障碍，而现时交通需要孔殷，航运工具未便任其长沦水底。爰会同珠江水利局、广东省建设厅、粤海关、江防布雷总队、粤越区海军特派员办公处，筹组珠江区沉船起捞委员会，预定十二月一日成立。第一步拟促各沉船业主于十二月底以前自行呈准捞修，逾期由会垫款起绞，并准由原业主提出证件归垫捞款及摊配委员会经费领回，至代绞沉船费用，除建厅造船厂工程费项下拨垫外，拟由中央拨垫或向银行透借，如有亏损，专案呈请国家补助。

C、计划疏浚航道　各江河道年久失浚，河床积淀，航道淤浅，航行至感不便。查接收敌伪船舶内有挖泥机船一艘可资利用，拟会同水利局、海关查勘。浚深航道所需费用，在海关向各船舶征存疏浚费项下拨付，并在挖泥填筑新岸地价投变抵偿，如有不敷，由水利局划拨。现正草拟计划，俟会商并呈奉核准，即得实施。

3．各江之船舶交通及现在数量吨位航行情形（各线船舶艘数吨位见附表）

A、临时验船　本局复员之初，各江船舶多未经过检丈手续，以前经本局检验者，亦以相隔日久，超过有效时间。本局技术人员稀少，如必完全依照规定检丈手续办理始准开航，则每船须检数日，在候检期间，必致有两三个月断绝水上交通，以复员伊始之际，航运特别殷繁，事实上断难办到，更无此项理由。为顾全事实，维持交通起见，不能不变通办理，暂取简易查验办法，以资适应。

B、发给临时准航单　依照部章规定，凡轮船公司之设立，须有自置轮船，并将所有船舶呈经主管航政官署检丈合格后，方得申请轮船业设立登记，办理公司注册手续，发给航线正式营业。惟以复员伊始，水运殷繁，且船舶产权一时遽难判定，因绎取不定期轮船通行证书之意，于每次开航时发给临时准航单，暂时航行，以维交通，此盖适应目前特殊情势之一种。权宜措施，一俟整理稍有头绪，仍照定章办理。

C、船舶简易临时登记　现时船舶散处各地，更有逃匿僻远乡村者，数量漫无稽核。为明瞭确数便利管制起见，除采取临时准航办法诱掖开航外，特举办船舶简易、临时登记（暂不确定所有权），以资统筹管制。

4．各江船舶护航之整理　复员伊始，秩序未尽恢复，不逞之徒沿江窃发，船舶被劫，时有发生。除商请军政当局派队清剿，及责成沿线县市乡镇维持治安外，并将各轮渡原有之自卫力量，组织航警队驻船护航。并请第二方面军拨给接收敌伪小型装甲浅水快舰配备,充分武装,常川巡逻险要河面,以资警卫。

5. 设置本局交通无线电台　天文气象关系航行安全极巨,船舶失事更以无线电为求救之最善方法。本局特与广州亚洲电器公司订约,装置无线电台一座,经常发放气象电报,并继续推及于各办事处及各出海船舶,以资联络,而通政情。

6. 本局内务之整理　本局自梧州陷后,屡经转进,一切印信、文卷、账册、簿籍,竭尽全力,始得保全。此次随军东下,复局办公,毕路蓝缕,有如草刱。现时局址初原芜秽不堪,环堵萧然,一无所有,迭经修缮葺治,并以人数增加,补充家具、厨具、器具、用具等,始具规模。

7. 船舶出入口检验　本局为注意航行安全及维护乘客起见,特于省河东西出入口南石头、二沙头两处派员常驻,检查船舶出入口,验对客额载重有无超过,救生救火设备是否充足,船上卫生是否适宜等,如有不妥,即予改善。

8. 返乡义民之免费运输　抗战以来,各地义民流难颠沛,困苦备尝。现值国土重光,有家难返。为宣示政府关怀义胞德意,特拟定各线船渡客位在二百以上拨出百分之十五、客位二百以下拨出百分之十免费输送义民办法,于本年十月七日航商联合座谈会中提出,勉以大义。各航商尚能仰体政府意旨,一致遵办,并定由第二方面军第四处、侨务处、各级党部、省市县政府、商会、警察局等机关出具证明,交由义民来局填发免费乘船证,前往乘搭。截至最近十一月底止,共计输送一千二百七十四人。

9. 船舶码头之整理　本局根据交通部处务规程第五十八条第五项,及交通部各司分科职掌规则第二十一条第六项,及交通部二十三年四月十二日第一六七三号分饬各航政局指示改善船舶管理各点之训令,召集建厅、市府、海关、船管所等有关机关,议决在不妨碍各机关应征税捐及码头业主合法收益之下,筹设统一码头黄钟麟会同船管所乘特快电扒前往视察后,会同各有关机关断定确系触雷沉没,经传该船外籍船主到案问话。嗣奉第二方面军令饬,会同第八军留守处、布雷总队、船管所、海关、第二兵站区后勤部指挥所等商议打捞,惟以工程浩大,难觅相当厂家承绞,尚在洽议之中。旋准第八军留守处通知,已由李军长呈奉委座戍马令一亨调电开,已电军政部核办,并请潘特派员商请英方打捞。现俟查得英方打捞情形,再行续办。

祯祥、祥发轮失事案　祯祥、祥发两轮于本年十月二十五日,分别由汕头汕尾、开港中途失事,死难多人,惟因当时本局汕头办事处尚未成立,而港方又非我政权范围,无从防范。失事后经分向各方调查,及着汕头办事处就近彻查传讯法办,并督导办理善后事宜,并经以戍寝急电报部有案。

战时事务及账务之清理　本局自梧州转进数度流离,人员分散,又经缩编,中间一度,会计无人负责。复员以后,仍继续清理战时事务及账务,一俟清理完毕,再行呈报。

15. 各办事处人员之派出　本局辖区辽阔,航线绵长,自应择重要地点分设办事处,以资推进。为应付事机起见,经照复员计划,在江门、梧州、广州湾、汕头四地设立办事处,权派资历兼优之高煜桓、李超人、赵民治、陈谓北等四员,代理各该处主任,并在局内抽调一部分熟练人员前往协助。

所有胪陈本局复员经过经办工作,理合检同广州港船舶一览表,珠江区沉没船舶调查表各壹本,报请鉴核。

右报告

次长龚

附广州港船舶一览表珠江区沉没船舶调查表各一本〔略〕

交通部珠江区航政局局长周演明

〔国民政府交通部档案〕

2. 行政院关于复员期间暂准外轮驶泊南京等港装卸货物训令

（1946年6月17日）

行政院训令 节京陆字第2346号
中华民国卅五年六月十七日发

令交通部

查我国现值复员期间，需求国外物资大量运入，如国外轮船只准驶至上海，不但由上海转运所需之装卸费用，使货品价格巨额增高，且使长江沿岸输出国外之货品，必须先运上海卸装，增加货品之成本，并益增运输之阻滞，对于输入输出，俱感未便。兹暂准来自国外之轮船，在南京、芜湖、九江、汉口四港装卸货物。但不得在经过我国各港时添装货物、乘客，离国时，亦不得搭载转口货物及乘客。并应于进口两周前先行呈准登记，其时限自财政、交通两部会同公告开放时起，一年为止。除分令外，合行令仰遵照，并转饬所属遵照。此令。

院长　宋子文

〔国民政府交通部档案〕

3. 上海航政局抄发外国人所有小轮行驶内河规则公函

（1946年7月8日）

交通部上海航政局公函 航二字第752号
中华民国卅五年七月八日发

案奉交通部本年四月十六日二五〇三号训令内开：查前据外商呈请以自购小轮装载办公人员可否在内河行驶一案，经部议订外国人所有小轮船行驶内河规则，会商外交、军政、财政三部同意，并呈经行政院核准。经于本年一月八日以航船渝字第三四三号部令公布在案。合行颁发外国人所有小轮船行驶内河规则一份，令仰

遵照，并转饬遵照。等因。奉此。除分行外，相应函达，即希查照为荷。此致

国营招商局

附外国人所有小轮船行驶内河规则乙份

局长　李孤帆

外国人所有小轮船行驶内河规则

第一条　外国人所有之小轮船行驶内河，除法律别有规定者外，依本规则之规定。

第二条　外国人所有之小轮船在内河行驶，不得经营有收益之客运货运业务。

第三条　在内河行驶之外国人所有之小轮船，以未满廿总吨者为限。

第四条　外国人所有之小轮船在内河行驶，应声请主管航政官署核发通行证书（附通行证书式样）〔略〕。

第五条　外国人所有之小轮船在内河行驶，声请核发通行证书时，应由船长向主管航政官署呈验检查证书、吨位证书，如所呈证书业已失效，应由该官署施行检查丈量。

第六条　外国人所有之小轮船在内河行驶，不得拖带其他驳船。

第七条　通行证书应载明左列事项：

一、船名；

二、所有人名称及国籍；

三、船长姓名及国籍；

四、总吨数及登记吨数；

五、航行起迄地点；

六、指定停泊地点；

七、航行期间；

八、本船船舶国籍证书号码或其他执照号数；

九、附注。

第八条　凡请领或补领、换领通行证书，应缴纳证书费二百元、印花费五元。

第九条　通行证书有效期间为六个月，其行驶区域如因军事关系禁止通航时，应即停止航行。

第十条　通行证书内未经载明之停泊地点，一律不准停泊。

第十一条　外国人所有之小轮船在内河行驶之航线，不得超过十五海里。

第十二条　凡已领通行证书之外国人所有之小轮船，应将员工姓名职务填表，呈报主管航政官署备查。

第十三条　凡领有通行证书之外国人所有之小轮船，停泊各港口时，应服从航政官署、海关及军警机关之检查。

第十四条　凡领有通行证书之外国人所有之小轮船，出入各港，应遵守各该港管理规则。

第十五条　凡领有通行证书之外国人所有之小轮船，如因故停航时，应将原证书缴销。

第十六条　在内河行驶之外国人所有之小轮船，其驾驶人应遵守本部内河航行章程及其他有关法令规章。

第十七条　违反本规则第二条、第六条及第九条至第十六条之规定者，航政官署得撤销其通行证书。

第十八条　本规则自公布日施行。

〔招商局轮船股份有限公司档案〕

4. 交通部关于参政会建议救济民营航业案办理情形公函

（1946年9月28日）

公函　　航务京字第　　号

准贵处本年七月十日礼京字第一一八四〇号通知，以国民参政会建议救济民营航业，暨切实扶救民生公司，改善航业政策两案，奉谕：交交通部核办具报。相应通知，等由。附原建议案二件。准此。查原建议案办法要点，本部已在注意办理，如（一）关于确立战后航业建设计划，扶助民营航业等事项，亦已有所拟定，对于船舶之补充，航线之核定，以及发展内河、沿海、远洋航运之步骤与办法等，均在水运五年建设计划中，详加厘订，一俟核定，即可逐步实施。（二）关于川江民营航业之救济，如对各航商营业亏折按月之贴补，捞修贷款之担保，并予利息之津贴，以及最近呈奉院令核准对民生公司予以十六亿元之特别补助等，均属荦荦大者。（三）关于将已收购之外轮及接收之敌伪船舶、码头、仓库拨交民营一节，计已拨交民营公司之外轮，有 LSN 登陆艇五艘，已出租之敌伪轮驳机艇等有三六三艘，计三一六一五吨，现仍继续租拨，以增强民航能力。至接收码头仓库，除破坏者正赶工修理外，其可用部分，已由招商局订有租费表，公开出租，民营航商已可随时利用。（四）关于军公征用船舶之补偿，现已由本部呈准行政院准予赔偿，即可实施。又关于准许航商赎回被敌伪强售航产一节，事关敌伪产业之处理，可由所有人依法向敌伪产业处理局申请核办。至若招商局航务目标应向海洋发展一节，查该局经营业务原系以沿海及主要航道为中心，目前办理长江及其上游运输，纯系因复员需要，补充民航之不足，并非与航商竞争。

综上所述，本部对于民营航业不但随时予以救济，且在今后国家航业建设中，更有奖励扶助方策，循序实施，民营航业亦将随国营航业之发展，逐步迈进，实现国营民营并重之既定政策。准通知前由，相应复请查照转陈为荷。此致

行政院秘书处

部长俞〇〇

〔国民政府交通部档案〕

5. 王洸撰复员期间之长江区航运与航政

（1947 年 2 月）①

复员期间之长江区航运与航政　王洸

八年浴血抗战，胜利终属于我。当敌人宣告投降之时，薄海欢腾，迎接胜利，惟有从事交通人员在欢欣鼓舞之余，立须开始肩任艰巨之复员运输工作，尤以水运部分，因复员之起点在于长江上游，其所负之使命远较其他部门为重大。幸赖各方努力合作，卒获提前完成任务。故复员一年来长江区水运与航政工作之繁要紧张，实为亘古所未有，自有一述之价值。而抚今追昔，对于复员一年前长江区航运航政衰落艰苦之情形，亦有一加回忆之必要。兹当年度终了，任务完成之时，特摘述经过于后，以志不忘。

一、复员一年前之长江航运

（1）轮船航线　长江为我国第一内河，全长六千三百公里，支流遍布川鄂湘赣皖苏六省，可通轮船之航线，除长江干线自宜宾以迄上海亘二千八百六十七公里外，其他支流如川省之岷江、金沙江、嘉陵江，鄂省之襄河，湘省之湘、资、沅、澧四水，赣省之赣江、鄱阳湖，皖省之淮河、巢湖，苏省之运河，大半可供轮航，交通素称便利，航运甚为发达。惟抗战军兴，江阴封锁，长江通海航路，首告阻断。以后京沪沦陷，武汉退守，宜昌转进，长江干流仅余宜宾至巴东一段九百一十公里。迨长沙、衡阳陷敌后，湘江航运又断，航线更形缩短。斯时在长江干线由宜宾至巴东各长程短程航线以外，其在川省余有泯江之宜宾乐山线一百六十二公里，金沙江之宜宾屏山线五十一公里，嘉陵江之合川重庆间之渝合、渝碚、渝磁、渝蔡各短程航线二百一十一公里。在湘省余有沅江之常德桃源线，常德津市线，桃源麦家河线及常德辰溪线五百三十七公里，总计不过二千七

① 原文无时间。

百三十七公里。且此等航线滩浅之处居多，每届枯水季节，轮运更感困难，行驶轮只须受吨位吃水马力种种限制，甚至无法通航。按航运之畅通，以航线为前提，当时所余航线既如此之短，而航道又如此之难，试问尚有何航运可言！

（2）商轮数量　长江区轮船据前汉口航政局二十四年船名录统计，川省二十九艘合四千三百三十六吨；鄂省二百三十艘合二万一千九百七十一吨；湘省九十七艘合四千九百九十吨；赣省六十五艘合二千八百九十四吨，总共为四百二十一艘合三万四千一百九十一吨。在二十六年杪京沪沦陷时，下游轮船上驶武汉者，数虽不少，但因先后建筑马当、田家镇、藕池口数道封锁线，征用沉塞之轮船以及军运毁损被敌轰炸之轮船，为数甚多。至武汉退守后，在二十八年统计共存六百十四艘，合十二万零一百三十吨。又二十八年起至三十二年止，敌机常在后方轰炸我国轮船。据当时纪录，二十八年为十六艘二千五百五十五吨；二十九年为十艘一万零二百九十四吨；三十年为二十九艘三万四千八百七十八吨；三十一年为二十艘八千九百七十吨；三十二年为九艘五千九百七十三吨，共计损失八十四艘六万二千六百七十二吨。三十三年长衡陷敌，所有湘江轮船非被炸毁即自动凿沉，损失殆尽，不胜数计！本局三十三年船名录统计仅余三百九十六艘八万七千五百二十一吨。且有巨型轮船十八艘合四万零四百七十六吨长期停航，无法营运，实际可能航行之轮船只有三百七十八艘四万七千零四十五吨，数量之少，几令人不能置信！

（3）航运复员之整备　查自太平洋战争发生，美军越岛进攻之战略成功以后，敌人崩溃之迹象已显。我政府对于航运复员之整备曾作种种必要之措施，以供后来复员运输之用，结果确收宏效。兹举其荦荦诸大端分述于次：

（A）贷款捞修商船　本局鉴于当时船舶缺乏，将来复员运输繁重。早于三十三年间，即已建议由政府贷款交与航商修理后方沉、旧轮船，当蒙交通部采纳，向四联总处洽妥贷款办法。于三十四年二月组织捞修川江沉、旧船舶工程视察团，聘请专家，分组前往万县、巴东一带以及重庆区查勘应修船只。本局指派科长贺懋庆、刘勋达及专员朱复炎分别参加查勘。历时两月，查勘完毕，计查有应修船舶四十艘，应打捞者十余艘。并经估计修理工料价格，报请交通部核定。嗣因长江水趋涨，需要打捞之船舶，不及办理，遂先办修理工程。核定贷款之航业为大达轮船公司、大通仁记航业公司、三北轮埠公司及湖北省交通事业管理处等四家。应修船只决定共为四十艘，第一次贷款四亿元，后又增贷三北公司九千八百万元，分配情形为大达公司七千六百一十万元，应修船二艘；大通公司九百一十万零六千元，应修船一艘；三北公司三亿一千五百六十一万三千元，应修船十一艘；湖北省交通事业管理处九千七百一十八万一千元，应修船二十六艘。贷款办法系由交通部向四联总处贷借，转贷与各航业，财政部为担保人，本局为见证人。贷款月利三分，航商只须负担六厘，余由政府拨补。贷款二年还清，至于修理工程之督导以及贷款用途之稽查等任务，另由交通部、四联总处及本局派员组织督导委员会负责办理。各航业领得贷款后，随即兴工修理，督导委员会经常派员查验，并按月集会检讨进行。嗣以工料价涨，所有贷款只敷原计划约五分之二之用，于是减少修理项目，以可能航行为原则。迨胜利降临，需要轮只迫切，乃竭力赶工，以应需求，除少数船只因工程与地点较难进行者外，大部及时完工，参加复员运输。

(B) 拨款修复招商局大轮　招商局江安、江顺、江汉、江新、江华、江建等大轮六艘，于武汉退守时担任疏散运输上驶宜昌后，又撤退川江，但因船身长，吃水深，不宜常川航行。长期停泊，无法利用，历久未曾修理，颇多损坏。交通部为整备航运复员，乃拨巨款交招商局兴修，恰好胜利来临，即可赶在枯水期前陆续下驶。该六大轮为长江最优秀之客货轮船，载量巨大，对于复员运输贡献甚多，苟非先事整备，势难迅速出川，影响运输当非浅鲜。

(C) 建修川湘小轮及木驳　查湖北第四次大战时,常德曾经一度沦陷,川湘联运处原有小轮之在沅江者,均集中沅陵,无法撤退。乃将船壳拆弃,将机器锅炉运至四川龙潭、彭水等地存置。至复员运输开始时,由战时运输管理局拨款一亿四千万元,于三十四年十月成立长沙造船厂,负责修复十轮,限在是年年底以前竣工。该厂以限期紧迫,工具材料均极困难,如集中一地制造,定难如期完成,于是决定分在长沙、衡阳、沅陵三地分工建造,计在长沙造成四艘,衡阳一艘,沅陵五艘,中有二艘至三十五年一月完工,其余皆在三十四年十一月及十二月限期内完成。该十轮均为客货兼载之轮船。完成后不久即加入复员运输,对于渝京联运,殊多贡献。又交通部于开始复员时,拨款四亿元交交通部造船处建造九十吨之木驳船四十艘,此项木驳船均系加强材料制造,适宜于小轮拖带载运客货,以供复员之用。该处在合川造成四艘,余在重庆建造,同时交通部又拨款交民生公司建造小轮,嗣因工料困难关系,改为建造木驳船,与交通部造船处所造之木驳船,一并交与民生公司木驳管理所营运协助复员运输。

二、复员前期之航运

(1) 复员水运之艰巨　此次复员运输,除高级官员及赶赴收复区接防之军事人员部队得乘搭飞机外,其余悉赖水道运输,自重庆沿江而下,分达汉、京、沪各地,故长江水运复员,最为繁重,而其工作亦极为艰巨,其所感艰难者,约有下列数端:

(A) 准备未充　自三十三年以后,日敌崩溃迹象虽已败露,但因日人之倔强,残暴成性,未必轻易言降,嗣因原子弹在敌国广岛、长畸两次发挥威力,日敌乃不得不屈服投降。故胜利之来临,比较预期之时日为早,我政府对于复员运输,固有相当整备,惟尚嫌不足,自难免有捉襟见肘之困难。

(B) 工具不足　复员前所存余船舶,为数甚少,维持经常交通本来不敷应用,突然又增此繁重之复员运输,当然更感工具不足,匪特新造轮船，非咄嗟可办，即捞修沉旧轮只，亦感缓不济急。

(C) 复员运输数量庞大　水运复员所需输送之部分，包括甚多，有接防之部队，有还治之公务人员，有四乡之义民，有复业之商民，有复校之员生，以及等待遣送之日本俘侨，总计人数至为庞大。至于机关工厂之公物物资等等，为数亦复不少。且此种数量在复员开始之时，无人能加以统计，故调度工具，分配数量，均极困难。

本局主管航政，对于水运复员之工作，自属责无旁贷，故首先召集各航业公司与有关方面商议各种进行办法。如长江中下游航道之清除，航路标志之恢复，轮船下驶之载量等事，均经计议，呈请交通部核定推行。至于工具问题，亦经尽力设法利用补充以资应付。

(2) 利用全部川江轮船　当时川江轮船数量不多，而载量亦甚有限，本来皆为经常维持后方交通之船只，但因复员运输急迫，不能不尽量加以利用，对于不甚繁要之航线，则酌予停航，其必要维持而可以减少配备者，则酌抽若干，作为复员之用。故所有可以抽调及适宜担任复员运输之川江轮船，殆已全部发动，供应运输。

(3) 利用半修复之轮船　招商局之六大江轮，在复员开始，即由渝下驶，载运人员公物数量甚多，其他贷款修理之轮船，修理工程尚未完竣，本来不宜载运开行，但因事实需要，不及等待，凡勉可航行，不至十分危险者，均行下驶，运送数量，颇为可观。此项轮船驶至上海后，再行修理，修竣后继续担任复员运输。

(4) 利用公务机关自有之轮船　战时在后方各机关颇多自备轮船，作为交通之用者。迨复员时，亦经尽量充作其本机关复员，如监务局之巡艇，邮政局之邮轮，各兵工厂之小轮，以及海军旧舰艇等等，均曾参加复员运输，计一年中下驶者有十五艘之多，且大都每轮拖带木驳二艘，以增运量。

(5) 利用木船　川江木船原非载客之工具，三十四年十一月后因复员困难，本局重庆办事处鉴于二十七年汉口退守宜昌告急时，本局曾征调大批川江木船抢运宜昌人员物资，著有成效，乃发动此项木船，兼载人货，以供复员运输。于是各机关多雇用木船，由渝复员汉、京。该办事处为注意航行安全起见，曾拟订“木船参加复员运输管制办法”，规定东下木船除应检验其船身构造是否健全外，并对于船伕驾长须经查考合格，发给执照，以资慎重。此项办法施行之后，木船东下数量大增，其装载情形有三：

(A) 全载货物，

(B) 装载舱底货，搭载舱面人客，

(C) 全载人客，舱底与舱面分层装载。

善后救济总署重庆难民疏送站曾租用木船，运送大批义民赴宜昌以下，一艘较贫苦人民亦皆搭乘木船返乡。三十五年五月乃有木船载运人数达一万人以上之纪录，惟因此即有运送秩序与治安问题随之发生，嗣经本局分转有关地方政府对于治安方面，予以维护，社会部亦饬重庆社会服务处与本局重庆办事处合组“复员木船联合办公处”，为返乡义民代办购票配运等事务，至七月以后，川江洪水季节木船航行危险，运量始减。据本局重庆办事处统计，复员木船经检验下驶者达六百三十七艘，核发驾长执照五百八十四张，此亦复员运输中之盛况也。

(6) 提倡在渝制造小轮与木驳　复员水运工具既感不敷，枯水时期更为困难，必须在渝添造船只。但因器材缺乏，时间迫切，自不能制造大轮，惟有从事简便之小轮与木驳，拖带下驶，尚勉能合用。自经本局重庆办事处提倡之后，渝埠航商及有志运输事业人士，纷纷订造小轮，其构造大概如次：

(A) 船壳　木质长度自五十尺至一百五十尺不等，

(B) 机器　(1) 蒸汽机二座锅炉一座，

(2) 柴油机一座或两座，

(3) 各种汽车引擎改装，用两座引擎或四座引擎，零件新配。

(C) 推进器　螺旋式一具至四具不等，

(D) 马　力　四十匹至二百匹不等，

(E) 效　能　本船容量有限，可拖木驳一艘或两艘，载量五十吨至二百吨。

由是各机关未能分配得舱位或急于复员者，多包租此项小轮，拖带木驳直驶南京，为数颇多，其中仅装置汽车引擎之小轮，迄复员完竣止，下驶者即达二十八艘，其对于复员运输弥补甚大。

(7) 利用接收敌伪之船舶　查武汉区接收之敌伪船舶，数量并不为少，应待到处理以后始可使用，惟处理手续较繁，自非短时间内所能解决。当水运复员工具缺乏之时，自宜加以利用，既可减除运输之困难，又可免虚置损坏之消耗。故特决定委托代管使用方案，将接收敌伪之船舶，交与航业机关、交通机关及民营航业等方面代管使用，俾可参加复员运输。其有需要修理者由代管方面出资修理，代管使用期间无需支付租费，但修理费用亦不得索偿，一俟处理办法决定，即取消代管，所有武汉区接收之敌伪船舶，除军事专用者外，几已全部分配代管，等于复员运输之生力军，其裨益之大自不待言。

(8) 川江绞滩站之恢复　川江绞滩建设，原颇完善，在抗战期间曾有显著之成绩，为各方所公认。胜利降临后，绞滩事业初被认为时过境迁，不足重视，即将绞滩机关缩小，只留川江绞滩总站及青滩、泄滩、东洋子滩与隆滩、狐滩等五绞滩站，其余悉行裁撤。迨后复员开始不久，枯水季节届临，川江各滩滩险形成，所有马力较小之轮船东下后，即无法上驶继续供应复员运输，于是感觉绞滩站过稀少。轮船经过稍大滩险，即生困难，当将已经裁撤之塔洞、滚子角、牛口、青竹标、下马滩、冷水碛、庙基子等七绞滩站，恢复设立，并尽速赶办，统于枯水期内恢复施绞，至于原有保留之青滩等五站，亦经补充设备，加强施绞力量。

三、复员后期之航运

查此次水运复员，在开始运输时，因有停泊川江之巨型轮船及贷款修理之轮船参加复员，由渝东下运量既大，且系直达京沪，故工具与时间均见充裕，尚勉能维持。嗣后大型轮船航线最多驶至宜昌为止，且以军运特繁之故，多数大轮被调应差，以致复员船只非常缺乏，运输遂形停滞，于是不得不另筹办法，以资补救。

（1）分段航行　查川江航道艰险，水流湍急，川轮之马力较强，耗用较大，若以川轮直驶汉京，往返费时，殊不经济，自以采取分段航行办法，庶可免阻滞之病，当将渝沪线分为：

（A）重庆至宜昌　　六四八公里，

（B）宜昌至汉口　　七二二公里，

（C）汉口至上海　　一，一二五公里

等三段。凡属马力较大之川轮指定行驶渝宜段，中型轮船及三百总吨以下参加复员运输之小轮船，行驶宜汉段，大型江轮行驶汉沪段，并规定除必要修理及特殊任务外，渝宜段之船不得驶过宜昌，宜汉段之船不得驶过汉口。由渝装运复员人员物资到宜时，均应下船卸载，转船东下。

（2）渝京水陆联运　渝京水陆联运，系由交通部公路总局直属第二运输处与长江轮船公司及中华旅运社股份有限公司联合办理，其联运路线分为四种：

（A）渝长联运　由重庆至长沙联运分为两段，重庆至常德用陆运，取道川湘公路计一二一三公里。常德至长沙用水运计二五五公里。

（B）渝汉联运　由重庆至汉口联运分为两段，重庆至常德用陆运，与前同，常德至汉口用水运计五五二公里。

（C）渝京联运　即渝汉联运之延长，再由汉口转船至南京水运七三三公里。

（D）沅汉联运　由沅陵至汉口联运分为两段，沅陵至常德用陆运，亦取道川湘公路计一九八公里，常德至汉口用水运。

以上四种联运，以渝京联运路线最长，间经常德、汉口两处转运，由渝至京全程规定十五天到达。沿途均设有招待所为旅客照料，并有通讯设备，预先报告每次载运数量，以便汇备接运工具，可免乘客留滞之苦。所有水陆运票价在起运站一次收取，由联运机构自行结算，乘客甚感便利。计渝长联运疏运一万一千二百人；渝汉联运三万五千六百九十七人；渝京联运有七千五百七十五人；沅汉联运六千二百人，器材机件五千六百吨，总计数目甚为巨大。

(3) 汉京小轮船航运　在三十五年二月间，军运最繁，并以水位低落关系，大轮多经征调或停航。汉申航线仅余江汉、澄平两轮担任复员运输，故当时汉口留滞之复员人员甚多。本局鉴于情势严重，乃建议发动小轮船加入宜汉、汉京段复员运输，幸蒙上峰采纳，即行召集各航商会议，力加鼓励，并予以航行手续，配购煤炭，免费停靠公用码头种种便利。会议结果各航商均踊跃参加，即席登记之轮船有二十七艘，驳船三十二艘，以后续有增加，终能达到一日一船之目的。据三月份统计汉申线总运量中，小轮占百分之七十强，宜汉线占百分之五十四强，以后江水上涨，大轮相率开航，但又因遣送日本俘侨及正式还都关系，航运依然拥挤，此项小轮仍甚重要，故继续协助复员运输。至三十五年底止，三百吨以下轮船汉京沪线运出乘客六万四千三百四十人，货物五万五千四百九十吨，其对于复员运输，确有巨大之裨补。

(4) 长江复员航运之统计　查此次复员运输先由战时运输管理局设立航运复员委员会，负责办理党政复员调配工作，军运方面则由后方勤务部之长江区水运指挥部主办，但因职权不统一，以致调度轮船及配搭人员等等问题，均感困难。常有由渝开航之船只中途被截留或占用情事发生，情形颇为紊乱，效率随而减低。后经中央决定改设交通部全国船舶调配委员会统一调配船只，该会于三十四年十二月起在重庆成立，并在宜、汉、京等处分设办事处，分别负责办理。于是运输效率，日趋增强。惟三十五年四月之后，陪都中央政府正式还都，各机关纷纷迁移，虽时届春季水涨，川江轮船可稍增加，而僧多粥少，支配仍难。至五月中苏北湘皖等地，均告粮荒，为运输川粮接济起见，将所有较大轮船，一律运粮不搭载其他人员物资，以致复员运输更感窘迫。斯时各机关还都多包租小轮拖带木驳，而人民还乡则多搭乘木船。至六月间为教育部分复员重要时期，虽经船舶调配委员会呈准运粮轮船附搭学校员生，然分配舱位等等，仍多困难。该委员会于六月底结束，业务移交中央党政军各机关留渝联合办事处接管，该联合办事处主办复员分配工作，系行政上之指挥。至于水运业务方面经交通部指示渝埠各轮船公司合组"渝宜轮船运输联合办事处"，以资承运。迨七月底，中央党政军各机关留渝联合办事处因本身需要还都而结束，业务复移交重庆行辕接办，自八月起由重庆行辕组设复员运输委员会，并由交通部特派项参事雄霄赴渝督导各项承运工作。八月份以后粮运渐松，川江水位亦趋平稳，船只增加，运输乃见起色。迄十月底复员运输大致完成，所剩人员仅为各机关留渝办理结束事务者，重庆行辕复员委员会遂于十月底结束，对于陆空工具即予开放，惟水运方面为预筹配运军粮军品计，仍设"川江船舶调配委员会"，并由各公司合组"川江轮船联合办事处"，以便承运，一面将十月底所剩人员继续运出，至十一月中旬待运者已属寥寥。此项航运复员之艰巨工作，至此可谓全部完成，且较预期为早，实堪庆幸。至于运输之数量，在川江方面据本局重庆办事处调查，自三十四年九月至三十五年十一月，轮船部分军公商民合计二十万零三千零二十四人，货运八万四千四百九十七吨，惟三十四年九月至十一月军运数量，因原承办机关撤销，无法调查，估计约二万人。木船部分自三十四年十二月起至三十五年十一月止，合计运出四万四千五百八十八人，三万二千五百五十一吨。汉口方面经本局统计，自三十五年三月至十二月，汉京沪线大小出口船只合计载运一十七万六千二百四十二人，一十七万一千七百二十八吨。此外遣送湘鄂赣区日本俘侨人数，闻有日俘二十万人，日侨四万余人，南京地区日俘六万人左右，至于军运数量则均未包括在内。

四、复员一年前之航政

在抗战以前，长江区航政分由上海、汉口两航政局管理，江苏、安徽两省属于上海航政局，江西、湖北、湖南、四川四省属于汉口航政局。自三十年八月，汉口航政局改组为长江区航政局，于是长江全流域航政统一管理之基础，始行奠定，但因失地未曾收复，许多区域均在敌伪占据之下，无从实施管理。至复员前一年（三十三年）长沙、衡阳、祁阳相继失守，湘江水运完全陷敌，斯时除四川一省金瓯无缺外，其余湘赣鄂三省皆跼蹐一隅，实无航政管理可言，皖苏两省沦陷已久，则更无论矣。

至于在四川省航政管理情形，其属于经常工作者，如船舶之丈量检查登记，船员之检定考验，轮船业之监督指导，以及航线之调整等等，仍继续进行，其比较重要工作，约有下列数端：

（一）为轮船货物运价贴补政策之实施　按我国船舶运价系自二十八年四月起，实行管制。三十二年一月以后，又照中央限价政策统制更严，虽然经过多次之调整增加运价，但远不及工资物价增涨之成数，以致航商亏损巨大，已濒崩溃边缘。如果放松尺度，巨额增加运价则势必刺激物价，影响社会经济，倘仍严格限价，则航业无法维持，关系交通亦大。故对于轮船运价改用贴补政策，以资兼顾。其办法系以延吨公里计算，并就各公司每延吨公里亏损最低之数字为核给各公司贴补款额之一致标准，又以前两月份之标准为计算贴补之数字，而非凭当月标准计算也。计自三十三年七月至十二月共贴补一二四，七六〇，四四三元，至三十四年四月轮船客运票价准予增加，轮船货物运价仍用贴补政策。并以原定贴补办法尚欠彻底，复经改订为(1)按延吨公里计算，并就各公司中亏损之平均数为核给各公司贴补数额之一致标准；(2)凡每延吨公里亏损数超过平均数者，按照其超过数字每百分之十加给十分之五贴补费，不及百分之十时不予加给，其亏损数在平均数以下者，仍按照每延吨公里实际亏损数，核给贴补数；(3)根据当月亏损数字核算当月贴补数额；(4)按月照上月数额先发八成，俟贴补额核定后多退少补，截至是年十二月止共贴补二，一〇二，一四八，五五八元，受贴补之公司为国营招商局、民生、三北、强华、合众、三兴、佛亨、永昌等公司共计八家。

（二）为准备复员大型轮船保养费之贴补　缘抗战期间由长江下游撤退川江之大型轮船，因为船身甚长，吃水较深不适宜航行川江。除极少数在洪水时期航行二三次外，大多数皆长期停泊，既无营业收入，而船上员工薪津以及必要之保管费用，又无法节省。故航商亏损益深，维持不易，且此项巨型轮船原为长江中下游优秀船只，一旦抗战胜利，则复员运输端惟此项船只是赖，更非予以补助，使善为保管不可。本局有鉴及此，于三十四年三月间拟具补贴办法呈请交通部转请核准施行：(1)大型轮船在停航期间，最低配备员工薪资伙食总数由政府按月贴补之；(2)员工薪资以招商局待遇为标准；(3)大型轮船每一次洪水期间，以移锚四次为则，其所需之燃煤油料，亦由政府拨发实物补贴之；(4)凡洪水季节航行者及出租作为囤货用者，不予贴补。以上办法经奉行政院核准照办，共计受贴补之轮船十七艘，为招商局江顺等六轮，三北公司长兴等五轮，大达公司大达等三轮，大通公司鸿大轮，达兴公司鸿兴轮，及民生公司民众轮。自三十四年五月起至九月抗战胜利各轮航开时止，总共贴补保养费三千一百一十八万二千四百二十元，又煤一千七百二十五吨，油四百二十加仑。

（三）为捞修船舶　此项工作可分为轮船与木船两种，关于捞修川江沉毁轮船情形，已见前述，兹不再赘。至于修理川江渝坪段木船奉令核定办法为：(1)修船范围以运粮船川江接运处船及第六战区兵战部船为原则；(2)待修船只为九百二十四艘；(3)修船经费为一亿元；(4)修理费分配为大修二百艘，合计二千万元，中修四百艘合计五千万元，小修四百二十四艘合计二千七百万元，事务费三百万元；(5)修船地点分为重庆、万县、巴东三区；(6)修船期限分为三期，每期二个月；(7)修理工程用比价方式投标，由中华、中亚、精勤、明泉四家厂商承包。嗣因工资物价继续上涨，原定修理价不敷，以致修理船只数量，未能达到预定之标准。

五、复员初期之航政

(1) 机构之恢复建制　抗战胜利，本局首先奉命复员，但以本局在川省协办复员运输任务亦极重要，未能遽行全部迁设汉口。乃于三十四年九月二十日先派一部分人员来汉主持武汉区航政，并于十月一日起恢复设立开始工【作】。按本局系于二十七年十月二十二日由汉口撤退重庆，经历八年艰巨之抗建工作，至是始获重光，此亦本局之一段光荣历史也！迨三十四年十一月增设重庆办事处后，本局始全部迁回汉口，将渝方航政移交重庆办事处接收办理。又本局九江办事处于二十七年九江、南昌相继沦陷时，移设吉安；宜昌办事处于二十九年宜昌陷敌时，迁设巴东，并改称巴东办事处，长沙办事处系三十三年长沙四次会战时停办。以上三办事处，均在胜利后不久复员原地，恢复战前建制。但江苏、安徽两省航政仍归上海航政局管辖，并以南京航运重要，暂将芜湖办事处改设南京，称为南京办事处。此与战前建制稍有差异，直至三十五年三月十六日苏省之镇江、南京两办事处，移归本局接收管辖。十二月一日恢复成立芜湖办事处以后，长江区航政之统一管理，始告实现。至于抗战期间增设之广元、南充、合川、泸县、万县、常德等六办事处，因川省航运业已弗如战时之繁重，湘省航政已有长沙办事处主管，均在三十五年初，先后裁撤，仅保留宜宾办事处主管长江上游及岷江、金沙江航运。故截至现时止，本局附属办事处共有宜宾、重庆、宜昌、长沙、九江、芜湖、南京、镇江等八处。

(2) 敌伪船舶之接管与分配使用　查长江各省敌伪船舶之处理，系分为两区主办，苏皖两省属于苏浙皖区敌伪产业处理局主管。湘鄂赣三省则属于行政院处理接收武汉区敌伪产业特派员办公处主管。当敌人投降之时，武汉区敌伪船舶属于军事性质者，由第六战区兵站总监部等机关接收，属于行驶鄂省内河之船舶由湖北省政府接收，其余船舶由交通部武汉区特派员办公处接收。嗣又设立交通部武汉区航业整理委员会，主办敌伪船舶处理事宜。凡交通部特派员办公处接收之船舶，均由该会分配各机关及少数轮船公司代管使用。至三十四年十二月航业整理委员会裁撤，其主管业务移交本局接管，据移交清册内列接收分配代管之船舶共计六百八十艘，同时行政院处理接收武汉区敌伪产业特派员办公处成立，对于水上产业处理事宜，授权本局承办。故三十五年间本局即在秉承行政院特派员办公处指示原则之下，将武汉区敌伪水上产业，分别加以处理，处理原则不外(1)凡接收敌伪船舶中，如确系我国公商或盟国商人所有者，即予呈请行政院特派员办公处准予发还，但申请发还必须提出所有权证明文件，并须经本局派员查勘相符后，始准认定产权，转请发还。(2)在未确定产权及未决定最后处理办法以前，仍予分配代管使用。(3)代管之船舶如必须修理者，应由代管人将修理工程及修理费送报本局备查。上列第一项原则系保障船舶所有人权益，为防杜诈欺冒领情事，故特别严格查核，审慎办理。第二项原则旨在尽量利用交通工具不使停滞，以利复员运输。第三项原则目的在于避免发还时发生纠纷，致使船舶所有人蒙受损失。据三十五年十二月统计，所有接收分配代管使用连同本局查勘新发现之船舶，总共七百五十一艘。至于清查船舶，整理码头，以及发还船舶等等处理工作，较为繁要，特另述于后。

(3) 清查湘鄂赣三省敌伪船舶及损毁沉没之船舶　本局接管航业整理事宜以后，因感过去接收情形，尚欠周密，多凭敌人移交清册点收，难保无隐匿遗漏之处。并以抗战八年，长江损毁沉没之船舶为数当不在少，应先明白真相，始可计划捞修，利用协助运输，特组织船舶查勘队四队，分别实地查勘，以期详实。第一第二两队系由本局派员组织之，于三十四年十二月二十日由汉口出发，至是月三十一日止查勘完毕，历时十二日。查勘范围，一为襄河及汉口以上迄城陵矶止，一为汉口以下迄石灰窑止。两队查勘之船舶，共计四百零三艘，其中除与以往接收之船舶相符者外，计有新发现之船舶七十一艘之多。此项新发现之船舶，包括有大小江轮、驳船、小发动艇、起重机船、灯船、码头船等多种，尤以在鄂城城边码头发现之华源轮船一艘，最有价值。该轮系日清公司所有，原名爱媛丸，为铜壳之货轮，总吨数五百余吨，马力九百五十匹，速率十二海里，乃最适宜航行长江之船只。当时该轮搁置码头无人看管，苟非及早发现，则不免有散失之虞，此为本局两队查勘船舶之大概。第三船舶查勘队由本局长沙办事处担任组织，于三十五年一月十六日出发湘江一带，开始查勘，所有查勘之船舶，共为十六种计三百零五艘。其中堪以航行及需要修理者二百四十七艘，合九千九百四十六吨，无修复之价值者五十八艘，合二千五百七十五吨。第四船舶查勘队系由本局九江办事处担任组织，于三十五年三月出发查勘，上至石灰窑，下至芜湖一带，查勘之船舶共为十种，计一百二十一艘，其中修理可用者七十二艘，合四千七百吨，无法修理者四十九艘，合四千六百五十吨。本局此次发动查勘船舶工作，均系实地查勘，故颇为精确，所费人力固属不小，但所得结果则甚大也。

（4）调查整理武汉区码头趸船　查武汉绾谷九省交通，为华中最重要之吞吐港，来往船舶众多，上下客货频繁。每当洪水季节，万吨左右之海轮，亦可畅行无阻，故必须有完善之码头趸船设备，始克便利客货上下，增进运输效率。但经过八年抗战，原有码头趸船建设，大半被敌破坏，当光复伊始，各水运机关多注重于船舶之接收，而对于码头趸船之整理工作，尚未积极推行。除军事机关及国营省营航业机关已设有专用码头趸船外，其余大多数航业，均无此项设备。本局深知码头趸船之与船舶，同具重要性，特于开始清查船舶之初，同时着手调查武汉区码头趸船，兼筹并顾，以便进行整理。于三十五年一月派员调查自龙王庙以迄谌家矶止，共计码头六十五处，而已有趸船跳船设备者不过三十六处，且多数未曾整修，不宜使用。趸船跳船共计八十三艘，其完好可用者亦只有六十四艘。在此种情形之下，如非亟加整理，则武汉运输之阻滞，恐亦无法避免。整理方针除本局开辟公用码头三处以供公用外，其余码头水面陆续指定与各事业机关及各轮船公司使用，惟码头趸船之指拨，必须审度地位，勘察水流，以及安设趸船长度是否适宜，并须视其仓库所在地是否接近，然后再加以决定，呈请行政院特派员办公处核准指拨。一年以来经指拨之码头水面，计有民生公司五处，善后救济总署汉口物资储运局一处，大达公司一处，中国植物油料厂一处，大通公司一处，湖北监务办事处一处，粤汉铁路局二处，平汉铁路局一处，并划定汉口紫花栈起至分金炉止之水面，作为海军建设码头之用。又鄂省航商请拨码头，曾经本局转请湖北省政府在襄河口指拨两处，但因所拨码头未便使用，复由本局再度转请改拨。

(5) 接收汉口外商码头水面开辟公用码头　查长江港埠之有公用码头，实以本局开辟汉口第一、第二、第三等三公用码头为嚆矢。而航政机关之管理码头港务，亦以此为先声。缘去年复员伊始，运输纷繁，汉口码头多未着手整理，间有少数整理可用者，大半为军事机关之军用码头，或国营省营航业机关及一二轮船公司之私有码头，皆属专用性质，其无力自建码头之公司，战前在汉原无设置码头之公司，以及外港轮船驶进汉口港者，惟有临时向其他公司租用，否则必须停泊江心。赖木船以驳运货物，载送乘客，其浪费人力财力固不待言，而时间之损失，影响运输效率则尤为巨大。本局有见及此，经建议行政院特派员办公处，准饬本局在汉开辟公用码头，以谋公共之利益，而期运输效率之改进，此为本局开辟公用码头之缘起也。

本局开辟汉口公用码头系奉令指定前太古公司二码头，怡和公司二码头，及太古公司四码头三处，各该码头地位均甚冲要，原有设备亦颇完备。但自英国对日宣战以后，此项码头趸船皆被日方掠夺占用，破坏挪移，直至日本投降时止，从未整修。故本局整理开辟，颇费周章。(1)第一公用码头前为太古第二码头，查有趸船两艘，其一搁在坡岸，船底且有破损，另有跳船四艘则全搁岸上，经过三日之拖绞，始得移置水面，并将趸船之底修补完全。至三十五年一月二十一日全部工竣，开放公用。(2)第二公用码头前为怡和第二码头，查有一艘趸船安置水面，可以使用，惟跳船三艘则皆搁岸上，亦经两日之拖绞，乃得曳置水面，同时并修理坡路栈桥等等工程，历时七日始告蒇事。于三十五年一月十五日开放公用。(3)第三公用码头前为太古第四码头，虽有趸船一艘，但已烧毁不堪使用，跳船两艘亦搁岸上，其中一艘所搁位置甚高，拖绞四日始下，并在附近暂时移用其他趸船，加以修理补充应用，故此码头整理工程最大，计历十一天，至三十五年二月一日开放公用。此为建设公用码头之经过也。至于管理方面，本局特增设港务室负责主管，每一公用码头均派有正副管理员，受港务室主任指挥，分别管理各码头事务，并订定本局公用码头趸船使用暂行办法，以及船舶停靠公用码头申请书格式公布施行。但为便利航商起见，所有停靠本局公用码头之船舶，在复员初期，概不征收租费，以示优待。

六、复员后期之航政

(1) 督修武汉区码头趸船　关于整理武汉码头趸船情形，前已略述梗概。迨至复员后期本局督促修理各码头趸船，期得更臻完善，如长江轮船公司所用之码头趸船，系由本局第一公用上码头拨租与该公司应用，其趸船一艘、跳船二艘，均已破旧，经饬该公司出资兴修，并由本局派员督导修理。又如蔡锷路码头置有炸毁之趸船一艘，跳船一艘，原为粤汉铁路局之产业，该局不拟修理，自愿放弃，经呈准行政院特派员办公处拨交善后救济总署汉口物资储运局修复使用。其他各码头坡路栈桥趸船跳船需要修理改善者，均随时督促办理，并通知各公司码头，装设电灯，以便行旅及夜间起卸货物，增进运输效率。截至三十五年底止，武汉港可以停船之码头计有四十六处，趸船跳船经已修复可以使用者已有九十二艘，比较未整理之前，业已进步甚多。又本局谋市民安全计，曾向武汉行辕建议在市区以外，指定刘家庙码头一处，专供装卸军火以及容易爆炸军品之用，当蒙采纳。至于沿江一带如有发现沉毁趸船跳船，本局均设法控制，拟具处理办法，呈请行政院特派员办公处核定，务期尽量打捞兴修，补充使用，以解除工具缺乏之困难，并可减少船舶航行之危险。

(2) 修整汉口公用码头　本局开辟汉口公用码头为适应初期复员运输需要，不得不争取时间，力求迅速，其因陋就简之处，在所难免。并因该三处公用码头原为英商太古、怡和两公司租用之水面，虽经本局收回辟作公用码头，但外商仍藉口租期未满，主张租用权，提出抗议。是公用码头基础尚未确立，且趸船跳船栈桥坡路之整修，在在需款，本局原无此项经费预算，筹划亦感困难。嗣奉行政院核示，外轮既不得在我国内河航行，其原租码头水面自无继续使用之必要，可以收回使用。后又奉行政院核准拨发公用码头工程事业费六千万元，于是各种困难始获解决，乃得续作第二步之整修。(一)向石灰窑经济部华中钢铁厂接收趸船一艘，跳船二艘及在武昌查获趸船一艘，招工修理，拨充公用码头使用，将外商趸船跳船先予发还一部分。(二)夏季江水上涨，码头坡路淹没，将各码头栈桥三座，加以修理，并添制跳板一百六十块，栈桥木柱三十一根，横梁四十二条，随水位之涨落而升降架设以便通行。(三)装设各公用码头趸船电灯。(四)在各趸船上面建造办公房屋以及员工宿舍厨房厕所，并将本局港务室移在第三公用码头趸船上办公，以便就近指挥管理。(五)各公用码头坡路，由管理员随时督饬整理，以达整齐清洁之标准。(六)各公用码头水手长水手均发给制服。(七)自三十五年六月十六日起征收低微租费，以充经常维持保管费用。各公用码头经过一再整修之后，业经相当完善，以往纷乱之情形，已一扫而空。自开放以迄三十五年十二月止，共计停靠船舶一七四三艘。又本局鉴于汉口公用码头所收之宏效，将计划推广及于长江各重要港埠，在九江方面已饬本局九江办事处整修敌伪趸船，开辟公用码头。在南京方面，已经呈请核准指拨三处交与本局南京办事处开辟公用码头。长沙方面亦已函商湖南省政府指定二处交与本局长江办事处建设公用码头。事关辅助航业，便利公共交通，深信必获各方赞助也。

(3) 发还盟商船舶　自珍珠港事变发生，英美对日宣战以后，所有英美商人在武汉区之水上产业，悉被日人没收占用，至日人战败投降，各盟商纷纷请求发还其船舶，本局根据所有权证件并查核船舶标示分别处理。(一)英商太古公司请求发还之船舶计八十八艘(轮船一四艘，铁驳三八艘，趸船跳船三六艘)，已经证实发还者四十九艘(轮船七艘，铁驳船二九艘，趸船跳船一三艘)，已证实尚未发还者十六艘(轮船一艘，铁驳一艘，趸船跳船一四艘)。据太古公司原册所载沉没及失踪之船舶二十三艘(轮船六艘，铁驳八艘，趸船跳船九艘)。(二)英商怡和洋行请求发还之船舶计四十艘(轮船一四艘，驳船一四艘，趸船跳船一二艘)，已经证实发还者十五艘(轮船五艘，铁驳二艘，趸船跳船八艘)，已证实尚未发还者七艘(轮船一艘，铁驳四艘，趸船跳船二艘)。据怡和洋行原册所载沉没及失踪之船舶十八艘(轮船八艘，铁驳八艘，趸船跳船二艘)。(三)英商亚细亚火油公司请求发还船舶二十三艘(轮船二艘，铁驳四艘，趸船跳船一七艘)，已证实发还者八艘(轮船一艘，铁驳一艘，趸船跳船六艘)，已证实尚未发还者趸船跳船二艘。据亚细亚火油公司原册所载沉没及失踪之船舶十三艘(轮船一艘，铁驳三艘，趸船跳船九艘)。(四)英商上海拖驳公司请求发还铁驳一艘，已经核办发还。(五)英商马勒洋行请求发还轮船一艘，已经核办发还。(六)美商美孚行请求发还轮船铁驳各一艘，趸船跳船八艘，共十艘，已经核办发还。(七)美商总统邮船公司请求发还轮船一艘，已经核办发还。

(八)美商上海堆栈公司请求发还铁驳一艘,已经核办发还。以上各盟商请求发还之船舶,总共一百六十五艘,除系沉没及失踪无从核办者五十四艘外,其余已经本局核办者一百一十一艘(已发还八五艘,未发还二六艘)。是本局对于盟商请求发还之船舶,凡已发现者均已核办,其有少数尚未发还之船舶,实因各机关暂时尚需使用之故,然预料在数个月之内,亦可陆续发还。

(4)发还本国公商船舶　在抗战期间,长江本国公商船舶,损失甚为重大,其因公损毁者,固属甚多,而被敌伪掠夺占用者,亦不在少数。抗战胜利后,敌伪船舶皆由政府接收,本国机关原有船舶以及航商所有商船,查有着落,即请求发还,在本局请求发还者计有轮船五十一艘,铁驳八艘,起重机船一艘,其中属于公有者二十艘,民有者四十艘,本局亦系按照规定程序办理。截至现时止,已经发还者计有轮船二十二艘,起重机船一艘,已经证实尚未发还之轮船三艘,其余船舶,内有十五艘去向不明无从核办,手续不完备未便核定者七艘,正在核办及请示中者十二艘,又已经证实各船舶中,颇多只余船壳或仅存锅炉机器者,皆因陷敌期间,被其任意破坏,或改装所致,是亦敌人罪行之一种,而本国航业牺牲之巨,于此亦可见一斑。惟凡战前曾在本局登记之船舶,至此次请求发还时,本局可凭登记簿册迅速予以确证产权,即到船查勘时亦因有船舶标示之记载,亦易于辨认证实,根据此次经验,足证船舶登记实为产权之有力保障也。

(5)推行航政法规　长江区航政在抗战期间,业已建立基础,略具规模,但经八年抗战,自宜昌以下全部流域相继沦陷,所有航政法规悉被敌伪破坏无遗,即最基本之船舶丈量检查登记办法,亦已荡焉无存。本局于三十四年十月奉令迁回汉口,虽曰复员,实际等于从头做起,在当时纷乱情形之下,欲图恢复旧观,进而扩大推行。其困难或更有甚于创办之时。一年以来,幸赖各方之协助,以及全体人员之努力,始得逐渐恢复,顺利推行。兹略述于次:

（一）船舶之检查丈量　接收之敌伪船舶，全未检查丈量，航行安全至为可虑，嗣经本局严厉督饬，凡未经检查丈量之船舶，一律不准航行，于是各船始克遵守。

（二）船舶证书之悬示　依照船舶检查章程之规定，船舶检查证书及乘客定额证书均应悬示船上明显处所，航商往往藉口此项证书须送海关结关，多未悬示。本局为顾及事实起见，仍照以往在川江办法，对于此两种证书，一概加发副本，饬其悬示船上，并经呈奉交通部核准，通饬各航政局一体照办矣。

（三）航行日记簿之签证　当复员之始，运输频繁，进口之轮船均未照法定手续，将航行日记簿送请签证，本局为作有效督导起见，对于进口轮船，逐一通知照办，经过数月之推行，现已全恢复正轨。

（四）进出口轮船之报告　依照战前规定办法，出口轮船必须填具船员姓名报告书，经航政官署签证后，始可结关放行，但仅限于船员资历之监督，对于其他事项尚未赅括，而进口轮船亦无报告之规定。当经本局订定轮船进口及出口报告单格式两种，内容包括有关船舶船员及装载客货数量等项通饬施行。嗣奉交通部另颁格式复经一并实施，现时出口轮船非经本局在出口报单上签证不得开行，未报告进口者并不得报请出口。

（五）船舶登记之整理　抗战期间船舶损毁甚多，原已登记之轮船仅存十分之二三，即就汉口港言，登记轮船本有二百余艘，现已查明实在数目，不过五十余艘，其余大半已经灭失，但因船舶所有人尚未依法办理注销登记，故无从证实现存确数。兹经本局令饬汉口市轮船业同业公会调查，并限令各船舶所有人办理注销登记，否则本局以职权予以注销，以资整理。又本局长沙、镇江两办事处船舶登记簿，均在战时焚毁，亦经公告办理回复登记。

（六）船舶标志之回复　船舶绘画标志原有一定办法，违者且有处罚之规定，惟当复员之始，各轮船均未照办，经本局分饬各航商依照规定绘画标志，并经呈奉交通部准予通令各航政局转饬遵行。

（七）船员之检定考验（另述）

（八）轮船业登记之督促　抗战胜利以后，新设立之轮船公司甚多，其中资本充裕具有远大计划者固多，而投机取巧者亦复不少。本局为维护正当航商权益起见，对于轮船业登记事宜，时在督饬照章办理中，并于三十五年十一月规定办法六项通饬施行：(A)凡现在经营轮船业务之公司行号，统限于三十五年年底前照章申请为轮船业登记，逾限不准营业；(B)凡无自置轮船之公司行号，不得申请为轮船业登记；(C)凡在战前已经领有轮船业执照之轮船公司行号，其原有轮船因抗战损失，现无自有轮船，足以经营业务者，得租船营业，但其期间最多以一年为限，逾期仍未补充自置轮船时，亦即不准其租船营业，并吊销其轮船业执照；(D)凡在战前已有自置轮船之公司行号，其轮船已经主管航政官署核准登记有案，而尚未申请轮船业登记者，得以其自置轮船暂先营业，但愿在六个月以内申请为轮船业登记，逾限即不准营业；(E)凡新设立之轮船公司行号，如确已在外国购制轮船能提出证明者，或在国内定造轮船并已在造船厂所在地航政官署申请制造中特别检查者，其在呈报轮船业筹备期间以内得先租船营业；(F)轮票局报关行均不得代理轮船业务。此项办法已经呈奉交通部核准备案。

(6) 办理船员考核与考验　本局复员汉口，对于船员管理方面，第一步先举办收复区船员登记，共计登记五百零九人，但其中百分之九十未曾经过检定考验，领有船员证书，苟非严加考核管理，势必影响航行安全，但举行船员检定考验手续颇繁，非咄嗟可办。故第二步一面作检定考验之准备，一面先实行船员雇用及解雇登记，核发海员手册，凡经本局核准登记发给手册，准先在船服务。计三十五年一至十二月共计船员雇用登记八百五十二人，解雇登记二百五十二人，核发海员手册六百六十五人，并规定船员解雇时未向本局办理登记者，其所遗职务之新雇船员，不得登记，以资限制。第三步开始办理未满二百总吨轮船船员检定考验，并为求简化手续起见，经呈奉交通部核准检定与考验同时办理，自三十五年六月二十五日起，每逢星期二及星期五，各举行考验一次，星期二考验轮机部分船员，星期五考验驾驶部分船员。截至十二月六日止，总共考验三百四十六人，其中及格者正驾驶九十四人，副驾驶四十七人，正司机九十二人，副司机四十九人，不及格者正驾驶二十四人，副驾驶二十二人，正司机副司机各九人。

(7) 推行航政视察制度　本局创设航政视察制度于二十七年在汉口开始实行，曾经著有成效，邀蒙交通部令予嘉许，迨撤退重庆以后，鉴于后方运输之重要，川江航行之危险，乃更加推广视察，严格执行，八年以来，从无间断。三十四年十月本局迁回汉口，以航运情形尚未恢复常态，复员运输又甚繁重，认为视察制度仍有继续推行之必要，故每日照常指定视察人员分赴各轮船视察，不但可以确切明了轮船之动态，而不合航政规定，危害航行安全者，皆可随时纠正取缔。至三十五年八月武汉区联合检查机构组织成立，在长江襄河先后设立船舶检查站，本局派员加入联合检查，担任交通组检查事宜，所有进出口轮船均须经过该站检查，遇有违反航政法令，立即制止航行，或通知本局处理，但经过联合检查站检查核准放行者，其他机关不得再行检查，以简手续而利交通。

(8) 考核汉宜湘区引水及制定引水费率　查汉宜湘区引水管理办事处奉令举办引水人登记检核事宜，经先分知汉宜湘引水公会，中华海员工会直属领江支部，暨扬子江同益引水公会转知各引水【人】申请登记及检验体格，同时洽定汉口市立医院担任引水人体格检验工作。截至三十五年九月底止，登记及已检验体格之引水人计汉宜湘引水公会一百七十七人，中华海员工会直属领江支部六十一人，扬子江同益引水公会十人，总共二百四十八人。嗣为慎重起见，复饬各引水人亲自来处缴验服务证件，执业证书，及成绩记载簿等，以凭甄审。并组设考试委员会，遴聘资深望重之驾驶人员及领江五人充任委员，共同检核考验，先就已经来处缴验证件及已核对照片，并持有引水执业证书之引水人先行检核，其未来处者，正转催赶办中。至于汉宜湘区引水费率在三十五年中，共计修订五次，每次修订引水费率均分为长期与短期两种，长期又分为二百总吨以上与以下轮船两种，皆照战前引水底薪酌予增加，短期系照战前汉宜湘引水公会所订价目增加。第一次修订之费率自卅五年四月起实行至六月止，第二次自七月至九月止。嗣后因物价波动较剧，生活程度一再增高，复于十月至十二月间三次修订增加，其增加情形，最后一次为长期二百总吨以上轮船，照战前每组(大引水一人，二引水一人)三百五十元底薪，增加四千倍。二百总吨以下轮船照战前二百五十元底薪增加二千六百倍，短期按战前价目增加三千五百倍。

(9) 水运运价之管制　我国水运运价之管制，创始于长江区，经历七年之长久时间，虽然因航行成本增高，运价基数屡经调整，但管制之原则，却始终维持不堕。至抗战胜利，航路推广，复员运输增繁，环境变迁，情形复杂，管制办法，转弗如以往之单纯，职权既未统一，系统亦欠分明，他如划分等级，厘订比率等等，有待于改进之处甚多。本局有见及此，曾经详加研究，拟具改善原则八项，于三十五年五月呈请核夺施行。(一)运价暂分五等，(二)货物分等以铁路货物分等表为蓝本，(三)划一各等运价等级比例，(四)规定上下水运价比例，(五)以公吨为划一之计算重量单位，(六)以公里为划一计算里程单位，(七)货物运价基数，重行分区，予以合理厘订，(八)轮船拖费按轮船运价规定合理折算百分率。同年八月又拟具整个调整长江区水运管制运价方案，暨轮船运价章程草案，木船运价章程草案一并呈请核示。但因未奉指示，故尚未实施整理。又本局在汉口各公用码头制竖轮船客票票价牌，使乘客明了价目，以免有票价黑市之发生。兹将三十五年间长江区各省水运运价变动情形，摘述于次：

（A）川江　宜昌以上川江轮船客运票价，自三十四年八月九日调整后，至三十五年二月一日增加浅水费，上水百分之五十，下水百分之三十，三月一日票价调整，各线增加成数不等。至八月十五日又经修订，除重庆至合川线不分上下水加百分之三十外，其余各线加百分之六十。又二百总吨以下重庆至宜昌复员轮船票价，亦增加百分之六十，但系定自三十六年元月一日起实行。至于川江轮船货物运价原由政府贴补，久未调整。迨胜利后，始重新订定，自三十四年九月一日起实行。三十五年二月一日与票价同时增加浅水费，上水百分之五十，下水百分之三十。三月一日又行调整上水加百分之百，下水加百分之六十。至八月十五日除渝合川线不分上下水加百分之三十外，其余各线上水加百分之六十，下水因运输军品粮食关系，只加百分之四十。又川江木船货物运价系三十四年十月一日调整，至三十五年十月一日始行修订，惟因川江木船参加复员运输之故，特增订木船客运表，于三十五年三月一日起实行。

（B）湖北　鄂省内河轮船客运票价，在胜利后始行订定，自三十四年十二月二十六日起实行。中经三十五年一月二十三日，四月一日，及十月十六日，三次调整，货物运价系按票价倍数计算，将货物分为三等，一等货每吨为票价之五倍半，二等货五倍，三等货四倍半，虽属简便，但欠合理，尚有待于改进。至于木船货物运价，航行长江者则适用渝京复员木船货物运价表之宜昌至武穴段，行驶襄河之木船，则另订有襄河木船货物运价表，自三十五年六月一日起实行，至十月二十一日复加修订。

（C）湖南　湘省轮船航线于长衡失守时，缩短至仅湘西一部分，胜利后始恢复原状。票价系自三十四年十二月一日起厘订，但因航行成本剧增，复于十二月二十二日重行修订，至三十五年五月又将长航与短航轮船票价，予以划分，另行订定，自五月二十一日实行。后于十一月二十六日又加调整，至于货物运价订定调整经过情形与票价同，惟无长航与短航之分，而长沙至衡阳祁阳线，则另有规定，其运价较其他航线为高，盖因水浅滩多，航行成本较高故也。

(D) 江西　赣省轮船票价，亦系胜利以后三十四年十月一日起重新订定，三十五年一月一日，四月二十七日，及九月十五日经过三次调整，并已定于三十六年一月一日起再予增加。货物运价至三十五年九月十五日起，始行订定，系照票价八倍计算，近已再度调整，自三十六年一月一日起实行。

(E) 江苏　苏省轮船客货运价，均自三十五年九月十日订定，三十五年十月一日调整，三十六年元月一日起再度修订，货物运价亦按票价五倍半计算。

(F) 宜沪线　宜昌至上海线轮船运价，系分三百吨以上之大轮与三百吨以下之小轮两种，大轮票价胜利初即行订定，于三十四年九月一日起实行，三十五年二月一日增加浅水费，上水百分之五十，下水百分之三十，至三月一日复经调整，近奉部令自三十五年十二月十五日起再行修订。至于小轮票价原为鼓励小轮参加复员运输，于三十五年三月一日起所订定实行，分为宜汉及汉京两区间航线，是年十一月十六日经予调整，又宜沪线轮船货物运价，所有订定以及历次修订经过，与票价同。

以上系长江各省运价变迁情形，至于客货运价基数增加数字，另表以明之。

(10) 协助捞修沉船及协办修船贷款　在抗战期间长江区船舶被炸沉毁者为数甚多，如能设法打捞清除，则不但可以畅通航路，且可增加交通工具。本局于三十四年底在南京至汉口间，查有沉毁之中外大轮二十艘，或已露出水面，或搁置岸边，在当时估计所需捞修费用，已属甚巨，自非航商财力所能担负。嗣经本局于卅五年一月拟具(一)请交通部商洽海军江南造船所担任打捞工作，其打捞费由国库垫拨；(二)各该大轮经打捞后，如系敌伪所有者即行标卖，所得价款除扣还捞修及管理费外余缴国库，其属于盟国商公司所有或我国商人所有者，即通知各轮所有人缴还打捞费，及管理费后，准其领回。如原所有人自愿放弃者，即交于国营招商局代管使用，仍应缴还打捞费及管理费；(三)前项所称交与国营招商局代管之轮船，该局接收后应即修复营运，并自行负担修理费等三项办法，呈请交通部核示，但未奉核准施行。又马当封锁线为抗战期间长江第二道重要防御工事，当时所沉塞之船舶有十八艘二万四千余吨之多，胜利以后，此项防御工事尚未完全清除，以致来往船只须在白昼始敢通过该封锁线，夜间则不敢航行，对于运输效率影响颇巨。三十五年杪，海军总司令部准备清除此项工事，打捞沉船，饬由汉口江防舰队部派员商同打捞公司前往马当察勘，拟具计划，并请本局派员协同前往察勘，本局当即指定荐任技术员欧阳剑等会同办理，业已会商进行。又关于湘鄂两省沉毁船舶贷款捞修一案，在三十四年抗战胜利降临之始，即已开始请求，并经行政院核准由四联总处贷款七亿二千八百五十七万三千元贷与航商，以便捞修，但因贷款办法未奉核定，以致迟迟不能实现。叠经本局一再呼吁催请，至三十五年九月始奉颁到复员期间航商捞修船舶贷款办法。依照是项办法，凡请求贷款之船舶：(一)须在二十总吨以上，(二)船龄须在二十年以下，(三)须在航政官署登记有案，(四)捞修费用不超过本船现在造价十分之六，(五)捞修工程须能于三个月内完成者方合规定。至于贷款额数以所需全部捞修费用十分之七为限，其余十分之三由船舶所有人自筹，申请贷款手续必须备具正式公函，并附加各项说明，呈由当地航政官署查勘属实，核拟贷额洽转当地四联分处，转请四联总处核定。本局奉到上项办法后，复订定督导捞修船舶办法分知各航商遵行，并函达汉口四联分处。湖南方面则由本局长沙办事处负责办理，据报申请贷款轮只计有二十七艘，请贷数额总共九亿四千余万元，经本局长沙办事处核拟贷额亦需八亿四千余万元，但四联总处核准贷款者仅源洪江等十二轮，而贷额亦只准四亿元，尚不及原申请数之半，不但未经核准贷款各轮，均感向隅，即奉准贷款各轮亦以贷额有限，分配困难。嗣经本局及长沙办事处分与长沙四联分处暨承贷银行以及湘省航商多番商洽调处，始得妥协，合理分配。除有二轮自动放弃贷款不计外，其余二十五艘轮船，视工程大小情形，分别比例核减贷额，最多者贷款三千五百余万元，最少者八百五十余万元，使需要贷款各轮可以普遍贷款，不至向隅，而贷款总额亦不至超过四联总处核定数之外，是湘省贷款捞修沉毁船舶，经过一年之努力，终获相当成就。鄂省方面已经申请贷款之船舶，现时共有十二艘，均经本局查勘核拟贷款六亿四千八百四十四万余元，转请汉口四联分处核贷。又湘鄂两省以外航商请求贷款案件，本局均交所属办事处依照规定办法，向当地四联分处洽贷，其在胜利以后增造之船舶，如有需要贷款，本局悉予转请交通银行依照普通押借办法，予以贷款。

(11) 整理汉口码头秩序　汉口码头秩序不佳相沿已久，胜利以后，运输日益增繁，秩序迄未改善，每有轮船进口停靠码头时，小贩力伕麇集趸船栈桥之上，途为之塞，纷乱异常，挑送行李，则任意索价，欺诈行旅。本局有鉴及此，乃会同汉口市政府警察局、社会部汉口社会服务处等机关，于三十五年七月十六日开会商讨整理汉口港码头秩序，当经核定实施办法共计九条，并决议由汉口警察局在江边成立分驻所，取缔非法过档工人，划定摊贩集中营业地段，及人力车停车处所，制发工人号衣，标明号码，暨规定搬运力价等事宜，先由本局汉口公用码头开始实施，以资示范。本局复在第三公用码头增设栅门，由汉口警察局配备警力负责维持。社会服务处则派员驻在趸船上办公，于七月三十一日上午举行演习，至八月七日民本轮由沪抵汉，停靠第三公用码头即照所定管理办法实施，所有交通服务团员穿着号衣，小队长并戴红帽，列队站立趸船之上，俟轮船靠妥，单身旅客上岸后，由小队长登轮接洽搬运行李，各队员依次出动工作，行经栈桥栅门时，向力价登记处登记，照价付资，秩序井然，旅客称便，嗣为求整理工作逐渐推展起见，复于八月十三日召集汉口招商分局及汉口民生、三北等分公司，开会商讨整理各该公司码头秩序，决议先由招商局及该两公司自行修建趸船上办公室及栈桥栅门，并由汉口警察局分别派警维持，并定自九月一日起实行，自是之后，各码头秩序业已顿改旧观，其有尚欠完善之处，仍随时开会商议改进。

(12) 恢复各省内河航线　长江各省河流交错，水道运输原极通畅，惟在抗战期间，所有沦陷区域之航运，完全停顿隔绝，远非昔比。迨抗战胜利，失地收复，各航路始获畅通，内河航线亦陆续恢复，本局为谋促进交通起见，尽量予航商以便利，发给临时通行证书，准予开航。截至现时止，在湖北省区有宜昌至巴东，宜昌至津市，宜昌至长沙，以及以汉口为起点，开往石灰窑、团风、武穴、新堤、蔡甸、仙桃镇、岳口、天门、黄陵矶、毛家口、仓子埠、九江等航线，均有定期班轮，常川行驶。湖南省区如长沙常德线，长沙津市线，长沙湘潭线，长沙益阳线，长沙湘阴线，长沙衡阳线等，当三十三年长沙失守后，完全停航，现亦已完全恢复。江西省区已经恢复者，计有南昌吉安线，九江南昌线，九江鄱阳线，南昌鄱阳线等。安徽省区除在长江流域之芜湖大通线，芜湖南京线，芜湖安庆等线外，他如芜湖至合肥，至宣城，至无为，至南陵等内河航线，亦已恢复航运。江苏省区内河航线在复员初期，原已先后恢复，至苏北收复以后，航线更为进展，计有南京至口岸，南京至扬州，南京至湖熟，南京至九里梗，南京至六圩等线，暨镇江至清江线，镇江至仙女庙，镇江至六圩，镇江至姚家桥，镇江至泰县，镇江至口岸诸线。综计现有各航线里程，(A)长江干线各航线八千五百七十九公里，(B)四川区各航线一千二百八十九公里，(C)湖南区各航线七千四百七十公里，(D)湖北区各航线五千零八十五公里，(E)江西区各航线一千一百七十公里，(F)安徽区各航线一千四百四十五公里，(G)江苏区各航线二千二百四十九公里，总共二万七千二百八十七公里，几已十倍于复员一年前之航线。

（13）标售敌伪船舶　查武汉区接收之敌伪船舶，为谋尽量利用，协助复员运输并免虚耗保管费用起见，先予分配代管使用，次则对于中外商民所有之船舶，分别查勘发还。以上两种工作，前已略述梗概。至三十五年八月三十一日截止受理请求发还船舶案件以后，行政院特派员办公处命令本局拟订标售敌伪船舶办法，以便作最后之处理。爰经本局根据中央处理接收敌伪产业原则，并参酌实际情形，拟具“武汉区接收敌伪船舶标售办法”草案，呈经行政院特派员办公处修正，转奉行政院核准备案施行。此项办法计十一条，对于接收之敌伪船舶仍以标售为原则，但原有代管使用部分有优先承购之权，倘代管使用部分未照此项办法办理，或自愿放弃者则另行标售之。标售方式系先期登报公告并由审计机关派员监视开标，本局为特昭慎重计，依照此项办法之规定，商请武汉行辕、汉口市党部、湖北省审计处、江汉关组织标售敌伪船舶委员会，协同办理。关于估计船价系分船壳与机器两部分，船壳部分又分木壳与铁壳两种，概凭总吨位计算价格，机器部分系凭马力为计算价格之标准，两部分价格合并，即为整个船舶之总价。如代管使用部分愿意承购者，即照本局依照规定标准所计算之总价，带同缴款凭证，径向中央银行缴款。本局并不经手收转，如系标售者，其底价并须经行政院特派员办公处评审会议决定。至于各代管部分船舶价购细则，均经行政院特派员办公处分别邀集会商，兹将会商结果分录于次：

（A）湖北省建设厅（1）原由湖北省建设厅代管船只，均作价由鄂建设厅承购。（2）承购之船只由建设厅即向航政局申请办理丈量吨位及检验核定机器马力事项，早日办妥以便计算总价。（3）所有各船只总价由航政局详细核算具报。（4）所有权登记俟行政院核定后，通知航政局依法办理。（5）关于付款，据谭厅长声明，鄂建厅在战时供应军差计损失轮船十七艘，大型钢质趸船三艘，钢驳八艘，木驳三十艘，大客驳五艘，木趸船九艘，共计七十二艘，奉中央命令战后准予赔偿。上项承购船只款项，应请准将上项损失船只赔偿价款抵算。

（B）军事机关部队（1）所有各部队所接收之敌伪船只，由行政院特派员办公处电请武汉行辕转饬各部队限期集中武汉后，作为由行辕委托接管，根据中央处理敌伪产业法令代为处理，处理情形专案列报。（2）所有集中管理期间之费用，由行辕先向中央信托局计息透支，俟处理后由变价款内扣还。（3）所有联勤部第一船舶运输大队及武汉第十一兵工厂所接管之敌伪船只，由行特处开单送请联勤总部核对，转饬径向长江区航政局办理检查丈量估价手续，完成后由国防部向行政院申请转帐，其不需要之非军用船只交由行辕统筹处理。（4）凡各军事机关部队接收之船只中，除江轮、铁驳、趸船、跳船、给水船等应予丈量检查估价外，其他如机帆船、机舢船、渔船、木筏、发动艇等完全备作军用者，系属战利品接收范围不作计价处理。（5）各部队机关接管之船只如有私自改装变价及营业或出租情事者，除令赔偿及追缴租金缴库外，并按军法究办。（6）凡经查明改造或改名营业转租之军用接收船只，由航政局报请行辕究办。（7）上项办法由行特处径电武汉行辕办理外，并报请行政院转电武汉行辕办理。

（C）招商局汉口分局（1）关于招商局在湘鄂赣三省接管之船舶，由招商局尽先备价承购。（2）上项船舶由长江区航政局抄送船只名称数量，由招商局迅速查明核对通知长江区航政局，以便办理丈量检验估价手续，其未经列入表内者由招商局查明补列，通知长江区航政局并案办理。（3）其已由招商局标售之船只，其所得价款由招商局总局缴存中央银行，转解国库，入武汉区变卖敌伪物资价款专户，并通知长江区航政局。（4）其接管船只在使用时期应付租金免缴，但招商局所付之保管修理费用，亦不得计算两相抵偿。（5）其已由招商局转交其他机关者，由招商局列单送长江区航政局另案办理。

(D) 海军第二舰队司令部(1)现由海军接管之船只,计有小江轮三艘,起重机船二艘,小炮舰七艘,小炮艇三艘,交通艇八艘,测量艇二艘,武装汽艇一艘,趸船跳船九艘,共计四十五艘。(2)前项船只经查均系由海军直接接收,纯系军用,应视为战利品,不予作价,并认定为海军产业。(3)由海军拨交江汉关七艘,海事职业学校二艘,又委托经济部特派员办公处照废铁处理之废炮艇五艘,仍照中央处理敌伪产业办法办理。

(E) 一般国营机关及民营公司(1)所有拨交民营航业公司代管之船舶,如民生公司,三北公司,长江轮船公司,长安航业公司,中国兴业公司等,对于抗战及复员运输均有贡献,准各该公司优先现款承购。(2)前项代管船只之估价,由行特处依照行政院核定标准令知长江区航政局办理。(3)所有拨交国营事业机关代管之船舶,如平汉铁路局,粤汉铁路局,第二区公路工程管理局,江汉关,海事职业学校,农林部中华水产公司,黄石港商会等,依照行政院核定估价标准准予优先现款承购。(4)以上各公司各机关代管之船舶,如不愿承购或逾规定期间不向长江区航政局办理承购手续者,即认为弃权,所有船只交由长江区航政局收回,另行标卖。(5)所有湖北省水上警察局接管之敌人机艇,系属敌人军用船只,应视为战利品,予以没收,交由湖北省政府接收管理。惟小江轮汉襄、汉正、汉平三艘系敌伪所遗之非军用船只,应由湖北省政府照商定湖北省建设厅承购敌伪船只办法同样办理。(6)各国营机关或民营公司代管之船舶,在代管期间应付之租金与所付修理保管费用,可两相抵偿,不计算。

(F) 华中钢铁公司接收大冶日铁株式会社之船舶,日人增益部分由华中钢铁公司遵照行政院命令,整个转帐,但应造册送行政院特派员办公处转发长江区航政局查核办理。

本局根据以上各项会商纪录,将各部分代管船舶列表通知,以便施行丈量检查，计湖北省建设厅轮船五十四艘，机帆船七艘，渔船四艘，木驳二十七艘，铁驳五艘，小发动艇一艘，趸船跳船八艘，共一百零六艘。各军事机关计八单位，总共三百五十一艘，包括中小江轮、机艇、铁驳船、木驳船、起重机船、给水船、大小发动艇、小艇、民船，以及趸船跳船等类。招商局汉口分局大江轮五艘，小轮四艘，小机帆船一艘，木驳船五艘(其中两艘已由招商局标售)，铁驳船五艘，给水船二艘，小艇二艘，趸船跳船十一艘，本局现正陆续施行丈量检查，计算船价，其已经核定总价者，立即通知承购人缴款，此为本局处理敌伪船舶最繁重之工作，自当悉力以赴，藉竟全功。

(14) 维护航行安全　查管理交通以安全为第一要义，水道运输关系尤大，当抗战期间，本局为谋长江轮运安全，曾作种种措施，卒使航行危险减至最低程度。复员汉口以后，仍本原来方针，积极规划维护航行安全之策，并不因中下游航道坦夷，而稍涉松懈。兹将一年来推行情形，摘要分述于次：

(A) 订定轮船拖带驳船民船应注意事项　查长江中下游航道较宽，水流较缓，拖驳运输，甚为发达，惟因拖轮与被拖船双方对于拖运安全条件，多未注意，而双方应负责任，亦欠明了，以致时常发生海损，引起纠纷。本局特将应行注意事项，予以规定，分饬遵行，并经交通部核准备案。其要点首先揭櫫海商法所规定拖船与被拖船间应负之责任，俾知所警惕，不敢推诿，次将拖轮驾驶负责人应注意事项，如船舶是否经航政局处检查合格，拖轮及被拖船设备是否齐全，被拖船船夫是否足用，是否熟悉水道，以及应如何通信联络等，分别列举。并规定拖轮与被拖船间距离，除有特殊情形外，不得少于五十公尺。又限制每一拖船在汉口以下，长江干流拖船不得超过六艘，汉宜湘区及长江支流不得超过四艘，宜昌以上最多以两艘为限。至于拖带方式以一轮独拖为原则，如用两轮合拖，其拖带艘数亦限照上项之规定，不得增加，其被拖船并排者，每排限定不得超过两艘。嗣又增加规定客货轮兼拖带驳船或木船时，在宜昌以上以一艘，宜昌以下以两艘为限，以期更加严密。

(B)呈请废止川江轮船乘客定额及安全设备暂行规章　查抗战期间，川江轮船运输殷繁，船只缺乏，为适应战时运输与兼顾乘客安全起见，曾经拟订川江轮船乘客定额及安全设备暂行规章，奉准施行在案。兹以复员运输已竣，船舶渐多，此项规章已无必要，当即呈请准予废止，以后船舶乘客定额之计算标准划一，增加乘客所用之地位，减少载客额数，以期更加安全。

(C)限制登陆艇航速　查登陆艇马力较大，在内河航行，尤其川江滩险之处，最易鼓起巨浪，荡翻小轮或木船，一年以来业已屡见层出。本局经一再依据航行章程，分行各有关机关转饬各登陆艇人员，航行时遇有小轮或木船，必须照章减低速率，慢车行驶，必要时并须停车尽量避免发生海事，以策安全。

(D)禁止汽车引擎轮船载客行驶川江　复员期间川江运输特繁，船舶不敷分配，故有甚多商人利用旧汽车引擎，配装船壳，由重庆载运客货，航行川江，就增加运量方面而言，自有裨补之处，但此项旧引擎容易发生障碍，在川江滩险流急之中，危险甚大。本局为维护安全兼顾复员运输计，经呈准交通部禁止此项轮船载拖乘客，行驶川江。其专载货物或拖带货船者，则不在禁止之列。嗣又以此项轮船所用燃料多为汽油，若建造设备不甚周密，或管理不善，最易引火燃烧，复经本局订定应遵守事项，对建造设备以及管理等方面，均有详密规定，无论已造及新造者，皆须依照规定办理，否则不准航行。

(E)规划渝叙段航行安全　查重庆至宜宾间有著名滩险小南海及筲箕背两处，虽经主管水利机关修整航道，但尚未达到预期目的，仍未能确保安全。本局在中水位时期，即已分饬重庆及宜宾两办事处，严切注意，规划安全办法。兹据报告业已商定重庆水位降至四尺以下时，小南海即分为重庆至大中灞，及大中灞脑上至白沙两段航行。又宜宾水位降至四尺五寸时，轮船乘客于南溪至牛项口间登岸过滩，以免危险。本局并已分函长江上游巡江事务处迅在筲箕背新航道安设航路标志，俾可早日开航，以期根本解决。

(F) 安设襄河口浮标　查襄河系鄂省重要内河，来往船只甚多，但因未曾设立航路标志，以致常生海事。本局为便航行，维护安全起见，决定在襄河口之打扣巷、新矶头、电厂、杨家河、桥口等五处，各设浮标，以资辨识。此项浮标已请湖北省水上警察局代为监督办理。

(G) 船舶检查丈量　查船舶之检查丈量，关系航行安全甚大，当武汉收复之初，多数船舶均未施行检查丈量，嗣经局严厉督饬之后，始获就范。至复员后期更提高检查标准，并规定新造之轮船，必须将图样送局审核，照章申请制造中特别检查，以期确保安全。三十五年度本局共计检查各种船舶六百零八艘，合五万七千七百八十三吨，九万八千五百九十七担。丈量各种船舶四百四十四艘，合二万零五百八十六吨，九万二千一百三十九担。除上述各种措置以外，他如推行视察制度，以及参加联合检查等等，均为维护航行安全之设施，因已前述，兹不再及。

(15) 改善川江绞滩工程　查川江绞滩工程系在二十七年武汉失守，抢运宜昌物资之时所建设，当时情形紧张，时间仓卒，为谋应付急切需要，不得不因陋就简。嗣后迭经改进，业将青泄两绞滩站建成完全机械化之蒸汽绞滩，工程甚为繁巨，设备亦颇完善。但其他各滩站因建设材料缺乏，国际交通阻断，无法继续改建，仍用人力绞滩。胜利以后，本局鉴于川江绞滩工作具有永久性质，自宜亟谋改善工程，以收宏效，当经拟具计划四项：

(A) 青滩绞滩站锅炉使用已久，应加修理。

(B) 泄滩绞滩站趸船设备，应加修理补充。

(C) 东洋子、兴隆滩、狐滩、斗篷子四绞滩站，一律改装一百五十匹柴油发动机，建成机械化之绞滩站。

(D) 各绞滩站换配新钢缆，大者围圆三寸半，小者围圆一寸半，每根长度均为二百四十托，分发各站使用。

此项计划已蒙交通部采纳，并经转奉行政院准拨改善工程经费一亿七千四百万元。现青滩站锅炉已由湖北省机械厂包工修理，派匠前往该站修竣。且已开始使用施绞船舶，原定第一项计划，可谓已经实现。第二项计划修理泄滩趸船，正在办理中。至于第三、四项计划已由交通部材料司代向美国定购柴油机及大小钢缆，一俟运回，即可着手装设。并为适应本届枯水季节施绞船舶需要起见，先向上海方面物资供应局，请购钢缆数盘，以济急用。

本局辖区内轮船艘吨数统计表

船籍港 \ 艘吨数项目 \ 年度别	二十四		二十八		三十三		三十五		备考
	艘数	总吨数	艘数	总吨数	艘数	总吨数	艘数	总吨数	
重庆	29	4,336.23	88	18,947.81	183	33,572.34	183	22,416.52	
宜昌	—	—	26	1,871.60	7	692.91	20	1,477.54	
沙市	10	832.65	5	355.31	2	239.19	—	—	三十五年只一艘并入宜昌港
长沙	97	4,990.03	132	6,314.16	18	872.81	134	6,932.53	
常德	—	—	—	—	9	289.92	—	—	三十五年度三艘并入长沙港
汉口	220	21,138.49	112	16,014.00	47	3,686.70	159	14,643.05	
九江	37	1,565.82	53	1,635.62	59	1,808.17	87	2,555.85	
南昌	28	1,328.28	—	—	—	—	—	—	
南京	—	—	—	—	2	637.48	30	2,549.29	
镇江	—	—	—	—	12	436.22	116	3,981.13	
上海	—	—	—	—	32	42,230.30	424	104,170.77	三十五年度之上海港籍之船舶系上海港行驶长江之船舶
其他外港	—	—	150	74,510.88	—	—	—	—	
不明	—	—	48	481.25	25	3,055.92	—	—	
总计	421	34,191.50	614	120,130.63	396	87,521.96	1,153	158,726.68	

编制机关：交通部长江区航政局　　　　编制年月：36年2月

复员期间水陆联运情形表

联运路线名称	起迄地点	陆运里程单位:公里	水运里程单位:公里	联运人数	联运货吨	备注
渝长联运	重庆至长沙	1,213	255	11,200	—	重庆至常德用陆运,取道川湘公路,常德至长沙用水运。
渝汉联运	重庆至汉口	1,213	552	35,697	600	重庆至常德用陆运,常德至汉口用水运。
渝京联运	重庆至南京	1,213	1,285	7,575	—	即渝汉联运之延长,再由汉口至南京用水运。
沅汉联运	沅江至汉口	198	450	6,200	5,000	沅江至常德用陆运,取道川湘公路,常德至汉口用水运。
总计				60,672	5,600	

重庆港轮木船复员运量调查表

年度	月份	客运人数				货运吨数				总计	
		轮船		合计	木船	轮船		合计	木船	客运人数	货运吨数
		民运(包括公运)	军运			民运(包括公运)	军运				
34	9	5,347	未详	5,347	—	1,414	未详	1,414	—	5,347	1,414
	10	7,773	未详	7,773	—	2,666	未详	2,666	—	7,773	2,666
	11	11,265	未详	11,265	—	2,449	未详	2,449	—	11,265	2,449
	12	4,924	5,490	10,414	3,516	1,846	2,184	4,030	2,560	13,930	6,590
35	1	7,419	13,312	20,731	4,630	2,053	2,800	4,853	3,260	25,361	8,113
	2	3,821	6,270	10,091	4,260	494	902	1,396	3,040	14,351	4,436
	3	4,462	2,236	6,698	4,896	270	665	935	3,716	11,594	4,651
	4	8,529	3,256	11,785	6,868	1,489	1,066	2,555	5,148	18,653	7,703
	5	14,578	1,998	16,576	11,432	3,627	838	4,465	6,805	28,008	11,270
	6	10,004	1,982	11,986	5,059	8,052	612	8,664	3,600	17,045	12,264
	7	6,340	10,025	16,365	2,100	3,426	2,126	5,552	1,400	18,465	6,952
	8	14,319	2,411	16,730	915	5,012	375	5,387	685	17,645	6,072
	9	16,950	3,223	20,173	690	13,949	1,744	15,693	770	20,863	16,463
	10	16,962	3,623	20,585	112	13,010	1,546	14,556	801	20,697	15,357
	11	8,802	7,703	16,505	110	7,644	2,238	9,882	766	16,615	10,648

续上表

年度 月份 别 \ 船类别 \ 项目	客运人数				货运吨数				总计	
	轮船				轮船					
	民运（包括公运）	军运	合计	木船	民运（包括公运）	军运	合计	木船	客运人数	货运吨数
总计	141,495	61,529	203,024	44,588	67,401	17,096	84,497	32,551	247,612	117,048
备注	(1) 34年9月至11月份运量(军运)因原承办机关撤销无法调查。(2) 木船原非载客之船，因复员需要利用该项交通工具航行渝宜及宜昌下游，34年9月至11月运量数字未详。(3) 35年11月复员运输告竣。									

编制机关：交通部长江区航政局　　　　编制年月：36年2月

汉京沪线复员客货运量统计表

汉口港　　（民国35年3月至12月份）

进出口 \ 月份 \ 项别		轮船艘数	拖驳数	客运人数	货运吨数	备注
进口	3	50	25	1,852	3,669	军运未列入统计
	4	83	37	5,192	22,833	
	5	94	57	7,007	26,548	
	6	120	68	9,201	53,825	
	7	86	54	6,426	26,604	
	8	84	30	6,261	50,044	
	9	108	34	10,654	50,504	
	10	116	37	7,364	89,923	
	11	109	40	9,371	57,490	
	12	114	27	10,369	40,913	
出口	3	62	54	9,612	2,357	
	4	59	50	26,488	3,339	
	5	107	59	20,155	8,112	

续上表

进出口	月份	轮船艘数	拖驳数	客运人数	货运吨数	备注
出口	6	105	79	20,435	13,350	
	7	79	79	10,158	11,319	
	8	102	64	13,914	14,377	
	9	110	61	18,151	21,753	
	10	117	60	19,084	26,372	
	11	139	56	20,932	36,593	
	12	146	42	17,313	34,156	
合计	进口	964	409	73,697	422,353	
	出口	1,026	604	176,242	171,728	
总计		1,990	1,013	249,939	594,081	

长江区轮船各航线里程表〔略〕

〔国民政府交通部档案〕

6. 航政司送有关水运空运部分重要案件节略致秘书厅函稿

(1947 年 5 月 20 日)

函

接准贵厅本年五月五日秘资发字第一三五号大函，以四届三次参政会即将召开，为便于部长出席答复质询，嘱将上次大会中决议及询问各案与一年来重要案件，择要编具节略，以供参考等由。准此，自应照办。兹依照开列各案，分别编造，除关于日本赔偿机件内运计划与准备情形一案，不属本司主管未能编造外，特随函检送

水运及空运两部分重要案件节略共十四份，函请查明汇办为荷。此致秘书厅

附件

（A）水运部分

一、现有之内河、沿海与远洋航线及船只分配情形

战时我国沿海航线悉遭沦陷，仅余内河航线二七三六公里。胜利后，逐渐恢复，仅长江区内河航线，现时已达二七二八七公里，其余除鸭绿江区航线现因安东形势尚未稳定，暂不复航外，各沿海南北洋线，均已畅通。又本部深知我国航业之发展，端赖开辟远洋国际航线，经即督促国营招商局积极筹备，惟自复员迄今，接收之敌伪船只中并无海轮，而向美、加各国添购之船只，又全系货船，并无载客设备。嗣经多方设法，始将厦——菲、港——菲、沪——暹等航线开航。兹分述经过情形如下：

（一）厦菲线——国营招商局于卅五年八月价购怡和公司客货轮源生号，改名海厦，用以经常行驶厦门、马尼剌间。此线距离共六八九浬，往返一次，需时约两周，预计每月可以开行两次。

（二）港菲线——调派澳菲旧轮中之海闽号在港大修，添装客位，于卅五年十二月间首次由港开往菲律宾。此线距离六三三浬，每月往返二次。

（三）沪暹线——调派自由轮海利号，自卅五年十二月廿一日首次自上海开赴暹罗之曼谷。此线距离二六〇〇浬，因该港水浅，万吨船只不能进口，须在口外装卸，致费时日，预定四十天往返一次。

除以上各线已经开航外，现正电商华盛顿中国供应委员会王守竞先生，请其设法在洽购之一百五十九艘船只中，先行交我Victory四艘，以备开辟上海旧金山及上海温哥华两线，一俟船到，即可开航。将来上项一百五十九艘陆续交船后，当再增辟南洋群岛及远洋国际航线。

附现有航线表一份

现行内河沿海及远洋航线表

A、内河部分

长江区航线		珠江区航线		东北区航线	
航　　线	浬程	航　　线	浬程	航　　线	浬程
1. 渝叙线	372	1. 闽江线（福州——延平）	230	1. 营口——大连	195
2. 渝宜线	648	2. 粤江线（广州——石岐）	104	2. 营口——安东	326
3. 汉宜线	722	3. 粤江线（广州——江门）	120	3. 营口——龙口	228
4. 汉沪线	1125	4. 粤江线（佛山——三埠）	160	4. 营口——威海卫	243
5. 湘江线（岳阳——衡阳）	435	5. 东江线（广州——河源）	203	5. 哈尔滨——新城大赉	300
6. 沅水线（常德——辰溪）	273	6. 北江线（三水——英德）	265	6. 哈尔滨——同江	647
7. 汉水线（汉口——南郑）	1154	7. 西江线（广州——梧州）	370	7. 哈尔滨——虎林	1206
8. 汉洋线（汉口——沙洋）	297	8. 浔江线（梧州——桂平）	196	8. 哈尔滨——黑河	1329
9. 赣江线（湖口——赣县）	630	9. 柳江线（桂平——柳州）	375	9. 黑河——漠河	776
10. 淮河线（淮阴——蚌埠）	255			10. 哈尔滨——佳木斯	451
11. 运河线（镇江——泰县）	110				

B、沿海部分

南洋线		北洋线		台湾线	
航　　线	浬程	航　　线	浬程	航　　线	浬程
1. 上海——宁波	136	1. 上海——连云港	403	1. 上海——基隆	419
2. 上海——温州	281	2. 上海——青岛	430	2. 上海——高雄	606

续上表

南洋线		北洋线		台湾线	
航　线	浬　程	航　线	浬　程	航　线	浬　程
3. 上海——福州	455	3. 上海——烟台	514		
4. 上海——厦门	564	4. 上海——天津	735		
5. 上海——汕头	673	5. 上海——秦皇岛	665		
6. 上海——香港	836	6. 上海——葫芦岛	672		
7. 上海——广州	912	7. 上海——营口	690		
8. 上海——海口	1080	8. 上海——大连	552		

C、远洋部分　　　　D、远洋计划航线

航　线	浬　程	航　线	浬　程
1. 上海——海防	1291	1. 上海——长崎	462
2. 上海——西贡	1684	2. 上海——大阪	796
3. 上海——曼谷	2260	3. 上海——东京	1072
4. 上海——新加坡	2181	4. 上海——釜山	493
5. 上海——仰光	3302	5. 上海——海参崴	994
6. 上海——加尔各答	3832	6. 上海——伦敦	10430
7. 上海——马尼剌	1130	7. 上海——旧金山	3395
8. 上海——冲绳岛		8. 上海——温哥华	5105
9. 上海——关岛		9. 上海——纽约	10583
		10. 上海——巴达维亚	2519

二、打捞战时沉没船舶办理情形节略

查战时我国沿海内河，因被炸及其他原因，沉没之我国与盟国暨敌伪船只，据调查约有二百三十七艘，四十八万余吨。基于下列两种理由，亟应积极打捞：(一)沉船阻塞航路，必须打捞，藉以清除障碍，而免航行危险。(二)我国战前国营、民营及外商船只，共约一百三十万吨。战时我国船只损失殆尽，外商船只相继退出，胜利后所有我国原存及接收敌伪与向国外订购之船只，截止〔至〕本年三月底止，共计不过七十二万吨，较战前吨位，几相差一半。应即打捞沉船，修理运用，以补现有船舶吨位之不足。

本部根据以上理由，先后拟订打捞沉船办法、江海沉船打捞委员会组织规程，呈奉行政院核定公布施行。现江海沉船打捞委员会，已由外交部、财政部、经济部、海军总司令部及本部，派定高级人员为代表，于本年三月十九日组织成立，并已召开第一次会议。为打捞沉船便利计，又拟订打捞沉船办法实施细则，呈院核定施行。

自打捞沉船办法公布施行后，迭据长江区，广州、上海各航政局及台湾省交通处先后呈报，所属湖北、湖南、广东、广西、江苏等省内河各港口，福建、台湾等省沿海，以及南京下关、汕头海面及吴淞口等沉船，均有打捞商申请打捞，或已正式施工，或正在查勘中。因打捞沉船施行未久，此项工作又极繁重，本部当积极督率各主管机关切实推行，期于本年度按照原计划，捞获沉船十万吨。

三、胜利后招商局历次添购船只情形(至卅六年三月底止)

船别	样式	艘数	吨数	附注
海轮	自由式	十	七二二三一．三〇	租与台湾航业公司二艘
	湖式	十六	四四〇七八．八九	
	N_3式	十	一八七二八．〇〇	
	灰式	三	八七〇四．九三	
	B式	七	九四六〇．三六	租与台湾航业公司一艘
	Corvettes	五	七〇三七．〇二	交还物资供应局二艘
	其他	一	三一七九．四一	

续上表

船别	样式	艘数	吨数	附注
油轮	大油船	四	三〇五六九．七五	拨交中国油轮公司四艘
	小油船	十八	二一九六五．五八	拨交中国油轮公司十七艘
登陆艇	L. S. T	五	一六六三三．二〇	
	L. S. M	十五	一二九八五．〇五	拨交民生公司五艘
	L. C. T	十	二三五〇．〇〇	售与物资供应局五艘，湖北省建设局三艘
远洋拖轮	A. T. A	七	四一七七．六〇	
	L. T.	四	一七三四．二四	
驳船	YF-3	九	二〇〇五七．三一	
	YF－2	二	一〇〇〇．〇〇	
	YC	四	二〇〇〇．〇〇	
	Oil Barges	四	三二〇〇．〇〇	
	YR Work Ship	二	一〇八〇．〇〇	
	B. C. L	一	二六三一．〇〇	
共计		一三七艘	二八三八〇三．六四吨	

四、战时征用民营船只补偿办法

查战时征用船舶之损失，本部呈奉行政院卅五年三月廿一日指令，合于军事征用法之规定者，应予赔偿，凡征用船只，请求赔偿案件，本部均饬缴呈原征用机关证明文件，以符规定。战时各要塞地区，如江阴、马当、镇海、珠江、闽江、海州等处，为阻敌舰侵入，政府征用民营船舶，充作阻塞工程者，计总吨位一二四〇三二吨。经本部呈准行政院，准照沉船时向国外购买同年份吨位之船舶价格计算，按十二万吨合美金三百六十万元，以作赔偿。被征用民营船舶之上海航商，集会组织战时民营船舶损失要求赔偿委员会，以该会所有被征用损失船舶，计六三艘，载重吨一一九九八〇吨，拟俟政府赔偿确定后，以赔偿资金或船只，组织上海复兴航业公司，联合经营。惟本部以前呈院之吨位数字，系属依据登记时之总吨位计算，该六三艘船舶之总吨位，为八六五六九吨。院方决定之十二万吨，合美金三百六十万元，其吨位究系何指，经呈核示，近奉三十六年三月廿七日指令开，征用船舶损失，以重量吨计算十二万吨，前经院会议决，赔偿三百六十万美元。关于赔偿金支付运用办法，经提出卅六年三月廿五日本院第七八〇次会议决议，以洽购美国之剩余船只，拨交十二万吨，除以赔偿金抵付价款之现金外，其余价款，准分十年摊还等因。自应遵照办理。现关于洽购美国剩余船只，正在积极进行中。至上海战时民营船舶损失要求赔偿委员会以外之征用船舶，本部正依据军事征用法汇核办理，已另案呈院核办。

五、塘沽新港工程进展情形节略

查塘沽新港工程局成立于卅五年四月，自成立迄今，除于去岁十二月底完成船闸工程，沟通海河航运外，截至本年四月底止，所完成其他工程如下：

（一）防波堤工程

（甲）南防波堤缺口堵复工程　六〇公尺

（乙）南北防波堤延长及修理工程　三六九四二立方公尺

（二）码头工程（八七九公尺）

（甲）塘沽码头翻修工程　一九〇公尺

（乙）第一、二码头整理工程　六〇〇公尺

（丙）驳船码头工程　八九公尺

（三）疏浚工程　一八五二四六一立方公尺

（四）填土工程　七一〇〇〇〇立方公尺

（五）航道设备工程

（甲）航道导标　四座

（乙）安设冬季浮标　一〇个

（丙）制造冬季浮标　一〇个

（六）道路工程

（甲）修整港内各处道路　一一一三八公尺

（乙）新增铁路线　二六〇〇公尺

（丙）新增公路　一〇〇〇公尺

（七）营造工程（四二九三六平方公尺）

（甲）各项房屋修理改建工程　三〇〇八七平方公尺

（乙）新建仓库工程　三四〇〇平方公尺

（丙）新增厂房工程　六九一〇平方公尺

（丁）第一码头仓库移建工程　一五三九平方公尺

（八）修理工程

（甲）打捞船只　一四艘

（乙）修理船只　五八艘

（九）上下水道工程

（甲）埋设水管工程　二三二〇公尺

（乙）凿井工程　六五〇公尺

（丙）水道防冻工程　八七九公尺

（十）其他工程

（甲）干船二座　完成百分之六十

六、一年来水运运价之调整概况（36.5.8）〔略〕

七、伏波舰与海闽轮碰撞案件节略〔略〕

(B) 空运部分

一、中英航空协定商谈之经过（节略）

本年二月初，英政府派包尔德温爵士，率领民航业代表团来华，提议签订中英航空协定，并携来协定草案一种，作为商谈基础。本部同意英方提议，谈判遂于二月八日起正式进行。英方除总代表包尔德温外，英国驻华大使馆秘书华仑球、英国民航部代表瑙斯、香港民航处长模斯、英国海外航空公司代表盖尔宾，亦均出席会谈。会议在交通部(本部)举行。我方由本部凌顾问士芬任总代表,航政司李司长景潞、民航局戴局长安国、外交部条约司陶专员樾,均参与谈判。于开议之初,本部亦提出协定草案一种,内容与中美航空协定相似,请英方根据我方之案文讨论,结果比照双方草案,通过协定草案正文十四条。

两国通航之航线及载运权利,为此次谈判之重心,均不在正文而列在附则内,双方交涉,费时甚久。兹将双方谈判主要争持之点,分述于后:

一、航线上之争执问题 英方提出航线七条,其中除第一、第二两线由英本土而来外,其余五线,均在东南亚,而以香港为总枢纽,联接南洋与我国之广州及上海,享有空中三、四两种自由。我方以香港地位特殊,实际无异在我国境,该处居民又什九为华人,似不应以香港为中英国际航线之起迄点。后经多次之交涉及修改,始将五线中之三线改以香港为中间站。然以香港为起迄点之航线,仍有二条,其一为香港广州线,其二为香港上海线,英方对经营此二线,坚持甚剧,最后我方虽准其飞行,但港沪我方有条件上之限制,于附件外,另有换文。英方声明在协定生效后,第一年内,英方航空公司经营该线业务,每周往返不超过一百座。一年后如须增加运量,须经缔约双方之同意,换文由中英双方有关之航空公司行之。

二、载运业务之争执问题 英方不主张对飞行班次及运量与机型等,有事前之硬性限制,而希望自由竞争。我方为保护我幼稚之民航事业,主张应有规定。经谈判结果,对同意经营之各航线,双方航空公司之供应量,应视当地及所经区域之商业需要量而决定,原则上应不受限制。

三、在我境内设置水上机场之争执问题 英国参加中英国际空运之航空公司,至少将有一家用水上飞机飞行,但我国至今尚无水上机场之设备。英方要求在我方所同意之若干地点,自设水面场站，我方因主权关系，表示此项器材虽可由英方自备，免费或优待进口，但所有各该场站及无线电须由本部派员管理，英方已予接受。辟设水上机场之地点，我方已允上海一处。此外，供英方设置水上紧急降落站之地点，经商洽国防部之同意，已核定广州湾、汕头、温州三处，尚有两处正由国防部选核中。

我方指定天津、上海、广州、昆明四处，为中英通航国际航站；英方指定伦敦、布列斯威克、槟榔屿、新加坡、古晋、拉布安、亚庇、香港等八处，为我机经停站，并得在各该处经营载运业务。本协定有效期限定为四年，任何一方得予对方以一年时间之通知废止之。

我方航线亦七条，有二条至英本土，其余五条中有三条通航南洋，二条由上海、广州出发至香港。事实上，我方之重点亦在南洋。以我侨胞在该方面历史之久，人数之多，新航空线之开辟，对我侨胞之便利，与经济之发展，有莫大帮助。

中英航空谈判共开会二十三次，于五月八日完成草约，费时三月。

二、办理大华航空公司一案经过情形节略

三十四年八月间，大华航空股份有限公司董事胡庶华等，呈请本部准予营业发给执照。九月间，经本部批准备案，并批示"航线及执照俟公司登记后另行核办"。同时，准前军事委员会办公厅代电，以有吴世昌等筹备西北航空公司，晋谒主席蒋，面陈已向美国订购飞机三架，恳准结购外汇美金二十万元，奉批交本部核议。经本部议复，西北航空公司即大华公司，拟准其结购外汇。十月间，奉行政院训令撤销对于该公司之核准，经即令饬该公司知照，并呈复行政院，一面电知中央银行停售该公司外汇。嗣据该公司呈报，已洽购C-47型飞机三架，恳予转呈行政院，维持原议。经予批示：未便转呈。三十五年四月间，又据该公司呈请转呈准予恢复该公司执照（经济部发给），或准先行开航。经本部呈院请予重加考虑，准许成立。继据中央航空公司转呈大华航空公司请求与该公司订立合同，由该公司代理经营。经本部批准,并予饬知"大华公司已奉院令撤销,虽经呈请准予复业,惟准驳与否,难以臆断。倘不能邀准,一切责任,由该公司董事毛庆祥等负之"。同时,毛君等亦有同样请求到部。

以上所述,为本部俞前部长飞鹏任内办理本案经过情形。本部现任俞部长就任后,六月间,奉行政院关于大华公司请求恢复执照指令:呈悉。仰即拟具民航办法呈候核定再办。等因。本部当经拟具民用航空业登记及管理办理草案,呈院鉴核。七月间,据中央公司呈报,大华公司开辟港沪航线,请予备案前来。本部当以上项登记及管理办法未经奉准以前,大华公司委托中央公司代理经营一事,在法令上尚无根据,爰未予以批示。七月底,复据中央公司报告,该公司自身业务繁重,请求准予解除其与大华公司所订代理经营之合同到部。正核办间,行政院蒋秘书长梦麟自牯岭返京,传奉主席蒋面谕:大华公司不准复业,其现有飞机,应由航空委员会收买。旋奉主席蒋未蒸府军庐电开:大华航空公司现有飞机,应由航空公司收买,着即遵办为要。等因。遵即于八月十七日电饬中央航空公司径向大华公司负责人洽办收买飞机事宜。旋据中央公司同月十九日报告,已函达大华公司查照办理,并停止为大华公司修理飞机。继又据同月二十日报告,大华公司以赶办结束,尚需时日,要求该公司为其转呈准予在未结束前,照常航行前来。当经本部决定:收买飞机,应于九月十五日以前赶办完竣。所请照常航行,应毋庸议,电饬中央公司遵办。九月中旬,据报大华公司仍在继续营业,并向海关报关,有违命令。爰经通知财政部,请转电各海关,以后对于该公司之运输,停止结关。同时并径电请上海江海关查照办理。旋接该关税务司电复,该关自九月四日起,即不准该公司飞机结关,惟该公司不凭结关证件,继续飞航,接本部电复,已即转致该公司知照。等语。同时亦据中央公司报告,大华公司尚未与该公司接洽收买飞机之事,其飞机仍在航行,事先亦未与该公司接洽。又据该公司九月十六日报告，曾派员与大华公司方面面洽，据称拟于三两日内，将收买飞机详细办法，以书面答复，但迄今仍未见送到，各等语。嗣于十月廿四日，据大华公司具呈本部，拟将该批飞机及器材，另行转让于其他需用机关，请核示，等情。同时并奉行政院交下该公司呈一件，为拟具结束办法，及开列结束所需费款九亿余元，请俯赐核准由。奉院长宋批：交交通部。等因。当由本部呈复行政院，为期早日结束，该公司所请拟将飞机及器材另行转让于其他需用机关一节，似属可行，拟予照准。至该公司员工遣散费及其他应付各款，则应由该公司自行料理。旋奉行政院令知准予照办，等因。经即于十一月十六日由部批饬大华公司遵照。以上为本部办理大华航空公司一案之经过情形。

三、办理西南航空公司一案经过情形节略

西南航空公司，系广东、广西两省政府拨款营办，于廿四年呈经本部核准成立，并曾与邮政总局订立邮运合约，载运客货及邮件，经营数载。嗣因战事影响，停止飞航。抗战胜利后，该公司为谋复业，仍经由粤桂两省政府分别聘派委员，恢复筹备会。三十五年七月，该筹备会拟具复业概况说明，代电呈请察核备查到部。当以航空事业，不仅为便利国内外之交通，即与国防方面，亦有密切关系。关于民营航空，本部久已统筹策划，该项原则，业经本部呈请行政院核示。该会所陈筹备恢复西南航空公司一节，应俟该项原则决定后，依照规定办理，复饬该会知照。旋奉行政院院长宋交下白部长健生函一件，为陈明西南航空公司筹备复业情形及该公司业务，关系粤桂省政之推进甚巨，请饬主管部多予便利，等语。奉院长批：交交通部俞部长核办具复。等因。经即陈复：关于民航原则，尚待院方核示，所有西南航空公司复业事，拟俟该项原则决定后，再行依照规定进行。嗣后本部以该项民航原则，尚未奉院令核示，并念该会系请恢复经营西南民用航空业务，其情形与一般新成立者不同，爰于同年九月间，呈请行政院，在民用航空事业经营原则未奉核定以前，可否特予考虑之处。当奉院令复开：呈悉。所请应从缓议。等因。经又代电饬知该会。兹于卅六年二月及三月，续据该会先后呈请转呈行政院，俯念该公司系复业性质，且筹备以来，阅时十月，支需浩繁，现在飞机与地面设备，大致就绪，迅赐准予备查，俾得早日复航，并请本部迅予派员查验其一切设备。各等情到部。最近并准行政院通知，院方据两广省政府代电，请准该公司复业。奉院长谕，交本部核复，刻正核办中。

四、行总空运队成立之经过及其任务（节略）

三十五年四月二十日，宋前院长以其致联总欧姆斯德上校及陈纳德将军之备忘录抄本一件，面交本部龚前次长。该备忘录内开：

中国政府允准联总在下列之条件下，飞运救济物资：

1. 时期：至联总活动停止时（一九四七年三月）。

2. 联总自由使用各民航机场，军用机场之使用，须与航委会径行洽商。

3. 对上述联总飞机，政府得作紧急征调。

（注：第3项后经宋院长取消。）

并批示：奉委座面谕。又面谕龚前次长：即由交通部分令中航、中央洽办，一面由航政司吴帮办赴沪与陈纳德接洽，等因。本部遵即分令两公司洽办，并派员与陈纳德将军接洽。当以上开三条件，对于外籍民航机在中国境内作营业飞行时，应守之规定尚未完全包括在内，经研究后，认为应予补提下列四条件：

1. 应遵守中国政府颁布之一切民用航空法令，并接受交通部之监督指导，向交通部呈送规定报表。

2. 业务应以联总直属之人员及物资为限，遇有回空吨位，可接运普通客货时，其票价应与民航公司相同，各货应受海关检查。

3. 修理、航行设备及汽油器材均自备，必要时，欲借用民航公司之设备时，凡为联总飞运救济物资之飞行，均免费供其使用；凡为空运普通售票客货之飞行，均须付给合理租金。

4. 联总所备之飞机器材设备，至明年（一九四七年）三月底止，应视为联总接济中国之交通器材之一部分，移交中国政府接管，至联总所雇用之飞行人员，届时应自行遣散。中国政府是否雇用，另行雇用之条件如何，由中国政府自行决定。

上述条件于四月廿八日呈复宋院长时提出。嗣奉行政院五月四日节京肆字第一二三号指令“照准”。

四月二十五日，宋院长致函联总执行长欧姆斯德，表示请联总训令此空运新机构，对目前在中国各民航公司服务之飞行人员、地面人员，或办公室中之中美籍人员，勿予招用。

三十五年九月十二日，行政院发下发礼京字第二五一四一号交议案件通知一件，附抄送善后救济总署与陈纳德空运大队所订合约草案一份，饬议复。该合约草案之内容要点如下：

一、行总与陈纳德空运队订立空运合约，运输救济物资。

二、空运队将保持飞机十二架之输送力，联总于三十五年度在华预算五万三千五百万元内，农业善后款项下提拨美金二百万元，以为购置该队飞机及器材之用。另由行总向联总取得外汇补助金美金一百万元交与该队，供偿付工作人员及购置设备。

三、联总垫款二百万美元，分十八个月偿还，年息一分。每月偿还之款，得以中国法币按付款日官价汇率折合偿付。

四、载运行总救济物资收费标准，如行总所用运量在每航线单位总运量十分之一以内时，每吨里以美金四角六分计算。超过此数，以美金九角二分计算，亦按官价汇率折合法币支付。

五、空运队正规空运地点，计有广州、桂林、汉口、上海、衡阳、柳州、南昌等七处，并以广州为总基地。

六、空运队空运工作至行总工作结束时为止，双方了解并订定，行总或中国政府并不赋予空运队在行总结束以后继续空运工作之权利。

七、飞机及设备之所有权，分期偿付后，自行总移转于空运队。

八、行总物资及工作人员有最高之优先运输权，行总未使用之剩余吨位，得载运商货或普通旅客。

九、正规空运地点以外之航运，照来回程包机制办理，用C 47型机时，行总须付三吨之来回程运费，使用C 46型机时，须付六吨来回程运费。

本部于同年九月十九日呈复行政院，拟陈下列三项意见：

（一）吾国民营航空事业尚未开放，行总委托陈纳德组织空运队，在本部立场，仅能视为行总运输机构之一部分。

（二）该空运队所担任务，完全系为输送救济物资，并非营业组织，回程机位，应协助疏送后方复员人员。

（三）所拟飞行之航线及使用之机场，应先与本部协商，如拟使用军用机场，应向空军总司令部接洽。

三十五年九月廿五日，行政院发下发礼京玖字第三一三〇〇号交议案件通知一件，并抄送行总与空运队所订合约一份，饬并同前案迅速议复，经于十月一日呈复意见七点：(甲)原则上(一)空运队应为行总内运输部门之一机构，陈纳德氏应为行总之雇员。(二)由基地飞出不载救济物资以外之客货一点，合约中未有规定。(三)空运队应与行总同时存在。(乙)合约条文有疑义及疏漏者，本部亦提出四点：(一)合约内应说明商货运价应与其他航空公司相当。(二)回程可准带商货，行总即不应再付回程运费，回程吨位，应优先载运政府物资及复员人员。(三)海关检查合约中未予规定。(四)行总结束后为何偿还垫款，合约中亦无规定。霍署长接长行总后，即依照本部意见与陈纳德签立合约。十月二十五日经国防最高委员会第二百零八次常务会议决议“准予备案”，自是行总空运队遂告成立。

本部曾于十一月一日分电各有关省政府（该队设有正规航站之各省），如须载运政府人员及非军用物资可利用行总空运队，并得享受优先载运权。此外并分电空军总部及两航空公司，准该队借用机场及无线电台等设备。

三十六年四月二日，行总空运队致函本部俞部长，要求修改空运合约。本部俞部长于同月五日函复陈纳德，同意“凡属于中国政府机关之物资，得由空运队自沿海口岸运至内地，惟空运队载运乘客仅以押运该项物资之人员为限，并以三个月为有效期间”。关于修改合约，本部意见，应由该队与行总径洽。由上海、汉口、广州向内地运输非救济及政府物资，在所不许。

五、中央航空公司购买美军剩余飞机经过节略

卅五年六月间，本部据中央航空公司呈报，美军在华剩余物资委员会，在上海江湾有各型飞机一百五十架，除半数仍可飞用者外，其余则可拆卸零件应用。该会奉令若无人承购时，即将全部飞机焚毁。据美军负责人通知，该项飞机以及存广州无线电器材，可以最低价美金六十万元出售，并通融先付全款之三分之一，其余分作三个月清付。该公司现决定购买，正在办理中，谨呈备案。等情。当以该项飞机订价既廉，且该公司历年惨淡经营，购获此批飞机后，当可力图扩展。爰即批复准予备案，并饬将价款来源，分期清付办法，以及办理经过，列同购得飞机清单，详细具报。嗣据该公司八月呈复：查公司购买该项飞机价款来源，一部分系以公司营业收入应支，不敷之数，则系以交通银行贷款补充支付。全部价款，为美金六十七万零六百一十六元整，分三期摊付，计第一期应付价款美金二十二万三千五百三十九元，已于卅五年六月廿一日，以公司营业收入所得，先照拨付。至第二期应付价款，仍为美金廿二万三千五百三十九元整，亦经依约于同年八月四日，以营业收入，并以交通银行贷款补充，如数付讫。又第三期应付价款余数美金二十二万三千五百三十八元整，依照合

同规定，系于同年九月十八日清付，仍准备到时以公司营业收入及交通银行贷款结付。谨将购得该项飞机开列清单，呈请鉴核等情。经续批：准予备案。旋于九月二日忽据该公司呈报：公司前向美军价购停置江湾机场中之B25型轰炸机十一架，美军因受沪上及美国舆论考系，谓有以军用飞机资助我政府之嫌，遽于同年八月廿八日，擅往江湾加以破坏。按此型飞机，前在价购一百五十架剩余飞机合约中，虽曾订明不能飞用，仅由公司拆卸零件，惟美军既已售予公司，则其欲行破坏之前，自应通知公司，俾有充分时间拆卸零件。乃美军既未通知公司，征求意见，则其侵我产权，情理已明。除已由公司备函向美军剩余物资清理委员会据理抗议交涉外，特呈请核备，等情。正核办间，奉主席蒋府军义字第4972号代电内开：据报上海合众社八月廿八日消息，美国国外清算委员会专员麦凯布命令，将数星期前曾被称不法售与中央航空公司之B25型轰炸机十一架摧毁，使之成为废铁。遵麦凯布之命令，美国陆军人员赴江湾机场，拟将该机等尾部切断，几乎属于全新。中央航空公司昨日声明，谓此批轰炸机，将转交中国航空军，以为对付共军之用，致麦凯布立即加以处置。麦氏称，此批飞机售与中央航空公司，系只作废铁及零件之用，然而中央航空公司竟邀请新闻记者观礼，将此批飞机转交中国空军。等情。希将美军对该项飞机摧残情形，及中央航空公司邀请记者观礼之动机详查，于五日内具报。等因。经即转饬中央公司。据报：自报章于八月下旬登载美军在华将剩余物资非法出售消息后，并将公司前向美方所购之剩余飞机一百五十架牵涉在内，并有售价过廉，从中受贿之说。公司当以该批飞机系包括B25型轰炸机十一架在内，但该机缺乏零件甚多，不堪使用，因系整批收买，不能剔出。及闻外间有此谣传，诚恐引起各方误会，为剖明事实起见，因于八月二十八日上午邀请记者实地观察该项飞机，则谣传不攻自破。讵记者未达机场前，美军正在将该项B25型机十一架，从事破坏，禁阻记者入内，以致未获参观。查美政府此种举动，亦系见报后派人向美国国外剩余物资清算委员会上海办事处彻查。嗣经查得售与公司飞机一百五十架清单内，列有 B25 型轰炸机十一架在内，遂有将该机破坏之事，以符合约只可作零件之声明。溯查公司收买此批飞机时，曾将详情报核。嗣又将美军破坏该机情形报核各在案。该合众社所载消息，不知何所根据，显与事实大相径庭。此事关系非小，公司不得不予严词辨正。经于八月三十日在上海美文大陆报端，予以驳正，等情。当据以转报主席蒋。以上为本部办理中央航空公司购买美军剩余飞机之经过。

六、一年来民航机历次失事原因与处理经过节略

三十五年五月，大□接任后，深感民用航空亟有策划发展及加强管理必要。及至七月，中央航空公司一五号机在济南失事。九月，中国航空公司八一号机在西昌失事，更形感觉对于我国航空安全设备，有待增建之处甚多。爰请设立民用航空局，俾能统筹办理。迭经申请，迄十二月间，奉准设立该局，不久即因全球气候恶劣，中国、中央两航空公司先后在沪、青、筑与湖北天门等处，相继失事，计共七架。所有失事各机飞行人员，其中除飞机师一人幸只受伤外，余均殉难，旅客大部分死亡，损失惨重（详情见记录表）。事后均经民航局派员彻查。查明在天门失事一机，系因发动机发生故障，其他各机均以气候恶劣关系，致告失事（亦详载记录表）。本部于各机迭次失事后，曾两度饬令该两公司暂行停航，责成民航局加以整顿，对于气象适航标准，斟酌各地情形，予以提高。并经请准将中央气象局划归本部管辖，以便统筹改善气象测报事宜。对于机件设备等项之检查事宜，亦经民航局调查，督导改进。对于飞行气象、电讯各项技术人员，刻并由民航局分别严格甄别，若查有技术不良，品行不佳者，随时淘汰。凡此种种措施，均系对于民航安全求得保障，今后并将本此宗旨，益求进步，俾使民航达到迅速安全之目的。

三十五年七月至三十六年正月民航机失事记录表　卅六年五月制

公司及机号	机型	失事日期	失事地点	失事原因	损害结果	善后处理
中央航空公司一五号		卅五·七·一二	济南机场东南二里之堤口庄	由济起飞后，左发动机发生故障折返机场，未能降落，再绕圈时高度降低，触及电线坠地失事	飞机损坏，飞行人员三人及乘客十四人死亡，受伤乘客廿一人。	死者一部由公司棺殓，伤者送医院医治。本部并派员赴济调查失事原因，拟具改进办法。
中国航空公司八一号	C--47	卅五·九·二十	由西昌飞昆明途中	撞毁	飞行人员四人及乘客二十八人全体罹难	照本部所颁失事赔偿办法赔偿。
中央航空公司三一号	C--47	卅五·一二·十四	浙江长兴弄山中	撞毁	飞机全毁，飞行人员四人及乘客二人殉难，内载钞券亦遭损失	死亡人员及乘客由公司棺殓，并照章办理赔偿。
中央航空公司四八号	C--47	卅五·一二·廿五	上海江湾机场	天气恶劣，盲目降落	飞机损坏，飞行人员四人及乘客七人死亡，撞毁民房两间，压死一人	同　前
中国航空公司一一五号	C--46	卅五·一二·廿五	上海江湾机场	天气恶劣	飞机损坏，正驾驶员受伤，副驾驶员、报务员及乘客三十一人均死亡	同　前
中国航空公司一四〇号	C--47	卅五·一二·廿五	上海江湾机场	天气恶劣	飞机损坏，飞行人员三人及乘客廿二人均死亡	同　前
中国航空公司一二一号	C--46	卅六·一·五	由沪飞青岛途中距青机场四英里	浓雾撞山	飞机损坏，飞行人员四人及乘客卅八人均死亡	同　前
中国航空公司一三八号	C--47	卅六·一·廿五	由广州飞渝途中于南川	撞山坠毁	在南川发现时，飞行人员及乘客共十八人均死难	
中国航空公司一四五号	C--46	卅六·一·廿九	湖北天门	着火坠毁	飞行人员及乘客二十二人罹难	

七、一年来航空运价之调整情形节略

关于航空运价，自卅五年五月一日至本年三月十六日共曾调整三次，兹将各次调整情形，分述于左：

（一）卅四年九月，抗战胜利，收复各区，次第开辟航空线，所有各该新航线之客票价目，经规定为每客公里六八.三二元。同时原有后方各航线，则仍维持每客公里二五.三八元之原价。其所以如此规定者，盖因新辟各线，回程乘客甚少，订此较高票价，俾作回空之贴补。迨三十五年三四月间，各地物价激涨，航空公司成本增高，支出亦激增。为谋收支平衡，各该航空公司呈请本部准将各线客货运价，增加百分之一百，以资调整。当经本部一再交议审核，始决定准将原有后方各线客运增至每客公里六八.三二元，以与收复区各线取得一律。至货运及邮运，则一仍其旧。是项调整办法，系于三十五年五月一日起实行，惟此次调整，仍旧不能使公司之营业收支相抵。

（二）卅五年六月以后，航空公司因航空运价，远逊物价指数，物价有增无已，公司亏损过巨，续请予以调整运价到部。经详加研究，并拟具调整办法呈院核示，继奉行政院令饬，航空客票准加百分之一百五十。等因。当转饬航空公司于八月一日起实行。

（三）卅六年二月，航空公司复因一般物价波动，亏损更巨，续请调整运价，以资弥补，并呈送空运成本计算表到部。经予核实计算，比较上年八月间，约已增至五倍或六倍，其运价方面，最少须照现价增加四倍，方能勉强维持。惟因适值经济紧急措施方案颁行时期，未便遽按此数调整。爰经切实研讨，尽量减缩，拟具调整办法三点：

甲、货运运价，各线一律增加百分之一百，惟为利便文化与新闻之传播，对于日报之交运，暂照新价六折收费。

乙、乘客运价，视航线情形，增加百分之一百至百分之二百不等。如京沪区间，仅加百分之一百；北平归绥线，重庆西昌线，以及兰州以西航线，为配合开发西北西南需要，仅加百分之一百五十。

丙、国际航线，按双方议定外币票价，在国境内各站，折合国币收取。

呈奉行政院三月十二日令准照办。经即转饬航空公司于三月十六日实行(此即最近一次之调整)。

〔国民政府交通部档案〕

7. 交通部统计处编水运概况统计资料

(1947年10月)

(1) 航线里程与轮船

民国二十六年至三十六年六月底

航线里程单位:公里

时期别	航线里程	轮船	
		艘数	总吨数
二十六年底	18,492	1,027	118,484
二十七年底	15,052	792	87,453
二十八年底	13,868	607	68,794
二十九年底	8,014	507	58,912
三十年底	12,989	309	46,540
三十一年底	10,489	224	62,376
三十二年底	12,968	422	37,303
三十三年底	13,195	570	73,299
三十四年底	17,409	562	125,557
三十五年底	20,203	2,362	692,071
三十六年六月底	33,575	3,348	883,483

资料来源:根据各航务机关报告之材料编制。

(2) 全国轮船艘吨数

民国三十六年六月底

航区别	总计		20吨以下		20——200		201——500	
	艘数	总吨数	艘数	总吨数	艘数	总吨数	艘数	总吨数
总计	3,348	883,483	551	10,404	2,270	153,820	242	70,265

续上表

航区别	总计		20吨以下		20——200		201——500	
	艘数	总吨数	艘数	总吨数	艘数	总吨数	艘数	总吨数
东北区	32	821	19	269	13	552	—	—
天津区	174	21,892	2	25	156	10,530	13	4,579
上海区	1,073	649,547	200	2,473	539	36,468	84	25,743
长江区	637	68,203	108	1,489	483	29,551	28	7,905
广州区	1,272	123,478	136	1,793	1,014	69,982	112	30,623
台湾区	160	19,542	86	4,355	65	6,737	5	1,415

(2) 全国轮船艘吨数(续)

民国三十六年六月底

航区别	501——1,000		1,001——3,000		3,001——5,000		5,001——8,000	
	艘数	总吨数	艘数	总吨数	艘数	总吨数	艘数	总吨数
总计	85	62,703	110	199,433	71	258,382	19	128,476
东北区	—	—	—	—	—	—	—	—
天津区	1	667	1	2,871	1	3,220	—	—
上海区	70	52,114	99	180,933	63	229,564	18	122,252
长江区	10	7,167	4	6,372	4	15,719	—	—
广州区	2	1,666	5	7,132	2	6,058	1	6,224
台湾区	2	1,089	1	2,125	1	3,821	—	—

材料来源：根据各航务机关报告之材料编制。

(3) 水道运输

民国二十六年至三十六年六月

时期别	客运		货运	
	人数(千人)	延人公里(千人公里)	吨数(千吨)	延吨公里(千吨公里)
二十六年	16,338	…	22,873	…
二十七年	8,713	…	7,624	…
二十八年	1,634	…	1,271	…
二十九年	2,042	…	953	…

续上表

时期别	客运		货运	
	人数（千人）	延人公里（千人公里）	吨数（千吨）	延吨公里（千吨公里）
三十年	3,306	…	798	…
三十一年	4,925	…	617	…
三十二年	8,809	…	1,557	…
三十三年	10,081	…	2,162	…
三十四年	7,418	714,223	1,665	324,504
三十五年	12,027	2,692,301	6,111	3,706,996
三十六年一至六月	7,883	1,688,199	5,243	4,847,714
一月	1,156	244,776	657	517,819
二月	1,198	244,078	695	569,634
三月	1,421	303,150	901	796,639
四月	1,420	287,421	945	887,281
五月	1,383	306,513	948	904,514
六月	1,305	302,261	1,097	1,171,827

材料来源：根据各航务机关报告之材料编制。

〔国民政府交通部档案〕

8. 交通部编全国轮船艘吨数及运量表

（1948年6月）

（1）全国轮船艘吨数

民国三十七年六月底（附近三年及战前数）

项目		总计	经营			种类	
			国营	公营	民营	海轮	江轮
总计	艘	4,288	193	51.	3,585	1,641	2,647
	吨	1,083,560	274,382	186,830	622,348	894,349	189,211
东北区	艘	1	—	1	—	1	—
	吨	44	—	44	—	44	—
天津区	艘	260	23	26	211	237	23
	吨	29,325	5,837	1,334	22,154	27,449	1,876

续上表

项目		总计	经营			种类	
			国营	公营	民营	海轮	江轮
上海区	艘	1,415	136	204	1,075	697	718
	吨	863,791	266,007	158,966	438,818	786,493	77,298
长江区	艘	771	33	175	563	——	771
	吨	49,392	2,306	10,607	36,479	——	49,392
广州区	艘	1,524	1	18	1,505	411	1,113
	吨	114,870	232	1,252	113,386	54,529	60,341
台湾区	艘	317	——	86	231	295	22
	吨	26,138	——	14,627	11,511	25,834	304
民国三十六年	艘	4,037	260	453	3,324	1,495	2,542
	吨	1,042,425	274,940	178,424	589,661	825,293	217,132
三十五年	艘	2,362	383	226	1,753	……	……
	吨	692,071	298,823	63,192	330,056	……	……
三十四年	艘	562	……	……	……	……	……
	吨	125,557	……	……	……	……	……
二十六年	艘	3,457	27	——	3,430	124	3,333
	吨	576,000	50,028	——	525,972	367,383	208,617

(2) 全国轮船运输量

民国二十六年至三十七年六月份

时期	客运		货运	
	人数（千人）	延人公里（千人公里）	吨数（千吨）	延吨公里（千吨公里）
民国三十七年上半年总计	8,189	1,887,025	7,415	7,206,010
一月	1,314	287,671	1,100	1,070,017
二月	1,212	249,222	1,026	1,033,492
三月	1,430	319,618	1,197	1,123,705
四月	1,527	349,835	1,308	1,198,288
五月	1,399	358,387	1,406	1,440,732
六月	1,307	322,292	1,378	1,339,776

续上表

时　　期	客　　运		货　　运	
	人　　数（千人）	延人公里（千人公里）	吨　　数（千吨）	延吨公里（千吨公里）
民国三十六年总计	15,238	3,497,823	12,064	11,606,587
三十五年总计	12,027	2,692,301	6,111	3,706,996
三十四年总计	7,418	714,223	1,665	324,504
二十六年总计	16,338	……	22,873	……

〔国民政府交通部档案〕

9. 全国轮船业联合会请速结清差轮租金等致交通部长俞大维电

(1949年1月25日)

京。交通部长俞钧鉴:军运机关所欠差轮租金为数极巨,一因利率过高,二因币值降低,各轮船公司不堪亏累,行将破产。务请昭察航艰,转电联勤总部:(1)迅即结清欠费,以资维持。(2)以后不论租船及交运,均先付费后开航,以免赔累。伫候电示。全国轮船业联合会理事长杜镛叩。印。(01.25)

〔国民政府交通部档案〕

10. 俞大维关于各航政局办事处不准撤退以维交通密电

(1949年1月25日)

上海、广州航政局:密。查各办事处主持航业行政,关系重要,一律不准撤退,以维交通。特电遵照,并转饬遵照为要。部长俞大〇。子有。航一。

〔国民政府交通部档案〕

11. 航政司编航政工作简报

（1949 年 4 月）

航政工作简报　三十八年四月

航政司工作计分三类：

水运

空运

港务

（一）水运部门

我国在抗战前，包括外人航业，共有大小船舶一百三十六万余吨。抗战时损失殆尽，仅余八万吨，其中国营招商局约有二万六千吨。复员后，政府因水运需要甚急，对于复兴航业极为重视，采用扶植国营、奖励民营政策，双管齐下，至目前为止，全国共有 120 万余吨，其中招商局占 38 万余吨（附表），长江航运已恢复百分之六十，而南北洋海运及外洋业务则较战前大为扩充。惟以各项船舶均系购自剩余物资，海船多于江船，货船多于客船，油船多于煤船，故对于军运方面，勉能应付，但于客运方面，尚觉不足。

以言业务，近年来以陆路交通时受阻碍，水运比较发达，各航业公司收入略有盈余，但自去冬以来，物价波动甚巨，开支已感无法维持。而沿海业务，外商船只竞争至烈，香港近在咫尺，英商极谋恢复战前力量，在在均与此新兴事业以打击。故国内航商对内航权，决不愿再受侵夺，而我国之保护政策，仅有具文，此实为航业前途之一大隐忧。

目前全国优秀船舶三分之一参加军运，招商局担负更多，匪特定期航班无法维持，对于运费积欠，久未清偿，各轮船公司不堪拖累，此亦应设法改正者也。

运价管制采用自给自足方式，政府向不补贴，均系根据生活及物价指数，逐期调整办理，至今尚能得各方谅解（附表）。

综观目前我国航业情形，外抗强权，内谋团结，各地营业虽已渐上轨道，惟现有船只如何维护，新船如何补充，船只如何训练与管理，沿海及国际航线如何保护，如政治情形转变，现有船只如何调动。

本部现分区设立航政局及办事处，办理航线之分配，运价之核定，船舶登记及安全管理等事项。各以人手不敷调度，经费又极感拮据，推行尚未达理想地步。其组织情形如附表。

交通部航政部门组织系统表

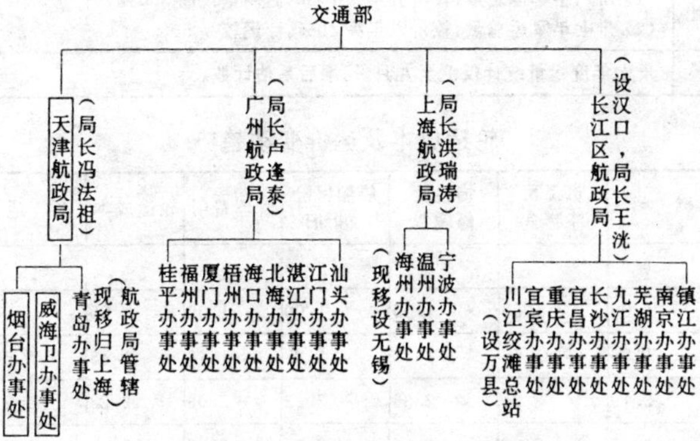

附注：凡加线圈者已沦为共区。

招商局轮船股份有限公司各地分公司等级表

等级 \ 设立地点		长江线	北洋线	南洋线	海外线
分公司	一等	南京、汉口	天津	广州、台湾	香港、东京
	二等	重庆	海州、青岛	宁波、福州、厦门、汕头	
	三等	镇江、芜湖、安庆、九江、长沙、沙市、宜昌	烟台、秦皇岛、葫芦岛	温州、湛江	
办事处	分公司管辖		塘沽（天津）	基隆、高雄（台湾）镇海（宁波）	神户（东京）

附注：分公司管辖各办事处，括号内所注地名，系指受管辖分公司之名称。

卅五、六、七年全国水运运量比较表

年度/分类/航线	三十五年				三十六年				三十七年			
	军运		商运		军运		商运		军运		商运	
	官兵（人）	军品（吨）	旅客（人）	货品（吨）	官兵（人）	军品（吨）	旅客（人）	货品（吨）	官兵（人）	军品（吨）	旅客（人）	货品（吨）
长江及内河	2432814	558384	9261527	2221351	1216407	531795	11978303	4199937	961804	421317	8334770	5706222
南北洋	1012214	400234	2763709	3821359	506167	300127	3197134	7484595	989662	464678	1078881	2969181
国外及其他	32324	1012	1555	67875	16262	686	52213	373324	21859	3361	4140	407776
总计	3477352	959630	12026791	6110585	1738836	832608	15227650	12057856	1973325	889356	9417791	9083179
比较百分比	(1) 卅六年军运总量，较卅五年约少 30%，商量较高 300%。 (2) 卅七年军运总量，较卅六年高 10%，商运较高 50%。											
备注	卅七年度运量统计仅汇至九月份，嗣后系估计数。											

轮运成本及运价变动趋势

时间	燃料	员工薪津膳食	物料及修理费	船舶保险及折旧	管理费用	轮运成本	货运	客运
三十七年								
一月	1.00	1.00	1.00	1.00	1.00	1.00	1.00	1.00
二月	1.56	1.56	1.31	1.25	1.46	1.45	1.00	1.00
三月	2.19	2.24	2.35	2.13	2.06	2.23	1.27	1.31
四月	3.15	2.72	2.83	2.71	2.62	2.89	2.45	2.56
五月	4.32	3.54	4.44	3.97	3.53	4.10	2.45	2.56
六月	11.18	7.36	14.41	20.28	6.94	11.96	10.56	5.59
七月	27.28	19.35	31.35	35.77	18.59	27.07	19.48	21.25
八月	58.70	37.63	42.36	66.40	35.57	49.68	42.81	34.62
九月	58.70	37.63	51.85	100.60	35.57	55.69	42.81	34.62
十月	86.70	37.63	51.85	100.60	35.57	65.76	42.81	34.62
十一月	785.97	584.39	518.54	853.60	572.60	668.57	576.12	797.20
十二月	2181.16	694.44	905.42	2636.10	680.43	1497.05	932.84	1251.87
三十八年								
一月	5244.07	2888.10	3030.83	5523.01	3288.84	4093.25	1781.72	2391.07
二月	75754.89	20999.23	29530.59	67782.42	23913.01	48294.10	23535.55	31597.19
三月	119312.69	43723.37	54557.26	148117.15	49790.33	85690.67	41558.02	55770.80

船用物料生活指数物价指数、美汇率及运价倍数表

时　期	物价指数	职员指数	工人指数	薄柴油	厚柴油	煤	美汇	白棕绳	钢索	黑油漆	填塞料	钢板	货运	客运
三十七年														
（基价）	140270	80700	95200	6810000	5525000	2650000	119500	150000	680,000	7200000	1830000	85000,000		
一月	1.00	1.00	1.00	1.00	1.00	1.00	1.00	1.00	1.00	1.00	1.00	1.00	1.00	1.00
二月	1.35	1.46	1.59	1.26	1.41	1.72	1.25	0.89	1.25	1.46	1.91	1.06	1.00	1.00
三月	2.32	2.06	2.28	2.32	2.58	1.83	2.13	1.67	2.76	2.29	2.46	2.59	1.27	1.31
四月	2.78	2.62	2.75	3.09	3.39	2.93	2.71	2.22	2.94	3.33	3.01	2.65	2.45	2.56
五月	3.92	3.53	3.54	4.82	4.98	3.68	3.97	2.78	4.26	5.83	4.37	4.94	2.45	2.56
六月	7.69	6.94	7.46	17.08	17.63	4.18	20.28	6.67	14.70	21.29	15.30	14.12	10.56	5.59
七月	21.36	18.59	19.54	34.53	36.24	18.50	35.77	17.78	50.00	37.91	24.59	26.47	19.48	21.25
八月	61.92	35.57	38.14	59.87	58.22	59.01	68.40	38.89	61.76	54.58	21.86	34.70	42.81	34.62
九月	63.06	35.57	38.14	59.87	58.22	59.01	100.60	47.50	85.14	54.58	27.33	44.70	42.81	34.62
十月	78.66	35.57	38.14	59.87	58.22	59.01	100.60	47.50	85.14	54.58	27.33	44.70	42.81	34.62
十一月	640.19	572.60	587.34	699.60	662.54	905.69	853.60	666.63	661.73	656.17	262.30	345.85	576.12	797.20
十二月	862.72	880.43	967.94	3049.24	2842.23	1501.19	2636.10	833.33	882.30	1913.93	262.30	635.23	932.84	1251.87
三十八年														
一月	3310.75	3288.84	2787.92	5727.75	4858.60	5542.64	5523.01	4000.00	3529.00	4101.66	1229.50	2294.00	1781.72	2391.07
二月	25523.63	23913.01	20270.79	82168.20	69230.76	80985.28	67780.42	25000.00	37500.00	49222.50	14754.00	21176.47	23535.55	31597.19
三月		49790.33	42206.72	136604.40	113733.39	122604.90	148117.15	48000.00	52941.10	87506.66	27868.00	56470.58	41558.02	55770.80

三十八年三月二十二日与三月十五日航行成本比较表

（三月十五日运价调整根据三月十五日成本）

项　　目		3月15日价	3月22日价	比率 月 日＝100
X x_1 煤	国外	GY 111396.00	GY 284980.00	255.82%
	开滦	102113.00	132200.00	129.46%
x_2 燃料油		209460.00	430356.00	205.46%
x_3 薄质油		310092.00	635328.00	204.88%
Y y_1 职工生活指数		1339.36	1339.36	100.00%
y_2 工人生活指数		1339.36	1339.36	100.00%
Z z_1 白棕绳		GY 2400.00	GY 6000.00	250.00%
z_2 钢　索		1200.00	2500.00	208.33%
z_3 黑　漆		210016.00	393780.00	187.50%
z_4 填塞料		17000.00	23500.00	138.23%
z_5 钢　板		1600000.00	2150000.00	134.37%
U 美汇		GY 5900.00	GY 10300.00	174.59%
V 职员生活指数		1339.36	1339.36	100.00%

$X = (x_1)50\% + (x_2)45\% + (x_3)5\% = 209.55\%$

$Y = (y_1)20\% + (y_2)80\% = 100.00\%$

$Z = (z_1)20\% + (z_2)20\% + (z_3)20\% + (z_4)20\% + (z_5)20\%$

$= 183.89\%$

$U = 174.59\%$

$V = 100.00\%$

$G = 26x\% + 19.5y\% + 26z\% + 11u\% + 7.5v\% = 169.23\%$

3月22日与3月15日航行成本比较：3月15日，100.00%

3月22日，169.23%

计上涨：　69.23%

历次水运运价调整表(依各月上一月为基期)

调整日期	调整比率	备注
三十七年一月	1.00	
二月	1.00	未调整
三月	1.50	
四月	1.95	
五月	1.00	未调整
六月	1.90	
七月	3.78	七月一日增加8%,十九日增加110%
八月	2.20	
九月	1.00	限价期未调整
十月	1.00	限价期未调整
十一月	15.00	十一月二日增加400%,十五日增加200%
十二月	1.45	
三十八年一月	3.80	一月一日增加100%,十五日增加90%
二月	13.24	二月一日增加60%,十一日增加260%,二十日增加130%
三月	3.31	三月一日增加78%,十六日增加90%
四月		四月一日增加150%

(二)空运

目前民用航空,计有四个机构,运输能力以中国航空公司为最大,中央及陈纳德空运队次之,中苏航空公司最小。除中央航空公司外,均有外股参加。计共有飞机一百四十三架,以零件缺乏,外汇申请困难,能飞行者约百余架,每日出动已占上列数字中百分之八十。

年来陆路交通时遭阻碍，全国各地端赖空运，以资联系。军民运输，以及全国邮运，均极发达，尤以边疆省份及中美、中菲、中印、中法等国际航线相继完成，便利政府推行政令与联络华侨经济，更见功效。因此每月飞行钟点迭有增加，现已达一万五千小时，较三年前几已逾四倍有余。

空运交通，首重安全。本部为准备开放民用航空，设立民用航空局，专负各重要机场及航路建设，与空中管制工作。成立以来，尚有成效，航空失事大为减少。惟以感建设经费有限，物价又不稳定，虽将少数经费集中使用，而上海、广州国际机场与邮运中心之汉口航站，仍待继续修建。至于空中管制，因我国已为国际航空公约之签字国家，又为西太平洋国际航路必经之地，应积极将导航电台及各种电讯设备加强扩充，以策安全，而符公约规定之义务。

本部对于各航空公司之营业方针，向采取客价低于货价政策，对于邮递，则尽量协运，以利国民通讯。而日常收支，以能维持自给自足为目的，政府决不贴补。

年来物价波动甚剧，外汇增涨更速，空运成本有百分之六十五需用外汇，汽油以及飞机零件在在均需外洋进口，政府管制甚严，公司业务亦常受影响，而国际竞争尤烈，稍一不慎，即感周转失灵，停航堪虞。至目前为止，中国、中央两公司空运队尚可维持，仅中苏航空公司业务较为单纯，客货均极清淡，已有亏损，现在由双方商议是否继续办理中。

再本部对于国际通航所订协定，均采平等互惠精神，尽先办理与华侨经济有关之航线，虽国际航空竞争甚剧，而一般营业状况尚可维持。惟美机之数量与设备，既多且佳，香港又密近华南，对于吾国国际空运时受威胁。此亦令人寝食难安者。

气候报告，关系航行安全至巨。自三十六年一月，将中央气象局改隶本部，建立全国气象测报网，贡献甚多。虽时因军事与经费等影响，未克如预期计划一一完成，尚待继续努力。

航线概况

（公里）

年　　月	类别＼公司	中　央	中　国
卅五年十二月	航线条数	9	24
	通航站数	14	30
	航线里程	12912 公里 8070 哩	30355 公里 18922 哩
卅六年十二月	航线条数	27	26
	通航站数	23	34
	航线里程	35487 公里	41778 公里
卅七年十二月	航线条数	18	
	通航站数	13	
	航线里程	10238 公里	

航线里程卅六年较卅五年增加 100%

三十八年三月份航线图〔略〕

飞行里（公里）数表

年月＼公司	中　央	中　国	行总空运队	合　计
卅五年　1946	3125988	9060815		12186803
卅六年　1947	6593638	9456050	3003049	19052737
卅七年　1948	10261726	15775498	9411038	35448262

卅六年比卅五年增加 56%

卅七年比卅六年增加 84%

卅七年比卅五年增加 190%

民航总运量

(吨公里)

年月 \ 类别	客运	货运	邮运	行李	合计
卅五年十二月	18048247	9580605	1878010	3698477	33205209
卅六年	19202234	27495349	4366892	4084303	55148778
卅七年	67846480	113862746	4681847	6152083	192543156

卅六年比卅五年增加 66%

卅七年比卅六年增加 294%

卅七年比卅五年增加 479%

航空运价调整记录

调整日期	每客公里运价	增加%(比上次)
37.8.19.	G.Y.$ 0.10	
37.11.8.	0.66	560%
37.11.18.	2.20	233%
37.12.15.	3.30	50%
38.1.3.	5.88	78.25%
38.1.18.	11.00	90%
38.2.4.	23.80	116%
38.2.19.	97.30	309%
38.3.3.	171.50	76%
38.3.18.	363.00	112%
38.4.3.	1043.00	289%

(三) 港务部门

甲、工程方面

交通部港务建设,始自三十五年,当时为配合军用及发挥现有船舶之运输力量,曾由行政院工程顾问团拟定计划,故现时本部港

务工程,均系依照该项计划进行。在建设中者计有:

葫芦岛港　(现因军事终止工作)

塘沽新港　(现因军事终止工作)

青岛港　　(暂时停工)

上海张华浜

福州港

厦门港

汕头港

广州黄埔港

广州湾港

筑港工程向极艰巨,需款甚多,以现时国家财力,仅能就军事需要与铁路联运有关之港口,先行建设。三年以来,华北各港粗具规模,便利军运,已收功效。至各港历年工程经费,约占航政建设经费五分之三,本部全部建设费十分之二。值此物价上涨之际,施行万分困难,今后重大筑港工程,如不能获得美援,实无法进行,仅可就现有经费修建小型码头,以利航运。

查上列各港工程,以塘沽新港最大,黄埔次之,葫芦岛、青岛、张华浜相等,福州、厦门、广州湾或方开始工作,或在准备计划。因最近军事关系,华北各港建筑工作业已停止。现为配合航运需要,已将重要技术员工及器材集中华南,故筑港重心业已南移。

乙、港务行政方面

查以前我国港务,向系海关代办,自一部分工作移归航政局接办后,现时全国港务行政工作,仍无统一机关办理。按之本部组织法及商港条例,均系指定由本部主管,惟海关囿于旧规及以航路标志均系由其建筑,未允移交。复以地方政府影响收入为名,均欲保持原状。但究诸法令及参考其他各先进国家成例,均应由本部统一管理,一俟时局敉平,自应按此原则进行。再港务与航政不能分离,将来是项机构应合并办理,一则可以统一事权,再可解除现时航政机构组织不健全之现象。

目前对于青岛港之填沙工作，应予完成，广州黄埔港亦宜加紧建筑，以应军民需要，其他南方各港，亦须赶速修建，以利运输，而为将来收回统一管理之张本。又关于筑港所需钱财、器材、人才三种，现于人才方面，本部已能罗致集中使用，惟人员薪给向于事业费内开支。现时薪给逐月调整，各港工程费有限，不胜负担，事势所趋，似非提早确定。本年预算及采用包工制，并同时缩减人员，不能渡此难关。

港名	工程情况
（一）葫芦岛港	已完成二、三两码头修理工程，正进行第一码头及东防波堤工程，适逢军事情形转变，员工奉令撤退，现酌调一部分工程人员前往厦门港工程局。
（二）塘沽新港	继续日人未竣工程，修建南北防波堤长达十七公里半，积极挖泥，开深航道，五千吨级船已可入港。此次保卫平津之战，海军能支持逾月，完全靠该港已完成之水电及装煤设备给养。现有少数员工撤至福州，成立福州港工程局。目前该局在共军控制下，仍由副总工程司负责工作中。
（三）青岛港	曾完成第五码头修建工程，计长四百八十公尺，仅待填砂即可启用。一月间以环境恶劣，被逼暂停工作，现正筹划复工。
（四）广州黄埔港	此为我国南方大港，战前已完成四百公尺堤岸，现正积极修建码头、仓库及改善水陆联运设备。年来救济物资及南运军需品，均赖该港接运。现正拟继续修建码头四百公尺，并挖深航道，第一期五千吨级可以靠岸。
（五）福州港	现正先修罗星塔码头及集中塘沽港南迁设备，浚深闽江下游，以利航运。
（六）厦门港	设立工程局，兴建客运码头一所，并计划水陆联运工程。
（七）湛江市广州湾港	该港为西南西北铁路新干线之起点，前由湘桂黔铁路工程局兼办，期使三千吨货船可以靠岸。现以经费拮据，已在半停顿状态中。
（八）上海张华浜码头	上海码头前受租界包围，无法与铁路联运，现由本部开辟张华浜码头二千市尺，每日可停泊万吨巨轮四艘，商旅称便。现仍需继续扩充，以应需要。

总之，航运业务首重安全，举凡有关航路建设，空中管制等，均应尽先修建，以利行旅。次之，对于增强运输能力所需之设备，如订

造新轮，兴建港口等，当视目前国家财力情形，设法提早择要筹划施工。他如本国航权，无论空运、水运，因其基础未固，易遭摧折，亟应加意维护，方可力谋发展。抑更有进者，部中各项建设经费，每因经过审查发款等项手续，在在需时，而物价瞬逡万变，及至款到工地，业已贬值数倍，乃至数十倍，又须重复办理追加。此种情形，如不能予以改善，或请政府简化手续，或设法一次筹拨，则各项建设，均将无完成之日。

目前，我国财力日趋贫弱，军费负担已重，确无余力办理发展海空运输及港口建设，似可奖励民间投资，以宏功效。查交通事业除电讯及主要铁路干线外，其余均不必完全国营，只需政府对于人民所投资本有所保障，提倡自易。观诸近年来航运事业，人民已占有百分之六十资产，对于航空运输争先投资情形，可以证明矣。

〔国民政府交通部档案〕

12. 中华民国轮船商业同业公会联合会请救济航业代电

（1949 年 9 月 30 日）

中华民国轮船商业同业公会联合会代电 字第一三五号 民国卅八年九月卅日

交通部端本部长钧鉴：吾国航业年来致力军公运输，贡献至巨。乃自政府南迁，淞沪、武汉撤守以后，航线短蹙，仅余华南一隅之地，麇集轮只达三八〇艘，计一百零二万余吨。而运量稀少，运价不敷成本。欲向海外发展，则以远洋航线基础脆弱，无法与资力雄厚之外商竞争，轮船先后被迫停航，经调查明确者，现已达一百廿二艘之多。公司因不堪赔累而停业解散者，日有所闻。最近大通兴轮船公司经理卢级三，且以无法善后而自杀，整个航业之总崩溃，可立而待，其影响交通运输、社会经济，至为重大。心所谓危，难安缄默，爰于本年九月廿六日，召开全国轮船业理监事会议，一致决议呼吁政府，迅予救济。除推派代表携同节略赴院请愿外，理合检同节略一份，电请鉴核为祷。中华民国轮船商业同业公会联合会理事长杜镛，常务理事钱永铭、徐学禹、杨管北、魏文翰、卢作孚、徐恩曾、李云良同叩。申陷。印。附节略一件。

节略

一、理由

吾国轮船目前总量为一百十六万吨，自武汉、淞沪撤守，随国军南迁之船只，达三八〇艘，共一百零二万吨（见附表）〔缺〕，西迁复达数十艘。此种关系国防之重要交通工具，航业界同人忍冒一切艰难困苦及危险，以为国家保存，政府亦必予以珍惜。

南移船只为数既多，麇集华南一隅，航线只台湾、广州、汕头、海南岛少数口岸，货运稀缺，军差频繁。船员以与乡里隔绝，家属生活固须负担，而华南日常费用亦较其他各地高昂，不断要求增加待遇。船公司以收入锐落，无法应付燃料、材料、修理一切开支，多数船只只有被迫出于停航之一途。但停航亦不能避免若干开支，船员与家属隔绝，无法遣散，即使船员同意遣散，一次需要之遣散费，更非船公司所能负担。船公司之负责人，以环境所迫，甚有出于自杀者（见九月十五日本会穗字第一二九号呈文报告自杀案中）。现据调查，已停航沿海各港口船只，达一百廿二艘，川江亦达六十艘以上，尚逐渐增加中。停航之后，船员愈感薪伙无着，日日呼吁，船用工具风雨侵蚀，无款修理，将全陷于无用。凡此危殆，皆非政府所知。如不积极救济，则航业界决心为国家保存之工具，将终无法保存，数万船员流离失所，成为迫切之社会问题。

停航船只之中，尚有一部分计二十余艘，被军队控制于定海（舟山群岛）一带，差租无着，迭经交涉，迄未放行。船上舱板门窗救生设备及一切属具器材，俱已拆尽，船壳机器，均已丧失航行能力。一般军运虽有租费，年来因预算紧缩，费额既经减削，积欠复为数甚巨。币制数度改革之结果,不啻勾消债务。自颁布以银元券为货币本位以来,对于差租之计算,协议既定,亦未颁布施行。航商既苦无业可营,复为军运所累,全国经常水运经费,每月只三十万元,分配与台湾、广州、华中、华南及川江各处,无异杯水车薪。常有紧急大量运输,以请款无着,或领款过迟,不易遵时达成任务,岂惟航商独感难堪之损失而已。

二、办法

1. 从速公布联勤与航商协议确定之差租运价。

2. 对于停航船只,迅予救济,依照交通部前拟呈办法,每月拨给维持费,以维船员之生活,并保养船只,使不致丧失航行能力。

3. 航业紧急周转金贷款,各轮船公司购置燃料,支应薪工,修理保险等费用,均感周转困难,无法筹措,拟请核准由中央银行举办航业周转紧急贷款,按轮船吨位及实际情形,由本会妥为分配。

〔国民政府交通部档案〕

二、招商局概况

1. 招商局镇江办事处关于该处内河航线开航情形等呈

(1946年1月11日)

查本处战前业务,除长江客货运外,其主要者实为内河航运。敌伪时期之内河公司,即针对此而组织,其分支店遍布扬州、邵伯、高邮、泰县各地,苏北内河航线尽在敌手。本处有鉴于斯,接收伊始,即在燃料恐慌声中,仍继续维持镇圩、镇扬、镇邵、扬泰各线,以利行旅,而畅军商运输。每日往来旅客四千余人,客运收入日达百万元。惜扬泰班因开航时遭“匪军”中途袭击,被迫停航于先;镇邵班因上月十九日苏北共军向高邮等地进犯,邵伯不守,被迫停航于后，殊为婉惜。目前大批国军向苏北推进，各地匪患不难立戢。现除原中华公司镇江口岸、镇江中兴镇航线，以国军进驻各该地，即拟开航外，一俟苏北各地绥靖，高邮至宝应、淮阴，泰县至东台、盐城等地商运，即须恢复。届时内河各航线复航，并使与长江客货运输有密切之衔接，则业务之扩充，将数倍于今日。现本处内河航线系单独计算盈亏，以上年十一月接收中华、内河两公司，截至年终仅恢复一部分短途航线，包括所有接收未营运各轮驳维持费，尚盈余六百余万元。若苏北绥靖，各航线恢复后，其盈余必更甚于今日。本局负发展航运，畅通军商运输重任，故苏北内河航线，似仍须维持，尤以镇清线为战前本局开行航线，似更不宜轻易放弃。兹将本处内河航线开航计划，及现今轮驳运用情况，列表赍请鉴核。谨上

总经理

副总经理

列表二份

镇江办事处主任王章敬启

镇江办事处开航内河航轮计划表

35.1.10

线别	里程	经过埠名	每日开航班次	预定开航船名	备考
镇江——六圩	10公里		四班	中伦轮	原中华公司航线现已开航
镇江——口岸	59公里	荷花池、三江营、中闸、大港、五圩、扬湾	一班	丰国轮	原中华公司航线现已开航
镇江——中兴镇		沙头、太平庵	一班	平利轮	原中华公司航线即拟开航
镇江——泗源沟	35	瓜洲、十二圩	三班	兴德轮	原中华公司航线
镇江——扬州	34	瓜洲、八里铺、六浅、三汊河	一班	江南二号	原内河公司航线现已开航
镇江——高邮	79	扬州、东关、邵伯、昭关、车逻	一班	同利轮	原内河公司航线，苏北绥靖后即可开航

续上表

线别	里程	经过埠名	每日开航班次	预定开航船名	备考
镇江——清江浦	186	扬州、邵伯、高邮、宝应、淮安	一班		战前本局航行此线
扬州——泰县	88	仙女庙、宜陵	一班	昌利轮	原内河公司航线
泰县——盐城	148	姜堰、曲塘、海安、东台、刘庄			内河航线
泰县——湖垛		海安、东台、盐城			内河航线

镇江办事处接收轮驳运用情况一览表

35.1.10

接收轮驳种类各名称	自营轮驳	出租轮驳	待租轮驳	军队征用轮驳	待小修轮驳	需大修轮驳	备考
蒸汽小轮:41艘	丰国、中伦、平利、昌利、兴德、江南二号、华庆、同利八艘	日军震雷部队租用:江明、瑞光二艘 利生公司租用:准轮、加利、协利、华仁、旭燕五艘 申新第三纺织公司租用:江瑞、江阳二艘 豫湘号租用:华明一艘	利生公司洽要:兴中、开利二艘 粮食部:福顺、裕光、香山、兴宁四艘	扬州二路征用:海克、阳利、新利、江兴、盛利六艘	华富、香溪、西湖一号三艘	茂利、民船、顺南、瑞运、杭州六号、华荣、新顺、吉松八艘	自营蒸汽小轮八艘除丰国、江南二号二艘外均应差中,华庆轮在邵伯被新四军扣留。
柴油船:14艘	隆安、阳华二艘	日军震雷部队:隆大一艘	粮食部:隆华、荣华、保定、青浦二号四艘		阳明一艘	裕丰、平安一号、闵行一号、黄浦三号、阳裕、阳瑞六艘	
游艇:2艘						忠诚、松轮二艘	
汽车驳:1艘	汽车驳:1艘						
起重驳:1艘	起重驳:1艘						

续上表

接收轮驳种类各名称	自营轮驳	出租轮驳	待租轮驳	军队征用轮驳	待小修轮驳	需大修轮驳	备　考
铁驳:3艘		利生公司租用:三艘					
木驳:75艘	自营十八艘	日军震雷部队租用:二十艘　利生公司租用:二十艘　申新第三纺织公司租用:六艘				需大修者十一艘	
客驳:17艘	自营十六艘					需大修者一艘	

〔招商局轮船股份有限公司档案〕

2. 招商局南京分局呈报调整该局内河营运经过情形函
(1946年1月31日)

国营招商局南京分局函　　发文京业字第二〇一号
中华民国三十五年元月三十一日发

查本分局前为调整内河小轮营运，视其需要，增减人事，以节开支，并联络镇、芜两处货运报关转口手续不生隔膜起见，曾派业务课长杨书林前往芜湖、和州、镇江、扬州等地，商得镇芜二处同意，自本年元月份起，内河营运及附属机构归并裁汰，或委托代理等项。经决定如次：

(甲) 京扬班

一、本局原派驻扬州办事处撤销，所有该线扬州部分营业，由镇江办事处扬州转运站合并管理。

二、扬州部分客货运费及每次搭客装货数量，由扬州转运站负责，分别航次造表，分送京、镇两地查核。

三、船用燃料司机以及船上员工开支，均由京局负担。

四、运费收入规定于次班以前，即交镇扬班轮带解镇处，由镇处列收京局内河营业帐，每月终开单送京局转帐，年终将盈亏数额报总局核备。

五、京局原派驻扬职工，除一部分职员就地解雇外，其余原任主管员之办事员陈振初，临时雇员周振声、褚其明，工役高明德，一律拨调镇处驻扬站工作。各该员之薪津或维持费，自元月份起，即合并于扬州站职员，列表向镇处报支。

六、京扬班轮于每次开航，应由扬州转运站站长负责督同，无论京局或镇处所派人员，视同一体，尽力照料工作，不得互相推诿。如有困难，并应随时向京、镇两地请示核办。

（乙）京镇班

一、京镇班以延展至口岸为原则，镇江以下各小埠，亦由镇处就近支配管理，其办法照京扬班同。

二、本局现航之京镇班轮，于每次抵镇或由镇驶京时，由镇处派员售票查票，如有上运货物，亦可交该轮拖运至京，再办报关转口手续。其小轮部分收入，应收京局。内河营业大轮部分，则照长江办法转报总局。

（丙）京通班

一、南京至通江集短航每日往返，除南京方面本局售票装货手续自理外，其余沿途共有小埠六处，均系各该当地划户驳送乘客，船上购票，无委托代理人之必要。

（丁）京芜班

一、京芜班轮营运，以汉西门外之北河口及和州所属之金河口为最主要，为维持该两地之交通，并增加局收，及免设机构派员，以节省开支起见，自本年元月份起，增设北河口及和州两代理处，并委托潘夑庭为北河口代理人，萧少山、朱钺为和州代理人。北河口佣金暂订百分之三，和州佣金暂订百分之五，以试办六个月为限。至代理营业办法，照本局内河委托代理，一般无异，并着取具殷实铺保，以资保证。

以上此次调整本局附属内河营运，及扬州部分合并镇处扬州站，增设和州、北河口两代理处等情，除分函镇、芜、扬州各处站查照，并通知内河部分工作人员一体遵照外，谨此报祈核备。此上总经理徐

南京分局经理施复昌　敬启

〔招商局轮船股份有限公司档案〕

3. 国营招商局现有船舶分类表

（1947年8月31日）

国营招商局

现有船舶分类表　　　　36.8.31.

类别		海轮	江轮	拖小轮	机帆船	特种机帆	铁驳	木驳	总计
航行	艘	53	23	118	2	11	147	48	402
	吨	170,506	46,197	10,489	362	473	68,163	1,854	298,044
修理	艘	4	5	25	—	2	9	9	54
	吨	8,232	10,021	4,683	—	207	2,661	840	26,644
租出	艘	—	—	3	1	—	3	3	10
	吨	—	—	1,071	34	—	964	99	2,168
总计	艘	57	28	146	3	13	159	60	466
	吨	178,738	56,218	16,243	396	680	71,788	2,793	326,856

〔国民政府交通部档案〕

4. 国营招商局员工人数表

(1947 年 8 月)

国营招商局

员工人数表

36 年 8 月份

项目	部分	人数		
		职员	工人	合计
地面	总局	515	317	832
	分局及办事处	798	615	1,413
	码头及修船厂	429	1,129	1,558
	合计	1,742	2,061	3,803
船舶	大小轮驳	1,510	7,198	8,708
总计		3,252	9,259	12,511

〔国民政府交通部档案〕

5. 国营招商局码头仓库概况表

(1947 年 8 月 31 日)

国营招商局

码头仓库概况表　　　　36 年 8 月 31 日

类别 / 所在地	码头			仓库		
	座数	长度	最浅水位	座数	容积(立公尺)	容量(吨)
上海	9	10,447′	14′	109	26,854,589	671,361
镇江	6	2,213′	15′	21	1,171,485	26,787

续上表

所在地 \ 类别	码头			仓库		
	座数	长　度	最浅水位	座数	容　积 （立公尺）	容　量 （吨）
南　京	5	1,653′	10′	5	266,000	6,700
芜　湖	7	2,649′	8′5″	8	1,640,333	41,006
安　庆	7	2,186′	7′	4	236,000	5,900
九　江	4	2,744′	15′	3	485,105	12,128
汉　口	4	634′	12′	9	1,060,000	26,500
长　沙	1	103′	4′	1	28,000	700
沙　市	2	71′	20′5″	8	2,043,507	51,087
宜　昌	1	200′	15′	11	705,847	17,647
重　庆	2	287′	4′9″	2	15,200	380
镇　海	1	317′	13′	1	71,280	1,782
宁　波	1	197′	15′	4	188,073	4,700
温　州	1	296′	17′	3	211,580	5,289
福　州	1	129′	8′	3	192,652	4,816
厦　门	**	**	**	1	76,160	1,904
汕　头	1	225′	6′6″	24	1,133,094	28,327
香　港	2	461′	8′	8	430,080	10,752
广　州	1	410′	12′	7	5,064,000	126,600
海　州	2	1,600′	24′	1	46,657	1,166
天　津	7	2,170′	12′	24	1,574,000	39,350
塘　沽	2	880′	11′	**	**	**
营　口	1	600′	20′	2	262,960	6,574

〔国民政府交通部档案〕

6. 招商局编复员以来运量表

（1948 年）

（1）复员以来运量（人数及吨数）

三十四年九月至三十七年八月

时期	客运			货运		
	合计人数	旅客人数	军士人数	合计吨数	货物吨数	军品吨数
总计	7,201,760	4,708,904	2,492,856	6,880,551	5,713,189	1,167,362
三十四年九至十二月	111,430	63,291	48,139	85,401	67,309	18,092
三十五年度	1,918,841	1,313,879	604,962	1,366,666	1,051,865	314,801
三十六年度	3,008,374	2,046,799	961,575	2,967,845	2,519,850	447,995
三十七年一至八月	2,163,115	1,284,935	878,180	2,460,639	2,074,165	386,474

（2）复员以来运量（延人里及延吨里）

三十四年九月至三十七年八月

时期	客运			货运		
	合计延人里	旅客延人里	军士延人里	合计延吨里	货物延吨里	军品延吨里
总计	1,931,978,452	741,843,360	1,190,135,092	4,609,773,422	3,932,669,994	677,103,428
三十四年九至十二月						
三十五年度	660,385,939	222,483,331	437,902,608	803,276,303	597,881,645	205,394,658
三十六年度	695,189,249	299,181,442	396,007,807	2,010,140,383	1,758,428,249	251,712,134
三十七年一至八月	576,403,264	220,178,587	356,224,677	1,796,356,736	1,576,360,100	219,996,636

(3) 业 务 运 量

三十七年一至八月

月别	民(包括公运)运		军运	
	旅客人数	货物吨数	军士人数	军品吨数
一月	146,263	253,433	96,534	39,304
二月	149,724	210,250	94,785	51,198
三月	194,016	256,220	111,071	53,607
四月	181,966	301,715	119,262	46,689
五月	170,441	287,222	113,815	58,430
六月	149,560	303,055	122,308	47,224
七月	155,350	260,636	129,878	49,543
八月	137,615	201,634	90,527	40,479
总计	1,284,935	2,074,165	878,180	386,474

(4) 业 务 运 量

九月份

旅客	161,196 人	33,343,357 延人公里
军士	87,282 人	35,088,537 延人里
合计	248,478 人	68,431,894 延人里
货物	196,679 吨	141,823,229 延吨里
军品	43,394 吨	32,317,824 延吨里
合计	240,073 吨	174,141,053 延吨里

〔国民政府交通部档案〕

7. 徐学禹撰招商局在渝恢复办公以来业务报告概略

(1948年9月20日)

招商局在渝恢复办公以来业务报告概略

抗战发生,本局迁港。三十年十二月香港沦陷,本局亦即随之停顿。三十二年四月廿六日,学禹奉令承乏总经理,在重庆恢复办公,迄今已五年零五个月。最近复奉令改组为股份有限公司,新公司订于十月十日正式成立。窃思乘此交接之际,将学禹在职期间本局之经过情形,作一概括报告。

(一)胜利之前

本局在渝恢复办公时,因所有档卷账册均在香港丧失,除接收长江业务管理处移交之:

(一)二千吨至四千吨级大型江轮六艘,计二一,八一二.二〇吨;

(二)一百吨至五百吨级中型江轮五艘,计一,八〇二.三四吨;

(三)二十吨至五十吨级小轮七艘,计二二七.二三吨。

共计大小船只十八艘,二三,八四一.七七吨外,竟一无所有。故自办公房屋,桌椅用具,以至笔墨纸张,无一不须从头置办。

上项船只中,六大江轮占所有船只总吨数百分之九十以上,因船身大,吃水深,无法在川江中行驶。但为准备反攻及复员随时需用起见,所有船上技术员工,仍然全部留用,照付薪津,以资维系。至于七艘小轮,则仅可供港内辅助工具,并不能赖以营业生利。因此在川期间仅赖五艘中型江轮,上驶泸县、叙府,下驶万县、三斗坪。以不足总吨数十分之一之船只营业收入,供应十分之九以上停航船只之开支,收支不能平衡而致亏损,实属势所必至。幸赖政府维护,予以补贴,始克撑持。

本局在川期间,因适航川江之船只太少,在运量方面,以视今日，诚无足道。但在当时，本局负责办理叙渝、泸渝水空联运，国外军用物资获达前线，对于反攻军事之进展，本局亦不无微劳。复蒙政府在军用浩繁之际，特拨修船专款，俾本局六大江轮，利用在川停航时期，在人力物力极端缺乏之情形下，将抗战初期所受之损坏，一一如期修复。复员一经开始，各轮立即平安下驶出川，负责复员初期长江中下游之运输重任。是则本局当时在职员工，所最引为快然者也。

(二) 胜利迄今

民国三十四年八月十五日，抗战胜利，敌人无条件投降。学禹及沈副总经理仲毅先率一部分员工东下，接收上海广东路二十号东亚海运会社房屋，于十月一日成立国营招商局上海临时办公处，办理复员工作。并派员驰赴长江及沿海各地，筹备恢复各分支机构，与办理接收事宜。嗣胡副总经理时渊率领之留渝全部工作人员抵沪，总局遂于十月二十三日正式迁沪办公。

此后三年之中，本局在各方面，均有大量之扩充，兹分述如左：

(1) 船舶之增加

(甲) 接收及处理敌伪船舶

复员之始，本局即奉令接收敌伪船舶，计先后共接收大小船只二千四百艘，二十三万八千八百八十三吨。其中归本局留用者，计三百一十四艘，八万一千二百九十七吨；已经处理者计二千零四十八艘，十五万六千零二十九吨；此外尚有三十八艘，一千五百五十吨，或因产权未定，或因标售无有买主，尚待敌伪产业清理处继续处理。

(乙) 接收及处理政府向美加购来之船舶

复员以来，政府向美国及加拿大分别洽购船只甚多，计由本局负责接收运用及经手处理者共一百五十四艘，三十六万三千零八十五吨。其中归本局留用者，计一百四十三艘，二十九万七千五百三十二吨；拨交其他机关者，计三十八艘，六千四百零二十四吨；暂由本局代管者，计十三艘，一千五百二十九吨〔原文数字如此〕。

(丙)本局自行购置之船只

复员以来，本局为加强运输力量，亦曾自行购置船只，计海轮有海厦、海菲两艘，共九千三百八十一吨；又黄浦江渡轮两艘，计四百四十六吨。

(丁)现在共有船只

综上所述，本局现在共有船只如左表：

海轮	八一艘	二五四，一二四.七二吨
江轮	二八艘	五六，〇一五.一七吨
油轮	一艘	六〇一.五〇吨
小拖轮	一二五艘	八，七〇九.五九吨
机帆船	一艘	三二四.〇〇吨
特种机船	一七艘	一，八三七.三八吨
铁驳	一六六艘	七〇，八六七.七三吨
木驳	五三艘	二，七二五.九九吨
共计	四八八艘	四〇四，一〇四.五二吨

(戊)已购未到及订造中之船只

此外，本局复蒙政府代向美国订购 CISAYI 式海轮四艘，每艘七千零八十吨，计共二万八千三百二十吨。刻正交由美国船厂改装旅客设备，预计年内可以陆续驶华。

本局因沿海客轮至感缺乏，经向海军部江南造船所订造浅水客货海轮两艘，每艘二千六百吨，计共五千二百吨。早经动工，预计明年内可以交船。

(2) 栈埠及房地产之增加

战前本局因历年亏损，积欠中外行庄如花旗、汇丰、中央、邮汇局等计三十六户，本金二千三百余万元，全部岸上及水上资产抵押净尽。复员之后，立即着手清偿旧债，幸赖及早清理，共仅付出法币一亿零一百余万元，即将全部本息结清，而将抵押在外之财产契据全部收回。除水上资产在战时损失四分之三而外，所有岸上资产，仅有一部分之损毁，经加陆续赶修，殆已恢复旧观。

本局在国内沿江沿海各重要港埠，均置有码头仓库以及房地产，此实为中外航业界之特例。本局业务亦赖此而增加不少便利。三年以来，本局除努力恢复旧有岸上资产外，并曾增置不少码头仓库及房地产。兹将总数表列如左：

一、码头

(1) 收回旧有　三四座　　总长一五，五六六尺

(2) 战后添置　三〇座　　总长一六，一五四尺

(3) 现在共有　六四座　　总长三一，七二〇尺

二、仓库

(1) 收回旧有　一六二座　总容积二三，七四七，八九六立方尺

(2) 战后添置　六二座　　总容积一二，五一九，二〇四立方尺

(3) 现在共有　二二四座　总容积三六，二六七，一〇〇立方尺

三、地产

(1) 收回旧有　四，三九〇亩

(2) 战后添置　五八亩

(3) 现在共有　四，四四八亩

(3) 业务之扩展

胜利之前，本局业务仅局处于川江。复员之后，首先恢复长江中下游之交通，嗣以向美所购船只陆续开到，遂即逐步恢复沿海交通。所有接收复员、遣俘遣侨等军公运输暨普通商运，本局均尽量承运，并均能依限完成，幸无差误。如三十五年夏，东北接收亟待由海防运调第八军前往，本局即尽量抽调船只赴海防接运，依限赶到，不仅减轻国军运费负担，且于当时东北局势之转变，关系尤巨。此仅举其一例而言，类此情形甚多，难以罄述。迨后船只又陆续增加，营运范围亦逐步推广。所有救济物资、剩余物资、易货物资、赔债物资，大部分均系本局承运。本局为开辟海外航线，尤不遗余力。

自三十五年起即开始派船行驶海外，兹将三十六、三十七两年本局开辟之国内外航线图附列于后：〔缺〕

至于复员以来，历年运量，有如左表：

（一）三十四年九至十二月：客一一一〇〇〇余人，货八五〇〇〇余吨。

（二）三十五年：客一九一八〇〇〇余人，六六〇三八五〇〇〇延人里，货一三六六〇〇〇余吨，八〇三二七六〇〇〇延吨里。

（三）三十六年：客三〇〇八〇〇〇余人，六九五一八九〇〇〇延人里，货二九六七〇〇〇余吨，二〇一〇一四〇〇〇〇延吨里。

（四）三十七年一至八月：客二一五八〇〇〇余人，五七六四〇三〇〇〇延人里，货二四六〇〇〇〇余吨，一七九六三五〇〇〇〇延吨里。

藉上列运量，亦可略见本局历年业务扩展之梗概。

（4）收支与盈亏

至于本局自在渝恢复办公以来之历年收支盈亏情形，有如左表〔本表按原数字列入〕：

年度	收入	支出	盈	亏	附注
三十二年	二八九七五〇〇〇	二二七四二〇〇〇	六二三三〇〇〇		
三十三年	七七四七五〇〇〇	八六四〇八〇〇〇		八九三三〇〇〇	
三十四年（一至八月）	二一三九五〇〇〇〇	二四九五四〇〇〇〇		三五五九〇〇〇〇	
三十四年（九至十二月）	二五八五五五〇〇〇〇	一八八〇二九〇〇〇〇	七〇五二六〇〇〇〇		
三十五年	一三〇三六二〇〇〇〇〇〇	九七一六四〇〇〇〇〇〇	三三一九八〇〇〇〇〇〇		
三十六年	一〇九五三〇〇〇〇〇〇〇〇	九六五六〇〇〇〇〇〇〇〇	一二九七〇〇〇〇〇〇〇〇		

续上表

年度	收入	支出	盈	亏	附注
三十七年(一至七月)	九一九一八OOOOOOOO	一三五一二三OOOOOOOO		四三二O五OOOOOO	以上按法币计
三十七年(八月)	五三二八OOO	五四五七OOO		一二九OOO	以上按金元计

上表三十三、三十四两年之亏损,盖由在川时期,可供营运之船只太少,而停航修理之船只太多所致。复员之后迄至本年六月份止,历年均有盈余。迨至本年七月以后,则因物价暴涨,普通商运之运价,既不能追踪物价比例调整,而军运运价,更受重重束缚,无法增加,以致亏累不赀。

(三)赘言

招商局之有今日,端赖:

(一)全国军民在最高领袖领导之下,抗战到底,赢得胜利,然后始能收回各地资产,接收敌伪船舶。

(二)政府注重航业,向美、加诸国洽购大批船只。

(三)社会各方面随时予以指导扶助。

(四)理事长及各位理事之领导与支持。

(五)在职员工各守岗位,努力克服困难,共图发展。

现在新公司已正式成立,今后发展,在政府与人民通力合作之下,必将蓬蓬勃勃,无有止境。谨献愚忱,预祝:

一、戡乱军事,早日顺利结束,俾新公司减少军运负担,业务日趋正轨。

二、新经济政策圆满成功,生产增机,物价稳定,俾新公司营业发达,开支减低。

三、政治清明,社会进步,俾新公司获在安定与秩序中改革陋习,力求进步。

四、新公司完全依照公司法,彻底商业化,不再受种种束缚与牵制，能以自由发展。

是则学禹所馨香祷祝者也。

徐〇〇　三十七年九月二十日

〔招商局轮船股份有限公司档案〕

8. 招商局轮船股份有限公司章程①

（1948年9月25日）

招商局轮船股份有限公司章程

中华民国卅七年九月廿五日

交通部航字第七〇四号指令核准备案

第一章　总　则

第一条　本公司依照公司法股份有限公司之规定组织之，定名为招商局轮船股份有限公司。

第二条　本公司之业务范围如左：

（一）关于国内外水上货运业务之经营；

（二）关于国内外水上客运业务之经营；

（三）关于国内外码头仓库之经营；

（四）关于码头仓库业之设计及营缮（设计部分应由登记之技师办理）；

（五）关于船舶之修缮及建造；

（六）关于轮船附属业务之经营。

第三条　本公司设总公司于上海，并视业务之需要，于国内外设置分公司、办事处或代理处。

第四条　本公司营业年限，自呈准登记之日起，定为三十年，期满得呈请主管机关核准延长之。

---

① 沿用原标题。

第五条　本公司公告，登载于总公司所在地之通行日报。

第二章　股　份

第六条　本公司资本总额定为金圆六亿元，分为六百万股，每股金圆一百元，一次缴足。其票面分为五股、十股、五十股、一百股、一千股五种。

上项股份之半数，计金圆三亿元，为中华民国政府所有，并以交通部为股东代表人；其余半数得由中华民国国民认购。

第七条　本公司股票用记名式，并依姓名使用限制条例之规定，使用本名或表明本名。

第八条　本公司股东以中华民国国民为限。

第九条　本公司股东不得以其股份出质于非中华民国国籍之团体或个人，亦不得以任何原因，将所有股票由非中华民国国籍之团体或个人持有或占有。

第十条　股东应将印鉴式样预送本公司存查，其变更时亦同。股东向公司领取股息红利，或行使其他一切权利时，均以缴存本公司印鉴为凭。

第十一条　股票如有遗失或损毁等情事，股东应即以书面报告本公司，并于总公司所在地及损毁地各登通行日报公告三天，声明原由，经六十日无人提起异议，即得邀同保证人出具保证书，连同报纸，送交公司审核认可后，补发新股票。

第十二条　股东如欲转让其股份，应填具转让股份声请书，由转让人及受让人署名盖章，送交本公司审核后，方得过户。同时将旧股票注销，另发新股票。在未经过户之前，股份之权益仍属原股东。

第十三条　每届股东常会前三十日内，临时股东会前十五日内，停止股票过户。

第三章　股　东　会

第十四条　本公司民营部分之股份，于售出十分之一时，即召开股东会。

第十五条　本公司股东会分左列两种：

股东常会于每营业年度终了后三个月内，由董事会定期召集之。股东临时会遇必要时，依公司法之规定召集之。

以上开会之召集，常会应于开会前一个月，临时会应于开会前十五日，将日期、地点登报公告。

第十六条　本公司各股东每股有一表决权。

第十七条　股东因故不能出席时，得出具委托书，委托代理人代表出席，但被委托者以本公司股东为限。

第十八条　股东会开会，应有代表股份总数过半数之股东出席得开会。其决议除公司法另有规定外，以出席股东表决权过半数之同意行之。

第十九条　股东会开会时，以董事长为主席，董事长因故缺席时，由常务董事互推一人为主席。

第四章　董事监察人及职员

第二十条　本公司设董事十五人，监察人五人。

上项董事、监察人由交通部聘任之，俟民营股份售出至十分之一或以上时，应即召开股东会，并由民营股东按已售出之股份，在规定之董事及监察人名额中，比例选举代表民营股东之董事及监察人。

第二十一条　凡本公司之股东，均有被选为董事或监察人之资格，以得票最多者为当选，次多数为候补。

第二十二条　本公司董事任期三年，监察人任期一年，连选得连任。

第二十三条　民股董事及监察人，由各股东于股东会时用记名投票法选举之。

第二十四条　董事中互推董事长一人，常务董事四人，监察人中互推常务监察人二人。

第二十五条　董事会每三个月开会一次，常务董事会每月开会一次，遇必要时均得由董事长召集临时会议。

第二十六条　董事会以董事长为主席，缺席时，在常务董事中公推一人代理之。董事会决议以全体董事过半数到会，到会董事过半数同意行之。

第二十七条　董事会之职权如左：

（一）审定业务之计划；

（二）核定资金运用之方针；

（三）核定预算决算；

（四）核定各项重要章则；

（五）核定重要人员之任免；

（六）核定各项重要对外契约；

（七）核定分公司办事处之设立或裁并；

（八）其他重要事项。

第二十八条　监察人除依法执行监察职务外，并得列席董事会；常务监察人得列席常务董事会。监察人及常务监察人，均得行使下列各项之职权：

（一）调查公司财务状况及查核表册文件；

（二）核对公司所造送于股东会之各种表册，并调查实况，报告其意见于股东会；

（三）对于前项所规定之事务，得代表公司委托会计师办理之；

（四）董事为自己或他人与本公司有交涉时，由监察人为本公司代表。

第二十九条　本公司设总经理一人，由董事会于董事中推聘之；副总经理一人至三人，由董事会聘任之；其余各级职员，除经理、副经理等重要职员，由总经理提请董事会核定外，其余均由总经理任用之，报请董事会备案。

第三十条　本公司为保障从业人员之生活与安全，得举办储蓄保险合作及其他福利事业。

第五章　财　　务

第三十一条　本公司以每年十二月底为营业年度终了，董事会应造具左列各项表册，于股东会开会前三十日，交监察人查核，并提请股东会承认。

(一) 营业报告书；

(二) 资产负债表；

(三) 财产目录；

(四) 损益表；

(五) 公积金及盈余分配之议案。

第三十二条　本公司设立费用，于三年内摊提完毕。

第三十三条　本公司每年决算如有盈余，应缴国税外，先提十分之一为法定公积金，再提股息，以达于实缴股额百分之十为度。如尚有盈余，按照后开项目，由董事会造具分配案，提请股东会通过。

(一) 特别准备金	百分之十
(二) 股东红利	百分之六十
(三) 董事及监察人酬劳金	百分之五
(四) 职员酬劳金	百分之十五
(五) 福利事业资金	百分之十

第三十四条　本公司得依照公司法之规定，发行公司债，其数额及办法经股东会之决议及主管机关之核定行之。

第六章　附　　则

第三十五条　本公司组织规程另订之。

第三十六条　本章程未尽事宜，悉遵公司法办理之。

第三十七条　本章程自经股东会议决呈请主管机关核准之日施行，修改时同。

〔国民政府交通部档案〕

9. 招商局关于货客运等业务报告①

(1948年10月11日)

…………

三、货运部报告

难得与各地经理会叙一堂，关于局部问题，当于大会以后，再与各位经理个别交换意见。现在报告本公司最近业务概况。

(一)

本公司一千吨以上船舶(但包括华字艇及江陵等小江轮在内)，共一〇四艘，除修理十三艘外，实际营营〔业〕九十一艘，共能装货198500吨。依最近调配情形，在国内各线营运者，四十二艘，合64900吨，占32.68%；在国外各线者，十六艘，85600吨，占43.11%；军用者廿六艘，45825吨，占23.08%；出租者七艘，占1.13%。

至营业收入，国内线照八月份统计，金元二一九万二千余元，占总收入33%；国外线照九月份统计，折合金元二四六万三千余元，占37%；军运照最近与联勤部运输署商定办法，自九月份起，每月可收一九三万八千余元，占29.1%；出租59400元，占0.9%，合计每月收入六六五万四千余元，平均每吨每月收入33.51元。

据中兴公司统计，其昌兴轮每吨每月可收金元21.56，鲁兴轮16.68。再就世界租船市价比较优秀之货船，如由船东担负燃料，约合每吨金元20元左右，则本公司虽在军运繁重，国内运价冻结，社会秩序动荡之环境下，每月每吨可收33.51，尚能超越一般。此皆

① 选自《招商局轮船股份有限公司扩大业会议记录》(1948年10月11日)。

由于总、副经理贤明之领导及各位经理共同努力之效果。

但最近又发生一大困难问题，即自十月一日起，油价增加一倍，以本公司每月用轻油四千吨，燃料油一万五千吨计算，每月约须增加支出金元二百十万元。现在究竟政府准予调整运价，抑予补贴，尚未一定。虽军用船只由联勤部负担燃料，一部分商运船只可在日本及香港加油，但上海方面每月至少预备一万吨，即每月至少增加支出一百万元。

（二）

其次报告各地分公司营业收入及其开支之比较（开支包括薪工、伙食及总务费）。依照八月份统计，开支最省者为海州，约占其收入 2.30%，其次秦皇岛 3.16%，其次宁波 5.06%，其余厦门、香港、温州、福州、汉口、青岛在 6%至 8%之间，九江、安庆、广州、南京、天津在 10%至 13%之间，台湾、汕头已超出 15%，沙市、镇江、芜湖、宜昌、湛江均超出 20%，葫芦岛 67%，烟台与重庆，均已至支出超过收入之境。

各分公司平均计算，则八月份总收入为二二一万元，总支出为二二万元，约合 10%。

总公司方面八月份总收入三一一万八千余元，总支出十二万五千余元，约合 4%。

以上统计，因八月间币制改革，而九月份统计尚不及完备，故只以八月份一个月作标准，似不能正确，只提出作为此次会议一种参考。当然，分公司方面有者进口重于出口，如广州、汕头等；有者军运重于商运，如葫芦岛、烟台等；亦有因一时业务之不景气，而经常开支无法紧缩，如天津、汉口等。凡此因为不可避免之事实，但总公司方面为整个财务着想，不能不向各地分公司想出一个要求，即希望各地分公司之开支，总以不超过其收入 5%为原则。如不能个个办到，亦希望总平均能保守此一范围。

（三）

最后，现当各地普遍感觉船多货少，同业竞争有者减等收费，有者暗放折扣，亦有不惜船期以船待货，不能圆载时尽量跌价争揽，以至圆载为止。凡此情形，不但各外埠如此，即上海亦如此。

总公司曾一再提出船联理监事会请示制止，船联会亦曾一再决议，认为非制止不可，但提出自提出，决议自决议，跌价者依然跌价，终无成效。

亦有人建议请求交通部将所有轮船划分航线，指定行驶该线之船，不许开往别线，固是办法之一种。但各地货源不定，各种船只性能不同，即以本公司而言，经常营运船只九十余艘，指定航线者不过三分之一，其余三分之二亦是不定线船只。如果不定线船只称为野鸡船，则本公司实为野鸡大王。

上述情形不但以前数月如是，现在亦如是，最近之将来或且更甚，因此上海方面正以全力推动，以下列办法作为本公司主要业务对策。兹特提出，以供各地参考，并请指教。

(1) 与大宗客户订立定期定量承运合同，如在规定期间，如达到规定运量，给以特别优待折扣，即所谓deferred rebate system。

(2) 争取同业领导地位，遇大宗货运，集合同业授权本公司一家或会同有力之同业二、三家，出面对外交涉订约，于订定之后，再行支配承运。如榆林港大冶输日矿砂、台湾出口盐糖及ECA与中信局在缅甸、暹罗运华食米等，均照此办理。

(3) 利用本公司广大之航线及分支机构，尽量争取转口货，譬如汉口不但可接受南北洋任何一埠转口货，且可签发运至日本、新加坡等地联运提单，本公司可在相当期间负责运达到目的地。

总经理对于各地船期特别注意，实以停船一天，成本浩大。兹将本公司各种船舶每日成本列报如左，以供参考。

船舶	停泊成本(每日)	航行成本(每日)
自由轮	金元3300	金元7500
大湖轮	2100	5200

"B"式船	1800	3900
"N_3"式船	2100	4600
"Grey"船	2200	3700
"Corvettes"	2100	6900
L. S. T.	2100	3900
L. S. M.	1300	3500
"民"拖轮	1500	2500

以上报告，均关本公司业务机密，仅以供各位同事参考指教，请勿对外宣布。

附（一）本公司船舶最近调配概况表

（二）各分公司收入及开支统计表

本公司船舶最近调查概况表

一千吨以上船舶（但包括华字艇小江轮在内）

支配情形	船舶种类												合计艘数	装货吨位	吨位百分率	营收估计数	营收百分率	每吨平均收入
	自由轮	湖型轮	N-3型轮	B型轮	万字艇	中字艇	海厦海菲	Corvette型轮	大江轮	小江轮	华字艇	Grey型船						
国内营运		4	12	7	4			3	8	2		2	42	64900	32.68%	2192599.26	33%	33.78
国外营运	8	2	4				1					1	16	85600	43.11%	2463942.64	37%	28.66
军用	1	4				12	1		2	1	5		26	45825	23.08%	1938140.00	29.1%	42.29
出租										1	6		7	2250	1.13%	59400.00	0.9%	26.40
小计	9	10	16	7	4	12	2	3	10	4	11	3	91	198575	100%	6654081.90	100%	33.51
附注/修理	1	5	1			3			2		1		13	28750				
共计	10	15	17	7	4	15	2	3	12	4	12	3	104	227325				

附注：1. 装货吨位即以现在实际量计算。

2. 国内营收数系八月份。

3. 国外营收数系九月份。

4. 军运收入系照最近洽定办法，自九月份起实行。

各分公司收入及开支统计表

百分率号次	分公司名称	八月份营业收入	八月份管理费用	支出占收入百分比
1	海州	143545.03	3304.71	2.30
2	秦皇岛	116120.40	3665.88	3.16
3	宁波(镇海)	117721.00	5953.43	5.06
4	厦门	58297.89	3561.18	6.11
5	香港	256421.23	18469.77	7.20
6	温州	20322.58	1466.99	7.22
7	福州	34357.78	2699.63	7.86
8	汉口(长沙)	475858.35	39099.59	8.22
9	青岛	72278.32	6181.33	8.55
10	九江	49643.74	5223.96	10.52
11	安庆	27921.31	2984.05	10.69
12	广州	66380.43	7706.55	11.61
13	南京	144488.43	18528.16	12.82
14	天津(塘沽)	388180.30	50037.96	12.89
15	台北(基隆高雄)	141927.66	21728.57	15.31
16	汕头	28883.56	5068.74	17.54
17	沙市	8967.74	1934.97	21.58
18	镇江	23757.49	6025.67	25.36
19	芜湖	15150.32	4090.85	27.00
20	湛江	4366.24	1276.18	29.23
21	宜昌	8435.32	2495.57	29.58
22	葫芦岛	5390.76	3624.27	67.24
23	烟台	1436.11	2468.37	171.88
24	重庆	46.06	3011.85	653.90
合计	分局 总收入 2209896.14 总支出 220608.28 } 10%			
	上海	3118414.51	125682.26	4.03

四、客运部报告 卅七年十月十一日

(一) 一般情形

本公司配备有客位之轮只共计七十三艘(登陆艇除外),现有客牌载额一八二四〇人,在数量上不可谓少。根据统计,过去六个月,每月载运人数平均一四五〇〇〇人,此项数字专指旅客而言,军运不在其内。依照现有船只数量及舱位配备,行驶目前指定航线中,最高运量可达一八〇〇〇〇人,而过去每月载量仅达一四五〇〇〇人。其原因在一部分船只供军事调遣,目前载量实已超过船只之负担。换言之,超出客牌现象已为通例。尤以沪汉线最为显著,九月份上水超过客牌 100%,下水 90%,致使本公司业务上发生一种困难。即以货运立场而言,各分公司普遍感觉船多货少,以客运立场而言,适得其反。

各分公司时因无法应付大量候轮之旅众,要求加派客轮,基于上述原因,客运部实无法立即代为解决困难,此则本部深引为歉疚者也。

但在此种情况客运部固无时不在设法调节中,主要原则在协商货运部:

(一) 增速定期班轮航程之周转,在可能范围内,增辟特快班轮,在时间上争取运量。

(二) 希望不定期班轮,能逐渐改为定期班轮,使各分公司事前得有支配及筹划之准备。

以上所述,均系国内各航线一般情形,至于外洋线,情形稍异,惟以各国殖民政府苛悬禁例,外洋航商锐意排斥,客运业务若本身无充分之准备,前途实堪重虑。根据过去统计,行驶外洋各轮,载客数量远低于客牌。最近本公司新购置 C. —IS. A. Y · I 四艘,每艘载客量一一七〇人,行将来华。对于该四轮客运业务,深望南洋线各分公司,尽量供给本部以当地外洋客运情形,并共同努力树立客运基础。

(二) 客运收入

照现行票价，九月份客运收入为八二〇〇〇〇金元，如军运情形无剧烈变动，本公司载客数量，平均每月为一四五〇〇〇人，以后收入情形亦不致有何出入，其增加之百分数，当视运价调整多寡为转移。

九月份各线收入，以沪汉线为最高32%，沪甬线次之25%，沪津线居第三位21%。按过去统计，沪甬线素居第一位，惟自七月份以后，沪汉线跃为第一位，其原因在增辟特快班轮二只，来回航程自通常长江客轮十二日一来回，缩减八日，此点为不容忽视者也。

（三）旅运服务

本公司成立后，服务部改称客运部，总经理为贯彻服务方针，将轮中业务管理及餐务服务生，划归客运部，以求岸上与轮上，服务人员与工作打为一片。希望各分公司、办事处于轮只抵埠时，对轮上业务加以督察协助。

目前各分公司同仁，对于旅客服务，在困难万分中，努力推进并获成效，至感忻佩。过去服务部所采之服务方针，仍须继续推行，其重要项目如下：一、解答船期问询，应求准确。二、发售客票，力求公开简便。三、扩充行李运送业务。

以上三项，为岸上旅客服务之基本条件，亦为树立本公司信誉之初步工作。服务部经六阅月之努力实验，对上项工作略有设施。希望各埠经理，来沪之便，莅临四川路一一〇号售票处及福州路三三号旅运事务所，参观并赐指教。

五、船务部报告

（一）船舶状况

本公司现有船舶共485艘，计401447总吨，内海轮78艘，250863总吨；油轮一艘，601总吨；江轮29艘，56746总吨；远洋拖轮15艘，8300总吨；拖小轮124艘，8689总吨；机帆船1艘，324总吨；特种机船17艘，1837总吨；铁驳167艘，71367总吨；木驳53艘，2716总吨。

船型分 Liberty，Laker，Gray，N3，B，LST，LSM，LT 等多种，其中修理费最大者为 Laker 及 LST、LSM、LT 等类船舶。Laker 本已腐旧，修复为航行船，费用浩大，甚至超出买价。现拟将海鲁、海川、海赣、海吉、海湘六〔五〕艘陆续拆卸(正呈部请示中)。海鲁、海川二轮现已不堪航行，抛锚龙华，以待部令。现该类船只之保持国际载重线证书者，仅海黔、海康、海辽三轮耳。

Liberty，Gray，N3，B 型各船，以船龄尚轻，情形较佳，惟配件均感不足。如自由轮之尖地轴，以设计上之忽略，最易损裂，而该项备件则国内无法购置，致自由轮之海张轮因此而损失载重线证。其他配件如锚链卸克等，国内亦均无法购办，而向国外采购，手续繁琐，且转辗费时，困难甚多。

登陆艇之 LSM 及 LST 两种，及远洋拖轮 LT 等，机器多为高速柴油机，不如蒸汽机之可靠，且其设计亦较单薄，故修理之次数与时日较多。各种机器之配件虽曾接收一部分，但经三年来之运用，已有捉襟见肘之概。现虽设法添购，尚未易办到，半年内如不获接济，颇有一部分被迫停航之虞。

本局各江轮情形，以沿江四等旅客众多，秩序不易维持，故对于台格客房等处之保养，较为困难。而客运纷繁，不容停航，且须配合本局经济情形，未能及时修理者，已有多艘。惟为配合服务，对于各江轮厕所、理发室、行动邮局以及各种必要装置，均随时添设，并力求改进。最近江华轮大修，改装台格及客房，正设计制图，对于三等旅客之设备，尤特予注意。

向江南造船所订造海轮两艘，内中一艘可于下月下水，另一艘因尚需美金卅万元，无法结汇，故何日完成，未可预卜。

(二) 船员状况

除拖轮、机帆船、小轮、驳船不计外，尚余江海大型轮及远洋拖轮共 123 艘，平均每艘高级船员八人计之，共需高级船员 984 名。际此航海人材缺乏之秋，罗致如许船只，颇非易事。故遭遇困难如左：

（1）船舶吨位大小不一，配置船员须审核资历之浅深，但抗战八年，证明文件大都遗失，审核方面颇感棘手。

（2）各船员原有证书，在抗战期间满期者有之，遗失者有之，一旦重行考试，对于书本工作久已荒疏，未必尽能考取。

（3）各船员考试未必取，而实际经验富足有裕，在此青黄不接时代，不得任其废弃，故本公司雇用无证书之船员甚众，以轮机员为尤甚。盖战前我国船舶尽是蒸汽机，而内燃机寥若晨星，复员后新购船舶，尽是内燃机，物色轮机员困难重重。凡熟悉内燃机者，大都在机厂工作之机务员，从未上船担任轮机员，遑论服务证书。但事实上需要是项人材甚殷，故不得不抛弃法令，而顾全实际。

（4）本公司船员待遇微薄，而民营公司待遇超出本公司百分之五十以上，舍微就厚，人之常情。兼之民营公司不惜高价引诱，故本公司高级人员络续离职者，大有人在，补充乏术，巧妇难炊，前途岌岌可危。

六、栈埠部报告

（一）栈埠业务

自卅七年一月至九月卅日，上海及外埠货物进出数量如下：

（1）上海各码头

进栈货量：七八四五三五吨

出栈货量：六二二五〇八吨

（2）外埠各分公司

进栈货量：六八四三八五吨

出栈货量：六五六四九九吨

（二）栈埠收入

上海各码头系本部直接管理，连同外埠各分公司栈埠收入，自卅七年一月至九月廿日止（国营招商局时期）：

（1）总收入计一五四八九三八元（折合金元），内分：

A. 上海各码头收入一三九四六三六元，占 90%；

B. 外埠各分公司收入一五四三〇二元，占 10%。

(2) 上海方面除开支外，计盈余七七六三八七元。

(三) 栈埠工作

(1) 加强装卸力量赶紧船期：已能达最高标准，每一舱口每日卸货五百吨。例如九月廿五日海黄轮第 23 次进出由曼谷装救济米 8100 吨，当时 ECA（美国经济合作署）Mr. Fraleigh 拟将该轮指泊外商码头，其唯一理由谓华商码头卸货缓慢。经本部据理力争，并保证卸货速度，Fraleigh 君即提要求，每日卸货量只少需在一千五百吨以上。本部当即承允，乃将该轮靠第一码头，次日开始卸货工作，由船、货、栈三部密切连络，码头员工用命，每日卸米量竟达二千五百吨，超过其规定百分之六十七，打破沪市各码头卸货纪录（各码头卸货最高量为每船每日二千吨）。ECA 方面始表惊奇，深为满意，以后如米糖等货卸货量，均可达此最高标准。

(2) 革除恶习，举办代客提货：为免货主与码头工人直接接触，使贴力恶习彻底革除起见，乃举办代客提货业务，先在浦东地区第四、五、七、八、九码头实行。货主存储浦东货物，只须将提单交本部审核，即可代提，利用浦江卡车轮渡驳运至浦西第三码头交货，除应收上下费率外，渡费免收。自本年五月份实行以来，客商以节省时间经济，并减少损耗，委托代提者，极为踊跃，截至九月底止，代提货物已达一二〇九五二件。将来拟自备卡车，办理接送货物业务，届时浦西地区各码头，亦可继办代提，此项业务即将推广至各分公司，提倡实行。

七、综核部报告

本局三十七年一至六月份全部收入，为五万零六百六十亿零六千四百七十万零二千一百六十一元，内货运收入占百分之六〇．二四，客运收入九．七六，船租收入一四．一七，栈埠收入一一．〇二，房地产收入〇．五六，代理收入〇．六九，营业外收入三·五六。全部支出为五万零三百一十九亿零一百五十八万七千一百六十八元，内船舶业务费占百分之八三·二五，管理费七·一八，栈埠支出七·七一，房地产支出〇·一三，代理费用〇·〇七，营业外支出一·六六。收支两抵，计盈余三百四十一亿六千三百一十一万四千九百九十三元。又七至九月份全部收入为金元一千四百六十九万七千九百二十九元五角五分，内货运收入占百分之五三·〇一，客运收入一〇·三六，船租收入八·九一，栈埠收入九·六八，房地产收入〇·三三，代理收入〇·四〇，营业外收入一七·三一。全部支出为金元一千七百二十五万七千零八十一元零四分，内船舶业务费占百分之七八·五六，管理费五·六五，栈埠支出四·四六，房地产支出〇·一一，代理费用〇·〇七，营业外支出一一·一五。收支两抵，计亏损金元二百五十五万九千一百五十一元四角九分。上半年所赚者，仅折值金元一万余元，尚系运价勉能随时调整，堪告维持现状。七至九月份之所以亏损，即由于燃油飞速上涨，调整运价原已跟踪不及，嗣且不准调整，故管理费用虽较上半年之七·一八缩减至五·六五，殊嫌杯水车薪，无济于事。目前各地分公司不惟不能照旧向总公司汇解款项，且须请拨款项接济，总公司自当尽力调度。然彻底解决办法，仍待运价与油价之密切联系。十月份油价调整，竟达百分之九十六，而运价尚未变更，以后困难更甚于前，不得不要求开源节流，以应付未来之难关也。

八、供应部报告

供应部在国营招商局时期，共分四课，即采购、储配、餐务、事务。自十月一日改组为股份有限公司后，只有三组，即采购、储配、事务。盖其中餐务一组，已移转客运部管辖，故嗣后有关餐务事宜，请与客运部接洽。

供应部职司船用物料之采购、储配，其中最重要而日常不可或缺者，为油料及燃煤。

关于油料部分，本公司目前统计有用燃料油（即厚柴油）之轮船六十二艘，用轻柴油之轮船五十艘，两共一百十二艘。假定全部开航，而以每月二十天为航行日期，十天为停航日期计算，则每月需用燃料油为三万零九百六十公吨，薄柴油为一万一千五百六十公吨。但事实上每月如有燃料油约一万五千公吨，薄柴油约四千公吨，已足应付目前之需要。盖大约有50%之船舶在修理，或因其他原因而在停泊中也。以前购油因受专案限额以及外汇枯竭之束缚，比较困难，最近购油自外汇由美援项下拨给后，专案限额已无形取消，统归输出入管理委员会下之柴油分配委员会统筹支配，故购油手续，稍觉便利。但油料之价格自十月一日起，已涨起96%，是在本公司开支方面，已受到严重之影响。目前燃料每公吨价为金元210元，薄柴油每公吨价为金元300元。

关于燃煤部分，本公司目前共有用煤船舶大小一百四十七艘，其中大轮二十三艘，小火轮一百二十四艘，假定全部开航，则每月需用燃煤二万六千二百零一公吨。但事实上因非全部开航，每月如有一万二千吨，亦已足用。船用燃煤以前均归工商部之燃料管理委员会统筹配发，自燃管会奉令撤销后，改归新成立之烟煤调节供应处办理。但此机构，据闻不久又将变动，本公司之配煤是否能不受影响，尚未可知。目前煤价每公吨为金元券五十二元九角二分。

关于船用五金物料以及日常用品之供应，原拟自十月一日起，预购二个月之存料，以备配给各轮应用，免得零碎请领，既不经济，又增手续，估计约需四十二万八千金元。但自币制改革、新经济措施实施后，规定各货不得超出八月十九日之限价，而事实上商人因计算成本，均不愿照限价出售，暗中将货物藏匿，诿称无货。近日市上又形成抢购之势，致使本部购料发生困难。近有若干种物品虽有钱亦无法购到，或只能购到少数，不足配发各轮应用。若钢丝绳、白棕绳、棉纱头、润滑油、火柴、肥皂、毛巾、茶叶、电池、无线电灯泡以及做制服用之哔叽等，均无法大量采购。

为节省公司开支，增加工作效率起见，本部希望领料部分注意下列三点：(一)在开请领物料单时，务请详细审察，是否可以将数量减至最低限度，以节物力。(二)目前经济困难，购料不易，务请用料部分尽量设法减少消耗，切勿随意消费。(三)请领物料时务请将物料之名称、数量、重量、大小、厚薄尺寸一切规范，详细正确开列，以免发生错购，退料掉换以及转辗询问等一切原可不必要之手续及争执。

九、产业部报告

产业部是招商局所有财产之总管机关，此次改组为股份有限公司，资本定为六亿金元，本部已将全部资产详为估计，编成财产目录一册，请会计师审查。本公司之固定资产，包括船舶、码头、仓库、趸船、地产、房产、车辆、机械器具、企业投资等十项，合计六〇二八三九六三四．〇七金元。其中船舶总值为二四四二六二一二四．四八金元，房地产为二九八〇六九〇一六．〇八金元。良以招商局七十六年来惨淡经营，每有余力，即投资于房地产，乃有今日也。现在改组之后，甚盼房地产业能更多多增加，尤其各分公司之办公室、仓库、宿舍等急须添建，当视本公司之经济情形逐步推进。目前有下列二事，请各分公司注意办理。

(一) 本公司既已接管全部国营招商局之地产，应将地籍凭证速洽当地地政机关，办理过户手续，以免日久增加困难。

(二) 各地之房地产租金情形各异，惟本公司租赁他人之产业租金，每甚高昂，而自己出租产业之收入，则甚低微，希望各分公司能根据当地情形，在不背政府法令之原则下，合理调整，以增收入。

十、各分公司报告(略)

〔国民政府交通部档案〕

10. 交通部检送招商局轮船股份有限公司概况节要代电

（1948年10月18日）

代电

财政部公鉴：本年十月二日财库壹字第8736号代电敬悉。关于招商局轮船股份有限公司概况，经开具节要，随电送请查核为荷。交通部。酉巧。航一。印。附节要一份。

招商局轮船股份有限公司概况节要

本公司系由国营招商局改组而成。国营招商局原隶属于交通部，全部资产概系国有。现因实施财政经济紧急处分，政府决定改组为公司，资本总额定为金元六亿元，分为六百万股，每股金元一百元，除以半数移充金元券发行准备外，其余半数计三百万股，合金元三亿元，委托政府指定之国家行局，按照票面金额十足发行。

本公司暂由交通部聘任李景潞、陶凤山、陈卓林、包可永、庞松舟、夏晋熊、刘鸿生、杜月笙、谢耿民、王辅宜、林旭如、徐学禹、沈仲毅、韦焕章、胡时渊等十五人为董事，王耀、奚玉书、章祜、黄仿欧、项雄霄等五人为监察人，并指定刘鸿生为董事长，李景潞、杜月笙、徐学禹、包可永为常务董事，奚玉书、黄仿欧为常务监察人。一俟股票出售至十分之一时，即行召开股东会，按照股份比例推选民营股份董事及监督人。

本公司接管国营招商局之资产，计船舶四百七十艘，估值美金五千七百卅万元，各地码头六十八座，趸船七艘，估值美金八百卅万元；各地房地产基地共四千五百余亩，连同房产（包括仓库二百卅三所），估值美金八千一百万元；车辆机器器具等估值美金五十二万元；电讯设备估值美金九万元；各项事业之投资，估值美金二百四十万元；其他设备及材料等，估值美金卅九万元，总计共值美金一亿五千万元，即金元六亿元。

本公司暂仍按国营招商局之成规，设总公司于上海，并于长江方面分设镇江、南京、芜湖、九江、汉口、宜昌、重庆七个分公司，安庆、长沙、沙市三个办事处。沿海方面分设葫芦岛、天津、青岛、海州、宁波、台北、厦门、汕头、香港、广州、湛江十一个分公司，秦皇岛、塘沽、烟台、镇海、温州、福州、基隆、高雄、榆林九个办事处。国外则在日本东京设一分公司，神户、横滨各设一办事处，又在海防、曼谷、新加坡、仰光、加尔各答、孟买、马尼剌等处分设七个代理处。将来视业务扩展情形，再在国内外重要港埠增设分支机构。

改组本公司前之国营招商局，其营运范围除沿江、沿海经常派轮行驶外，并增辟外洋航线，计有上海至香港、海防、西贡、曼谷、新加坡、仰光、加尔各答线，上海至厦门、马尼剌线，上海至日本线，上海至关岛及太平洋其他各岛线，香港新加坡线。

〔国民政府交通部档案〕

11. 招商局轮船股份有限公司董事会条陈维护今后我国航业办法并祈采择施行呈

(1949年6月1日)

招商局轮船股份有限公司董事会呈　中华民国三十八年六月一日发

自上海撤守，我国国营民营之大型船只漂流在外者，近两百艘。倘能妥为维护，则运输主力仍为政府保有，以之维持交通，发展贸易，固可以促成经济之复兴；以之供应军运，协助反攻，尤不失为军事之助力。倘予漠视，听其自生自灭，则在共党“繁荣经济，劳资两利”，以及“原人原职原薪”等等虚伪号召之下（详见五月廿九日港《文汇报》载中国商船驾驶员总会理事长廿七日新华电台广播词，剪报附呈〔缺〕），第一，船上船工因个人在外，生计发生问题，而家室多在陷区，无力照顾，势必纷纷归去。据多方探询，员工中作此种打算者，已大有人在，一旦外轮驶沪，交通恢复，则相率返沪者必日益增多。第二，民营公司困于经济，业务毫无，而开支有加，维持确属困难。现在暗中接洽改籍换旗者，已有多家。揆其用心，无非想在外国旗帜掩护之下，恢复其沿海航线，藉以避免空军之炸毁。政府若不急谋挽救，则上述船员作归计，船东谋复航，两种殊殊同归之心理状态下，其演变结果必使政府丧失全部民营船只，亦即平白增加共党之海上运输力量。至于招商局因系国营，其船只自决无资敌之可能，但在营业萎缩，收入锐减情势之下，对于员工待遇，自无法与复航之外籍或民营公司相比拟，则欲确保船上员工永留不去，事实上决不可能，终至船只虽在，无人驾驶，等于废弃。凡此种种，均系理所必然，事所必至之情势，决非危言耸听之揣测。钧长明鉴，必当首肯。

至于挽救之道，谨就管见所及，条陈如次：

（一）将政府向美国借款购买船价未清之船只，迅循外交途径，与美方接洽合作，另组公司，加以营运，藉以确保运输工具。

查是项船只招商局有十艘自由轮，十八艘 N3，及现尚在美改装之四艘 CSAYI；又复兴公司有三艘 VICTORY，八艘 CIMAVI，计共四十三艘。

合作办法，由政府指定招商局，由美国航政委员会指定一美藉〔籍〕航业公司，分别代表中美两国政府，各出资本若干成，另行组织一航业公司，即在美国登记注册，然后即由新公司向招商局及复兴公司将上开船只，全部定期租赁，概归新公司营运。

新公司之组织，如董事长属美方，则总经理归我方；否则我方担任董事长，美方担任总经理，俟将来与美方商洽决定。

新公司之资本总额及双方分担成数，亦待与美方商洽决定。

招商局与复兴公司租出船只，应得船租全部解缴国库，转付所欠美国船价。

其余细节，俟中美双方政府对于上开原则同意后，再行洽商，拟订具体合约。

以上各点，如蒙采纳，即乞转知驻美顾大使及大部包代表，正式向美国航政委员会提出详商具体办法。

（二）将其余国营民营船只合组一联营公司，负责国内军公民运，兼营近海航运。

此项船只为数尚多，可择有国际证书者行驶海外，其余船只担任国内运输，如因营业清淡，无法运用者，则择最不适用者尽量停航，遣散员工，以资节省。

对于开航船只员工之待遇，则万不宜太低，至少需维持其过去标准，藉以维系人心。

现在各公司在经济方面，均已枯竭，所存者仅有船只，政府必需补助联营公司一笔资金，俾利周转，而资维持，否则船东方面仍不能使其安心为政府效命。补助数额，当视联营公司究有若干船只，开航者若干艘，停航者若干艘，然后按其实际需要，予以核定。

军运船只，向系公司一大负担，过去尚可藉商运盈余稍资挹注，现在国内港口仅剩福州、厦门、汕头、广州及台湾，航线缩短，货运极少，营业收入极为有限。国外航运，则有国际竞争，能以揽得之货，本属有限，而运费则因竞争剧烈，更日见低落。求其勉维开支，已非易事，若冀其能有盈余，弥补军运损失，更不可能。故政府对于今后军运用船，绝对不能再照过去办法办理，必须就左列两项办法中，择取其一，然后航业始能维持于不坠，而军运亦不已〔至〕因航业破产而受影响。

（一）由联勤总部估计最低需要，与联营公司洽商拨用船只。此项船只即归联勤总部全权调度，专供军运，所有燃料、物料、员工、薪伙以及修理、保险各项，亦均归联勤总部负担。联营公司既蒙政府对于其他船只予以补助，对于此项军用船只，亦即不取任何租费。

（二）倘联勤总部感觉调度供应困难，仍需由联营公司办理时，则请将所有指定之军用船只，由联营公司按照实际成本，请求政府发给军用船只维持费。此项维持费概以银元或美金计算及支付，以免受币值不稳定之影响，而致实际无法维持。维持费并请按月预付，以应购储燃料、物料及按期发薪修理之需。

以上各点如蒙采纳，即乞批示各船公司，由招商局召集开会，共同商讨，筹划进行。同时将军运问题，咨请国防部转饬联勤总部，迅赐决择，俾利洽商。

（三）倘政府对于民营船只认为无需予以维护，则至少请对招商局之船只，采用前条所陈各项原则，予以维持与救济。

招商局目前急待政府赐予解救各节，业由钧部于五月廿一日政务会议中提出，并蒙原则通过，交由国防、财政、交通、主计四部复审，务祈迅赐审定，俾济眉急。否则，目前即无法维持，只有听其崩溃矣。

以上所陈，均系为国家民族整个需要设想，决非仅为航业设想，更非仅为招商局设想。区区苦心，定蒙垂鉴。伏祈裁择，迅赐施行，实为公便。谨呈

部长端木

招商局董事长　徐学禹

〔国民政府交通部档案〕

12. 交通部关于维护今后我国航业办法意见呈

（1949年6月18日）

呈

案据招商局轮船公司董事会本年六月一日呈，为条陈维护今后我国航业办法，敬祈采择施行等情。据此，谨就该董事会所拟两项维护办法，缕陈本部意见如次。

（一）将政府向美国借款购买船价未清之船只，迅循外交途径，与美方接洽合作，另组公司，加以营运，藉以确保运输工具。查向美国借款购买船只，招商局有十艘自由轮，十八艘N3，及现尚在

美改装之四艘运兵船；又复兴公司有三艘 VICTORY，八艘 CIMAVI，计共四十三艘，船价及保险费迄今尚未付清。美方以我国延未履行契约，早欲收回船只，且拟宣布我国为不付债务国家。值此国库开支浩繁，外汇极度紧缩之际，如期履行契约，诚恐力有未逮。然一再稽延，殊足影响政府对外借款之信用，且以我国现时航业之人力物力，若不获工业先进国家之助，尤不易经营远洋航线，以奠定国际贸易之基础。来呈所拟与美方合作另组公司一节，实为配合国策，适应环境之妥善办法。

（二）将其余国营民营船只合组一联营公司，负责国内军公民运，兼营近海航运。查随政府南迁之大型轮船逾百艘，除去美借款所购船四十只外，尚有五六十艘，以之供应军运及华南与近海一带民运，绰有余裕。惟是各航商连年遭受战事及物价之影响，经济已频于枯竭，仅有资产厥为船只。故必需设法补助各航商，得安心为政府继续效命。至军运一端，向为轮船公司一大负担，过去尚可藉商运盈余稍资挹注，现在航线缩短，货运极少，收入已绝对不足维持其开支。若再使其担负军运之亏损，则轮船公司势必陷于破产，终非军运前途之幸。来呈所拟对于军公民运分别办理两项办法，实系针对过去办理军运之陋习，予以合理之改革。

总之，原条陈所列各项，原系作原则之建议，关于第一项办法，有待于双方政府之同意；第二项办法由招商局召集各民营公司共同商讨策划。至关于军运方面，经已函商联勤总部迅予决择施行。本部惩前毖后，认为在陆路交通阻滞之现状下，对于水运实不能不另辟途径。我政府为国家前途着想，似亦应有果决措施。用敢抄同原件呈请鉴核示遵。谨呈

行政院

附抄呈原条陈一件〔此缺，见前〕

〔国民政府交通部档案〕

（五）航　空

一、航空概况

1. 国民政府公布交通部民用航空局组织条例令

（1947年5月10日）

国民政府令　中华民国三十六年五月十日

兹制定交通部民用航空局组织条例，公布之。此令。

交通部民用航空局组织条例

第一条　交通部为规划建设经营管理民用航空事业，设交通部民用航空局。

第二条　交通部民用航空局设左列各处：

一、业务处；

二、航路处；

三、场站处；

四、安全处；

五、秘书处。

第三条　业务处设计划、运输、工业三科，分掌左列事项：

一、关于航空事业之计划研究考核事项。

二、关于航空运输业经营管理督导等事项。

三、关于航空器材及设备之修造业务之经营管理督导等事项。

第四条　航路处设工务、管制、气象、通讯四科，分掌左列事项：

一、关于航路工程与设备之设计修建养护等事项。

二、关于空中交通管制指导及航路图籍等事项。

三、关于气象测验等事项。

四、关于航空电讯之设计供应管理等事项。

第五条　场站处设设计、工程、监理三科，分掌左列事项：

一、关于场站选勘测绘设计等事项。

二、关于场站修建养护等事项。

三、关于场站管理考核事项。

第六条　安全处设调查、人员检定、器材检验、人员训练、医务五科，分掌左列事项：

一、关于民用航空安全之研究有关资料之搜集，飞行失事之调查与处理等事项。

二、关于民用航空人员技术标准之订定，及飞行人员体格检验等事项。

三、关于民用航空器材标准之订定及检验等事项。

四、关于民用航空技术人员、飞行人员、管理人员训练等事项。

五、关于医疗事项。

第七条　秘书处设总务、联络、编审三科，分掌左列事项：

一、关于文书、印信、出纳庶务及不属其他各科事项。

二、关于联络会议及与外籍人士接洽事项。

三、关于法规编审图书管理等事项。

第八条　交通部民用航空局置局长一人，简任，综理全局事务，并指挥监督所属机关及职员；副局长二人，均简任，辅助局长处理事务。

第九条　交通部民用航空局置处长五人，简任；秘书三人，其中一人简任，余荐任；技正四人至七人，其中一人简任，余荐任；视察三人，编审三人，科长十八人，技士八人至十二人，均荐任；科员五十四人至六十三人，助理员十六人至二十人，技佐十六人至二十人，均委任，并得用雇员十人。

第十条　交通部民用航空局置总飞机师一人，飞机师二人。

第十一条　交通部民用航空局得聘用顾问二人，专门委员五人，专员十人。

第十二条　交通部民用航空局设会计室，置会计主任一人，荐任；统计员一人，委任，依国民政府主计处组织法之规定，掌理岁计会计统计事项。

前项所需佐理人员，就本条例所列员额中分配之。

第十三条　交通部民用航空局设人事室，置主任一人，荐任，依人事管理条例之规定，掌理人事管理事务。

前项所需助理人员，就本条例所列员额中分配之。

第十四条　交通部民用航空局于必要时，得设立各级航站、航站工程处、修造厂、器材库、油料库、电讯总台、气象总台，其组织规程由交通部拟订，呈请行政院核定之。

第十五条　交通部民用航空局办事细则，由局拟订，呈请交通部核定之。

第十六条　本条例自公布日施行。

〔国民政府交通部档案〕

2. 中央航空公司转发外籍航空公司申请来华营业办法通函

（1948年1月29日）

营业字第〇九八八号通函

兹准交通部航政司本月二十三日航空字第二二五二号函，抄奉交通部三十六年十二月一日部航字第一八九二号训令，规定外籍航空公司申请来华营业办法一份，即希查照，等由。准此。除分行外，合行抄附该项办法原文一份，函希知照。此致

太原站办事处

中央航空运输公司启

总经理　陈卓林

副经理　查镇湖

附抄发原办法一份

中华民国三十七年一月二十九日

外籍航空公司申请来华营业办法

第一条　交通部为管理外籍航空公司来华作定期营业性飞航，特制定本办法。

第一章　航线许可证

第二条　外籍航空公司依据其本国政府与中国政府间所签订关于空中运输协定，拟来华作定期营业性飞行者，应于事前具备申请书二份，连同附件，由外交途径送经交通部民用航空局(以下简称民航局)，发给航线许可证，始得正式营业。

第三条　申请书记载事项如左：

一、公司全名及地址，公司性质，组织年月日，组织依据之法律，及所属国名，资本金总额，主要股东，及其所占股票百分比。

二、公司所属之各该国航空机构名称及地址。

三、公司董事及总经理姓名。

四、申请飞机航行之路线、运输种类(客、货、邮)、定期班数、飞航起讫地点，及中途站，拟使用之机型。

五、试航计划及沿线可资利用之设备。

六、请发给航行许可证之申述。

第四条　申请书附件如左：

一、航线略图。

二、该国航空当局之证明文件，证明申请者为该国指定其为营业该国政府与中国政府间所签订关于空中运输协定内所规定航线之公司。

三、公司负责人对申请书记载事项属实之书面证明。

四、我国驻各该国使领馆证明文件，证明该申请书系由申请航线许可证之航空公司负责人，承认自动申请(CERTIFICATE OF ACKNOWIEDGE MEMT OF EXECUTION OF INSTRUMENT)。

第五条 民航局接获外籍航空公司申请于〔书〕后，经查核其记载事项属实，即电知该公司来华试航，必要时得派员随机视察。

该公司事后应将试航结果(证明其能作安全之定期飞航者)，作成书面报告，送民航局查核，以凭签发航线许可证。

第六条 民航局得视公共利益所需，规定航线许可证期限，及其附带条件，并得通知更换修正暂停或取消航线许可证。

第七条 航线许可证非经民航局准许，不得转让。

第二章 运价表

第八条 外籍航空公司于正式营业三十日前，应将所订运价表公布，并送民航局备案。表内航线所经各地间之客货运价，其所用价格单位，以中国法币及该国之合法货币并列表示。出境客货运价，以中国法币或相当数额之该国银行支票汇票收费。如该公司所飞航线与另一航空公司所飞航线相同，双方对于运价应获致协议，并应将有关该项协议之文件，送达民航局。如协议不成，则依照上述外籍航空公司之本国政府与中国政府间所签订之空中运输协定办理。

第九条 前条所称运价表规定之客货运价，经民航局备案后，公司不得于收费时任意增减，亦不得以任何方式直接或间接退还所规定运价之一部。

第十条 第八条所称运价表规定之客货运价，倘需更改，应于更改前三十日，将拟更改运价公布，并送民航局备案。表内应注明生效日期。

第十一条 民航局对外籍航空公司所送运价表或改订之运价表，如不同意，得通知该公司重订。

第三章 班期表

第十二条　外籍航空公司于正式飞航前，应将所订班期表送民航局备案。表内应列明全线起讫、经停地点，各地间起飞降落时间，及飞航机型，每班应注明“飞航号数”(FLIGHT NO.)。

第十三条　前条所称班期表，倘需更改，应于生效十日前，将改订之班期表送达民航局备案。

第十四条　民航局对外籍航空公司所送班期表或改定之班期表如不同意，得通知该公司重订。

第四章　其他

第十五条　外籍航空公司于接获航线许可证后，应将正式飞航日期，经由外交途径通知民航局备案。

第十六条　外籍航空公司应于每月十五日前，将上月份营业状况及营业收支编造报表，送达民航局备查。

上项报表格式，由民航局另定之。其编送内容，仅限于与全程飞航入境路线有关之数字。

第十七条　外籍航空公司于接获航线许可证后，应依中国公司法第二九二条之规定，向经济部申请认许，并应遵守中国现行有关各项法令规章。

第十八条　本办法自公布之日施行。

〔中国航空股份有限公司档案〕

3. 交通部编战后两年来航空运输

(1948年)①

第一节　概论

民用航空运输在我国仅有十八年之简短历史，七七事变前国内空运已粗具始基，迨抗战发生，随国军之转进，大部分航线被迫

---

① 原文无时间，仅以内容推断。

停顿，华北、华东、华南重要场站，相继落入敌手。然后方及国际航线，相继增辟，维持战时空运，迄未间断。三十四年八月胜利到临，本部以恢复国内空运建设民航为当务之急，原拟之航空建设五年计划，自应迅付实施。按照该计划在胜利后最初五年内，除扶植国营航空公司之业务，加强其运输能力，并发展边远省份，尤其东北、西北与各省之航空运输外，成立民用航空局，扩修场站，加强气象测报，充实电讯设备及训练航空人才，亦为该计划之重要事项。此两年来上述各项工作，大致均能按照计划见诸实施。国营航空公司中，仅中苏航空公司因受国际政治影响，暂维现状，无甚改进，其余中国、中央两公司非惟航线增多，业务发达，即飞机数量与航空技术水准，亦较抗战时期大为进步。就航线里程言，三十六年十二月之航线总长为七万八千一百五十七公里，较胜利前夕几增五倍，两公司飞机现共有七十九架（参阅附表五〇一）〔缺〕，经常使用者六十三架，每日出动飞机平均四十架，较停战时均约增二倍。航行技术人员数量日增，质量提高，助航设备益见充实，检修养护亦较认真，以故三十六年一月内民航机之失事率减至极低。惟因我国工业落后，航空器材及油料配件均须仰给外洋，而外汇核拨又极困难，增购飞机，扩展业务，颇受限制，故虽有大规模发展国内外空运之计划，一时尚无力使其实现。三十五年秋，本部鉴于战后民航事业各国政府均予重视，奖励扶植不遗余力，尤其管理方面日新又新，缜密周详，为奠立我国今后发展民航事业之基础，俾与欧美先进诸国并驾齐驱，增设民航管理机构使负专责，以全力从事航行技术上之各项建设，实不容缓。爰经呈奉行政院及最高当局之核准，于本部之下添设民用航空局，经数月之筹备，乃告就绪，于三十六年元月二十日正式成立。该局第一期之工作计划，分十八个月完成，其重心在修建场站，充实地面及助航设备，并建立空中交通管制，加强航空气象测报。上海龙华机场南北跑道已修筑完成，可容巨型运输机之升降，场内滑行道、停机坪等工程，亦已开始。该机场之扩修，为两年来民航建设上之一大成就。现龙华机场已指定为国际民航机场，国内外飞机之飞航，均已接收该场之管制与指挥。此外如九江十里铺机场之整修，与各军用机场之接收改归民用，该局亦均能按照计划实施。又气象测报对航业航空俱有直接影响，为求航行之安全，经签奉行政院核准，由本部向教育部接管中央气象局，并接收国防部气象总站，合并于中央气象局，归本部指挥。此项接收工作于三十六年五月间完成，每日气象报告之播送，由中央气象台通过民航局之通讯电台以达各地，航空气象测报之改善与电讯工作之配合，对民航机飞行之安全贡献甚大。最近上海、汉口、广州等机场，均添设夜航设备，以便飞机夜间之升降。此项安全设施，原期普及各民用机场，惟以购置该项机件需要巨额外汇请结不易，限于财力，不得不采临时措施，仅就重要地点先行设置，其他如场站修筑、电台设置，亦俱受经济影响，未能全面推进。倘经费无问题，而所需外汇亦可照结，则该计划之全部必能在规定期限内完成，此则固可深信而无疑者也。

第二节　民用航空之复员与接收

抗战期内，中国、中央两航空公司飞航基地陆续西迁。中国航空公司战前原设上海，战时退驻重庆，并为便利中印间之国际运输，将其飞航总基地移设于印度之加尔各答。中央航空公司系抗战时由前欧亚航空公司改组而成，总基地设于昆明。抗战胜利后，国内空运之重要性又增，其时国内水陆交通当长期摧残之余，一时尚未易恢复联络，各地交通输送接收人员，移运公务员役还都，均急需利用空运。本部为加强空中运输，以利复员起见，一面督饬两航空公司迅将飞航基地迁回上海，一面积极筹划于后方及收复区之间增辟航线，而于两公司原有各航线，则仍勉力维持照常飞行。此项增辟航线工作，两公司均能遵照规定期限，于三十五年二月完成，计中国航空公司担任飞行之复员航线，有渝沪、渝港、渝平、沪港、沪平、沪台、昆河等七条，中央航空公司担任飞行之复员航线，有渝沪、渝港、昆穗、沪平、穗汉等五条，原有飞行于后方区域内之各航线尚不在内。

新增航线既如是之多，中国、中央两公司原有飞机自属不敷分配，除将一部分原在中印间担任空运物资之租借法案飞机分配各线开班航运外，同时又督饬两航空公司大批购用美军在华剩余飞机及配件。至于接收伪中华航空公司之飞机与器材，系由航空委员会各地区司令部于接收各地敌伪空军设备时，一并先行接管，然后移交与本部指定之航空公司者。本部以中央航空公司需要飞机最殷，故该项敌伪器材责成由该公司接收，至三十五年二月底止，该公司共经接收 DC—3 式及 MC—2 式飞机各三架，惟多属残破不全，仅可用其零件，或施以修理后，供飞行教练之需耳。

第三节　复员运输任务之达成

三十四年八月，日寇投降后，政府决定还都，当时因其他交通工具均甚滞缓，且甚缺乏，航空运输首当复员重任。同年年底，行政院为加强管制，提高运输效率起见，将配给机位及优先程序等职权收归自办，三十五年七月间仍交回本部办理。同时在重庆成立中央党政军机关驻渝联合办事处，军委会复员运输委员会办理各机关水陆空复员运输事宜，该组织仅存在两月，于八月底撤销，另成立重庆行辕复员运输委员会，自九月一日起开始工作至十月底结束，总计中国、中央两公司空运复员，运量自三十四年八月至三十五年一月底止，客运共一十一万零二百八十一人，货运共四百一十六万九千二百六十一公斤(参阅附表五〇二)〔缺〕。

第四节　国内航空之扩充与改进

我国民航公司较具规模者，目前仅中国、中央、中苏三航空公司，其中中国、中央两公司系于战前创立，迄今不过十余年，而抗战期间又遭重大损失，其惨淡经营之情形，国人当已知之甚详，不必赘述。兹仅就胜利后两年来民航扩充与改进情形略述于后。

第一目　日本投降至三十四年年底

三十四年八月日本投降，第二次世界大战宣告结束，当时我国收复区域扩大，一切复员接收运输端赖航空。中国、中央两航空公司原有飞机自迟不敷，经调用一部分原在中印间担任空运物资之飞机，分配各线开班航运，继即由该两公司大批购用美军在华剩余运输飞机及零件，同时接收伪中华航空公司 DC－3 式及 MC－2 式飞机各三架，惟此项接收飞机多属残破不全，不堪经常使用。至此两公司设备已较战时充实，两公司三十四年九月份所有之飞机及航线如下表：

1. 飞机数：

中国公司		中央公司	
机型	架数	机型	架数
DC—3	2	A—29	6
C—53	2	W—34	1
C—47	28	C—47	10
C—46	22	C—46	6
共计	54	共计	23

2. 班机航线：

中国：

重庆——昆明——丁江——加尔各答

重庆——兰州

重庆——汉口——宝鸡

丁江——宜宾

重庆——贵阳——昆明

丁江——泸县

重庆——成都

重庆——芷江——柳州

重庆——南京——上海

重庆——兰州——肃州——哈密

中央：

重庆——昆明

重庆——上海

重庆——成都

成都——昆明

至同年十二月底，中国公司增辟之航线如下：

1. 重庆——西安
2. 上海——北平
3. 上海——广州——香港
4. 重庆——香港——广州
5. 昆明——河内
6. 上海——台北
7. 重庆——北平等线。

中央公司增辟之航线如下：

1. 上海——北平
2. 昆明——广州

第二目　三十五年一月至十二月

自卅五年一月至十二月，两航空公司之扩展情形如后：

甲、订购飞机

1. 中国航空公司三十五年共购得C—46型机八架，DC—4巨型机六架，其中四架于三十五年十一、十二两月份内先后到沪，曾于十二月十日起飞航沪平线，卅六年三月份以后，中印线亦改由此项巨型机飞航。

2. 中央航空公司三十五年新添置C—46型机七架，同年六月下旬在沪购得美军剩余各型军用旧机一百五十架，惟其中大部分不堪应用，连同原有飞机可用者仅三、四十架，但以零件缺乏，实际飞行者不过二十四架。

乙、开辟航线

① 中国航空公司截至三十五年底，共有航线二十五条，计三万零六百三十公里。

② 中央航空公司共九条，计一万二千七百六十公里(表见年报表)〔缺〕。

第三目　三十六年一月至十二月

本年初因励行飞航制度及施行航机检查，自一月六日起客运停航一周，复航未几再度于一月卅日起停载乘客，直至二月十六日始重行调整运价，全部复航。故在一、二、三三个月内，中国、中央两航空公司业务，均陷于半停顿状态，营业侧重货运。至四月份始逐渐恢复常态，并积极加强设备及航行安全，同时扩展国内外航线。

中央公司先后开辟航线共十三条，计一万九千一百四十公里。

	每周往返班次	里程(公里)
1. 上海北平(直航)	三	一〇七四
2. 上海香港(直航)	三	一二二四
3. 上海、郑州、西安、太原、北平	三	二一七九
4. 上海、济南、北平	二	一〇九七
5. 上海、南京、汉口、西安、兰州、肃州、哈密、迪化	一	三五二四
6. 上海、南京、郑州、西安	二	一二七〇
7. 香港、厦门、台南、厦门	一	七三九
8. 厦门、福州、厦门、台南、厦门	一	四八一
9. 北平、郑州、汉口、广州	一	二〇二四
10. 西安、北平	二	九〇四

续上表

	每周往返班次	里程(公里)
11. 福州、南昌、汉口	一	七四二
12. 重庆、西安、北平、汉口、重庆	一	三二七八
13. 北平、沈阳	七	六二二

为应付紧急需要，临时开航或加班之航线：

1. 上海、南京——因学潮阻断铁路。
2. 南京、汉口——因长江水运被阻。
3. 上海、南京、郑州、西安——因陇海路中断。
4. 上海、郑州、西安、汉口——因陇海路中断。

中国航空公司先后开辟航线共十三条，计二万七千一百零三公里。

	每周班次	里程(公里)
1. 上海、关岛、威克岛、中途岛、火奴鲁鲁、旧金山	每月一日及十六日各一班	一三四九七
2. 上海、马尼刺		一八三五
3. 上海、香港、马尼刺	二	二三九一
4. 厦门、汕头、香港	一	四八三
5. 厦门、台南、汕头、香港	二	九一〇
6. 上海、台北、台南	二	九五四
7. 厦门、台南		二七五
8. 上海、南京、郑州、西安、兰州	一	一七六六
9. 上海、汉口、昆明	一	一九九三
10. 上海、南京、九江、汉口、重庆	七	一五八三

续上表

	每周班次	里程(公里)
11. 重庆、贵阳	每月一、三周飞一次	三三〇
12. 重庆、西昌	每月二、四周飞一次	四六四
13. 北平、沈阳	七	六二二

应付紧急需要临时开航或加班线：

1. 上海、南京——为学潮阻断铁路。
2. 上海、南京、郑州、西安——陇海铁路中断。
3. 南京、汉口——长江水运被阻。

卅六年内，民航局虽在外汇万分困难之情形下，仍代中央航空公司订购 Convair—240 式飞机六架，以便该公司开辟远洋航线之用。

两年来客货运量递有增加(参阅附表五〇三)〔缺〕。

第五节 国际航空之扩充

我国之有正式国际民用航空，在抗战初期即已肇其端，如二十八年九月，中苏签订空运协定，合组中苏航空公司，经营哈密至阿拉木图航线，即为中外国际通航之先河。其后中国、中央两航空公司经营昆明河内线、重庆加尔各答线，在抗战期内均有极大之贡献。胜利后各国鉴于民航运输在复兴战后商业上之重要，纷纷向我国政府请求订约通航，于是中菲、中法、中美、中英、中荷等空运协定相继成立。根据此项协定，各该国之商用飞机得与我国民航机依平等互惠原则，在规定期间及航线内从事商业航空运输，各该协定之内容要点见下表：

协定名称	内容概要	成立日期	有效期限	附注
1. 中菲临时通航办法	彼我两国商用飞机得每周在上海马尼剌对开二次。	三十五年九月一日	半年	已满期在议订新约中

管理委员会，指定专责人员负责管理，分别各航线，设立码头挨次碇泊，维持上落秩序，改进环境卫生，管理码头伕力。

10. 船舶之检丈登记　船舶之检丈登记，一则关系航行安全，一则关系船舶产权，均为当务之急。惟以人手稀少，不能不分期举行船舶检丈，已有一小部办理，并陆续推进至船舶登记，现正计划开始中。

11. 敌伪船舶之调查　敌伪船舶除已接收有案者(见附表)外，深恐尚有遗漏，现正分头进行调查，并奖励告发。

12. 受降会及接收会之出席会议　第二方面军受降接受委员会及交通部特派员接收委员会出席参加，该两会之决议有关航政部分者，悉力以赴。

13. 船舶意外事件之处理

A、广源轮渡失事案　广源轮渡于本年十月九日由省开澳，是晚十时许抵澳门海口，月黑风狂，灯塔无光，潮水高涨，浸没葡方废弃石坝尺余，引水无法操纵，轮渡先后触坝沉没，遇难者多人。本局据报即派海事股长黄钟麟赴澳调查，并会同省市党部、省府市社会局、市警察局、广州法院检察处、粤海关、中宣部广州分处等，共组广源轮渡善后处理委员会，查明澳舰与广源失事地点不过五百公尺，而该船失事两时始告沉没，澳政府见死不救不无问题。至该船船主带水已经遇难，无从法究。该广源轮之主持人未能先事清查，亦有未合同时登记，死难人家属计与票根符合者八十二人，与票根不符者卅二人，船员九人，并经议决该船务行应缴抚恤金五百万元，分配死难家属。惟□□□称无力负担，已将全案洽移法院处理中。

B、海珠轮船失事案　海珠轮船为战后残存之省港线唯一巨型轮船，自本年十月八日首次由省开港以后来往数次均称顺利，迨十一月七日该轮被封□□□□□□□□□□□赴九龙，八日上午三时开出，因系军运，并无办理发给准航单及稽核客额载量手续。讵同日上午八时十分，在大小虎门之间舢舨洲河面爆发，当派海事股长

续上表

协定名称	内容概要	成立日期	有效期限	附注
2. 中法关于中越航空线临时办法	法政府准许我国民航机在上海、西贡、昆明、河内间经营商业航运，并得延长至另一国家，以河内及土伦为我机之技术降落站。我政府准许法国民航机经营西贡至上海、河内、昆明间之商业航运，并得延长至另一国家，以广州为法机之技术降落站。	三十五年十二月十四日	半年	已续约二次并经修订
3. 中美空中运输协定	彼我民航机得在中美两国国境上空有过境及非营业性降落权，我机得在檀岛、旧金山、纽约等站装卸客货邮件。依相互原则，美民航机得在上海、天津、广州等站装卸客货邮件。中美间航线规定三条，二条经太平洋，一条越大西洋，经欧洲近东、印度、缅甸、暹罗、越南。	三十五年十二月	四年	我中国航空公司飞行中美中太平洋航线已于三十六年十月六日正式开航
4. 中英空中运输协定	英政府准许我国民航机经营中英间国际航线七条，其中两条为远程航线，一由我国经中太平洋、美国、加拿大至英国，一经印度近东至英国。其余五条为短程航线，以南洋英属领土及香港为终点者。我政府给予英民航机经营之航线亦七条，大致相同，在上述航线与指定航站，双方民航机均有商业载运权。	三十六年七月二十三日	四年	
5. 中荷空中运输协定	中荷各辟航线三条，其中一条为远程航线，由中国经印度近东至荷兰本土，其余两条由中国至荷属东印度。荷方航线照我方航线依相对方向飞行。	三十六年十二月六日	四年	
6. 中暹空中运输协定	我政府准许暹罗民航机由曼谷至上海从事商业航运，暹政府准许我民航机在同一航线上有商业载运权，双方航线均得延长至另一国家，双方航机之飞行班次亦有规定。		四年	中暹代表在三十六年七月初商谈成立协定草案但迄未正式签字

目前业已通航之国际航线，除胜利前原有现仍继续之中苏哈阿线，中印昆加线，中英港沪、港穗、港昆等线外，根据新协定飞行之航线，有中美中太平洋线，中菲上海马尼剌线，厦门马尼剌线及中法上海西贡线。至中英南洋线，中暹上海曼谷线，与中荷南洋线，我方中国、中央两航空公司现正积极筹备，在短期内即可正式开航。

第六节　民用航空管理之加强

大战结束以后，各国空运由复员而扩充发展，至为神速，今我国被选为国际组织理事国之一，并与各国相继订立航空协定，自此奠定我国民航事业之基础，共谋国际民航之进展，均为吾人应尽之义务。本部有鉴及此，为配合时代需要，实施我国民航建设起见，乃于三十六年一月成立民用航空局，直隶本部，专掌民用航空事业之规划、建设、经营与管理。兹将该局一年来，对于场站航路等项建设，分述于后：

第一目　场站建设

民航局自成立以来，已正式接收管理作为民航之机场计有下列之十一处：

龙华（上海）	宜昌
虹桥（上海）	九江（十里铺）
厦门	昆明
凤凰山（成都）	李家村（桂林）
福州	贵阳
海州	南昌（老机场）
海口	（土山镇）南京
白云（广州）	张贵庄（天津）
于洪屯（沈阳）	徐家棚（武昌）
汕头	台北（台湾）
榆汶（太原）	

内龙华、昆明、广州、天津四处为国际机场，厦门、福州、海口、汕头、台北五处为国际辅助机场，其余十二处为普通机场，各机场修建情形如下表：

机场名称	预定计划	工程进展
1. 上海龙华机场	(1) 完成南北东西两跑道，修建滑行道停机坪。 (2) 完成机场排水设备及整理场面等工程。 (3) 完成龙华航空站大厦。 (4) 装置夜航设备。 (5) 完成国际航站B级各项设备。	(1) 南北跑道于本年六月二日完成，同月廿四日开放使用，计长六〇〇〇呎，宽一五〇呎。 (2) 本年七月一日成立龙华航空站。 (3) 滑行道停机坪排水设备等正进行修建中。 (4) 航站大厦除所需钢料已陆续购制外，正进行修建中。 (5) 夜航设备已由美运沪，正装置中。

续上表

机场名称	预定计划	工程进展
2. 九江十里铺机场	(1) 九江原有二套土机场，不合标准，且交通不便，在十里铺改建机场。 (2) 完成机场沥青跑道停机坪排水设备及平整场面等工程。 (3) 建造站屋。 (4) 办理征用机场土地手续。	(1) 成立九江航空站。 (2) 完成跑道长一三五〇公尺，滑行道长一二五〇公尺，混凝土停机坪一四〇〇〇平方公尺。 (3) 站屋正次第兴建中，年内可完成。 (4) 征用机场土地手续已办竣。
3. 南京明故宫机场	(1) 加长原跑道。 (2)修建涵洞。 (3) 接收土山镇军用机场建设民航机场。	(1) 南北跑道加长二〇〇公尺工程完竣。 (2) 涵洞工程完成。 (3) 土山镇机场接收完竣，修建事正计划中。
4. 武昌徐家棚机场	(1) 修补原有跑道。 (2) 办理徐家棚机场跑道土地征用手续。 (3) 另觅汉口新机场地址，从事修建。 (4) 装置夜航设备。	(1) 原有跑道修补工程完竣。 (2) 于本年七月一日成立武汉航空站。 (3) 征用土地手续办理中。 (4) 在汉口刘家庙，另勘新机场地址正办理征地手续。 (5) 夜航设备即将装置。
5. 广州白云机场	(1) 修建南北东西沥青跑道滑行道停机坪等工程。 (2) 装置夜航设备。 (3) 完成国际航站B级各项设备。	(1) 停机坪石料已订约标购，即进行兴建中。 (2) 原有跑道正予修补。 (3) 于本年七月一日成立广州航空站。 (4) 夜航设备装置在即。
6. 天津张贵庄机场	(1) 修建跑道及站屋。 (2) 完成国际航站B级设备。	(1) 成立天津航空站。 (2) 修建工程正计划进行中。
7. 福州机场	(1) 修建跑道使有C级航站设备。 (2) 加建站屋成立航空站。	(1) 已拨款并派员主持修理机场工程。 (2) 已派员与空军洽办接收手续中。
8. 其他机场	(1) 厦门、汕头、台北、成都、桂林、南昌、海口、沈阳、昆明各地机场均待接收完成C级D级航站设备。 (2) 兰州、长沙等机场应使成D级设备辅助机场。	(1) 厦门、汕头两机场正派员接收中，即将先后成立航空站。 (2) 其他各处机场正计划接收修建中。

第二目　航路建设

民航局成立以后，在航路建设方面，计有下列四项主要工作：

一、改进助航设备；

二、统一航空通讯机构；

三、设置航空气象网；

四、设立空中交通管制机构。

其预定计划及工作进展情形如下表：

预定计划	工作进度
甲、改进助航设备 1. 重行配设全国导航台归航台。 2. 在上海、广州、汉口设立强力归航台三座。 3. 在沿海各站设立强力归航台。	1. 上海2－KW归航台，已于八月廿日开始运用，白日整日开放，可供仍〔任〕何军民航机定向定位之用。已测定南北跑道南端七里半处为上海归航台新址，正在建筑房屋，约在下月可以移迁。 2. 龙华机场筹设一小型归航台，测定地点在南北跑道南北二里半处以便利飞机在天气不佳时进出机场。 3. 九江归航台已于九月一日开始运用，已测定新址在跑道北端四公里处，房屋已设，二月内可迁移。 4. 广州归航台亦正在计划中。
乙、统一航空通讯机构 1. 设电讯总台。 2. 分设上海、广州、天津、汉口通讯区台四座。 3. 其他厦门等全国航站设通讯分台组成全国通讯网。	1. 专用电讯台已于七月一日在上海成立，总辖全国民航通讯区分台。 2. 上海通讯区台已于八月廿日正式与国际民航机作陆空连络，并与东京、香港等地通讯。 3. 其他各区分台正积极筹设中。
丙、设置气象网 1. 协同中央气象局，设置全国航空气象通讯网。 2. 设立气象台担任气象通讯工作。	1. 已协同中央气象局接收改组国防部前各气象站，完成第一期航空气象网之重要测报台站，及担任航空气象预报之上海气象台(龙华)。 2. 由中央气象局供给天气预测资料，试办沿海航路天气预报。
丁、设立空中交通管制机构 1. 划定全国空中交通管制分区。 2. 设立上海、广州管制站进近管制台各一所。 3. 上海、广州、汉口、九江各设机场管制塔台一座。 4. 训练空中交通管制通讯凡技术人员。 5. 设立飞航咨询室。	1. 上海管制站业已成立。 2. 九江管制塔已设立。 3. 已成立技术人员训练所开始召训第一期空中交通管制人员二十人。 4. 已成立飞航咨询室，供给国内各有关机关及国际间飞航咨询机构飞行指南资料。

第三目　订布民航法规

已公布施行者计有：

一、民用航空驾驶员检定给照暂行规则。

二、民用航空人员体格标准暂行规则。

三、空中交通暂行规则。

四、民用航空器登记暂行规则。

五、民用航空器标志暂行规则。

六、空中交通管制员检定给照暂行规则。

七、外国民用航空器飞航国境机航行规则。

第七节　气象机构之接收与扩充

第一目　接收中央气象局

查中央气象局原隶教育部，三十五年十二月二十五日以前，我国民航机迭次失事，损失奇重，其失事原因，由于气象恶劣者实占多数。本部为策航行之安全，特设民用航空局以改良我国民航设备，而于航空气象测报，则委托中央气象局办理。查天气预测既与航空航海关系密切，复为该气象局之主要业务，为谋事权统一，运用便捷，更为确保航行安全计，实有划归本部管辖之必要。经与教育部洽商得其同意，并经呈院核示，卅六年元月廿一日提出第七七三次院务会议决议通过，于二月二十日正式移交本部接管。

第二目　接收上海气象总站

国防部第二厅气象总站其所属三十八分站，本部于三十六年五月廿一日奉主席蒋电令，由中央气象局会同民用航空局分别接收，遵于六月十五日在沪办理交接手续。此项接收之气象业务人员及设备，配属两局，负责办理气象资料传播事宜。经气象局接收之人员共计二百一十三人，其上海气象总站气象部门暂行并入该局，上海气象台、各地气象分站、气象部门，分别改编充实划入各区。

第八节　民用航空营业收支概况

第一目　中央航空运输公司

该公司卅五年全年总收入为一百七十余亿元，支出费用为一百三十余亿元，将有盈余，均已变成固定资产，全年逐月收入自一月份之四亿余元渐增至二十四、五亿元，即达饱和。支出则自一月份之二亿余元，增至十二月份竟达二十六亿元，其能以盈余增置固定资产之月份，只五月至十月之一段时间而已。支出中之大部，尤以机航费用及飞行人员薪费概系外币，且系取自市场，卅五年一年内外汇几度放长，一般物价更上涨不已，而运价自是年八月调整后，至年终均未再增（参阅附表五〇四）〔缺〕，故十一月份起该公司即重复陷入危境。

卅六年度内物价上涨趋势更猛，而运价自卅五年八月调整后，至卅六年三月始再调整，七月以后运价调整，虽较机动，然始终无法追及物价。全年收支相抵，虽有盈余约二百八十亿元，然卅六年全年每月平均物价指数较卅五年度已上涨约八倍，衡之于三十五年全年盈余四十余亿元，以物价指数应为三百余亿元，是卅六年盈余，实质已较卅五年度减少矣。

总之，该公司为一自给自足之事业，政府未尝予以补贴，而其运价须受管制，当前物价涨势日猛，且航空事业之器材燃料及飞行人员薪津，均须以外币支付，该公司并无大量外币收入，故其财务状况实无时不处险恶之中也。

第二目　中国航空公司

卅五年度开始正承抗战胜利之后，该公司积极增辟航线，并协助政府办理复员运输，全年营业确有长足进展。由于物价波动，汇价一再调整，航运成本因以倍增。上半年每月均有亏蚀，八月份起票价调整（参阅附表五〇四）〔缺〕，情形逐渐好转，总计全年收入国币三百九十六亿元，支出三百七十亿元，收支相抵盈余国币二十六亿元，占总收入百分之六强。

卅六年度全年营业较之三十五年度为艰窘，自一月间飞机失事后，客机停航五十一日，上半年每月均亏蚀甚巨，自七月份始见好转。该公司虽尽力增加飞行时数，以减低航运成本，但由于油价汇价之不断调整，全年收支仍不能相抵，估计全年收入约国币四千三百十六亿元，支出四千五百四十二亿元，净亏二百二十六亿元，占收入百分之五强。

第九节　国际民航会议之参加

民国三十三年十二月，各国民用航空代表在美国芝加哥举行国际民用航空会议，通过决议成立临时国际民航组织，本部曾派刘敬宜、王承黻等为代表出席会议，刘氏并当选为该组织理事会我国理事。旋于该组织所在地加拿大蒙特利尔设置中国理事办事处，负国内外联络及处理会务之责。三十六年二月四日，临时国际民航组织下之南太平洋地区会议在澳洲墨尔本举行集会，本部派刘敬宜、吴元超、左泡彰、韦祝等为代表，前往参加会议，目的为讨论南太平洋各会员国在航行技术上之设备及互相合作等问题。同年五月六日，该会议组织改为永久性之国际民航组织，首次大会在加拿大举行。我国派刘锴、毛邦初、王承黻、戴安国、吴元超等为代表，出席参加，该次大会通过国际民航组织章程及与联合国机构取得联系之约章。刘理事敬宜因已奉派为中国航空公司总经理，故国际民航组织中国理事由大会改推本部顾问王承黻担任，兼充该组织航行技术委员会委员，本部前专员兼航政司帮办吴元超，当选为航空运输委员会委员，与顾问王承黻两人常驻该处办公，并出席各种会议。同年九月廿二日，该组织之航空气象组第三届会议在加拿大多兰多召集，本部派中央气象局局长吕炯及技正卢鉴两员出席，并代表政府签订国际气象公约。我国代表在国际民航组织之其会议中发表意见，常为其他会员国代表所重视，采入决议。现我国正在建立新式民用航空管理制度，发展国内外空运事业，参加该项国际组织，与其合作，对我民航技术上之改进，甚有裨益焉。

第十节　今后计划

我国幅员广大，水陆交通均尚未臻便利，铁路建设费时，水运又受地理上大然限制，无法普遍利用，独航空运输无远勿届，受地形之限制最少，而所需建设经费亦远较其他交通建设为省，对于发展远程交通，自以航空运输入手最易，收效最宏。惟空中交通，首重安全。本部民用航空局之设，其主要任务即在增筑机场，建立空中交通管制，充实助航设备，加强气象电讯工作，训练航空技术人员等各项建设，以策航行之安全。其建设计划中为继续接收军用机场，增修机场跑道及站屋，建立无线电通讯网、空中交通管制塔台，加强气象测报工作，均与飞行安全有直接关系。过去业已开始，自当继续办理，以期完善。凡此设施，需要相当数量之外汇与巨额经费，在此国家收支不能平衡之时，外汇核拨每多困难，即国币经费有时亦不能充分拨给。本部为达成此项重大任务，惟有督饬所属以人物〔力〕补物力之不足。至于飞机及器材之利用，亦秉此原则，务求合理，以增效率。保障航行安全，乃本部今后民航行政上之主要目标。与此同时并进，必须力求贯彻之另一目标，则为服务人民。良以航空运输在现今欧美各国，早已成为普通之交通工具，一般平民亦能享受，非仅迅速舒适，亦且经济，确合乎"公共便利与需要"之条件。如何使其通俗普遍，取费低廉，深入民间，则尚有赖于今后之筹划与努力。航空运邮，在过去二年内，经本部之一再督促，邮件运量续有增加，凡航线所及之地，邮件优先承运，朝发夕至，人人称便，在服务人民方面所谓已有相当贡献。今后非但仍应继续加强邮运，且进而须谋航空客运，亦能普遍发展，惠及各地，以助陆上及水上运输之不足。根据此项信念，本部对今后民航建设，一方面注重机场之增辟，加紧设置地面及空中导航设备，使民航机活动之区域日广。另一方面对原有各航线不得不作精密之检讨，视实际需要，随时予以合理之调整，而加强西北及东北之空运，减少同一航线不必要之竞争，尤为本部即须进行尽力以赴之事项。此外，如原订民航法规，添置航空器材，改善航空公司对旅客之服务，刷新航空公司内部之行政，扶植国营民航事业，奖励并开放航空民营，本部亦将逐步推行，求其实现。

〔国民政府交通部档案〕

二、中国航空公司

1. 交通部与美国泛美航空公司合组中国航空股份有限公司合同

(1945年12月21日)

中华民国国民政府交通部
泛　美　航　空　公　司　合组中国航空股份有限公司合同

中华民国国民政府交通部(以下简称中国政府)与依据美国特立华州法律组织成立之泛美航空公司 Pan American Airways Corporation(以下简称美国公司),为合组一中国股份有限公司,订立本合同。

缘中国政府为使中国获得最有效最经济之邮件、旅客、货物等空运业务起见,曾于一九三〇年七月八日与美商订立合同(以下简称一九三〇年合同),依照中国法律合组一以营利为目的之中国航空公司 China National Aviation Corporation(以下简称前公司),由中美双方合资管理经营之。

当一九三三年三月三十一日泛美航空机构 Pan American Airways System 继受前公司美方利益时,前公司共有股份总额为四千一百六十股,其中中国政府执有二千二百八十七股,占总额约百分之五十五,泛美航空机构执有一千八百七十三股,占总额约百分之四十五。

一九三〇年合同现已期满,前公司最近已收买并注销泛美航空机构在前公司股份总额中所有之一千八百七十三股。

现中国政府拟依中国法律组织一新的中国股份有限公司,以经营商务航空事业。其资本总额中百分之八十须为中国政府所有,百分之二十为美国公司所有。

双方业经同意订立下列各条。

第一条　组织

本合同双方本合作之精神，同意依照中国法律，共同组织设立一新的股份有限公司，定名为中国航空股份有限公司 China National Aviation Corporation（以下简称中国公司），以经营商务方面之空运事业。

第二条　资本

第一项　中国公司之资本总额定为中国法币二十五万万元，分为一万普通股，每股票面金额为中国法币二十五万元，中国政府认购八千股，美国公司认购二千股，双方所认之股款，于本合同生效日后一星期内，应依下列方法，全部缴足。即中国政府应将属于前公司所有之一切款项与一切其他资产及一切债务转让，并交付于中国公司。此项移转之财产，经中国政府与美国公司同意，净值美国国币六百二十一万九千四百三十元伍角三分（6219430.53元），作为缴足其所认购八千股之全部股款。美国公司应给付中国公司美国国币一百五十五万四千八百五十七元六角三分（1554857.63元），作为缴足其所认购二千股之全部股款。俟双方依上述方法缴足股款后，中国公司应发行股款缴足之股票，分别交付双方收执。

第二项　中国公司之股票，应为记名式，记载所有人之姓名，所有股票除本合同另有规定外，不得转让。

第三条　管理及监督

第一项　中国公司由九人组织之董事会管理之，其中七人由中国政府选任，二人由美国公司选任。董事如经股东委托，得为股东之代表，并得出席股东会会议。

第二项　董事会会议由董事五人出席，方足法定人数，其中至少一人须为美国公司所选任之董事。中国公司除先经董事会决议正当授权外，不得发行公司债借贷款项，购置所费甚巨之航空器、或其他设备、或财产，以及为任何其他大宗消费或负担，或订立任何重要契约。

第三项　本合同生效后，双方应立即根据并依照本合同各条款之规定，设立中国公司。本合同生效日后一星期内，应即举行会议，以决议中国公司之章程附则及其他规则，并选举董事及监察人。本合同生效日后二星期内，应即举行第一次董事会，中国公司之行政职员，即在第一次董事会选任之。

第四项　董事会应于董事中选任董事长一人、总经理一人及副董事长二人，董事长、总经理及副董事长一人，应由中国政府提出，另一副董事长应由美国公司提出，董事会应就依上述方法所提出者选任之总经理当然为中国公司副董事长。董事长缺席时，应以总经理为董事会主席；董事长及总经理均缺席时，董事长得指定副董事长一人为董事会主席。

第五项　董事会及总经理之下分设下列三组：

（甲）营业组；

（乙）财务组；

（丙）机航组。

各组主任及副主任均应由董事会任命之，其中营业组主任、财务组主任及机航组副主任，均由中国政府提出；机航组主任、营业组副主任、财务组副主任，由美国公司提出；各组职员应由各组主任荐请总经理派用之。为使中国公司基础得时臻稳固起见，职员人数在足以执行并发展中国公司业务之必要范围内，尽量少用，其员额由董事会决定之。

第六项　中国公司应设置监察人二人，由中国政府任命一人，余一人由美国公司任命之。

第四条　财务

第一项　中国公司款项应存储于中国国家银行。

第二项　中国公司除营业开支外，所余之款项应另行存储，以备增加必要设备及各种改良，并派给股东股利之用。股利应俟支付经常开支、清偿其他债务及一切财务上之义务,并提出相当公积金后,始得派给。

第三项　中国公司之一切支出,应均用支票为之,票上应有适当委派之代理人二人签名,其中一人由代表中国政府之董事委派,另一人由代表美国公司之董事委派。

第四项　中国公司应常用最新式之簿记会计制度,并应依其自己及世界上其他经营航空事业者所得之经验,时加改进。簿记应用中文,并以中文记载为凭。但遇美国公司要求时,所有簿记或其中经指定之一部分记载,亦应兼用英文。中国公司之簿记及会计,应按月由中华民国政府合法登记及可靠之会计师审核之。

第五条　航空路线

第一项　在本合同有效期间内,中国公司应经营并供应下列路线之空运业务:

第一线　上海——南京——九江——汉口——宜昌——万县——重庆——成都;

第二线　上海——南京——青岛——天津——北平;

第三线　上海——宁波——温州——福州——厦门——汕头——香港——广州;

第四线　重庆——桂林——柳州——梧州——广州——香港;

第五线　重庆——贵阳——昆明——缅甸——加尔各答,昆明——仰光,昆明——河内;

第六线　重庆——兰州——肃州——哈密;

第七线　重庆——汉中——宝鸡——西安;

第八线　汉口——长沙。

但如中国政府认为必要时,其他经营航空事业者,亦得在中国公司所经营任何航空路线中,并行经营其航空事业。中国公司任何路线之业务延展至外国领土时,须先俟有关国家之同意后方得行之。

第二项　中国公司应在其所经营之路线内载运各类邮件，其办法依照一九三〇年七月八日与中国邮政总局所订之航邮合同中各条款所载之情形及其以后合法之修正。该航邮合同嗣将转让于中国公司，而中国公司并应在其所有路线内载运旅客及货物。

第三项　中国公司飞机之航行，应遵守中国之法律及规章与一切有关国防之法规。

第六条　经营

第一项　在美国公司继续持有中国公司资本总额中百分之二十股权期间内，美国公司将使其所属在纽约州登记之泛美航空会社 Pan American Airways Inc.，将其技术上之经验，听凭中国公司受用，美国公司并愿与中国政府合作，以求空运事业之增进及更多发展。

第二项　中国公司应以雇用中国人充任驾驶员、领航员、无线电报务员、工程师、机械员，及其他有关行政上、技术上及事务管理上等人员为其固定政策。中国公司应加速训练充任此等职位之人员，至实际上中国公司可能训练之最大数额，并应特别注重于海外国际航空运输之条件。中国公司并应依照美国公司之建议及协助，议定确实计划，于一定期间内设法供应上述数额之中国驾驶员、领航员、无线电报务员、工程师、机械员，及其他行政上、技术上及事务管理上等人员。为达此目的，美国公司将协助设法使中国人员有在美国受训之充分机会。对于依本条第一及第二两项（与依照本条第三项）之规定，美国公司所供给在技术上之协助及其一般之服务，中国公司应补偿美国公司因此所支出之额外开支之部分，其数额由双方协议定之。关于此项技术上之协助及一般服务，如中国公司与美国公司未成立协定，或虽有协定而嗣后废止者，本条第一、第二及第三项之有关规定，应即认为解除，但本合同之任何其他部分仍为有效。

第三项　中国公司如经中国政府饬令时须开设并办理训练

班，为中国政府训练驾驶员、领航员、飞行无线电报务员及地上无线电报务员，如中国政府需要，并须训练机械员，该班得作为中国公司之附属团体或其一部分。其开设及办理之条件，应由中国政府与中国公司双方协议定之。该班之目的，在以合理之费用，于可能范围内供应最佳之方法，训练学生。美国公司使其所属之泛美航空会社 Pan American Airways Inc. 对于该班之设立与进行，供给技术上之协助与顾问，并合作使该班得对中国尽其最大之贡献。根据现时估计之本合同第五条第一项所列举路线业务中可能范围内，中国公司在第一年经营中，可以训练并养成中国驾驶员约十人，完全合于驾驶现代商用运输机，以符合载运旅客之安全标准。中国公司所经营飞行钟点之数额逐年增加时，每年养成完全合格驾驶员之数目，亦随之增加。经受训结业之领航员数目，将视中国公司经营越海航线之数量决定之。本训练班亦可训练驾驶员（受初级训练者）、无线电报务员及机械员。至政府所需要之人数，如中国政府饬令中国公司设立并经办上述训练班时，中国公司允依左列表式数目实行。

		第一年	第二年	第三年	第四年	第五年
驾驶员	将养成以充任载运旅客飞机之驾驶员	十人	十二人	十六人	二十人	二十五人
驾驶员	受初级训练者	三十人	六十人	七十五人	一百人	一百五十人
领航员	——	——	——	五人	十人	十五人
无线电报务员	——	十五人	二十五人	四十人	六十人	七十五人
机械员	——	一百人	一百五十人	二百二十五人	三百人	四百人

如中国政府需要训练更多之驾驶员（受初级训练者）、无线电报务员及机械员，中国公司亦允担任。

第四项　凡飞机及其他航空设备，以最优等而最新式者为限，中国公司方得购买，并应尽先采用中国所制造者。

第七条　航空站及飞行场

中国公司在其所经营航线范围内，得使用中国政府管领下之民用航空站及民用飞机场，对于此项设备之使用，中国政府得收相当租金，中国公司应遵守关于中国航空站及飞行场之法律及规章。

第八条　无线电

中国公司应维持使用适当之收发无线电报机、无线电话机，并得充分使用，以后发展或采用之其他有关空运之通讯设备，此种无线电及其他通讯设备，应专供各航空站及各航空站与飞机间传递消息之用，以维持中国公司服务之效能。至一切商电及其他与中国公司业务无直接关系之通讯，一概不准传递。如中国政府嗣后设置适合之无线电及其通讯设备时，中国公司将利用中国政府所设置之此项通讯设备。

第九条　附则

第一项　中国政府对于中国公司所有之设备及其他财产，应予合理之保护。

第二项　中国政府得将其在中国公司资本总额中之任何股权，自中华民国政府中之一部转让于另一部或数部。美国公司亦得以本合同或其在中国公司资本总额中之任何股权，转让于泛美航空会社 Pan American Airways Inc.，或泛美航空公司 Pan American Airways Corporation 之任何隶属机构。如本合同受让人接受本合同之义务时，转让人免除其在本合同内所应负之义务。除本合同另有规定外，中国公司之股权不得转让于任何他人。中国公司对于已缴股款未经中国政府及美国公司同意时，不得增减。

第三项　本合同自批准后发生效力之日起，以五年为有效期间。期满前一年若任何一方未以书面通知对方本合同终止，则本合同除五年有效期间外，继续有效五年。

第四项　本合同终止时，中国政府须收购美国公司及其或其受让人在中国公司资本总额中届时所有之一切股权，其价格应以公司继续营业时其各股权之适当价值计算之。双方不能为协议决定价值时，应依下项所定仲裁方法解决之。

第五项　对于本合同有关之任何事项发生任何争执或异议时，双方应凭善意，力求和平解决。如上述解决不可能时，应用仲裁方法处理之。双方各委派仲裁人二人，并由所委派之四仲裁人推定公断人一人。仲裁人及公断人应迅速进行讯问，并审查所争事项。若仲裁人不能有多数同意断定及判给时，应由公断人断定及判给之。依上述仲裁方法所得之结果，为最后之决定，对于双方有拘束力。

第六项　本合同双方签订后，经中华民国国民政府批准，并由中国政府以书面正式通知美国公司之日生效。

第七项　本合同对于任何一方之合法继承人，亦有拘束力，但继承人应以具有中国或美国国籍之人为限。

第八项　本合同兼用中英文订立，一式四份，双方及中国公司各执一份，其余一份应呈请中华民国国民政府备案。本合同以中文本为标准本。

本合同于中华民国三十四年十二月二十一日（西历一九四五年十二月二十一日）在中华民国重庆签订。

中华民国国民政府交通部代表　高廷梓

见证人　萧立坤

泛美航空公司代表　George Sellett

见证人　汤时彦

〔中国航空股份有限公司档案〕

2. 中国航空股份有限公司章程

(1945 年)①

中国航空股份有限公司章程

第一章　总　　则

第一条　本公司依照公司法关于股份有限公司之规定，及特种股份有限公司条例，与
中华民国国民政府交通部
泛　美　航　空　公　司
合组中国航空股份有限公司合同组织之，定名为中国航空股份有限公司，简称为中国航空公司，呈请主管官署登记。英文名称为 China National Aviation Corporation，简称 C. N. A. C. 。

第二条　本公司以经营空中运输为营业，并训练专业营业所需之人员，及负责为政府训练民用航空驾驶员、领航员、无线电报务员及机械员。

第三条　本公司总办事处设于上海（复员期间暂设重庆），并视业务需要，于各重要城市酌设办事处。

第四条　本公司之公告，以登载于总办事处所在地及必要地点之通行日报或通函行之。

第二章　股　　份

第五条　本公司资本总额定为国币二十五万万元，分为一万股，每股国币二十五万元。其中公股八千股，由交通部认足，非公股二千股，由泛美航空公司认足，所有股款均须一次缴清。

第六条　本公司股票均用记名式，所有股票非依
中华民国国民政府交通部
泛　美　航　空　公　司
合组中国航空股份有限公司合同之订定，不得转让。

---

① 原文无时间。

第三章　股　东　会

第七条　本公司股东会分常会、临时会二种，常会于每年决算期后四个月内，由董事会召集之，临时会于本公司遇有重要事项，董事会或监察人认为必要时，或有股份总额二十分之一以上之股东请求时，召集之。

第八条　股东常会之召集，应于开会前一个月，股东临时会之召集，应于开会前十五日，将开会之日期地点及提议之事件，通知各股东。

第九条　股东会开会时，应有股东过半数代表股份总数过半数者之出席，方得开议。其议决除公司法另有规定外，以出席人表决权过半数之同意行之。

第十条　股东之表决权，定为每股一权。

第十一条　股东会开会时，以董事长为主席；董事长缺席时，以总经理为主席；董事长或总经理均缺席时，董事长得指定副董事长为主席。

第十二条　股东会应置决议录由主席签名盖章，保存于本公司总办事处，并呈报主管官署。

第四章　董事监察人及职员

第十三条　本公司设董事九人，其中七人由交通部提出，二人由泛美航空公司提出，均由股东会选任之。董事如经股东委托，得为股东之代表，并得出席股东会会议。

第十四条　本公司设监察二人，其中一人由交通部提出，另一人由泛美航空公司提出。

第十五条　董事任期一年，监察人任期一年，连选得连任。董事或监察人有缺额时，由原提出之一方向股东会补提选任之，其任期即以该届董事或监察人任期终了时为止。

第十六条　董事应组织董事会以行使董事职权，董事会并应于董事中选任董事长一人，总经理一人，及副董事长二人，董事长、总经理及副董事长一人由交通部提出,另一副董事长由泛美航空公司提出。董事会应就所提出者选任之,总经理并当然为副董事长。

第十七条　本公司发行公司债,借贷款项购置价额巨大之航空器,或其他设备,或财产支付,或担负任何大宗消费,订立任何重要契约,任免重要职员,以及其他重要事务,均须经董事会议之通过。

第十八条　董事会每三个月开会一次,遇必要时,由董事长或副董事长召集临时董事会议。

第十九条　董事会开会时,应有董事五人以上之出席,其中并至少须有一人为泛美航空公司所选任者,方得开议。其议决以出席董事过半数之同意行之。

第二十条　董事会开会时,以董事长为主席;董事长缺席时,以兼任总经理之副董事长为主席;仍遇缺席时,以另一副董事长为主席。

第二十一条　董事会应置决议录,并于每次董事会议后一星期内,呈报主管官署。

第二十二条　监察人除依法执行监察职务外,得列席董事会议,申述意见,但无表决权。

第二十三条　董事及监察人公费,由股东会议定之。

第二十四条　本公司于董事会及总经理之下,分设下列三组:

(甲)营业组;

(乙)财务组;

(丙)机航组。

各组主任及副主任,均由董事会任免之,其中营业组主任、财务组主任及机航组副主任,均由交通部提出候选人;机航组主任及营业组副主任、财务组副主任,均由泛美航空公司提出候选人。各组职员,由各组主任荐请总经理核定任免之。

第二十五条　总经理办公室设主任秘书一人,秘书若干人。主任秘书由总经理提请董事会任免之，主任秘书兼任董事会秘书，并保管股东会文件。

第五章　财务及会计

第二十六条　本公司款项应存储于中国国家银行。

第二十七条　本公司之簿记会计，应按月由曾经中华民国国民政府合法登记及可靠之会计师审核之。

第二十八条　本公司以中华民国国历年底为决算期，由董事会造具下列各项表册，于股东常会之期三十日前，送交监察人查核副署，或由监察人委托会计师查核，出具报告书，提交股东会请求承认。

一、营业报告书；

二、资产负债表；

三、财产目录；

四、损益计算书；

五、公积金及股息分派之议案。

第二十九条　本公司每届决算期，所有收益除去一切经常开支，清偿债务及一切财产上之业务，并提出相当公积金外，如有盈余，始得派给股东股利。

第三十条　本公司所用支票，应由指定之代理人二人签署始能生效。该代理一人由代表交通部之董事指定，另一人由代表泛美航空公司之董事指定之。

第六章　附　　则

第三十一条　本章程经股东会决议，呈准主管官署核转经济部登记之日起实行。

第三十二条　本章程以后如有应行修改之处，由股东会决议修改，呈请主管官署核准备案。

第三十三条　本章程如有未尽事宜，悉依公司法关于股份有限公司之规定及特种股份有限公司条例与中华民国国民政府交通部
泛　美　航　空　公　司　合组中国航空股份有限公司合同办理之。

〔中国航空股份有限公司档案〕

3. 中国航空公司关于机航组工潮经过及处理情形报告

(1946年)①

机航组工潮经过及处理情形报告

本年二月间，机航组员工即曾提出改善待遇要求，经向本年二月二十八日第二次董事会报告，并经议决原则六项，由本人负责处理，旋告解决。迨至本年五月十六日，朱声铎等以机航组龙华机场员工全体代表名义，具呈要求于现领照生活指数核定之薪津外，每月再加给特别津贴，按生活指数八十倍计算(当时约计二十万元)，并限于二十二日以前答复。当以此项要求逾乎常理，即于十七日批复，历述当前局势及公司财务现况，勉以安心工作。至二十一日，该代表等再作函呈，仍执前意，并要求于二十三日前，派员与其会商实施调整薪津办法。当时本人适因公前往南京，由机航组主任刘主任召集该代表等，告以业经电话向南京报告，总经理即行返沪，望先勿轻有举动。讵意至二十三日午，彼等决定，不论总经理返沪与否，即宣言自二十四日起怠工。本人二十三日晚八时回沪，已不及召集挽回。二十四日晨，即接见该代表等，切实劝告，检示公司赔累实况，不容增加担负。该代表等允将此意转达全体迅图解决。乃至二十七日，经该员工等全体商决，仍继续怠工，嗣复由机航组副主任陈鸿恩、总务课长梅必敬、上海办事处处长吴志洪以私人资格，向该员工等奔走劝说，拟请公司暂借给每人二十万元，将来分月扣

① 原文无时间。

还，一方即日恢复工作。本人接得此项报告，即于二十六日晨接见该员工代表等，对于即可复工加以慰勉，所请借支，自可照准。讵该代表仍有要求考量增加津贴者，当以与会谈原议不合，遂无结果。旋由陈副主任等三员再事奔走劝说，仍照前报告办法变更方式，由各部门领班人员倡导，于五月二十九日午前十一时一律复工。嗣以通知全体时间不及为由，改函午后一时，如因由领班人员或工会通知问题内部发生枝节，再改至午后二时，结果仍未复工。彼时公司已奉到政府指示，饬令即日设法恢复工作，维持空运交通，否即采有效紧急措施，遂以发秘字第三〇四号布告，劝令该员工等务于五月三十日上午九时以前复工。该员工等接阅布告后，复行讨论，延至三十日晨，时限已过，未见复工。本人奉召赴京，政府已下令作紧急处置。同时梅必敬、吴志洪二员，仍以私人资格，本洽商原意，作最后努力。至三十一日上午十时，该怠工员工等始匆遽复工，但发表宣言，仍坚执原提条件，而空运所派部队，于已当日下午三时飞抵龙华机场，准备接收场内所有公司航空设备，并管理机航事宜。本人以当时怠工情势略有变更，适部长在沪，即赶于当晚进谒请示。奉谕限令复工时限既过，一切当遵政府命令执行，空军遂于六月一日接收龙华机场公司机航部分，即日复航，所有怠工人员一律予以解职。并为维持机场秩序起见，依空军方面决定，由公司财务组派员，在空军第三地区司令部发放该员工等应得五月份下半月薪津，即于五月三十一日以发秘字第三〇四号布告通知。并特加申明，该员工等如有志愿恢复工作仍回公司服务者，可自向公司人事课报告签名，以凭核定。自六月三日起，该怠工员工等遵照分别领取薪津及签名申请复工，迄至六月十八日，经陆续申请登记者，正式员工七四九人，当地临时员工一二〇七人，与原来正式员工八三六人，当地临时员工一五八八人比较，前者占百分之九十，后者占百分之七十六。经分别核准复工者，正式员工六六四人，当地临时员工六一三人。其曾经充任怠工代表人员，而平时工作勤慎情有可原者，须另签具悔过书，始得申请复工，均系衡量工作需要，及各该员等品行才力分别去取，随时相机核定。机航、电讯部分，均已照常工作，各线航班久已恢复。经呈报大部奉勘代电饬知，已呈奉行政院核准，资请空军总司令部将所派人员调回，所有机航事务仍交由公司办理。至七月一日，接准空军方面通知，当经妥洽，即于七月二日晨十时，本人亲自龙华机场督同交接讫事，空军人员即行撤离。本人当召集所有机航组中美员工加以慰勉，并申明公司对于员工福利事业、工作保障，如退职年金等项，当必作合理规划，务各安心工作，众情安敉，一切如常。此次机航组怠工，空军人员来沪执行接管事宜，俾得迅速解决，裨益实多。经参照公司旅费规则，分别致送日用费，送请空军总司令部转发，聊以贴补各官佐员兵等在沪费用。现机航组事务仍由班德副董事长兼代主任，与副主任陈鸿恩协同处理，以增进效能，严肃纪律为主旨，对于工作人事，仍在逐步整顿改进之中。

〔中国航空股份有限公司档案〕

4. 中国航空公司编 1946 年度营业报告

(1947 年)①

(甲) 三十五年度营业报告

查三十四年九月初，抗战结束以后，国土重光，复员开始，我国以地区广辽，水陆交通建设需时，因此复员运输以及收复区内交通，均侧重于航空。三十五年度开始，本公司继续集中全力执行此项艰巨使命，直至十一月底，复员运输方告完成，是以三十五年度本公司之营业设施，如开辟航线、增设航站、举办各项专机任务等项工作，大多与复员运输攸关。兹将三十五年度营业状况摘要报告

---

① 原文无时间。

如次：

一、增辟国内外航线(计十一线)→附图(一) 现行航线图〔缺〕

(1) 香港——广州——海口线(自三月十二日起开航)；

(2) 重庆——昆明——西昌线(自五月十七日起开航，由10月25日起改为重庆西昌线)；

(3) 上海——南京——西安——兰州线(自六月六日起开航，代替原有渝兰、渝陕两线)；

(4) 北平——归绥线(自七月八日起开航)；

(5) 上海——汉口——昆明——八莫——加尔各答线(自七月八日起开航，代替原有渝加线)；

(6) 上海——南京——九江——汉口线；

(一) 自七月十三日起开航上海——南京——九江，沪京一段作为首都专机。

(二) 自十月一日起沪京浔停航，改由沪渝机每周往返，经停九江各二次。

(三) 自十一月二十二日起开航南京——汉口。

(四) 自十一月二十七日起沪渝机往返不停九江，改开南京九江班机每周一次。

(7) 兰州——肃州——哈密线(该线原由重庆出发，自七月二十五日起改由上海出发)；

(8) 上海——南京——汉口——桂林——广州——香港线(自八月十一日起开航)；

(9) 北平——太原线(自八月十七日起开航)；

(10) 上海——厦门——香港——马尼拉线(自八月二十六日起开航)；

(11) 上海——福州——厦门——福州——台北——福州——上海线(自十一月二十日起开航)。

(附三十四、三十五年航线比较图)〔缺〕。

二、增设航站(计十一处)

三十五年度因扩展航线所增设之航站,计有徐州、济南、福州、厦门、海口、西昌、归绥、九江、桂林、太原、马尼拉等十一处(马尼拉暂由泛美公司代理),截至十二月三十一日止,国内外共有航站三十处如下:

北平、天津、青岛、济南、徐州、上海、南京、汉口、重庆、兰州、肃州、哈密、西安、成都、贵阳、昆明、西昌、加尔各答、河内、广州、海口、香港、厦门、台北、福州、归绥、九江、太原、桂林、马尼拉(附航站图)〔缺〕。

三、DC—4式机加入飞航

公司为发展业务,使乘客航行舒适起见,在美订购DC—4式四发动机巨型客机六架,其中四架于三十五年十一月、十二月间先后到沪(其余二架亦已于最近到沪),曾于十二月十日起,派飞沪平线,除星期日外,每日一次。嗣以江湾机场设备关系,自十二月十八日起暂行停航,将来即以是项飞机加入各国际航线,以利业务上之竞争。

又DC—4式机养护费用较巨,已呈奉大部准予将该项飞机客票、行李、货运价目增收百分之二十,惟邮运费及外币运价仍照旧。

四、客货邮运价调整情形

1. 战时后方各线票价,在三十五年五月一日以前,远较收复区各线票价为低。五月一日起,奉准一律按每公里国币六十八元三角二分之基数改订,普通货物每公斤仍按客票价百分之四收费,贵重货物仍按普通货物运价二倍半收费。

2. 自三十五年八月一日起,复奉准各线客票价目增加百分之一百五十,即按每公里国币一百七十元八角计算,货运仍照八月一日以前价目收费,即普通货物每公斤按客票新价目百分之一·六收费,贵重货物运价仍按普通货物运价二倍半收费。

3. 邮运费国内原系按每公斤国币三百元收费，公司方面亏累殊巨。嗣于四月一日起，奉改按每公斤国币三千元收费，复自十一月一日起，奉准按普通货运收费，至国际邮件内运仍按金法郎计算(除香港每公斤二十四金法郎外，其余国外各地内运每公斤八十金法郎)。

五、还都运输

公司奉令担任还都运输工作，除每日 C—47 式渝、京、沪班机三架外，自一月十六日起，加派 C—46 式机飞行渝京线，专运各机关还都人员，每日少至二次，多至八次，连班机合计每月平均运送约四五千人，最高运量四月份曾达七千二百人(详附表)。五月间国民政府还都后，运输工作原可告一段落，惟以滞渝公务人员及眷属尚多，故仍维持每日 C—47 机三架、C—46 机一架。迄十一月初，大部派往重庆督导之项参事维霄任务完毕离渝，其时东下乘客已逐渐稀少，遂自十一月十六日起将每日 C—46 机停飞。

六、简化乘客订座购票手续

查抗战时期，乘客订座购票须具缴保证书及照片，以便政府特种检查。查此项手续原为非常时期之特殊规定，战事结束后自无需要，故自八月二十日起，将原有保证书定座单等格式取消，缴验照片手续，亦予免除，另订简单定座申请书，以便行旅。

七、联运业务情形

(1) 截至三十五年十二月三十日止，公司国际航线计有下列六线：

上海——香港；

上海——加尔各答；

上海——马尼拉；

重庆——香港；

昆明——河内；

海口——香港。

(2) 泛美航空公司自十月三日恢复旧金山至马尼拉航线，每周二次，公司为便利联运起见，将沪菲航班改订日期，使之衔接。惜泛美航班（现已于二月十一日起复航，每周三次）自十月二十七日起因故暂停。

(3) 公司已于〔与〕英国海外航空公司(BOAC)及泛美航空公司(PAA)二家订立合同，互发换票证，凭证换收联票。至代售联票备金，与英航公司约定为百分之七. 五，与泛美公司约定为百分之十。又公司暂限上海、厦门、香港三站填发换票证。

(4) 法国航空公司(Air France)及荷兰航空公司(KLM)各线机位，仍由各该国政府统制中，故尚未订立联运合约（惟 KLM现正在接洽订立客运联运合约）。

(5) 公司向例乘客免费行李除手提三公斤外，只有十五公斤为限，惟据查各国外航空公司规定国际旅客免费行李或为五十五磅，或为六十磅，均不止十五公斤，以致国际航运旅客抵达马尼拉、加尔各答或其他航站后，转搭公司飞机来华时，以前项行李限制之出入，感受不便，且公司业务上之竞争，亦影响非浅。故自三十五年九月十六日起，将沪菲、沪加及昆河三国际航线往返旅客之免费行李额，放宽至二十五公斤，并自十二月二十一日起，将往返香港各线旅客行李亦予同样放宽，以资一律。

八、各机关专机

(1) 关于各机关包用专机，奉宋院长三十五年五月十四日手谕，及交通部五月二十二日航空字第五〇五二号训令规定，须先呈奉主席或院长特准，方可调拨。嗣奉交通部八月十七日部航字第六二三六号代电规定，亦可由交通部长核准调拨。

中央银行运送公物专机，曾由行政院江参事于五月二十九日及十一月二十二日先后来函，通知奉准由贝总裁或发行局直接洽包。

(2) 三十五年度各机关包用专机，共计八一七次，详情请参阅

附表。〔缺〕

九、三十五年度客货邮运量统计

三十五年度本公司各线共载运:

乘客二〇三,〇八四人(二十万零三千零八十四人)

行李二,九六〇,一七七公斤(二千九百六十吨零一百七十七公斤)

邮件一,二五二,七三〇公斤(一千二百五十二吨七百三十公斤)

货物四,七二八,七九八公斤(四千七百二十八吨七百九十八公斤)(详情请参阅附表)〔缺〕

十、三十五年度营业收入统计:

(1) 三十五年度各线班机收入共计:

国币 三〇,二八三,七四七,〇六一·〇〇元(三百零二亿八千三百七十四万七千零六十一元)

美金 三九〇,一九八·四九元(三十九万零一百九十八元四角九分)

卢比 二,九七六,三九一·〇〇盾(二百九十七万六千三百九十一盾)

台币 一六,五九七,二七二·〇〇元(一千六百五十九万七千二百七十二元)

港币 二,八一〇,一一七·五〇元(二百八十一万零一百十七元五角)

越币 六一八,〇三二·〇〇元(六十一万八千零三十二元)

(2) 三十五年度各机关包机收入共计:

国币 一,九三九,四八三,五七五·〇〇元(十九亿三千九百四十八万三千五百七十五元)

〔中国航空股份有限公司档案〕

5. 中国航空公司关于1947年度概算亏损数增加情形代电

(1947年10月15日)

字第二八三一号

中国航空股份有限公司代电

中华民国三十六年十月十五日发

交通部部长俞钧鉴：奉九月十一日会字第二一四四号指令暨附表敬悉。查本公司三十六年度概算第一次呈送时，编列亏损一五二亿，系在三十五年年终，当时美汇汇率尚维持三三五〇，待第二次奉令重编呈核时，美汇汇率已调整为一二〇〇〇，而公司开支泰半均系外币，以致支出骤增。兼以本年春间停航月余，物价暴涨，收支更感无法平衡。是以八月份所重编呈送之三十六年度全年概算，亏损达二八二亿之巨，事属客观经济条件之不利，实非公司力所能挽。此次奉命紧缩开支，力求自给自足。衡诸目前物价腾踊，以及外汇汇价又较八月间增高四倍又半之情形，欲求于十月至十二月三个月内弥补本年内已有之亏损，恐非事实所容许，更无法于编列概算时强列盈余。复查三十六年度年终在望，此时再行补编概算，似已失却时效，可否俟年终决算时，编送决算表呈核。兹将本年一至九月份收支数字列表附呈，敬祈鉴核示遵为祷。中国航空股份有限公司总经理刘敬宜。(三十六)，酉删。沪财。附件如文。

	一　月	二　月	三　月	四　月	五　月
营业收入 客　运	1,524,222,489.03	403,701,276.86	2,875,471,908.84	4,673,069,865.35	6,021,905,949.42
货　运	580,454,782.88	1,735,507,949.74	2,628,902,390.33	3,036,092,436.58	2,079,012,048.60
邮　运	426,628,260.60	709,695,006.75	1,024,446,658.00	1,668,790,087.00	2,057,211,397.00
合　计	2,531,305,532.51	2,848,904,233.35	6,528,820,957.17	9,377,952,388.93	10,158,129,395.02
营业支出 薪　津	1,763,740,998.80	3,411,664,083.26	4,563,214,644.95	4,373,185,171.55	4,811,555,225.50
油料消耗	1,236,468,233.33	818,256,108.06	1,697,629,734.50	1,883,123,181.50	1,871,371,151.00
修理维护	838,890,768.41	1,092,766,251.47	1,515,832,548.70	1,353,744,350.90	1,319,935,261.90

续上表

	一　月	二　月	三　月	四　月	五　月
保　险	161,464,771.25	402,516,932.37	737,874,116.86	872,522,583.95	900,443,920.70
折　旧	324,273,608.35	984,401,350.00	1,572,768,000.00	1,640,978,500.00	1,710,617,200.00
普通费用	498,503,044.48	914,264,526.91	1,350,294,093.00	1,223,784,215.18	1,580,735,666.80
合　计	4,823,341,424.62	7,623,869,252.07	11,437,613,138.01	11,347,338,003.08	12,194,658,425.00
盈亏*净额	2,292,035,892.11*	4,774,965,018.72*	4,908,792,180.84*	1,969,385,614.15*	2,036,529,030.00

	六　月	七　月	八　月	九　月	合　计
营业收入					
客　运	6,186,489,521.00	10,343,442,000.00	11,019,279,000.00	27,808,000,000.00	70,855,582,010.50
货　运	5,958,662,972.00	14,839,128,000.00	15,833,551,000.00	22,531,000,000.00	69,222,311,580.13
邮　运	1,725,371,323.00	1,951,850,000.00	2,158,440,000.00	3,345,000,000.00	15,067,432,732.35
合　计	13,870,523,816.00	27,134,420,000.00	29,011,270,000.00	53,684,000,000.00	155,145,326,322.98
营业支出					
薪　津	5,890,195,999.20	7,004,835,000.00	7,995,450,000.00	11,806,200,000.00	51,620,041,123.26
油料消耗	2,234,177,702.50	5,712,000,000.00	7,016,450,000.00	13,466,300,000.00	35,935,776,110.89
修理维护	2,578,754,390.50	3,416,685,000.00	3,817,525,000.00	11,237,100,000.00	27,171,233,571.88
保　险	718,489,386.00	960,960,000.00	999,813,500.00	2,795,000,000.00	8,549,085,211.18
折　旧	1,821,961,000.00	1,844,935,000.00	1,844,935,000.00	6,341,800,000.00	18,086,669,658.35
普通费用	4,018,203,841.00	4,168,960,000.00	4,645,910,000.00	9,565,400,000.00	27,966,055,387.37
合　计	17,261,782,319.20	23,108,375,000.00	26,320,083,500.00	55,211,800,000.00	169,328,861,062.93
盈亏*净额	3,391,258,503.20*	4,026,045,000.00	2,691,186,500.00	1,527,800,000.00*	14,183,534,739.95*

〔国民政府交通部档案〕

6. 中国航空公司1947年度工作检讨报告

(1948年)①

中国航空公司三十六年度工作检讨报告

三十六年之初,飞行失事频仍,自一月至三月,先后两度奉令停航至五十一日之久。除因收入锐减之损失外,社会舆情复多责

① 原文无时间,仅据文推出。

难。惟自三月十六日复航以来，在艰困环境之中，营业日上，飞行小时与运量月有增加，至十月份飞行时数达五千余小时，而十一月与十二月，于气候不良之季节中，仍能维持四千五百小时之数。一年以来，虽因汇价与油价之急剧上升，及票价之未能及时调整，致收支不易平衡，然赖全体同仁之努力，业务仍得逐步改进，日有起色。兹谨将本年度财务、营业、机航、人事各部门工作分述如后：

Ⅰ. 财务

一、收支概况

三十六年一月间，本公司因飞机失事，奉令停航，为时五十一日之久，因此收入锐减，最初三月计净亏一百二十亿。三月十六日正式复航，并同时奉准提高票价，但四、五、六三个月仍入不敷出，惟亏损之数已减为七十四亿。自七月份起，飞行时间增加，票价再行调整，财政乃渐趋好转，故七、八、九三月获利五十二亿。查此三月飞行时数，每月平均四千六百二十小时，较之一至三月增加一倍，四至六月增加一半。自九月份起，收支又渐难平衡，盖以汇价调整，航运成本增高，十月份尽力增加飞行时数达五千零九十八小时之空前纪录，致该月获利二十亿。但十、十一、十二月三月收支仍不平衡。综计三十六年度全年营业收支相抵净亏二百四十八亿余。兹将全年收支概数列表如下：

收　入	亿	万	千	
客　运　国　币	201,7	08,01	8	
货　运	190,5	05,25	0	
邮　运	36,0	66,74	3	
共计国币	428,2	80,01	1	
支　出				
员工薪津国币	116,3	81,95	3	
油料消耗	122,1	23,74	9	

续上表

收　　入	亿	万	千	
修理维护	76,4	78,98	8	
保险恤金	20,8	92,64	0	
折旧弃置	45,9	92,48	7	
普通费用	71,2	76,82	4	
共计国币	453,1	46,64	1	
*收支相抵净亏国币	24,8	66,63	0	

*不包括外营业收支。

二、现金收支概况：

(1)国币：自一月份起至九月份止，国币收入尚足以应付营业支出，以及必要购置与改良地面设备等等之开支。自十月份起国币头寸渐感拮据，其原因有四：

甲、结购美汇：自九月份起，奉准向中央银行按月结购美汇，惟牌价随时提高，每次结购美汇所需国币亦随之增加。就十二月份言，结购美汇二十五万元，需国币一八二亿五千万元，几占全月份国币总收入百分之二十。此项国币支出，在过去必非经常开支，惟目前因美汇收入锐减，故不得不以国币结购，因此国币支出增加，收支不易平衡，实属不可避免。

乙、油价调整：本年七月九日以前，油价系按美金计算，公司照官价折付国币。嗣后油公司改按国币计价，不久政府改订汇率，每月油款支出骤增，迄目前止已调整五次，与一月份油价比较竟涨四十一倍，致油价支出增加甚巨。十二月油款已达三百亿，几占国币收入百分之三十四。

丙、员工薪津：员工薪津随生活指数逐月递增，十月份生活指数陡涨，员工薪津激增，加以美籍人员三分之一底薪及生活津贴，暨国籍正机师底薪，并国籍飞行人员飞行津贴，先后按美金市价改付国币，薪津支出增加亦巨。十二月份国币薪津开支约二九〇亿，占国币收入百分之三十二。

丁、购置建筑暨站台开支：物价普遍上涨，购置建筑及站台开支亦比例增加，就十二月份言，该项开支约计一二〇亿，占国币收入百分之十三。

(2) 美金：本年度开始公司积有美金一百零五万元，一月间政府特准结购美汇二百万元，以偿付一部 DC4 机价款。惟以所欠债务过巨，同时美金票款收入有限，收支仍感不能平衡。查本公司上半年曾自申汇泛美公司美金二百零六万元，以购买零件及清偿一部债务，此后自六月至十月，复先后自香港汇出美金七十万元（详3项），故至九月底，公司美金存款已全部耗尽，情形严重万分。经一再呈部转请政府拨给外汇，以维持航运。十月间奉部令，准九、十两月每月结购美金二十万元，十一、十二两月各结购二十五万元，公司幸赖此渡过难关，并得于十一月间续汇泛美公司二十万元，总计先后共汇泛美公司美金二百九十六万元。惟目前美金债务仍为数甚巨，计欠泛美公司购料款美金七二二，〇〇〇元，马丁厂 DC4 机工料款美金五三七，〇〇〇元，战时生产局预付运费美金一六四，〇〇〇元。按此情形，现经奉准每月结购之外汇，较之实际需要仍不敷甚巨。

(3) 港币：统计港站收入每月为港币五十万元左右，此数除供当地开支外，尚有余裕。本年公司曾在港以一年港币积余，以及战前港币存款，结购美汇七十万元，经获得港政府允许，将此款汇泛美公司清偿债务。

(4) 罗比：修理基地自去年由加站迁申后，往返中印定期航班为之减少。约计每月加站收入不过罗比五万盾，此数仅勉强应付加尔各答及八莫两站之开支。所有在印购买器材所需，皆出诸过去罗比存款积余，以及香港划印汇款。

(5) 台币：自本年七月台南设站以及增航沪台、闽台航班，台币收入激增，平均每月公司可以积储台币二千万元，此款均按官价划汇上海。

(6) 东北流通券：因关内外水陆交通之时断时续，公司平沈航线收入较为可观，迄止本年度止，公司积有东北流通券一亿六千七百余万元。

综观上述，公司之国币情形最感拮据，自八月间新外汇率办法公布后，公司国币票价已四度调整，但国币收入只足以应付必要营业支出以及结购外汇之用，对于改良设备，以及提储准备与其他临时特殊用途，实无力兼顾。时值冬季，航班减少至百分之十五，而公司支出并不能比例减少，财政状况益感困难。为此实有根据汇价物价以及生活指数，随时调整票价之必要（请参阅附图 1.）〔图略〕。

Ⅱ 营业

一、运量：

三十六年度之收费运量：（详数见附表一）

邮件二百六十八万余公斤，共二百三十四万余公吨公里。

货物一千三百五十万余公斤，共八百九十六万余公吨公里。

乘客十七万三千九百余人，共一亿二千九百八十万余乘客公里。

与三十五年度之运量比较，邮件约增加一倍半，货物约增加三倍，客运则以年初停航关系减少百分之十五，惟下半年度与三十五年下半年度之数字相较已无分轩轾矣。设以一月运量为基期，除二至四月因停航关系，客运在此三个月中受影响外，其余各月邮件、货物、客运量均向上增加，至十二月份以气候不良，航班减少略形减低，全年之中货运增加至速，最高之十月已达一月份之八倍半（请参阅附图 2.3.4.）〔略〕。

二、航站及航线：

三十六年之初，原有通航航站二十九处，十二月增至三十五处。所增加之航站计国外有旧金山、檀香山二处，国内有汕头、台南、沈阳、郑州四处（请参阅附图 5.）〔略〕。

航线方面，一月份共有二十二条，总里程二万二千八百十九公里，十二月份增至二十六条，总里程四万二千八百五十三公里，其中中美航线之开辟，使我国与欧美同跻于国际航空之林，对于国际地位差堪增重(请参阅附表 2.)。

三、运费之调整：

本年度因物价、油价、汇价之上涨，运费全年共调整六次，计三月十六日增加百分之二百，七月十日增加百分之一百，九月一日增加百分之八十，十月六日增加百分之二十五，十一月十八日增加百分之二十五，十二月二十三日增加百分之二十。

四、组织之变更与空运服务之改进。

为应付当前民航竞争，加强营业工作效能，营业组改组为客运、货邮、计划三课，其原有之编审课划归财务组。

关于空运服务之改进计有：

(1) 编印"乘客须知"小册，分送搭机乘客。

(2) 招考客运女服务员及营业人员，训练后分派各站工作。

(3) 编印"征求乘客意见书"分送乘客，请对于空运服务方面尽量批评。

(4) 关于行李牌、行李票及定座手续均予改进。

(五) 奉命筹设之航线及进行情形。

(1) 南洋航线：本年八月二十二日，曾派 DC4 机一架试航南洋航线，由沪经过香港、西贡、曼谷、新加坡而达巴达维亚，一俟技术上及财政上问题解决即可开航。

(2) 昆明河内海口香港线：因河内降落许可证难于领到，因之开航展期。

(3) 北平、归绥、宁夏、兰州线：现正筹备中，俟电台及油料备妥，即可开航。

(4) 上海东京线：俟外交方面洽妥，即可筹备。

六、公司为配合政治、军事，于正常班机外，尽力抽调飞机担任各项特殊运务，甚且以需要迫切，勉应飞往公司未经设站城市，计共飞行太原、石家庄、郑州、西安、榆林等处三百四十余次，运物资共一三五〇万余公斤。飞往榆林之第T89号机，且不幸遭射击坠毁，副飞机师殉职。冒险急公，已竭尽所能。

Ⅲ. 机航

一、飞机总数及其概况：

三十六年十二月底，公司共有飞机四十七架，计DC4六架、C47、DC3二十二架、C46机十九架。一年以来，只二月份增加DC4型机二架，教练机在使用中者有十架。兹将一年来各月飞机数字，及各机十二月份概况，列表如下(附表3.4.)。

二、航行安全之改进：

此为机航组最注意之事务，现已应用统一指挥航行之组织，使各方有关之情报汇集一处，视各地各时之情形而指挥航行，以增安全，实行以来结果甚佳。

三、空勤及地勤人员之训练：

(1) 飞机师均受严格之飞行技术试验，并受林克地面教练机LINK之训练。

(2) 副飞机师均须轮流参与训练(包括地面课程及飞行训练)，经飞行甄审委员会甄审，不合格者即予淘汰，成绩优良者升为正飞机师(最近国籍副飞机师升充者二人)。对于考用副飞机师，经严格规定应考资格及训练程序，希望此项人员于规定期间内，均可造就为正飞机师。

(3) 维护及修理人员训练班，以增进机械员之技术。

(4) 电讯人员训练班，训练新进电讯业务人员，再分派工作。

(5) 随机女服务员STEWARDESS之训练，务使对旅客招待周到，兹已增至三十三名，分派至DC4及DC3机随机服务。

四、飞机之维护及修理：

(1) 维护及修理站：共有二十三处。

甲等修理站四个，可作五十小时之飞机修理及检查，并飞行后之检修。

乙等修理站五个，设于运输频繁之航站，可作飞机飞行后之检修。

丙等修理站十四个，负责各站到达飞机之检修。

各修理站皆依需要，分配维护用之工具，以加强修理效率，而策机件之安全。

(2) DC3 客机之标准化：使机件、设备、内外装璜与客座均归划一，以减少维护之困难，而增加乘客之舒适，计此种客机已有八架。

(3) C46 机之改装：加装机尾部之洗盥间，并装设发动机与机翼间之可燃液体关断瓣，以策飞行之安全。

(4) 修理成绩一班〔斑〕：一年以来，计改装飞机十三架，大修飞机二十六架，大修发动机一四一具，螺旋桨一五四具，仪表三六五六具，飞机配件一七二一九件。

五、电讯：

截至年底，共有电台五十座，地面电讯报务员二百二十人，飞行报务员四十五人。

全年中，站与站间电报共二百一十二万七千七百五十九次，陆空电报共三十一万三千五百零五次，约计七千三百余万字。电讯设备及人员除备公司自用外，并辅助其他公司及军事机构之飞机航行，计在国内各线受辅助导航之机关，有中央公司、行总空运队、空军总部及美国军队。在国际线受辅助导航者，则有英、美、法、比、菲、暹各国公司，计共八家。

电讯修理部门，除经常维护并修理各飞机及地面电讯设备外，又设计并改装飞机之电讯设备，缘以该项设备多为战时所用，不合商业飞行标准，本年度计已改装 C47 型机五架，C46 型机一架，其余各机可望于明年度完成。

六、气象

截至本年底共有气象台十三座，分设全国各地，各台通常并与其他气象台联络，以便供给航行所需之气象报告。

七、航站之修建：

本年度除修建龙华机场之修理基地外，并修建外站乘客候机室，计完成者有南京明故宫及武昌徐家棚二处，又在广州白云机场建筑空运指挥塔，青岛、厦门、济南三地修建电台。

八、飞航成绩：

(1) 飞行小时：三十六年度，各型飞机共飞行四万六千小时；计DC4机六千二百四十六小时，C46机一万九千九百七十八小时，C47、DC3机一万九千七百七十八小时，每月平均共飞行三千八百四十小时(请参阅附表5，附图6.〔图略〕)。

(2) 飞行公里：三十六年度，商业飞行共九百四十八万六千七百四十一公里，平均每月飞行七十九万公里(请参阅附表六，附图7.〔图略〕)。

(3) 飞机使用情形及飞机利用：本年十二月份，共有运输飞机四十七架，任航者三十九架，平均每日出动二十二架。以任航机数而论，因材料供应之不足，各月份任航机数虽较一月份者为少，惟每日出动机数则较多，可见飞机利用方面已有进步，计每架飞机平均每日飞行小时，由一月份之一小时半至十月份之三小时半，增加二倍有余(全年飞航成绩数字详见附表5.6.7.)。

Ⅳ. 人事

一、内部组织之变更：

(1) 营业组改组：营业组原设业务、联运及编审课，编审课人员已于六月十二日归并财务组，不另设课，该组并于十月九日经改组成立客运、货邮及计划三课。

(2) 机航组增设单位：机航组原设之机场工程课，经于八月改组成立机械及建筑二课，并添设飞行甄审，废料处置及失事审查等三委员会。

(3) 增设办事处：国外办事处已增设者有旧金山、马尼拉及檀香山三处。筹设者有新加坡、巴达维亚、曼谷及仰光等处。国内办事处已增设者,有台南及沈阳二处。

(4) 其他增设单位:视察室、统计室并设立各项小组委员会,计有福利、考选、奖惩、规则、联谊、购料、印刷、建筑等八委员会,均直隶总经理。此外并与民航局及中央航空公司合设机场消防队。

二、人事状况:

(1) 人员充实及训练:公司因飞行小时迭增,国内外航线增辟,对于维护通讯及业务人员,按实际需要逐步充实。至新进及原有人员之训练,详见机航报告中。

(2) 人事统计:请参阅附表八,附图8〔图略〕。

总之,航空运输在吾国今日实需要至切,值兹水陆交通尚未畅复之顷,空运客货其大有裨益于社会经济者,征诸实际统计数字,固已彰彰甚明,而各地城市一时或处特殊状况之下,对于空运倚赖尤殷,例如沈阳、太原、郑州、济南等处地方长官,莫不函电交催,以为本公司飞机莅止,即可安定人心。此种对于政治上、军事上之无形贡献,及恪守公用事业本职之精神,尤非数字所能计及。公司为适应需要起见,力筹增加飞行钟点,装置夜航设备,以期在现有飞机限度之内,策物尽其用之效。但飞机航行既增,补充器材之需要弥切,而所有零件及修理材料,均须购自国外,公司本身之外汇收入,实不足应付。惟有仰赖政府优予核发,庶得作业务扩展之计。至于国际航线,本公司在本年度开航者,有美、菲两线,航行设备差不后人,已博得国际声誉。他如南洋、日本、澳洲各线,亦均在筹备之中,惟待通航手续。南洋一线,且经试航,该线所经为我国侨民聚居地域,若西贡、新加坡、曼谷、巴达维亚各大城市,公司飞机所至之处,侨胞莫不欢庆若狂,其所以扬国光而助团结者,概可想见。是此线之效用,又非仅以公司营业可论。一俟各项手续完备即可通航,自当列入三十七年度计划之内。至若欧洲方面情况,亦经密切注意,遇有可能,即图筹辟该地航线。

附表1　中国航空公司

三十六年度客货邮运量统计表

月份	乘客人数	增加倍数	乘客公里积	行李　公斤	增加倍数	行李公吨公里	货运　公斤	增加倍数	货运公吨公里	邮运公斤	增加倍数	邮运公吨公里
总计	173,942		129,809,510	2,614,621		2,343,355	13,500,952		8,961,488	2,681,994		2,349,007
1	8,503	1	7,500,746	140,034	1	139,834	213,187	1	249,781	104,701	1	101,544
2	810	—	1,005,598	17,253	—	、24,240	832,828	3.9	558,071	158,071	1.5	157,993
3	4,995	—	4,754,827	88,168	—	94,981	859,115	4.0	859,186	240,172	2.3	209.635
4	8,348	—	6,978,111	129,054	—	121,373	708,255	3.3	534,574	240,660	2.3	237,674
5	11,222	1.3	9,347,725	171,885	1.2	170,652	384,699	1.8	351,096	244,972	2.3	220,278
6	14,139	1.7	9,354,998	198,949	1.4	170,204	1,050,797	4.9	598,388	262,846	2.5	230,155
7	18,721	2.2	12,845,268	263,722	1.9	215,616	1,625,640	7.6	886,643	264,657	2.5	232,245
8	21,036	2.5	13,956,495	297,538	2.1	240,574	1,481,057	6.9	781,149	270,195	2.6	213,497
9	20,892	2.4	14,305,461	310,305	2.2	261,246	1,431,270	6.7	841,395	260,904	2.5	213,850
10*	21,908	2.6	16,455,168	320,541	2.3	286,358	1,834,493	8.6	1,176,849	240,244	2.3	203,470
11*	23,020	2.7	17,232,282	349,550	2.5	310,866	1,754,124	8.2	1,154,684	223,550	2.2	184,041
12*	20,348	2.4	16,072,831	327,622	2.3	307,411	1,325,477	6.2	969,672	171,022	1.7	144,645

附注：1. 客货邮运量俱为收费运量，行李包括免费及收费行李。

2. 十、十一、十二月份为估计数字，一至九月份根据统计月报。

附表 2　航站航线统计表

三十六年

月　　份	通航站数	航线条数	总里程(公里)	备　　注
1	29	22	22,819	包括重复航线
2	29	23	27,424	
3	29	24	28,559	
4	30	25	29,055	
5	30	25	29,055	
6	31	27	30,172	
7	31	27	30,172	
8	32	25	29,534	
9	33	28	29,706	
10	34	27	43,777	
11	35	25	41,480	
12	35	26	42,853	

附表 3　飞机状况表

三十六年

	飞机号数	机　　型	十二月份概况	备　　注
1	XT-T02	DC-4	使用中	
2	-T03	DC-4	使用中	
3	-T04	DC-4	使用中	
4	-T05	DC-4	使用中	
5	-T06	DC-4	修理中	三十六年二月抵沪
6	-T07	DC-4	使用中	三十六年二月抵沪

续上表

	飞机号数	机　型	十二月份概况	备　注
7	-T08	C-46	使用中	
8	-T11	C-46	使用中	
9	-T12	C-46	使用中	
10	-T13	C-46	使用中	
11	-T14	C-46	使用中	
12	-T15	C-46	使用中	
13	-T16	C-46	使用中	
14	-T18	C-46	使用中	
15	-T41	C-46	使用中	
16	-T42	C-46	使用中	
17	-T43	C-46	使用中	
18	-T44	C-46	使用中	
19	-T46	C-46	使用中	
20	-T47	C-46	使用中	
21	-T50	C-46	使用中	
22	-T53	C-46	使用中	
23	-T57	C-46	使用中	
24	-T59	C-46	使用中	
25	121	C-46	报　废	一月五日坠毁
26	145	C-46	报　废	一月二十八日坠毁
27	142	C-46	报　废	三月十七日坠毁
28	122	C-46	修理中	十月开始修理（原报废）

续上表

	飞机号数	机　型	十二月份概况	备　注
29	-T19	C-47	等候修理 （A. P. O. C.）	
30	-T20	C-47	使用中	
31	-T45	C-47	使用中	
32	-T48	C-47	修理中	
33	-T51	C-47	使用中	
34	-T52	C-47	使用中	
35	-T54	C-47	使用中	
36	-T55	C-47	等候修理 （A. P. O. C.）	
37	-T56	C-47	使用中	
38	-T58	C-47	使用中	
39	-T60	C-47	使用中	
40	-T61	C-47	使用中	
41	-T82	C-47	等候修理 （A. P. O. C.）	
42	-T83	C-47	使用中	
43	-T84	C-47	使用中	
44	-T85	C-47	使用中	
45	-T86	C-47	使用中	
46	-T87	C-47	使用中	
47	-T88	C-47	等候修理 （A. P. O. C.）	

续上表

	飞机号数	机　型	十二月份概况	备　注
48	-T89	C-47	报　废	十月二十七日坠毁
49	-T90	C-47	修理中	
50	-T91	C-47	使用中	
51	-T92	C-47	使用中	
52	141	C-47	报　废	四月二十五日坠毁

附表 4　飞机架数统计表

三十六年

月　份	共有机数	DC-4	C-46	C-47 及 DC-3
1	47	4	19	24
2	49	6	19	24
3	48	6	18	24
4	47	6	18	23
5	47	6	18	23
6	47	6	18	23
7	47	6	18	23
8	47	6	18	23
9	47	6	18	23
10	47	6	19	22
11	47	6	19	22
12	47	6	19	22

附表5 飞行小时统计表

三十六年

月份	DC-4	C-47	C-46	总计	飞机架数	飞机利用平均每日每机飞行小时
总计	6,246.38	19,778.62	19,977.91	46,002.91		
1	56.33	1,276.04	1,025.72	2,359.09	47	1.62
2	280.25	914.68	1,058.40	2,253.33	49	1.65
3	376.33	1,140.80	1,266.66	2,783.79	48	1.88
4	478.83	1,373.10	1,490.40	3,342.33	47	2.37
5	533.20	1,540.08	1,372.68	3,445.96	47	2.36
6	573.70	1,576.59	1,386.47	3,536.76	47	2.51
7	565.20	1,986.75	2,053.34	4,605.29	47	3.07
8	712.75	1,986.75	1,844.50	4,544.00	47	3.16
9	691.56	2,000.67	2,033.00	4,725.23	47	3.34
10	677.90	2,141.75	2,278.50	5,098.15	47	3.50
11	644.83	1,925.58	2,204.41	4,774.82	47	3.39
12	655.50	1,915.83	1,962.63	4,534.16	47	3.12

附表6 飞行公里统计表

三十六年

月份	飞行公里
总计	9,486,741
1	480,210
2	442,536
3	610,155
4	658,652
5	665,410
6	781,724
7	958,524

续上表

月　份	飞　行　公　里
8	937,243
9	987,949
10	1,061,411
*11	957,566
*12	945,381

附注：*1、飞行公里为商业飞行公里。

2、十一、十二月系估计数。

附表7　飞机使用情形统计表

三十六年

月　份	共有机数	任航机数	任航机数 共有机数	平均每日出动机数
1	47	42	89%	17
2	49	41	84%	16
3	48	41	85%	18
4	47	37	79%	17
5	47	39	83%	17
6	47	39	83%	19
7	47	40	85%	21
8	47	40	85%	20
9	47	40	85%	21
10	47	39	83%	22
11	47	38	81%	22
12	47	39	83%	22

附表 8　国籍及美籍在职人员统计表

三十六年

国籍及单位 人数 月份	国籍人员								美籍人员			司机及工役				总计
	董事会	总经理室	秘书处	营业组	财务组	机航组	人事课	总数	董事会	机航组	总数	总公司	营业组	机航组	总数	
1	6*	7	47	207	114	1546	22	1950	2*	141	143	78	241	1150	1469	3562
2	6	7	47	216	116	1551	23	1966	2	140	142	82	243	1099	1424	3532
3	6	8	48	220	117	1569	23	1991	2	122	124	85	256	1142	1483	3598
4	6	8	47	225	116	1576	23	2001	2	117	119	89	290	1126	1505	3625
5	6	11*	49	217	129	1570	22	2004	2	115	117	87	306	1086	1479	3600
6	6	14	51	210	127	1539	22	1969	2	106	108	91	341	1127	1359	3636
7	6	14	53	220	126	1550	22	1991	2	105	107	91	380	1119	1590	3688
8	6	14	55	219	125	1593	22	2034	2	105	107	91	388	1155	1634	3775
9	6	18	53	221	125	1596	21	2040	2	93	95	90	386	1172	1648	3783
10	6	16	54	240	122	1629	21	2088	2	84	86	92	414	1097	1603	3777
11	6	16	54	247	122	1668	21	2134	2	82	84	93	433	1107	1633	3851
12	6	19	55	247	120	1679	21	2147	2	81	83	95	448	1155	1698	3928

附注：* 董事会原十一人，三人兼职。

五月份起视察室改属总经理。

〔中国航空股份有限公司档案〕

7. 中国航空公司概况

(1948年3月20日)

中国航空公司概况　三十七年三月二十日

(甲) 简史

一、成立经过

民国十九年七月十七日交通部与美商飞运公司(China Airways of America)签立合同，于八月一日成立中国航空公司(英译名称为 China National Aviation Corporation，简称 C. N. A. C)，资本总额为国币一千万元，交通部股权占全部股权百分之五十五，飞运公司股权占百分之四十五，合同有效期限十年，期满并得继续五年。

二十二年四月飞运公司以其股权让售美国泛美航空公司(Pan American Airways)。

迨三十四年七月十七日合同期满。同年十二月二十一日交通部复与泛美航空公司订立新合同，将中方股权增为百分之八十，美方股权改为百分之二十，新合同有效期限五年，应于三十九年十二月二十一日期满。

二、发展情形

公司开办之初，仅营沪汉一线；二十二年始增辟沪平线，稍后增辟沪蓉线、沪粤线。及抗战前夕，已有国际航线于香港连接泛美公司飞机飞美，连接英帝国海外航空公司飞机飞英。

八一三沪战爆发，公司内移汉口，复迁重庆，是时除维持长江航线外，复增辟汉粤线、渝港线。

三十年冬太平洋战事发生，公司基地适在香港，遭日机突击，颇受损失。旋转印度加尔各答重建基地，维持中印间空中交通，为我抗战首都于越、缅相继沦陷后与国际间交通之唯一通道。

三十四年战事结束之顷，公司奉令迅速恢复收复区各航线，并陆续增辟渝芷柳、渝平、渝粤、昆河(昆明至越南河内)、沪台各线;三十五年增辟港海、渝昌、沪加、平绥、沪汉、桂港、平菲、沪菲等线。而同时机航基地开始由印度内移,总公司办事人员亦分批由重庆复员迁沪,至三十五年五月六日全部完成。

三十六年复增辟香港台南线、厦菲线、平沈线、沪郑陕线、沪汉昆线、上海旧金山线,并试航南洋线。按上海旧金山线系长途越海飞行,须备有世界第一流技术及设备始可担任,本公司久经筹备,终告开航,兹后已堪与先进国家同业抗衡竞争,实深引为庆幸。

三十七年增辟北平宁夏兰州线,海口榆林线,恢复上海仰光线。筹辟上海东京线及上海西贡曼谷新加坡吧城线,如情形许可,并拟筹备开辟上海往欧洲航线。

三、对抗战与复员之贡献

(一)武汉撤退　二十七年秋政府自武汉撤退,公司奉命于三日之内,冒空袭威胁,日夜工作,撤退全部重要政府人员。

(二)香港撤退　太平洋战事爆发,香港突受攻击,公司于九龙失守前,利用四日时间,派机夜间飞行,抢救重要乘客达四百余人。

(三)驼峰运输　抗战期间,公司担任中印线空中运输,输入大量军用品,最高时每月可至二千吨;输出大量钨砂、生丝及猪鬃。航线所经概系山峦起伏之地,气候恶劣,难于飞行,复时受日机威胁,公司于该线牺牲员工甚多,不仅我政府奖饬有加,国际间称之为"飞越驼峰",尤多嘉誉。

(四)还都复员　胜利之顷,公司遵令贡献全力参加还都复员工作,计自三十四年八月至三十五年十月止,渝沪、沪平两线共飞行三千一百三十五次,载运各机关职员及眷属共八万一千八百二十九人。

(乙)现况

一、航线及班期

公司所营航线及班期附图如下:〔略〕

二、机航概况

(一)飞机　公司现有:“空中霸王”客机(四十四座)六架;DC—3式客机(二十一座)十一架;C—47式客机(二十八座)十一架;C—46式客货机(三十六座)十九架。

共计飞机四十七架。因所有飞机须按时轮流检查修理,复因有时缺少配件不能任航,平均每天出动飞机约二十五架左右。

(二)养护

(A)养护规定

每架飞机每飞行五十小时后须检查一次,每飞行一百小时后必须检查一次,八百小时后,飞机引擎须全部翻修,一千六百小时后所有螺旋桨须全部翻修,八千小时后机身须全部翻修。

(B)养护工场

公司计有下列各工场:

a、引擎工场 b、螺旋桨工场 c、仪器工场 d、附件工场。所有工场皆系采用最新式完备之设备及工作程序,可供修理及翻修,其中尤以引擎工场,规模最大,允推亚州第一。公司最近拟将该工场营业化,俾可同时接受外界委托,兼营翻修业务。

公司于各航站按其需要,并设有甲等修理站四个,乙等修理站五个,丙等修理站十四个,专司飞机到达后规定或必要之检修。

(三)电讯

电讯为飞航之耳目,因气象情报,方位指示,起降程序等等,莫不赖周密迅确之电讯,以为指导传达之工具。故电讯制度之良否实深切关系飞行之安全。本公司航线密布全国,乃于航线所经城镇,甚至穷乡僻壤,分设电台,其分布情形如下:

上海	南京	安庆	九江	南昌	汉口
宜昌	来凤	重庆	泸州	涪陵	成都
贵阳	昆明	桂林	西昌	八莫	保山

衡阳	海口	三亚	广州	芷江	福州
厦门	汕头	台南	台北	金华	海州
徐州	温州	济南	青岛	天津	北平
沈阳	绥远	太原	西安	肃州	兰州
宁夏	哈密	郑州	老河口	天水	威宁
岳阳	锦州				

以上所设各地电台共五十处，各地电台均装有导航设备。除陆空通讯外，复可与各站间联络通讯，构成公司行政与业务上严密迅速之通讯网。

公司各电台除供自用外，并辅助或供给其他机关应用。如国内航线受辅助或供给者有中央航空公司，陈纳德之空运队，我国空军及美军，国际航线则有英、美、法、比、荷、澳、菲、暹各国航空公司计共八家。

公司并设有无线电修造工场，可自制收发报机。

(四) 气象

公司设气象台十三座，分布各地，测候供给航行所需气象报告。目前国际飞航道经中国之各国航空公司类皆采用本公司之气象预告。

(五) 调度

公司于龙华设调度总站，所有飞航国内外全部飞机，由该总站集中指挥。该总站备有图板，可表示当日全部航机随时动态，并根据沿途各站气候及场站情形，发布命令指挥航机前进、停留或改道。此种制度其主要特点，为利用集团及充分之情报供调度员对航行为客观理智之决定，较之依赖驾驶机师个人判断，当更有助于安全也。

三、业务概况

(一) 客运

A、客运之政治意义　公司向以全力经营客运，旨在维持交通，便利行旅，而对于国家推行功令，增强团结，复翼多收辅助之功。至去年公司开辟中美航线，试航南洋航线，乃能宣扬国光于异邦，慰勉侨胞于远地。其次，值兹战乱时期，军戎四起，而航机所至，莫不谣诼澄清，人心因以转安，物价因而回跌，驯至于作战部队亦因之增长士气，此又本公司经营客运业务所含深厚之政治意义也。惟就公司财政立场而言，经营客运实不经济。因运送乘客机上应有舒适之设备，膳食饮料书报之供给，服务人员之侍应，与乎地面交通工具之接送，其成本远高于货运，而运价较逊于货运。且经营客运须维持一定之航线，须有固定之班期，若干偏僻区域，纵遇搭客稀少，仍须按期飞航，设系经营货运，完全无此限制。且公司客票价格系奉交通部核定施行，虽可参照汇价、油价、物价请求调整，而交通部乃因顾念民生艰困，对于请加成数，迭次大加核减。按美国航空客票每客公里连捐售美金四分三厘，本公司目前票价，每客公里只售八千二百六十五元，以官价汇率折合仅及美金三分二厘，相差四分之一。若照黑市，则相差二分之一以上。我国航空物资缺乏，器材进口困难，空运成本原较美国高昂，而票价转较低廉，实不能谓为合理也。即与国内其他交通工具相较，飞机票价亦较低廉，以南京上海之间为例：

a、火车（头等及卧铺）　一，〇五四，〇〇〇元

b、轮船（特　等）　一，〇六〇，〇〇〇元

c、飞机　一，〇〇〇，〇〇〇元

B、客运服务之改进　去年全年度努力结果，计办到左列各项：

a、简化乘客订座手续。

b、考用女性客运服务员，派在各站服务，解答并帮助解决乘客各项困难问题。

c、制送“乘客须知”“乘客手册”“市区地图”等供乘客旅行参考。

d、增建上海、南京、武昌、白市驿(重庆)、天津、汕头、太原等地机场候机室。

(二) 货运

公司所营货运计分两部:(一)为配合政治军事之特殊任务。如应联勤总部请求运输军品先后往飞太原、石家庄、郑州、西安、榆林等地,去年一年中共达三百四十余次,共运一千三百五十万余公斤。榆林之役,公司运输机一架被击落,副驾驶员殉职。(二)普通民生物资及商品。如陕豫等地中纺公司生棉及昆明等地商行所运出口烟叶等。

本公司正接洽添购货机若干架,一俟到达,可酌量加强货运,以裕收入。

(三) 邮运

航机应优先载运邮件,是为通例。公司各站对于所收邮件例皆随时疏运,向少积压。国际出口邮件,我国邮局均尽最先班期,分交本公司或外国航空公司载运,惟迄今美、菲等国来华邮件仍分别交由各该国航空公司载运,不交本公司承带,显违通例,本公司已转请邮政当局向美、菲邮政分别提出交涉矣。

(四) 数字(系图表,此略)

四、财务概况

因规定运价过低,且汽油价格,外汇牌价及物价波动繁剧,航空运价不能应时比照调整,公司财政经常入不敷出,兹将卅六年收支情况列表于后:

收入:

			亿 万千
	客运	国币	二〇一,七〇八,〇一八
	货运		一九〇,五〇五,二五〇
	邮运		三六,〇六六,七四三
		共计国币	四二八,二八〇,〇一一

支出:

员工薪津	国币	一一六,三八一,九五三
油料消耗		一二二,一二三,七四九
修理维护		七六,四七八,九八八
保险恤金		二〇,八九二,六四〇
折旧弃置		四五,九九二,四八七
普通费用		七一,二七六,八二四
共计国币		四五三,一六四,六四一
收支相抵净亏国币		二四,八六六,六三〇

附注:以上数字不包括非营业收支。

五、人事概况

(一)员工人数　根据本年二月份统计员工总数为四千零十六人,其中技术部分人员占百分之七十三·六,营业部分占百分之十八·四,财务部分占百分之三,行政部分占百分之五。

(二)训练:民航事业所需技术或业务人员,国内并无专设学校,类由本公司自行开班训练,以供需用。本公司训练工作开始最早,迄今养成人员,除在本公司工作者外,尚有大量人员先后转入其他航空机关任事,多能担任重要职务。兹将现有各项训练班名称列后:

A、林克机训练班	调训正机师
B、副机师训练班	调训副机师
C、养护人员训练班	调训机械员
D、电讯人员训练班	招训新进报务人员
E、女服务员训练班	招训随机女性服务员
F、业务人员训练班	招训新进营业人员
G、客运服务员训练班	招训女性各站客运服务员
H、财务人员训练班	(正在筹办中)

丙、本年度中心工作

一、调整机构整理章则

溯自抗战以来，公司担负运输重责，追随政府转进，基地数度迁移。胜利后复因配合时局要求，急遽伸展航线，乃至日夕不遑宁处，竟无喘息之会，对公司本身组织章则尚未能为相当之调整与订正，以适合国际民航之标准。本年已指派专门人员，详加研究。应针对目前需要，对于机构予以分别划分或裁并，对于章则详细加以考订，编成专册后分发施行。

二、成立民航学校

我国尚无民航学校，民航所需飞机师、技师、航行士、通讯员等，多数聘自外洋，不仅损失金钱，且非久远之计。本公司拟利用现有训练设备，稍加扩充，授以各种航行技术，所需费用装备由本公司分别发给或贷与。同时因鉴于民航驾驶人员，关系乘客安全，不仅应有优良之技术，抑且需要宁静之气质。本公司民航学校为提高航行人员素质起见，将来招收学生，决采严格之标准，对于应考人员之学识，自当订立最高之要求。

三、推行航空保险制度

航空保险制度，通行先进各国，惟我国尚付阙如。刻正由公司分别洽商国内保险公司，提请注意发展该项业务。本公司亟愿充分合作，针对我国情形，提供资料意见，俾便拟定具体办法，确立航空保险制度，早日推行。

四、其他工作

其他如兴建公司办公房屋，添建职工宿舍，改进各站场站设备，增购新机等皆列入本年度工作计划，当视财力许可，分别缓急，决定先后办理之。

丁、困难

一、外汇　本公司外汇用途有三：（一）支付外籍人员薪俸；（二）购办航空器材；（三）支付国外航站费用。计月需达五十五万美元。现政府每月仅准结购三十五万美元，不敷甚巨，刻正请求政府增加数额中。

二、汽油　航空用油占飞航成本百分之卅左右，乃我国油料来源完全仰结外国。在沪外国油商复得随时调整油价，本年一月间旬日之内竟调整三次之多。本年二月至三月，一月之间，油价先后上涨共达百分之五十以上。上涨时间程度，如此漫无限制，而航空票价每不能立时比照予以调整，公司财务上所受损失实深且巨。

三、器材输入　目前政府采取限制输入政策，而机关重叠，手续繁复。公司输入航空器材，以外汇短少，不能大量存储。故所需者皆属急迫需要之机械配件等物，乃因填制表报，请领许可证等周转公文，竟至器材到达之后，往往封存仓库，三数月不能提取，以致飞机缺乏配件，长期停置地面，直接影响公司业务，间接妨害公用交通之发展。所幸最近已与主管机关商得改进办法，后效如何，尚希各方之协助。

四、场站　内地若干机场，设备较为简陋。主管机关既无相当经费从事建设，公司就自身财力所及，亦只能因陋就简，稍事修葺，俾蔽风雨，与乘客舒适要求相差甚远。又如若干城市系借用军用机场，有时因军事关系民航飞机不得起降。益以各站地面交通工具补给艰难，乃至关卡检查，军警询讯，凡此种种皆足以影响乘客旅行之便利。本公司愿就力之所及，渐谋改善，尚希各界人士不吝指教。

〔国民政府交通部档案〕

三、中央航空公司

1. 左世彦等检送中央航空公司会计业务报告呈
（1946年3月10日）

报告　三十五年三月十日
　　　于昆明中央航空运输公司

窃职等奉命驻中央航空运输公司，监督该公司购机借款会计事宜，遵于二月二十日飞昆，二十一日正式报到办公。适陈总经理卓林、会计课武课长炳钰均因公留沪，迄未洽谈。幸刘代理总经理惠民及会计课代理课长赵股长乃钰、周股长炎棠，对于推行职务，热心协助，一切尚称顺利。除关于川盐银行借款美金四十万元，前准陈总经理1/3沪电通知，以支票错误，刻尚存美，迄未兑用，已请出票人去电美国查询注销，俟复电到后，再为呈部撤销前案等由。经于三月四日以世字第贰号呈报在案外，谨将三星期来在该公司执行职务情形，及考察所得概况，撮要报告，并就管见所及，附加批评及改进之意见，呈请鉴核。是否有当，祇候钧裁。谨呈

会计长江转呈

部长俞

次长龚

次长凌

附呈报告一份

职左世彦
顾　伟　谨呈

报告内容

一、公司之沿革及最近数年之财务状况

二、公司之现行组织及员工配备状况

三、公司现有机数飞行人员及营业地域范围

四、公司目前营业种类及其收支概况

五、该公司在川盐银行借款动用之情形

六、公司现行会计业务之考察及其改进意见

七、检讨及建议

(一) 公司过去数年来营业凋敝之情形

查中央航空运输公司即为前欧亚航空公司之化身，中日战争发生后，欧洲局势阢陧不安，该公司因系中德合营，直接间接所受

之影响甚大。民国二十六年以来，营业时盈时亏，极不平衡(参阅附表)。中德宣战后，我政府单独接办，因战争之关系，物力人力均感缺乏，一方面须积极参加战运工作，牺牲甚巨；另一方面海外接济断绝，机油器材均无法补充。中央航空运输公司于民国三十二年改组成立，藉谋改进。惟因环境困难，物资缺乏，营业方面仍一筹莫展，闻最艰窘时期，公司仅有航机一架。而员工生活之维持，营业必需之开支，在在尚须勉强应付，奄奄一息，不绝如缕。观下列自民国二十六年至三十三年间之财务统计，可以概见该公司在同时期内营业之景况。

年度	总收入(包括营业及营业外)	总支出(包括营业及营业外)	盈或亏
二六	一,二二三,〇四四元	一,七四五,六六〇元	(一) 五二二,六一六元
二七	二,二七八,三九〇元	二,〇六七,九四〇元	(十) 二一〇,四五〇元
二八	四,八五五,八一一元	五,六六七,九八七元	(一) 八一二,一七六元
二九	一三,〇三九,八七一元	一一,二六六,〇九一元	(十) 一,七七三,七八〇元
三〇	二三,一三五,九六六元	一六,一一七,九〇〇元	(十) 七,〇一八,〇六六元
三一	一三,三七九,八七〇元	一七,〇五〇,一七五元	(一) 三,六七〇,三〇五元
三二	一八,七四八,五九五元	二六,四二四,三九八元	(一) 七,六七五,八〇三元
三三	三四,六四〇,六九六元	八六,五九五,五〇五元	(一) 五一,九五四,八〇九元

(二) 公司现行组织及员工配备概况

中央航空运输公司虽于民国三十二年二月改组成立，只以飞机油料俱感缺乏，营业仍无起色，组织既不健全，员工亦仅敷维持现状。直至日本投降后，始获增购美运输机 C47 及 C46 各数架，油料补充亦较宽裕。加以战争甫告结束，人员物资之复员在在需要运输，该公司营业因之日有发展，组织渐臻巩固，员工亦得充实。兹将该公司现行组织系统及员工配备状况，表列如左：

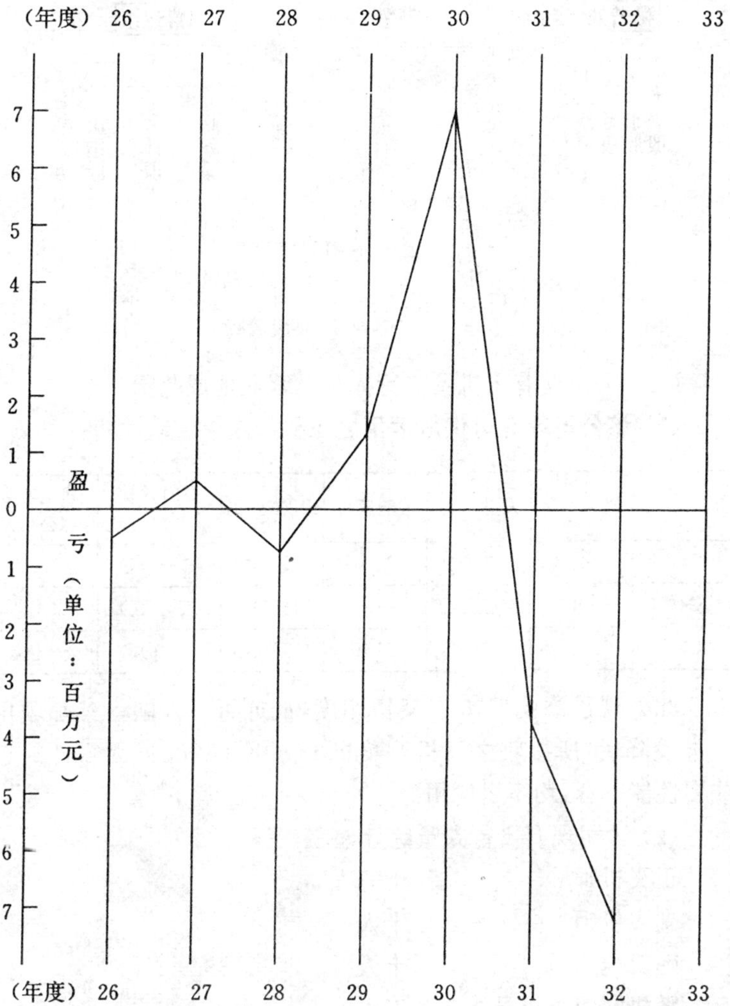

（年度） 26 27 28 29 30 31 32 33
7
6
5
4
3
2
1
0
1
2
3
4
5
6
7
盈
亏
（单位：百万元）
（年度） 26 27 28 29 30 31 32 33

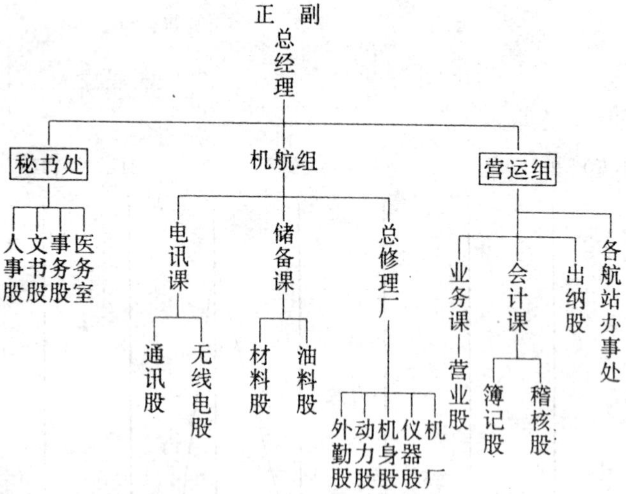

（三）公司现有飞机及飞行人员暨营业地域范围

（1）该公司现有可供航运用之飞机如左：

机　式	架　数	发动马力	客舱座位	载重(公斤)	燃料容量（公斤）	机油容量（公斤）
C47	七	一二〇〇	二八	二〇〇〇	二一六〇	一七六
C46	四	二〇〇〇	——	四五〇〇	三七八〇	二七四
C53	一	一〇〇〇	二八	二三〇〇	二三〇〇	一七六

此外现已添购C46二架留印度，最近可飞入国内参加驶用。日本投降后，所接收之飞机及美机LOOK Heed，或因零件缺乏，或因性能不合，均不堪使用。

（2）公司现有飞行人员综计如左：

正飞机师　　十一人

副飞机师　　十人

随机电讯员　　十人

随机实习电讯员　　五人

随机机械员　　　　　五人

目前公司客货运输极为繁重，且日有增加，现有飞行人员远不敷用。

(3) 公司计划中之航运地域如左图

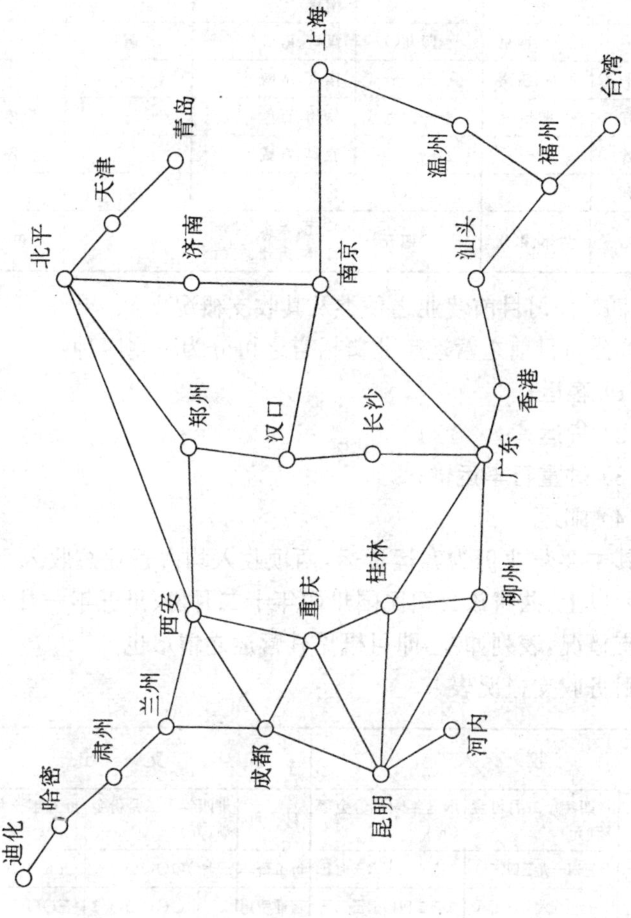

最近因现有飞机及飞机师不敷分配，同时须负担还都人员之运输，实际之航线概况如左：

航线名称	航停站名	全线长度(公里)	中间领导航台地点	每周平均飞行次数	备注
昆渝沪	汉口、南京	二一四〇	宣威、贵阳、汉口、南京	二	暂停班机
渝沪	汉口、南京	一四九〇	汉口、南京	五	
渝平	南京、济南	一三一一	南京、济南	一	
昆粤	柳州	一一四六	柳州、百色	一	暂停班机
昆蓉	——	六一一〇	宜宾、宣威		停航
渝蓉	——	二九〇	——		停航
渝哈	兰州、肃州	二〇四五	广元、天水、兰州、凉州、肃州、安西		停航

（四）公司目前营业之种类及其收支概况

该公司目前之营运事业概括言之可分为下列四种：

（1）客运；

（2）货运；

（3）过重行李运输；

（4）邮运。

其主要营业仍为客运货运，两项收入均占营业总收入百分之九十六以上。兹将该公司民国卅四年十二月份、卅五年一月份之财务收支概况，表列如左，即可概见其营运之情形也。

财务收支概况表

收入			支出		
科目	卅四年十二月份金额(元)	卅五年一月份金额(元)	科目	卅四年十二月份金额(元)	卅五年一月份金额(元)
客运	一三四一九三四二〇	一七八三五六三七五	员工薪津	三七〇〇〇〇〇〇	五五〇〇〇〇〇〇
货运	七一八六七八七八	二二二四〇七三二三	普通费用	二〇〇〇〇〇〇〇	三〇〇〇〇〇〇〇

续上表

收入			支出		
科目	卅四年十二月份金额(元)	卅五年一月份金额(元)	科目	卅四年十二月份金额(元)	卅五年一月份金额(元)
过重行李运输	二二六六六四八〇	一二二〇六九七二	油料消耗	一七七三五四八二	五八〇三八八四〇
邮运	一四六九一四	九七五五〇三	维持费用	九〇〇〇〇〇〇	三〇〇〇〇〇〇〇
渝哈线补助费	八四〇〇〇〇		折旧弃置费	一二〇〇〇〇	七〇〇〇〇〇〇〇
			保险恤金	一〇〇〇〇〇	一〇〇〇〇〇〇
			盈余	一二五三五八二〇九	一六九九〇七三三三
合计	二〇九三一三六九二	四一三九四六一七三	合计	二〇九三一三六九一	四一三九四六一七三

此外，该公司尚有后列数种临时营业：

（一）包运货物　该公司现已与军政部卫生署订立合同，代运该署卫生器材药品，一部分由昆至港转沪，另一部分直接由昆至沪。

（二）包机　即将全机载重量售与商业机关或集体商人，按照普通货运率及载重最大量取费。至于实际所运输者为货为物及载重量如何，公司概不过问。

（三）复员运输　该公司现负担运输还都公务人员三千人，自四月份开始起运。

（五）该公司在川盐银行借款动用之情形

该公司于卅四年二月七日向川盐银行订立合同，借款四十万美金，本拟用于购机及扩充营业。职等在未赴昆明总公司报到以前，即闻该项借款动用一部分，职等于二月中旬赴昆，旋接该公司陈总经理由沪来电通知，该项借款以支票上文字错误，现存美国，尚未兑现，并拟于得到贷款人同意后，将该项借款注销报部等由，前已具报在案。闻该公司最近在印度已订购C46及C47共三架，大部分零件亦系由印购入，小部分系在昆明向美空运队之私人收买。此项飞机及零件价款之支付来源如左：

(1) 欧亚航空公司时代曾在香港中国银行存有港币六十八万余元，现已由中行取出，换成印币。

(2) 航空委员会驻印代表林主任伟成代垫一部分，数目不详。

(3) 军政部卫生署预付该公司卫生器材药品运输费约二万万元。

(4) 营业盈余金。

此项飞机及零件之购买金，由陈总经理卓林及机航组陈主任文宽主持，究系何人经手负责，合同之内容及付款之方式如何，有无单据，不惟职等无由得悉，即会计课负责人亦不明了(会计课课长武炳钰现在沪，迄未晤面，渠本人是否明了，不得而知)。因关于购买飞机及零件事项，会计课事前并不被邀参加意见，事后亦不接有任何文件备案也。又闻该公司除最近自购飞机三架外，尚有C46三架系向印度方面某私人订约租用，合同内容无由探悉。

(六) 公司现行会计业务之考察及其改进之意见(见会计报告附后)

(七) 检讨及建议

该公司目前营业，可谓已有相当之基础，过去每月盈余均在一万万元以上。

此后如无其他特别变化，此项数字可望更有增加。陈总经理卓林颇具推动能力，对于公司经营计划，煞费苦心，机航组陈主任文宽及一部分飞行人员均能振作精神，硬干苦干。只以整个人事方面尚欠调整，内部时有磨擦，更有一部分管理事务人员，或精神颓萎，办事不力，或行为不检，迹近腐化，外间啧有烦言，内部亦多怨谤。归纳言之，亟待改进之处尚多。兹谨就管见所及，条陈如左：

(一) 查该公司为现在吾国惟一之纯粹国营航运事业，如组织合理，指导得法，前途未可限量，似应于总经理之外，添设一顾问性质之机构，如董事会(Boaid of peirectors)，决定政策，监督行政，并计划改进等事宜。董事应由钧部委派富有经验能力之人员担任之。会计应有独立之机构，直隶于总经理，人事权利直辖于交通部会计处。各航运站应有独立负责之会计人员及完备之账簿组织，总公司与各航运站之间，应有更密切之连结。

（二）飞机：该公司现有飞机谨〔仅〕十余架，维持现有航运尚感不敷，扩充营业更谈不到，似应由钧部拟具长年计划，每年拨款若干，分期添购飞机器材，及必需维持之配件。

（三）飞行及地勤人员：该公司目前最感困难之问题，即缺乏体力能力兼强之国籍飞行人员。至于如何补救，目前治标办法，似应由钧部奖励中国航空公司多用美籍飞机师，并暂时取消对于飞行人员自由选择服务公司之限制。至于治本办法，该公司应即拟具扩充营业计划，向美国公司购飞机，并于订立合同内规定飞行人员之训练，由供给飞机之公司负担之。公司现有地勤人员多系欧亚航空公司时代之旧员，知识能力均感不足，对于美国飞机之性能，尤欠深刻之认识。此项人员之补习教育，以及新地勤人员之训练，亦应由制造飞机之公司负责。

（四）民用飞机场之建造设备、保养、管理以及电台通讯之设备，似应由钧部统一负责，较为经济合理，其费用则由中国及中央两公司按照营业收入之比例分摊之。

（五）其他如客运货运之收费率，因物价增高，现不适用，似应修订货运价格，似应随时详细规定（现在仅有抽象贵重货物与非贵重货物之简单规定），以免收费人从中取巧滥收。

会计报告

一、公司现有会计组织及应改进之意见

该公司现有会计机构为会计课，隶属于管运组，分簿记、稽核两股。簿记股掌理预决算之编造，传票之签制，账簿之登记等事项。稽核股办理员工薪津表之调制，客货运费之核算，及各航站收支报告之审核等事项。查此种会计机构，隶属营运组下，核与中央计政方针及超然主计制度未合，似应予以改组。参照该公司组织法暨国府公布公有营业及公有事业机关设置会计统计机构办法，设立会计组(或会计处)，除直接对本部会计长负责外，并受该公司总经理之指挥监督，办理一切会计岁计及统计事宜，下设账务、综核二课。账务课办理预决算之编制，账目之登记结算，旧账之整理，报表之编造等事项。综核课办理经费收支之审核制证，及客货运费之核算，及会计人事之主管，暨统计图表之编造等事项。关于该公司会计人员之任免迁调，则应照本部各附属机关会计人员任用法之规定。又该公司各站办事处之会计事务，既无专任会计人员办理，簿表亦不完备，似亦应添用会计人员，主办各该站办事处一切会计事宜。

二、现行会计制度及应修正改良各点

(A) 会计科目——查该公司现用会计科目，虽尚完备，但仍系采用前欧亚航空公司时之规定，该项科目纯系适合欧美国家民营航空事业，与我国国情或有未合，似应依据主计处颁订各业统一会计科目应行注意各点，分类排列编号，以免年度终了时主计处汇编总会计报告之麻烦。其分类方法，应就现有航空机关之一般情形，将来业务之需要，并参照航空统一会计科目，分列(一)资产负债类，(二)损益类，(三)盈亏整理类，(四)产业及设备明细类四种，设置之。

(B) 簿记组织及系统——公司现用账簿，仍系采用前欧亚公司时代之格式及种类，分现金、航站转账、薪水、应付账、转账、总分类账、费用账等六种系统，似觉纷乱，补助登记又欠完备。如每查一账，须检阅原始凭证，始能详悉。关于公司财产之登记，尤感缺乏，似应予以改进，避免重复及不必要之登记，务期简捷明确，便利实施，藉节省人力物力。至于组织系统，似应分原始凭证、记账凭证、序时账簿、分类账、各种必要之备查簿，及由各种账簿产生之报表

（如附图）。

簿记组织系统图

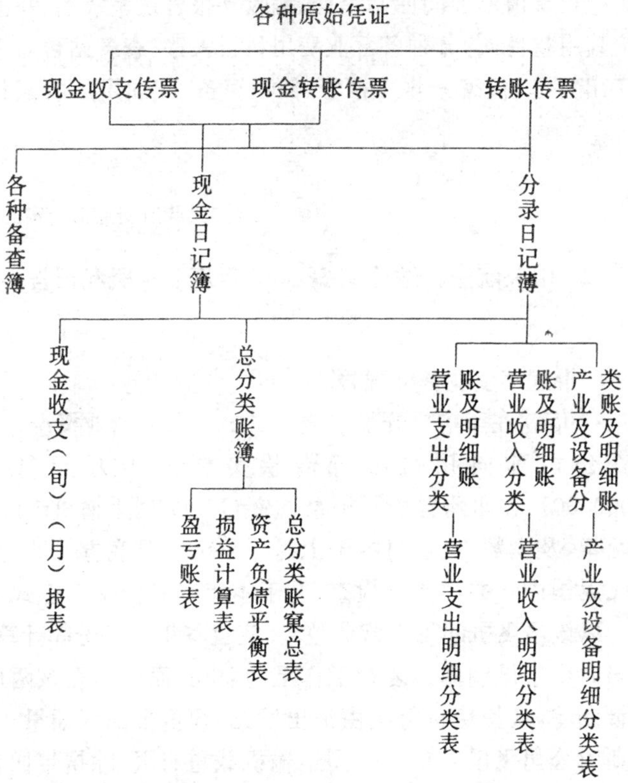

(C) 各站办事处会计之联系——(1)收入方面：查该公司各航站办事处每日均将客货运营业之收入，悉数送存总公司所指定之银行，并将银行收款回单，备文寄交总公司会计部分制证入帐。程序固应如此，惟手续似欠完备，各航站于寄送银行收款回车时，应填附解款单二份，一并寄送。总公司出纳部分于收到各站解款后，即填具点验单，连同各站解款单，以一份送会计部分核制收入传票，一份发还解款站存查。各站方面应设立银行往来账及总公司往来账，以备查核。(2)支出方面：现总公司各站台每月经费，系于月初由总公司按照各站台上月开支情形，估计拨发周转金，各站台则于每旬将收支情形连同原始单据，编收支报告送呈核销。并由会计部分按其用款性质，分列各营业费用科目入账。查各站台对于每月经费支出情形，仅编一收支报告，似不完备，应加用账册记载较为明确。

〔国民政府交通部档案〕

2. 中央航空运输公司编1946年度业务概况报告

(1947年)①

卅五年度业务概况报告

(一) 借款在印购机开航后之一、二、三月份营业概况

查公司前向川盐银行借款美金五十万元(U.S. $500,000.00)，在印购置美军剩余物资C—47型运输机十一架，教练机两架，及少数飞机零件，于上月〔年〕十二月底方始装配竣事，陆续飞返国内。并经予以检查，乃于本年一月份报部正式参加航运。是以该项飞机起飞之营业盈亏，应自本年一月份起计算。

当时由于昆渝两地复员工作至为急切，而公司在该两地因油料来源断绝，致使班机每次由沪出发，必须携带回程油量，方克济事。斯时公司飞用之C—47型运输机载重有限，除携带回程油量外，几无余量足资利用，装载客货，故正月份营业收入，并无起色，收支相抵，尚亏损国币三千四百三十九万九千四百七十三元一角五分(—C.N. $34,399,473.15)——见一月份呈部决算表。迨至二月份，营业稍为改善，财务情形尚佳，除各项开支及营业费用外，计纯益国币九千一百三十七万八千四百六十六元五角八分(+

---

① 原文无时间。

C.N. $91,378,466.58)——见二月份呈部决算表。综览前一、二月份营业收支状况,倘公司仅赖现有飞机及设备,实难维持恒久。公司当局深鉴及此,乃对于改进业务,添置飞机设备,至为积极。除商请香港中国银行提用前欧亚公司之存款港币四十余万元,续在沪向美军当局购置C—46巨型运输机三架加入航运外,并向军医署接洽承运昆沪复员物资三百吨,及代理内地运输公司C—46型运输机三架,一并航运,以便依照契约,如期完成军医署之托运物资,建立信誉。故三月份营业总额达七亿零八百零八万三千三百六十四元一角(C.N. $708,083,364.10)。除各项开支营业费用,计纯益国币三亿九千一百六十一万九千二百八十四元六角六分(C.N. $391,619,284.66)——见三月份呈部决算表。惟该项纯益包括代理内地运输公司业务收入国币二亿六千九百七十一万一千零三十七元(C.N. $269,711,037.00),及兑换盈余一亿六千九百九十六万九千四百八十八元(C.N. $169,969,488.00)在内,如予减除,则亏损国币四千八百零六万一千二百四十元三角四分(C.N. $48,061,240.34)。但三月份公司加入航运之C—46型飞机三架,营业收入国币三亿一千五百一十万零六千一百八十元,假定收支抵冲,并未计及,总计三个月之营业状况为:

一月份:亏损国币三千四百三十九万九千四百七十三元一角五分。

二月份:纯益国币九千一百三十七万八千四百六十六元五角八分。

三月份:亏损国币四千八百零六万一千二百四十元三角四分。

本期纯益为国币八百九十一万七千七百五十三元零九分(C.N. $8,917,753.09)。

(二)四月份参加新机后之营业概况

公司为谋改善业务及增加收入,并履行军医署合约起见,乃就四月份向交通部请到经费国币六亿二千四百四十三万六千九百二十六元(C.N.＄624,436,926.00)中拨用一部，续向沪驻华美军购到C—46型运输机四架，连前购三架，共有C—46型运输机七架，参加航运。惟当时公司飞行人员仅有六组，除五组驾驶C—46型机外，只有一组驾驶C—47型机，经全体员工之通力合作，虽班机较前增加，奈以票价过低，不敷成本殊钜，多方樽节开支，而四、五月份之营业状况，收支相抵，亦仅免亏损——自四月份起之决算表正在编制中。是时仲夏，适遇沪驻华美军出售最后一批江湾剩余飞机约一百五十架，价值美金六十七万元，其中经整修后可飞行者，估计约为三分之一，即五十架，其余三分之二，只可拆作飞机零件。而公司以往在印所购之C—47型机，经数月飞行，零件诸多耗损，是需及时修理补充新机，否则即有停航之虞。经几度考虑，为扩充公司业务计，乃向美军当局接洽承购该批剩余飞机，并呈准交通部以部拨六亿余经费尾数及大华航空公司拨交公司代购飞机及油料款美金十五万元，先付美军当局三分之一，其余价款三分之二与交通银行洽妥，贷款十一亿元，分期偿清(此项负债至本年底尚未偿还)。

该项飞机成交后，因空军命令限期迁出，逾限不准出入江湾机场，乃将地勤工作人员抽调一部赴江湾机场，昼夜加班，赶办飞机装配迁移事宜，择较完整之飞机尽先修竣，飞返龙华基地。而龙华机场因而拙于人手检查班机，故对于班机飞行次数不无影响，营业收入亦无形略见减少。

公司营业收入端赖客运货运，而飞行票价自去年胜利后，九月份调整以来，迄未变动，而一般物价在此期间，几增十倍，由于支出浩大，收入相对减少，情形自难维持。以中国航空公司言，即因亏损过钜，几至无法继续支持。而本公司幸赖组织机构精简，规模较小，对于开支费用诸般樽节，得勉过渡，固不敢言有盈余也。由是迫于实际，不得已经公司与中国航空公司联合呈请，准予调整价格，按现价增加百分之二百，并数度呼吁始蒙核准。自本年八月一日起，增加票款百分之一百五十，货运依旧未获增加，方幸票价调整，营业收入较裕，盈余可期之际，遽意同月（八月十九日）中央调整汇率，美汇官价自二〇二〇提升至三三五〇，致使公司支出占大宗之飞机零件、油料及飞行人员美金薪津等费用（约占公司全部支出半数），因不准结汇，不得不购买黑市美钞，或以国币照价实折，使公司负担顿形骤增。同时由于美汇官价汇率调整影响，刺激物价上涨，生活指数提高，公司员工薪津支出部分，亦无形增加。由是票价虽经增加百分之一百五十，实则收支依然相与抵销，于未加票价前并无二致，故八、九、十三个月之财务状况，亦无甚盈余，仅免赔累而已。

由于币值不稳，以及十一、十二月份美金黑市动荡不定，继续有增无减（最高一度曾达七，〇〇〇元），而公司需用飞机零件至急，势必分向马尼剌及美国购备必要零件，用以修理装配飞机，因此支出至钜。且均须付以美金现钞，必须向黑市兑换偿付，所费不赀。

在本年十二月间，因扩充业务，于厦门、汕头、南昌、福州、台南、台北、郑州及石家庄等地筹设航站，对于各地筹备费用支出，亦殊浩繁。尤有不幸者，在十二月份一个月内，因气候恶劣，连续在长兴及上海张家浜失事飞机两架，除乘客外，共有飞行人员七名罹难，按公司抚恤条例，每名抚恤金美金一万元，则共计应付七万美金，另调差机械员一名美金五千元。而现届冬令，气象殊多变化，恐难维持正常航运，营业收入势必锐减，约计十一、十二月份收支相抵，恐有亏损之虞。

（三）公司之负债部分

公司在本年底库存现金及银行存款已无多余，而负债部分计有：

(1) 交通部拨款国币六亿二千四百四十三万六千九百二十六元整。

(2) 交通银行货款国币十一亿元整。

(3) 应付未付CA31及CA48号机失事飞行人员抚恤金美金七万五千元(按六五〇〇折合国币,计四亿八千七百五十万元整)。

(4) 应付未付员工年赏国币十二亿元整。

(5) 预收货运费约计国币五亿元整。

总计负债国币三十九亿一千一百九十三万六千九百二十六元整。

总观公司本年度财务概况,收支两抵,恐略有亏损,确实数字一俟本年度年终决算表编竣后,当可明悉。爰胪陈如上,须至报告。

中央航空公司载量统计

民国卅五年七月份

项目		列定	实际	百分率 (LOOD FACTOR)
吨数	乘客	400,000	304,215KM	
	货物	300,000	198,772	
	邮件	30,000	10,436	
	行李	75,000	45,593	
	合计	805,000	559,016	
吨里公积	乘客	7,426,000	3,977,535	
	货物	474,000	293,397	
	邮件	47,400	13,601	
	行李	118,500	51,219	
	合计	8,065,700	4,335,752	

注:平均以每人85公斤计,列定载量为最大可能载量。

中央航空公司收支及盈亏统计

民国三十五年七月份

项目		预计	实际	百分率
收入	乘客	1,203,200,000	H.K. 38,900 233,729,750	
	货物	1,260,000,000	H.K. 2,175 770,048,130	
	邮件	90,000,000	30,435,875	
	行李	315,000,000	20,115,320	
	合计	2,868,200,000	H.K. 41,075 1,054,329,075	
支出	直接		750,901,040.26	
	间接		158,774,844.47	
	管理		18,712,620.66	
	安全建设		71,463,863.70	
	合计		928,388,505.39	
	盈亏		75,014,205.91	

中央航空公司载量统计

民国卅五年八月份

项目		列定	实际	百分率(LOOD FACTOR)
吨数	乘客	400,000	350,115	
	货物	350,000	251,057	
	邮件	50,000	20,018	
	行李	75,000	55,312	

续上表

项目		列定	实际	百分率(LOOD FACTOR)
吨数	合计	875,000	676,502	
吨里公积	乘客	7,426,000	4,547,741	
	货物	553,000	315,398	
	邮件	79,000	22,162	
	行李	118,500	66,877	
	合计	8,176,500	4,952,178	

注：平均以每人85公斤计，列定载量为最大可能载量。

中央航空公司收支及盈亏统计

民国卅五年八月份

项目		预计	实际	百分率
收入	乘客	1,203,200,000	H.K. 72,325 635,466,125	
	货物	1,470,000,000	H.K 892 988,734,520	
	邮件	150,000,000	55,489,170	
	行李	315,000,000	H.K. 2,702 27,885,440	
	合计	3,138,200,000	H.K. 75,919 1,707,575,255	
支出	直接		901,754,191.75	
	间接		212,307,081.71	
	管理		33,524,233.21	

续上表

项目		预计	实际	百分率
支出	安全建设		115,870,754.28	
	合计		1,147,585,306.67	
	盈亏		482,083,694.05	

中央航空公司载量统计

民国卅五年九月份

项目		列定	实际	百分率(LOOD FACTOR)
吨数	乘客	550,000	514,760	
	货物	500,000	409,883	
	邮件	50,000	23,772	
	行李	90,000	82,620	
	合计	1,190,000	1,031,035	
吨里公积	乘客	10,222,600	5,710,565	
	货物	790,000	435,560	
	邮件	79,000	29,561	
	行李	142,200	82,989	
	合计	11,233,800	5,866,771	

注：平均以每人85公斤计，列定载量为最大可能载量。

中央航空公司收支及盈亏统计

民国三十五年九月份

项目		预计	实际	百分
收入	乘客	1,656,320,000	U.S.$ 450 H.K. 51,700 866,203,275	
	货物	2,100,000,000	H.K. 21,822 123,552,632	
	邮件	150,000,000	62,626,181	
	行李	378,000,000	H.K. 1,946 38,685,100	
	合计	4,284,320,000	U.S.$ 450 H.K. 75,468 1,091,067,188	
支出	直接		1,297,083,030.00	
	间接		316,122,460.00	
	管理		43,777,940.00	
	安全建设		149,302,192.67	
	合计		1,656,983,430.00	
	盈亏		435,992,753.33	

中央航空公司载量统计

民国三十五年十月份

项目		列定	实际	百分率(LOOD FACTOR)
吨数	乘客	750,000	673,880	
	货物	550,000	481,003	
	邮件	50,000	33,923	

续上表

项目		列定	实际	百分率(LOOD FACTOR)
吨数	行李	120,000	98,613	
	合计	1,470,000	1,287,419	
吨里公积	乘客	13,904,000	7,203,144	
	货物	869,000	456,512	
	邮件	79,000	41,546	
	行李	189,600	106,978	
	合计	15,041,600	7,808,180	

注：平均以每人85公斤计，列定载量为最大可能载量。

中央航空公司收支及盈亏统计

民国三十五年十月份

项目		预计	实际	百分
收入	乘客	2,304,000,000	H.K. 54,375 1,106,249,625	
	货物	2,310,000,000	H.K. 5,274 1,236,865,060	
	邮件	210,000,000	G.F. 9,232.52 96,281,058	
	行李	504,000,000	H.K. 2,216 49,308,600	
	合计	5,328,000,000	G.F. 9,232.52 H.K. 61,865 2,488,704,343	
支出	直接		1,419,198,270.00	
	间接		345,884,140.00	

续上表

项目		预计	实际	百分
支出	管理		47,899,460.00	
	安全建设		166,926,000.00	
	合计		1,812,981,870.00	
	盈亏		541,623,263.00	

中央航空公司载量统计

民国三十五年十一月份

项目		列定	实际	百分率(LOOD FACTOR)
吨数	乘客	765,000 KG	722,500 KG	
	货物	400,000 KG	340,281 KG	
	邮件	100,000 KG	32,193 KG	
	行李	135,000 KG	106,139 KG	
	合计	1,400,000 KG	1,201,013 KG	
吨里公积	乘客	14,220,000	8,166,146 KM	
	货物	632,000	375,146 KM	
	邮件	158,000	41,195 KM	
	行李	213,300	112,538 KM	
	合计	15,223,300	8,695,025	

注：平均以每人 85 公斤计，列定载量为最大可能载量。

中央航空公司收支及盈亏统计

民国三十五年十一月份

项目		预计	实际	百分
收入	乘客	2,304,000,000	H.K. 65,000 1,216,170,000	
	货物	1,680,000,000	H.K. 11,982 1,051,217,320	
	邮件	420,000,000	105,910,560	
	行李	567,000,000	H.K. 3,478 55,074,360	
	合计	4,971,000,000	H.K. 80,460 2,428,372,240	
支出	直接		1,541,313,510.00	
	间接		380,451,032.00	
	管理		51,744,823.60	
	安全建设		178,411,523.00	
	合计		1,973,509,365.60	
	盈亏		280,474,351.40	

〔中国航空股份有限公司档案〕

3. 中央航空运输公司战后两年来概况①

(1948年)

中央航空运输公司战后两年来概况

(一) 公司复员与接收经过

① 沿用原标题。

中央航空公司系抗战时由前欧亚航空公司改组而成，总公司原设昆明，胜利后于三十四年终，开始自滇复员，迁至上海。修理厂则于三十五年二月七日，即已全部迁抵上海龙华前欧亚公司旧址。该公司成立于抗战，于艰困之时期，一切设备，均因陋就简，胜利后亟谋扩充。其复员工作之开始，亦即动员工作之开始也。

关于敌伪民航物资之接收事宜，经本部与前航委会洽商，决定除伪中华航空公司之汽油及航行通讯设备等，由航委会管制外，其余业由该会接收之该公司尚余之飞机、车辆、财产、银钱等项，一并交由中央航空公司接收。除由航委会分电各有关空军地区司令部办理外，本部并于三十四年十一月九日，电令中央航空公司径向航委会洽办接收手续。此项工作推行未见有效。爰伪中华航空公司所有物资均零星散处各地，且已先经航委会接收，复值航委会改组为空军总司令部，人事变迁，手续繁杂，所接收之物资多属废旧，并无能供航行使用者。中央航空公司之企图发展，舍自力更生外，实乏他途可循也。

（二）复员运输任务之达成

中央航空公司于胜利时，实际上仅有前航委会拨借不能作战之轻轰炸机四架，且均陈旧逾龄，运输能力至为薄弱。当时复员运输紧急，该公司于极端困难下，向私人借款，自印度购得美军运输机数架，除利用旧机尽量仍维持原有昆蓉、昆渝、渝蓉等航线外，复抽调航机于三十四年九月起，先后增辟渝沪、昆沪等定期航线，及承运政府特班包机。直至三十五年一月，其所购之美军飞机，方经检修，陆续加入航班，运输力得稍增强。乃复开辟陕沪、沪平等线。仅就渝沪及昆沪与政府复员有直接联系之两线论，自三十四年九月起，迄三十五年十月复员运输完成止，共载运乘客一万六千七百余人，计二千零五十二万延人公里，货物一千六百九十余公吨，计二百三十四万余延吨公里（详见附表一）。

（三）扩充与改进情形

甲、添购航机与扩充设备

中央航空公司成立之初，本部曾拟就美国租借法案中为之取得飞机及设备。嗣以遭遇梗阻，未获实现。抗战时期所用飞机，系自空军方面拨来之 A29 共十九架，但均不适合民航使用，且已残旧，屡修屡坏，故一年内均经淘汰。胜利后，虽国际贸易恢复，然向国外订购新机，既苦价昂，而交货又迟，缓不济急，欲求于短期内增强运输实力计，惟有购买美军剩余飞机。当时以公司资金短绌，乃由私人借款及各高级暨飞行人员以私财垫借，先后购入美军大批飞机，计第一次于三十四年十二月二十三日，自印度购入战余品十二架，适航者八架；第二次于三十五年四月，自美军购得存在江湾之飞机七架及发动机四具；第三次于三十五年七月，又自美军购入最后战余品一百五十架，经积极整修及利用，拆下零件拼凑装备，全部整修完成者，共为三十六架，全部加入航班(余机仍在继续拼凑装配中)。较之胜利前之拥有机数，其相去已不啻天壤矣。此后自三十七年起，又计划订购巨型适于长程航行之新机，计已向美国 CONSOLIDATED DALTEE 公司订购 CONVAIR—240 型飞机六架，并进行向美国西北航空公司订购 DC3 型五架，俾使担任西北及筹议中远洋航线之用(胜利两年来飞机架数与战前及胜利时比较，见附表二)。

关于机场暨各部工厂以及办公房屋，复员归来，均须修缮添建。计两年来建筑厂棚、机房等，共计一万九千八百七十平方英尺，滑行道七十五英尺宽，八百五十英尺长，铺水泥面停机坪三万八千四百二十三平方英尺。又与中国航空公司合筑地下电缆砖管四千五百八十英尺长。

其他电讯修造等设备，亦尽力增加。目前设备虽未能尽如理想，然已能勉维现状。此后如营业发达，得有盈余，并充分获得外汇，当可谋更进一步之扩展(两年来电讯工程设施见附表三)。

乙、增辟航线与加强运输

三十四年八月胜利时仅航线二条，通航站三站，航线公里仅一三三〇公里。两年来发展结果，截至三十六年十月底为止，航线条数增加五倍，为十五条，通航站增八倍，为二十四站，航线公里增十八倍强，为二四八五五公里（详见附表二）。迄今全国各重要都市，不论远近，均有定期班机飞航，其沪迪一线在营业立场虽系亏折，但仍尽力维持，西北交通，赖以沟通。

运输力量，截至三十六年十二月止，客运较胜利时（三十四年八月）增加四百余倍，货运增六十余倍，邮运增四千余倍（详见附表四）。

飞行小时，三十六年十二月份较胜利时（三十四年八月份）增加六十八倍，飞行公里三十六年十二月份较胜利时（三十四年八月份）增五十一倍（详见附表五）。

综观上述两年来之扩充情形，无论飞机架数、运输数量、飞行公里、飞行小时等任何一项，似均有长足进展。先天不足之中央航空公司，凭其自力更生之努力，现已可与战时得天独厚之中国航空公司并驾齐驱。如订购中之新机来到后，未来进展，更属可见。

（四）营业收支概况

中央航空公司为一完全自给自足之事业，政府并未给予分文补贴，而其运价则须受政府管制。当前物价涨势日猛，且航空事业之器材、燃料及飞行人员薪津，均须以外币支付，该公司并无大量之外币收入，故其财务状况，实无时不处险恶之中也。

三十五年全年总收入为一百七十余亿元，支出费用为一百三十余亿元，所有盈余均已变成固定资产。全年逐月收入自一月份之四亿余元，渐增至二十四、五亿元，即达饱和。支出则自一月份之二亿余元，增至十二月，竟至二十六亿元，其能以盈余增置固定资产之月份，只五月至十月之一段时间而已。支出中之大部，尤以机航费用及飞行人员薪费概系外币，且系取自场市。三十五年一年内，外汇几度放长，市价更厉，一般物价更上涨不已，而运价自是年八月调整后，至年终均未再增，故十一月份起，公司即重复陷入危境（三十五年全年逐月收支概况，见附表六）。

三十六年度内物价上涨趋势更猛，上海批发物价指数十二月份平均数，较之一月份平均数，上涨十三倍。而运价自三十五年八月调整后，至三十六年三月，始再调整，七月以后，运价调整虽较机动，然始终无法迫及物价。试观三十六年三月第一次增价后，以迄年终止，运价、物价、美汇及油价逐月指数比较（附表七），可知运价指数在每一月均较其他三种指数落后，何况表中表汇指数，系据外汇平衡会挂牌。而中央航空公司自三十六年九月份起，始获每月二十五万元之配额（九、十月各三十万元），仍不敷实际需用。九月以前及九月后不敷之数，或求诸市场，或以国币按市价折付，则运价落后程度，当较表列尤甚也。总计三十六年全年收支相抵，虽有盈余约二百八十亿元，然三十六年全年每月平均物价指数，已为四万零二百五十三倍，较之三十五年之五千一百九十九倍，已上涨八倍。衡之于三十五年全年盈余四十余亿元，以物价指数折算，应为三百二十亿元，是三十六年盈余，实值已较三十五年减少。处今日之经济情势下虚盈实亏，已为一般工商事业之通病，在大局未得安定正常之前，该公司自亦不能例外也（三十六年全年逐月收支概况，见附表八）。

（五）今后计划

关于拟增加之设备，已见上述。其中CONVAIR—240六架，系为三十七年国际航线及稳定西北航线之需，在国际及国内政治经济未入常轨之前，事实上无法计及庞大之扩展，而仅能就令饬有案之各国外航线，使其实现。其一为东行中美线，此线之中太平洋线已先由中国公司承办，则北线自应由中央公司任之，故已对北线作一切之准备矣。其二为西行南洋及欧洲线，除随时酌情恢复曼谷线，并展至南洋外，同时积极谋展航至欧洲，惟国外线在三十七年内衡诸国际现状，实无获利可能。在收支方面，该公司自应在预期可以平衡之原则下为之，否则亦不必冒昧强为也。

国内航线在现状下已趋饱和，又因汽油限额，至现时止，尚无增加可能，则航班之增加，自亦遭限制，而不能展拓。此节(五)则为今后计划之大概也。

中央航空运输公司

复员运输客货运量统计表 （附表一）

年份	月份	客运		货运	
		人数	延人公里	公斤	延吨公里
三十四年	九月	47	50688	8433	4569
	十月	67	44526	3406	2326
	十一月	46	55542	2819	3336
	十二月	441	564398	21864	23191
三十五年	一月	1136	2373986	81397	97522
	二月	1148	1708920	90822	127058
	三月	518	584284	108948	217871
	四月	873	983881	103002	165684
	五月	1943	1932296	256055	446986
	六月	1917	1913868	252274	367201
	七月	1796	2233841	131622	214981
	八月	1945	2578662	141250	220091
	九月	2148	2504270	217841	228981
	十月	2728	2993903	272319	229423
总计		16753	20523065	1692052	2349220

中央航空运输公司胜利时及

战后两年来飞机及航线概况 （附表二）

年份	月份	飞机架数	任航机数	航线条数	航线公里	通航站数
三十四年	7	7	4	1	680	2
	8	9	4	2	1330	3
	9	9	4	3	1620	3
	10	12	5	4	3070	6
	11	12	5	5	4560	7
	12	13	6	6	4560	8
三十五年	1	8	8	7	8025	11
	2	9	7	7	8025	11
	3	17	12	4	5595	10
	4	13	12	3	5597	10
	5	18	13	4	6036	10
	6	24	14	4	6036	10
	7	22	13	6	9507	10
	8	27	15	6	9367	12
	9	32	18	9	13854	12
	10	31	23	9	13854	12
	11	33	24	10	14120	12
	12	34	24	10	14120	12
三十六年	1	33	24	9	13484	14
	2	33	24	9	13778	14
	3	34	26	10	17585	17

续上表

年份	月份	飞机架数	任航机数	航线条数	航线公里	通航站数
三十六年	4	36	28	11	20927	119
	5	37	28	12	22231	11
	6	37	28	11	18603	10
	7	38	28	11	18603	10
	8	38	26	12	19594	11
	9	38	26	13	20593	11
	10	36	25	15	24855	14

两年来电讯工程设施暨工作检讨(三十六年十月)(附表三)

名称			单位	数量		检讨
				抗战结束时	现在	
地面通讯设备	一〇〇〇瓦以上发射机		具	无	六	1. 现有机件多系接收日本及美军剩余物资，经修理改装者，虽足敷用，但程式过于复杂，养护困难。今后拟统一程式，自行设计制造。 2. 关于增加传递速度，今后将致力于无线电动打字机传递制之建立工作。
	二〇〇——五〇〇瓦发射机		具	七	二八	
	一〇〇——二〇〇瓦发射机		具	二〇	五七	
	五——二五千瓦发电机		具	无	二一	
	五〇〇——三〇〇〇瓦发电机		具	二七	四七	
	外差式收讯机		具	二七	九五	
	遥控电路		公里	三	一六	
地面导航设备	归航台	一〇〇〇瓦以上导航电台	座	无	六	1. 归航台设备前在美定购，已运抵上海，明年度可将全国重要地区次第建立完成。 2. 雷达信标系自行设计改造，现已获成功，并在京、沪、汉、渝等地建立试用。 3. 明年度拟开始致力于GCA盲目降落设备之制造。
		五〇〇——七五〇瓦导航电台	座	无	四	
		一〇〇——三〇〇瓦导航电台	座	六	一〇	
	雷达信标		座	无	四	

续上表

名称			单位	数量		检讨
				抗战结束时	现在	
机上无线电设备	飞机地面联络	HF 发射机	具	一二	七〇	机上无线电设备，系根据美国民航标准在美装配者，惟对于定向仪，仍拟从事改良研究工作，并拟参照德国 TELEFUNKEN 定向仪之优点，加以改良。
		HF 收讯机	具	一二	七〇	
		VHF 收发话机	具	无	一〇〇	
		MF 收发话机	具	无	一二〇	
	飞机无线电仪器	自动定向仪	具	无	一二〇	
		人工定向仪	具	一二	一三二	
		雷达信标仪	具	无	一一〇	
制造及检修设备	总厂	工具机	部	四	六	现有检修设备已可达成整旧如新之任务，惟工具机颇感不敷，现有工具机仅能作研究性之制造，如大规模生产，尚须添购精良工具机及各项器材，俾能达成大量制造之目的。
		吵扰隔离试验室	座	无	二	
		雷达信标试验台	座	无	一	
		定向仪试验台	座	无	一	
		普通检验台	座	二	九	
		无线电测量仪器	件	一五	一〇八	
	外站	小检修试验台及备份设备	具	一	七	
人员		技术员（国内外大学理工科毕业并有工作经验者）	人	一二	四八	胜利后业务激增，无线电技术进步甚速，对于工作人员水准之要求益高。旋自去岁始，一面招致技术熟练之人员，并同时遴选国内外大学毕业生，施以训练，分发工厂及外站工作。本年民航局上海区台成立，拨借一部分工作人员，故人员仍感不敷分配，刻正积极招致训练中。
		机械员（对某种专门技能熟练者）	人	一四	五一	

中央航空运输公司
胜利时及战后两年来客货邮运量概况（附表四）

年份	月份	客运		货运		邮运	
		人数	延人公里	公斤	延吨公里	公斤	延吨公里
三十四年	八	30	20,250	24,132	161,019	28	19
	九	131	99,198	30,803	19,909	375	423

续上表

年份	月份	客运		货运		邮运	
		人数	延人公里	公斤	延吨公里	公斤	延吨公里
三十四年	十	121	84,081	5,437	3,371	271	194
	十一	177	164,846	13,410	12,783	277	316
	十二	697	715,394	42,557	39,017	609	445
三十五年	一	1,887	3,061,502	100,232	116,718	3,134	3,163
	二	1,563	2,072,457	101,413	137,521	3,529	4,500
	三	607	651,576	111,917	220,610	3,520	5,056
	四	1,029	1,127,279	107,407	169,869	2,274	1,731
	五	2,452	2,376,689	285,060	478,073	7,783	9,071
	六	2,265	2,240,821	273,723	490,377	8,234	10,266
	七	3,579	3,977,535	168,772	293,397	10,432	13,601
	八	4,119	4,547,741	251,037	315,398	20,017	22,162
	九	6,056	5,710,565	409,884	436,560	23,772	29,561
	十	7,928	7,203,144	481,003	456,512	33,923	41,546
	十一	9,126	7,058,870	329,532	356,807	33,111	41,816
	十二	8,322	7,126,587	271,227	341,552	56,976	66,727
三十六年	一	4,817	4,757,796	194,311	215,782	85,636	97,031
	二	1,244	674,403	577,285	738,438	70,116	75,682
	三	5,297	3,912,323	785,695	631,019	134,385	140,151
	四	7,790	6,167,326	1,129,371	851,912	124,162	126,078
	五	9,531	7,806,184	1,156,460	702,733	141,320	119,570
	六	9,139	7,620,432	1,308,735	703,446	136,060	113,442
	七	13,308	10,833,386	1,313,855	866,854	137,110	162,832
	八	13,993	10,196,572	1,970,312	1,086,169	134,349	136,797
	九	12,834	10,215,531	1,087,343	862,378	121,889	140,130

续上表

年份	月份	客运		货运		邮运	
		人数	延人公里	公斤	延吨公里	公斤	延吨公里
三十六年	十	14,390	13,301,733	1,295,161	1,139,065	157,768	158,473
	十一	13,940	10,776,584	1,421,216	1,086,046	124,840	134,072
	十二	13,002	9,560,100	1,351,856	1,153,430	123,622	132,220

中央航空运输公司

胜利时及战后两年来飞航成绩统计　　（附表五）

年份	月份	飞行小时	飞行公里	
三十四年	7	42∶46	11730	
	8	48∶30	13300	
	9	84∶48	22898	
	10	37∶23	10472	
	11	123∶08	34761	
	12	333∶08	88369	
三十五年	1	704∶18	157176	
	2	612∶50	136605	
	3	552∶50	131507	
	4	645∶20	154369	
	5	979∶30	232802	
	6	940∶30	221348	
	7	911∶36	208999	
	8	1157∶55	260540	
	9	1432∶58	318480	

续上表

年份	月份	飞行小时	飞行公里	
三十五年	10	1847：05	418345	
	11	1892：15	428807	
	12	1941：50	440325	
三十六年	1	1534：00	346364	
	2	1470：27	345001	
	3	1810：32	425496	
	4	2225：05	520834	
	5	2237：45	522079	
	6	2072：39	482510	
	7	2559：52	615350	
	8	2514：17	606971	
	9	2571：50	623535	
	10	2930：20	718224	
	11	2806：20	691496	
	12	2859：20	695778	

中央航空运输公司收支概况比较表

（三十五年度）（附表六）

月份	总收入	总支出	盈(+) 亏(-)
一月	$413,946,173.10	$244,038,840.00	(+) 169,907,333.10
二月	480,081,020.10	363,243,000.00	(+) 116,838,020.10
三月	843,962,500.10	377,550,000.00	(+) 466,412,500.10
四月	703,299,595.00	542,000,000.00	(+) 161,299,595.00

续上表

月份	总收入	总支出	盈(+) 亏(-)
五月	1,463,726,358.00	733,000,000.00	(+) 730,726,358.00
六月	1,302,940,114.00	820,000,000.00	(+)482,940,114.00
七月	1,004,521,593.00	914,000,000.00	(+)90,521,593.00
八月	1,841,635,859.00	1,517,000,000.00	(+)324,635,859.00
九月	2,154,590,123.00	1,657,000,000.00	(+)497,590,123.00
十月	2,525,341,459.00	1,813,000,000.00	(+)712,341,459.00
十一月	2,468,602,240.00	2,102,000,000.00	(+)366,602,240.00
十二月	2,496,122,450.00	2,576,000,000.00	(-)79,877,550.00
总计	$17,698,769,484.30	$13,658,831,841.00	(+)4,039,937,644.30

附注：各月外币收入及支出均已按各该月之汇率折合国币计算。

中央航空运输公司

三十六年运价物价美汇汇率航空汽油油价四项指数比较表 （附表七）

月份	运价指数	物价指数	美汇汇率		最低油价		最高油价	
			每月平均汇率	指数	价格（每加仑）	指数	价格（每加仑）	指数
3	100	100.0	$12,000	100.0	$2,401	100.0	11,858	100.0
4	100	142.4	12,000	100.0	2,401	100.0	11,358	100.0
5	100	177.8	12,000	100.0	2,401	100.0	11,858	100.0
6	100	202.1	12,000	100.0	3,388	141.1	17,545	148.0
7	200	253.2	12,000	100.0	7,000	291.5	21,300	179.6
8	200	265.7	38,636	321.9	13,500	562.2	38,200	322.1
9	330	328.8	42,166	351.3	13,500	562.2	38,200	322.1
10	404	515.7	53,725	447.7	26,500	1,103.7	81,700	688.9
11	505	597.8	62,500	520.8	34,500	1,436.9	111,000	936.9
12	606	750.5	77,581	646.5	91,200	3,798.4	159,100	1,138.2

附注：(1) 物价指数系据中国经济研究所编制之上海批发物价指数

计算。

(2) 美汇汇率三月至七月系中央银行官价(OFFICIAL RATE),八月至十二月系外汇平衡基金委员会基准价(COVER RATE),表列每月平均汇率,系各该月调整数额乘两次调整间日数相加,复以全月日数除之而得。

(3) 最低油价系上海价格。

最高油价除六月为郑州,十月为昆明外,余均为西安价格。

中央航空运输公司收支概况比较表

(三十六年度) (附表八)

月 份	总收入	总支出	盈(+)亏(-)
一 月	$1,955,132,680.00	$2,623,000,000.00	$(-) 667,867,320.00
二 月	2,278,922,770.00	4,606,000,000.00	(-) 2,327,077,230.00
三 月	5,761,436,040.00	5,575,480,000.00	(+) 185,956,040.00
四 月	8,907,943,750.00	7,330,000,000.00	(+) 1,577,943,750.00
五 月	9,071,499,570.00	8,417,000,000.00	(+) 654,499,570.00
六 月	10,571,550,120.00	12,331,000,000.00	(-) 1,759,449,880.00
七 月	15,059,416,020.00	15,987,000,000.00	(-) 927,583,980.00
八 月	26,398,007,950.00	20,120,000,000.00	(+) 6,278,007,950.00
九 月	36,111,400,000.00	22,788,000,000.00	(+) 13,323,400,000.00
十 月	47,347,600,000.00	39,885,000,000.00	(+) 7,462,600,000.00
十一月	54,461,895,000.00	61,653,000,000.00	(-) 7,191,105,000.00
十二月	85,069,125,000.00	73,328,001,000.00	(+) 11,741,124,000.00
总 计	$302,993,928,900.00	$274,643,481,000.00	(+) $28,350,447,900.00

附注:各月外币收入及支出均已按各该月之汇率折合国币计算。

〔中国航空股份有限公司档案〕

4. 中央航空公司编 1948 年 1—9 月工作概况

(1948 年)①

中央航空运输公司三十七年度九个月来工作概况

本公司检讨过去九个月来机航、业务、财务三方面工作进度，就飞航载量及收入各项数字，较诸三十六年度，显有长足之进展。唯于本年五月份以后，迫于油料价格因政府外汇政策变动，及外汇基准价之更番提高，以及各项支出之浩繁，故公司财政，无时不坐困愁城，举措之间，掣肘加深，跬步未越，展布更难。谨分述如次：

(一) 机航

本公司本年度一至九月份飞行公里，为七百六十四万公里，飞行小时计三万三千小时，平均每月飞行为八十五万公里，飞行小时为三千六百小时，较上年每月飞行五十五万公里，增 54%，飞行小时每月二千三百小时，增 56%。每日飞行航机最高纪录达二十七架。其飞航时数、公里数明细表，及各航线每周飞航班次情形，另见附表。

关于机航设备，公司向西北航空公司购置之 DC—3 型客机五架，已全部交齐，并参加各线飞航外，至 CONVAIR—240 型客机六架，依约应由美国 CONSOLIDATED VAULTEE AIRORAFT CORP. 自本年三月份起交货，于五月底前交清。唯美国政府增产军用飞机，该公司不得不将公司订购之民航客机递延交货，兹已与该公司约定，于本年十二月中旬，先交付客机一架，此后希望该公司能每月陆续交机一架。按兹次该公司递延交机原因，实由于该公司之不可抗力，本公司自应予以谅解。兹公司已派机航陈副经理赴美，办理 CONVAIR—240 型客机交货及运华事宜。而本公司前向柯培尔公司订购之航空器材零件，亦经陆续购储备用。此外关于新

---

① 原文无时间，仅依文中确定。

机驾驶员、导航员及机械员之训练及培养，公司已于本年春季分批选拔优秀人员，派赴美国该公司工厂实习，可无问题焉。

三十七年度一至九月飞航时数三十七年公里数明细表

月　　份	飞航时数	飞航公里	
1	2829：00	695,809	
2	3031：55	743,911	
3	3695：00	911,601	
4	4415：03	996,008	
5	4267：25	939,953	
6	3980：20	914,424	
7	4079：00	984,496	
8	3205：00	693,177	
9	3550：00	769,361	
10			
11			
12			
合　　计	3,3052：43	7,648,740	
每月平均	3672：31	849,860	

注：八九月份因公司飞机器材缺乏减少班次，故飞航时数及飞航公里数，较以前各月份为减少。

本公司频年业务之日有发展，与所遭遇之艰困增加，适成为正比例，而逆来顺受，亦莫如三十七年达最高潮。本年先后所受威胁及演变过程，可分为三个阶段：(一)自一月至五月，物价、外汇、油料等价格飞涨不已，航空运价蹑踪调整凡四次，但收支仍未平衡。(二)五月三十一日，政府实施结汇证书制度，对外汇不负供应责任，更予公司一严重打击，致支出之汽油价格平添二倍，所有全部收入尚不足抵付结汇差额。(三)八月三十日，政府改革币制，并实施戡乱经管国策，取消生活指数办法，厉行八一九限价。此在公司支出方面，似可稳定，获有喘息之机会，但收入方面，则又事出意外，无法增加。夷考其实，一、外汇取给之油价自十月七日起提增50%(油公司以弥补八月二十日应调整数)；二、航运货物邮件运价仍照八月四日之价目计收；三、政府整理财政加强经管办法之规定，国营公用及交通事业之收费低于战前标准者，未能参照调整；四、自限价后，商货运输清淡，一泻千里，唯一的仍继续不断运输平沈、津沈及平并军品粮食而已。在目前战局中，公司华北太原站计撤退凡二次，复航仍在考虑中，而华中郑州站亦曾撤退二次，其他台南站又以空军收回自用停航，此中损失殊多。现公司各航站计二十七站，展望未来，虽榛棘遍地，仍本艰苦卓绝之精神，努力以赴。谨将本年业务梗概分叙如次(并附表一份)

一、客运：本年自一月至七月，一万五千余人至二万六千余人，而自八一九限价及经管政策实施后，情形丕变，故载运亦递减为一万三千余人至四千余人。未来三个月情况如比照八一九无多变化，则本年全年乘客估计，约为二十二万五千人，平均每月一万八千七百人，较诸三十六年度(平均每月一万人)估计约可增87%。其中主要客运为沈平伤患、国大代表、沈平各机关撤退员眷。

二、货运：本年自一月至七月，每月平均为一〇八六吨至二〇〇〇吨之间，但自八一九限价后，则反是，其载运月量仅七百至九百吨。而未来三个月情况如照过去不生急剧变化，则本年全年约估计一万五千六百吨，平均每月一千三百吨，较三十六年平均每月一千一百吨，计增42%。其中主要物资为平沈、平并、津沈粮食及军品、中纺棉花等。

三、邮运：本年估计约可达一千五百吨，其运量与三十六年度同。究其未有增进者，不外下列各因素：

（一）承运机构有CATC、CNAC、CAT、CAF四家。

（二）邮运以迅捷为原则，故航班多者先获承运之权利。

三十七年1—9月份{客运量及延人 / 行李货邮运量及延吨}公里统计表

月份	客运		行李		货运		邮运	
	人数	延人公里	公吨	延吨公里	公吨	延吨公里	公吨	延吨公里
1	16,221	10,944,059	226	176,776	1,086	858,403	127	116,417
2	15,204	11,072,495	227	178,686	1,275	1,025,883	103	86,056
3	21,279	14,935,987	312	241,407	1,562	1,296,861	115	109,769
4	26,056	18,400,884	359	278,244	1,776	1,344,879	119	111,243
5	23,710	17,500,397	357	295,690	1,746	1.194,817	113	109,831
6	24,516	17,172,324	438	324,303	1,794	1,216,309	117	106,278
7	21,362	15,903,333	344	265,874	2,042	1,470,808	122	111,217
8	13,299	9,459,163	183	138,073	725	587,259	89	84,897
9	14,300	9,981,309	272	194,986	928	755,384	90	83,998
共计	175,947	125,369,951	2,718	2,094,039	12,934	9,750,603	995	919,706

（三）财务

本公司三十七年度一至九月份收入概数为法币十万零二百九十八亿六千三百十七万六千六百九十八元，金元四百零一万七千元，支出概数为法币十一万四千三百四十六亿一千四百四十六万六千元，金元四百十八万六千元，收支两比，亏损概数为法币一万四千零四十七亿五千一百二十八万九千三百零二元，金元十六万九千元。

本公司频年财政情形虽困难万端，但披荆斩棘，仍逐岁月以俱进。惟历来所遭遇之厄运，亦莫如三十七年之为甚。综其九月来先后所受之威胁及演变过程，约可分析为下列诸端：

（甲）收入方面

（一）自本年二月七日起，公司遵照民航局所拟公式，以为申请调整运价之准绳。然每次申请，大部必予核减，且在物价涨风剧烈之时，此公式亦不能应付事实。

（二）公司自八月份起，因油料供应问题，被迫减少班次，收入颇受影响，结果多数运输机转为利用担任各地不定期货运飞行，但所揽货物运量，往往不足配载，致有大部分空余飞机无法利用。而少数派飞者，亦时有空吨损失。

（三）八月十九日币制改革以后，商人利用各地物价差额以谋利之机会一朝粉碎。二月以还，客货营运均有江河日下之势，幸赖承运政府大量平沈物资，得资挹注，勉维危局。

（乙）支出方面

（一）自元月至四月，虽成本继增，顾营业尚盛，收支两抵，薄有盈余。

（二）五月三十一日起，政府对外汇不负补贴责任，实施结汇证书制度后，公司最大支出之汽油，须按市价间日结付，各油公司每次需款达八百亿之多，所有收入尚不足抵付。一时财政情形，屡陷窘境。

（三）六月份，美金币价狂涨二倍有奇，公司以市价结付之飞行人员薪津，月达美金十万元之谱，是以客货运价虽自六月八日起增加百分之五十五至八十五，然两比支绌之情形，仍日趋益甚。

（四）八月十九日，政府改革币制并实施戡乱经管国策，取消生活指数办法，并厉行“八一九”限价，后公司遵奉部令，货邮运价恢复八月四日标准，而支出方面，汽油价格仍由行政院批准，自十月七日起，上涨百分之三十五。现公司除减少班次，裁减人员，以竭力撙节开支外，仍拟请政府对于汽油价格予以严格之管制，对于运价予以合理之调整，以资维持。

附本年来运价、美汇、生活指数、油价变动比较表一纸，一至九月份财务概况表九份计十纸〔缺〕，及汇总表一纸。

决议:〔缺〕①。

中央航空运输公司

运价　美汇市价　生活指数　油价变动比较表

中华民国三十七年一月至十月　(37年1月=100%)

月份	本公司客运运价指数		支付飞行费之美汇汇率		上海工人生活指数		上海每加仑汽油价格	
一月	1	100%	190,000	100%	95,200	100%	43,500	100%
二月	1.35	135%	305,450	161%	151,000	159%	78,100	180%
三月	1.96	196%	468,000	246%	217,000	228%	121,400	279%
四月	2.93	293%	793,800	418%	262,000	275%	193,600	445%
五月	2.93	293%	1,256,100	661%	337,000	354%	285,500	656%
六月	4.98	498%	4,400,000	2316%	710,000	746%	1,039,000	2389%
七月	14.32	1432%	9,443,680	4970%	1,620,000	1702%	2,310,000	5310%
八月	35.50	3550%	12,000,000	6316%	3,630,000	3813%	6,280,000	14437%
九月	35.50	3550%	G.Y.$ 4.00	6316%	—	—	G.Y.$ 2.09	14437%
十月	35.50	3550%	G.Y.$ 4.00	6316%	—	—	G.Y.$ 2.81	19379%

附注:(1)客运运价,系以一月十六日为基价,每次加价,如各线所增之百分率不一致者,依最高与最低平均率为基准。

(2)本表所列“支付飞行费之美汇汇率”,系各该月份飞行费实际支付日之美汇市价。

(3)上海工人生活指数,系上海市政府统计处公布。

(4)飞机汽油价格,系油公司规定每加仑上海交货价格。

中央航空运输公司财务概况汇总表

中华民国三十七年一月至九月

	收入总额	支出总额	各月份盈亏
一月份	$ 105,724,944,000.00	$ 88,375,293,000.00	$ 17,349,651,000.00
二月份	183,957,568,000.00	147,131,525,000.00	36,826,043,000.00

① 原文没有下文。

续上表

	收入总额	支出总额	各月份盈亏
三月份	330,177,208,000.00	235,435,942,000.00	94,741,266,000.00
四月份	513,785,291,000.00	378,593,735,000.00	135,191,556,000.00
五月份	496,541,181,000.00	544,515,774,000.00	—47,974,593,000.00
六月份	768,014,984,698.00	1,315,370,197,000.00	—547,355,212,302.00
七月份	3,883,030,000,000.00	3,962,210,000,000.00	—79,180,000,000.00
八月份	3,748,632,000,000.00 G.Y. $ 817,000.00	4,762,982,000,000.00 G.Y. $ 998,000.00	—1,014,350,000,000.00 —G.Y. $ 181,000.00
九月份	G.Y. $ 3,200,000.00	G.Y. $ 3,188,000.00	G.Y. $ 12,000.00
合计	$ 10,029,863,175,698.00	$ 11,434,614,466,000.00	— $ 1,404,751,289,302.00
	G.Y. $ 4,017,000.00	G.Y. $ 4,186,000.00	—G.Y. $ 169,000.00

注：盈亏项下(—)号，表示该月份营业系属亏损。

〔中国航空股份有限公司档案〕

5. 中央航空公司沿革概略①

（1950年6月23日）

中央航空公司沿革概略　一九五〇年六月二十三日

（一）中央航空公司之前身——欧亚航空公司

中央航空公司系由欧亚航空公司改组而成。欧亚航空公司成立于一九三一年二月，为伪交通部与德国汉沙航空公司所合办。同年五月卅一日正式开航。当时资本总额定为伪银币三百万元，分为三千股，每股一千元，中方认购二千股，德方认购一千股。一九三三年八月，经股东会议议决增加资本，于是资本总额遂由三百万元增为五百一十万元，中方股份由二千股增为三千四百股，德方股份由一千股增为一千七百股。一九二七年，又继续增加资本，于是资本

① 沿用原标题。原编者不详，系为原公司人员在新中国成立后所写。

总额再由五百一十万元增为伪法币九百万元，中方股份由三千四百股增为六千股，德方股份由一千七百股增为三千股。

公司之管理权，属于董事会。董事会由九人组织成立，中方董事六人，德方董事三人，董事长由中方担任，副董事长由德方担任，董事会授权总经理执行公司一切业务。总经理之下分设营运、机航两组及秘书组，其组织系统如下表：

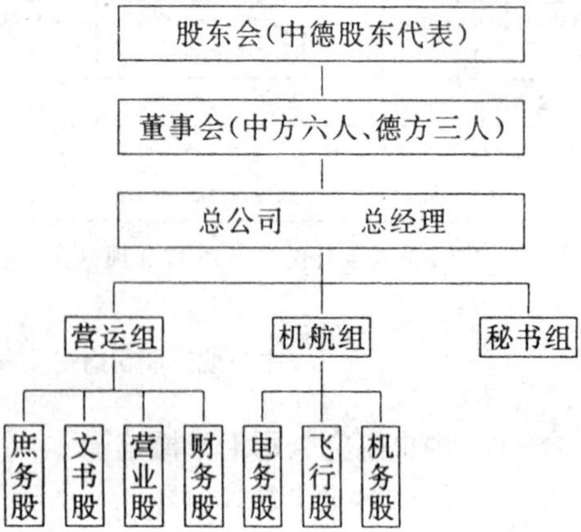

总公司设在上海，主要任务在沟通横贯欧亚两洲之国际空运干线。根据欧亚航空合同的规定，欧亚航空公司有权经营下列三条航线：

1. 自上海经南京、天津、北平及满州里至亚洲俄国及欧洲。

2. 自上海经南京、天津、北平及库伦以外之中国边境至亚洲俄国及欧洲。

3. 自上海经南京、甘肃及新疆之中国边境往亚洲俄国或遇必要时经中部亚洲至欧洲。

欧亚航空合同虽规定上列三条航线，但因公司设备不够完善，以及时局不定，致上列三条航线，不能顺序开航，始终仅能在国境以内的各线飞行。兹将当时开办的航线略述于下：

1. 沪满线——沪满线为欧亚首辟之航线，由上海经南京、济南、北平、林西至满洲里，全线共长二千二百四十公里，于一九三一年五月卅一日正式通航。通航不久"九一八"事变发生，日寇进占东北，沪满线的平满段，不得已被迫停航。一九三二年二月二十三日上海机场被日寇炸毁，仅平京间继续飞航。

2. 沪新线及平洛线——沪新线为欧亚合同中规定的第三条航线之一段，自上海经南京、洛阳、西安、兰州、肃州、哈密、迪化至塔城，全程共长四〇五〇公里。沿线高山荒漠，气候恶劣，设备极感不易。南京至西安段于一九三二年四月开航，一九三三年五月延至迪化。平洛线由北平至洛阳，为沪新线之支线。

3. 平粤线及兰宁线——平粤线于一九三四年五月正式通航，自北平经太原、洛阳、汉口、长沙至广州，全线共长二二〇〇公里。同年六月十五日，兰宁线亦正式开航，由兰州至宁夏，全线共长四〇〇公里。

欧亚航空公司一九三一年至一九三七年之运量如下表：

年　份	客运(人数)	货运(公斤数)	邮运(公斤数)
一九三一年	九四一	四一五一	四一二
一九三二年	六五二	一六三九一	二八五八
一九三三年	一〇七二	四三一九二	四一七〇
一九三四年	二一〇九	五八八八一	八七九六
一九三五年	三五九七	一一四三八六	一九四二〇
一九三六年	七七七五	二〇一二五七	一六三三五
一九三七年	一一六〇〇	一八九〇七九	一〇一〇一七

（二）七七抗战时期的欧亚航空公司

一九三七年七七抗战后的欧亚航空公司——总公司由上海迁至西安，嗣因西安屡遭空袭，复由西安迁至昆明。其时国内空运航线虽大为减缩，但飞航中的各线，则业务极为拥挤，尤以汉口经长沙、广州至香港一段航线，关系对外交通，需要殷切，故公司最大部分的空运力量，均置于该航线上以应需要。并先后增辟下列各航线：

1. 昆明——河内线
2. 昆明——成都线
3. 汉口——西安线
4. 重庆——桂林——广州——香港线

一九四一年八月中德绝交，公司德方所有股权均由伪交通部接收，改为国营。为应付后方供应需要，先后添辟下列各航线：

1. 重庆——桂林——香港线
2. 重庆——西安——兰州——凉州——肃州——哈密线
3. 重庆——兰州线
4. 成都——兰州线
5. 昆明——桂林线
6. 南雄——香港线

一九四一年十二月太平洋战事爆发，日寇登陆香港，公司桂林至香港及南雄至香港各线，遂告停航。同时公司停在香港机场的巨型机数架，除飞出两架外，余均被炸毁，损失甚大。数日后日机空袭桂林，上述由港飞出的两架巨型机，又被炸毁一架，仅存一架（即欧亚十九号），勉维各线空航。当时的情况下，无法另辟新航线。

欧亚航空公司一九三八年至一九四二年之运量如下表：

年　　份	客运（人数）	货运（公斤数）	邮运（公斤数）
一九三八年	六六四一	九八一九三	六〇四八三
一九三九年	一一五五五	三一三三〇一	一〇七五九一
一九四〇年	一一〇四八	四四三三八五	八五七四六
一九四一年	六四七七	五九二〇四五	一〇三〇四七
一九四二年	四一一一	一四六二六八	五三八〇〇

（三）中央航空公司

欧亚航空公司于日寇占领香港时，损失重大，仅余“欧亚十九号”巨型机一架。是时虽尚有小型飞机三架，但因所需德国补充零件的来源断绝，无法经常使用。历时一年，只以仅有巨型机一架，勉维航班，但该机业已逾龄，渐渐不堪使用，在当时情况之下，公司迭经设法补充飞机，结果终告失望。一九四三年三月伪交通部与伪航空委员会合作，将欧亚航空公司改组为中央航空公司，所有欧亚全部资产，概移交中央航空公司接收。中央航空公司组织如下表：（见下页）

中央航空公司成立之初，关于飞机方面，除接收前欧亚公司移交的旧容克斯巨型机（即欧亚十九号）一架，但因逾龄业已弃置停飞外，仅由伪航空委员会先后拨借九七式机一架、亨克尔机一架、伏尔梯机二架及洛克希机一架，作延残时期之飞航。然此项拨借飞机，不仅逾龄陈旧，零件不全，且系军用作战飞机，并不适合民航之用。经将前存器材尽量补充改装修复数架，飞行于桂林、重庆、成都、昆明、兰州、肃州、哈密、迪化各地，勉维业务。乃该修复各机均老旧逾龄，飞行一次即须修理一次，其中多有飞行一次须修理一月者，屡修屡坏，终因机件故障，或告损毁，或即弃置。当时迄无正当航班，业务甚为黯淡，收支不敷，财政艰窘，幸赖总副经理之领导有方，全体员工之艰苦支持，得以勉维业务于不坠。

中央航空公司一九四三、四四两年之运量如下：

年　　份	客运（人数）	货运（公斤数）	邮运（公斤数）
一九四三年	二三八八	八九三〇三	二三六一六
一九四四年	五六〇	八六一六〇	二三九九

（四）抗战胜利后的中央航空公司

抗日战争胜利后，总公司于一九四五年年终开始由昆明迁至

中央航空公司组织系统表

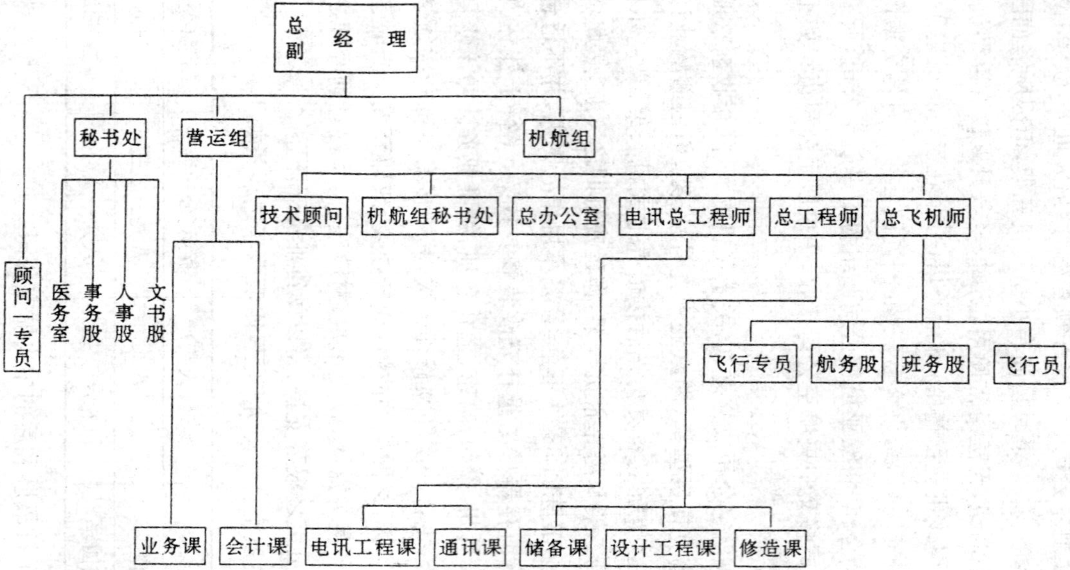

上海，迄一九四六年二月，即已全部迁移竣事。同时公司奉伪交通部令饬径洽伪航委会接收汪伪政府时代的中华航空公司之飞机、车辆、财产、银钱等项物资。上项物资，虽经接收，但多属废旧者，不能供应民航使用。当时公司资金奇绌，伪政府既不投资，又不准解散，在极端困难之下，除了急谋自力更生的发展外，实无他法。乃由陈总经理以私人之力，借得外汇美金及各高级与飞行人员垫借私款，先后购得美帝剩余国内外各地的大批运输机，计第一次于一九四五年十二月，自印度购得十二架（适航者八架）；第二次于一九四六年四月，在上海购得七架及发动机四具；第三次于一九四六年七月，又在上海购得一百五十架。经积极整修及利用拆下零件拼凑装配，全部整修完成者，共为卅七架，先后加入各线飞行，业务逐渐开展，组织扩大，不到半年，即将私人借款全部清偿。一九四七年又向美国西北航空公司购得 DC3 型机六架，担任西北航线的飞行。同年并向美帝康索利带的德尔梯（CONSOLIDATED DALTEE）公司订购空卫尔（CONVAIR—240）型机六架，以作飞行正在筹辟的远洋航线之用。此项订购的空卫尔新机六架，于一九四九年五月开始陆续分次飞来我国交货，当将新机名称，拟定为“空中行宫”，先后加入各线飞行。其时国内外航线之增辟，航站及陆空人员之增加，陆空电讯设备之加强，场棚机房之添建，莫不锐意经营，业务日益发展，一九四六、一九四七两年的营业，均有盈余。此项盈余，都已增置为固定资产，较之抗战期中的中央，真有霄壤之别了。

兹将抗战胜利后增辟的国内外各航线列后：

（1）沪陕线（上海——南京——汉口——郑州——西安）；

（2）沪兰线（上海——南京——汉口——西安——兰州）；

（3）沪迪线（上海——南京——汉口——西安——兰州——肃州——哈密——迪化）；

（4）沪平、平沈线（上海——南京——青岛——济南——北平——沈阳）；

(5) 青潍济线(青岛——潍县——济南);

(6) 沪渝蓉昆线(上海——南京——汉口——重庆——成都——昆明);

(7) 沪昆线(上海——汉口——柳州——昆明);

(8) 渝陕并平线(重庆——西安——太原——北平);

(9) 汉陕并平线(汉口——西安——太原——北平);

(10) 沪闽赣汉线(上海——福州——南昌——汉口);

(11) 渝汉郑平线(重庆——汉口——郑州——北平);

(12) 粤汉郑平线(广州——汉口——郑州——北平);

(13) 沪港线(上海——福州——厦门——汕头——广州——香港);

(14) 中暹线(上海——汕头——广州——暹罗曼谷);

(15) 港粤汕闽厦台线(香港——广州——汕头——厦门——福州——台南——台北);

(16) 渝港线(重庆——柳州——广州——香港);

(17) 昆港线(昆明——柳州——广州——香港);

(18) 平石线(北平——石家庄);

(19) 平锦沈线(北平——锦州——沈阳)。

以上共计十九条航线,国内外航站及筹备处共三十一个,国内导航电台共卅四座,地面及空勤员工共计二四三三人。

兹将拟筹辟而未实现的国内及国际新航线列后:

(1) 沪滨江线(上海——北平——沈阳——长春——哈尔滨);

(2) 沪海线(上海——福州——广州——香港——海口);

(3) 中菲线(将沪港线展飞至马尼剌);

(4) 中美线(上海——关岛——威克岛——檀香山——旧金山——纽约);

(5) 中欧线(上海——广州——香港——河内——曼谷——

加尔各答——德里——德黑兰——安卡拉——雅典——罗马——马赛——巴黎)。

一九四五年至一九四九年的运量如下表:

年份	客运(人数)	货运(公斤数)	邮运(公斤数)
一九四五年	一五六九	二四三三五八	二二三四七
一九四六年	四八九三三	二九二一二二六	二〇六六二八
一九四七年	一二〇二九九	一三五四八四四〇	一四九七一六七
一九四八年	二三六二三八	一七三九〇五一三	一二三七一六〇
一九四九年一至八月	一一七九〇七	一一九八七四三一	二二六一五四

(五)理事会的产生

中央改组之初,并未成立理事会,而前欧亚的董事会,早于一九四一年八月中德断绝邦交时予以撤销,延至一九四八年三月,乃正式成立中央航空公司理事会。理事会设理事长及副理事长各一人,理事九人,秘书二人,为管理中央最高权力的机构。兹将组织系统列图如下:

(六)解放战争时期的中央航空公司

公司为一自给自足的机构,经历年的积极经营建设,已奠定本身民航事业发展的基础。一九四八年解放地区扩大,东北及长江以北各路航线逐渐南移,航站及电台纷纷裁并,业务收入,虽未减少,但在当时通货膨涨,币制贬值,物价波动剧烈的情势下,航空运价,虽经数次调整,终不能与其他物价及运价的比率看齐。而汽油燃料,补充器材以及空勤人员薪津各项支出,为数庞大,并且都要美汇支付,上述美汇,除按照官价购入配得的数额外,其不敷之数须以黑市价格购入,因此业务收支,渐呈不平衡的状态。嗣以解放战争紧张,总公司奉伪政府令,于一九四八年十二月先后由上海南迁广州第二基地，并以广州为C46机基地，香港为C47机基地。除残旧飞机三十一架及一部分器材与物资均留置上海，并留少数员工负责保管外，所有公物、器材、员工及眷属三千余人，均雇轮或派机分别运达广州。一九四九年战事逼近广州，总公司又奉伪政府令于同年八月再迁香港。公司两次搬迁，耗资巨大，航站、电台相继裁撤十余处，国内航线缩短，而国际航线，又因当时情况所不许，未能展辟，致业务日益清淡，复陷入艰困的状态了。

截至一九四九年十一月起义时止，公司的飞机，除第五〇一、五〇七号C47型机两架，已先行起义外，共有空中行宫机六架、DC3机六架，C46机十七架、C47机十二架，共计四十一架，航站办事处十三个，导航电台十七座，空勤及地面员工一九〇六人。

其时飞行的航线如下：

（1）港昆线（香港——柳州——昆明）；

（2）港渝线（香港——重庆）；

（3）港台线（香港——台南——台北）；

（4）渝蓉汉线（重庆——成都——汉中）；

（5）港海线（香港——海口）；

（6）港曼线（香港——曼谷）。

拟辟国际线

（1）香港曼谷仰光线；

（2）香港曼谷新加坡线；

（3）港菲线；

（4）港台东京汉城线。

（七）起义后的中央航空公司

公司搬迁香港后，陈总经理以公司所有资产，是中华人民所共有者，不能再受国民党反动政府的统治和剥削，乃毅然率领全体员工于一九四九年十一月九日正式起义，向中华人民共和国中央人民政府靠拢。所有飞机，事前均已齐集香港。是日陈总经理亲偕部分空勤及地面人员，由港驾驶第六一〇号空中行宫及第五二五号C47型机两架，先行飞回祖国北京，临行并命留港各高级人员组织非常委员会，负责保产事宜。讵国民党反动政府闻讯，竟派匪党戴安国来港夺取我人民的资产，而我方负责人立场坚定，断然拒绝。戴匪党夺产不果，乃向香港法院兴讼，以遂其夺产目的。我方负责人也向港法院据理申辩，旋经港法院颁布资产限制令，限制在此项资产的所有权尚未判决以前，双方均不得移动。乃国民党反动政府复串通美帝党羽陈纳德，以承购央航全部资产所有权人的身份，二次向港法院控诉，冀图达到夺产目的，幸遭批驳。是项夺产诉讼，经数月来之斗争，终于一九五〇年二月廿三日由港法院判决我方胜诉，同时并撤销限制令。公司胜诉，即派飞行及技术员工多人由穗赴港从事飞机检修工作，准备将各机飞回祖国，为人民服务。乃英帝枢密院突于同年五月十一日又发布冻结两航资产□□□□总督处理本案，致公司的飞机及一切资产二次受阻，又不能移动，此种阴谋手段，显然是反动政府勾结帝国主义夺取我方资产的卑劣伎俩。但是两航资产是我中华人民所共有的，绝不容许反动政府串通帝国主义者来巧取掠夺，我贤明的人民政府自有善策对付的。现在公司的所有员工，除留一部分驻港负责保产工作外，余均返回祖国广州，在民航局领导之下，加紧学习马列主义及毛泽东思想，来发展新中国的民航事业，为新中国的劳动人民服务。

〔中国航空股份有限公司档案〕

四、中苏航空公司

1. 中苏航空公司成立经过及组织状况节略①

（1946年11月）

中苏航空公司成立经过及组织状况节略

一、本部张前部长嘉璈于民国二十七年春，开始与苏联驻华大使谈判组织航空公司，开办由我国新疆省哈密市至苏联哈萨克共和国首都阿拉木图间之定期航空线，全长一四一五公里。以双方摊派股本数额及公司用人诸问题，折冲甚久，延至二十八年九月九日，始行正式签订合约（有效期十年）。十一月，举行第一次董事会议，公司乃告正式成立，定名中苏航空公司。第二次董事会于二十九年四月十三日举行，审查该公司二十九年度预算及运价。第三次董事会于三十年一月十三日举行，通过增加股本及邮运合同等案。第四次董事会于三十二年十月廿五日举行，近三年来尚未再开。

二、公司之股东，我方为交通部，苏方为民用航空总管理局，法定股本为美金一百万元（但实际建设时，上开股本不敷应用，现已增至美金一百八十万元，业经该公司第三次董事会议通过，及本部核准），由合约双方各认购上述法定股本百分之五十，于公司成立后二年期内，分期交付。遇有盈利或亏损，应由双方股东平均分享或平均担负之。

三、公司设董事会及经理部，经理部应设在迪化，董事会应设在阿拉木图，由董事六人组成，中苏各三，董事任期一年，得连任，董事中应有二人（中苏各一）分别担任公司总经理及协理。二十八年十一月起至三十二年十月，董事长一席，由张元夫担任。十一月以后，为吴泽湘。胜利后，改由刘泽荣担任。协理一席，三十二年以

① 沿用原标题。

前，本部派刘唐钦充任，其后由顾耕野接充。三十四年春，顾氏辞职，本部派沈立中接替。同年年底，沈亦辞职，乃改派现任协理李如桐担任。至本部航政司吴帮办元超先生，自公司成立至今，任历届董事。现任苏方总经理为沃罗比岳夫 Vorobiev。

四、根据中苏航空公司合约，在合约签订日起二年以内之组织开始期间，董事长及协理应由本部提任之，副董事长及总经理，应由苏联民航局提任之。关于前述组织开始二年期间终了以后，其余合约有效期间，公司事务及经理部之组织方式，合约双方同意于前述组织开始期间决定之。合约商订时，对于董事长与协理及副董事长与总经理，每隔二年应由合约双方轮流担任一节，双方虽有默契，但无明文规定。

五、三十二年十月廿五日，第四次董事会举行时，我方董事长吴泽湘，曾在会议席上提出改组公司经理部之议案，卒为苏方董事所打消。其理由为根据合约第四条，董事会无权讨论此种问题，应由交通部与苏联民航局商决办理。三十三年春，苏方因运价太低，提议再开董事会，本部因人手太少，至今未办。

六、公司经理部现设经理室，总务、机航（营业属之）及财务三科，与汽车运输股等机构，沿线设哈密、迪化及伊宁三航空站，精河及乌苏两无线电台，驻阿拉木图、沙雷沃译克及莫斯科三办事处。现有 DC—3 型飞机三架。总计公司经理部及沿线共有职员八十余人，其中除协理及翻译各一人系华人外，其余皆为俄人。

七、最近因伊宁事件，国际运输不畅，迪伊段停航甚久，现已恢复，虽经极力减少飞行班次，但运输量仅为飞机载量之七成左右，故历年来营业颇有亏损，截至去年底止，共已亏损美金十七万二千九百三丨二元七角五分。本年度（三十五年度）之亏损，计美金十三万余元。

八、兹将该公司最近之业务情形略举如次：

一九四六年八月份业务概况

客运	二一五人
货运	六.九吨
邮运	二.六吨
行李	五.九吨
飞行里数	二四六〇四公里
飞行时间	一〇二小时
飞行班次	一七次

九、依照合约第十六条之规定，本约期满前一年，若双方之任何一方未以书面通知对方，表示解约之意，则本约于十年期满之后，再继续有效五年。现在距合约期满之日已近，本部对该公司是否准备继续，及如何谋补救之道，似宜早日决定，否则因受条文约束，必继续延长五年，又将受人摆布，而陷于莫可如何之困境矣。谨略。

（附合约一全份）〔原缺〕

〔国民政府交通部档案〕

2. 外交部交通部为中苏航空合约将届期满应否通知苏方解约请核示会呈

（1948年6月3日）

查中苏航空公司，系为办理哈密阿拉木图间定期飞航，由本交通部奉准与苏联中央民用航空总管理局，于民国二十八年九月间签立合约，依该合约第二条之规定共同设立。该约将于明年九月间满期，依照规定，于该约期满前一年如不通知解约，则再继续五年。鉴于历年苏方未能遵守约章，对于我方权益损害綦重，而公司之亏蚀，因须与苏方平均负担，损失甚巨。在此情状之下，自不宜继续办理。惟以新省情形特殊，不得不慎重考虑。爰经本交通部电询西北行辕张主任治中意见，兹准电复，认为就此事本身而论，自不应继续办理。惟就中苏关系及新疆局势着眼，则解约对苏刺激极大，不但惹使中苏关系更趋恶化，且对目前新局与中央在新推行政策影响实大。权衡得失，主张不予遽行废止，采用折衷办法先由本外交部通知苏方，表示我方希望续约，但内容必须加以调整，以观其反应如何，再加研讨。并据本外交部驻新疆特派员兼中苏航空公司董事长刘泽荣电呈，意见大致相同。惟张主任治中原电特并提及，在续约商谈时，我方只能作比较合理之建议，如欲将该公司置于我方控制之下，则不但不可能，且徒招不愉快之后果。似此情形，本案应否纯以我方利害为立场，断然通知废止合约，抑或兼顾两国现状关系，依张主任所提折衷办法通知苏方之处，事关大计，理合抄同本部与苏联中央民用航空总管理局为组设哈密阿拉木图间定期飞航订立合约，并附具苏方违反该约事略，暨抄同张主任治中及特派员刘泽荣各原电，具文呈报，敬祈鉴核。并因届临通知废约期限无多，伏乞迅赐核示。再本呈系由本交通部主稿，合并陈明。谨呈
行政院

附呈中苏为组设哈密阿拉木图间定期飞航合约〔略〕、苏方违约事略、西北行辕张主任治中辰微辕秘兰电，特派员刘泽荣 276 号电〔略〕抄件各乙件。

外交部部长　王世杰
交通部部长　俞大猷

苏方违反哈密阿拉木图间定期飞航合约事略

查中苏航空公司，系由本部与苏联民用航空总管理局为哈密阿拉木图间定期飞航，于民国二十八年九月九日签订合约，依照合约第二条之规定应合组而设立。依据合约第十六条之规定，自签订日起，以十年为期，在期满前一年，若双方之任何一方，未以书面通知对方，表示解约之意，则本合约于十年期满后，再继续有效五年。兹距书面通知之期仅四个月，应早决定。自订约以来，为顾全中苏

友谊，我方多所迁就，始终委曲求全，竭诚与苏方合作，以期维持西北国际交通。无如苏方利用特殊环境，不切实履行合约，兹将其违约情形胪陈于后：

一、合约第七条规定，阿拉木图莫斯科间，由苏方担任航空运输；重庆哈密间，由我方担任航空运输。合约甫经签订，渝哈线即时开航，但彼方阿拉木图莫斯科间航线，延至三十五年五月始行开办，且仅夏季航行，冬季则完全停航。

二、合约第十一条规定，公司应以尽量实地训练及任用中国驾驶员、机械师、无线电员及其他职员为固定政策，但公司中我方职员仅为协理及秘书各一人，屡请添用华员，均延不照办。我方人员既不派任，自无从接受训练。

三、依照签订合约时双方之默契，公司董事长与总经理，每隔二年双方应轮流调换提任，兹公司开办迄今，而总经理一职始终属彼。

以上所举，特其荦荦大者。至于公司内一切用人行政，概不与我方所派协理协商，亦不向本部呈报，以致本部对该公司情形，殊欠明了。又公司各种文件，并不用中文，一切现款概不存放中国银行，所收航空运价不遵我方规定，业务方针亦从不征询我方同意。其种种不遵守合约情事，实不胜枚举，屡经提请改善，均无结果。但公司历年亏损，须由我方负担半数，我方之容忍，可谓已至极度。且依照该公司章程第二十三条之规定，董事会议每年不得少于二次，但自三十年一月举行第三次董事会议之后，虽经本部多次提请召开会议，彼方每藉词推宕，延至三十二年十月，始举行第四次董事会议。当时并为根本解决该公司一切悬案，及纠正不合理之措施，以维护我方权益起见，曾饬我方董事提议改组该公司经理部，总经理改由华员担任，并曾提出增用我方人员之具体方案，商请苏方同意，以符双方合作精神。卒为苏方藉口董事会无权讨论此事，致无结果。故该公司不合理之措施，仍属无法纠正。自此以后，复经迭次商请外交部向苏方谈判，迄今仍无结果。

即到。南京西北行辕办事处译转交通部俞部长大维兄：密。极机密。卯漾航空电敬悉。此事各有利弊，兹特胪陈管见如次：1. 单就中苏公司本身而论，现行条约对我权益极多损害，而苏方对我在条约上规定应享之权利，尤其人事问题，我方迭向苏方提出调整意见，事经一年，迄无答复。且公司亏损情形，日益加重，我方须与苏方平均负担，自应不予继续办理。2. 如从中苏关系及新省局势着眼，则我方之解约，对苏刺激极大，不但惹使已陷僵局之中苏关系更趋恶化，而目前新局与中央在新推行政策影响实大。年来新局虽未彻底解决，但内部大体安定，尚可暂抒中央西顾之虑，俾克全力应付戡乱军事。际兹国际局面日趋变化，戡乱军事尚在难必胜之重要关头，如因牵一发而动全身，殊费考虑。3. 综上两点分析，权益利害得失，此项条约殊不宜遽行废止，惟倘兼顾事实，维护权益计，拟采用折衷办法，即请外交部通知苏方，表示我方希望继续此一条约，但内容必须加以调整，以观其反应如何，再加研讨。盖过去苏方对我调整人事之建议，虽未答复，惟迪化苏领则一再向外交部驻新刘特派员表示，愿在新谈判。我如首在新举行，苏方可能同意。惟一点须特加说明者，即商谈进行时，我方只能作比较合理之建议，如存将公司置于我方控制之下，则不但不可能，且徒招不愉快之后果。然若苏方不愿商谈调整，则我方当于加?考虑，须一应取之步骤也。尊见如何，盼赐示复为荷。弟张治中。辰微。辕兰秘印。

〔国民政府交通部档案〕

3. 总统府第三局抄送今后对中苏航空公司之存废问题与对策致交通部代电

（1948年6月8日）

总统府第三局代电

交通部俞部长：

一、奉交下迪化中苏航空公司设立经过、目前现况与今后存废问题之检讨一份，并奉总统谕：将改进意见，抄送交通部参考。等因。

二、兹将原报意见抄奉，请参考为荷。

局长俞济时

今后对中苏航空公司之存废问题与对策

甲、注意下列改进办法

（一）应由交通部派航政司或民航局主持人来迪，实地考察公司内幕，并会同西北行辕外交署共同商讨对策。第一，促即召开第五届董事会议。第二，根据合约改组公司内部，改组后公司总经理应由华员担任，一切业务始可谋求改进。

（二）改组后公司应在迪化设一小型修理厂，嗣后飞机不再飞往苏联修理，以免在苏任意停留，耽搁飞行，影响业务。第一、添购乘坐五六人美国小型飞机一架，以备客少时飞行，维持正常班次。第二、迪、哈站长改为华正苏副，伊、阿站长改为华副苏正，会计部门华副苏正，以收互相监督之效。第三、空勤人员每机派华籍机师一人，避免机师藉故推诿飞行。第四、电台定向人员须华员、苏员平均充任，气象人员最好全部由华员担任。

（三）改组后催返在苏修理之“P”号飞机担任飞行，并向行辕及物价执行处申请运输物资，以增公司收入。

（四）公司会计部门由中苏双方派员担任后，每月收入务求公开，任何一方不能单独开支。中苏员役待遇一律平等，饷额改为按照规定美金折合率计算现款，按合约规定，半数存入我中央银行。

（五）交通部来迪大员，应于公司情况明了后，提出声明，表示对于中苏合约并无于期满前提出废止之动机，并愿意在两月内召开两国特别会议。苏方如果诚意续约，我为保持中苏友好及新疆暂时之安定，再可参照中美、中英民航协定，至新厘定合约。如此，在期满以前之董事会及改组问题，亦可顺利解决。

（六）如果苏方对我声明不表示意见，或延不答复，则为苏方有意维持反常现象，我政府必须慎重声明，不再担负公司因业务不正常之亏折，以及因不正常华员无法参与公司业务，苏员片面处理所招致之任何不良结果。

乙、衡量利害实有取消该公司之必要

（一）本年为缔约国有权提出废约之一年，或解约，或废约，均应把握时机，慎重交涉。合约内规定约满前二〔一〕年，如缔约国任何一方，不提出书面声明，则继续有效五年。果能把握此种时机，不但续废权在我，即今后两年，亦可求其改进。

（二）先就便利交通言，中苏航线为迪伊、伊阿、迪哈三线。今伊犁叛变，阿拉木图远在苏联国境，不但我军政机关无假此线飞行及航寄信件及其物品之必要，即普通商民，除与伊方有关系者，亦少利用此机。苏方不但可利用此机，传递情报，并可相机偷运物资，接济伊犁，及掩护维族反动分子逃亡。更可在伊阿间，便利伊苏联络，运送伊、塔、阿三区物资出境。迪哈线本可便利我方行旅，但公司方面，飞行次数极少，且多不能按期飞行。货运方面，我迪哈间往来货物很少，且常有中航及军运机往来联络，中苏机作用亦极少。

（三）就增加国库收入言，自公司成立迄今，除卅三年外，历年皆有亏折，反成我国库意外之负担。

（四）就中苏友好关系而言，我方虽负担亏折，维持公司畸形发展，而苏方挟其一向侵占新疆之阴谋，常以公司之便利，帮助伊匪，反抗中央，并未对我外交稍有让步。似此情形，该公司于我百害而无一利，极有取消之必要，惟值此戡乱期间，我方应如何循外交之途径，进行谈判，似应迅速预为措施。

〔国民政府交通部档案〕

4. 交通部关于修改中苏航空合约致外交部代电

（1948年7月15日）

代电：

外交部公鉴：关于中苏航空合约将届期满，应否通知苏方解约，本部与贵部会同呈请核示一案，兹奉行政院三十七年六月二十三日三十七二机字第388号密指令开："经提出本院三十七年六月二十一日第二次临时会议决：由外交、交通两部拟具具体改进办法，先与苏方交涉。除分令外，仰即遵照。"等因。自应遵照。查中苏航空合约第五条规定，中苏航空公司应向双方注册，因之成为双重国籍，显与我国民法及公司法均有抵触。且该公司既成为双重国籍，则其所有之飞机，亦成为双重国籍，是与国际民用航空公约第十八条"凡航空器如在一国以上注册，不得认为有效"之规定，显亦有所抵触。苏联政府虽未参加该公约，但我国对该公约已予批准，须受约束。又查该公约第七条规定，"缔约各国有权拒绝准许其他缔约国之航空器或为取偿，或为雇用，在其领土内装载乘客、邮件、货物，运至领土内之另一端，缔约各国担任不订立任何办法，特别给予任何他国或任何他国之一航空线，以独享为基础之任何此项特权。"该公约第八十二条并有"缔约各国接受本公约，即认为废止所有彼此间与本公约条款相抵触之义务与谅解，并担任不缔订任何此类义务与谅解。凡一缔约国在加入本组织（按即国际民用航空组织）为会员国之前，对一非缔约国或一缔约国或一非缔约国之人民，负担与本公约相抵触之任何其他义务时，应立即采取步骤，以解除其义务。如任何缔约国之航空线，业已缔订任何此类与本公约相抵触之义务，该航空线所属之国家，应以最大之努力，获致是项义务之立即终止、无论如何，于本公约生效后，可以采取合法行动时，即应使此种义务终止”之规定。中苏航空合约第六条，订定中苏航空公司经营哈密与阿拉木图之间，经由迪化及伊犁往来定期飞行之航线，系依专利之基础办理。该公司因同时具有苏联国籍，而与该公约上述规定抵触，只以苏联并未参加该公约，过去以未合时宜，尚未与苏方商议终止该公司该项专利之权，事实上我国已可另由其他航空公司经营该线，该项专利权，最好能予取消。复查自该合约订立，中苏航空公司开办以来，合约虽有规定，公司由董事会监督管理，该公司董事长虽只有我方人员担任，但因双方董事人数相等，尤以总经理一职系由苏员担任，该公司实际管理之权，因之全为苏方掌握。我方任何意见苟非苏方同意，绝对无法实行，丧失权利至大。是以对于该公司之改进，除须先行修改该合约，并取消该公司经营哈阿线之专利权，使与我国民法、公司法及国际民用航空公约不再抵触为最重要之先决事项外，其次厥为该公司组织与人事之调整。查民国三十二年十月间，该公司第四次董事会议举行时，我方曾由该公司前董事长吴泽湘提议，将该公司经理部加以改组，总经理由华员担任，并增用华籍职员，以符双方合作精神，卒为苏方藉口董事会无权讨论此问题所打消。按中苏航空合约第四条，有在合约签订日起，二年以内之组织开始期间，董事长及协理应由本部提任，副董事长及总经理应由苏民航局提任。关于上述组织开始二年期间终了以后，其余合约有效期间，公司事务及经理部之组织方式，双方同意于前述组织开始期间决定之规定。本部早经根据此项规定与苏方商议，将该公司内部组织加以调整，屡为苏方拖延，或藉口当时战事紧急，无暇及此。此种情形，前经本部于三十五年十二月三十日，以第一九〇九号代电，抄同本部前于该公司第四次董事会议时，交由我方董事送交苏方董事，请予转送苏民航局加速研究之添用我方人员员额表，奉达贵部，商请转饬驻苏傅大使向苏方谈判，先将拟改组该公司经理部之要点交换意见，俟双方议有成果，再行决定日期，举行第五次董事会议，解决该公司各种问题在案。并查苏民航局对于此项调整组织与人事提议，虽曾于三十三年一度电告本部正在研究，所有意见容再通知，但迄今未将意见答复。年余以来，迭经本部商由贵部转饬傅大使与苏方谈判，亦尚毫无结果。兹奉院令前因，基于上述各节，本部意见认为具体改进之法，应（一）修改中苏航空合约，（甲）规定中苏航空公司仅向我国政府注册；（乙）取消该公司经营哈阿航空线之专利权。（二）根据上述之我方前拟添用华籍人员员额表，将该公司组织与人事即予调整，请贵部先将以上各点，提商苏方，倘可办到，即举行该公司第五次董事会议，解决该公司各种问题。同时对苏方表示，如同意此项办法，我方对于中苏航空合约原定明年期满之后，可依修正后之该合约，再行继续有效一年。否则我方对于该合约原定期满后，无意继续，认为届时即行终止。上述办法，如荷贵部赞同，拟请即由贵部主稿，会同本部呈请行政院核示。如何之处，相应再行抄同本部前拟添用我方人员员额表，电请查照办理见复为荷。交通部。午删。航空。附抄中苏航空公司第四次董事会我方拟提添用我方人员员额表一件。

中苏公司第四次董事会我方拟提添用我方人员员额表

查中苏航空公司之设立，中苏双方股权平等，一切用人行政，均应按照平等原则办理，且航线大部均在我国境内，沿线服务人员自以延用国人为宜。过去在建设时期，公司所用人员什九皆系苏籍，兹者该航线业已建设完了，公司人事自应予以调整。爰就本部所拟章程草案，拟就我方提用人员如左：

（一）经理室　总经理一人，秘书及翻译各一人。

（二）总务组　主任一人，组员、翻译及办事员各一人。

（三）业务组　主任一人，组员、办事员及雇员各一人。

（四）财务组　主任一人，会计员二人。

（五）机航组　总工程师及工程师各一人，组员及雇员各一人，飞机师一人，副飞机师二人，机械员及电讯员各三人，汽车司机八人。

（六）哈密办事处　主任兼航空站站长一人，办事员及雇员各一人，机械员一人，电台领班一人，电讯员一人。

（七）迪化航空站　电台领班一人，电讯员二人，机械员三人，办事员一人，雇员一人。

（八）伊宁办事处　办事处主任兼航空站站长一人，电台领班一人，电讯员一人，办事员一人。

（九）精河定向电台　领班一人，机械员一人。

（十）乌苏通讯电台　领班一人，机械员一人。

（十一）古城子定向电台　（拟设）领班一人，机械员一人。

（十二）驻阿拉木图办事处　副主任一人。

〔国民政府交通部档案〕

5. 中苏航空公司第五届董事会会议记录

（1948年9月）

（1）第一次会议纪录（9月2日）

中苏航空公司第五届董事会议纪录第一次会议

地点：阿拉木图

日期：民国三十七年九月二日

出席人员：

中方（一）董事长刘泽荣，（二）董事夏舜参，（三）董事兼助理李如桐。

苏方（一）副董事长A·A·阿弗斜耶维赤，（二）董事A·M·杜布罗夫斯基，（三）董事兼总经理п·и·沃罗比岳夫。

列席人员(一)专家B·и·里哈切夫,(二)专家B·M·达尼勒切夫,(三)公司财务科长п·M·乌舍科夫。

副董事长阿弗斜耶维赤先生致辞:首先对于华方莅会各位董事表示欢迎,并愿望本届董事会议商讨各问题必能顺利解决。

此时双方各董事将委令互相换阅后,由阿弗斜耶维赤先生介绍来宾苏联驻迪化总领事萨维里耶夫及哈萨克共和国外交部代表特那林两君到会旁听,并提请以乌舍科夫为苏方秘书。

阿弗斜耶维赤先生请刘泽荣先生就本届董事会议主席。董事长刘泽荣先生宣布本届董事会第一次会议开幕。对于哈萨克共和国及苏方代表团之热烈招待,表示感谢,并愿望会议工作顺利完成。对于萨维里耶夫、特那林两位来宾表示欢迎。除同意苏方所提秘书乌舍科夫外,同时提请以李如桐为华方秘书,经苏方表示同意。

刘泽荣先生提议:应先议定本届会议议事日程。

阿弗斜耶维赤先生提请将下列各案列入议事日程:

(一)核准公司一九四三年至一九四七年各年度决算案;

(二)一九四三年至一九四七年盈余分配及亏损抵偿案;

(三)批准一九四八年工作计划案;

(四)讨论公司管理上组织问题;

(五)其他。

刘泽荣先生提请将下列各问题列入议程:

(一)美金折率问题;

(二)关于一九四八年工作计划及预算问题;

(三)讨论公司管理上组织问题(包括以华籍人员补充员额问题);

(四)讨论关于审核公司一九四三年至一九四七年各年度决算问题;

(五)其他问题。

交换意见后,董事会全体通过议事日程如左:

（一）审查并核定公司一九四三年至一九四七年各年度决算案。

（二）关于一九四三年至一九四七年盈余分配及亏损抵偿问题。

（三）审查并批准公司一九四八年工作计划及预算案（包括美金折率、飞行班次、票价及在可能范围内使飞机充满载量等问题）。

（四）讨论公司管理上组织问题（包括以华籍人员补充员额问题）。

（五）其他问题。

阿弗斜耶维赤先生提请规定会议时间如下：每日十时至十九时三十分为开会时间，十四时至十七时休息。

全体通过。

散会。

董事长　刘泽荣（签名）

副董事长　阿弗斜耶维赤（签名）

秘书　李如桐（签名）　乌舍科夫（签名）

译件

苏联民航总局　一九四八年八月二十七日 第〇八七一九〇三五号　派令

苏联民航总局兹派A·A·阿弗斜耶维赤И·Ц沃罗比岳夫A·M·杜布罗夫斯基为中苏航空公司"哈阿线"董事并以A·A·阿弗斜耶维赤为副董事长此令.

苏联民航总局局长航空中将巴衣都科夫

秘书　李如桐译

（2）第二次会议纪录（9月3日）

中苏航空公司第五届董事会议纪录　第二次会议

地点：阿拉木图

日期：民国三十七年九月三日上午十时

出席人员：

中方:1. 董事长刘泽荣　2. 董事夏舜参　3. 董事李如桐

苏方:1. 副董事长 A·A·阿弗斜耶维赤　2. A·M·杜布罗夫斯基　3. 董事 п·и·沃罗比岳夫

列席专家:B·и里哈切夫　B·M·达尼勒切夫

主席刘泽荣　秘书李如桐　乌舍科夫

刘泽荣先生宣布本届董事会开第二次会议,按照议事日程,应开始讨论第一问题,即审查并核定公司一九四三年至一九四七年各年度决算案。

总经理沃罗比岳夫将一九四三年至一九四七年公司工作困难经过情形,及主要症结所在,详予分析,并对于公司业务之改进方针提供若干建议(沃罗比岳夫先生报告全文附后)。

刘泽荣先生在沃罗比岳夫总经理报告以后,请与会各位发表意见。

乌舍科夫先生请求发言,因该员系公司财务科长,当向董事会将一九四三年、一九四四年、一九四五年、一九四六年、一九四七年历年公司收支状况营业结果,分别详细报告。

刘泽荣先生提议,将经理部报告移在下次会议讨论。

十九时散会。

董事长　刘泽荣

副董事长　阿弗斜耶维赤

秘书　李如桐　乌舍科夫

第五届董事会会议记录第二号之附件

一九四三年——一九四七年期内中苏航空公司经理部关于公司业务之报告

董事长先生、诸位董事先生:

请准许公司经理部将公司一九四三年至一九四七年期内之工作情形,向董事会提出报告。

对于上述时期以前数年之公司业务，业经第四届董事会讨论，并批准过了。

在做数字报告以前，应先将一九四三年至一九四七年公司工作所处之环境，述说几句。

在一九四三年与一九四四年内，公司工作比较正常，并顺利进展。但由一九四五年起，因新疆境内政治经济情况之变更，公司正常业务极感困难，此种情形，对公司之营业结果，自不能不发生影响。

试再分析公司之业务情形，请董事会注意附表一。在此表内，曾列举公司业务之主要数字，与计划作一比照。此处列举者有飞行小时数，每小时飞行吨公里数，有效运用飞机之资料数字（每一飞机小时之飞行吨公里数），已运客货之数字，运输成本，飞行一吨公里之收入数，以及因业务所得结果之数字。

提及公司之各表，经理部请董事会注意运输动态之吨公里数。

如将一九四〇年之实际运输，作为一百分，则该年以后各年之运输，与一九四〇年比较，可得下列数字：

一九四三年——六四.八%

一九四四年—二三七.三%

一九四五年———一.四%

一九四六年——四二.五%

一九四七年——四一.六%

观以上数字，可见运输量不断的增加，并在一九四四年内，较一九四〇年水准，超过百分之二三七·三。

由以上数字，可见运输量由一九四五年起，大见减少。一九四五年之运输，比较一九四四年之运输，只占百分之四六·九。

在一九四六年与一九四七年内之运输量，虽略增加，惟与一九四四年之运输比较，平均只占百分之五九·九。

董事会如注意到每一飞机小时之飞行吨公里数字，则可看出一九四四年以前飞机之营业载重量，曾有不断的增加，并在一九四四年内，比较一九四〇年超过百分之一四七．二。但由一九四五年起，此种数字亦大见恶化。

各位先生，此等数字之恶化，由一九四五年开始，究系何种原因？

其原因是由一九四四年十一月起，公司由于经理部力所不及之原因，被迫停止往来伊犁之运输，此种情形使公司遭受甚大损失。

如在一九四四年内，全年全航线之飞行吨公里数为五五六，二六八时，往来伊犁之运输为二五四，一九九吨公里(载客四，一三八人，运邮件行李货物一五〇．四吨)，占全年运量百分之四五．七，则在一九四五年以内，无论往伊犁运输，或由伊犁运出，均属无有。而一九四五年之运输，较一九四四年，所以大见减少之原因，由此自可明了。

往伊犁飞行，仅到一九四六年第四季始行恢复，惟在一九四六年第四季与一九四七年内，在全线之此一段内，载运量仍然极少。

是由一九四五年起载运量之减少，与飞机上营业装载数字之恶化，系由于公司经理部力所不及之原因。

试再分析运输之成本，应提明者，为除一九四五年以外，运输之成本低于计划之成本。此足表明经理部曾努力按理智耗用托付与经理部之钱款。

由附表一可见，在一九四四年以前，每一吨公里运输之实际成本，系逐年减低，并在一九四四年内，只占一九四〇年百分之七二．四。

一九四五年实际运输成本之较计划稍高(高百分之一八．二)，系由于每一飞机小时飞行吨公里数之计划未能充分执行，系因往伊犁停止运输。

如对一九四五年之运输成本，不按每一吨公里计算，而按每一飞机小时计算，则每一飞机小时之实际成本，将较计划成本，低减百分之九．七(按照计划为一四一七．七七，实际为一三二二．〇一)。

一九四六年内每一吨公里运输成本，较计划成本低百分之三五．五，而在一九四七年内，又只占一九四六年计划百分之八十七。

提及每一吨公里运输收入计划之执行，又较恶化。只在一九四四年与一九四六年内，实际收入，较计划收入数为多，其余各年则较计划数字为少。

收入计划之未克充分执行，系由于客运计划之未克充分执行，客运收入，显较货运为多。如一九四四年客运最甚时，实际收入较计划收入超过百分之二八．六。在一九四六年内，收入计划之有超收，系由于派专机在航线以外飞行。

因经理部设法减低运输成本，由于计划内亏折之减少，公司曾节省钱款甚多，分年节省数字如下：

一九四三年—美金一五四，二六六元。

一九四四年—美金三四七，八八三元。

一九四六年—美金一，〇二二，七四一元。

一九四七年—美金二四八，九三五元。

共计美金一，七七三，八二五元。

各位先生，现在请准叙述一九四三年至一九四七年期内公司业务之最终结果。

在附表二之各项以内，曾列举一九四三年至一九四七年公司之盈余与亏折数字。

由此附表可看出，在一九四三年至一九四七年期内，亏折总数为美金一百二十三万九千七百八十九元三角七分。

此项亏款，如分年论述，可分述如下：

一九四三年结算，亏折美金十三万六千六百三十九元三角三分。如注意到此项款额，系包括飞机失事损失美金九万二千零九十四元五角三分在内，则是业务之实际损失，不过美金四万四千五百四十四元八角。至于一九四三年之计划，曾预计损失为美金二十三万九千三百五十七元。

至于飞机失事损失，本人不再叙述，因对此事在四届董事会议之时，业已加以讨论。

在一九四四年内，因适当发展业务之结果，公司曾获得盈利美金二十六万七千零三十元九角四分，但在公司计划上，曾预计将有损失。

观一九四三年并特别是一九四四年的表册，可知公司营业曾顺利发展。根据此等表册，原可希冀以后公司业务，能以有利。

惟新疆境内环境之变更，曾予此以阻碍。

一九四四年末，因新疆境内之环境，曾引起公司载运量之激烈减少。同时新疆省币，开始跌价。

此等事实曾引起运输成本之激涨，而运输之收入，仍系美金一元折合新疆币四元，照旧未变。

值此之故，一九四五年计划曾预计损失为美金五十九万七千三百九十一元，而一九四五年之实际损失，因预定之载重量，未克充分执行，为美金三十九万一千八百九十八元一角三分。

一九四六年结算，损失美金十三万六千三百二十八元六角一分，而按照计划，曾预计损失为美金一百三十七万二千九百二十七元，是实际损失较计划减少美金一百二十三万六千五百九十八元三角九分。

此项损失之减少，系由于经理部缺乏钱款，放弃修理房屋与建筑物之许多预定重大工程，将伊犁、精河、西湖（乌苏）等处机构与经理部职员，予以裁减，并将其他一般内部开支，减至最低限度。

一九四七年之公司损失，为美金八十四万一千九百五十四元二角四分。在一九四七年内，经理部极力设法，使公司损失减少，与以往各年以内相同。又一九四七年之运输实际成本，系低于一九四六年之计划成本一节，即可看出此种情形。

一九四七年折合率差数之损失，约占该年损失总数百分之四十，实占该损失数中之甚大比重。但究系何种损失，并由于何种原因？

董事会所知者，为在一九四七年十月十八日以前，用美金计算开支，将新币折合成美金之时，系用新疆币四元折合美金一元。在新币完全贬值之环境下，所发生之结果，为公司现款，与在新疆就地所购器材之价值，以及公司与债务人债权人之账款，在将新币折成美金时，于公司平衡表上，均显甚高。

由一九四七年十月十八日起，经理部在将出款入款折成美金之时，开始按照中国中央银行所规定折合率办理。

经理部将截至一九四七年十月十八日之公司现款余数，与债务人债权人之账款，以及在新疆所购器材余数价值，均按该银行所定新币七千八百元折合美金一元之一九四七年十月份折合率，折成美金。

只以此种折算之结果，致有折合率之差数，因而招致上述亏款。

为求显明起见，本人试举下事为例。一九四七年九月内，经理部曾付炭窑窑户新币二百万元，作为向窑户买炭之预付款。按照新币四元折美金一元之折合率，折成美金之时，此项预付款，等于美金五十万元。及将上述预付款余数，按照新币七千八百元折合美金一元之折合率，折成美金之时，窑户之欠款，已减少美金四十六万二千九百九十八元一角七分，因而成为损失。

由上述可知，折率差数之损失，系由于公司业务完全力所不及之原因。此等损失之详细说明，述于附表三以内。

一九四三年至一九四七年公司之会计统计与报告，系按照中国交通部所定方式办理。每季报告、半年报告、全年报告，均系定时由经理部呈送，同时向中国交通部与苏联民航总局呈送之。

董事长先生，各位董事先生！

刻在结束一九四三年至一九四七年公司经理部之业务报告时，本人拟向董事会陈述改善公司营业之愿望。为减少损失并增加运输收入起见，如能规定航运之硬性运价表，造成环境使经理部能无亏损的工作,自属适当。在新疆现有经济情况之下,经理部在一九四六年与一九四七年内,曾尽力使亏折减少,但未得到理想的结果。在一九四六年,一九四七年,与一九四八年内,新疆币比照美金,不断的丧失其购买力。可举炭价高涨为例。一九四六年初,每筐(一百五十斤)炭价为新币二百元,一九四七年初,每筐炭价增至新币六百元,但目前,在一九四八年八月内,每筐为新币三十万元。即公司工作所需在新疆购买之其他材料,其价值亦系此种情形。此为公司经理部无力克服困难中之一种。其他使公司营业难以正常之情况,为中国地方官禁运货物往来伊犁。关于运货赴伊与由伊犁运输,约占公司全部运输百分之五十,以上业经提及。应再补陈者,为新疆商人,曾迭向公司经理部请求载运其货物前往伊犁。

经理部请求董事会,并特别请求华方董事,设法铲除公司工作之上述困难。

以往期内,商人曾迭向经理部提议,运输其货物往喀什、和阗及南疆其他城市,经理部认为往南疆飞行,可能收支裕如,并对公司极为有利。且有提议由兰州运输货物者。例如有人曾向公司经理部请求,由兰州运货一百五十吨,按照美金市价,交付公司运费。此项提议,对公司亦极有利。但无董事会之批准,经理部自不克将其付诸实施。根据以上所述,经理部请求董事会,对于组织运输货物,前往喀什、阿克苏、焉耆、和阗,与新疆其他城市,以谋扩展公司业务之可能问题,加以讨论。

经理部拟向董事会报告者,为分析以往各年之公司业务。有理由推断,如照上述,能以铲除公司正常营业之数种阻碍,则公司航线,有一切可能,不仅成为无亏折之企业,并可成为有余利之企业。

最末应提明者,如公司经理部工作之进行,苏华两方经理间在事务上颇能密切合作。

经理部请求董事会,对于一九四三年至一九四七年期内之公司各年报告,予以批准。

中苏航空公司一九四〇年至一九四七年期内之业务主要数字表

2架　　　　　　　　3架　　　　　　　　附表一

号次		1940年		1941年		1942年		1943年		1944年		1945年		1946年		1947年	
		计划	实际	计划	实际	计划	实际	计划	实际	计划	实际	计划	实际	计划	实际	计划	实际
1	飞行小时	560	847	1372	1184	1244	903.1	1243	773	1154.8	812.7	1154.2	640.6	1154	851.5	/	720.7
2	吨公里	133400	234409	413700	366619	394500	372010	410000	380410	529800	556268	596000	261246	596000	334020	/	331913
3	每一小时飞行吨公里数	236	277	310.5	309.7	317.1	411.9	329.6	491.9	458.8	684.5	516.3	407.8	516.3	392.2	/	460.5
4	共运输乘客	/	1710	/	3201	/	3640	/	4535	/	7654	/	1666		3000	/	3240
5	邮件行李与货物(吨)	/	59.9	/	161.8	/	163.5	/	200.8	/	342.9	/	182.7		260.5	/	280.2
6	每一吨公里之运输成本美金数	2.03	1.34	1.67	1.27	1.72	1.13	1.66	1.10	1.28	0.97	2.74	3.24	5.72	3.69	/	4.97
7	每一吨公里之收入	0.87	0.79	0.64	0.60	0.67	0.87	1.08	0.92	1.12	1.44	1.74	1.49	1.74	2.78	/	2.79
8	实际飞行业务之结果 甲、盈利美金数	/	/	/	/	/	/	/	/	/	258880	/	/	/	/	/	
	乙、亏折美金额	271914	127765	377617	244038	390610	96458	220638	66372	89003	/	261246	457755	1329399	306658		725086
9	比较计划所节省数	144149		133579		294152		154266		347883		/		1022741		/	
10	比较计划超支数	/		/		/		/		/		196509					

X. 每一小时费用：按照计划为1417.77实际上为1322,01。

中苏航空公司总经理　沃罗比岳夫　　财务设计组主任　乌沙阔夫

中苏航空公司一九四三年至一九四七年期内之内部业务结果清算表　附表二

号次		1943 年	1944 年	1945 年	1946 年	1947 年	总　计	1943 年内扣除	未扣除之损失
	损失：								
1	由于飞机业务之损失	66372—24	/	457755—00	306657—81	725086—00	1555871—05		
2	由于飞机失事之损失	92094—53	/	/	/	/	92094—53		
3	由于折合率差数之损失	/	/	/	/	335078—45	335078—45		
	共计损失	158466—77		457755—00	306657—81	1060164—45	1983044—63		
	盈利：								
1	由于飞机业务者	/	258880—62	/			258880—62		
2	由于汽车业务者	/	/	32252—48	64178—01	88772—18	185202—67		
3	由于住房公共事业者	/	/	22562—97	49087—50	119420—46	191070—93		
4	由于器材变价者	/	/	/	54026—00	9722—75	63748—75		
5	其　他	21827—44	8150—32	11041—42	3037—30	294—82	44351—30		
	共计盈利	21827—44	267030—94	65856—867	1703289—81	210210—21	743254—66		
	最终结果：						743254—27		
	甲、损失	126639—33	/	3918986—13	136329—00	841954—24			
	乙、盈利	136639—33	267030—94	/	/		1239789—76	136639—33	1103150—43

中苏航空公司总经理　沃罗比岳夫　财务设计组主任　乌沙阔夫

附表三　一九四七年由于折合率差数之损失款额说明

号次	折合率差数之损失	款额	号次	折合率差数之损失	款额
1	由于过分估计预支款人之现存钱款者……	34175.75	1	由于过分估计债权人之欠款者……	490234.95
2	由于过分估计债务人之欠款者： 甲、由于过分估计购炭预付款者…… 乙、由于过分估计对电话局之预付款者…… 丙、由于过分估计其他债务人之欠款者……	 462998.17 14995.89 23158.39			
3	由于过分估计现存钱款者……	177077.25			
4	由于过分估计物料者……	112907.97			
	共计损失	825313.40		共计盈利 结余损失	490,234.95 335078.45
	平衡……	825313.40		平衡……	335078.45

中苏航空公司总经理　　沃罗比岳夫

财务设计组主任　　乌沙阔夫

(3) 第三次会议纪录(9月4日)

中苏航空公司第五届董事会议纪录　第三次会议

地点：阿拉木图

日期：民国三十七年九月四日上午十时

出席人员：

中方：1. 董事长刘泽荣　2. 董事夏舜参　3. 董事李如桐；

苏方：1. 副董事长A·A·阿弗斜耶维赤，2. 董事A·M·杜布罗夫斯基，3. 董事И·Ц·沃罗比岳夫。

列席专家B·П·里哈切夫，B·M·达尼勒切夫。

主席刘泽荣　秘书李如桐、乌舍科夫。

刘泽荣先生宣布本届会议继续开会，对于公司经理部，尤其对总经理沃罗比岳夫先生近年来经营航线之尽心，力求节省经费，避免亏损，予以赞许。

同时，刘泽荣先生谓决算内美金亏损数字，主要原因系受一九四七年十月十八日以前折率影响，即新疆币每四元折合美金一元之折率未予变更，而依照如此方法所编之决算，对经营航线财务上结果之实际情形，甚难确定。

刘泽荣先生嗣即宣读其本人本年九月四日致副董事长阿弗斜耶维赤之函件，其内容谓：奉交通部令，按照公司章程第三十四条之规定，请民航总局速派稽核人员(原函抄件附本纪录)。

阿弗斜耶维赤先生关于刘泽荣先生对公司经理部一九四三年至一九四七年工作优良之考语，表示赞同，因此种评语经理部实受之无愧。

阿弗斜耶维赤先生并发表意见，谓公司经理部在第二次世界大战之时，中国通国外其他路线均在封锁之际，能善于因应完成其主要任务，使两国间航空联系畅通无阻，亦即刘泽荣先生适才所说经理部对于减低亏损实尽了很大努力，但因为战争及年来新疆事变关系，致使公司营业受到影响，致有亏损，在经理部报告内已可概见。

阿弗斜耶维赤先生对刘泽荣先生所说因新疆币与美金为一与四之比例，不能充分合理表现公司财务实际状况之论述，不能同意。并认为董事会如以此种观点评定，实无所根据。因经理部随时已将合理平衡表及营业上财务实际结果，呈报中国交通部及苏联民航总局矣。

阿弗斜耶维赤先生允将刘泽荣先生本年九月四日致伊之函件，转呈苏联民航总局，俟得到复文，即行答复。

交换意见后，全体对议程所列第一项问题有以下之决定：

董事会在听取并讨论公司经理部一九四三年至一九四七年各年度决算报告以后，一致决议：

认为公司经理部上述期内工作良好。

呈请中国交通部及苏联民航总局核准公司一九四三年至一九四七年各年度决算。

十九时三十分散会。

董事长　刘泽荣(签名)　副董事长　阿弗斜耶维赤(签名)

秘书　李如桐(签名)　乌舍科夫(签名)

抄件　一九四八年九月四日于阿拉木图

刘泽荣先生致副董事长A·A·阿弗斜耶维赤先生函

径启者：查中国交通部前请苏联民航总局按照中苏航空公司章程第三十四条之规定，委派专人审核公司经理部已往各年年度决算及平衡数有案，苏方曾答以暂缓办理。本人兹奉交通部令，仍请苏联民航总局依照三十四条之规定，从速委派人员等因，相应函请查照，即希将交通部意见转请民航总局，并祈见复为荷。此致

阿弗斜耶维赤副董事长

刘泽荣敬启

(4) 第四次会议纪录(9月6日)

中苏航空公司第五届董事会议纪录　第四次会议

地点：阿拉木图

日期：民国三十七年九月六日上午十时

出席人员：

中方(一)董事长刘泽荣，(二)董事夏舜参，(三)董事兼协理李如桐；

苏方(一)副董事长A·A·阿弗斜耶维赤，(二)A·M·杜布罗夫斯基，(三)董事兼总经理И·Ц·沃罗比岳夫。

列席专家(一)B·Ц·里哈切夫,(二)专家B·M·达尼勒切夫。

主席刘泽荣　秘书李如桐　乌舍科夫

刘泽荣先生宣布开会后,请杜布罗夫斯基先生发表关于议程第二项问题意见,即一九四三年至一九四七年盈余分配及亏损补偿问题。

杜布罗夫斯基先生向董事会提议谓,上次会议认为公司经理部工作良好,应即按照公司章程第二十四条第三、四两项之规定,分配盈余及解决亏损补偿方法及期限。

根据经理部向董事会所报告历年盈亏数字,一九四三年亏损美金十三万六千六百三十九元,一九四四年盈余二十六万七千零三十一元美金,一九四五年至一九四七年亏损一百三十七万零一百八十一元美金。

关于一九四三年亏损,杜布罗夫斯基先生认为可以销案,因此项亏损已经双方股东全数付清矣。至一九四四年盈余二十六万七千零三十一元美金,可以之抵偿一九四五年至一九四七年之亏损。所有其余亏损之美金一百一十万零三千一百五十元,呈请中国交通部与苏联民航总局,于限期三月内以美金清偿之。

刘泽荣先生提议,将盈余分配及亏损补偿之问题暂缓,俟双方股东将一九四三年至一九四七年度各决算核准后再行研议。

阿弗斜耶维赤先生对刘泽荣先生提议,表示异议,并谓本届董事会有讨论补偿公司亏损之办法及期限,并予以决议之责任。

交换意见后,刘泽荣先生提议关于此项问题,移在下次会议讨论。

全体同意。

十九时散会。

董事长刘泽荣(签名)　副董事长　阿弗斜耶维赤(签名)

秘书　李如桐（签名）　乌舍科夫（签名）

（5）第五次会议纪录（9月7日）

中苏航空公司第五届董事会议纪录　第五次会议

地点：阿拉木图

日期：民国三十七年九月七日上午十时

出席人员：

中方（一）董事长刘泽荣，（二）董事夏舜参，（三）董事兼协理李如桐；

苏方（一）副董事长A·A·阿弗斜耶维赤，（二）A·M·杜布罗夫斯基，（三）董事兼总经理И·Ц·沃罗比岳夫。

列席专家（一）B·Ц·里哈切夫，（二）专家B·M·达尼勒切夫。

主席刘泽荣　秘书李如桐　乌舍科夫

刘泽荣先生宣布开会后，提请继续讨论一九四三年至一九四七年盈亏分配及补偿问题。

交换意见后，董事会有以下之决定：

董事会在讨论一九四三年至一九四七年盈亏分配及补偿问题以后，一致决议：

（一）因一九四三年公司亏损，曾经双方股东全数付清，故该年亏损问题，认为业已结束。

（二）一九四四年公司盈余作为抵偿该年以后各年度之亏损。

（三）公司自一九四五年起，至一九四七年止之各年度亏损，除以一九四四年盈余抵偿外，其余亏损依照公司第三十八条之规定，由双方股东平均分担。

该期限内之公司亏损，俟一九四四年至一九四七年决算核定，并经双方决定盈亏数量后，由双方股东补偿之。

（四）该期限内公司亏损在一九四四年至一九四七年各年度

决算核定以后两个月内，以美金或以同等有效货币补偿之。本董事会并请股东于一九四九年四月一日以前予以补偿。

（五）呈请中国交通部与苏联民航总局，对本董事会此项决定予以批准。

十九时三十分散会。

董事长刘泽荣（签名） 副董事长 阿弗斜耶维赤（签名）

秘书 李如桐（签名） 乌舍科夫（签名）

（6）第六次会议纪录（9月9日）

中苏航空公司第五届董事会议纪录 第六次会议

地点：阿拉木图

日期：民国三十七年九月九日

出席人员：

中方（一）董事长刘泽荣，（二）董事夏舜参，（三）董事李如桐；

苏方（一）副董事长A·A·阿弗斜耶维赤，（二）董事A·M·杜布罗夫斯基，（三）董事И·Ц·沃罗比岳夫。

列席专家（一）B·Ц·里哈切夫，（二）B·M·达尼勒切夫。

主席刘泽荣 秘书李如桐 乌舍科夫

刘泽荣先生宣布开会，并提请讨论议程第三项问题，即审查并核定一九四八年工作计划及预算案（包括美金折率问题、飞行班次、运率及飞机在可能范围内充满载量等问题）。

此案请沃罗比岳夫先生报告

沃罗比岳夫先生当向董事会报告一九四八年工作计划、人员编制及收支预算，并说明一九四八年收支款项，系按中国中央银行一月份折合率，即美金一元折新疆币一万七千八百元之折率所拟定。

沃罗比岳夫先生并请注意，谓按照计划所列亏损四十三万四千二百五十七元美金，系因运率过低所致。

沃罗比岳夫先生并向董事会报告，谓公司现仅有C—47号飞机一架，另外一架ДC—3号飞机，因其机能已用尽，该机不能继续运用，留待报废。现在公司经营航线之C—47号飞机，系租自苏联民航总局者。至公司原有之第二架飞机，其机能亦将用尽。故本公司所需飞机及发动机如何补充之问题，应请董事会予以讨论。

沃罗比岳夫先生继又报告公司机场、房屋、其他建筑物及汽车等情形，并请对于在新疆事变时期乌苏无线电台及精河定向台恢复问题，并请予以讨论，因上述两处在保障飞机安全上所最需要者。至于哈密、迪化飞机场场地公用建筑及住房修理问题，及汽车大修理问题，并请讨论。

关于沃罗比岳夫先生之报告，交换意见后，董事会决定应先讨论以下各问题：

（一）美金折合率问题；

（二）运率问题；

（三）公司营业范围；

（四）公司人员编制；

（五）职员待遇；

（六）审查预算减低开支；

（七）讨论关于备购飞机发动机、汽车各种零件及材料问题；

（八）房屋及其他建筑物以及汽车之修理问题；

（九）乌苏、精河房屋修复问题；

（十）哈密、迪化机场之整修；

（十一）公司飞机发动机、汽车及其他主要物料完全不能应用者之报废问题；

（十二）关于贷给公司款项问题。

董事会委托经理部（沃罗比岳夫、李如桐两君）对于三、四、五、六等项提供意见，呈董事会核议。

十九时三十分散会。

董事长　刘泽荣(签名)　副董事长　阿弗斜耶维赤(签名)

秘书　李如桐(签名)　乌舍科夫(签名)

(7) 第七次会议纪录(9月10日)

中苏航空公司第五届董事会议纪录　第七次会议

地点:阿拉木图

日期:民国三十七年九月十日

出席人员:

中方(一)董事长刘泽荣,(二)董事夏舜参,(三)董事李如桐;

苏方(一)副董事长A·A·阿弗斜耶维赤,(二)董事A·M·杜布罗夫斯基,(三)董事П·Ц·沃罗比岳夫。

列席专家(一)B·Ц·里哈切夫,(二)B·M·达尼勒切夫。

主席刘泽荣　秘书李如桐　乌舍科夫

刘泽荣先生宣布继续开会,并请开始讨论上次会议所提关于议程第三项之各问题。

阿弗斜耶维赤先生请华方发表关于第一项美金折率之意见。

刘泽荣先生发言,谓中国在本年八月下旬实行使用金元券,其折合率为每金元合美元二角五分,又每金元合新疆币六十万元,或新疆币二百四十万元折美金一元。此项美金正式折率,请公司于本年九月一日采用。

全体对此项提议表示同意。

刘泽荣先生继即提出讨论运率问题,并请中苏航空公司应比照中国中央航空公司现行运率,提高至同一之标准。

阿弗斜耶维赤先生请刘泽荣先生将中央航空公司客运及货运吨公里正式价值表,付给一份,以作参考。

刘泽荣先生谓最近运率表未带来。

阿弗斜耶维赤先生请将上项价值表转询交通部示复，关于运率问题，俟得到复信，再行讨论。

全体表示同意。

继由刘泽荣先生请沃罗比岳夫先生发言。

沃罗比岳夫先生向董事会报告，谓按经理部意见，一九四八年第四季自阿拉木图至哈密来往飞行可拟定二十四次，即每周班机飞行两次。

沃罗比岳夫先生继又将经理部关于载量意见报告董事会，谓飞机商业上载量可能增到百分之八十至八十五。

关于公司员额，经理部认为必须保持现有人员六十九人。

交换意见后，董事会请移在下次会议讨论。

十九时散会。

董事长　刘泽荣（签名）　副董事长　阿弗斜耶维赤（签名）

秘书　李如桐（签名）　乌舍科夫（签名）

(8) 第八次会议纪录（9月11日）

中苏航空公司第五届董事会议纪录　第八次会议

地点：阿拉木图

日期：民国三十七年九月十一日

出席人员：

中方（一）董事长刘泽荣，（二）董事夏舜参，（三）董事李如桐；

苏方（一）副董事长 A·A·阿弗斜耶维赤，（二）董事 A·M·杜布罗夫斯基，（三）董事 И·Ц·沃罗比岳夫。

列席专家（一）B·Ц·里哈切夫，（二）B·M·达尼勒切夫。

主席刘泽荣　秘书李如桐　乌舍科夫

刘泽荣先生宣布开会，并请继续讨论公司员额及待遇问题。

阿弗斜耶维赤先生请刘泽荣先生发表对各项问题之意见。

刘泽荣先生谓，华方意见保持公司现有人员六十九人，职员待遇按现有薪饷表减低百分之五十，再照中国政府所规定各机关公务人员待遇办法计算，核发薪饷，即基本数为美元四十元者，发给全数；四十一元至三百元者，按百分之二十发给；三百元以上者，按百分之十发给。

阿弗斜耶维赤先生提议公司人员可减至六十一人。至于公司职员薪饷，一九四八年可减低百分之三十，并责成经理部拟具一九四九年新薪饷表。

全体对阿弗斜耶维赤先生所提公司人员额数表示同意，关于待遇问题，另行讨论。

关于支出预算问题，董事会提请在待遇问题解决后，再行讨论。

继由阿弗斜耶维赤先生提请讨论飞机及汽车之添置问题，并请董事会应行决定添置新飞机两架，新载货汽车三辆。

刘泽荣先生谓，公司现无购置经费，对此项提议表示异议，并请将一九四八年添置飞机及汽车事暂从缓议。同时提议在添置飞机问题未决定前，仍继续租用苏联民航总局飞机一架，如公司再需飞机时，可请中国交通部亦租给一架。

董事会继请讨论关于修理房屋及各机场问题。

刘泽荣先生提议此问题俟审查支出预算时，再行讨论。

全体同意。

讨论关于恢复乌苏电台及精河定向台问题，刘泽荣先生提议，在该区域内未恢复正常情况以前缓议。

阿弗斜耶维赤先生关于从缓修复乌苏电台事，表示同意。但请修复精河定向台，因该处为保障飞机安全所必需者。

刘泽荣先生对阿弗斜耶维赤先生所主张应恢复精河定向台一节，为保障飞机安全计，并无不同之意见，但反对目前实行修复精河定向台。

关于此项问题，在本会议中无任何决定。

继又讨论哈密、迪化机场整修问题，交换意见后，提交经理部将此项工作需款数目列入一九四九年预算内。

最后在散会前，阿弗斜耶维赤先生交给刘泽荣先生对于我方本年九月四日去函之苏方复文一件，大意谓苏联民航总局为稽核公司财务帐目，已派B·K·斯塔罗斯廷先生为稽核员，现该员已在迪化（复函抄件抄后）。

十九时三十分散会。

董事长　刘泽荣（签名）　副董事长　阿弗斜耶维赤（签名）

秘书　李如桐（签名）　乌舍科夫（签名）

抄件　一九四八年九月十日于阿拉木图

阿弗斜耶维赤先生致董事长刘泽荣先生复函

接准本年九月四日大函。兹敬答复如下：苏联民用航空总管理局按照中苏航空公司第三十四条之规定，已派B·K·斯塔罗斯廷先生为公司财务稽核员。该员现时已在迪化，敬请董事长转呈贵国交通部。再交通部所派稽核人员何时能与斯塔罗斯廷先生开始审查，亦祈示知，以便转呈民航总局。此致

刘董事长

阿弗斜耶维赤敬启

(9) 第九次会议纪录（9月12日）

中苏航空公司第五届董事会议纪录　第九次会议

地点：阿拉木图

日期：民国三十七年九月十二日上午十一时

出席人员：

中方（一）董事长刘泽荣，（二）董事夏舜参，（三）董事李如桐；

苏方(一)副董事长A·A·阿弗斜耶维赤,(二)董事A·M·杜布罗夫斯基,(三)董事И·Ц·沃罗比岳夫。

列席专家(一)B·Ц·里哈切夫,(二)B·M·达尼勒切夫。

主席刘泽荣　秘书李如桐　乌舍科夫

刘泽荣先生宣布开会后,告知董事会谓,奉交通部复示,中央航空公司兰州迪化一段客运及货运,每吨公里之运价(表附后)规定如此,请参照。

继即讨论公司职员待遇问题。阿弗斜耶维赤先生提议,由于公司职员在一九四六年至一九四七年以当地货币折合而领到之薪饷,过于微薄,故请将一九四八年全年(包括第四季)按一九四七年薪饷表,照百分之六十发给,同时责成经理部在一九四八年十二月一日以前,拟定一九四九年职员薪饷表,在商得董事长同意后,呈请双方股东批准之。

刘泽荣先生谓,一九四八年公司职员薪饷,按一九四七年薪饷表百分之六十发给,华方表示同意。但自一九四九年一月一日起,必须重新规定薪饷表,将公司一九四七年美金薪饷表减低百分之五十,再按照中国政府所定各机关公务人员核发薪饷现行办法计算核发之。

交换意见后,董事会对刘泽荣先生之声明,均已备悉,当即提交公司经理部按照中国中央航空公司运率标准计算收入,并按照一九四七年薪饷表发给公司职员百分之六十薪饷之计算法,拟具一九四八年第四季收支预算,以便提付下次会议。

十四时散会。

董事长　刘泽荣(签名)　副董事长　阿弗斜耶维赤(签名)

秘书　李如桐(签名)　乌舍科夫(签名)

说明表

中国交通部所定中国中央航空公司兰州迪化段运率(一九四

八年九月十二日电报）

普通货运每吨公里为二.五七七金元；

贵重物品每吨公里为六.四四二金元；

客运：运输机每客公里〇.一二九金元；

沙发机每客公里〇.一五五金元。

董事长　刘泽荣　民国三十七年九月十二日于阿拉木图

(10) 第十次会议纪录(9 月 13 日)

中苏航空公司第五届董事会议纪录　第十次会议

地点：阿拉木图

日期：民国三十七年九月十三日上午十一时

出席人员：

中方（一）董事长刘泽荣，（二）董事夏舜参，（三）董事李如桐；

苏方（一）副董事长 A・A・阿弗斜耶维赤，（二）董事 A・M・杜布罗夫斯基，（三）董事 И・Ц・沃罗比岳夫。

列席专家（一）B・Ц・里哈切夫，（二）B・M・达尼勒切夫。

主席刘泽荣　秘书李如桐　乌舍科夫

刘泽荣先生宣布开会后，提请董事会听取经理部一九四八年前三季实际收入状况。

沃罗比岳夫先生报告一九四八年上半年度收支决算数及一九四八年第三季收入概算，照经理部统计，公司一九四八年三季亏损约为美金十六万五千元。

刘泽荣先生继又提请讨论公司经理部拟制之一九四八年第四季工作计划及收支预算。

沃罗比岳夫先生即席报告，谓根据董事会指示，兹拟具一九四八年第四季工作计划及收支预算，因票价之变更，员额紧缩，薪饷减低，货运增多及间接费用减少，一九四八年第四季预算仅亏损一万九千零三十二元美金。

交换意见后，董事会对于公司经理部所拟制一九四八年第四季预算予以采纳。嗣即交换关于贷款公司问题之意见。

阿弗斜耶维赤先生谓，公司近年来受到亏损甚大，为使正常经营航线，又无流动资财，必须贷给公司美金六十万元之贷款（双方美金各三十万元）。

刘泽荣先生谓，其本人对贷款给公司之问题无权决定，请毋庸讨论。

董事会同意将贷款问题转呈双方股东解决。

在多方面交换意见，并归纳议程第三项问题讨论之总结以后，关于一九四八年工作计划及收支预算，董事会有以下之决定：

董事会在审查并讨论一九四八年公司工作计划及收支预算以后，一致决议：

（一）公司在新疆之收入及在新疆所支出者，应照中国政府所规定之正式美金折率折算之。

（二）哈阿线全线运率以中国中央航空公司之运率为标准（见附件一）。

今后公司运率调整时，经理部得商承董事长之同意，按照中国中央航空公司运率之标准办理之。

已往运率作废。

（三）一九四八年第四季公司员额定为六十一人（参照附件二）。

（四）一九四八年公司人员薪饷，照现在薪饷表发给百分之六十，因数年来公司人员实领到微薄薪饷（参看附件二）。

责成经理部在一九四八年十二月一日以前，拟制公司一九四九年薪饷表及人员编制薪饷表，必须根据一九四八年八月中国币制改革后核发薪饷之规定，商承董事长之同意后，转呈中国交通部及苏联民航总局核准之。其新定薪饷表应根据一九四七年美金薪饷表减低百分之五十计算。

（五）责成公司经理部在一九四八年十二月一日以前，拟制一九四九年工作计划及预算，呈报中国交通部及苏联民航总局，惟须在一九四九年勿再有亏损。

（六）规定自阿拉木图至哈密往返每周班机飞行两次。

（七）关于公司经理部一九四八年前三季实际收支予以备查。对于一九四八年前三季计划及收支预算，以该三季实际收支数额为预算数额，惟所有公司工作人员本年待遇，应自本年一月一日起，定为原薪百分之六十。

（八）公司经理部拟具一九四八年第四季工作计划，予以通过，呈请中国交通部及苏联民航总局，对于已经董事会所采纳之一九四八年第四季工作计划及收支预算核准之。

（九）请苏联民航总局准予公司租用飞机一架，至一九四九年一月一日止。

（十）ДС—3号飞机连同NO. 25876及25217号发动机，因机器使用已久，完全陈旧，应即报废，呈请中国交通部及苏联民航总局对于上项飞机批准作废。

上项飞机批准作废后，由经理部将该飞机运至迪化，利用零件及出售剩余部分。

（十一）公司经理部对于房屋建筑物及机场必须修理者，可在一九四八年第四季预算规定数字内办理之。

（十二）关于公司贷款之数量及方法问题，转呈双方股东解决。

董事长　刘泽荣（签名）

副董事长　阿弗斜耶维赤（签名）

秘书　李如桐（签名）　乌舍科夫（签名）

附件一

附中苏航空公司第五届董事会第十次会议纪录

客货运价表(以美金计算)

起讫站	客运(每人)	邮件行李货运(每吨)
一、阿拉木图至伊犁	一二.六	二二九
二、阿拉木图至迪化	三二.〇	五八〇
三、阿拉木图至哈密	五〇.三	九一一
四、伊犁至迪化	一九.五	三五一
五、迪化至哈密	一八.三	三三一
六、哈密至伊犁	三七.八	六八二
七、哈密至阿拉木图	五〇.三	九一一

董事长 刘泽荣(签名) 副董事长 阿弗斜耶维赤(签名)

附件二

附中苏航空公司第五届董事会第十次会议纪录

一九四八年第四季人员编制

职别	额数	薪饷	工作地
(壹)高级业务人员			
(一)总经理	一	二五二	迪化
(二)协理	一	二一〇	迪化
(三)总工程师(兼站长)	一	一八六	迪化
(四)会计长(兼设计科长)	一	一八〇	迪化
(五)站长(兼电台机械员)	一	一五〇	伊犁

续上表

职　　别	额　数	薪　饷	工作地
（六）站长（兼电台机械员）	一	一五〇	哈密
（七）办事处主任	一	二二五	阿拉木图
（八）翻译秘书	一	一二〇	迪化
（九）秘书打字员	一	九〇	迪化
以　上　共　计	九人		
（贰）业务人员			
（一）公司及航空站电信联络主任	一	一五〇	迪化
（二）副会计长	一	一五〇	迪化
（三）出纳员	一	九〇	迪化
（四）地面设计工程师（兼总务科长）	一	一五〇	迪化
以　上　共　计	四人		
（叁）飞行人员			
（一）飞机师——机长	二	一五〇	
（二）飞机师	二	一五〇	
（三）随机机械员	二	一二六	
（四）随机报务员	二	一二六	
以　上　共　计	八人		
（肆）报务员			
（一）无线电员——定向员	一	一一四	迪化
（二）无线电员——定向员	一	一一四	伊犁
（三）无线电员——定向员	一	一一四	哈密
以　上　共　计	三人		

续上表

职　别	额　数	薪　饷	工作地
(伍)技士			
(一)电力机械员	一	一二〇	迪化
(二)主任航空机械员	一	一二六	迪化
(三)航空机械员	一	一二六	迪化
以　上　共　计	三人		
(陆)摩托技士			
(一)摩托技士——加油员	一	四五	哈密
(二)摩托技士——加油员	一	四五	伊犁
(三)摩托技士——加油员	一	四五	迪化
以　上　共　计	三人		
(柒)汽车组			
(一)汽车组主任(兼技士)	一	一三八	迪化
(二)汽车司机	二	九八	迪化
(三)汽车司机	一	一二〇	阿拉木图
(四)汽车司机	一	四八	伊犁
(五)汽车司机	一	四八	哈密
(六)汽车司机	三	四八	迪化
(七)焊　匠	一	四八	迪化
(八)工　人	一	四二	迪化
以　上　共　计	十一人		
(捌)工　人			
(一)机场工人	二	四五	迪化

续上表

职　　别	额　数	薪　饷	工 作 地
(二) 机场工人	一	四五	哈密
(三) 机场工人	一	四五	伊犁
(四) 清洁妇——炉火伕	二	三九	迪化
(五) 清洁妇——炉火伕	一	三九	哈密
(六) 清洁妇——炉火伕	一	三九	伊犁
(七) 院丁——门丁	四	四二	迪化
(八) 院丁——门丁	二	四二	伊犁
(九) 工人——搬运伕	一	九〇	阿拉木图
(十) 清洁妇——擦地板妇	一	八〇	阿拉木图
以　上　共　计	十六人		
(玖) 气象供应			
(一) 气象供应主任	一	一四七	迪化
(二) 气象台台长	一	一一七	哈密
(三) 气象台台长	一	一一七	伊犁
(四) 气象士——技士	一	一一一	迪化
以　上　共　计	四人		
以　上　总　共	六一人		

董事长　刘泽荣(签名)　副董事长　阿弗斜耶维赤(签名)

(11) 第十一次会议纪录(9 月 14 日)

中苏航空公司第五届董事会议纪录　第十一次会议

地点:阿拉木图

日期:民国三十七年九月十四日

出席人员:

中方(一)董事长刘泽荣,(二)董事夏舜参,(三)董事李如桐;

苏方(一)副董事长 A·A·阿弗斜耶维赤,(二)董事 A·M·杜布罗夫斯基,(三)董事 И·Ц·沃罗比岳夫。

列席人员:(一)专家 B·Ц·里哈切夫,(二)专家 B·M·达尼勒切夫。

主席刘泽荣　秘书李如桐　乌舍科夫

刘泽荣先生宣布开会,并请研讨议程第四项问题,即讨论关于公司管理上组织问题(包括以华籍人员补充员额问题)。谓关于此项问题,中国交通部于一九四七年业经建议苏方,即请苏方代表团就此问题发表意见。

阿弗斜耶维赤先生答复刘泽荣先生谓:交通部于一九四七年之建议编制为一百二十四人,现时公司员额已减为六十一人,是交通部建议之编制,已与现在之编制不符。因此阿弗斜耶维赤先生仍请刘泽荣先生发表关于议程第四项之意见。

刘泽荣先生提请将下列员额以华员派充之:

总经理一;

会计长一;

总工程师一;

迪化站长一;

哈密站长一;

总务科长一;

出纳员一;

翻译秘书一;

机长一;

飞机师一;

随机机械员一；
随机报务员一；
迪化无线电台台长一；
哈密无线电台台长一；
迪化站摩托技士一；
汽车组长一；
焊匠一；
迪化汽车伕二；
哈密汽车伕二；
迪化汽〔气〕象台长一；
哈密汽〔气〕象台长一；
工人八。

此外，刘泽荣先生请在公司内补用华籍翻译二员，以上公司共计人员六十三人。

阿弗斜耶维赤先生提请刘泽荣先生注意，即华方所提建议，与一九四七年所建议者无所出入，即所有公司重要职务，均以华员补充，苏方碍难同意。阿弗斜耶维赤先生请刘泽荣先生暂作休息，以便苏方代表团研讨其提案。

刘泽荣先生宣布暂时休息。

休息毕，刘泽荣先生请阿弗斜耶维赤先生发言。

阿弗斜耶维赤先生对议程第四项问题，提出苏方声明：

关于中苏航空公司“哈阿线”协定，华方既已声明解约，是关于公司管理上组织问题，在续订中苏航空公司“哈阿线”新协定时，可专列议案讨论。苏方认为，在本届董事会议中，对此问题可广泛的交换意见为最适当。据悉，苏方在本年（一九四八年）十月、十一月间，即提请开始商谈订定新约。

本人并向董事会声明，苏方并无坚决维持公司现状，不予更改之意向，而准备将此问题于当前谈判中加以讨论，并顾及双方应有之利益。

刘泽荣先生对苏方代表团所提议表示不同意，并认为在本届董事会议必须讨论公司管理上组织问题。再此问题已列入会议日程，而苏方代表团何以拒绝讨论，殊为诧异。

阿弗斜耶维赤先生向董事会解释，谓华方对现有协定声明解除，系在苏联民航总局接到议程议定以后，以是距修改旧协定之期间甚短（仅一两月），苏方代表团认为在订定新协定以前，此问题应暂予缓议为当。因此问题在商谈新约时，必本诸双方利益而商讨。

刘泽荣先生坚决主张将此问题应在本届会议中作具体之讨论。

十九时三十分散会。

董事长　刘泽荣（签名）　副董事长　阿弗斜耶维赤（签名）

秘书　李如桐（签名）　乌舍科夫（签名）

（12）第十二次会议纪录（9月26日）

中苏航空公司第五届董事会议纪录　第十二次会议

地点：阿拉木图

日期：民国三十七年九月二十六日

出席人员：

中方（一）董事长刘泽荣　（二）董事夏舜参　（三）董事李如桐

苏方（一）副董事长A·A·阿弗斜耶维赤　（二）董事A·M·杜布罗夫斯基　（三）董事И·Ц·沃罗比岳夫

列席人员：专家B·Ц·里哈切夫　专家B·M·达尼勒切夫

主席：刘泽荣　秘书李如桐　乌舍科夫

刘泽荣先生宣布开会，并请阿弗斜耶维赤先生发表对华方代表团所提关于公司管理上组织问题之意见。

阿弗斜耶维赤先生谓，苏方代表团为迎合华方代表团之愿望，并为以互相谅解及业务上合作精神，解决与公司正常营业有关各项问题起见，现表示同意将本届会议议程第四项问题作实际上之讨论。阿弗斜耶维赤先生继谓，惟华方代表团在上次会议关于此项问题之提案，惜为苏方代表团所不能接受者，以是请华方代表团兼顾双方利益，重予考虑。

在长久讨论议程第四项问题以后，董事会一致同意采取以下之决定：

在讨论关于公司管理上组织问题以后，董事会一致决议：

建议公司双方股东，对于公司管理机关照下列各员额办法，以中苏籍人员派充之。

董事会

董事长　一　华员　副董事长　一　苏员　中苏籍董事各二人。

经理部

（一）总经理　一　苏员

（二）协理　一　华员

（三）会计长　一　苏员

（四）副会计长　一　华员

（五）电信主任　一　苏员

（六）总工程师　一　华员

（七）翻译秘书　一　华员

（八）地面设计工程师兼总务科长　一　华员

（九）出纳员　一　苏员

（十）迪化站长　一　苏员

（十一）哈密站长　一　华员

（十二）伊宁站长　一　苏员

（十三）迪化航空机械长　一　苏员

（十四）迪化机场电力技师　一　华员

（十五）迪化无线电员——定向员　一　苏员
（十六）哈密无线电员——定向员　一　华员
（十七）伊宁无线电员——定向员　一　苏员
（十八）飞机长　二　苏员
（十九）飞机师　一　华员
（二十）飞机师　一　苏员
（二十一）随机机械员　一　华员
（二十二）随机机械员　一　苏员
（二十三）随机报务员　一　华员
（二十四）随机报务员　一　苏员
（二十五）气象组长兼迪化机场气象台长　一　苏员
（二十六）哈密气象台长　一　华员
（二十七）伊宁气象台长　一　苏员
（二十八）迪化机场观测员　一　华员
（二十九）汽车房主任　一　苏员
（三十）摩托技士——加油员　三　华员
（三十一）打字员　一　苏员
（三十二）阿拉木图办事处主任　一　苏员

汽车司机、工人及其他服务人员，按照公司编制，由双方平均派充。

刘泽荣先生提请讨论本届会议议程下一项问题，即“其他问题”。各位董事既无任何其他问题提出，则本届会议议程即全部解决矣。

在会议结束时，刘泽荣先生以华方代表团名义致辞，对与会各董事深致谢意，尤其对副董事长阿弗斜耶维赤先生协助工作，使本届会议得在友谊气氛中顺利进行，特为感谢。此外对哈萨克共和国政府给予会议工作上非常优良之环境，以及出席本届会议之来宾（尤其是萨维里耶夫总领事），在解决各项问题上之协助，表示谢意。

阿弗斜耶维赤先生以苏方代表团名义，向华方代表团致谢，尤其对董事长刘泽荣先生在本届会议以极友善之态度，处理各项问题，深表感谢。阿弗斜耶维赤先生对中苏双方互相谅解及业务上通力合作之精神下解决各项问题，甚表满意。

第五届董事会工作，获致优良结果，证明公司今后工作，定能获得双方有利之成果。

刘泽荣先生宣布闭会，第五届董事会议即此结束。

董事长　刘泽荣

副董事长　阿弗斜耶维赤

秘书　李如桐　乌舍科夫

〔国民政府交通部档案〕

6. 交通部拟商谈中苏航空新约节略[①]

（1949 年 4 月 12 日）

商谈中苏航空新约节略　（交通部拟）

Ⅰ、中苏通航之历史

Ⅱ、中苏解约缘由与商谈新约之前提

Ⅲ、中苏航空新约可能采用之原则

Ⅳ、商谈步骤

Ⅰ、中苏通航之历史

一、中苏航空旧约之要点

中日战争甫始，苏联因供给我国军火、飞机，乘机要求与我国通航，本部张前部长嘉璈于二十七年春开始与苏方谈判，以合组公司方式，开办由新疆哈密经迪化、伊犁至苏境阿拉木图之定期航空

① 本件系交通部 1949 年 4 月 12 日“京航发 59 号呈行政院附件”。

线，全线长880哩。因双方股本及公司用人诸问题，延至廿八年九月九日，始正式签订合约。其要点如下：

1. 公司定名为中苏航空公司，具有中苏双重国籍。

2. 合约有效期为十五年，至一九四九年九月期满，如期满前一年双方均未表示解约，得延长五年。

3. 公司股东我方为交通部，苏方为中央民用航空管理局，各认股一半。

4. 股本共为美金一百万元(后增至一百八十万元)，双方各付一半，盈利平分，亏损亦平均负担。

5. 哈密至阿拉木图航线，由该公司专利。

6. 公司设(一)董事会，由董事六人组成，双方各三人；(二)经理部设总经理一人，协理一人，自合约签订日起，二年以内董事长及协理由我方派任，副董事长及总经理由苏方派任，二年后双方股东再会商之。

二、中苏公司成立后情形

1. 董事会共开五次(合约规定每年最少二次)，时间如下：廿八年十一月，廿九年四月，卅年一月，卅二年十月，卅七年九月。董事会开幕期内一切事务，由总经理全权办理。

2. 公司经理部人员约一百廿人(现拟减为61人)，华方仅二人(协理一人，翻译一人)，其余人员均为俄人，实权完全为苏方操纵。

3. 除1944年略有盈余外，每年均亏损，1948年底以前共约亏损一百三十余万美金。公司运价极低，以符合苏方运输需要，帐册均未得我方稽核人员之审查。

4. 共有美式DC3飞机三架，现仅一架可用，沿线哈、迪、伊三机场，精河、乌苏两电台，连同一切设备，均由苏方管理，我国飞机且不得使用其机场。

5. 现时业务不振，每月仅飞行一百余小时(中国航空公司每月飞行六千小时)。

6. 苏方邮件均不交我邮局,而径交该公司飞机带运。

7. 主要业务为运送迪化苏领事馆人员、给养、信件及伊迪间特殊人士,故纯为政治性之任务。

Ⅱ、中苏解约缘由及商谈新约之前提

1. 三十七年四月,本部呈院请于该约期满即行解约,后经各方研究决定,通知解约时应表示,如苏方愿与我国继续通航,我方愿与之商谈新约。

2. 三十七年国民大会及立法院对该公司独占新省航权,丧失主权,均表不满,并反对续订合组公司之新约。

3. 国防部时常获得情报,证明该公司兼作苏方情报,挑拨我民族感情,便利特殊分子往返等情,并曾数次转知本部。

4. 钧院本年三月八日院会通过商谈新约原则二条:(一)合约签订,对手方仍为中国交通部与苏联民航局。(二)新约内容决定不违背国际民航公约及我国公司法。

5. 中苏公司之哈阿航线,对我国毫无经济价值,在政治军事上且为心腹之患,如能解约,撤销该公司,实为上策。

6. 三十七年六月,该公司第五届董事会决议双方平均用人,我方可派29员。但因该公司待遇极低,本部无人可派,中国、中央公司技术人员均不懂俄文,且其业务重心在沿海,无法抽派人员前往。

7. 中央公司三十六年四月起定期飞航沪迪线(不经哈密),维持沪迪交通绰有余力,如能取消中苏公司专利权,并将各机场交中央公司使用,可更便利。

8. 我国现有民航公司三家,实力雄厚,为远东冠,国际通航声誉甚佳,如苏方诚意与我通航,似可照国际民航公约办理。

9. 苏联未参加国际民航公约,我国则为签字国,该公约对两国合组公司经营航线，毫无规定。惟对两国通航特加鼓励，现我国已于英、美、法、荷、菲、暹、印七国订约定期通航，挪、澳、加、比亦时有不定期通航。平等互惠为国际良好惯例，合组公司专利独占，则为众所不取。

10. 苏联及其卫星国家，亦与西欧各国通航，故亦可能同意与我国通航。

Ⅲ、中苏航空新约之原则

本案无论就外交或交通立场谈判，最高目的应为对我国利益最大或弊害最小，故新约原则依照其利害轻重，可分为下列三种，其办法及利弊，兹容如下述：

1. 循外交途径照中荷、中英等平等互惠通航办法，商订中苏通航协定。

（一）本办法要点

一、航线：我方由迪化飞入苏境，经莫斯科、雷加，并伸延至丹麦、伦敦。苏方由阿拉木图飞入我境，经迪化、上海，并得延至亚洲他国。

〔注意事项〕

① 有商业降落权之地点，双方相同；

② 技术降落站另行规定；

③ 航路须规定，不得任意飞出航路范围；

④ 技术上之便利，应与本国飞机同等待遇，但得收费；

⑤ 在对方国家内不必设维护设备，而应由双方公司互订技术合作合同办理之。

二、班次：暂定每星期各飞来回一班。

〔注意事项〕

① 增减班次须经双方航空当局事先核准；

② 双方均不得享受内空航行营业权；

③ 飞机及旅客过境入境手续,应互惠的简化;

④ 运价应互相协议并参照IATA(国际民航公司公会)规定;

⑤ 采用中国国币及国际通用货币;

⑥ 不得中途换机型。

三、期限:最多四年,一年前通知废止。

四、人员:在对方境内机上及地面人员均以本国人为限,不得用外国籍人。

五、指定通航之公司应限于本国资本占60%以上及实际管理权在本国人之手者,每方通航公司家数,由双方航空当局协议之。

六、使用空军机场及设备时,应受其指导,但以不超出协定范围为限。

七、在双方国境内营业飞行,应遵守所在国之一切法令。

(二)本办法之利:

1. 合组公司之弊害均可免除。

2. 商订两国双边通航协定,国际民航公约有所依据,我国已与英、美、荷、法、印、暹订约,经验丰富,不致吃亏。

3. 在协定内限制航路,限定班次,只许利用我国设备,可使苏机不能任意飞行,亦不能长久留驻我境内,有利国防。

4. 对过境手续、加油及导航等服务,可互惠办理,如一方不合作,对方立刻可以报复或停止飞行,别无损失。

5. 在此冷战剧烈之时,苏方自愿以和平互惠方式通航远东,我方亦可以与苏方通航,作傅部长就任调整外交政策之姿态,争取国际地位,博得人民拥护。

6. 中央航空公司(前欧亚航空公司)廿年来,时欲飞越苏俄,沟通远东及西欧,均以政治及设备所限,无法实现。现该公司已订购最新式之convair式客机六架,四月份即可抵华,该机时速300哩(空中霸王200哩)为现世最舒服安全迅速之中型客机。因航程不长(约1500里),不宜作越洋长途飞行,而最宜作大陆上长途飞行,因陆上可每隔800哩左右加油一次,既可增加载重,又可保证安全。但以此最华贵之飞机,限作国内之用,因运价太低极不经济,为争取外汇发展国际业务计,必须以此飞机尽量作国外用,但南洋航线,中国、中央公司与英、美、菲、法、荷、挪、澳、印诸国公司竞争极烈,不容中央公司将六架新机完全加入飞行。菲、暹二国对我机飞行班次且有限制,故向西北苏联、西欧发展,为中央公司唯一生路。现英、美、荷公司所飞之远东经印度至西欧航线,道经热带沙漠,气流极坏,航程太长,乘客颇不舒服。如改经苏联循大圆圈飞行,航程可缩短三分之一,时间可由48小时减为28小时,既为东西捷径,营业必盛。

2. 由我国中央航空公司与苏联航空公司派员合组新机构,经营哈阿航线。

(一) 本办法要点

一、新机构仅为营业机构,而不自置飞机器材及机航人员设备。

二、两国航空公司将飞机、器材、人员,租予此新机构。

三、每星期(或每月)由中央公司飞机定期飞行哈阿线若干班,苏方公司飞机飞行若干班。

四、此项飞行客货邮运收入,由新机构收取,提去一部分作为佣金,以作新机构之开支,其余悉交出租飞机之公司作为租金。

五、新机构设董事会,双方派任董事人数,照航线在其国境内之哩程比例定之,董事长由我方派充。

六、每月应租机飞行之次数,由董事会视需要开会决定之。

七、董事会下设经理一人,稽核一人,事务员若干人,由董事会派任之。

八、沿航线之航行设备,由所在国民航局主办经营。

九、营业应遵照所在国之一切法令规章。

十、期限定为四年。

(二)本办法之利:

1. 凡旧合约合组公司之害,均可免除。

2. 交通部为一行政机构,无力实际监督哈阿线业务,如以中央公司为股东,即可与苏方势均力敌。

3. 不需付出大量美金作为股本,视营业旺淡,随时增减班次,略有经济价值。

4. 机构撤销时,各自收回器材,别无损失。

(三)本办法之弊

1. 哈阿线客货,以苏方者为多,我方飞机为苏方服务之部分多,苏方为我服务之部分少。

2. 迪化哈密油料缺乏,如苏方不允供给,增加中央公司成本,我政府应予补贴。

3. 无通航各办法之利。

3. 将旧约延长五年,继续维持现有公司。

(一)本办法要点:

一、在不超过旧约范围,与苏方谈判合组公司。

二、严格执行该公司第五次董事会各项决议。

三、饬本部民航局对新公司多负责任。

四、不订新约,仅由外交当局换文声明延长旧约五年。

(二)本办法弊害:

一、旧公司过去十年独占新省航权之流毒,将继续为害五年。

二、如有亏损,我方须负担半数。

三、公司基地设在我国,苏方可派大批员工驻我境内,兼作情报工作,又可在我境内自设航路设备,破坏我系统,我方不能派大批人员驻俄境内。

四、我方人员不愿前往工作，新公司仍为苏方操纵，有损主权。

五、共组公司，国际民航公约毫无规定，苏联并未参加该公约，无法引用，既认为两国特殊事件，难免受其外交压力，无所声援。

六、照合约规定，旧公司应为双重国籍，但并未完成向中国注册手续，新公司即令补办手续，仍不免双重国籍，既不受我国管理国内民航法令之约束，又不受我国管理国际民航法令之约束。现苏方所提条件较延长旧约尤为苛刻，故实无法接受。

Ⅳ、商谈步骤

1. 本案本质为外交事件，故应由外交部秉钧院指示之原则，循外交途径主办，交通部处于技术协助地位。如钧院认为此案仅为两国交通问题，商谈时不必考虑其他政治外交及新省特殊因素，则交通部始可主办。

2. 外交部正式通知苏大使馆，我方欲与之商订两国通航协定。

3. 如苏方接受此原则，则训令我代表团向苏代表团提出协定章案，或改在莫斯科商谈，我国可趁机派机送我代表团前往，兼作试航。

4. 如苏方不接受通航原则，我外交部应询问其理由。

5. 如理由不充足，可乘机解约，不必另定新约。

6. 如理由充足，或外交压力太大，可示意愿照上述第二办法，由两国航空公司合组新机构，但此为极大之让步，非万不得已，不应采用。

7. 如苏方仍不接受，且两国邦交有破裂之虞，外交部应提出备忘录，详述中苏公司十年来营业失败之事实，请苏方负失败之责。

8. 外交部可示意可以继续合办公司，但新公司应完全改正为以中国为主，中国股本占 80%，苏方占 20%，其理由为(一)过去苏方主持之失败，(二)航线大半段在中国境内。

9. 最后让步，将原合约延长五年。

附录

1. 我方已提合组公司原则(一)甲案(二)乙案。

2. 苏方已提合组公司原则。

3. 上海伦敦间航空线哩程比较图〔略〕。

附件一：

中苏航空新约我方所提谈判原则(甲案)三月八日呈院。

(一) 新约不得与国际民用航空公约抵触，尤其(甲)新公司经营哈阿线，不得有专利权，免违公约(7)条之规定，(乙)公司飞机只能向中国一国政府注册，使用一种标志，免违公约(18)条规定。

(二) 新约不得与我公司法及民法抵触，新公司应依我公司法设立，尤以向中国一国政府注册为限。

(三) 新公司资本中苏各半，我方得以飞机及其他器材抵充资本。

(四) 新公司设董事五人，我方三人，苏方二人，董事长、总经理及机航事务负责人，均由华员担任，其他人员在可能范围内任聘华员，公司并须极力训练华籍技术人员。

(五) 新公司资本、营业与非营业收支一切款项，均以中国币制计算及记帐。

(六) 款项须存放中国国家银行。

(七) 文件账册以用中文为主，得并用俄文。

(八) 董事会议在中国境内举行，经理部设迪化。

(九) 新公司应依中国政府法令缴纳税款，输入器材亦须照章纳税。

（十）新公司所有关于空运设备、任用技术人员与飞机航行等，须照中国民用航空主管机关规定办理。

（十一）合约有效期限以二年为期。

（十二）合约签订后须经双方政府批准方能收效。

附件二

中苏航空新约，我方所提谈判原则（乙案）卅八年三月廿三日航穗二号附件（尚未呈院）。

（一）新约以不违反国际民用航空公约及我国公司法与民法为原则，但如与苏联本国法令有抵触时，得研究折衷办法。

（二）公司组织，一切权利义务，双方应绝对平等。

1. 资本中苏各半，并得以飞机及器材资产等抵算。

2. 各级员工包括空勤人员等，中苏籍各半，在中国境内之站长，必须由华员充任。

3. 董事长及总经理，应由华员充任，可允添设苏籍副董事长一人。

4. 公司文件帐册华、俄文并用。

（三）款项帐目应以中国币制为本位，必要时得随时按实际行情折合国际通用货币计算。

（四）在中国领土内所有公司场站设备（包括航行设备）及飞航程序等，均须依照中国民用航空局制定之章则办理。

（五）新约之有效期限，可增至三年或四年。

（六）新约签订一年后，任何一方如遇必要时，得提请对方修改合约，或宣告废约于一年后失效。

附件三

中苏航空新约苏方所提谈判原则

（刘泽荣致外交部机要室电，卅八年三月廿九日第四二三号。）

（一）中国交通部与苏联民航局总局同意，在平等原则下续办中苏航空公司。

（二）公司股本双方各半。

（三）中国交通部与苏联民航局总局为公司唯一股东，阿拉木图与哈密间之航空运输，只准由本公司办理。

（四）公司设董事六人，中苏各半，董事长由华方派充，副董事长由苏方派充，总经理由苏方派充，副经理由华方派充。

（五）飞机、飞机发动机设备及器材，只能购用双方股东国家之出产品，并此项物资由缔约此一方输入彼一方时，免除一切捐税。

（六）为避免亏损，并求增加收益起见，现即愿谋商扩充公司营业之办法。

（七）协定以二十年为期。

〔国民政府交通部档案〕

7. 中苏延长合办中苏航空公司协定

（1949 年 5 月 31 日）

中华民国交通部
苏维埃社会主义共和国联邦民用航空总管理局 延长合办中苏航空公司（“哈阿”线）之协定

中华民国交通部与苏维埃社会主义共和国联邦民用航空总管理局认为继续合办中苏航空公司（“哈阿”线），经营哈密阿拉木图间之定期航空交通，为对于双方具有利益，爰经双方决定订立协定如下：

第一条：

对于中华民国国民政府交通部与苏维埃社会主义共和国联邦民用航空总管理局为组设哈密阿拉木图间定期航空交通，于中华民国二十八年(即公历一千九百三十九年)九月九日在重庆所订立之协定,其有效期间于中华民国三十八年(即公历一千九百四十九年)九月九日应即届满者,现予以继续展期五年,即以中华民国四十三年(即公历一千九百五十四年)九月九日为止。

第二条:

本协定自签字日起生效。

为此由缔约双方授权之代表,将本协定签字,以昭信守。

中华民国三十八年(即公历一千九百四十九年)五月三十一日订于迪化,中文、俄文各缮三份,中文、俄文有同等效力。

此项中文、俄文协定三份,应由中华民国交通部及苏维埃社会主义共和国联邦民用航空总管理局各收存一份,余一份由上述中苏航空公司收存之。

中华民国交通部授权代表("刘泽荣"签)

苏维埃社会主义共和国联邦民用航空总管理局授权代表("阿夫谢耶维赤"签)

〔国民政府交通部档案〕

（六）邮　　电

1. 交通部呈送恢复收复区电信紧急措施纲要与步骤等代电

（1945年9月11日）

代电

军事委员会钧鉴：查敌人投降后，关于收复区邮电局所之接收整理及恢复通信，各项紧急处置，亟待实施，不容稍缓。当经本部拟具《恢复收复区电信紧急措施纲要与步骤》、《恢复收复区有线电信线路办法》、《恢复收复区无线电通讯办法》、《收复区电信局第一期计划》〔缺〕等项，并估列费用，呈请行政院核拨专款，以便进行。谨检同上项计划一全份，呈祈鉴核。所有恢复有线电线路所需木杆，计豫省10,000根，鄂省15,750根，湘省16,250根，赣省11,750根，皖省2,825根，苏省2,800根，拟恳钧会赐饬各省府迅速如数征齐，俾应工需为祷。交通部部长俞〇〇叩。申真。电丙。

电信复员紧急措施纲要

一、组织——由本部遴派电信委员前往收复区，接收伪满电讯株式会社，华北电讯株式会社，华中电讯株式会社等，暂改为本部电信总局驻各该地之办事处。

二、指挥——上项各会社之主管人员予以撤换，交由本部派往接收各该会社之电信人员接充之，所有收复区各电局，暂时分由各该办事处指挥监督。

三、设备——（一）维持现状。收复区各电局原有房屋机线等一切设施，设法保持完整，暂时维持现状，不使业务停顿。（二）加强联系。积极设法添装机器，沟通收复区与后方之电信联系。

四、业务——除维持收复区通讯外，尽速先用无线电与后方联络，传递军政要电。

五、人事——原有人员除主管人员外，暂维现状，逐渐予以甄别，一面调派后方原有及训练人员补充。

六、经费——恢复收复区电信各项紧急费用，估需七十九亿八千六百六十五万元，拟请政府即予按照计划拨发。

七、运输——为求迅速恢复通讯，应有充分运输工具，俾得将需要器材如期运到，拟请政府按照附拟计划，尽量调拨飞机、车船及所需油料，以便运送。

附恢复收复区通讯紧急实施步骤及其附件四件。

恢复收复区通讯之紧急措施步骤

一、接收收复区通讯人员出发时，应携带二十瓦或一百瓦无线电机，先使重要据点与后方通讯，以期传达军政要报。

二、通讯设备接收后，除维持收复区内通讯外，应尽量调度无线电机件，使与后方通报。

三、同时在后方调度无线电机件，准备于必要时运至收复区重要据点，以期传达军政要电，其详细办法见“恢复收复区无线电通讯计划”(附件一)〔缺〕之第一期内。

四、为使上项办法迅速付诸实施，及恢复区电信业务不致停顿起见，所需人员除就后方各局抽换，并将业务较次之各地无线电台予以裁撤，调用其人员机件外，收复区原有工作人员拟暂维现状，逐渐予以甄别。

五、为沟通收复区及后方有线电通讯起见，先就横贯东西之主要干线予以衔接，其详细办法见“恢复收复区有线电通讯计划”内(附件二)〔缺〕。俟运输力量增加时，并在主要据点加装电力较强之无线电机，以便将小型机件移装次要城市装用，其详细办法见“恢复收复区无线电通讯计划(附件一)〔缺〕之第二期内。

六、实施以上计划后，在收复区内恢复电信局所计一八〇局，其详细计划见“复局计划”(附件三)〔缺〕。

七、完成以上最低限度之计划,其工程费用(见附件四)〔缺〕估计需四十三亿一千八百六十五万元,复局经费需三十六亿六千八百万元,合计七十九亿八千六百六十五万元。拟请迅赐拨发由印内运材料及国内调派员工,装运材料拟请尽先调拨飞机、车船运送,以便如期完成。

八、上列最低限度计划完成后,国内及印度存料均已扫数用罄,为求更进一步扩充收复区通讯设备,并使工作连续不致中断起见,拟请将本局向美在租借法案内请领各料,设法交涉继续拨运,万一不能照办,似可剔作善后救济总署方面拨发电信材料案内之一部分,俾可早日利用,不致废弃与工作中止。

恢复收复区无线电通讯办法

一、在有线电尚未架设妥当前,利用无线电先行恢复收复区主要城市之通讯。

二、按照重要性之次序,各通讯中心及重据点列表如(表一)〔略〕。

三、全部计划分两步实施,第一步期限约为三个月,主要业务为电报;第二步期限约为六个月,除电报而外兼通电话。

四、第一步计划先行利用旧有机件,紧急抽调火速开往最近据点(特别注重敌我对峙地带),尽速装置疏通最要官军报话。其办法如(表二)〔略〕。

五、同时就外洋已内运及国内订购已交货或即将交货之机件,装置最少量数目,恢复官军通讯,其办法如表三〔略〕。

六、实施第一步计划上项两办法时,通讯重心仍在重庆、西安、贵阳等处。

七、第二步计划之实施,亦分利用旧有机件及添装新机两办法见(表四)及(表五)〔略〕。

八、实施第二步计划时，通讯重心向东转移至南京、汉口、北平、广州、上海、天津等处。

九、各地分期添装机件情形总计如（表六）〔略〕。

〔国民政府交通部档案〕

2. 蒋介石关于陇海等四话线须如限完成快邮代电

（1945年10月18日）

国民政府军事委员会快邮代电　　令一利信字第四一二九〇号
中华民国三十四年十月十八日

交通部俞部长：十月邮电字第一四九七九号删代电暨附件均悉。查破坏各线中陇海（西安至徐州段）、平汉、津浦及汉口至九江四线，仍须遵照本委员长十月十四日手令，如限修复为要。中正。西巧。令一利信。

〔国民政府交通部档案〕

3. 俞飞鹏关于赶修重庆至南京等处长途电话干线请酌予展期签呈

（1945年10月27日）

签呈

案奉钧座本月十四日机秘（甲）第八九七五号手令，指示第一铁路修复程序，第二长途电话线修复程序，饬集中实施，限期办理，等因。除铁路部分业于十月十三日在郑州、十六日在北平，两上报告，呈报平汉铁路抢修计划，并于廿二日在济南上养济秘电，呈报津浦铁路北段情形，并于廿四日在徐州上报告呈报对于津浦胶济铁路勘察情形及限期抢修办法，计已均邀钧览外，兹谨将遵令赶修重庆至南京等处长途电话干线六条情形，胪陈如次：

查自奉令后，遵派工程专员调集材料，分期赶办，惟线路绵长，范围辽阔，且沿线地方秩序，间尚未靖。举凡采购木杆，运屯材料，保护线路，莫不倍感困难。

（一）木杆　六大干线，计全长六一四六公里，除原有残余及最近抢修者外，尚待整备重架干线达四七一〇公里，需用木杆约五万根。沿线各地原存木杆，早被敌伪搜罗殆尽，现值收复伊始，商货一时尚难运到，仍须仰赖地方政府切实协助。现已电请陆军总部何总司令分令各有关省政府，转饬沿线各县设法征购，并指示工程人员，如征购不及，准其就地协同砍伐，如附近地区存有商杆，亦准购用，以应急需。

（二）线料及运输　整修各线用料，本部早经筹措，旋因租借法案停止，来源顿绝，曾于本月六日呈请钧座赐转美军将在华剩余通讯器材，悉数拨交本部应用，现尚未蒙批示。当经另行尽量挪凑，并移用其他复线工程料，计已集中昆明、贵阳等处铜铁线及附属用料八百十七吨，刻正积极商洽战时运输管理局调车赶运。在未运达前，拟拨用各地受降敌库通讯器材，并拆用各路原有二对以上及附近支线材料，先行济急。经电请何总司令协助，并指拨各地卡车七十辆，作随工分屯材料之用。

（三）机器　各干线修通后，因距离过远，传输耗损甚大，必须分段加装载波电话及增音设备，始能长途直达通话。本部滞存印度之租借法案内三路载波机七副，及其他机料，均尚待设法内运，方可装用。

（四）工作实施　所列各线，在受降期间，被毁甚重，必须彻底整修。现本部已派工程专员｜四人，各酌组工程队二队至三队，分别赶办，其中一部分已着手工作，如木杆能征购顺利，地方秩序恢复，预计可于：

1. 十一月十五日以前，先将渝汉线全线修通，其余局部修复。

2. 十二月十五日以前，将西安至徐州线全线修通，其余局部修复。

3. 一月十五日以前，将汉口至南京、南京至北平两线全线修通，汉口至广州线可修至英德。

4. 二月十五日以前，当可将六大干线全部修复通话。

（五）补救办法　在各线未完成前，为补救起见，拟在京、平、粤、汉等处加紧装置大型无线电话机。现装汉口者，即将通话；装北平者，半月内可竣事；装南京者，亦可于一个月内装妥；装广州者，在两个月内亦可完成。敬乞俯察实情，赐准分别缓急，酌予展期，俾资次第整修，以应要需。理合附呈重庆通至京、汉、平、粤长途话线现状，及拟定分期完成各线期限图暨拟定分期完成各线里程及完工期限表各一纸，备签呈送，仰祈核示只遵。谨呈

委员长蒋

职俞〇〇谨呈　月　日

附呈重庆通至京汉平粤长途话线现状及拟定分期完成各线期限图，暨拟定分期完成各线里程及完工期限表各一纸〔图略〕

拟定分期完成各线里程及完工期限表

项目	线路名称	第一月（十一月十五日前）可完成部分	第二月（十二月十五日前）可完成部分	第三月（一月十五日前）可完成部分	第四月（二月十五日前）可完成部分
1	重庆——汉口	南沱——汉口，420公里			
2	汉口——南京		芜湖——怀宁，250公里	怀宁——汉口，470公里	
3	西安——郑州——徐州	开封——商丘，140公里	商丘——铜山，140公里		
4	汉口——郑州——北平	郾城——郑州，120公里 汉口——广水，180公里 清宛——北平，150公里	郑州——新乡，100公里	广水——郾城，220公里	新乡——清宛，500公里
5	南京——徐州——北平	济南——天津，360公里	南京——蚌埠，180公里	蚌埠——济南，490公里	

续上表

项目	线路名称	第一月(十一月十五日前)可完成部分	第二月(十二月十五日前)可完成部分	第三月(一月十五日前)可完成部分	第四月(二月十五日前)可完成部分
6	汉口——广州	汉口——长沙，370公里	衡阳——郴县，150公里 曲江——英德，110公里	郴县——曲江，220公里	英德——广州，140公里
合　计		1740公里	930公里	1400公里	640公里
完成百分率		37%	20%	30%	13%

〔国民政府交通部档案〕

4. 行政院关于核准接收东北及台湾后对于各该地邮政电信之管理办法指令

（1945年11月6日）

行政院指令　平肆字第24488号
中华民国三十四年十一月六日发

令交通部

三十四年十月十八日部邮字第一五二五四号呈，为呈拟接收东北及台湾后对于邮政电信之管理办法，乞鉴核示遵由。

呈悉。兹分别修正如次：

(1) 原办法内所有“东三省”三字，一律改为“东北各省”。

(2) 原办法第一项原文“或收购”改为“或呈准收购”。

(3) 余无不合，准予照办。

右示各点，仰即遵照。此令。

附抄发接收东北及台湾后对于各该地邮政电信之管理办法

院长　宋子文

接收东北及台湾后对于各该地邮政电信之管理办法

1. 此次接收东北各省及台湾电信时(包括有无线电及长途电话、市内电话、广播电台),拟由本部统一接收。各该会社、分支会社,其必须调整者,俟接收后再行调整。至在抗战前原属商办,而被“满”电信电话株式会社没收之电信备设〔设备〕,可于接收后查明发还,或呈准收购。战前由地方政府所办市内电话,于接收后再定整理办法。

2. 东北各省及台湾邮电事业,因有全国性及国际关系,接收以后,拟由本部统一管理之。

3. 东北各省邮电制度,已趋合一之阶段,应暂维现状,俟查明实在情形后,再行决定管理方式。

4. 东北各省及台湾邮电资费,如各该地仍暂用原有货币,则暂照原定资费收取,俟币制确定后,再行合理调整。

5. 东北各省及台湾所用邮票,接收以后自应改用我国邮票,而将现用者立即废止不用。惟东北各省及台湾地方辽阔,局所甚多,需用邮票为数甚巨。若大量运往,则运输阻滞,难于如期运到。即运到以后,分运到达各城市乡镇局所,更须相当时间。届时各该地邮务业已恢复,而与业务不可或离之邮票,竟付阙如,事实上必感极端困难。故一面准备将我国邮票迅速大量运往,一面在未运到时,拟暂以现用邮票在票面上加盖“中华民国”字样,以资补救。

〔国民政府交通部档案〕

5. 蒋介石关于以南京重庆为中枢与各行营绥署构成载波电话网与交通部往来电呈

(1945年12月)

(1) 蒋介石致交通部快邮代电(12月10日)

国民政府军事委员会快邮代电　　令一利信字第581号

中华民国三十四年十二月十日

交通部俞部长：目前有线电通信设施应以南京、重庆为中枢，与武汉、广州、北平、东北四行营及徐州、郑州、衢州三绥署构成载波电话网，内中汉口、郑州、广州、北平四处与京渝间之联络，须尽量减少转接次数，以增进通信效率。希即就陇海线(含)以南赶速办理，以后逐步完成为要。中正。亥灰。令一利信。

(2) 交通部致蒋介石呈(12月17日)

呈

案奉钧会令一利信字第五八一号亥灰代电，饬以南京、重庆为中枢，与武汉、广州、北平、东北四行营及徐州、郑州、衢州三绥署构成载波电话网，内中汉口、郑州、广州、北平四处与京渝间之联络，须尽量减少转接次数，以增进通信效率。希即就陇海线(含)以南赶速办理，以后逐步完成为要。等因。遵经转饬电信总局拟办。兹据该局拟具办法呈复到部，理合缮呈钧鉴。谨呈

军事委员会委员长蒋

附呈各地加强电信设备办法一份

设置行营及绥署各地应立即加强电信设备办法

一、以前准备加强工程之进度

甲、无线电

1. 京渝开辟第二快机电路——两处发讯机已装妥，惟南京尚缺真空管，待机飞运。

2. 京平开辟快机电路——北平发讯机已装妥，准备应用；南京发讯机待军政部在南京接收之日式真空管拨到后，即可应用。

3. 渝汉开辟快机电路——业已试通，成绩尚佳。惟渝局俟昆明支台拆运之机件运到装置后(已启运)，机件方敷应用；汉口已先与上海通达快机，借以训练人手。

4. 京汉开辟快机电信——南京发讯机待军政部在南京接收

之日式真空管拨到后，即可应用，汉口机件尚敷。

乙、有线电

1. 京汉线——南京至大冶已修通，自武昌出发已修至鄂城附近。南京至安庆，安庆至九江，九江至武昌装置三路载波电话。南京方面机件最近方由军方交还，正移装电局，安庆正架设联络线，九江电力设备军方尚未交还，正在南昌交涉中，武昌机件已整理妥当。

2. 渝汉线——宜昌至沙洋段早已完成，汉口已进修至皂市，惟应城一带不时遭奸匪破坏。重庆至奉节，奉节至宜昌已通单路载波电话，渝汉计划装置直达三路载波电话电路，在黔江、奉节、宜昌装置增音机，其中汉口终端机已装妥，黔江机件已运到，正装置中，宜昌机件即可由渝运装。

3. 京平线——南京至铜山业已修复，并已装妥三路载波电话机，惟因线路不良，目前仅能通达两路，正调整改善中。北平、天津地下电缆及载波机件原来破坏，天津至泊头亦已修通，惟济南附近仅北达禹城，南达夏张，且屡修屡坏，其余因匪患未清，进修不易。

4. 京汉线——北平至元氏已修复，北平至石家庄，并已通达三路载波电话，彰德至汉口全线亦已修复，惟沿线军队挂机甚多，奸匪时常破坏。所有郑县确山、确山汉口载波机正在整修恢复中，惟确山通汉口一机在敌军撤退时业已被焚，正调度补充中。

5. 武广线——武昌至耒阳及乐昌至广州段均已修通，耒阳至乐昌段可以利用铁路线路装置载波。又武昌至岳阳，岳阳至长沙，长沙至衡阳，均已装置三路载波电话机件，衡阳至曲江，曲江至广州亦在进行之中。

6. 西铜线——全线已修通，长安、郑州已通直达单路载波电路，开封郑州间装置三路载波机，短期可完成。

7. 浙赣线——杭州至铅山全线已修通，杭州至金华，金华至铅山并已装置单路载波电路。

8. 津锦线——天津至唐山，秦皇岛至锦县均已修通，惟唐山秦皇岛间因匪患未靖，最近方开始进修。

二、最近增强设备计划

甲、无线电

1. 京渝第三快机电路——由上海移运一千瓦机一部至南京装用，由昆明国际支台移运一千瓦机一部至重庆装用。

2. 京西快机电路——由成都移运一·五千瓦机一部至南京装用，将南郑拆除之一千瓦机一部在西安装用。

3. 京广快机电路——俟订购之新机交货或军方接收之器材拨到后，在南京、广州装一千瓦机各一部。

4. 京迪人工电路——俟订购之新机交货，或军方接收之器材拨到后，在南京、迪化装一千瓦机各一部。

5. 京长人工电路——由重庆运往南京五百瓦机一部，与长春通报。

6. 京台人工电路——由重庆运往南京四百瓦机一部，与台北通报。

7. 京衢人工电路——由重庆运往南京、衢县一百瓦机各一部，开放人工电路。

8. 京福人工电路——由重庆运往南京四百瓦机一部，由永安运往福州六百瓦机一部，装设通报。

9. 京济人工电路——由重庆运往南京、济南二百瓦机各一部，装设通报。

10. 京太人工电路——由重庆运往南京四百瓦机一部，在太原请长官部将扣留电局之五百瓦机发还应用。

11. 汉平人工电路——俟军方在北平接收之器材拨到后，在北平装设一千瓦机一部，俟订购之新机交货后，在汉口装设一千瓦机一部。

12. 郑汉、郑平人工电路——由重庆运往郑州一百瓦机两部，并补充电力设备与汉口通报。

总结——计南京需增加一．五千瓦或一千瓦机四部，五百瓦或四百瓦机四部，二百瓦或一百瓦机二部，另装备用机件一千瓦、五百瓦各一部；汉口需增加一千瓦及一百瓦机各一部；西安、重庆、广州、迪化需增加一千瓦机各一部；北平需增加一千瓦及一百瓦机各一部；福州需增加六百瓦机一部；济南二百瓦机一部；郑州一百瓦机两部；衢州一百瓦机一部；总计各色〔式〕机件共二十五部。

乙、有线电

1. 京汉六路载波电报电路——南京至安庆，安庆至九江，九江至汉口各三路载波电话机件装妥后，全部直接开放直达，以一路加装六路载波电报机件，除京汉区间通报外，以一二路开放京渝直达。该项机件利用滇西美军停用设备。

2. 渝汉六路载波电报电路——渝汉直达载波电话机件装妥后，以一路加装六路载波电报机件，除渝汉区间通报外，以一二路开放京渝直达。

3. 京安单路载波电话电路——调整京芜、芜安间线条数目，使京安间有两对铜线在第二对线路上装置单路载波电话机。

4. 汉九、九南三路载波电话电路——武昌、九江间，目前正恢复线路两对，九江、南昌间有铜线一对，在武九第二对线路及九南线路上加装三路载波电话机件，并以两路开放汉口、南昌直达。

5. 迁移杭金、金铅单路载波电话电路——将金华通杭州、铅山之单路载波机件移装衢县。

6. 长郑换装三路载波电话电路——将美军在滇西所装三路载波机件拆除一套及增音机一部，移装长安郑州间。

7. 京铜快机电路——利用幻路南京铜山通达电报快机，并于铜山装置帮电机，以便开放南京郑州直达电路。

8. 汉郑快机电路——汉口郑州装设电报快机。

9. 京南汉南快机电路——南京、汉口各装快机一部，九江装帮电机两部，利用京汉及九南幻路，分别通达南京、南昌及汉口、南昌直达电路。

10. 汉长汉广同线快机电路——利用幻路汉口长沙、汉口广州暂时装设快机，同线工作，俟武昌长沙线路整理加挂成两对时，再行分别开放汉粤电路，在衡阳装设帮电机。

11. 杭衢快机电路——利用幻路杭州衢县间开放快机电路。

12. 津锦快机电路——利用幻路天津锦州间开放快机电路，在秦皇岛加装帮电机。

13. 京镇京杭快机电路——利用幻路南京镇江间通达快机电路，南京上海间利用多余之载波电路，上海杭州间利用幻路开放南京杭州直达，上海装置电报帮电机，使幻路与载波电路得以衔接并双工工作。

14. 总结——计共装六路载波电报机两套，三路载波电话机两套，电报快机十八部，帮电机四部。

〔国民政府交通部档案〕

6. 蒋介石饬迅速恢复重庆至武汉等处长途电话快邮代电

（1946年1月31日）

国民政府军事委员会快邮代电　令一利签信字第〇四二号　中华民国卅五年元月卅一日

为电饬迅速恢复重庆至武汉等处长途电话并具报由。

交通部俞部长：查重庆至徐州、南京、武汉、广州四大长途电话线路，修复月余，何迄未开放通话。希尽速设法排除障碍，并先供军公使用为要。中正。子陷。令一利信。

〔国民政府交通部档案〕

7. 邮电司关于各路重要长途话线现状及复线工程情形签呈

(1946年3月30日)

谨查收复区各已修通重要干线，询准电信总局声称，最近通话情形已较前略佳。惟其中有数段因抢修时仓促修通，有凑用竹杆或枕木等临时替代，刻正加强维护，期能减少故障，修复迅速，其正式复线工程正在分别赶办等由。谨将各段现状及复线工程情形详细列表，呈请鉴察。谨呈

部次长

附件

邮电司司长　陶凤山

三月三十日

已修通各重要干线整理复线情形表

<table>
<tr><th>线　别</th><th>段　别</th><th>现有铜线对数</th><th>现状及整理情形</th><th>复线工程情形</th></tr>
<tr><td>渝汉线</td><td>重庆至南坨</td><td></td><td>通畅</td><td>万县奉节间拟加挂铜线一对，正筹料中。</td></tr>
<tr><td></td><td>南坨至十里铺</td><td>一对</td><td>系随军抢修，木杆均短小，拟加强维护。</td><td rowspan="3">宜汉间另立新杆设线，主要材料除铁器正在交货外，均已备齐木杆九千根，大部分由汉购屯，已交者五千根，其余四千根约下月初旬交齐，即可开工。预计需三个月，可与并线工程全部完成。</td></tr>
<tr><td></td><td>十里铺至沙洋</td><td>一对</td><td>系利用省线旧杆，正在整理，并加强维护。</td></tr>
<tr><td></td><td>沙洋至汉口</td><td>一对</td><td>已整理木杆，亦已换过。</td></tr>
<tr><td colspan="5">渝汉全线现装有三路载波机每日通话。</td></tr>
<tr><td>京汉线</td><td>汉口至武　昌</td><td></td><td>水线已整理，仅陆上联络线两段尚在整理。</td><td>汉阳市内线已整理完竣，汉口市内线约三星期可竣工。</td></tr>
</table>

续上表

线　别	段　别	现有铜线对数	现状及整理情形	复线工程情形
	武昌至九江	二对	已整理	
	九江至安庆	二对	已整理	
	安庆至大通	一对	正在整理并加线，旬日内可完成。	
	大通至芜湖	一对	此段系沿江建设，且抢修时凑有竹杆一四四〇根，将来江水上涨，即不易维护，在复线工程未完成前，拟特别加强维护，俾减少障碍，修复迅速。	复线工程系沿公路立杆，重建须杆二千余根，第一次由南昌运到二千根，已移拨铜山应用，第二次二千根已在南昌下江，即可起运，运到即开工，预计工作二十天，惟木杆运达尚需时日，恐须三个月连同并线工程一并完成。
	芜湖至南京	三对	已整理通畅	

京汉线现已装有三路载波机，每日通话，俟全线有两对铜线时，即再加装直达三路载波机一副。

京铜线	南京至铜山	二对	装有三路载波机，每日通话。	复线工程正积极进行，于旬日内可完成。
铜长线	铜山至商丘	一对	该段抢修时一部分以枕木代木杆，现正加强维护。	该段复线工程急需兴办，所需木杆已饬移用，已运达郑州备安阳方面用一，三九〇根内提用一，一〇〇根，预计换杆加线等工程，须两个月完竣。至安阳方面所需木杆，将存汉待运之一，六一〇根运往应用。

续上表

线　别	段　别	现有铜线对数	现状及整理情形	复线工程情形
	商丘至郑州	二对	已整理	
	郑州至洛阳	二对	已整理	
	洛阳至灵宝	一对	正在整理并加铜线一对	
	灵宝至潼关	二对	已整理	
	潼关至长安	一对	已整理	
铜长全线装有三路载波机，自南京与郑州通话，可无问题。惟与长安通话，则因线路过长，须俟全线有二对话线后，加装直达载波，方可通畅。				
汉郑线	汉口至郑州	一对	抢修之杆线比较稍佳，现装有三路载波机，每日通话。	因限于材料及人力拟暂维现状。
粤汉线	武昌至岳阳	二对	通畅	木杆已抽换。
	岳阳至长沙	一对	在复线工程未完竣前加强维护。	该段系借用铁路杆及残留矮小旧杆，现购木杆需两个月交货，故复线工程预三月完成。
	长沙至衡阳	一对	已整理	该段复线工程加线材料尚无着落，正筹拨中。
	衡阳至曲江	一对	已整理	衡广间复线工程料已支配，线料在沪筑两地待运，木杆正运送中，预计须三个月完成。
	曲江至广州	一对	正在整理，现装有单路载波，日内即可改装三路载波。	
粤汉全线即将全部改装三路载波机，于全线设有二对铜线后，即再加装直达三路载波电路，可与京渝等地随时通话。				

续上表

线　别	段　别	现有铜线对数	现状及整理情形	复线工程情形
京沪线	南京至上海	五对	已装有载波电话六路,拟再予加强添装三路载波一副。	
沪杭线	上海至杭州	二对	已装有三路载波机,预备即再加装三路载波一副。	
杭甬线	杭州至宁波	一对	尚须整理现装有单路载波机。	

〔国民政府交通部档案〕

8. 邮政总局关于将国内各类邮件资费增加四倍呈
(1946年4月4日)

交通部邮政总局呈文　京业字第六号　中华民国卅五年四月四日发

查国内邮件资费,本局上年五月二十日第五八四号上钧部呈文,原拟自三十四年七月一日起,将平信资费每件由二元增至四十元。当时估计如照此调整,则邮政收支可能维持平衡。至三十四年年终为止,惟府令发表调整邮资一案,只准加为二十元,且自三十四年十月一日起始行更改,与原估计数目相差甚远。斯时胜利初临,各地物价均有普遍下降趋势,原冀物价继续跌落,邮政收支可望日近平衡,以往亏损或可渐次弥补。无如物价一度回跌,瞬即又复上涨,其在收复各地涨势尤猛。试以全国经济中心之上海为例,上年十月间,米一市石四千一百元,面粉每袋七百元,猪肉每斤一百五十元,菜油八十元,煤每吨三万四千元。现在米每市石三万元,面粉每袋九千六百元,猪肉每斤一千二百元,菜油五百五十元,煤每吨六十五万元，各项增加自七倍至二十倍不等，且仍在继长增高中。

物价既如此狂涨，邮政开支只随之增巨，办公费用去年第三季为五亿一千万元，第四季增为十九亿五千万元；运输费用去年第三季为二亿八千万元，第四季增为五亿五千万元；米贷金及食宿津贴等开支，去年第三季为十九亿元，第四季增为三十二亿五千万元。凡此诸项，均随物价上涨。今年第一季物价，比去年增加七倍至二十倍，故本年第一季之开支，比之去年第四季定将大量增加。

再查自去冬以来，邮政亏损之巨，物价上涨虽属一大原因，而接收沦陷各区邮政，增加亏损，亦为重大打击。本年一月份，后方九省区只亏四亿余元，而收复各省区共亏五亿余元，超过后方之上去年邮资加价之收益。以之抵补后方省区，原可约略足敷，但收复各省区之亏损，均属新增加之负担。如一月份山东收入只二百万元，而支出五千万元；河北收入八百万元，而支出六千四百万元；北平收入一千二百万元，而支出七千二百万元，亏损之数一、二十倍于收入。现在东北邮政仅接收沈阳、长春、哈尔滨、锦州四局，内地尚未接收，每月亏损已达二亿六千万元（未包括在以上数目之内），将来接收东北内地，加以台湾，其增加之负担，洵属无可估计。

且照现时物价情形而论，邮资数目实嫌过低。去年十月，邮资初加之时，收复区物价尚低，且有跌落之势，故各方影像以为邮资所增太多，今则半年以来，情形全非，市面通用为千元、五百元之票，二十元一件平信之邮资，几于无可找换。而衡之邮局，处理成本亦实属相差太甚，虽平信向无纪录，计算成本比较困难，但快信及挂号信均可确实计算。本局现正挑选若干重要局所，调查其成本，据已经呈复之各局而言，则每处理挂号信一封，天津需人工一百四十三元四角五分，石家庄需八十元，各地平均需七十七元，加上运输及办公费、管理费等，每件共需成本一百廿三元。而现行邮资，仅收挂号费三十元。快信一封之人工费用，太原需一百卅二元，济南需八十元，虽报告未齐，尚难计算，各地平均，可信其亦当在百元以上。而现行邮资仅收五十元，均属不敷成本远甚。以此推知，平信邮资定亦不敷甚巨，自非增加邮资，不足以谋救济。

再查去年第四季，全国邮政收入为二十九亿三千七百万元，开支为六十亿三千五百万元，净亏三十一亿零四百万元，比之收入为一．〇七倍。本年一月份，收入为十三亿九千一百万元，开支为二十六亿三千二百万元，共亏十二亿四千一百万元，若连东九省初步亏损之二亿六千万元在内，则为十五亿，比之收入为一．一六倍。二月、三月收支详数尚未报齐，但估计收入每月仍不过十四亿，而开支之数目每月当达三十余亿，净亏二十亿，或犹过之。照目前情形每月收入须达三十五亿元以上，方可抵付开支，若物价继续上涨，东北九省内地邮政续有接收，各地交通邮运不能恢复常态，则亏损之数必将逐月更增。

复查信函邮资，虽自去年十月奉准自二元增至廿元，但实际收入并不达理想之巨。去年九月未加费前，每月收入为一亿四千八百万元，加费后十、十一、十二三个月，收入共为二十三亿六百万元，即每月平均七亿七千万元，比之九月为五．二倍。今年一月，收入稍强，为十亿零六千七百万元，比之去年九月为七倍，但支出方面，今年一月为二十六亿三千万元，二、三两月更增。估计三月份因物价上涨，东北亏损及奉准调整食宿补助，须增加开支八亿元，即全月支出当达三十四亿元以上。如邮资自二十元增至一百元，则根据本年一月乐观之估计，可望有收入三十七亿元，根据去年十、十一、十二三个月之平均估计，可望有收入二十七亿七千万元。现在邮政积欠储金汇业局之透支，已达一百亿以上，积欠中央银行五亿，复挪用各项代理款项甚巨，几于罗掘俱穷，而前途渺茫，业务无迅速大量发展之望。且现在之邮资不敷成本，业务愈增，赔累亦愈甚，以积亏已达百余亿财务，再加以每月一、二十亿之亏损，日积月累，必将无法收拾。为此，拟自本年五月一日起，将国内邮资净增四倍，即平信每件自二十元增为一百元，其余各项类推，理合拟具国内各类邮件新资费表一份，并检附卅四年度收支概数表，今年一月收支概数表，及估计加价后收支结果表各一件，备文呈请鉴核，转呈行政院咨行立法院，迅赐核准，俾便如期实行。

再前次拟增邮资，迁延时日，达一年之久，以致物价愈涨，所增资例有失时效。此次加费，照上面所述开支及估计情形，实为最低之数，不能再少。如审议需时，拟请在未实行前，先请行政院自三月份按月垫贴二十亿，俾资周转，俟月底结算，如所亏不及二十亿，当将余款缴还国库，如超过二十亿，亦请将超过额如数补足，一俟邮资奉准照加，贴补即行停止。当否之处，并祈鉴核施行。临呈不胜迫切待命之至。谨呈

交通部

附呈表四件〔表略〕

邮政总局局长徐继庄谨呈

〔国民政府交通部档案〕

9. 邮政总局关于贴用中共邮票包件处理办法与交通部往来密呈令

（1946年8—9月）

(1) 邮政总局密呈(8月26日)

交通部邮政总局密呈 局业字第四六号 中华民国卅五年八月廿六日发

查共党占领区邮局寄来之信件，只将共党邮票涂销后投递，不再向收件人补收邮资，前经呈奉钧部三十五年五月七日邮字第二一八号指令照准有案。兹据江苏邮政管理局呈，以该区镇江及江都二局先后收到中共占领区之高邮邮局转来贴用中共自印邮票之包裹多件，是否亦同样适用，请核示等情。查信函为邮局专营业务，故对于中共所设邮政机构发来邮件，不能不设法予以投递。至包裹系

属邮局兼营业务，并不限于必须交邮寄递，如与信函明信片同样办理，则因转运包裹运费甚巨，势将不堪赔累。兹查抗战末期陷区与后方往来邮件，因运输困难，亦仅以信函与明信片为限。但厦门邮局(沦陷时期)曾一度收寄后方包裹，因当时海关并不禁止其进口，故曾特准通融，寄至后方设有海关之第一邮局，以便交关查验后，即在该地交收件人具领，并向收件人补收后方第一接收局至验关地方之包件资例一节，曾经本局三十四年五月十一日，以第五九五/五四三三八号公函，送请钧部邮电司转呈鉴核，并准邮电司甲(34)第五七七五号函复，“经签奉部座批开照准”等因，嘱查照等由有案。此次中共占领区邮局发来贴用中共自印邮票之包裹，拟亦援照上例，由第一经转局于接到是项包件后，通知投递局转达收件人交纳由第一经转局至投递局之包件资费后，再予照转投递(如第一经转局即为投递局，则按区内各局互寄包裹资例补收资费)。如收件人拒不交费，即由第一经转局将原件退回原局，其无法退回者，(包括退回原局后，仍由原局再行发来者)概作无着包裹处理办法处理。是否有当，敬祈鉴核示遵。谨呈
交通部

邮政总局局长徐继庄

(2) 交通部令稿(9月26日)

令邮政总局

三十五年八月二十六日局业字第四六号呈一件，为贴用中共邮票之包件处理办法敬祈鉴核示遵由。

呈悉。该项包件业已到达者，姑准如拟处理。唯嗣后应一律由第一经转局径予退回，并由该局转饬各相关邮局于显明处公告周知，仰即遵照。此令。

〔国民政府交通部档案〕

10. 电信总局为拟具紧缩机构案补充办法代电

（1946年10月3日）

交通部电信总局代电　工字第三〇六二号　民国卅五年十月

交通部钧鉴：查紧缩电信机构及裁减员工施行办法，经通饬遵办以后，迭据各区管理局呈，以有关调度线路及接转报务者请予缓裁，各省县政府及军事机关，亦多以地方治安暨“剿匪”防空需要，电请保留，尤以局处裁撤之后，所遗线路处置困难。兹为兼顾紧缩计划及军政需要起见，谨再拟具补充办法如次：（一）现有之五等局及营业处业务清简，而调度线路及接转报务所必需者，或有关剿匪军事及防空情报为军防机关请求保留者，得呈经本局核准后，暂缓裁撤。（二）局处裁撤后所遗线路，应按下列原则，由各管局分别接洽处理。（甲）各省边区有关地方治安之线路，为省县政府所切需者，得移交各该省政府，并先洽省府应将原有省线，一并照部委托省政府代办长话原则办理。（乙）短距离支线，可由干线线佐兼管者，得予保留，其原有业务洽交当地邮局代办。（丙）干线所经过之局处裁撤后，业务洽交当地邮局代办，线路酌量开放直达。（丁）目前虽不重要但有关者，除通信足为将来之干线者，照（丙）项办理。（戊）不合于（甲）、（乙）两项规定之支线，须派线佐专管者拆除之。（己）局处裁撤后，多余之回路或空线，其线料可资利用者，拆除之。（三）线路移交或拆除后多余之线佐，应由各管局查明其工作能力及品性，先行裁汰百分之六十，其余呈候核办。以上各项，除通饬遵办外，理合呈请鉴核备案。电信总局。江工2/3062。

〔国民政府交通部档案〕

11. 邮政总局关于中美间航邮运输事宜与交通部往来呈令

（1946年10月）

（1）邮政总局呈（10月12日）

交通部邮政总局呈　局联字第一一四七号

中华民国三十五年十月十二日发

奉钧部本年十月三日部邮字第一一一四五号指令，略以往来中美间之太平洋公司飞机，在法律上并未取得运邮之权利，未便利用运邮。又中菲间空运，除中国公司每周有班机常川飞行外，尚有菲律滨及远东航空公司之飞机飞行，饬转饬沪局与之洽运寄菲航邮等因，自应遵办。正拟办间，据沪局本月四日第一〇八一号呈称，太平洋航线似可仍予利用，以免绕道，藉收通邮迅速之效。在沪外侨对此异常注意，迭在报纸上发表评论，催促从速实行，拟请转呈大部准予利用运邮等情。又关于利用菲律滨及远东两航空公司之班机运邮问题，同日亦据该局第一〇八三号呈称，上海目前通航国外之航线，仅有菲律滨远东航空公司及菲律滨航空公司，前者班期靡定，未便利用，惟后者菲律滨航空公司之飞机，约每星期五自沪飞行一次，中途经停马尼拉、檀香山等地，而抵美国旧金山，与第一〇八一号呈请准予利用之太平洋航线之飞航路线相同。而该公司自沪至美之航邮运费，系每公斤美金六元，亦与太平洋航线之运率相同。为调剂运邮时间及避免运邮迟缓受人指摘起见，拟请准予利用等情。据此，查邮件运输向以迅速为原则，故凡可资利用运邮之工具，允宜尽量利用。目前寄美航邮，虽可自沪交由中国航空公司班机运抵马尼拉，再交自菲至美之泛美环球航空公司班机运递。然一则因非直达航线，故在途需时较多，再则泛美环球公司自菲至美之运费每公斤需一百五十五金佛郎二十五生丁，运率远较太平洋航线及菲律滨航空公司为高。倘照沪局建议，兼用菲律滨及太平洋两航空公司之直达航机，交运寄美航邮，不仅可以加速运递，且因该两公司运费低廉，更可减轻公众负担。为迅速邮递便利公众起见，拟即令饬沪局将寄菲航邮，除照常交由中国航空公司运递外，并可随时交由菲律滨公司或太平洋公司之班机运递。又寄美航邮除仍交由中国航空公司之班机运抵马尼拉后，再交由自菲至美之泛美环球航空公司之班机运递外，并可随时交由太平洋及菲律滨两公司之直达班机运抵。惟为维护主权计，应避免与该公司签订合约，仅以换文商定，俾资兼顾。是否有当，理合备文呈请鉴核示遵。

谨呈

交通部

邮政总局局长　徐继庄

(2) 交通部复指令（10 月 24 日）

指令

令邮政总局

三十五年十月十二日局联字第一一四七号呈一件，为关于中美间航邮运输事项请鉴核示遵由。

呈悉。查菲律滨航空公司之飞机，系根据中菲通航协定定期飞行，所请将航邮交该公司带运一节，尚属可行。至太平洋公司之飞机，纯因限运救济物资始准入境。类此临时入境之飞机尚多，于法律上均无经营普通客货及运邮权利。嗣后寄菲、美航邮，不应交由该公司带运，以免有损国家权益，而维既定政策。仰即遵照。此令。

〔国民政府交通部档案〕

12. 邮电司拟具改订中美无线电话业务合同案意见签呈

(1946 年 10 月 19 日)

邮电司签呈

查本部前电政司曾与美国电话电报公司，于民国二十六年二月一日，签订关于中美间办理无线电话业务之合同，并于是年五月间，由本部上海国际电台与该公司旧金山电台直达通话，开放营业。嗣因抗战军兴，国际电台内移，该项中美间无线电话业务即告中辍。抗战期间，本部虽曾努力设法期欲恢复大后方与美国直达通话之业务，终因限于设备，未克如愿。自日本投降，国际电台迁回上海以后，对于机件设备积极整理扩充，并已向美订购单边幅无线电话发射机，一俟运到装设完成，即可与美国恢复通话。因此在通话手续、收费结帐等方面，亟应参酌过去经验及现实情形，将上述无线电话业务合同妥加修改，重行签订，俾资适合，而便实施。兹据电信总局移送美国电话电报公司上年十二月六日致该局原函，暨美方所拟新合同条文与附表草案，并由该局附具意见，签请本司转陈核示前来。业经本司将新旧两合同及附表等研究比较，详慎考虑后，谨拟具意见如下：

一、签订机关　旧合同系由交通部电政司与美国电话电报公司所签订，新合同似应改由交通部电信总局与该公司签订。

（理由）旧合同签订时，本部尚未设置电信总局，故由前电政司与该公司签订。现在电信业务已划归电信总局专责办理，该项国际电话与业务合同，自应援照马凯无线电报务公司先例，同样由电信总局签订。

二、通话价目　旧合同附件甲规定，中国方面甲区（包括江苏、安徽、浙江三省）与美国方面第一区（包括亚利桑那加利福尼亚及华盛顿等八省）两区间之通话，适用基本价目美金二十一元，星期日减为十五元（均指起首三分钟而言，每逾一分钟照加三分之一）。其话费收入由双方均分。至中国甲区以外或美国第一区以外之通话，须按照附件甲所开价目，另行加收分区附加费，该费归加收之一方所得。现美方公司所提新合同草案附表A—1规定，中国全国各地与美国全国各地通话，适用划一价目美金十二元，星期日减为九元，不再将中国及美国分为若干区，另收附加分区费，简单便利，实为一大进步（中美间无线电报价目亦已采取同样原则）。惟查中美间通话基本价目，原为二十一元，另加分区附加费三元、六元、九元不等，故上海与纽约通话应收美金三十元，今骤减为十二元，未免过低。拟向美方提议，改为中美间通话采用划一价目美金十五元，星期日减为十二元。又关于摊分话费办法，美方于附表A—2内仍建议，凡距离无线电路终端以外五百英里之处，须先由美方或华方扣去若干继递费，然后将余数由双方均分。此点我国拟不予同意，并要求中国各地与美国各地往来之电话不分区域，其话费收入一律由双方均分，以资简便。

（理由）查中美无线电路之终端，我国系在上海，而美国则在旧金山。按照实际话务情形，将来中美间通话，以我国京沪一带与美国纽约华盛顿一带往来者为最多。倘照美方所拟分摊办法，则京沪二地因距离无线电路终端之上海不逾五百英里，故我方不能先扣继递费，而纽约华盛顿距离旧金山远在五百英里以上，故美方可先扣继递费（每次美金一元八角），对于我方收入，颇属不利。反之若照我方建议，中美两国通话，不论何地，双方均不先扣继递费，则按照目前话务状况，于我方比较有利。

三、国币与美金之换算率　查旧合同第八条第四款规定：

“无论电话发自中国或美国，其价目应归一律，并用美金规定之。但关于中国方面所发之电话，电政司应将此项美币价目折成电政司认为公允适当之中国国币价目。电政司并得随时自由将上述中国国币价目加以修改，藉谋调整中国国币价目对于原定美币价目之关系”。

从上开条文，可见由中国发至美国之电话，其原价虽用美金为标准，但我方有充分之自由，将其折成相当国币价目，向公众收费。该项国币价目如须更改，亦无须征求美方之意见。现查美方所拟新合同草案第十条第二款之规定，与旧合同出入颇巨。兹照译如下：

“由双方发出之电话，其价目须大致相同，并应分别以美金标价暨收费，或以相当之中国国币标价暨收费。关于美金折成中国国币之换算标准，应随时经双方之同意订定之。倘遇美金对中国国币之汇率有重大改变，经任何一方认为上述电话价目，及依照第十四条规定办法应由一方找付他方之款项，有失平允时，得经任何一方之请求，将该项价目及付款重行检讨，并将双方同意订定之换算标准及电话价目予以改订，藉资公允”。

如照上开规定，以后由中国发至美国之电话价目，虽从中国国币标价，但因美金对国币之换算标准，须经双方之同意始克规定或改订，远不如旧合同规定之富有伸缩自由。我方对于此类新条文，殊难同意，拟即提议改正如下：

“双方往来之电话价目，应大致相等。所有由美国发出之电话或他种业务，应以美币标价暨收费；其由中国发出之电话或他种业务，应以中国国币标价暨收费。上述国币价目，应由电信总局根据美币价目，按照该局认为公允适当之换算标准，折成国币规定之。电信总局并得随时自由修改上述中国国币价目，藉谋调整该项国币价目对于美币价目之关系”。

（理由）查中国发至美国电话，旧合同原规定我方有根据美金价目自由折成国币价目之权。此次美方提议改由双方共同商定美金对国币之换算标准，又啻限制我方之自由，自难承认。至于美方提出此项修改之理由，盖因依据新合同草案第十四条之规定，双方结帐时，美方如有应付我方之找款，须按照第十条商定之换算标准，合成中国国币在上海交付。但按照我国与各外国公司结帐惯例，均系互相以美金结付，并无由公司在上海交付国币之必要。故新合同第十条条文，拟改正如上。

四、帐单之造送与帐款之结付

查旧合同第十一条规定，各项帐单均以美币列计。又第十二条规定，所有我方应付美公司之任何找款，应以美币在纽约交付。又美公司应付我方之任何找款，应以美金在上海交付。今美方新合同草案第十三条规定，中国方面编造之帐单，以中国国币列计；美公司编造之帐单，以美币列计。又第十四条规定美公司应付我方之找款，在上海以国币交付，而我方应付美公司之找款，在纽约以美币交付。如此办理，双方帐单以不同之币制列计，核对既属不便，而美方应付我方找款在上海以中国国币交付，对我并无利益可言。殊不如仍照旧合同规定，一律以美币记帐及付款，较为简单便利。拟即向公司建议，将新合同草案之有关条文，仍照旧合同之原则，予以修正。

（理由）此项规定修正后，美公司对于我方自行按照公允适当之换算标准，规定中国国币电话价目一节，即无理由可以要求过问（参酌上开第三项）。

五、合同有效期限　查旧合同第十三条规定，本合同自开放营业之日起，以五年为有效期，届期如未经任何一方于满期前至少十二个月以书面通知对方，声明废止，应仍继续有效，至任何一方以书面通知对方声明废止后十二个月为止。现美方所拟新合同草案第十五条规定，自签订之日起，亦以五年为期，惟届期或以后任何一方如欲声明废止，至少应于二十四个月前，以书面通知。此项修改之时期，似嫌过久，拟向公司建议，仍照旧合同规定，至少十二个月以前通知即可废止。

（理由）查本部与各外国公司所订之报务合同，大都规定期满时任何一方如欲废止该合同，至少应于六个月以前通知对方。惟中美无线电话旧合同规定应于十二个月以前通知，其时间已属较长。美国电话电报公司所提新合同草案拟改为二十四个月一节，似未便同意。

六、旧合同之废止　新合同草案第二十条规定新合同成立后，所有民国二十六年二月一日签订之旧合同应即废止。此点事属当然，自应同意照办。

七、添办节目传递业务　查新合同草案第十一条内一再提及“附表内规定之他种业务”“Other Service Specified in the Schedule”

其意即系指附表B—1及B—2所载利用远洋无线电话居间传递广播电台节目之业务(简称节目传递业务)。关于办理此项业务之办法,本部前电政司曾于二十六年九月二十五日,与美国RCA无线电交通公司订有中美及中菲间节目传递业务合同。此次美国电话电报公司亦拟办理该项业务,并于附表B—1、B—2内规定收费及摊分办法,作为新订话务合同之一部分,事属可行,拟予照办。

八、新合同应加订中文本　查旧合同系以英文签订,其中文译本并无约束效力。兹拟令饬电信总局向美方商洽,新合同应同时以中文及英文签订,其中文本草案由电信总局拟就后函送美方研究,并应建议于合同内添加一条如下:

"本合同缮具中文本及英文本各二份,每方各执中文本及英文本各一份,均经互相核对相符。解释时如有异议,应以中文为准"。

(理由)查本部以前与各外国公司所订之无线电报务合同,除中意、中荷、中日、中澳(澳门)等四合同,仅以英文签订,并无中文本外,普通均缮具中文本及英文本同时签订。至于中英文解释如有异议时,有规定以英文为准者如中美(RCA　交通公司)、中英、中德、中法、中菲(RCA　交通公司)等合同是有规定以中文为准者如马凯公司中美通报合同,及环球无线电公司中美及中菲通报合同是。此次电信总局与美国电话电报公司商订中美无线电话新业务合同,在我方立场,自应先行提议以中文为主。如美方提出他项主张,拟俟届时再行考虑可否接受,或另提折衷办法。

以上意见,是否有当,理合检具电信总局签送美方来函暨所拟新合同等草案原件,连同中美无线电话旧业务合同抄本,暨RCA公司节目传递业务合同抄本,一并呈请鉴核批示。倘属可行,并拟由本部训令电讯总局,饬照上开各点将美方所拟新合同及附表英文本草案,妥加修正,另拟中文本草案一份,一并先送本部核定后,再由该局函商美方俟彼此完全同意后,即行正式签订具报备案。并由本部将合同抄本分别呈请行政院备案,暨咨请外交部存查。谨呈

部长
次长

邮电司司长　陶凤〇

附呈

一、美国电话电报公司来函一件(英文)

二、美方所拟新合同草案及附表A—1、A—2、B—1、B—2全份(英文)

三、邮电司与电信总局往来签注四件

四、中美无线电通话旧合同抄本一件(原本系英文附中文译本)

五、交通部电政司与美国RCA交通公司订立之节目传递业务合同中英文抄本各一件〔附件均缺〕

〔国民政府交通部档案〕

13. 电信总局编1946年度电信事业总报告

(1947年)①

三十五年度电信事业总报告

(一) 工务

甲、三十五年度原定工作计划情形

本年度工作计划,可分十三项,分述如下:

(一)增设长途电话线(10987)公里,(二)增设报线(13277)公里,(三)整修报话线(2700)公里,(四)增设载波电话电路(44)路,(五)增设韦氏机(52)路,(六)增设莫氏机(8)路,(七)增设音响机(306)部,(八)增设载波电报电路(68)路,(九)增设无线电快机(17)路,(十)增设无线电人工机(40)路,(十一)增设无线电报话电路(14)路,(十二)增设市内电话(3700)号,(十三)恢复过

① 原文无时间。

江水线(14)处，(十四)扩充修机设备(8)处。

乙、三十五年度完成工作情形及与原定计划之比较

本年度实际完成数量计：(一)长途电话线(11441)公里，(二)报线(11441)公里，(三)整修报话线(4480)公里，(四)载波电话(104)路，(五)韦氏机(71)路，(六)莫氏机(10)路，(七)音响机(182)部，(八)载波电报(54)路，(九)无线电快机(16)路，(十)无线电人工机(78)路，(十一)无线电报话电路(21)路，(十二)市内电话(5660)号，(十三)恢复水线(13)处，(十四)扩充修机设备(8)处。

以上各项工程地区之分配及完成数量与原定计划之比较(见附表一)。

丙、三十五年度重要工作概况

本年度重要工程办理情形可分为国内国外两部分(附表二)

(子) 国内部分

(1) 线路：(一)完成兰州至迪化长途话线，建立西北通信基础。(二)加强南京至重庆、南京至西安、汉口至广州、南京至上海等电路，以利京、沪、汉、渝、铜、郑、陕、湘等地通信。(三)抢通济南至青岛、北平至张家口及承德，暨苏北重要地区(靖江、南通、如皋、东台、泰县、高邮、宝应、泰兴)电信线路。

(2) 长话机件：(一)完成陇海线以南初步通信网，在南京至汉口、汉口至广州、汉口至重庆、南京至上海、上海至杭州、铜山至郑州、汉口至郑州、上海至镇江、广州至曲江、九江至南昌、汉口至九江、南京至铜山等线，装设三路载波机件及其他单路载波机件。(二)配合军事通讯，在绥靖区完成天津至山海关、天津至沈阳、沈阳至山海关、郑州至新乡等三路载波机及其他单路载波机。

(3) 电报机件：(一)普遍引用载波电报机，如南京至铜山、铜山至郑州、郑州至汉口、郑州至长安、汉口至广州等电路，均已装竣。(二)开始装用打字电报机，如南京至上海及南京重庆等市区联

络电话，均已装用。

（4）无线电机件：（一）在主要城市如南京、汉口、广州、上海、北平、西安、重庆等处装设快机。（二）装设上海至南京、南通至无锡、广州至深圳间微波四路报话机。（三）充实无线电话设备，如济南、归绥、迪化、台北、广州、昆明等处，均已通话。

（5）市内电话：（一）扩充南京、汉口等处之自动电话。（二）整修南京上海之用户机线。

（丑）国际部分

（1）上海国际电台加装 10KW 报机两部，7.5KW 报话双用机三部，并将前接收敌伪原有之机件逐一整理。

（2）成立南京国际支台，现有 20KW、5KW 报机各一部与英美通报。

（寅）整理京沪电信

南京为全国政治中心，上海为全国经济中心，故两市当地、两市相互间以及两市与国内外之电信，均极关重要。自三十五年七月起，即先后拟订整理京沪电信计划二期，其工作有属于新设者，有属于整修者，其详细内容见附表三。

（卯）改进维护线路办法

（1）改进维护电信线路办法：其主要点为：（一）废除例巡制度；（二）举行组队巡修；（三）确定障碍传报程序，严订线路障碍修复时间；（四）划分线路，分段设置领佐指挥查修；（五）简化维持用料领支保管手续。

（2）关于改进线路图表记录者：（一）线路实行编号，作为一切纪录之基础。（二）改订维护图表。（三）编制线路登记表，记载每一单位线路之动态。

（3）窃线处理情形，三十五年一至十月份，全国线路被窃（3101）次，损失铜铁线料一百三十余吨，均经随时修补，但窃线案破获者仅五处。

三十五年度完成电信建设工程统计表(附表一)

项目	西南西北区		华南区		华北区		东北区		合计
	数量	占完成数	数量	占完成数	数量	占完成数	数量	占完成数	
增设及恢复长途话线	1830公里	16%	6308公里	55.1%	3273公里	28.6%	30公里	0.3%	11441公里
增设及恢复电报线	—	—	9489公里	83%	1912公里	16.7%	40公里	0.3%	11441公里
增设长途电话载波电路	17路	38.6%	67路	152.2%	12路	27.3%	8路	18.2%	104路
增设电报载波电路	15路	28%	27路	50%	12路	22%	—	—	54路
增设电报韦氏机	22部	15.5%	118部	83.1%	1部	0.7%	1部	0.7%	71路
增设电报莫氏机	10部	50%	10部	50%	—	—	—	—	10路
增设电报音响机	1部	0.6%	37部	20.3%	24部	13.8%	120部	6.27%	182部
增设无线电报话电路	2路	9.5%	16路	76.3%	3路	14.2%	—	—	21路
增设无线电快机	2路	12.5%	14路	87.5%	—	—	—	—	16路
增设无线电人工机	14路	17.9%	45路	57.7%	11路	14.2%	8路	10.2%	78路

三十五年度完成电信建设工程统计表(附表一)

项目	西南西北区		华南区		华北区		东北区		合计
	数量	占完成数	数量	占完成数	数量	占完成数	数量	占完成数	
增设市内电话	—	—	5410	95.6%	250	4.4%	—	—	5660号
恢复过江水线	—	—	13处	100%	—	—	—	—	13处
扩充修机设备	4处	50%	3处	38%	1处	12%	—	—	8处

附注：1. 线路部分重要工程　A、西北区　完成兰州至迪化长途话线。

B、华南区　加强南京经汉口至重庆，南京经铜山，郑州至西安，汉口经长沙至广州，南京至上海等电路，以利京、沪、汉、粤、湘、渝、铜、郑、陕等地通信，抢修苏北重要地区电线。

C、华北区　抢通济南至青岛、北平至张家口及承德电线。

2. 市内电话　南京1800号，上海1420号，九江240号，武汉1700号，长沙250号，青岛250号。

3. 过江水线　汉口、武昌、湖口、衡阳、长沙、衡山、湘潭、南昌、江阴、安庆、镇江、殷进、南京。

4. 修机设备　西安、南京、汉口、重庆、昆明、广州、北平、兰州。

三十五年度电信重要设备改进状况(附表二)

类别	项目	改进状况
国内部分	线路	1. 完成兰州至迪化长途话线,建立西北通信基础。 2. 加强(a)南京经汉口至重庆,(b)南京经铜山、郑州至西安,(c)汉口经长沙至广州,(d)南京至上海等电路,以利京沪汉渝铜郑陕湘粤等地通讯。 3. 抢通(a)济南至青岛,(b)北平至张家口及承德,(c)苏北重要地区(靖江、南通、如皋、东台、泰县、高邮、宝应、泰兴)电信线路。 4. 改善电信线路维护办法:(a)废除例巡制度,(b)举行组队巡修,(c)严订线路障碍修复时间(重要线路四小时)。
	长话机件	1. 完成陇海线以南初步通信网,在下列干线上装设载波电路,如(a)南京至汉口,(b)汉口至广州,(c)汉口至重庆,(d)南京至上海,(e)上海至杭州,(f)铜山至郑州,(g)汉口至郑州,(h)上海至镇江,(i)广州至曲江,(j)九江至南昌,(k)汉口至九江,(l)南京至铜山等三路载波电路及其他单路载波电路。 2. 配合军事通讯,至绥靖区内完成载波电路如(a)天津至山海关(b)天津至沈阳(c)沈阳至山海关(d)郑州至新乡等三路载波机及其他军路载波机。
	电报机件	1. 普遍装用载波电路电报机如(a)南京至铜山,(b)铜山至郑州,(c)郑州至汉口,(d)郑州至长安,(e)汉口至广州等。 2. 开始装用打字电报机,如南京至上海及南京重庆等市区内等联络电路。 3. 增加韦机电路,应付目前业务。
	无线电	1. 在主要城市间如南京、汉口、广州、上海、北平、西安、重庆等处装设通快机之机件,并在主要城市与次要城市间加装通人工电路之机件。 2. 开始装用微波电路,如上海至南京,南京至无锡,广州至深圳等。 3. 华北等处之距离较远处可通达无线电话,如济南、归绥、迪化、台北、广州、昆明等处。 4. 普遍充实各电台电力设备。
	市内电话	1. 扩充南京汉口等处之自动电话。 2. 整修南京上海之用户机线。
国际部分		1. 上海国际台加装机件及整理接收机件,并迁移报房。 2. 设立南京国际支台。

整理京沪电信报告表(附表三)

类别	原定计划	完成期限	实施情形	完成百分数	附注
市内电话	1. 整理南京重要市内电话用户 1200 号	年底	自七月十九日起到十二月二日共整理 1550 户	129%	超过原定进展
	2. 整理上海重要市内电话用户 400 号	年底	自七月十九日起至十一月廿一日止共整理 415 户	104%	超过原定进展
长途电话	1. 增加京沪三路载波电话一套并整理其他三路载波机	八月底	加装三路载波机于八月十六日完成通话 整理其他三路载波及整理镇江吴县帮电机均于八月底前完成	100%	
	2. 接收美军超短波无线电机	十月底	于九月十九日迁装京沪两局并开放通话于十月十七日试妥快机通报。	100%	
	3. 整理京沪架空明线	年底	于十一月四日分两队开工十二月三十一日全部完成	100%	
电报	1. 开办京沪特快电报八路	九月底	均于限期先后开放	100%	
	2. 加装南京局无线电机	两星期	于九月十八日装妥		

续上表

类别	原定计划	完成期限	实施情形	完成百分数	附注
电报	A、1KW 机 2 部 B、400KW 机 2 部 C、1.5KW 机 1 部 D、3KW 机 1 部	两星期 一个月 十一月底	于九月十八日装妥 于九月十八日装妥 于十二月卅一日装置	100%	3KW 机较限期迟一个月装妥，原因为该机真空管迟未运到。
	3. 京沪两局改装新式电报机	年底	改装快机 22 部，已完成装置，传真电报机，亦已完成加装。打字电报完成一路，	80%	打字电报机已在美订购，□□运到，所有已完成之一路□□□美军剩余器材
	4. 京沪载波电报改接于美式载波电路	十月底	于十月九日改装完成。	100%	
国际通讯	1. 南京设立国际支台营业处	一星期	于限期内完成	100%	
	2. 筹设南京国际支台装 20KW 机一部	两个月	20KW 机系于九月九日装妥，于十月三日及十月十二日先后与旧金山新闻，交通，马凯三公司开放通报。	100%	
	3. 上海国际台加装 A、7.5KW 机三部 B、10KW 机二部 C、单边带机一部	年底	7.5 机 3 部于九月十九日，二十六日先后装置。10KW 机于十月二十八日装妥一部，另一部已装置，尚缺真空管，单边带机尚未运到。	65%	单边带机已由美运出两批须于明年度到达方可装置
	4. 上海国际电台中央室迁沙逊大厦	年底	于十月三十一日全部迁竣	100%	

（二）业务

甲、三十五年度重要工作概况

（子）增辟电报电话电路

（1）电报：三十五年度增辟电报电路，共计有线电报三二八路，无线电报九〇路（附表一）。

（2）电话：三十五年度增辟长途电话电路共计载波电路一二七路，无线电路九路（附表一）。开放南京与重要都市通话共计八六处（附表二）。

（丑）增进电报电话速率

电报方面除实行各项整顿报务办法（附表四），及计划成立无线电通信网，以期增进速率外，并规定各类电报到达时间限度（附表三）。经查核重要各局办理成绩，在时限内者占90%。

电话方面除军政通话规定时限，必须接通外，普通长途电话接通速度经颁奖金制度后，已增加一倍（附表二）。

（寅）增进服务速率

为使电报电话便利公众服务周到起见，经实行下列各种办法：

（1）市内电话收发电报办法，藉以便利电话用户收发电报，免劳跋涉。

（2）开放特快电报电话，便利传递金融及其他重要消息。

（3）设置长途查询台，预告用户接通时刻，及通知用户准备接洽等办法，藉以便利公众使用长话。

乙、三十五年度电报电话业务状况

（子）国内电报：三十五年度一月份国内电报字数为三千余万，除二月份外，其后逐月递增，迄十月份已达四千八百余万字。十一月份下降百分之五十，此为电报加价之故，十二月份稍增（附表五）〔略〕。

（丑）国际电报：三十五年度国际电报亦呈逐渐增加之势，计一月份为一百五十余万字，至十月份已达二百六十余万字，计增加约百分之七十强(附表五)。

(寅)长途电话:长途电话次数与国内电报情形相同,逐月递增,计一月份为七十五万余次,十月份为一百三十五万余次,迨十一月下降约六分之一(附表五)。

(卯)市内电话:市内电话用户数,三十五年度内变动率不大,迄十一月份止,为七九九九七户,较一月份之六七五四九户增加数目甚微(附表五)。

丙、三十五年度局所统计

查全国电信局所截至三十四年底止,共有一四四七所。三十五年度以收复区范围逐渐扩大,为配合军事或地方需要,将收复区内电局先后予以恢复,故其中第二区(苏浙皖)较上年度约增设有八十余局处,七区(冀鲁晋)增加约四十余,东九省亦增设七十余局处,除一区(陕豫)、八区(甘宁青)及新疆增裁较少外,其余三、四、五、六区(包括湘、鄂、赣、滇、黔、粤、桂、闽诸省)内,或因政府机关东迁,或因人口减少,已无设立电信局之需要。复奉部令紧缩开支,裁撤业务清简之局所,计先后裁撤者六十余局处,实际较三十四年度增加一百七十六所。至各区内电信局所数字,兹附表于后:

三十五年度增辟有无线电报电话电路表(业附表一)

项目	增设路数	重要电路名称	备注
有线电报	328	上海——汉口 南京——汉口 广州——衡阳 上海——福州 南京——铜山 广州——汕头 汉口——长沙 南京——南昌 沈阳——长春 汉口——宜昌 南京——南宁 汉口——信阳 汉口——郑州 海南——贵阳 沈阳——永吉 汉口 重庆 天津 沈阳 桂林 柳州	快机 71 路 电报打字机 2 路 莫氏机 19 路 音响机 90 路 语传机 146 路
无线电报	90	南京——北平 上海——昆明 沈阳——安东 南京——郑州 上海——天津 沈阳——承德 南京——兰州 上海——长沙 沈阳——上海	快机 3 路 人工机 87 路

续上表

项目	增设路数	重要电路名称	备注
无线电报	90	南京——西安　上海——南昌　天津——济南 南京——迪化　北平——太原　天津——包头 南京——台北　北平——长春　天津——满州 南京——沈阳　北平——上海　汉口——广州 南京——福州　北平——归绥　汉口——西安 张家口——归绥　北平——张家口　广州——海口	
载波电话	127	南京——上海　上海——杭州　衡阳——长沙 南京——杭州　上海——镇江　衡阳——曲江 南京——铜山　上海——无锡　衡阳——广州 南京——汉口　北平——保定　沈阳——四平街 南京——九江　北平——沈阳　沈阳——长春 汉口——长沙　北平——山海关　沈阳——本溪 汉口——衡阳　北平——张家口　锦州——朝阳 汉口——重庆　郑州——西安　济南——青岛 汉口——郑州　郑州——新乡　四平街——长春 汉口——九江　郑州——铜山　杭州——兰溪	增加之载波电话电路大都为三路载波电路
无线电话	9	南京　广州　南京　上海 西安　归绥　南通　无锡 台北　广州 南京　归绥	

三十五年度改进长途电话办理情形表(业附表二)

项　目	办　理　情　形
1. 开放重要都市通话	A 载波电路数——34 年底有 60 路 现有 187 路 计增加 127 路。 B 无线电路数——34 年底有短波无线电话 18 路,现有短波及超短波无线电话 27 路,计增 9 路。 C 南京通达电话重要都市——上海、杭州、南昌、汉口、重庆、长沙、北平、天津、济南、郑州、西安、兰州、迪化、广州、归绥、台北等共 86 处。

续上表

<table>
<tr><th>项　目</th><th>办　理　情　形</th></tr>
<tr><td>2. 军政通话限期接通</td><td>A、重要首长——蒋主席、宋院长、俞部长(交通部)白部长,陈总长、周总司令、商参军长——限五分钟接通。
B、部长以上主管长官及等于部长地位之人员——限十分钟接通。
C、一般重要军政通话　限四十分钟接通。</td></tr>
<tr><td>3. 开放特快电话</td><td>A、南京至上海　三十五年十二月二十五日开放
<table>
<tr><th>名称
日期</th><th>特快电话次数</th><th>占通话总数之百分率</th><th>名称
日期</th><th>特快电话次数</th><th>占通话总数之百分率</th><th>名称
日期</th><th>特快电话次数</th><th>占通话总数之百分率</th></tr>
<tr><td>12月25日</td><td>386</td><td>29.4%</td><td>1月1日</td><td>142</td><td>19.7%</td><td>1月8日</td><td>404</td><td>31.4%</td></tr>
<tr><td>12月26日</td><td>560</td><td>45.3%</td><td>1月2日</td><td>145</td><td>22.3%</td><td>1月9日</td><td>490</td><td>34.1%</td></tr>
<tr><td>12月27日</td><td>513</td><td>38.6%</td><td>1月3日</td><td>170</td><td>21.4%</td><td>1月10日</td><td>463</td><td>37.3%</td></tr>
<tr><td>12月28日</td><td>440</td><td>33.0%</td><td>1月4日</td><td>386</td><td>35.4%</td><td>1月11日</td><td>493</td><td>39.8%</td></tr>
<tr><td>12月29日</td><td>205</td><td>23.0%</td><td>1月5日</td><td>173</td><td>20.6%</td><td>1月12日</td><td>218</td><td>25.0%</td></tr>
<tr><td>12月30日</td><td>673</td><td>47.3%</td><td>1月6日</td><td>425</td><td>33.5%</td><td>1月13日</td><td>618</td><td>52.0%</td></tr>
<tr><td>12月31日</td><td>519</td><td>41.6%</td><td>1月7日</td><td>366</td><td>29.6%</td><td>1月14日</td><td>560</td><td>55.3%</td></tr>
</table>
B、上海至吴县,无锡,镇江,杭州,南京,至镇江、铜山、芜湖——一月十日开放。
C、天津至北平塘沽,北平至通县,重庆至成都,贵阳——一月二十日开放。
D、其他重要都市——正在计划开放。</td></tr>
<tr><td>4. 优待新闻通话</td><td>A 每日下午九时至次日上午七时话费七折计收。
B 每日十二时至十四时寻常通话一律提前接通。
C 京沪间每日下午九时至次日上午七时间,得任意指定在某二小时内接通。</td></tr>
<tr><td>5. 增进服务效率</td><td>A 设置长途查询台　应答用户询问长途电话业务,处理申告事项,京汉沪三局已成立,平津渝三局装设中。</td></tr>
</table>

续上表

项目	办理情形	
5. 增进服务效率	B 预告用户接通时刻	用户挂号后，长途台估计接通时刻告知发话人，使其有所准备。
	C 通知用户准备接话	长途电话接通前，先通知用户大约几分钟内可以接通，请其挂上等候再叫，以免持筒久候。
6. 工作竞赛增进接通速度	A 长途台每日每座席平均计费分数超过1250分钟时，月给该座席奖金100,000元。 B 每递增计费分数150分钟，即顺序递增奖金50,000元。 C 京沪间加急通话，以前须二、三小时方能接通，现在约一小时半内可以接通。 D 平。	

三十五年度办理限时电报情形表(业附表三)

限时标准	甲	A	B	C	D	E
	乙	$\frac{1}{2}$	$\frac{1}{2}$	1	$1\frac{1}{2}$	3
	丙	$\frac{1}{2}$	1	$1\frac{1}{2}$	$2\frac{1}{2}$	5

说明

甲 A、提前即到之jcp流水最要官军电；
B、特快电报；
C、加急官军电及加急新闻电；
D、普通官军电加急私务电及普通新闻电；
E、其他各种电报。

乙、为发报局局内时限(单位小时)。

丙、为收报局处理及接送时限(单位小时)。

未超时之百分数	上海局			南京局			武汉局			重庆局			南昌局			长沙局			昆明局		
	26—27/12			26—27/12			22—26/12			23—28/12			27—28/12			27—28/12			24—25/12		
	甲	乙	丙	甲	乙	丙	甲	乙	丙	甲	乙	丙	甲	乙	丙	甲	乙	丙	甲	乙	丙
	A	100	100	A	90	75	A	100	90	A	70	100	A	95	90	A	100	100	A	73	80
	B	100	97	B	100	100	B	100	100	B	90	90	B	92	100	B	98	99	B	92	89
	C	85	90	C	92	85	C	85	90	C	70	60	C	90	96	C	97	86	C	65	70
	D	94	91	D	85	90	D	98	80	D	73	64	D	85	80	D	94	93	D	70	76
	E	100	80	E	82	80	E	99	75	E	80	62	E	70	82	E	98	90	E	81	92

续上表

	贵阳局			广州局			福州局			厦门局			杭州局			安庆局			芜湖局		
	24—25/12			23—28/12			23—28/12			23—28/12			25—26/12			25—26/12			25—26/12		
	甲	乙	丙	甲	乙	丙	甲	乙	丙	甲	乙	丙	甲	乙	丙	甲	乙	丙	甲	乙	丙
未超时之百分数	A	90	100	A	99	100	A	100	100	A	100	100	A	64	75	A	100	100	A	80	100
	B	99	106	B	100	100	B	100	100	B	100	100	B	100	100	B	100	100	B	100	100
	C	75	92	C	98	100	C	95	95	C	100	90	C	63	70	C	80	100	C	77	100
	D	85	95	D	98	100	D	99	98	D	76	96	D	86	88	D	100	97	D	70	90
	E	98	98	E	97	99	E	99	76	E	85	92	E	91	91	E	97	92	E	75	89

	镇江局			铜山局			北平局			天津局			西安局		
	25—26/12			25—26/12			27—28/12			24—25/12			23—27/12		
	甲	乙	丙	甲	乙	丙	甲	乙	丙	甲	乙	丙	甲	乙	丙
未超时之百分数	A	100	100	A	64	100	A	80	98	A	100	90	A	100	90
	B	100	100	B	100	100	B	98	100	B	100	98	B	100	100
	C	100	100	C	100	100	C	85	96	C	99	88	C	90	80
	D	98	93	D	84	95	D	78	93	D	80	95	D	89	90
	E	97	94	E	94	98	E	82	90	E	100	100	E	100	95

超时原因

（一）有线电路因机件障碍，线路阻断及电源停滞，不能在限时以内发出。

（二）无线电路间因市电停供，电压不足，机件障碍或气候变化，天电干扰，通报情形恶劣，致不能在限时以内发出。

（三）报务拥塞时间，因电路不敷及人手机件不足，致各类电报超过规定时限。

（四）市区辽阔，收报人地址距电局过远，或收报人地址在电局投递范围以外，须经邮递或专送者，致不能在时限内送到。

（五）晚间叫门不开，或收报机关晚间无人收报，须待次晨投送者，致不能在限时以内送到。

（六）郊外报房尚未迁城（如重庆、昆明局），致各类电报增加稽延时间。

（七）有线电路数局同线工作，致超出时限。

（八）无线电路定时会晤，不在会晤时间内，不得不超出时限。

（九）各营业处与电局及有无线报房距离遥远，联络费时，致超出时限。

续上表

补救办法	（一）为辅助有线电路之不足，并增强无线电路容量起见，已拟定利用美军剩余料及日本赔偿料，计划各局增加大电力机六四部，小电力机一五八部，招训报务员一二二二人，其详细办法见另表。 （二）为增加电报投送速率起见，已饬上海局订购机器脚踏车七〇辆，分发各大城市电局应用。 （三）重庆及昆明局报房已定于本月内迁返市区。 （四）各繁忙营业与电局及有无线报房间，拟各装置打字电报机，以资迅速，该项机件已向美国洽购中。

三十五年度改进报务办理情形表（业附表四）

项　　目	办　理　情　形
（一）整理无线电机呼号字母使用范围	自战事结束后，随收复区之扩大，各局无线电机数量激增，致所用呼号混乱异常，影响通信甚巨。经颁布整理办法后，计整理呼号六七〇个。
（二）江岸电台与船舶电台通报办法	本局已设有江海岸电台现共有十一处，计划筹设中者尚有十九处，故特规定江岸电台与船舶电台通报办法，以利工作。
（三）简化处理手续及防止流水缺号办法	为求电报处理迅速并减少流水缺号起见，特规定此项办法，通饬各局遵照。据报实行以来，极著成效。
（四）整顿处理公电办法	各局公电时，因处置延误，影响信誉，故特规定整顿办法，严限随时清理，不得延搁。实行以来，亦颇见成效。
（五）查核重要电报办法	为严密处理重要电报起见，特规定报务繁忙各局，应设置查核员，专司查核官军重要电报有无延误情事，以策万全。实行以来，成效亦著。
（六）市内电话收发电报办法	分饬南京、上海、武汉、重庆、北平、天津六特等局，于卅五年十二月十六日起实行，迄本年一月四日止，上海登记用户共三十五户，收发电报五百六十三次，天津局登记用户共三户，收发电报廿次，其余尚无申请登记者。

三十五年度电信局所统计表

三十五年十二月份

区别	管理局	特等局	一等局	二等局	三等局	四等局	五等局	营业处	办公处	未核定级局	邮局兼办	管理□□□□业务	合计
第一区电信管理局	1		2	7	6	29	47	22	14	2	13	1	144
第二区电信管理局	1		7	8	18	12	31	88	140	3			308
第三区电信管理局	1		14	8	21	23	52	83	6	4	2		214
第四区电信管理局	1		7	14	33	9	14	24	12	2	15		133
第五区电信管理局	1		1	4	19	17	14	4	5	5	6	1	77
第六区电信管理局	1		15	13	30	25	18	69	9	4	2		186
第七区电信管理局	1					1	3	31		60			96
第八区电信管理局	1		3	2	9	17	14	3	14	3	9	1	76
第九区电信管理局	1		3	3	7			27		45			86
台湾邮电管理局	1									193			194
新疆电政管理局	1		2	4	5	2	8	1				1	24
国际　支台	1												1

续上表

区别	管理局	特等局	一等局	二等局	三等局	四等局	五等局	营业处	办公处	未核定等级局	邮局兼办	管理□□□□业务	合计
南京电信局		1						14					15
上海电信局		1						7					8
北平电信局		1						16					17
天津电信局		1						14					15
武汉电信局		1						7					8
重庆电信局		1						11	6				18
政务电台	1												1
政务电台渝分台	1												1
共计	15	6	54	63	150	135	201	421	206	321	47	4	1623

（三）材料

电信材料种类繁多，除国内可以购办者外，其余必须仰给国外，其用途约分建设事业、复局复线、经常维持三项。兹将三十五年度材料办理情形，略述如下。

甲、设法增加料源

（子）国外料：电款奇绌，又值胜利之后，购办困难，经多方设法，或赖善后救济，或赖政府拨济，计已到达国内者有：(一)加拿大续购之铜线，(二)善后救济物资，(三)美军剩余料，(四)行政院购拨之无线电机，(五)行总拨发料等，总共8801公吨(见附表一)。

（丑）国内料：包括印刷品在内，因各地物价不同，均系分由各区电信机关就地购用，或委托材料司购用。于经费万分困难，物价时常波动之中(见附表三)，仍勉筹料款，源源购拨。综计三十五年度拨发料款共为国币一零九亿八千五百九十八万元(见附表二)。

乙、供应概况

三十五年度整建线路11441公里,添设载波电报电话158路,无线报话115工程,共用国外料6193吨(见附表一),又木杆十八万余根;隔电子二十余万,材料称是,均能于经费支绌,运费昂贵,运输困难之下得以完成。

三十五年度国外料情形表(供附表一)

项目	案由	单位	已到数量	拨用数量	拨给国防部数量	剩余数量	备注
1	加拿大铜线	吨	1000	1000	——	——	
2	善后救济物资	吨	1330	1236	——	94	
3	美军剩余料 yuting 轮运来	吨	5000	2930	35	2035	
4	美军剩余料 yuting 轮运来 (con crete Borge)	吨	570	147	——	423	
5	行政院在沪拨来工程车及电线	吨	408	408	——	——	
6	行政院购拨无线电机	吨	396 (82部)	367 (68部)	——	29 (14部)	
7	行政院在沪拨来存日晖港料	吨	97	70	——	27	
	总计	吨	8801	6158	35	2608	

附注:剩余料2608吨中,善后救济物有940吨系木担,原已朽烂,无法应用。其余几全为美军剩余料,或以程式不合,尚待修整,或根本无法应用,尚待研究利用。

三十五年度国内料款详表(供附表二)

购办机关	复线复局及建设事业料款(万元)	维持料料款(万元)	印刷品价款(万元)	共计(万元)	备注
第一区电信管理局	37,651	7,275	14,000	58,926	
第二区电信管理局	136,949	9,005	7,000	152,954	
第三区电信管理局	125,986	13,579	10,100	149,665	
第四区电信管理局	19,295	6,966	10,000	36,261	
第五区电信管理局	3,787	7,045	7,000	17,832	
第六区电信管理局	88,750	10,029	9,500	108,279	
第七区电信管理局	112,117	7,000	5,000	124,117	
第八区电信管理局	2,943	3,000	3,000	8,943	
第九区电信管理局	650	42,196	5,200	48,046	
北平电信局		2,500	900	3,400	
南京电信局	47,100	3,987	12,000	63,087	
天津电信局	35,000	11,000	3,500	49,500	
上海电信局	131,570	51,450	4,500	187,520	
武汉电信局	1,220	6,800	2,500	10,520	
重庆电信局	561	10,528	8,500	19,589	
政务电台		250	250	500	
国际电台	81	9,950	5,130	15,161	
台湾邮电管理局	7,000	360	400	7,760	
新疆电信管理局		4,341	2,033	6,374	
材料司	12,600	17,564		30,164	材料司代本局购料款
总计	763,260	224,825	110,513	1,098,598	

(四)人事

甲、最近电信员工人数概况

自二十六年起，全国电信员工人数历年均有异动，截至三十四年，员工人数激增，因接收收复区局所增多，约为四万六千人。三十五年因裁遣员工关系，减为四万零二百零六人，另加东北全区三千三百人及台湾全区五千一百人（东北全区及台湾全区员工资格尚未核定，须经甄审后再行分别核定。再东北区因接收尚未完竣，目前人数以接收为限，将来东九省全部接收员工人数须增加），共为四万八千六百零六人（见附表一）。

乙、三十五年电信员工动态

（子）裁员：本局奉令裁减员工，对于原有人数及新进人员以及接收后留用之伪方人员，经规定标准甄别后，分别加以裁减，计三十五年六月底全国电信员工人数四万四千六百人，裁减百分之十二，分三十五年七月、八月、九月三次办理，每月裁减百分之四，共须裁去五千三百余人。除北平、天津两电信局及第一区电信管理局已各裁百分之八，尚余百分之四，或因军事情形特殊，或因沦地收复，需人恢复，暂予缓裁外，实已裁减 5146 人。

（丑）经常动态：三十五年度员工年龄在六十岁以上，照章饬令退休养老，计二百五十人；解职、辞职、停职及死亡者，计一千八百九十八人；因电信设备技术改进关系，或因故离职其缺必须补充者，增添一千五百人，共计三十五年份新进人员一千五百人，去职人员七千二百余人（见附表二）。

丙、招训人员情形

（子）三十五年计划内招训技术员、报务员、话务员、业务员、机务佐、线务佐等共 2740 人。招训原因为：（一）准备将向美购及日本赔偿料内无线电等机料分装各地，扩充电路之用。（二）裁汰衰老及技术低劣，增添新干部，发生新陈代谢作用。

（丑）三十五年实在招训人数共仅 880 人，其招训不足原因为，（1）一般程度太低；（2）招训本身房屋问题；（3）教师困难，各局人手不足；（4）待遇问题。

二十六年度至三十五年度电信员工人数统计表
（人附表一）　　（东北台湾人数不包括在内）

类别人数 / 年度别	员工人数													进退人数	
	技术员	报务员	话务员	业务员	事务员	会计员	机务佐	线务佐	报务佐	汽车司机	报话差	工警伕役	总计	新进	去职
二十六年度	493	5180	1052	1504	825	240	870	4120	155	107	1075	1691	17762	1588	1727
二十七年度	541	5039	1778	1226	855	301	1012	5765	163	112	1115	2093	20000	3633	1395
二十八年度	580	5638	2265	1522	1114	362	1325	6562	229	118	1306	2262	23283	4778	1495
二十九年度	748	6351	2820	2004	1445	425	1540	6977	363	121	1610	2880	27284	5987	1987
三十年度	796	6881	3175	1936	1851	497	1771	7592	508	132	1812	3154	30105	5030	2209
三十一年度	830	7554	3598	1620	2505	530	2105	7125	636	150	2213	3550	32416	5726	3415
三十二年度	1023	6581	3149	1039	2452	545	1749	6793	698	141	2679	4752	31601	2903	3718
三十三年度	1017	7187	3633	893	2252	476	1381	6243	528	118	2397	4319	30444	1993	3150
三十四年度	1886	10007	6379	1633	3519	689	2520	8936	736	247	3098	6350	46000	18181	2625
三十五年度	1564	9145	5889	1287	2612	576	2681	7626	764	273	2810	4979	40206	1500	7294

附注：三十四年度新进栏内之数字，包括收复区接收留用人数在内，故其数目较大。

东北及台湾两区三十五年度员工人数表

东北全区	台湾全区
电信员工总人数	电信部分及邮电兼办部分员工数
3,300 人	5,100 人

（五）财务

甲、收入概况

三十五年份电信收入，共计四百三十二亿七千余万元，其中一、二、三月份每月仅约十亿元。嗣以业务扩展，同时国际报费自四月二十一日起，因将金法郎折合率提高，收入亦有增加，四月份收入约十七亿元，以后每月续有递增，至十月份全月收入达三十五亿余元，较四月份增加一倍。十一月份起，国内电信资费奉令调整，月可收入一百一十亿元。

乙、支出概况

三十五年份电信支出共一千零三十三亿一千余万元，其中以员工待遇开支为大宗，平均每月占全部开支百分之八十以上，其余材料费、维持办公等费，总共支出尚不及百分之二十。

丙、不敷及贴补情形

三十五年各月份收支均有不敷，一月份奉令调整员工待遇，计不敷十三亿余元。二月份续奉令调整员工待遇，同时并呈奉核准发给全国电信员工一次救济费，因此支出增多，不敷达五十二亿余元。三月份起，又复奉令调整员工待遇，计不敷四十二亿余元。四、五两月份收入较旺，支出并无增加，不敷数字每月递减约四亿元。后以员工待遇分自六、八两月份起，一再奉令调整，且每次调整后增支之数，均达原支薪费百分之五十，同时材料维持办公等费用，亦以物价增涨，每月均有增支，计六、七月份不敷各达五十余亿元，八月份约九十亿元。虽经努力撙节，并裁汰员工，九月份不敷仍达八十六亿元，十月份不敷约七十九亿元。逐月不敷之数，幸政府贴补，勉渡难关。十一月份起国内电信资费奉令调整，可收入约一百一十亿元，不敷仅约五亿元。但自十二月份起，员工待遇又再奉令调整，计增加开支四十五亿元，是以十二月份不敷又达约五十亿元。

三十五年份电信收支总计表(财附表一)

摘要 / 月份	薪费	材料办公等费	支出共计	营业收入	收支不敷
一月份	1,670,996,000	758,791,200	2,429,787,200	1,083,022,016	1,346,765,184
二月份	3,227,739,000	3,045,763,400	6,273,502,400	1,026,639,376	5,246,863,024
三月份	4,564,699,000	902,627,100	5,499,326,000	1,142,044,000	4,275,282,100
四月份	4,560,314,000	934,186,000	5,494,500,000	1,683,614,300	3,810,885,700
五月份	4,605,928,000	963,860,500	5,569,788,500	2,085,651,300	3,484,137,200
六月份	6,614,873,000	1,242,924,900	7,857,797,900	2,160,932,500	5,696,865,400
七月份	6,487,854,000	1,413,829,000	7,901,683,500	2,691,669,900	5,210,013,600
八月份	9,676,175,000	2,122,393,800	11,798,568,800	2,814,497,200	8,984,071,600
九月份	9,484,568,000	2,336,667,300	11,821,235,300	3,156,448,000	8,664,787,300
十月份	9,296,185,000	2,151,000,000	11,447,185,000	3,550,000,000	7,897,185,000
十一月份	9,153,800,000	2,216,260,000	11,370,060,000	10,880,000,000	490,060,000
十二月份	13,720,691,600	2,216,260,000	15,936,951,600	11,000,000,000	4,936,951,600
共计	83,013,822,600	20,304,563,700	103,318,386,300	43,274,518,592	60,043,867,708

三十五年份电信收支不敷及政府贴补总计表

(财附表二)

收入	支出	不敷	已领贴补	尚不敷数
43,274,518,592	103,318,386,300	60,043,867,708	53,700,000,000	6,343,867,708

(六) 结论

综观三十五年度电信事业情形，大体差堪满意，但需要改进之处尚多，仍须继续努力。兹分别加以检讨如下：

(1) 工务方面：本年度建设报话线路达二万二千余公里，整修线路达四千余公里，增重要电路三百五十余路，均超过以前之纪录。以三十六年一月与三十五年一月相较（附图一、二）〔略〕全国电信线路里程几增一倍，在胜利初人力物力仍属困难情形之下，成就确尚不少。惟关于各种工程作法及技术标准，尚待补充完善。

(2) 业务方面：在抗战完成初步整理后，即以“快速准确”为目标，继续整顿，一年内推行新政其多，均以增进服务效率，便利用户为宗旨。对于长途电话，因民众需要殷切，尤尽量推广，唯从业人员之技术水准及工作情绪有待于提高及改进。

(3) 材料供应：原与工程所需相配合，本年度完成工程甚多，所需各种材料亦巨，在财力不裕及运输困难之中，差能供应需要，亦已煞费调度。惟关于接收之美军剩余料，仍须继续加速整理，尽量利用。

(4) 人事方面：胜利后，因大规模复局复线关系，感觉人手不敷，尤其技术人员为缺乏，同时感觉甚多从业人员（尤以沦区为甚）水准不够，因此一方裁员，剔除低劣，一面添用并训练优秀分子，发挥新陈代谢作用，实行结果，尚有成效。但一般而论，工作人员之情绪不及战前，亟须彻底加以改善，此与调整待遇，增进福利等有连带关系，似亦应同时设法解决之。

(5) 电信财务状况殊堪忧虑：本年度收支不敷计六百亿元，除政府贴补外，仍不敷六十三亿元。其原因不外：(一)薪费占总支出之绝大部分（十二月份占百分之八十六强），而公务员薪费随时奉令增加。(二)营业价格受政府统制，营收无法配合增加。(三)各种料价工费急性随物价上涨，上年十一月间报话价奉准调整后，营收由三十五亿增至一〇八亿，是月仅不敷约四亿余元。但至十二月薪费又须调整，是项支出，突由九十一亿半增至一百三十七亿余，计增约四十六亿元，而营收仍不过一百十亿，以致收支两抵尚不敷四十九亿元。可见若十二月份薪费一项不增，则是月收支勉为平衡。现在上述三项原因依然存在，故电信收支不敷之数，此后恐将与时俱增。电信事业原应自给自足，惟营业价目既不能合理调整，节流亦有其限度，则所有不敷，只可由政府全部贴补，方足以维事业。

〔国民政府电信总局档案〕

14. 交通部电信总局检送中美无线电报务合同请备案代电

（1947年10月30日）

交通部电信总局代电 业电字第〇二六五号
中华民国卅六年十月三十日发

交通部钧鉴：关于本局与美国无线电交通公司洽订中美无线电报务合同一案，前经呈奉钧部七月二十六日邮字八三九五号训令核示：中文本内末尾“本合同由双方赋有此项权力之职员，于上开年月日正式签订，以昭信守”一节，系与第十四条条文连贯一起，核与英文本格式不符，应予改正，另起一节。其余尚无不合，准即由该局与该公司正式签订后，将该项合同中英文副本各一份，及抄本各三份，从速呈部，以便分别存转。等因。遵经函知该公司驻沪代表将合同中文末尾一节，依照改正，以便订期正式签订去后。嗣据改正送还前来，并业于十月二十日由该公司代表 Floyd R. Games Gr 来京在本局正式签字。理合检附合同中英文副本各一份及抄本各三份，呈请鉴核备案，并转呈行政院暨转送外交部备查为祷。电信总局。陷。业电。1/0265。

附呈交通公司中美无线电报务合同中英文副本各一份及抄本各三份〔英文略〕。

中华民国交通部电信总局与美国无线电交通公司报务合同

中华民国三十六年十月二十日，即西历一千九百四十七年十月二十日，中华民国交通部电信总局(以下简称总局)为第一方，与在美国台来华尔州立案，并在美国纽约市勃劳路六十六号设有总行之美国无线电交通公司(以下简称公司)为第二方，订立之合同。

现因总局在中华民国境内所有及运用之无线电台，适宜与美国(本合同称“美国”者，均应包括其属地在内)境内之电台作商用通信。同时公司在美国境内所有及运用之电台，亦适宜与上述中国境内之总局电台作商用通信。

复以双方均愿运用其电台之一座或数座，在中国与美国间成立直达无线电报电路一条或数条，以供开放人工及高速度自动双工商用通信业务之用。

再双方曾于中华民国十七年十一月十日订立合同，共同运用中美间无线电报电路，上项合同，业于二十九年十二月五日期满。兹双方仍愿继续办理此项中美无线电报业务，因此同意订定条款如下：

一、总局与公司对其电台之维持，应各使适当及有效装用最新式机件，俾中国与美国间同时收发电报，并备有充分及训练纯熟之职员，以供调遣。双方应使办理此项业务所用之一座或数座电台，于日夜工作时间内，均能传递及接收无线电讯，其工作时间以双方认为足敷迅速处理所有报务而定。本合同所述中国与美国间电路，由中美两国直接工作，或为保持业务之继续不断及正确起见，经由菲律滨或夏威夷群岛之电台接转。但利用上述菲律宾或夏威夷群岛之电台接转报务一事，不得变更本合同所定报费摊分办法。如将来对于无线电照相真迹电报以及播音节目，为公众利益而有需要时，经双方之同意，并于其所用电台加装设备，及经核准办理此项业务后，得开放公用。

二、总局应将所有拍至美国或须由美国转递之电报，经发报人指定路由，注有“经国际电台——交通”“Via CGRA—RCA”之标记者，悉向公司各台拍发，公司各台对于上项电报，悉应接收。但公司在美国之中央收发室，其地位至少应与竞争公司之中央收发室具有同等之便利，并保留其电台完全作为商用。

三、公司对于其统辖范围内所有之电报，凡拍至中国或由中国转递者，除由发报人另行指定路由者外，应悉向总局各台拍发。总局各台对于上项电报，悉应接收。上项电报之路由标记，应为“经交通——国际电台”“Via RCA—CGRA”。又总局在中国之中央收发室，应设于便利之地位，并保留其电台完全作为商用。

四、除本合同所规定者外，其无线电报业务之执行记帐及结算办法，悉须按照国际电信公约及其所附电报规则、无线电信普通及附加规则暨以后之修正条文办理。凡经本合同所述电路拍发之电报，其每字价目应以金法郎计算，并依照下列原则办理：

甲、中国各地与美国各地间之价目，应归一律，并由总局与公司平均分摊，该项价目经双方同意后，得随时更改之。

乙、中国以外之继递费，由总局规定，并归总局处理。

丙、美国以外之继递费，由公司规定，并归公司处理。

双方帐目每三个月以金法郎为单位结算清楚，其差额应交双方同意之中间机关汇兑之。

五、凡经过上述电路之电报，其每字价目不得超过其他相与竞争电路之价目。迟缓电报、新闻电报及其他特别业务电报之减价办法，应由双方协议规定之。中国政府官电与美国政府官电，应征收特别低价，由双方另行同意协定之。中国及美国政府所发之寻常电报，其报费不得超过向公众所收全价寻常电报费二分之一。中国及美国政府所发之暗语电报，其报费不得超过向公众所收暗语电报费二分之一。上项电报如发往中国及美国以外，应于此项特定政务电报价目之外，另加实需之继递费。双方往来之业务公电，应完全免费，如业务公电不能直接传递时，其报费应各自负担之。

六、上项无线电路之报务遇有拥挤或稽延，为公众利益起见，须将电报送交其他电信机关拍发时，如本合同所载电路之报价与该项电信机关之报价有差异时，其差额应于双方应分而未分之报费帐目内，按摊分报费之比例负担之。任何一方得随时于相当时日以前，通知他方废止本条，或将每方每月之此项差额加以限制。如遇任何收报或发报电台之本身，或该项电台相互间之联络线，或该项电台与中央收发室之联络线有中断或毁坏等情事，应竭力设法于最短之可能期间内修复或重建之。

七、公司同意凡中国境内发出或转递之电报，得经公司之国际无线电通讯组织转往他处，总局亦同意凡美国境内发出或转递之电报，得经总局之通讯设备转往他处。

八、概括言之，双方应互相合作，以谋共同运用电路之工作，获得成功及利益。

九、双方应以友谊态度调停及处理关于履行本合同之争端或异议，如双方对于本合同之争端或异议不能调停或解决时，该项争端或异议应付之公断，由一方请定公断人一人，以书面通知他方，并请他方亦请定公断人一人。他方于收到通知书后十日内，应请定第二公断人一人，以书面通知第一方，再由被任命之两公断人选请第三公断人一人。如在第一方收到请定第二公断人之通知书二十天以内，两公断人尚未协同选出第三公断人时，则两公断人应公请现设瑞士盘恩之国际电信公会事务所所长或其同等职位者选任第三公断人。关于此项争端，公断人一致或多数通过之决定，双方同意遵守。公断人会议之时间、地址，由公断人规定之。所有公断费用，应归败诉一方担负，或由公断人核定成数，由双方分担之。

十、如遇战事或公共危险，总局须将所辖原通商报各电暂停工作或减工，或美国政府须将公司所有各台收归管理，则在此暂停工作、减工或收归管理时期内，本合同暂停实施。但一俟暂停工作、减工及收归管理等情事终了时，本合同应即恢复其完全效力。又本合同有效期间，应自动延长，其延长时期，等于本合同停止实施之时期。

十一、本合同自签字之日起实行，并自该日起，以三年为本合同有效期间。三年期满后，应继续有效，每次以三年为期，但经任何一方在原定三年或每次继续三年有效期满之六个月前，以书面通知对方将本合同废止时，本合同应即于期满时废止。

十二、本合同经双方书面相互之同意，得修改之。

十三、双方及其承继者，或合法代表者，或受让者，皆应遵守本合同之义务及享有本合同权利。总局及公司对于本合同规定之义务与责任，应分别按照中华民国及美国纽约州之法律解释及实行之。

十四、本合同缮具中文本及英文本各二份，每方各执中文本、英文本各一份，均经相互核对相符。解释时，如有异议，应以中文为准。

本合同由双方赋有此项权力之职员，于上开年月日正式签订，以昭信守。

中华民国交通部电信总局　钱其琛
证　　　　　　　　　　人　王庭梁

美国无线电交通公司　Floyd R. Games Gr. (Signed)
证　　　　　　　　人　Tryphon V. Ku(Signed)

〔国民政府交通部档案〕

15. 邮政总局检送上海邮政局与大美轮船公司签订运邮合同呈

（1947 年 11 月 16 日）

交通部邮政总局呈　局联字第二一三〇号
中华民国三十六年十一月十六日发

据上海邮政管理局本年十一月八日第(三六)三一七一号呈，

略以该局业与大美轮船公司洽妥签订邮运合同，检同合同正本及照录本各一份，呈请鉴核等情。据此，理合将原合同中英文照录本各一份随呈送请鉴核。又应付该公司运费原订为每季结付，现因外汇价率时有变更，经改为每月结付，已由上海局以换文方式通知大美轮船公司，自本年十月份起实行，合并陈明。谨呈

交通部

附合同中英文照录本各一份〔英文略〕

兼代邮政总局局长　谷春藩

合同人：上海邮政管理局局长李进禄代表邮政总局（以下简称邮局），大美轮船公司代表（以下简称公司），于中华民国三十六年十月一日，签订邮运合同。

第一条　公司允将邮局交运之邮件及包裹，带往公司船只所到达之国外各口岸。

第二条

（一）邮件运费

甲、至香港　信函明信片每公斤国币一二五元，其他邮件每公斤国币一二五元。

乙、至其他各地　按照"国际邮政公约"规定之资率（见英文附件第一号及第二号）〔略〕，公司带运保价函件，不论途程远近，每保三百金法郎或其畸零之数，收取保价费十金生丁，惟公司对于运往香港之保价函件，不收保价费，亦不负保价责任。

公司允于结算运费时，在邮袋重量总数内扣除十分之一，以抵除邮袋及包装以及各类免费邮件之重量，惟寄往香港邮袋之重量不在此例。

（二）包裹运费

甲、至香港　每公斤国币一二五元。

乙、至其他各地　按照"国际邮政包裹协定"规定之资率（见

英文附件第一号、第二号)〔略〕,公司带运保价包裹,不论途程远近,每保三百金法郎或其畸零之数,收取保价费十金生丁,惟公司对于运往香港之保价包裹不收保价费,亦不负保价责任。

第三条　公司对于收运之邮件及包裹,如因船员疏忽致有遗失或损坏等情,其所负责任应与邮局按照邮政规则所负者相同,惟遇人力难施情事,或因内装禁寄物品以致遗失或损坏,则公司不担负任何责任。

第四条　邮局允在船边卸装进出口邮件及包裹,每次均由邮局人员会同船员签字为证。如轮船停泊地点非邮局运输工具所能到达者,则公司应免费在接客小轮或联络小轮船边与邮局人员交换邮件。但是项办法系指轮船停泊吴淞而言。

第五条　公司应将所属轮船之动态随时通知邮局,如邮件在船上发生损害及意外事件,亦应及时通知,凡遇轮船到达或开驶时刻有所变更时,应立即通知邮局。

第六条　公司应在船上择安全稳妥处所贮藏邮件,并在沿途各埠装卸时,随时予以防护,俾免因处理疏忽而发生任何损害邮件情事。

第七条　邮件运费在每季季底以国币付给,所有以金法郎计算之运费,应按外汇平衡基金委员会于每季季底(即三月三十一日,六月三十日,九月三十日及十二月三十一日)核定之基准汇率,按金法郎三.〇六一合美金一元,折合国币付给之。

第八条　本合同不定期限,自三十六年十月一日起生效,任何一方如对于本合同需要变更或修改或取消时,应于六个月前通知他方。

第九条　本合同用中英文各缮四份,双方各执中英文本两份。如遇本合同解释上发生疑义时,应以中文本为解释之标准。为资信守起见,双方签字于后。

上海邮政管理局局长　李进禄

见证　格连维童

公司经理

见证

中华民国三十六年十月一日订立

〔国民政府交通部档案〕

16. 邮政总局业务处送战后两年来邮政业务概况稿便条

(1947年12月12日)

业务处便条　事字第814号

兹编拟战后两年来之交通概况(业务部分)稿一份,随条送请删节汇编。此致

设计考核委员会

附一件

业务处启

十二.十二

战后两年来之交通概况

第三节　邮政服务之改良

第一目　新设施

(一) 汽车行动邮局:

为便利距市较远之机关、团体、学校、报馆等交寄邮件起见,卅六年三月在南京试行开办。嗣以试办成绩良好,复在上海、杭州、汉口、北平、天津、广州等地陆续举办。截至卅六年底止,已达十六所。此外重庆、成都、西京等地,亦在筹办中。

(二) 火车行动邮局:

卅五年十月,在每日对开之京沪夜快车内先行设置,办理出售邮票,收寄邮件,昼夜分拣邮件,以便车抵目的地后即行投递。施行以来,公众称便,嗣复推广至沪杭、津浦、平汉、中长等线。截至卅六

年底止，已达二十六所，并仍向国内其他各铁路干线推广中。

（三）轮船行动邮局：

卅六年七至十月间，先后在国营招商局沪汉线江顺、江泰、江汉、江新、江安五轮上设立轮船行动邮局，办理出售邮票，收寄挂快邮件，开办小额汇票等业务。

（四）三轮车行动邮局：

为便利偏僻街巷及内地城市公众起见，卅六年十二月，在汉口先行试办一所，如成绩良好，将推广至其他各地。

（五）集期巡回邮局：

为适合较偏僻各乡镇之有经常集期，但未设有邮政机构地方之需要，已饬东川及西川区先行试办集期巡回邮局，如试办成绩良好，即予推广。

（六）星期及例假邮局：

京沪两地邮局及若干邮政支局于星期及例假日全日对外营业，并已逐渐推及汉口、重庆、成都、昆明、南昌等地。

（七）通宵邮局：

京沪两地试设通宵邮局，不分昼夜二十四小时对外营业，成绩良好，汉口亦已继起办理。

（八）示范邮局：

卅六年间，各区邮政管理局所在地均经设立示范局一处或数处，其他重要之城市局分别设置乙种示范局，截至年终，计已完成示范局廿九处，乙种示范局二处。其他乙种示范局廿六处，尚在积极改装中。

（九）邮亭：

各区邮政管理局或其他重要邮局所在地，普遍添设新式邮亭，以便公众交寄邮件，截至三十六年年终止，已完成者，计达一〇六处。此外为适应距离邮局较远而人数特别众多之机关、学校、工厂或矿场等，暨偏僻县治地方之需要，先后并增设室内办公之邮亭四十六处。

（十）专收挂快邮件信箱：

江苏、浙江、上海、湖北、北平、河北、广东七邮区，已设置专收挂快邮件信箱，不给收据，由各局指派二人，会同负责点收，仍照挂快函件规定手续处理。

（十一）赶班信筒：

各重要都市邮局已设置赶班信筒，凡邮件在规定时间以前投入是项信筒者，均分别赶交飞机、火车、轮船等带运，本埠邮件可当天送到。至该项信筒现已设二六二具，仍在继续增设中。至苏、沪、鄂、粤、平、冀等区已设之赶班信筒，业已兼收快递挂号邮件，不给收据，收筒差于启筒时，逐一检出公众所投快信，迅送赶递主管部分，逐一予以登记，并仍按规定之处理手续处理。

第二目　机构

胜利两年来，为求公众之通信便利，邮政局所之恢复及增设颇多，兹以卅六年十二月底与卅四年八月底局所数目比较，两年间恢复及增设之数如下表：

局所名称	恢复及增设数字	局所名称	恢复及增设数字
邮政管理局	※　一五	一等邮局	※　一三
二等邮局	二五	三等邮局	六二〇
四等邮局	五八	邮政支局	二七七
汽车行动邮局	△　十六	火车行动邮局	△　二六
轮船行动邮局	△　五	临时邮局	一三
邮　亭	一五二	邮政代办所	六八九〇
邮政信柜	四九七九	邮　站	八四〇三
邮票代售处	六六二〇	三轮车行动邮局	△　一

附注：※ 全系恢复数字　△ 全系增设数字

第三目　设备

工欲善其事，必先利其器。欲求邮件之处理迅速，自应于设备方面，求其完备充实。邮局有鉴及此，爰于原有设备之外，力求设备之机械化。战后两年间，在邮政经济万分拮据之中，勉斥巨资，购置近代各国邮政采用之机械，以资补充。两年来购置之件，举其较为重要者，约如下述：

物品名称	已经购置或订购数量	用　途
邮票盖销机	二四具	替代人力盖销可省人力十分之九
邮资机	三九具	盖印邮资替代粘贴邮票便利公众
号码机	二〇〇〇具	替代人力编号整齐准确迅速
自动磅秤	三〇具	替代旧式磅秤准确便利
计算机	二一具	替代算盘计算准确迅速
缝补邮袋机	一〇具	替代人力
汽　车	七一辆	替代人力兽力运送邮件增加速率
机器脚踏车	八〇辆	发给信差骑乘以代步行增加速率
自行车	四五八辆	同上
胶水机	七二具	供公众粘贴邮票用使信件安全使用便利
机动翻信桌	一〇具	替代人力整理信件迅速准确
邮件推车	一五〇具	替代人力搬运邮袋增加速率
火车邮件授受器	一具(样子)	已洽请津浦及京沪两铁路试行装设俾快车不停各站亦可上下邮件加速

第四目　简化手续等

（一）简化挂快函件交寄手续：

公众交寄挂号及快递挂号函件，每因守候执据费时，爰特简化挂快邮件交寄手续，并使用新式执据以资迅捷。

（二）简化快递挂号邮件处理手续：

战后快递挂号邮件数量剧增，以致处理难求迅速，为使快信真能达到快之目的，已废止以往逐格签收办法，以简化内部处理手续。

（三）简化挂号邮件处理办法：

快递挂号邮件实行简化办法后，颇著成效，为推广起见，各地邮局自恢复国内保价邮件及创办报值挂号函件日起，对于挂号邮件处理手续亦予简化。

（四）投递分区办法：

指定各大都市邮局就投递范围，划分为若干投递区，公众寄发信件可详细书明收件人姓名住址，并加注投递区号，俾分拣省时，投递加速。京、沪、平、津、穗、汉六地业已实行。

（五）创办报值挂快函件：

证书、契据、支票、汇票以及其他一切有价值之文件单据，均可由寄件人报明价值，作为报值挂号函件交寄。是项函件如遇遗失，除因天灾事变，或其他不可抗力致损失者外，概据所报价值补偿。

第五目　改进乡村邮递

复员以来，邮政锐意改进，各大城市邮递，颇著成效，公众既多好评，报章更竞刊赞扬之辞。惟随誉以来者，为一般人士之指摘，咸以邮政只注意各大城市，而疏于乡村，希望改进邮政，能逐步由大城市推及内地，深入乡村。

我国乡村地域辽阔，现有邮政代办所一万七千余处，村镇信柜及邮站三万三千余处，两共五万余处。依目前邮政经济情形，势难同时全部充实改进。已饬邮政总局于三十六年下半年，先就全国地位比较冲要之地点择定五十三处作为改进乡村邮务示范区，并规定改进步骤，限本年底以前完成进度。嗣后逐年列为中心工作，推广改进区域，期在最短期间，全国人民，无分沿海与内地，城市与乡村，均同样享受通信便利。

第六目　发展边疆邮务

我国幅员辽阔，地广人稀，西南及康藏各地，重峦峻岭，西北及蒙绥各地，沙漠浩瀚，或则风气闭塞，或则游牧无定，政府为充实边防，业已遍设军政机构，以为抚辑。然以交通阻滞及邮政机构尚欠普遍，致一信往还，动需经月。除已于卅六年内开行兰州至迪化、西宁、宁夏等地长途运邮汽车（另详第四节第一目）外，并将发展边疆邮务计划列为三十六年下半年度中心工作之一。该计划大纲为普遍增设各级邮政机构，普遍利用各项快速交通工具，以大量增辟邮差邮路。使凡属设治之区，均有邮政机构，凡有人迹之处，均有邮路通达。惟以边疆地面辽阔，行旅困难，习俗悬殊，语言隔阂，截至卅六年年终，仅能完成艰苦之调查工作。更以邮政经济困难，只能先就原有人手及设备逐步推进，以达全面改进之目的。

第四节　邮运之改进与维持

第一目　长途运邮汽车

战时后方邮运，邮车运输，占居首要地位，粤、桂、滇、黔、湘、赣、浙、闽、川、陕、甘等省往来邮运，几全赖邮局自办之长途运邮汽车。抗战胜利，即着手增辟贵阳晃县衡阳线、柳州桂林全县衡阳线、浦城衢县诸暨线等，以联系西南与东南邮运，并以协助政府完成复员。卅五年十二月，复增辟长沙万载南昌线，使与南昌上饶线衔接，以完成横贯国境之邮车邮运大动脉。

西北甘新等省交通落后，近代运输工具匮乏，邮运迟滞，各界人士，颇以为苦。本部迭准甘、宁、青、新各省负责当局，函电请求加速邮运，无如各该省地多沙漠，行车困难，筹备经年，迄无成就。胜利初临，邮局为解决西北各地邮运问题，乃先行试辟兰州、武威、张掖、酒泉线，于卅四年十二月通车，是为开辟西北邮车路线之尝试。自经该线通车后，于车辆设备两告匮乏之艰苦情形下，不断努力，向北达迪化，西达西宁，东达宁夏之途迈进。惨淡经营，苦心擘划，终于卅六年三月北通哈密，六月进抵迪化，全长二一〇六公里之兰州迪化长途运邮汽车路线，于以完成。昔日以人力兽力，最少需时一月之兰迪邮程，至是可以十一日完毕之。

嗣复于卅六年十月，开行兰州至宁夏及兰州至西宁两线长途运邮汽车，至是西北邮运，始得粗具规模，甘宁青新四省往来邮运，顿见迅速。

又于胜利初临，陇海铁路陕县附近，尚未修复之时，为沟通陇海线东西邮运起见，邮局于卅四年十月，组辟阌底镇陕县洛阳线邮政汽车，东西接运，豫陕交通，赖以维持。该线于卅五年六月，铁路通车后裁撤。此外于西北方面，邮局尚在积极筹办宁夏五原包头线邮政汽车，使与平包铁路相衔接，以加速西北与平津之邮运，期望于本年底筹备完成通车。

邮政汽车对于邮运之努力，既如上述。兹更就邮政汽车之行车安全程度，表列如下：

年　份	行驶里程(包括长途及市区车)	肇祸次数	每次肇祸平均行驶公里	肇祸百分率
35年	3,138,055	16	196,128	
36年（截至九月底止）	3,424,441	10	342,444	较上年减78%

截至三十六年十月底止，长途运邮汽车之行驶路线及里程等详情，表列如下，以供参考〔缺〕。

第二目　航空邮运

胜利之日，昆、渝、蓉、兰等地，尚可勉通航邮，每月航邮总重，约为三吨，其时航空邮务已等于零。胜利后，中国航空公司首先恢复渝京沪线，嗣后展辟沪平、沪榕各线。中央航空运输公司亦继起扩展，嗣后航线逐月均有增加，并经各航空公司与邮局合作，努力载运各地往来邮件，于是航空邮运之进步，一日千里。由于航邮运递之迅速，公众乐于交寄航空邮件，同时则以航空邮务之发达，航空邮运亦随而益见发展，互为因果，此为今日航空邮务日见繁荣之内在因素。兹将二十六年抗战前夕，卅四年胜利前夕，及卅五年暨卅六年之航空邮路里程及运递航空邮件之重量及件数，列表如左：

年份 月份 项目	廿六年	卅四年	卅五年		卅六年		
	七月份 （抗战前夕）	九月份 （胜利前夕）	一月份	六月份	一月份	六月份	十二月份
航空邮路里程（公里）	7,600	16,016	28,723	25,915	31,751	34,453	38,203
航空邮件重量（吨）	3	3	98	110	204	563	783
航空邮件件数（单位千件）	524	450	14,666	16,561	17,849	24,300	21,549

邮局为配合日在进展之航空邮务起见，乃于卅六年二月，分划全国为卅六航空邮运中心局，集中收发各地往来航邮，同时并调整各地水陆邮运，尽量利用机动运邮工具，使各较小城市与航空邮运中心局间往来邮件，均以最迅捷之方法运转，以加速邮件行程。同时，并于上海、武汉、广州、重庆、兰州等地，设置航邮储转站，使转口航邮，得以迅速发机运转。虽然凡此设施，邮政经济方面之支出不赀，但经此改进，昔日邮件之需时十余日或经月始能递达者，今则可于一二日内递达，此则差堪自引为满意者。

目前求通讯之迅速，自惟交寄航空邮件，但一般公众，尚有未予尽量利用，或有忘却纳付航空邮费者，邮局为求服务普遍起见，乃尽量利用航机载运航邮之敷余吨位，将公众漏未纳航邮费信函，亦予交机带运。自卅六年十月起，因陇海铁路洛潼段阻断，往来西北交通迟滞，邮局乃将各地与西北往来互寄之未纳航邮费新闻纸，改行发由往来郑县西安之航机载运，仅只郑县一地，十月及十一月两个月间，即经交运达七吨余。邮局于负担航空运费甚巨，但在服务公众言，殊亦不得不尔。

第三目　水陆路邮运

抗战胜利，收复光复各地水陆路邮运，承沦陷时期衰敝之余，积极着手恢复调整。讵知正在整理期间，共匪突起干扰，华北各地邮路阻断日多。截至三十六年十月底，因受共匪干扰直接受阻停顿之邮路里程，共达一一二，九一六公里，占全国各类邮路总里程五七三，一二五公里之百分之二十四。

邮运困难情形虽如前述，但邮政对于未受干扰地区邮运之改善与加运，无日不在积极推进之中，所有各种快速交通工具，除长途运邮汽车及航空邮运，业已另行叙述外，其他如火车、轮船、汽车等，无论国营、公营、商营或军用，莫不积极觅取机会，加以充分利用，各地间各类邮路，如何使之密切衔接与配合，以适合各该地之需要，尤为注意。此外开辟新路，调整旧路，邮政更不惜巨额开支，毅然举办。因此，近二年来，各重要地点以及近郊乡村等邮递，均有显著之进步，各界对于邮政之进步亦颇多好评。

第四目　两年来邮运之进步

两年来邮政对于运输方面之努力，已为上述。兹将邮运迟速之进步情形，以南京至各大都市信件在途所需日数，列表比较如下：

寄达地点	卅四年十二月		卅五年十二月		卅六年十二月		寄达地点	卅四年十二月		卅五年十二月		卅六年十二月	
	最快	最慢	最快	最慢	最快	最慢		最快	最慢	最快	最慢	最快	最慢
南昌	七	一〇	五	九	三	五	昆明	一七	二四	五	一四	二	四
汉口	六	九	二	四	二	二	重庆	一五	一九	二	六	二	三
桂林	一一	一五	八	一二	二	六	兰州	一二	一六	六	七	二	四

续上表

寄达地点	卅四年十二月		卅五年十二月		卅六年十二月		寄达地点	卅四年十二月		卅五年十二月		卅六年十二月	
	最快	最慢	最快	最慢	最快	最慢		最快	最慢	最快	最慢	最快	最慢
柳州	一三	一七	八	一二	三	七	迪化	六	四五	九	三〇	四	一〇
广州	七	一二	四	九	二	三	天津	五	八	三	六	二	三
汕头	六	一〇	四	六	三	五	北平	六	九	三	五	二	三
福州	五	九	四	八	三	五	长沙	八	一一	四	六	三	四
海口	一〇	一八	六	一三	四	八	贵阳	一二	一八	五	一〇	三	六
锦州	一〇	一六	五	八	三	六	长春	一四	一八	八	九	五	九
开封	五	八	四	七	二	三	上海	二	二	二	二	一	二
杭州	二	三	二	三	二	三	成都	一六	二〇	四	八	三	五
沈阳	一二	一七	五	八	四	六							

〔国民政府交通部档案〕

17. 交通部与美国马凯无线电报公司报务合同

(1947年12月23日)

中华民国交通部电信总局与美国马凯无线电报公司报务合同

中华民国三十六年十二月二十三日，即西历一千九百四十七年十二月二十三日，中华民国交通部电信总局(以后简称总局)为第一方，与在美国德来瓦省立案，并在美国纽约市百老汇路六十七号设有总行之马凯无线电报公司(以后简称公司)为第二方，订立之合同。

现因总局在中华民国境内所有及运用之无线电台，适宜与菲律滨境内之电台作商用通信，同时公司在菲律滨境内所有及运用之电台，亦适宜与上述中国境内之总局电台作商用通信。

复以双方均愿运用其电台之一座或数座，在中国与菲律滨间成立直达无线电报电路一条或数条，以供开放人工及高速度自动双工商用通信业务之用。因此同意订定条款如下：

一、总局与公司对其电台之维持，应各使适当及有效装用最新式机件，俾中国与菲律宾间同时收发电报，并备有充分及训练纯熟之职员，以供调遣。双方应使办理此项业务所用之一座或数座电台，于日夜工作时间内，均能传递及接收无线电讯，其工作时间以双方认为足敷迅速处理所有报务而定。本合同所述中国与菲律宾间电路，由中菲两国直接工作，或为保持业务之继续不断及正确起见，经由夏威夷群岛或美国之电台接转。但利用上述夏威夷群岛或美国之电台接转报务一事，不得变更本合同所定报费摊分办法，如将来对于无线电照相、真迹电报以及播音节目，为公众利益而有需要时，经双方之同意，并于其所用电台加装设备及经核准办理此项业务后，得开放公用。

二、总局应将所有拍至菲律宾，或须由菲律宾转递之电报，经发报人指定路由，注有“经国际电台——马凯”“Via CGRA—MACKAY”之标记者，悉向公司各台拍发。公司各台对于上项电报，悉应接收。但公司在菲律宾之中央收发室，其地位至少应与竞争公司之中央收发室具有同等之便利，并保留其电台完全作为商用。

三、公司对于其统辖范围内所有之电报，凡拍至中国或由中国转递者，除由发报人另行指定路由者外，应悉向总局各台拍发。总局各台对于上项电报，悉应接收。上项电报之路由标记应为“经马凯——国际电台”“Via MACKAY—CGRA”。又总局在中国之中央收发室，应设于便利之地位，并保留其电台完全作为商用。

四、除本合同所规定者外，其无线电报业务之执行记帐及结算办法，悉须按照国际电信公约及其所附电报规则，无线电信普通及附加规则，暨以后之修正条文办理。凡经本合同所述电路拍发之电报，其每字价目应以金法郎计算，并依下列原则办理。

甲、中国各处与菲律滨各处间之价目，应为一金法郎二十生丁，由总局与公司平均分摊。该项价目经双方同意后，得随时更改之。

乙、中国以外之继递费，由总局规定，并归总局处理。

丙、菲律宾以外之继递费，由公司规定，并归公司处理。

双方帐目每三个月以金法郎为单位结算清楚，其差额应交双方同意之中间机关汇兑之。

五、凡经过上述电路之电报，其每字价目不得超过其他相与竞争电路之价目。

迟缓电报、新闻电报及其他特别业务电报之减价办法，应由双方协议规定之。中国政府官电、美国政府官电及菲律宾共和国政府官电，应征收特别低价，由双方另行同意协定之。中国、美国及菲律宾共和国政府所发之寻常电报，其报价不得超过向公众所收全价寻常电报费二分之一。中国、美国及菲律宾共和国所发之暗语电报，其报费不得超过向公众所收暗语电报费二分之一。上项电报如发往中国及菲律宾以外，应于此项特定政务电报价目之外，另加实需之继递费。双方往来之业务公电，应完全免费，如业务公电不能直接传递时，其报费应各自负担之。

六、上项无线电路之报务遇有拥挤或稽延，为公众利益起见，须将电报送交其他电信机关拍发时，如本合同所载电路之报价与该电路之报价有差异时，其差额应于双方应分而未分之报费帐目内，按摊分报费之比例负担之。任何一方得随时于相当时日以前，通知他方废止本条，或将每方每月之此项差额加以限制。如遇任何收报或发报电台之本身或该项电台相互间之联络线，或该项电台与中央室之联络线有中断或毁坏等情事，应竭力设法于最短之可能期间内修复或重建之。

七、公司同意凡中国境内发出或转递之电报，得经公司之国际无线电通讯组织转往他处。总局亦同意凡菲律宾境内发出或转递之电报，得经总局之通讯设备转往他处。

八、概括言之，双方应互相合作，以谋共同运用电路之工作获得成功及利益。

九、双方应以友谊态度，调停及处理关于履行本合同之争端或异议。如双方对于本合同之争端或异议不能调停或解决时，该项争端或异议应付之公断，由一方请定公断人一人，以书面通知他方，并请他方亦请定公断人一人，他方于收到通知书十日内，应请定第二公断人一人，以书面通知第一方，再由被任命之两公断人选请第三公断人一人。如在第一方收到请定第二公断人之通知书二十天以内，两公断人尚未协同选出第三公断人时，则两公断人应公请现设瑞士盘恩之国际电信公会事务所所长或其同等职位者选任第三公断人。关于此项争端，公断人一致或多数通过之决定，双方同意遵守。公断人会议之时间、地址，由公断人规定之。所有公断费用，应归败诉一方担负，或由公断人核定成数，由双方分担之。

十、如遇战事或公共危险，总局须将所辖原通商报各台暂停工作、或减工，或菲律宾政府须将公司所有各台收归管理，则在此暂停工作减工及收归管理时期内，本合同暂停实施，但一俟暂停工作、减工及收归管理等情事终了时，本合同应即恢复其完全效力。又本合同有效期间，应自动延长，其延长时期等于本合同停止实施之时期。

十一、本合同自签字之日起实行，并自该日起，以三年为本合同有效期间。三年期满后，得继续有效，每次以三年为期。但经任何一方在原定三年或每次继续三年有效期满之六个月前，以书面通知对方，将本合同废止时，本合同应即于期满时废止。

十二、本合同经双方书面相互之同意，得修改之。

十三、双方及其承继者或合法代表者或受让者，皆应遵守本合同之义务及享有本合同权利。总局及公司对于本合同规定之义务与责任，应分别按照中华民国及美国德来瓦省之法律解释及实行之。

十四、本合同缮具中文本及英文本各二份，每方各执中文本、英文本各一份，均经相互核对相符。解释时如有异议，应以中文本为准。

本合同由双方赋有此项权力之职员，于上开年月日正式签订，以昭信守。

中华民国交通部电信总局　钱其琛（签字）
证　　　　　　　　人　王庭梁（签字）
美国马凯无线电报公司　C. C. Chapman（签字）
证　　　　　　　　人　Paul B. yaung（签字）

〔国民政府交通部档案〕

18. 交通部第六区电信管理局与香港英国水线无线电公司签订广州香港间长途电话合同

（1948年1月10日）

本合同于中华民国三十七年（即西历一千九百四十八年）一月十日，由中华民国国民政府交通部第六区电信管理局（设在广州，以下略称管局），与英国水线无线电公司香港分公司或其合法指定人（设在香港，以下略称公司）签订。

签订本合同之双方，认为广州至香港之长途电话通讯亟有从速建立之必要，爰协助采用多路制超短波无线电话机械，或其他无线电通信方式通话，并订定如下：

（一）管局及公司分别负责在广州及香港将此项长途无线电话接通各该地之市内电话用户，此项与市内电话之联系设备手续及所需费用，广州方面由管局负担，香港方面由公司负担。

（二）广州香港间通话价目，详列附表，在港方照收港币，在广方照国币收取，由管局依照港币折合率计算。

（三）在发话之一方，对于任何业已接续而通话不良者，经双方原则上之同意，得有减低其通话费之权。

（四）由香港以外各地至广州以外各地，或由广州以外各地至香港以外各地，经广港电路转接之电话，其开放地点由双方随时洽商规定。至全程话费之计算，除广港段照附表规定办理外，另加广州或香港至该通话地点一段话费，其价目于洽商开放时，另订办法，互相通知。

（五）广港通话话费，由发话方面负责收取，彼此结帐及付款，应照合同规定，将应付全部话费列入计算，不得有计欠情事。

（六）A. 广港电话不论来去话，照本合同附表港币价目所收话费总数，管局方应得三分之二，公司方应得三分之一。

B. 经广港电路转接至其他各地电话，除广港段话费应照上列(A)项规定摊分外，其广州或香港至各地段话费，统归接转之一方所得。由广方经广港电路转接港方另一地点电话，港方转接一段话费，公司方得以他国货币计算。此项话费管局应以同样货币支付之。

C. 双方所得话费，应按月将彼此应付款项互相抵算后，其净差额应由付款之一方，至迟于通话月份之次月月底以前付清。

D. 管局依约应付公司之费，应以港币付与在香港之公司经理室或公司指定之其他处所。

E. 公司依约应付管局之费，应以港币付与香港电信局或管局指定在港之其他处所。

（七）双方对于通话次数均应详予纪录，除每一通话终了，双方值机员口头核对外，每日开始通话前，先将上一日之各种通话次数总数，由双方班长口头核对，另于每月底双方各填制月报表，互相交换核对。

（八）双方应随时购置当地新版市内电话用户号簿，交换应用。

（九）本合同及双方所有帐目文件，应分缮中文及英文，均作为正本。

（十）本合同自开放通话日起施行，期间定为三年，如一方未于期满六个月前书面通知对方时，应继续有效，直至任何一方照此规定通知为止。但本合同五、六、七及十四条，非俟所订义务完全履行后，仍属有效。

（十一）任何一方对于下列事变不负履行义务之责，如罢工、战争、类似战争行动、暴动、内乱、天灾、火患、暴风及其他不可抗力之环境。

（十二）本合同及各条款如认为有修改或增加必要时，须经每一方之正式代表人用书面签订之。

（十三）本合同及其所有权利，或另行经营广港有线或无线电话业务，任何一方未经另一方书面同意，不得转让或分授于他人。

（十四）(1)双方对于本合同之解释及执行所能引起双方之任何争议或歧见，应各尽友善方法调处。惟如因涉及本合同而引起之各项争议，经任何一方向他方提出书面处理意见，互相协商，在三个月内尚未能妥协时，则此项争议应取决于仲裁。在此项情形下，本合同各方应于六十日内，各指定一仲裁人。如在此期间内，有一方未指定仲裁人，则另一方得指定第二仲裁人，在此指定之两仲裁人再选定第三仲裁人。倘此两仲裁人不能同意选定第三仲裁人，则应于十五日内，由两仲裁人会同请求国际电信公会会长指定第三仲裁人。

(2) 仲裁裁决之宣告，应以大多数表决为准，而本合同双方应同意接受仲裁之裁决，并实行其决议。

(3) 仲裁费用依仲裁之决定，由负诉方负担或双方分担之。

本合同于上开年月日，经双方分别盖印签字，以昭信守。

中国交通部第六区电信管理局局长　邹民桐

香港英国水线无线电公司经理〔原件不清〕。

〔国民政府交通部档案〕

19. 邮政总局编邮政亏损原因

（1948年6月）

邮政亏损原因　三十七年六月　交通部邮政总局辑印

查邮政亏损原因，比较重要者，共有七项，即：

一、邮资过低；

二、包裹业务衰落；

三、赔贴书报；

四、特种函件太多；

五、邮区面积太广；

六、各局收寄邮件太少；

七、自办邮路太多。

兹按照历年来实际情形以及世界各国办理邮务经验，分别列表比较如后。

一、邮资过低

（一）吾国邮资即在战前已较世界任何国家为低，仅邮区面积极小之日本为例外，但日本亦因邮资过低，而有巨额亏损。

（二）各国邮资折合吾国战前币值，凡在一角二分以上者，均有盈余；一角一分及以下者，即现亏损，仅吾国及意大利为例外。吾国当时所收邮费，业已不敷成本，其所以盈余者，纯赖包裹业务之发展。

（三）欲使邮政自给自足，邮资基数应在战前币值一角以上。

（四）现在物价较诸战前，已涨七、八十万倍，而邮资仅十万倍，以是邮政经济每况愈下。战前平信邮资五分，至少可购信封十个（战前邮局出售之标准信封，甲种每十枚售四分，乙种售三分），现在平信一件之邮资，尚不能购到信封一枚，邮费实值，前后相差之巨，由此可见。

各国国内平信邮资比较（民国二十五年份）〔略〕

抗战以来国内平信邮资按生活费指数折得实值数

邮政亏损原因之一……邮资过低（乙）

年份	二十六年	二十七年	二十八年	二十九年	三十年	三十一年	三十二年
平信邮资	5分	5分	5分	1—9月，5分 10—12月，8分	1—10月，8分 11—12月，16分	1—11月，16分 12月，50分	1—5月，50分 6—12月，1元
物价指数	100	131	220	513	1,461	3,763	13,244
邮资实值	5分	3.8分	2.3分	1.1分	0.64分	0.5分	0.6分

年份	三十三年	三十四年	三十五年	三十六年（七月）	三十六年（十二月）	三十七年（四月）
平信邮资	1—2月，1元 3—12月，2元	1—9月，2元 10—12月，20元	1—10月，20元 11—12月，100元	500元	2000元	5000元
物价指数	44,768	176,273	529,112	3,994,000	10,474,339	40,260,830
邮资实值	0.41分	0.37分	0.63分	1.25分	1.46分	1.19分

二、包裹业务衰落

邮递包裹为邮政唯一之盈利业务，历年来均赖以弥补信函、书报等之亏损。现因国内政局动荡不定，交通梗阻，商业凋敝，收寄数额仅及战前五分之一，以致邮政亏损无可挹注。由下表可知梗概。

民元以来邮政包裹业务

邮政亏损原因之二……包裹业务衰落

年　　份	包裹件数 （十万件）	包裹重量 （百万公斤）	每支出百 元中之收入
1	8.8	3.3	88.8
2	13.8	5.6	99.0
3	16.6	6.3	98.4
4	20.3	7.9	104.7
5	22.3	8.5	114.0
6	26.4	10.0	119.9
7	27.4	10.9	125.1
8	35.5	14.8	127.8
9	42.2	20.8	121.1
10	45.7	23.3	122.2
11	47.9	24.5	129.0
12	53.1	28.8	127.4
13	57.4	32.1	123.0
14	65.4	39.7	118.5
15	60.1	37.2	111.9
16	55.5	36.8	100.4
17	61.7	43.7	104.2
18	68.6	45.6	104.6
19	62.2	37.4	88.6
20	65.2	46.0	82.1

续上表

年　份	包裹件数（十万件）	包裹重量（百万公斤）	每支出百元中之收入
21	59.3	48.2	83.7
22	62.3	49.0	99.2
23	62.6	46.6	98.6
24	70.2	62.4	101.8
25	91.1	93.7	111.4
26	49.5	58.7	97.5
27	48.6	46.8	102.1
28	40.7	50.8	96.4
29	40.1	48.2	92.0
30	21.5	21.2	70.0
31	18.4	13.5	64.5
32	10.6	10.0	90.2
33	3.1	4.2	70.8
34	1.7	1.7	35.4
35	10.5	15.3	35.5
36	26.0	35.4	48.6

三、赔贴书报

新闻纸邮费向极低廉，但在战前，邮局所收新闻纸一份之邮费，至少可印邮票十枚。现在新闻纸一份之邮费为三百元，而邮票一枚之印制成本为三百二十八元，收寄新闻纸一份，尚不足印制邮票一枚，邮局亏损不赀。书籍之邮费，亦同样低廉。三十七年四月份，邮局因收寄书籍印刷物及新闻纸所受之亏损，达二千一百余亿元，详情见附表。

三十七年四月份

邮政办理书籍印刷物事务亏损估计表

邮政亏损原因之三……赔贴书报

项目		收寄邮件				支出					邮费收入（亿元）	邮局亏损（亿元）
		件数（万件）	百分比	重量（吨）	百分比	人工成本（亿元）	业务费用（亿元）	运输费用（亿元）	其他（亿元）	共计（亿元）		
共计		7,264	100	1,650	100	4,740	2,788	1,441	259	9,228	5,869	3,359
书籍		18	0.2	140	8.5	9	6	122	0.5	137.5	72	65.5
印刷物		487	6.6	295	18	313	184	260	17	774	185	589
新闻纸	第三类	190	2.6	102	6.2	123	73	89	6.5	291.5	2	289.5
	第二类	553	7.6	184	11	360	211	159	20	750	6.6	743.4
	第一类	281	4	155	9.3	190	111	134	10	445	9	436
其他（信函等）		5,735	79	774	47	3,745	2,203	677	205	6,830	5,594.4	1,235.6
										2,398	274.6	2,123.4

四、特种函件太多

挂号及快递邮件之处理，人工物力耗费均巨，为邮政亏损业务之一。现因邮资过低，收寄件数与年俱增，邮政赔累亦愈距。

历年挂号及快递函件比较

邮政亏损原因之四……特种函件太多

年　　份	挂号邮件件数（万件）	快递邮件件数（万件）	挂号快递邮件占邮件总数百分比
1	644	129	5.9
10	3015	535	8.0
20	3004	910	4.7
25	3381	1029	5.0
26	2492	979	6.0
27	2657	1043	6.8
28	3300	1495	7.8
29	4778	2009	7.8
30	5060	2145	8.3
31	5265	2318	8.7
32	5049	1919	9.5
33	5646	1933	11.4
34	5892	3355	15.6
35	7687	5720	13.3
36	7223	4781	11.7

五、邮区面积太广

六、各局收寄邮件太少

（一）吾国邮区五十倍于英国，而邮件资费，即在战前尚不及英国二分之一。

（二）边远省区民智未开，邮件极少，但为奉行国策，便利公众起见，邮政机构不得不普遍设立。平均计算，每一邮政机构收寄之信件，年仅一万四千余件，仅抵美国邮政六十分之一，邮资收入，远不敷设置机构之开销及运输成本。

各国邮政概况比较

邮政亏损原因之五……邮区面积太广

邮政亏损原因之六……各局收寄邮件太少

国别	邮区面积（方公里）	邮件件数（万件）	局所数目	每局收寄邮件
中(1946)	11644800	101016	68808	14700
中(1937)	11608800	57823	74587	7800
美(1945)	9592137	3803200	41778	910000
印(1937)	4617850	114800	24559	46700
法(1937)	550978	559900	17367	322000
德(1937)	470699	643800	52480	123000
日(1937)	382545	476000	12138	392000
意(1937)	310190	248700	11591	215000
英(1937)	246000	778900	24802	314000
瑞士(1937)	41295	59000	4004	147000
苏	（未公布资料）			

七、自办邮路太多

（一）依照邮政法规定，邮政运输应由以运送为业之铁路、长途汽车、船舶等无偿载运。乃以吾国幅员广大，交通困难，74％以上之邮路，悉赖邮局自雇费用极高之邮差、信差等肩挑背负，昼夜兼程，按站运送。

（二）邮局四万员工中，现有是项差工七千五百余名，月付薪津制服等费达邮政支出总数五分之一左右，亦为邮政亏损重要原因之一。

三十七年四月份邮路里程分析

邮政亏损原因之七……自办邮路太多

邮路种类		百分比	里程(公里)
自办邮路	邮差邮路	57.2%	318644
	村镇邮路	11.4%	63986
	汽车邮路	1.4%	8192
	共计	70.0%	390822
立约运输邮路	水道邮路	11.0%	60898
	铁道邮路	2.0%	11032
	汽车邮路	10.0%	54381
	航空邮路	7.0%	39000
	共计	30.0%	165311
总计		100%	556133

〔国民政府交通部邮政总局档案〕